决战脱贫攻坚

党的十八大以来重庆扶贫工作纪略

中共重庆市委宣传部　中共重庆市委党史研究室
重庆社会科学院　重庆市扶贫开发办公室　／编

2021

2012

重庆出版集团　重庆出版社

图书在版编目(CIP)数据

决战脱贫攻坚：党的十八大以来重庆扶贫工作纪略/中共重庆市委宣传部等编．—重庆：重庆出版社，2021.11
ISBN 978-7-229-16128-6

Ⅰ.①决… Ⅱ.①中… Ⅲ.①扶贫—工作概况—重庆
Ⅳ.①F127.719

中国版本图书馆CIP数据核字(2021)第213871号

决战脱贫攻坚——党的十八大以来重庆扶贫工作纪略
JUEZHAN TUOPIN GONGJIAN——DANG DE SHIBADA YILAI CHONGQING FUPIN GONGZUO JILÜE
中共重庆市委宣传部　中共重庆市委党史研究室
重庆社会科学院　重庆市扶贫开发办公室　编

责任编辑：徐　飞　彭　景　吴　昊　卢玫诗
责任校对：朱彦谚
装帧设计：何海林

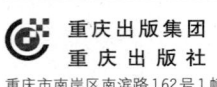

重庆出版集团
重庆出版社　出版

重庆市南岸区南滨路162号1幢　邮政编码：400061　http://www.cqph.com
重庆出版集团艺术设计有限公司制版
重庆天旭印务有限责任公司印刷
重庆出版集团图书发行有限公司发行
E-MAIL：fxchu@cqph.com　邮购电话：023-61520646
全国新华书店经销

开本：787mm×1092mm　1/16　印张：38.75　字数：540千
2021年11月第1版　2021年11月第1次印刷
ISBN 978-7-229-16128-6
定价：98.00元

如有印装质量问题，请向本集团图书发行有限公司调换：023-61520678

版权所有　侵权必究

前　言

2021年7月1日，中共中央总书记、国家主席、中央军委主席习近平在庆祝中国共产党成立100周年大会上发表重要讲话："在这里，我代表党和人民庄严宣告，经过全党全国各族人民持续奋斗，我们实现了第一个百年奋斗目标，在中华大地上全面建成了小康社会，历史性地解决了绝对贫困问题，正在意气风发向着全面建成社会主义现代化强国的第二个百年奋斗目标迈进。这是中华民族的伟大光荣！这是中国人民的伟大光荣！这是中国共产党的伟大光荣！"

党的十八大以来，以习近平同志为核心的党中央把脱贫攻坚摆在治国理政的突出位置，把脱贫攻坚作为全面建成小康社会的底线任务，组织开展了声势浩大的脱贫攻坚人民战争，在中华大地上全面建成了小康社会，历史性地解决了绝对贫困问题。

重庆集大城市、大农村、大山区、大库区于一体，是全国脱贫攻坚的重要战场。党的十八大特别是2017年7月以来，在党中央的坚强领导下，中共重庆市委带领全市人民时刻牢记习近平总书记殷殷嘱托，全面落实党中央决策部署，交出了脱贫攻坚的硬核答卷，与全国人民一道告别了延续千年的绝对贫困。农村贫困人口全部实现脱贫,贫困地区发展步伐显著加快,脱贫地区整体面貌发生历史性巨变,脱贫群众精神面貌焕然一新,党在农村的执政基础更加牢固。许多人的命运因此而改变,许多人的幸福因此而成就。为全面总结回顾重庆脱贫攻坚工作取得的巨大成就,记录重庆脱贫攻坚工作的奋斗历程,激励全市干部群众满怀信心踏上实现第二个百年奋斗目标新征程,中共重庆市委宣传部牵头,联合中共重庆市委党史研究室、重庆社会科学院和重庆市扶贫开发办公室共同编写《决战脱贫攻坚——党的十八大以来重庆扶贫工作纪略》史料书籍。全书约40万字,分为综述篇、专题篇、区县篇三部分,力图生动反映重庆脱贫攻坚工作中涌现出的先进事迹,全景呈现重庆脱贫攻坚的伟大实践,系统总结重庆脱贫攻坚的经验启示。

脱贫摘帽不是终点,而是新生活的起点,在实现第二个百年奋斗目标新的赶考之路上,我们要不忘初心、牢记使命,进一步巩固拓展脱贫攻坚成果,接续推动脱贫地区发展和乡村全面振兴,奋力建设高质量发展高品质生活新范例,把习近平总书记的殷殷嘱托全面落实在重庆大地上。

编 者

2021年8月

目 录
Contents

前 言

综述篇

专题篇

- 牢记殷殷嘱托　决战脱贫攻坚　　60
- 决战脱贫攻坚　脱贫成效显著　　78
- 加强组织领导　凝聚脱贫攻坚强大合力　　96
- 健全政策制度　护航脱贫攻坚　　111
- 构筑全社会共同参与的大扶贫格局　　125
- 聚焦深度贫困　全力攻克"硬骨头"　　136
- 加强督查考核　抓实问题整改　　156
- 重庆脱贫工作中的亮点　　168
- 巩固脱贫成果　衔接乡村振兴　　183

区县篇

- 万州区　　196
- 黔江区　　210
- 涪陵区　　224
- 北碚区　　238
- 渝北区　　250
- 巴南区　　266

- 长寿区　　　　　　　　　278
- 江津区　　　　　　　　　292
- 合川区　　　　　　　　　305
- 永川区　　　　　　　　　315
- 南川区　　　　　　　　　326
- 綦江区　　　　　　　　　342
- 大足区　　　　　　　　　352
- 璧山区　　　　　　　　　363
- 铜梁区　　　　　　　　　375
- 潼南区　　　　　　　　　387
- 荣昌区　　　　　　　　　402
- 开州区　　　　　　　　　411
- 梁平区　　　　　　　　　425
- 武隆区　　　　　　　　　438
- 城口县　　　　　　　　　450
- 丰都县　　　　　　　　　465
- 垫江县　　　　　　　　　477
- 忠县　　　　　　　　　　489
- 云阳县　　　　　　　　　503
- 奉节县　　　　　　　　　514
- 巫山县　　　　　　　　　523
- 巫溪县　　　　　　　　　533
- 石柱县　　　　　　　　　543
- 秀山县　　　　　　　　　559
- 酉阳县　　　　　　　　　574
- 彭水县　　　　　　　　　587
- 万盛经开区　　　　　　　598

后　记　　　　　　　　　611

综 述 篇

决战脱贫攻坚
党的十八大以来重庆扶贫工作纪略

一、背景

党的十八大以来,以习近平同志为核心的党中央把脱贫攻坚摆在治国理政突出位置,把脱贫攻坚作为全面建成小康社会的底线任务,团结带领全党全国各族人民组织实施了人类历史上规模最大、力度最强的脱贫攻坚战。八年多来,习近平总书记亲自指挥、亲自部署、亲自督战,推动脱贫攻坚始终保持正确方向和良好态势。各地始终坚持理论武装、目标标准、精准方略、问题导向、改革创新、加大投入、合力攻坚、群众主体、督查整改、考核评审、防范风险,攻克了一个又一个贫中之贫、坚中之坚,如期完成了新时代脱贫攻坚目标任务,消除了绝对贫困和区域性整体贫困。农村贫困人口全部脱贫,"两不愁三保障"全面实现,提高了群众生活质量;贫困地区发展步伐显著加快,生产生活条件得到历史性改善,整体面貌发生历史性巨变;脱贫群众精神风貌焕然一新,党群干群关系明显改善,党在农村的执政基础更加牢固;创造了减贫治理的中国样本,为全球减贫事业作出了重大贡献。脱贫攻坚取得了重大历史性成就,为实现第一个百年奋斗目标打下坚实基础,充分彰显了党的领导和社会主义制度的政治优势,充分证明社会主义是干出来的,幸福生活是奋斗出来的。

(一)新中国农村减贫历程的简要回顾

带领人民摆脱贫困,实现全面小康,是中国共产党对人民的庄严承诺。打赢脱贫攻坚战,对实现"两个一百年"奋斗目标和中华民族伟大复兴,对提供中国减贫经验与范本推动全球减贫,具有重大而深远的意义。

1. 党的十八大以前我国的减贫历程

中国共产党从成立之日起,就坚持把为中国人民谋幸福、为中华民族谋复兴作为初心使命,团结带领中国人民为创造自己的美好生活进行了长期艰辛奋斗。新中国的建立,为摆脱贫困创造了根本政治条件。从此,我国减贫事业不断取得了举世瞩目的成就。农村地区一直是我国消除绝对贫困的主战场。

1978年以前,中国农村的减贫工作主要着力于发展集体经济,同时采取针对家庭和个体的保障、优抚和救急措施。一是20世纪50年代建立了农村"五保户"供养制度,由集体对生活无依靠的老、弱、孤、寡和残五类社员给予吃、穿、医、子女教育和死后安葬等五项保障。二是建立了军人优待抚恤制度,明确保障残废军人生活、优抚革命烈士家属、优待革命军人家属。这项制度虽不是直接的扶贫政策,但扶贫效果不可忽视。三是建立了救灾救济制度,自然灾害发生后,政府紧急救助受灾群众,以保障灾民基本生活。这些制度至今仍发挥着重要作用。

1979年后,我国大力推进经济体制改革,同时建立了专门的扶贫机构强力推进扶贫开发工作。一是推进了以农村家庭联产承包责任制为主的农村经济体制改革,提高了农民收入水平,大幅度降低了我国农村的贫困广度和深度。二是建立并实施了农村最低生活保障制度,成为解决失能弱能群体绝对贫困问题的兜底措施。三是在20世纪90年代制定并实施了《国家八七扶贫攻坚计划(1994—2000年)》。到2000年底,解决了两亿多农村贫困人口和一些集中连片贫困地区的温饱问题,国家重点扶持贫困县经济发展速度明显加快,逐步形成大扶贫格局。四是制定了《中国农村扶贫开发纲要(2011—2020年)》,明确提出了到2020年,稳定实现扶贫对象"两不愁三保障",贫困地区农民人均纯收入增长幅度高于全国平均水平,基本公共服务主要领域指标接近全国平均水平,扭转发展差距扩大趋势的总体目标。

2. 党的十八大以来我国的减贫实践

党的十八大以来，以习近平总书记为核心的党中央鲜明提出，全面建成小康社会最艰巨最繁重的任务在农村特别是在贫困地区，没有农村的小康特别是没有贫困地区的小康，就没有全面建成小康社会，把脱贫攻坚作为全面建成小康社会的底线任务和标志性指标，作出了一系列重大部署，举全党全社会之力，实施精准扶贫精准脱贫，高度关注重点地区重点人群，全面打响了脱贫攻坚战，贫困人口数量和贫困发生率持续减少，贫困人口自我发展能力得以提升，贫困地区生产生活条件明显改善，决战决胜脱贫攻坚战，确保全面小康社会建设目标顺利实现。

2012年底，党的十八大召开不久，党中央就突出强调，"小康不小康，关键看老乡，关键在贫困的老乡能不能脱贫"，承诺"决不能落下一个贫困地区、一个贫困群众"，拉开了新时代脱贫攻坚的序幕。2013年，党中央提出了精准扶贫理念，创新扶贫工作机制。2015年，党中央召开扶贫开发工作会议，提出了实现脱贫攻坚目标的总体要求，强调扶持对象、项目安排、资金使用、措施到户、因村派人、脱贫成效"六个精准"，着力发展生产、易地搬迁、生态补偿、发展教育、社会保障兜底"五个一批"，发出打赢脱贫攻坚战的总攻令。2017年，党的十九大把精准脱贫作为"三大攻坚战"之一进行全面部署，锚定全面建成小康社会目标，聚力攻克深度贫困堡垒，决战决胜脱贫攻坚。2020年，为有力应对新冠肺炎疫情和特大洪涝灾情带来的影响，党中央要求全党全国以更大的决心、更强的力度，做好"加试题"、打好收官战，信心百倍向着脱贫攻坚的最后胜利进军。

2020年12月3日，习近平总书记主持了政治局常委会，会议指出，经过8年持续奋斗，如期完成了新时代脱贫攻坚目标任务，取得了令全世界刮目相看的重大胜利，为实现第一个百年奋斗目标打下坚实基础。同时也指出了，当前我国发展不平衡不充分的问题仍然突出，巩固拓展脱贫攻坚成果的任务依然艰巨。2021年2月26日，隆重召开了全国脱贫攻坚总结表彰大会，习近平总书记发表重要讲话，庄严宣告我国脱贫攻坚取得了全面胜利,完成了消除绝对贫困的艰巨任务,创造了又一个彪炳史册的人间奇迹。

脱贫攻坚取得举世瞩目的成就,靠的是党的坚强领导,靠的是中华民族自力更生、艰苦奋斗的精神品质,靠的是新中国成立以来特别是改革开放以来积累的坚实物质基础,靠的是一任接着一任干的坚守执着,靠的是全党全国各族人民的团结奋斗。最为重要的是,立足我国国情,把握减贫规律,出台一系列超常规政策举措,构建了一整套行之有效的政策体系、工作体系、制度体系,走出了一条中国特色减贫道路,形成了中国特色反贫困理论。

(二)直辖以来重庆扶贫脱贫工作简要回顾

重庆地处西部欠发达地区,集大城市、大农村、大山区、大库区于一体,作为西部的少数民族地区之一,是全国脱贫攻坚的重要战场。2014年重庆有14个国家扶贫开发工作重点区县,4个市级扶贫开发工作重点县,全市33个区县具有扶贫开发工作任务,共有1919个贫困村,占全市行政村总数的22.6%,涉及贫困人口约165.9万,占农村总人口的13.4%,占全市总人口的5.54%,贫困发生率高达7.1%,贫困的广度和深度都较为严重。

扶贫开发是直辖之初中央交办给重庆的"四件大事"之一。习近平总书记高度重视重庆脱贫攻坚,亲临重庆考察指导,亲切看望贫困地区干部群众,给予全市上下巨大关怀、强大动力。重庆市委、市政府一直高度重视扶贫工作,时刻牢记习近平总书记殷殷嘱托,心怀"国之大者",肩扛责任,全面落实党中央决策部署,带领全市干部群众团结一心、沉心静气、埋头苦干,交出了脱贫攻坚的硬核答卷,与全国人民一道告别了延续千年的绝对贫困。

党的十八大特别是2017年7月以来,重庆市深学笃用习近平新时代中国特色社会主义思想,深入贯彻习近平总书记关于扶贫工作重要论述，对重庆提出的营造良好政治生态，坚持"两点"定位、"两地""两高"目标，发挥"三个作用"和推动成渝地区双城经济圈建设等重要指示要求，坚决贯彻落实党中央、国务院决策部署，坚决把脱贫攻坚作为重大政治任务，始终把脱贫攻坚作为全市头等大事和第一民生工程，坚决执行"两个确保"和"两不愁三保障"目标标准，坚决落实精准扶贫精准脱贫基本方略，全面尽锐出战，大力度、高强度推动脱贫攻坚责任落实、政策落实、工作落实，如期完成了脱贫攻坚目标任务，将习近平总书记的殷殷嘱托和党中央决策部署全面落实在重庆大地上。

从2012年开始，重庆扶贫脱贫工作重点从强调片区攻坚、整村脱贫向更加注重精准扶贫脱贫转变，以武陵山、秦巴山片区为主战场，以减少贫困人口和增加贫困农民收入为主攻方向，着力推动了片区攻坚、整村扶贫、产业扶贫、移民转户和社会扶贫等工作。2013年以后，重庆市把加强组织领导作为集中力量开展扶贫攻坚的重要保障，以增强贫困地区和贫困人口自我发展能力为主线，突出了高山生态扶贫搬迁、整村整片开发、特色产业发展、人力资源开发及教育扶贫、社会扶贫和资金监管等重点工作。

党的十九大以来，重庆市坚决对标对表贯彻落实中央决策部署，把脱贫攻坚作为"不忘初心、牢记使命"主题教育的重要实践载体，强化理论武装，扎实推动习近平总书记关于扶贫工作重要论述入脑入心，坚决把脱贫攻坚作为头等大事和第一民生工程，强化领导，夯实责任，坚持精准扶贫精准脱贫，举全市之力坚决贯彻落实习近平总书记视察重庆时提出"要真抓实干，成熟一个摘一个"的重要指示要求，把提高脱贫质量放在首位，全面贯彻落实《中共中央国务院关于打赢脱贫攻坚战三年行动的指导意见》，实事求是地调整了摘帽指导计划，优化了攻坚思路，构建了深化脱贫攻坚的政策体系，坚持精准方略，调整工作部署，深化落实"五个一批"举措，聚焦深度贫困，把解决"两不愁三保障"突出问题作为最重要和最紧迫的任务，健全"大扶贫"格局，强化群众主体内生动力，从严考核执纪,举一反三抓实整改,把落实中央脱贫攻坚专项巡视和国家脱贫攻坚考核指出的问题作为重要动力,推动各类问题真改实改,把防止返贫巩固脱贫成果摆在重要位置,把抓党建促脱贫攻坚工作作为重要保障,以改革创新推动脱贫攻坚工作提质增效,严格落实"四个不摘",巩固拓展攻坚成果。

2020年12月7日,市委理论学习中心组(扩大)举行专题学习会,强调要深入学习领会习近平总书记关于扶贫工作的重要论述,善始善终,善作善成,毫不松懈打好脱贫攻坚收官之战,推动巩固拓展脱贫攻坚成果同乡村振兴有效衔接,确保如期完成脱贫攻坚目标任务、全面建成小康社会,为全面开启社会主义现代化建设新征程奠定坚实基础。2021年4月15日,重庆市脱贫攻坚总结表彰大会隆重举行,市委书记陈敏尔指出,在习近平新时代中国特色社会主义思想的科学指引下,习近平总书记领航掌舵,全市干部群众艰苦奋斗,社会各界倾力支持,重庆市与全国人民一道告别了延续千年的绝对贫困。重庆的脱贫实践,是全国脱贫攻坚的生动缩影,是中国减贫奇迹的实际体现。未来要大力弘扬脱贫攻坚精神,不忘初心、牢记使命、接续奋斗,巩固拓展脱贫攻坚成果,全面推进乡村振兴,促进全体人民共同富裕,扎实推动重庆各项事业实现新发展,更好地把习近平总书记殷殷嘱托全面落实在重庆大地上。

(三)习近平总书记对重庆扶贫工作的重要指示

习近平总书记十分关心重庆工作,2016年1月视察重庆,2018年3月参加十三届全国人大一次会议重庆代表团审议,2019年4月再次亲临重庆视察指导,对重庆提出营造良好政治生态,坚持"两点"定位、"两地""两高"目标,发挥"三个作用"和推动成渝地区双城经济圈建设等重要指示要求,为重庆脱贫攻坚把脉问诊,为新时代重庆改革发展导航定向。

2016年1月,习近平总书记视察重庆时强调,重庆脱贫攻坚"这个任务不轻","要真抓实干,成熟一个摘一个,既要防止不思进取、等靠要,又要防止揠苗助长、图虚名"。

2018年3月10日,习近平总书记参加全国人大重庆代表团审议时发表重要讲话强调,要"旗帜鲜明讲政治","明大德、守公德、严私德","要多积尺寸之功",并希望重庆广大干部群众团结一致、沉心静气,加快建设内陆开放高地、山清水秀美丽之地,努力推动高质量发展、创造高品质生活,让重庆各项工作迈上新台阶。

2019年4月,习近平总书记视察重庆,深入石柱县中益乡实地了解脱贫攻坚情况,主持并召开解决"两不愁三保障"突出问题座谈会并发表重要讲话,对重庆脱贫攻坚工作给予充分肯定。总书记指出,"实地了解了重庆脱贫攻坚进展和解决'两不愁三保障'突出问题情况,对重庆的脱贫攻坚工作有了些直观感受","党的十九大以来,重庆聚焦深度贫困地区脱贫攻坚,脱贫成效是显著的","重庆的脱贫攻坚工作,我心里是托底的"。总书记强调,脱贫攻坚进入决胜的关键阶段,各地区各部门务必高度重视,统一思想,抓好落实,一鼓作气,顽强作战,越战越勇,着力解决"两不愁三保障"突出问题,扎实做好脱贫攻坚工作,为如期全面打赢脱贫攻坚战,如期全面建成小康社会作出新的贡献。

二、党的十八大以来重庆脱贫攻坚的主要谋划与举措

重庆市高度重视强化理论武装,在学懂弄通做实习近平新时代中国特色社会主义思想上下功夫,不折不扣贯彻落实习近平总书记对重庆的重要指示要求,对标对表贯彻落实中央决策部署,持续提高政治站位,遵循"两个确保"和"两不愁三保障"标准与精准方略,围绕高质量打赢打好脱贫攻坚战的总目标,压实责任,完善政策体系、规划体系、管理体系和考核评估与督查巡查体系,聚焦重点、难点和薄弱环节,全面尽锐出战、

共同发力,攻坚克难,切实抓好脱贫攻坚这一重大政治任务和第一民生工程,谱写中国特色扶贫道路的重庆篇章。

(一)强化理论武装

始终把习近平总书记关于扶贫工作重要论述和视察重庆重要讲话精神作为做好脱贫攻坚工作的"源头活水",在学深悟透、贯彻落实上狠下功夫,在干部群众中形成统一的思想认识。

1. 用心学进去

市委、市政府带头第一时间学、原原本本学、上下联动学,全面开展"大学习、大落实",持续开展"学重要论述、强思想武装、促整改落实"等行动,举办脱贫攻坚专题研讨班、"不忘初心、牢记使命"主题教育集中学习研讨读书班、市委理论学习中心组专题学习会,开展区县党委(党组)理论学习和市级部门中心组集中学习等,邀请国务院扶贫办领导来渝作专题报告,依托市委党校主体班、市级专题培训班、重庆学习论坛、重庆干部网络学院等各种方式,分级分类组织扶贫干部培训40.4万多人次,切实用习近平总书记关于扶贫工作重要论述武装头脑、指导实践、推动工作,增强高质量打赢脱贫攻坚战的思想自觉和行动自觉。

2. 用情讲出来

市委宣传部牵头,会同相关市级部门和区县深入开展习近平总书记关于扶贫工作重要论述和视察重庆重要讲话精神系列宣传宣讲活动。组建市委宣讲团和各区县党委宣讲团,市委领导带头宣讲,通过"课堂式大集中、互动式小分散"方式,开展集中宣讲12600余场次。组织驻村工作队、致富带头人、大学生村官、百姓名嘴等,通过"农民夜校""讲习所"等开展"六个一"宣传活动6600余场次,组织开展"榜样面对面"脱贫攻坚先进典型宣讲、杨骅先进事迹巡回报告会5800余场次,积极开展基层微宣讲活动,及时将习近平总书记对贫困群众的关心关怀和中央精神传递到千家万户,送到群众"心坎上",形成浓厚的攻坚氛围。

3. 用力做起来

市委五届六次、八次全会专题部署脱贫攻坚,先后召开全市深化脱贫攻坚工作电视电话会议、全市精准脱贫攻坚战动员部署会议、全市解决"两不愁三保障"突出问题暨巡视考核整改工作专题会议等重要会议,持续系统部署脱贫攻坚工作。先后出台了《关于深化脱贫攻坚的意见》《重庆市精准脱贫攻坚战实施方案》等130余个脱贫攻坚重要综合或专项政策文件。各区县相应细化实化政策措施和工作方案,全面构建系统的脱贫攻坚政策体系。开展"访深贫、促整改、督攻坚"行动,20余万各级干部扑下身子、问需于民,以"钉钉子"精神推动脱贫攻坚连战连胜。2020年先后开展定点攻坚战、百日大会战、收官大决战等战役,逐个节点坚守、逐个问题解决、逐项工作推进,持续推动脱贫攻坚走深走实。

(二)健全责任落实机制

落实习近平总书记"强化党政一把手负总责的领导责任制"的重要指示要求,按照"中央统筹、省负总责、市县抓落实"的责任要求,强化各级党政干部特别是一把手的政治担当和责任担当,以上率下,压实压紧市级总体责任、区县主体责任和乡村两级直接责任,形成纵向贯通、横向联动的责任体系。

1. 全面落实"双组长制"

2017年7月以来,市委、市政府主要领导以上率下,率先垂范,双双出任市扶贫开发领导小组组长,市委副书记任常务副组长,4位市领导任副组长,41个部门"一把手"为成员。33个有扶贫开发工作任务区县的扶贫开发领导小组全部实行区(县)委书记和区(县)长双组长制,每年向市委、市政府进行专项述职。各乡镇均同步落实"双组长制"。

2. 四大班子齐上阵领战督战

市委、市政府分管同志每周调度推进工作；市人大、市政协积极开展视察调研、民主监督，全力支持推动脱贫攻坚；22位市领导持续深入蹲点"促改督战"，在脱贫攻坚一线发现问题、破解难题、推动工作。各区县四大班子也齐上阵领战督战。

3. 部门区县真抓实干

市级部门主动作为、履职尽责，深入开展行业扶贫，全面参与深度贫困乡镇帮扶行动，全力推进脱贫攻坚。区县党政主要负责同志履行第一责任人责任，乡村两级负直接责任，层层签订脱贫目标责任书和脱贫成果巩固责任书，市、区县、镇乡、村四级书记齐抓共管，一抓到底。

（三）据实调整工作目标，优化工作思路

落实习近平总书记"要真抓实干，成熟一个摘一个"的重要指示要求，根据客观情况及时调整工作目标，优化了工作思路。

1. 据实调整工作目标

坚决肃清孙政才恶劣影响和薄熙来、王立军流毒在扶贫领域的影响，纠偏补缺，持续营造良好政治生态。遵照"稳定实现贫困人口'两不愁三保障'、贫困地区基本公共服务领域主要指标接近全国平均水平"标准，实事求是地调整了全市扶贫开发工作重点区县脱贫摘帽指导计划，提出"到2017年底，开州区、云阳县、巫山县3个区县整体摘帽；到2018年底，石柱县、奉节县2个县整体摘帽；到2019年底，城口县、彭水县、酉阳县、巫溪县4个县整体摘帽。确保到2020年，实现现行标准下农村贫困人口、贫困村全部脱贫，贫困区县全部摘帽，解决区域性整体贫困"的奋

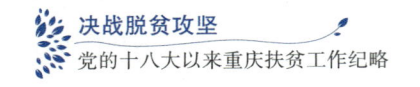

斗目标。

2. 优化脱贫攻坚思路

进一步优化了脱贫攻坚的思路，明确提出坚持目标导向与问题导向相统一，坚持精准到人头与统筹到区域相结合，坚持以"六个精准"为基本要求，以"五个一批""十大行动"为根本途径，确保高质量脱贫。确定了统筹精准扶贫与区域发展、重点区县与非重点区县、贫困村与非贫困村谋划推进脱贫攻坚工作，以深化改革创新为动力，创新精准识别、精准帮扶、精准退出、利益联结四大机制，确定18个深度贫困乡镇，打造深化脱贫攻坚改革"试验田"。更加注重提高发展能力，实化细化扶贫措施。坚持"一户一法"，逐村逐户完善"村规划""户办法"，坚持实施"五个一批"精准提升贫困人口增收能力。着眼于破解制约发展的共性问题，深化推进交通、水利、文化、金融、科技、电商、乡村旅游、就业培训、环境改善、村企结对等十大行业扶贫行动。着力激发贫困地区和贫困人口的内生动力，发挥市场牵引力，增强社会助推力。

（四）完善政策、规划和管理三大体系

落实习近平总书记"要更加重视制度建设"的重要指示要求，按照党和国家部署，结合重庆具体实际，不断完善深化脱贫攻坚的政策体系、规划体系和管理体系。

1. 完善深化脱贫攻坚政策体系

市委、市政府研究出台《关于深化脱贫攻坚的意见》《重庆市精准脱贫攻坚战实施方案》《关于打赢打好脱贫攻坚战三年行动的实施意见》《关于贯彻落实习近平总书记在解决"两不愁三保障"突出问题座谈会上重要讲话精神的实施意见》《重庆市解决"两不愁三保障"突出问题实施方案》等重要文件29个，市扶贫开发领导小组及市级相关部门研究制定

产业扶贫、教育扶贫、健康扶贫、金融扶贫、易地扶贫搬迁、就业扶贫、扶贫队伍建设等政策文件100余个。各区县逐项细化政策措施和工作方案，全面构建系统设计、上下联动、配套完善的脱贫攻坚政策体系。

2. 完善脱贫攻坚规划体系

为了给精准扶贫精准脱贫提供强有力的支撑与引领，先后编制了重庆市"十三五"脱贫攻坚规划、秦巴山区区域发展与脱贫攻坚"十三五"规划、武陵山区区域发展与脱贫攻坚"十三五"规划、深度贫困地区脱贫攻坚规划、扶贫产业发展规划、旅游扶贫发展规划等总体规划和行业规划10余个。同时，按照部门职责，分项分年度将规划任务逐一分解到部门和区县，逐级逐项建立规划落实台账，推动各级各部门把握时间节点有力有效抓好规划落实。

3. 完善脱贫攻坚管理体系

建立全市精准扶贫大数据平台，依托大数据、云计算等手段，推动行业扶贫数据互通互享，搭建基础数据支撑、脱贫指挥调度、项目资金管理、工作移动巡检、贫困检测预警等平台，实现扶贫攻坚管理的动态化、数字化、常态化。健全扶贫信息系统，通过集中开展逐户调查和大数据比对，全面掌握贫困人口分布、致贫原因、帮扶需求等信息，落实精准帮扶措施，做到应扶尽扶。建立贫困动态监测和跟踪管理机制，完善特殊困难"临界对象"档外台账，及时跟进落实有针对性帮扶措施。

（五）以党建引领推动尽锐出战

落实习近平总书记"必须坚持把全面从严治党要求贯穿脱贫攻坚工作全过程和各环节"重要指示要求，始终把全面从严治党贯穿脱贫攻坚全过程，坚持以党建带扶贫、以扶贫促党建，切实做到尽锐出战，促进真抓实干。

1. 强化区县、乡镇、村社三级班子建设

党的十九大以来,全市着力打造脱贫攻坚的"主力团",持续强化区县、乡镇、村社三级班子,夯实脱贫攻坚组织保障。严格执行贫困区县党政正职"不脱贫不调整、不摘帽不调离"的政治纪律,保持了国家扶贫开发重点县党政班子稳定。坚持在脱贫攻坚一线考察识别干部,全覆盖回访调研贫困区县班子,选派优秀干部充实贫困区县班子,提拔重用实绩突出的贫困区县干部,对脱贫攻坚履职不到位的干部坚决给予党纪政纪处分。全覆盖回访研判乡镇和村"两委"班子,及时调整不适宜担任现职的乡镇领导干部、村党组织书记。组建由市、县、乡镇三级领导干部组成深度贫困乡镇脱贫攻坚工作指挥部,形成"市领导挂帅+市级责任单位主要负责人+区县党政主要负责人+深度贫困乡镇党政主要负责人"的指挥体系,并由市级责任部门副厅级干部任指挥部办公室主任兼驻乡工作队队长。开展未脱贫村班子调研分析。2019年特别组织精干力量直接下沉到18个深度贫困乡镇所辖167个村、2019年33个未脱贫村开展班子调研分析,找准问题、抓住症结,及时补充调整不齐不强情况。

2. 配强驻乡、驻村、结对帮扶三支队伍

党的十九大以来,全市着力打造脱贫攻坚"突击队",持续强化驻乡、驻村、结对帮扶三支队伍,有效推动贫困村镇治理能力提升。出台《关于加强贫困村干部选派管理工作的实施意见》《关于做好向深度贫困乡镇贫困村选派第一书记工作的通知》,规范驻乡、驻村和结对帮扶工作,推动贫困村镇社会治理能力迅速提升。按照"一村一队"要求,全市共派出驻村工作队5800个,分类选派建档立卡贫困村驻村第一书记1919名,选派驻村工作队员(含第一书记)5.7万名,组织20余万干部结对帮扶贫困户。从市级责任部门和帮扶集团单位抽调干部,与区县、乡镇、村干部共同组成深度贫困乡镇驻乡、驻村工作队,选派副厅局级领导干部担任深度贫困乡镇驻乡工作队队长,从市级扶贫集团成员单位选派驻乡工作

员,全天候、全身心投入脱贫攻坚。

3. 持续打造高水平脱贫攻坚"生力军"

高水平专业人才是脱贫攻坚的技术支撑,本土人才是"不走的扶贫工作队",基层党政人才是脱贫攻坚重要的带动力量。十九大以来,全市不断加强专业人才选派、本土人才回引、基层党政人才招录,积极打造脱贫攻坚"生力军"。统筹"三支一扶"、博士服务团队、首席规划师等人才项目,选派教育、卫生、规划等专业人才到贫困地区服务。选派市级科技特派员到田间地头,实现贫困村全覆盖。通过定向培养、定向使用等方式,为贫困地区招收培养全科师范生、全科医生各近万名。通过给待遇、给扶持、给出路等方式,持续回引本土人才,大大推动"归雁经济"发展。适当降低边远贫困地区乡镇机关公务员、事业单位人员招录门槛,选调优秀大学毕业生充实脱贫攻坚一线。

(六)因村因户施策精准扶贫脱贫

落实习近平总书记"坚持精准方略,提高脱贫实效"的重要指示要求,把精准方略落实到重庆市脱贫攻坚全过程所有环节所有方面,坚持"六个精准""五个一批",因户施策。

1. 严格落实"六个精准"扶贫方略

对象识别精准。出台《重庆市扶贫对象动态管理办法》,制定"四进七不进"操作细则和"两评议两公示一比对一公告"工作流程,建立扶贫对象精准识别系列工作机制,实现扶贫对象动态管理责任网格化、指导常态化、管理智能化。每年对扶贫对象进行动态调整。

项目安排精准。出台《关于建立完善区县级脱贫攻坚项目库的实施意见》规范脱贫攻坚项目管理。优先安排"两不愁三保障"项目、优先安排深度贫困区域和特殊贫困人群脱贫的项目、优先安排群众积极性高的项目、优先安排前期工作较好的项目。

资金使用精准。坚持扶贫资金切块备案制，资金总量精准到区域，工程项目精准到村，保障性措施精准到户到人，强化扶贫资金使用绩效。

措施到户精准。分类指导，精准施策，坚持把扶贫产业作为扶贫脱贫根本之策，把易地扶贫搬迁作为消除资源贫困的重要举措，把生态保护作为脱贫攻坚的重要举措，把教育作为阻断贫困代际传递的关键措施，把筑牢社会保障作为打赢脱贫攻坚战的兜底扶助底线，确保措施因村因户精准落实。

因村派人精准。将选优严管实训驻村干部作为打通脱贫攻坚"最后一公里"的桥梁，通过双向式对接、集团式选派，把有担当、有情怀、有本事的精兵强将派到脱贫攻坚一线。采取双向选择、供需对接，"菜单式"精准选派驻村干部，做到精准配对、人岗相宜。

脱贫成效精准。健全区县自查、市级检查、第三方评估、认可度调查"四位一体"评估退出机制，严格退出标准和程序，确保成熟一个退出一个。严格对照"两不愁三保障"标准，落实"一出三不出"要求，开展多部门联合认定"脱贫达标"，夯实贫困户退出工作，确保脱真贫、真脱贫。

2. 做实做细"五个一批"精准扶贫措施

强化产业扶贫这一脱贫攻坚主攻方向与根本之策。出台《关于大力发展特色产业促进精准脱贫的意见》，构建以"山地农业、山地旅游"为主导的扶贫产业发展布局，深入推进"三变"改革试点，探索"公司+农民合作社+基地+贫困户""农民合作社+基地+贫困户"等多种利益联结机制，全市扶贫产业覆盖90%以上贫困户。

落实易地扶贫搬迁这一脱贫攻坚的重要补充。出台《"十三五"易地扶贫搬迁建卡贫困户农房整宗地收益权收储实施方案》《关于切实抓好易地扶贫搬迁后续产业发展的通知》等文件，积极推进宅基地复垦，缓解群众建房资金压力，推进集中安置市级示范点建设，推进"五个集中"，建设"四好住房",绘就"三美家园",帮助山高坡陡谷深等生产生活条件相对恶劣地方的一批贫困群众搬得出、稳得住、能致富。

深化生态补偿这一脱贫攻坚的双赢之策。出台《统筹解决生态保护和脱贫双赢的指导意见》《生态保护与脱贫攻坚双赢工作方案》等文件,以生态环境保护助力脱贫攻坚,紧紧围绕习近平总书记"解决好人民群众反映强的突出环境问题"要求,聚焦坚决打好污染防治攻坚战,不断提升贫困地区生态环境质量,增强贫困群众生态环境获得感。科学推进扶贫项目建设,大力发展森林康养等生态产业,推动产业生态化、生态产业化,推动贫困地区绿色发展。

强化教育这一脱贫攻坚的治本之计,阻断贫困代际传递。坚持"扶贫先扶智、治贫先治愚"工作思路,建立起多层次的联动工作机制,切实解决贫困农户子女教育问题,通过发展教育帮扶一批贫困群众实现脱贫。将控辍保学作为打赢教育脱贫攻坚的重点任务,精准构建"1+N"联控联保责任体系,实现义务教育有保障。实施义务教育薄弱环节改善和能力提升工程,全面实施高中贫困毕业生定向培养(全科医生)招生计划、免费学前师范生和全科教师计划。

筑牢社会保障兜底这一脱贫攻坚的基本防线。积极加强农村低保制度与扶贫开发政策的有效衔接,完善兜底"渐退制度",筑牢基本生活保障底线。完善兜底"分户制度",筑牢重点群体保障防线。完善社会救助标准自然增长的兜底"调标制度",保障困难群众生活水平与全市经济社会发展水平同步提升,筑牢基本生活标准增长线。统筹协调各类专项救助政策,完善兜底"专项制度",切实缓解困难群众医疗、住房、教育等困难问题。

3. 做大做实"十大行业扶贫行动"

加大行业部门政策、资金整合力度,统筹推进交通、水利、文化、金融、科技、电商、乡村旅游、就业培训、环境改善、村企结对十大行业精准扶贫行动，切实破解制约发展共性问题，持续提高贫困地区发展能力。如，实施交通建设三年大会战，投入贫困地区农村公路建设资金135亿元，新建、改建农村"小康路"8000公里。实施水利扶贫大攻坚，整治山坪塘2.6万口，建设小型水库15座、中型水库23座，受益贫困人口65万人。实施创新创业大帮扶，落实贫困人口创新创业帮扶资金5亿元，建成国家农业科技园区9家，实现贫困人口创新创业"一对一"技术帮扶全覆盖。实施发展环境大改善，为贫困区县新增建设用地8400亩，落实贫困户土地复垦周转金5亿元。

4. 全面构建大扶贫格局

落实习近平总书记"形成全社会广泛参与脱贫攻坚格局"的重要指示要求，全面构建大扶贫格局。纵深推进中央单位定点扶贫工作，尤其是充分发挥中央单位资源优势，补齐发展短板，加强水利建设，在推进产业扶贫、教育扶贫、就业扶贫、消费扶贫、金融扶贫等方面下功夫，9家中央单位定点扶贫14个国家级贫困区县。出台《关于进一步加强鲁渝扶贫协作工作的意见》《重庆市鲁渝扶贫协作三年行动计划》，深化细化鲁渝扶贫协作，建立高层联席会议制度，签订协作协议，开展高层互访和结对市区县调研对接，重庆市委书记、山东省委书记分别率团互访，市政府制定支持鲁渝扶贫协作14条政策，印发《关于建立鲁渝扶贫协作对接机制的实施意见》，高位推动扶贫协作事项，人才交流、劳务协作、产业合作、消费扶贫等重点工作推动有力。深入实施"万企帮万村"精准扶贫行动，全市2299家民营企业结对帮扶1975个村，累计投入资金32亿元，带动6.8万贫困户稳定脱贫。深化市内对口帮扶，建立"市领导+集团+部门+区县+深度贫困乡镇+定点攻坚村"帮扶机制，组织375家市级单位组建18个市级扶贫集团结对帮扶18个深度贫困乡镇及所在贫困区县。组织36家市属国有企业开展国资专项扶贫，对口帮扶贫困程度较深的彭水、酉阳、城口、巫溪4县，每年投入帮扶资金4亿元。优化区县对口帮扶机制,组织主城都市区18区结对帮扶14个国家级贫困区县,累计落实帮扶资金23亿元。

(七)锚定"两不愁三保障"突出问题确保脱贫高质量

落实习近平总书记"着力解决'两不愁三保障'突出问题"的重要指示要求,坚定不移地把解决"两不愁三保障"突出问题作为最重要、最紧迫的任务,开展多轮次排查摸底,健全"两不愁三保障"及饮水安全动态清零机制,建成精准扶贫大数据平台,逐户逐人逐项实现问题动态销号。

1. 强力控辍保学,推进基本义务教育资源均等化,确保所有贫困家庭义务教育阶段的孩子不失学辍学

印发《关于精准开展义务教育控辍保学工作的通知》《关于进一步做好劝返复学学生教育教学管理工作的通知》等文件,依法强化政府职责,建立市级部门横向联动、市教委与区县教委上下联动、教育部门内部联动的工作机制,创新构建"1+N"联控联保责任体系,精准构建控辍保学体系,开发上线市级控辍保学动态管理平台,实现招生、学籍、扶贫、民政、残联等"五类数据共享",严格按照"全覆盖"要求,实施"一县一策""一人一案",分类开展控辍保学工作。针对贫困学生实施"三大专项计划",倾斜安排专项资金,针对贫困区县教育发展短板,量身定做项目,支持贫困区县补短板,强弱项,先后实施了学前教育推进工程、寄宿制学校建设工程、全面改善农村义务教育薄弱学校办学条件等项目,全面提升贫困地区基本义务教育办学条件。实现所有贫困家庭子女义务教育阶段无因贫失学辍学。

2. 多管齐下强化基本医疗保障体系,确保所有贫困人口看得上病、看得起病

治病、救助、防病多管齐下,政府、市场、社会共同发力,扎实开展医疗保障扶贫工作，着力构建防止因病致贫返贫长效机制。压实区县责任，建立市、区县两级台账，实现动态调整管理，通过资助参保，确保"应保尽保"。构建了贫困人口城乡基本医疗保险、城乡居民大病保险和精准脱贫、医疗救助制度、疾病应急救助、健康扶贫医疗基金、扶贫济困医疗基金的"三保险""两救助""两基金"多重医疗保障体系，贫困人口基本参保率、大病救治率、家庭医生慢病签约服务管理率、重病兜底保障率均达100%。全面实施分级诊疗、"一站式"结算和"先诊疗后付费"制度，贫困人口得了大病、重病基本生活不受影响。加强县乡村医疗机构设施建设，实现乡乡都有标准化卫生院，村村都有标准化卫生室、合格村医，贫困区县远程诊疗服务全覆盖。在全国率先以省为单位统一开发贫困人口医疗救助"一站式"结算平台，实现基本医保、大病保险、民政救助、扶贫基金、商业保险互联互通，贫困人口身份自动识别，医疗费用报销金额自动核定，市内就诊医疗费用自动结算。

3. 健全危旧房改造与服务体系，确保所有贫困人口住上安全房

扎实推进危旧房改造。落实"鉴定安全、改造安全、保障安全"的要求，实施贫困户、农村低保户、农村分散供养特困人、贫困残疾人家庭4类重点对象存量危房拉网式摸排，完成住房安全等级鉴定与农村危房动态改造，实现"危房不住人，人不住危房"。强化住房安全等级鉴定挂牌，实行房屋安全等级挂牌公示制度。严格危房改造验收，加强质量管理和配套设施建设，注重保留民族特色和地方风格，实现住得安全、住得放心。紧扣"住房安全有保障"底线任务，优先满足基本居住条件，同步改善农村人居环境，注重与保护发展贫困地区传统村落相结合，有效保护空间格局、村庄形态和传统建筑等文化载体，留下乡村建设的巴渝符号和文化记忆。建立建设服务体系、技术指导体系和建设实施体系"三大体系"，保障乡村危房改造建设服务质量与水平。全面采集现有农村住房

建设信息,建立"农房信息系统",运用智能化、大数据手段,推进对结构不安全、功能不完善等方面存在问题的农村旧房实施整治提升。

4. 大力实施饮水安全巩固工程与安全保障制度建设,确保所有贫困人口喝上放心水

制定《重庆市农村贫困人口饮水安全保障工作实施方案》,实施农村饮水安全巩固提升工程,因地制宜解决水量、水质、用水方便程度、供水保证率等问题。出台《关于建立健全农村供水工程运行管护长效机制的意见(试行)》,建立健全农村供水工程运行管护长效机制。为加快解决贫困人口饮水安全保障问题,在投资安排上实行差异补助政策,加大对贫困区县的支持力度。全面开展饮水安全"回头看",实行饮水安全挂牌制度,贫困人口饮水安全问题及时销号。

(八)着力攻克深度贫困

落实习近平总书记"加快推进深度贫困地区脱贫攻坚"的重要指示要求,始终聚焦深度贫困,紧扣精准脱贫向深度发力,补短板、强弱项、促发展,确保不落一户、不漏一人。18个深度贫困乡镇91个贫困村全部脱贫出列,1.6万户、6.3万名建档立卡贫困人口全部脱贫,所有贫困群众实现"两不愁"真不愁、"三保障"全保障,贫困群众对脱贫攻坚满意度均达99%以上。

1. 对标对表精准识别深度贫困县和乡(镇)

2017年7月,市委、市政府参照国家深度贫困县识别标准,结合重庆实际,按照贫困发生率高、贫困人口占比高、贫困村占比高、人均可支配收入低、基础设施差、生存环境差、主导产业带动能力差、低保五保残疾等贫困人口脱贫任务重、因病致贫人口脱贫任务重、贫困老人脱贫任务重"三高、一低、三差、三重"识别标准,从14个国家扶贫开发工作重点区

县中逐县逐乡逐村倒排普查、综合排序,精准识别4个市级深度贫困县、18个市级深度贫困乡镇。这18个市级深度贫困乡镇山高坡陡沟深,基础设施落后,发展基础薄弱,有建档立卡贫困村91个、占52.6%,贫困人口5.6万,贫困发生率17.9%(2014年数据),成为重庆脱贫攻坚的坚中之坚、困中之困、难中之难。

2. 构建强有力的组织领导体系

落实习近平总书记"强化党政一把手负总责的领导责任制"的重要指示要求,做到领导带头、上下联动,构建坚强有力的组织领导体系,严格落实"一把手责任制",市、区县、乡镇、村四级书记一起抓。一是实行领导定点包干。出台《深度贫困乡(镇)定点包干脱贫攻坚行动方案》,明确目标任务和工作方式。18位市领导亲自担任深度贫困乡镇脱贫攻坚指挥长,实行定点包干。其中,陈敏尔书记定点联系石柱县中益乡,唐良智市长定点联系奉节县平安乡、巫溪县红池坝镇。18个市级扶贫集团对口帮扶深度贫困乡镇,主要负责同志任常务副指挥长,负责整合资源、统筹协调。落实市一级总体责任、区县一级主体责任、乡村两级直接责任,层层压实责任,层层传导压力。二是区县党委政府主抓主攻。深度贫困乡镇所在区县党政主要负责人每月至少到深度贫困乡镇调研一次脱贫攻坚工作,区县党委常委会会议每月至少研究一次深度贫困乡镇脱贫攻坚工作,区县党委政府每年向市委、市政府和指挥长报告深度贫困乡镇脱贫攻坚工作。乡镇、村社实行挂图作战,对照时间表、路线图一项一项抓落实。三是市级部门合力共推。市级各部门积极参与、组织18个驻乡工作队,派出18位厅级领导担任工作队长,吃、住、干在基层一线(三在村);选派驻乡70名工作队员、88名驻村第一书记,认真履行帮扶职责。473家市级单位组建18个市级扶贫集团结对帮扶深度贫困乡镇,积极筹措资金、推动项目落地。

3. 坚持现行标准不打折，精细落实精准方略

落实习近平总书记"坚持现行脱贫标准，既不拔高，也不降低"的重要指示要求，工作户户到家、人人见面，实现"两不愁三保障"问题动态清零。组织县乡村三级干部全面摸排、逐户核查、集中研判，对照"两不愁三保障一达标"标准，确保应进全进、应退全退。根据致贫原因与贫困户共同制定脱贫方案，做到"一户一策"。一是强化义务教育保障。创新联控联保责任体系，分类开展控辍保学，实施"一乡一策、一人一案"。建立从学前到研究生各教育阶段全覆盖、公办民办学校全覆盖、家庭经济困难学生全覆盖的资助政策体系，实现所有贫困家庭子女义务教育阶段无因贫失学辍学。二是强化基本医疗保障。建立"三保险""两救助""两基金"多重医疗保障体系，贫困人口基本参保率、大病救治率、家庭医生慢病签约服务管理率、重病兜底保障率均达100%。全面实施分级诊疗、"一站式"结算和"先诊疗后付费"制度，确保贫困人口得了大病、重病基本生活不受影响。三是强化住房安全保障。拉网摸排农户农房，严格危房改造验收，实现贫困户农村危房动态清零。加强质量管理和配套设施建设，注重保留民族特色和地方风格。四是强化饮水安全保障。因地制宜解决群众水量、水质、用水方便程度、供水保证率等问题，建立健全农村供水工程运行管护长效机制，集中供水工程全部落实管护责任人，对贫困群众集中供水水费实行减免。

4. 注重脱贫实效，整合资源突出重点精准发力

落实习近平总书记"提高脱贫实效"的重要指示要求，坚持深度发力、精准聚焦，破解深度贫困乡镇发展难题。坚持规划先行、项目支撑、监管到位，快速推进脱贫攻坚项目。一是补齐基础设施短板，深度改善生产生活生态条件。统筹加大片区交通、水利、能源、通信等基础设施建设，建成投运巫山机场、仙女山机场，开通兰渝、渝怀、渝利、黔张常铁路，加快推进郑万、渝湘高铁，奉节至湖北建始、巫溪至开州、渝湘高速扩能

等高速公路项目建设,新建改建农村公路1445公里,实施农村饮水、水土保持、小水电扶贫等工程项目489个,新建10千伏线路413公里,建成4G基站293个,完成危旧房屋改造5000户,实施一大批人居环境整治工程,基本实现乡镇污水、垃圾集中处理全覆盖。二是培育扶贫主导产业,深度调整产业结构。组织专家组深入调研指导,"一乡一策"规划主导产业,实施特色效益农业项目283个、生态特色产业和生态旅游业项目120个,并引进和培育龙头企业57家,覆盖贫困人口2万余人。比如,巫溪县红池坝镇根据海拔高差和立体气候,错季错位发展"小规模、多品种、高品质、好价钱"山地特色效益产业,打造宜居宜业宜游的现代生态休闲农业示范园。三是推动"三变"促"三增",深度推进农村集体产权制度改革。采取村民联动、村社共建、股份合作等形式,推动农村资源变资产、资金变股金、农民变股东,促进农民增收、产业增效、生态增值。清理核查集体资产3.8亿元,完成土地承包经营权确权颁证8.2万户,土地规模经营度达到50%。开展贫困人口创新创业培训1.1万人次,新增科技特派员200余名。

5. 坚持政府主导社会协同,强化深度贫困攻坚合力

落实习近平总书记"形成全社会广泛参与脱贫攻坚格局"的重要指示要求,坚持政府主导、社会协同,增强深度贫困乡镇攻坚合力。一是发挥政府投入的主导作用。市级财政每年为每个深度贫困乡镇落实专项资金2000万元,区县财政配套1000万元。市交通局、市水利局、市规划自然资源局、市国资委等市级行业部门3年投入42亿元以上,对深度贫困乡镇实施倾斜帮扶。二是发挥金融资金的助推作用。国开行、农发行、农行、人保财险公司等金融机构探索支持深度贫困乡镇脱贫攻坚新模式,提供"单列贷款计划、基准利率放贷、贷款年限较长、绿色通道审批"优惠贷款,给予190亿元贷款授信额度。三是发挥社会力量的帮扶作用。鲁渝扶贫协作资金、项目、人才向深度贫困乡镇倾斜,山东省投入深

度贫困乡镇帮扶资金11.6亿元、占总资金的52.97%;援建项目581个、占总项目的45.36%。中央单位定点扶贫加大帮扶投入,帮助销售深度贫困乡镇扶贫产品6500多万元。18个市级扶贫集团3年累计投入帮扶资金6.63亿元。"万企帮万村"精准扶贫行动实现172个行政村全覆盖。

6. 坚持多措并举、志智双扶,强化脱贫内生动力

落实习近平总书记"充分调动贫困群众积极性、主动性、创造性"的重要指示要求,坚持多措并举、志智双扶,提振深度贫困乡镇群众精气神。一是强化典型示范。建立脱贫荣誉制度,推出扶贫脱贫典型"中国好人"22个、"重庆好人"107个。组织3个宣讲团,挑选15名脱贫攻坚一线先进典型,开展基层脱贫攻坚先进事迹宣讲。在农民工春节返乡期间,举办脱贫攻坚"讲习所"、"农民夜校"、院坝会等,实现面对面交流、点对点宣传。二是强化技能培训。围绕"一户一人一技能"目标,开展农村实用技术、乡村旅游、手工艺技能等培训9926人次,有效提高贫困群众致富能力。

(九)坚持问题导向强化考核督查

落实习近平总书记"要建立年度脱贫攻坚报告和督查制度,加强督查问责,把导向立起来,让规矩严起来"的重要指示要求,严格实施扶贫考核督查和对干部的执纪问责。

1. 完善扶贫攻坚考核评估与督查巡查体系,硬化扶贫考核评估,强化执纪问责

以最严格的考核评估和督查巡查制度确保扶贫攻坚工作做实做细。一是完善定性与定量、第三方评估与部门对账、集中考核与平时工作相结合的考评机制,提高脱贫攻坚在经济社会发展实绩考核中的权重,以最严格的考核确保脱贫质量过硬。邀请党代表、人大代表、政协委员、群

众代表、民主党派和专家、记者全程监督,确保考核评估较真逗硬、公平公正。二是统筹市委巡视组、市委督查办、市政府督查办和市扶贫开发领导小组办公室力量,健全专项巡视、督查巡查、部门监管、审计监督、舆论监督"五位一体"的监督体系。市委在全国率先开展脱贫攻坚专项巡视,组建16个由正厅局级干部担任组长的督查巡查组开展常态化督查巡查,对33个有扶贫脱贫任务的区县开展全覆盖扶贫专项审计。三是各民主党派围绕脱贫攻坚开展民主监督,建立健全主动发现问题、及时解决问题的机制。四是加大脱贫攻坚追责问责力度。出台扶贫领域监督执纪问责七项制度,市纪委监委设立第八纪检监察室专司民生监督工作,深入开展扶贫领域预防职务犯罪专项行动。建立举报追查和查实曝光制度,建立主体责任和监督责任追究制度等。

2. 高度重视中央脱贫攻坚专项巡视整改

2019年1月17日,中央巡视组巡视意见反馈后,市委、市政府高度重视,按照习近平总书记在中央政治局常委会会议听取巡视综合汇报时的重要讲话精神和中纪委国家监委、中央巡视办、中央巡视组要求,迅即启动整改工作。对反馈的4方面13个问题,诚恳接受、照单全收,同时举一反三、全面查摆。多次召开市委常委(扩大)会议、市政府常务会议和市委落实中央脱贫攻坚专项巡视反馈意见整改工作领导小组会议,以及全市落实中央脱贫攻坚专项巡视整改工作动员部署会,对标对表,认真研究谋划整改工作,高质量完成全部整改任务,同时,注重建立长效机制,形成制度建设成果49项。

强化组织领导,压紧压实整改责任。组建市委落实中央脱贫攻坚专项巡视反馈意见整改工作领导小组。成立11个专项小组,分别由相关市领导任组长,从专项小组牵头部门抽调干部,集中办公,常态化、机制化推动整改工作落细落实。区县的巡视整改工作实行市领导包干联系,分别由18个市领导一对一联系18个贫困区县。全面形成"领导小组+专项小组+定点包干"的领导责任体系。

明确整改要求,全面安排精心部署。召开全市中央脱贫攻坚专项巡视整改动员部署会。印发《中央第四巡视组脱贫攻坚专项巡视反馈意见整改落实方案》。明确整改任务56条、175项,制定时间表、路线图。各部门各区县迅速响应积极行动,各贫困区县及时召开巡视整改动员大会,各扶贫开发工作非重点区县迅速召开动员大会。各专项小组分别召开专题会议,研究制定专项整改落实方案。各相关部门、单位通过多种方式,及时传达会议精神,研究整改方案,作出安排部署,迅速推进具体整改工作。

强化领导带头,推进整改落细落实。深化学习,春节后举办深入学习习近平总书记关于扶贫工作重要论述专题研讨班,深学笃用习近平总书记关于扶贫工作重要论述。深化反思,市委、市政府党组在全国"两会"前召开巡视整改专题民主生活会,对标对表中央和市委要求,从政治站位上找问题、从思想认识上找原因、从责任担当上找差距、从工作落实上找不足,认真反思自己在脱贫攻坚中的差距和不足。深化履责,开展市领导蹲点"促改督战"专项行动,落实好领导责任、示范责任、督导责任、分类指导责任、责任传导责任。

健全工作制度,标本兼治真改实改。建立巡视反馈意见整改清单制。按照整改任务项目化、事项化要求,各级各部门制定问题清单、任务清单、责任清单,做到定人、定责、定目标、定时间、定任务、定标准,确保每项整改任务都落实到具体领导、部门和人头。建立巡视反馈意见整改责任包干制。市领导包干联系18个贫困区县巡视整改,扎实推进巡视整改工作落地落实。建立和实施巡视整改日常监督机制。由市纪委监委机关牵头,常态化开展明察暗访、定期开展阶段性督查和整改工作"回头看",并将整改工作纳入脱贫攻坚年度考核。

三、党的十八大以来重庆决战脱贫攻坚的工作亮点与特色做法

结合重庆实际情况，全市上下积极探索决战决胜脱贫攻坚及深度衔接乡村振兴的路径和方法，在实践中摸索出不少切实有效的做法与工作亮点。

（一）创新资产收益扶贫机制强化产业联动效应

落实习近平总书记"加强产业扶贫"等重要指示要求，全市深度推进农村集体产权制度改革，实现贫困人口和村集体经济收入双增加，紧密农村干群关系，解决集体经济空心化问题，提升村集体经济组织的号召力与凝聚力，促进了乡村治理模式的创新，实现了区域内政策资源的公平合理配置，增强了贫困地区发展活力。

1. 创新四大利益联结模式，稳定增加贫困群体收入

一是村级集体经济带动模式。通过资源有效利用、资产量化入股、提供社会服务、开展租赁业务、发展混合经营、地票收益分成、林权权益让渡、实施光伏扶贫、发展互助资金等方式，培育发展新型村级集体经济。二是龙头企业产业覆盖模式。在贫困村推行"龙头企业+合作社（基地）+贫困户"模式，财政扶贫资金通过股权投入、企业信贷贴息、启动资金直补到户等方式，将龙头企业与贫困户紧密捆绑，形成财政资金跟着贫困人口走、贫困人口跟着产业项目走、产业项目跟着龙头企业走的带动模式。三是固定资产投资共享模式。利用贫困地区资源优势，财政扶贫资金投入形成固定资产，发展扶贫电站、光伏产业、渔业养殖等，所得

收益按一定比例提取后,用于贫困户分成。四是小额信贷资金收益模式。因户分类施策,对有一定发展能力和还款能力的贫困户,全覆盖优先提供信贷支持,帮助其直接发展产业。

2. 完善产业联动机制,强化产业扶贫效果

一是完善要素进入机制。探索将农村集体土地实行所有权、承包权、经营权"三权分置",通过土地租赁、托管、入股等模式。开展农村集体经济组织清产核资和量化确权改革试点,以股权证的形式固化村民收益分配权益。全面推行农业项目财政补助资金股权化改革试点,用活财政资金。二是完善产业服务机制。组建了榨菜、山羊、晚熟柑橘等扶贫产业技术创新团队和各类产业科技专家组,为扶贫产业发展提供技术保障。三是完善收益分配机制。在股权化改革试点中,兼顾农业企业、农户、村集体组织三方利益,按比例持股,按持股分红。资产收益分配重点向失能弱能贫困户倾斜,实现深度贫困户低保兜底、资产收益兜底的"双兜底"保障。贫困户只享有股份收益权,对已死亡或稳定脱贫的贫困户股份,由村集体收回后重新分配到新致贫户或者留作集体收益,形成资产良性循环。四是完善风险防控机制。设置参与股权化改革试点门槛,遴选当期生产经营好、后续发展潜力大的产业项目,优选经营主体,明确农业企业项目自筹资金不得低于财政补助资金。建立履约保证金、分红预存、固定资产质押等制度,最大限度控制项目风险。引导经营主体购买农产品收入保险,锁定价格和产量,化解自然风险和市场风险。企业(合作社)履约尽责不到位的,收回财政补助资金外,列入不诚信黑名单。

(二)推行"五定法"精准解决"两不愁三保障"突出问题

落实习近平总书记"解决'两不愁三保障'突出问题""要打牢精准扶贫基础"等重要指示要求,坚持定标施策、定向发力、定点消除、定网监

测、定责问效,以精准精细的政策措施,确保"两不愁三保障"突出问题解决措施落地落细,推动脱贫攻坚走深、走实。

1. 定"标"施策,精准确定政策标准

按照"坚持现行脱贫标准,既不拔高,也不降低"的要求,组织市级部门和区县对"两不愁三保障"政策措施全面清理,对照国家政策清单,由市扶贫开发领导小组办公室会同市级部门清单化项目化提出意见,形成全市政策标准,按程序报批后由区县实施。

2. 定"向"发力,精准聚焦薄弱环节

开展多轮次专题调研,查找出影响解决"两不愁三保障"突出问题的7大类24方面薄弱环节。重点关注扶持发展长效扶贫产业,完善产业发展与贫困户利益联结机制;丧失劳动力、失能半失能人员相对集中供养的问题;控辍保学全程动态管理问题;贫困人口医疗保险全覆盖、乡村医疗机构标准化建设、配备培训乡村医生,开展慢性病、常见病防治等问题;全覆盖开展农房安全鉴定,加快完成危房改造和易地扶贫搬迁,确保所有贫困户住上"放心房"的问题;解决部分群众季节性缺水,让所有农村贫困群众喝上"放心水"。

3. 定"网"监测,精准实施动态管理

建立常态化核查机制,全面摸排贫困户"两不愁三保障"情况,建立工作台账,逐户核实销号,每月动态变化,全面掌握未脱贫、已脱贫、临界户三类群众"两不愁三保障"状况。依托全市精准扶贫大数据平台,分级分行业建立"两不愁三保障"监测平台,构建市级信息共享机制,对接健康扶贫医疗救助"一站式"结算平台、贫困学生资助信息平台、农村危房系统等,自动巡查排查、分析预警研判,动态监控整改进展,实现"两不愁三保障"基本信息动态化、数字化管理。组织区县全面开展书记遍访、干

部走访、教师家访、医生巡访和农技随访等"五访行动",走深走实"最后一公里"。

4. 定"点"消除,精准精细攻坚举措

动员10多万干部对所有贫困人口"两不愁三保障"情况进行拉网式排查,通过APP实时上传数据,做到户户上门、人人见面。组织开展脱贫措施"户户清"行动,定出时间表,建立问题台账,做到定人、定责、定目标、定标准。建立市级部门、区县、乡镇、村"四级联动"工作机制,实行问题整改签字背书制度,逐户逐项限时解决销号。重点盯住未脱贫户特别是深度贫困户、已脱贫"临界户"和十类重点户(低保户、五保户、残疾人户、危房户、无房户、大病户、老人户、外来户、小姓户、吊散户)等群体。

5. 定"责"问效,精准压实工作责任

理顺"两不愁三保障"工作机制,以责任倒逼推进工作落实。落实市委、市政府的政治责任,市扶贫开发领导小组办公室的"统筹责任",市级行业部门的"主管责任",区县党委、政府的主体责任,纪委监委机关的"监督责任",党员干部的"帮扶责任"等六个责任。

(三)聚焦"四个深度"攻克深度贫困堡垒

落实习近平总书记"脱贫攻坚的主要难点是深度贫困"等重要指示要求,按照精准到人头、统筹到区域的要求,每个乡镇由一个市领导挂帅、一个市级部门牵头负责、一个扶贫集团对口帮扶、派驻一个驻乡工作队、制定实施一个脱贫攻坚规划,围绕"四个深度"发力,加快推进深度贫困乡镇脱贫攻坚工作。

1. 深度改善生产生活生态条件

截至2020年,18个深度贫困乡镇新建改建农村公路1215公里,实施

农村饮水、水土保持、小水电扶贫等水利工程项目489个,保障了农村饮水安全,改造形成了稳定的农村电力供应系统,实现4G网络信号全覆盖。

2. 深度调整农业产业结构

18个深度贫困乡镇大力调整优化粮经结构,发展特色高效农林经济作物,粮经比例从2017年初的9∶1到2020年的4∶6,特色产业发展初见成效。此外,积极探索一三产业、一二产业融合发展之路,沿着农业产业链积极发展乡村旅游、山地农特产品加工和光伏发电等产业,在脱贫攻坚中发挥了重要的作用。

3. 深度推进农村集体产权制度改革

18个深度贫困乡镇积极探索资源变资产、资金变股金、农民变股民"三变"改革,建立"龙头企业+村集体经济组织+合作社+农户"的发展模式和利益联结机制,组建新型农村集体经济组织21个,成立农民专业合作社297个。

4. 深度落实扶贫惠民政策

18个深度贫困乡镇坚持把脱贫质量放在第一位,深度落实"两不愁三保障"政策,"两不愁"问题得到较好解决,人均可支配收入达到9952元,安全饮水保障率达到100%。"三保障"政策落实到位,没有因缺资金失学辍学现象,所有贫困村均有标准化卫生室和合格村医,贫困人口住院自付比例控制在10%以内,累计实施贫困人口易地扶贫搬迁9991人,危房改造5000余户。

(四)锻造脱贫攻坚铁军

落实习近平总书记"脱贫攻坚任务能否高质量完成,关键在人,关键在干部队伍作风"等重要指示要求,出台《关于进一步加强扶贫干部队伍建设的通知》，从选拔使用、教育培训、关爱激励等方面细化措施，着力打造一支懂扶贫、会帮扶、作风硬的扶贫干部队伍，为打赢脱贫攻坚战提供坚强保证。

1. 牢记殷殷嘱托，筑牢决战决胜思想根基

强化政治引领。坚持把习近平总书记关于扶贫工作重要论述作为做好扶贫工作"源头活水"，组织开展各类各种学习活动，以学促干、以学促改。强调感恩奋进。总书记视察重庆时的充分肯定，让全市干部群众倍感振奋、倍受鼓舞、倍增信心。市委召开五届六次全会，研究制定了《关于贯彻落实习近平总书记在解决"两不愁三保障"突出问题座谈会上重要讲话精神的实施意见》，切实把脱贫攻坚成效作为检验扶贫干部政治忠诚、政治能力的"试金石"。强化示范带动。市委、市政府领导到18个贫困区县蹲点督战、"定点包干"，以担当带动担当，以作为促进作为，带动党员干部坚决啃下脱贫攻坚"硬骨头"。

2. 坚持尽锐出战，充实保障扶贫工作力量

在保持基层扶贫干部队伍总体稳定的基础上，统筹调配全市干部资源，把优秀干部选派到脱贫攻坚一线。严格执行"贫困县党政正职要继续保持稳定和党政领导班子分管负责同志分工也要保持稳定"的纪律，保持市内所有国贫区县党政正职稳定，严肃分工调整报备纪律，保持市内所有国贫区县分管负责同志分工稳定。充实扶贫工作部门力量，通过择优选调、跨部门交流等方式把优秀干部安排到扶贫部门工作。按照尽锐出战要求，精心选派驻乡驻村扶贫干部。从市属单位选派扶贫干部，做到市级选派第一书记对有扶贫开发任务区县全覆盖。

3. 鲜明用人导向，选好用好优秀扶贫干部

坚持在脱贫攻坚一线考察识别干部，树立实干创实绩、有为才有位

的用人导向,大力选用优秀扶贫干部。畅通基层扶贫干部晋升渠道,长期投身脱贫攻坚且年度考核称职以上的企事业专技人员,在职称评审上纳入"绿色通道"特殊人才申报范围。同时,通过定向选调、考录、招聘等方式,探索拓展农村基层干部、本土人才、"三支一扶"人员等发展空间,充分调动扶贫一线干部积极性。完善扶贫实绩考核机制,大幅度提高脱贫攻坚工作在经济社会发展考核中权重,开展驻乡驻村扶贫干部专项考核,单列驻乡驻村扶贫干部年度考核指标。

4. 聚焦能力提升,打造懂扶贫、会扶贫的干部队伍

实施分级分类全覆盖扶贫干部培训计划,加强专业培训,加强实践锻炼,强化能力提升、实践锻炼,强化日常管理,锻造了一支懂扶贫、会扶贫的干部队伍。

5. 强化激励保障,落实减负措施,关心关爱扶贫干部

通过政治上关心、工作上支持、心理上关怀、待遇上保障,激励全市广大扶贫干部在脱贫攻坚中干事创业、担当作为。

(五)探索财政扶贫资金"五改"精准到户机制

落实习近平总书记"资金使用精准"重要指示要求,紧扣"精准"方略,突出"产业"带动,构建"联结"机制,强化"绩效"管理,探索财政扶贫资金"改补为奖、改补为贷、改补为保、改补为股、改补为酬",将补助资金与具体生产经营活动挂钩,让有意愿、有能力的贫困群众得到实实在在的扶持,防止大水漫灌,防止政策养"懒汉",既丰富扶贫资金精准到户方式,又放大财政资金杠杆作用,更激发贫困群众内生动力。

1. 改"补"为"奖",强化"多干多补"

制定"菜单式"项目清单,引导贫困群众自主选择产业项目,通过以

奖代补、先建后补、事后奖补等办法，引导贫困群众发展产业，防止包办代替，防止大水漫灌。区县设立生产性奖补资金，贫困群众从事生产经营活动，在具备一定基础、规模和效益后，给予一定资金奖励，变事前补助为事后奖励。

2. 改"补"为"贷"，强化"风险补偿"

财政扶贫资金支持建立扶贫小额信贷风险补偿金，给予贷款贴息补助，为贫困户提供"3年以内、5万以下、免抵押、免担保、基准利率"的信贷支持，解决贫困群众发展产业资金短缺难题。突出扶贫小额信贷的带贫惠贫作用，在坚决防止"户贷企用"的前提下，将贫困户是否参与并融入产业发展、扶贫小额信贷是否用于发展生产和经营作为核心要件。

3. 改"补"为"保"，强化"风险保障"

采取先试点后推开的方式，通过政府购买服务，与商业保险机构合作，形成"精准脱贫保+产业脱贫保+防贫返贫保"三保联动的保险扶贫格局，分别为所有建档立卡贫困户、深度贫困乡镇范围内的建档立卡贫困户和常住农村的非建档立卡非"四类人员"的农村人口防范和化解自然风险和市场风险。市级、区县财政专项扶贫资金以及其他社会捐赠资金，针对贫困户参加的相关商业保险，根据情况予以一定保费补贴。

4. 改"补"为"股"，强化"股权激励"

全面推行农业项目财政补助资金股权化改革，在不改变资金使用性质及用途的前提下，将财政补助给农业企业和农民合作社的发展类、扶持类资金等，量化为所涉村集体、农民和贫困户股份，结合土地入股发展农业产业化经营。全面推进资产收益扶贫，将产业项目资金的一半，交由流转土地的农民和当地集体经济组织持股，每年固定分红，优先扶持贫困村贫困户，兼顾"临界"贫困户，重点保障深度贫困户，让贫困户搭上产业发展"顺风车"。

5. 改"补"为"酬",强化"劳有所获"

通过财政扶贫资金一次性建设补助、带动就业示范奖补等方式,引导企业在贫困村发展扶贫车间,吸纳贫困家庭劳动力就近就业,实现"挣钱顾家两不误"。开发保洁、治安、护路、护林、管水、扶残助残、养老护理等扶贫类、基层公共社会服务类公益性岗位,财政资金给予公益性岗位补贴和社会保险补贴。林业部门面向贫困户选聘生态护林员等。

(六)携手山东促进消费扶贫

落实习近平总书记"要完善东西部结对帮扶关系"重要指示要求,坚持政府引导、社会参与、市场运作、机制创新,鲁渝两地牵手共推"十万吨渝货进山东"和"十万山东人游重庆"两大活动,积极引导和发动社会各界力量参与消费扶贫,将重庆贫困山区的"绿水青山"真真切切地变为"金山银山",使贫困群众从"望天吃饭"实实在在地走向"靠山致富"。

1. 实施"十万吨渝货进山东",为山区农产品找销路

针对重庆贫困地区产品销路窄、组织化程度低、增产不增收等突出问题,积极引导当地农特产品、畜产品、旅游产品、劳务服务等对接市场需求,促进贫困地区产品变商品、收成变收入、服务变劳务,带动贫困人口脱贫增收。充分利用第二届"中华老字号(山东)展览会"、全国农商互联暨精准扶贫产销对接大会等国家级、省级展销平台,组织鲁渝两地农业龙头企业合作交流。发挥山东省农产品对外经贸优势,借助进出口销售渠道,探索"借船出海"合作模式。充分利用中央和市级农产品供应链建设、电子商务进农村等专项资金及鲁渝协作专项资金,支持贫困区县农产品集配中心、冷链物流项目、电商配送站点建设及电商人才培训,着力培育骨干企业,完善流通设施,补齐流通短板。开展"重庆万吨脐橙进

山东""重庆贫困乡村优质农产品进入省会大型超市销售""巫山脆李进烟台"等活动,通过组织大型产销对接会、实地对接考察等,推动重庆农特产品进入山东批发市场、大型超市、商圈社区。依托山东电商优势,加强人才培训、理念输出,积极助推重庆电子商务发展。支持搭建"鲁渝协作——重庆地理标志产品质量溯源服务云平台"。

2. 开展"十万山东人游重庆",借山区旅游促消费扶贫

消费扶贫重在内容,贵在品牌。经过鲁渝两地不懈努力,"十万山东人游重庆"已从单一文旅营销活动,变为鲁渝扶贫协作品牌,成为两省市东西部扶贫协作的重要抓手。制定《鲁渝扶贫协作组织山东游客赴重庆贫困区县旅游奖励办法(试行)》,为"十万山东人游重庆"创造宽松活跃的市场环境。围绕文化旅游产业,开展"壮美长江、诗画三峡""畅游三峡、万州出发""万里长江·天生云阳"等多形式宣传推介活动,全面提升贫困区县旅游产品在山东的知名度。深度挖掘、展示重庆特色旅游资源、农特产品资源和扶贫协作工作成果等,推动山东人对了解和参与重庆旅游活动。新开通旅游包机航线4条(济南至万州、青岛至黔江、日照至黔江、烟台至巫山)和旅游扶贫专列2列("酉阳桃花源号"和"黔江濯水号"),打通了贫困地区交通不便的障碍,变"劣势"为"优势"。

(七)全力化解疫情、灾情的影响

2020年突如其来的新冠疫情与长江洪峰灾情,在决胜脱贫攻坚的关键时刻给重庆圆满完成目标任务增加了难度,在一定程度上影响了贫困农户外出务工的机会与务工收入、贫困家庭房屋等财产安全及扶贫产业发展的稳定性等增加了返贫风险。落实习近平总书记"要落实分区分级精准防控策略,努力克服疫情影响"的重要指示,市委、市政府接续谋划开展定点攻坚战、百日大会战、收官大决战,强化攻坚态势,全力化解疫情灾情对完成脱贫攻坚目标任务的影响。

1. 统筹"战疫"与"战贫"，全面化解疫情影响

全市上下认真学习贯彻习近平总书记在统筹推进新冠肺炎疫情防控和经济社会发展部署会上的重要讲话精神，高度重视做好疫情防控消除对扶贫攻坚的影响，将统筹好"战疫""战贫"作为专项巡视"回头看"和成效考核反馈问题一体整改落实的重要任务，专门成立了化解疫情影响的专项小组，制定了专项工作方案，出台了70多项政策措施，建立起周调度、月通报机制，全面推进复工复产、复商复市，全面化解疫情对脱贫攻坚的影响。一是通过加强劳务输出地和输入地精准对接、帮助贫困群众返程务工，创设防疫消杀、社区巡查、卡点值守等临时性公益岗位等方式帮助贫困劳动力实现稳岗就业。二是加快涉农带贫企业和扶贫项目建设进程，帮助本土企业尽快复工复产，引导复产企业增加对贫困农民工的就业吸纳。三是加快推进消费扶贫，着力解决扶贫产品滞销问题。通过及时发布疫情影响滞销农产品信息，建立滞销农产品信息推送、直销带货等机制，强化疫情期间的滞销农畜产品销售。四是帮扶措施持续发力，确保贫困群众基本生活不受影响。疫情防控期间，组织20余万帮扶干部开展电话或微信联系、帮助购买或赠送防护用品，开展防控知识和脱贫攻坚政策宣传宣讲、脱贫需求调查、制定脱贫增收计划，推进"五个一"帮扶，驻村工作队于2月底前全部到岗，驻村干部(含第一书记)于2020年4月上旬前全部到岗，为贫困人口提供新冠肺炎专属商业保险。

2. 统筹"战灾"与"战贫"，全面化解灾情影响

2020年入汛后的长江洪灾在不同程度上直接影响了全市有扶贫开发任务的所有区县，涉及992个贫困村、9.8万贫困人口，贫困人口因灾死亡4人，贫困户因灾影响农作物5300余公顷。为此，强化灾情预警，全力组织受灾影响的群众疏散转移，开展住房和饮水安全等隐患排查，抢修受损扶贫基础设施，调整落实救灾资金，动员贫困群众开展生产自救，最大幅度地减少灾情对脱贫攻坚的影响。因灾造成贫困户饮水安全问题

6179户、住房安全问题349户得到了及时妥善解决,没有出现因灾致贫返贫的情况。

(八)通过"六强化五提升六机制"巩固脱贫攻坚成果

落实习近平总书记"把防止返贫摆在重要位置,减少和防止贫困人口返贫""探索建立解决相对贫困长效机制"等重要指示,一手抓贫困人口如期脱贫,一手抓脱贫成果巩固拓展,高质量打赢打好脱贫攻坚战。

1. 以"六强化"巩固贫困户脱贫成果

一是强化义务教育保障。持续改善贫困地区办学条件,强化控辍保学,确保已脱贫和未脱贫家庭子女全覆盖持续享受教育保障政策。二是强化基本医疗保障。深入实施大病集中救治、慢病签约服务、重病兜底保障"三个一批"行动,建档立卡户全部纳入基本医疗保险、大病保险和医疗救助等制度保障范围,常见病、慢性病能够在区县、乡镇、村三级医疗机构获得及时诊治。三是强化住房安全保障。全面鉴定动态新增建档立卡贫困户等4类重点对象的住房安全等级,跟踪脱贫户住房安全。四是强化饮水安全保障。动态掌握农村饮水安全现状,及时消除饮水安全问题,保障农村人口喝上"放心水"。五是强化稳定增收成果。完善新型农业经营主体与贫困户联动发展利益联结机制,提高产业带贫益贫能力。加强就业失业基础信息动态管理,开展"定向式"技能培训。六是强化基本生活兜底保障。完善农村最低生活保障标准动态调整机制,提高农村低保保障水平。做好失能特困人员集中照护工程,解决贫困人员后顾之忧。

2. 以"五提升"巩固贫困村脱贫成果

一是提升基础设施。加快推进农村交通、水利、电力、通信等建设,促进农村基础设施建设以建为主转到建管并重,重点建设"四好农村路",深入实施农村饮水安全巩固提升工程。二是提升产业发展。强化以"山地农业、山地旅游"为主导的特色扶贫产业覆盖带动,引导龙头企业参与产业扶贫,实现有劳动能力、有产业项目的贫困户全覆盖。三是提升集体经济。加快村级集体经济发展,切实加强农村集体经济组织资金、资产、资源管理,强化对贫困户的利益联结。四是提升人居环境。扎实推进农村人居环境整治三年行动,加快实施农村"厕所革命",实现农村人居环境明显改善,村民环境与健康意识普遍增强,推动农户住房由"住得安全"向"住得舒适"提升。将财政涉农整合资金适当用于农村人居环境整治项目。五是提升治理水平。持续整顿软弱涣散村党组织,健全党组织领导的自治、法治、德治相结合的乡村治理体系,全面实施村级事务阳光工程,完善"四议两公开"制度,发挥村民议事会、红白理事会等社区社会组织作用。

3. 以"六项机制"防止已脱贫群众返贫

一是建立健全动态监测机制。紧盯建档立卡贫困人口、脱贫不稳定人口、边缘户,对返贫致贫趋势进行预警和提前干预。二是建立健全持续帮扶机制,扎实开展脱贫攻坚"回头看"。三是建立健全"志智"双扶机制,积极培育文明乡风、优良家风、新乡贤文化,加强贫困农村移风易俗工作。四是建立健全扶贫项目运管机制,建立脱贫攻坚资产台账,明确扶贫项目建设管理责任,加强后期管理维护,推进农村公共基础设施维护。五是建立健全社会力量帮扶机制,持续推进市级扶贫集团和区县结对帮扶,继续实施"万企帮万村"行动,引导社会组织参与扶贫减贫,支持扶贫公益组织、志愿者探索发展公益众筹扶贫。六是建立健全脱贫攻坚与乡村振兴衔接机制,把脱贫攻坚作为优先任务,以乡村振兴巩固脱贫成果,开展脱贫攻坚与乡村振兴工作衔接,在18个深度贫困乡镇率先开展脱贫攻坚与乡村振兴衔接试点。

四、党的十八大以来重庆决战脱贫攻坚取得的成效

市委、市政府时刻牢记习近平总书记殷殷嘱托,对"国之大者"心中有数、肩上有责,全面落实党中央决策部署,团结一心、沉心静气、埋头苦干,交出了脱贫攻坚的硬核答卷,带领全市人民与全国人民一道告别了延续千年的绝对贫困。农村贫困人口全部实现脱贫,贫困地区发展步伐显著加快,脱贫地区整体面貌发生历史性巨变,脱贫群众精神风貌焕然一新,党在农村的执政基础更加牢固。许多人的命运因此而改变,许多人的梦想因此而实现,许多人的幸福因此而成就。

(一)全面高质量完成脱贫攻坚任务

截至2020年,重庆市决战决胜脱贫攻坚取得了全面胜利,高质量实现了各项脱贫攻坚任务要求。

1. 如期完成脱贫攻坚工作

截至2020年,重庆市内的14个国家级贫困县、4个市级贫困区县全部摘帽,区域性整体贫困得到解决;1919个贫困村全部脱贫出列;累计动态识别(含贫困家庭人口增加)的190.6万建档立卡贫困人口全部脱贫,所有贫困群众实现"两不愁"真不愁、"三保障"全保障。地处武陵山、秦巴山集中连片特困地区的12个区县摆脱贫困,18个市级深度贫困乡镇发生翻天覆地变化,区域性整体贫困得到有效解决,如期兑现了向党中央和全市人民的庄严承诺。

贫困群众收入显著提高。14个国家级贫困县农村常住人口人均可支配收入由2014年的8044元增加到2019年的13832元,年均增长

11.7%,比同期全国平均增幅高2个百分点,比全市平均增幅高1.6个百分点。建档立卡贫困人口中,90%以上得到了产业和就业扶贫支持,人均纯收入由2014年的4468元增加到2019年的10938元,年均增幅23.7%。

2. 重庆脱贫攻坚工作获得总书记的肯定,得到国家层面的认可

2019年4月15日至17日,习近平总书记亲临重庆视察,对重庆脱贫攻坚工作给予充分肯定。总书记指出"党的十九大以来,重庆聚集深度贫困地区脱贫攻坚,脱贫成效是显著的","重庆的脱贫攻坚工作,我心里是托底的"。

2020年8月,李克强总理到重庆考察时,对我市统筹打好战疫情、战复工、战贫困、战洪水"四场大战"给予充分肯定。

中央脱贫攻坚专项巡视"回头看"反馈意见指出,"重庆市委强化专项巡视整改和脱贫攻坚组织领导,全面落实党中央决策部署,带领全市广大干部群众,团结一致、沉心静气、埋头苦干,正以决战决胜的精神状态和滚石上山的工作韧劲不断推动脱贫攻坚工作取得新的成效"。

在国家2019年脱贫攻坚成效考核中,重庆市综合评价、东西部扶贫协作被评为"好"等次,财政专项资金绩效评价被评为"优秀"等次。国家脱贫攻坚成效考核反馈意见指出"重庆市党政干部脱贫攻坚的政治意识、责任意识、担当意识前所未有,市委、市政府对脱贫攻坚采取的举措、投入的资金、投入的精力前所未有,全市发生的变化、取得的成效、老百姓的获得感前所未有"。

2021年国务院印发通报,督查激励重庆为"在2020年脱贫攻坚成效考核中认定为完成年度计划、减贫成效显著、综合评价好的地方"。

国务院扶贫开发领导小组脱贫攻坚督查组认为重庆市脱贫攻坚具有"工作实、质量高、成色足、经验新"四个突出特点,并指出"重庆市委、

市政府把脱贫攻坚作为重大政治任务,把脱贫攻坚问题整改作为增强'四个意识'、坚定'四个自信'、做到'两个维护'的具体行动,深入学习贯彻习近平总书记关于扶贫工作重要论述,以及总书记在听取脱贫攻坚成效考核和专项巡视'回头看'时的重要讲话、在视察重庆重要讲话和在解决'两不愁三保障'突出问题座谈会上的重要讲话、在决战决胜脱贫攻坚座谈会上的重要讲话精神,坚持在学懂、弄通、做实上下功夫,做到学深悟透、内化于心、外化于行,以高度的政治自觉和强烈的政治担当抓好整改落实。坚决纠正孙政才抢时间、赶进度的错误做法,彻底肃清了孙政才的恶劣影响。以上率下扛起整改责任,统筹推进'战贫''战疫''战灾',做到了真认账、真反思、真整改,既整改解决具体问题,又完善政策举措,加强制度建设,各种检查发现的问题得到了全面的整改,脱贫攻坚即将圆满收官,取得全面胜利","重庆市完全可以向党中央、向重庆人民交一份高质量的答卷,圆满完成脱贫攻坚各项目标任务"。

3. 为全国扶贫工作贡献较多可推广经验

国务院扶贫开发领导小组脱贫攻坚督查组在反馈意见上指出:"重庆在统筹推进脱贫攻坚问题整改和新冠肺炎疫情防控实践中,探索出不少行之有效的经验做法,值得总结推广",如"坚持学深悟透习近平总书记关于扶贫工作的重要指示精神""坚持以强有力的举措应对疫情和洪灾影响""建立'两不愁三保障'及饮水安全问题动态清零机制""切实巩固脱贫攻坚成果防止返贫""积极探索脱贫攻坚与乡村振兴衔接"等。

在决战决胜脱贫攻坚之际,中央宣传部向全社会宣传发布脱贫攻坚一线优秀党员干部代表黄诗燕、毛相林的先进事迹,授予他们"时代楷模"称号。重庆市巫山县竹贤乡下庄村村委会主任毛相林,43年不改初心使命,坚守偏远山村,坚持苦干实干,带领村民历时7年铺就一条8公里的"绝壁天路",培育"三色"经济,发展乡村旅游,推进移风易俗,把绿水青山变成了金山银山,让乡亲们过上了富裕文明生活。2021年2月25

日,在全国脱贫攻坚总结表彰大会上,毛相林被党中央、国务院表彰为"全国脱贫攻坚楷模",习近平总书记第一个给毛相林颁奖。

鲁渝扶贫协作、江津区社会扶贫创新工作等多项重庆的扶贫经验入选《中国社会扶贫创新优秀案例集》;武隆区积极探索旅游扶贫"新路子"等实践经验入选《世界旅游联盟旅游减贫案例2018》;奉节县"葱花"村、城口县青山绿水变"靠山"、綦江"化整为零"对接助农增收、巫溪山村展新颜等诸多实践经验被新华社、中央电视台、经济日报社等多家中央媒体关注报道,在全国范围内产生较大影响。

(二)"两不愁三保障"中的突出问题动态清零

重庆把解决"两不愁三保障"中的突出问题作为重中之重。市委五届六次全会审议《关于贯彻落实习近平总书记在解决"两不愁三保障"突出问题座谈会上重要讲话精神的实施意见》,制定《重庆市解决"两不愁三保障"突出问题实施方案》。全市组织20万干部展开4轮排查摸底、2次脱贫攻坚"回头看",全面摸排650万户1742万人,发现建档立卡贫困户中"两不愁三保障"存在问题户5072户10645人,至2019年末,"三保障"及饮水安全5155个问题点全部销号。

1. 确保了农村家庭子女义务教育阶段无因贫辍学

在全面落实国家资助政策基础上,出台8项政策,每年投入各类教育资助资金50亿元以上,惠及400多万人次,实现贫困家庭子女应助尽助,农村家庭子女义务教育阶段无因贫辍学。

2. 解决了贫困人口看病难、看病贵的问题

在贫困区县改扩建县级医院19所、乡镇卫生院180所、村卫生室1048所,14个国家级贫困县人民医院和中医院均达到二级医院标准,实现乡乡都有标准化卫生院、村村都有标准化卫生室。建立"三保险""两

救助""两基金"医疗保障体系,贫困人口总体住院费用自付比例9.69%,重特大疾病、慢性病门诊费用自付比例12.81%,医疗负担控制在可承受范围,贫困人口大病专项救治病种扩大到33种,落实慢病签约服务管理18.5万人,贫困人口大病集中救治率、家庭医生慢病签约服务管理率、重病兜底保障率均达到100%,贫困人口县域内就诊率达到98.18%,看病难、看病贵问题得到较好解决。

3. 实现了贫困农户危房动态清零

重庆市实施贫困户、农村低保户、农村分散供养特困人员、贫困残疾人家庭4类重点对象危房拉网式摸排,完成住房安全等级鉴定100.7万户,完成农村危房改造29.43万户,实现贫困户农村危房动态清零。

4. 确保了贫困人口饮水安全有保障

实施农村饮水安全巩固提升工程,农村集中供水率达到88%,自来水普及率达到86%,全面开展饮水安全"回头看",实行饮水安全挂牌制度,贫困人口饮水安全问题及时销号。2020年深入开展"定点攻坚"和"百日大会战",饮水安全项目全部完成。2020年夏季因特大洪灾造成6179户贫困户饮水安全问题均及时得到妥善解决。

(三)"五个一批"精准脱贫全部实现

1. 特色扶贫产业成为脱贫的坚实基础

重庆强化以山地农业、山地旅游为主导的特色扶贫产业带动贫困人口198.7万人次,共计投入扶贫产业发展资金200多亿元,在贫困区县创建11个市级以上现代产业农业示范园,创建特色农产品优势区21个,"一村一品"示范村433个,培育乡村旅游扶贫示范乡镇75个、示范村(点)453个。认定涉贫农业龙头企业998家,创建国家和市级示范合作社733个,发展家庭农场2.3万个,培育致富带头人7208名,选聘2.87万名产业发展指导员,建成150个农产品产地集配中心、3350个乡镇村电商服务站点,培育农村电商带头人3900余人。全市扶贫产业到户46.7万户,覆盖90%以上的贫困户,实现村村有扶贫产业、户户有增收项目。

2. 易地扶贫搬迁强力助推脱贫攻坚

坚持"以岗定搬、以业定迁"原则,同步谋划落实搬迁举措与后续扶持。落实中央预算内投资21.2亿元、市级差异化补助资金5.3亿元、融资资金132.5亿元,完成搬迁25.2万人,建成集中安置点253个。强化搬迁后续扶持,持续抓好就业帮扶、产业扶贫、社区融入、完善配套等工作。集中安置点特色产业覆盖搬迁贫困户3890户14175人,覆盖率达93.3%。为6258户搬迁户解决"菜园地"2298亩。引导有就业意愿、就业能力搬迁贫困劳动力就业10.65万人,实现搬迁户零就业家庭动态清零。

3. 生态补偿与脱贫攻坚相得益彰

加大贫困地区生态保护修复力度,大力发展森林康养等生态产业,推动产业生态化、生态产业化,实施林业科技扶贫示范项目46项,落实森林生态效益补偿资金24亿元,开展区县横向生态补偿交易19.2万亩、4.8亿元,建成森林康养基地29处、森林乡村1449个、森林人家3460多家,生态护林员岗位选聘贫困群众26037人。

4. 发展教育从根本上消除贫困

实施义务教育薄弱环节改善和能力提升工程,累计投入资金154.95亿元,改善义务教育薄弱学校办学条件。定向招聘"特岗教师"6463名,培养"全科教师"8615名,培训乡村教师10.6万余人次。加强乡镇寄宿制学校和乡村小规模学校建设,5230所义务教育阶段学校99.04%达到了国家"20项底线要求"。全面实施高中贫困毕业生定向培养(全科医生)招生计划、免费学前师范生和全科教师计划。全市初中毕业生升学率由

2013年96.27%上升到2019年的98.95%，由于初中阶段学生辍学大幅下降，同期高中阶段毛入学率由88.96%上升到96.90%，全市适龄人口义务教育基本全保障。

5. 社会保障形成强有力的兜底保障

建立社会救助标准自然增长和物价上涨联动机制，目前农村低保标准提高到每年5280元，较现行脱贫收入标准高1280元。将符合条件的25万贫困人口纳入兜底保障，落实"低保渐退""单人户入保"等制度，实现应保尽保。推行农村失能半失能特困人员相对集中供养，将1.26万贫困人口纳入特困供养，对符合条件的贫困人口代缴城乡居民养老保险费，全市131万应参保贫困人员养老保险实现"应保尽保"。

（四）区域性发展环境显著改善

优化区域发展环境，破除制约贫困地区经济社会发展的各种制约与瓶颈是脱贫攻坚工作的重要内容，党的十八大以来，重庆贫困区县的基础设施、人居环境、公共服务和集体经济组织都得到了显著的改善。

1. 基础设施瓶颈基本破除

基础设施提升工程贯穿重庆脱贫行动始终，成效显著，制约贫困地区、贫困群众发展的基础设施瓶颈问题基本破除。道路基础设施方面。17个区县通高速公路，14个国家级贫困区县高速公路通车总里程达到1050公里。贫困地区的所有乡镇之间实现高等级公路相联，实施"四好农村路"建设，行政村100%通柏油路或水泥路，撤并村100%通公路，99.3%的行政村通客运，村民小组通达率通畅率分别达到了95.3%和74.4%。贫困区县累计新增公路里程33372千米，其中新增农村硬化路里程23723千米，农村硬化路比例65%。电力基础设施方面。实施农网改造，农网供电可靠率达99.8%，1919个贫困村、185.1万贫困人口已通生活用电，覆盖率均达

100%;1919个贫困村通动力电、覆盖率100%,动力电覆盖贫困人口31.62万人。信息化基础设施方面。光纤网络和4G网络实现行政村全覆盖,实现4G信号自然村全覆盖,广播电视信号实现自然村全覆盖。贫困群众出行难、饮水难、上学难、看病难、通信难等老大难问题普遍解决。

2. 人居环境全面重塑

实施人居环境提升行动,贫困群众居住环境全面重塑。农村卫生厕所普及率达79.7%;开展典型流域农业面源污染治理,贫困区县建设污水管网2324公里,实施污水处理设施改造29座,实现全市乡镇和常住人口1000人以上的农村居民聚居点集中式污水处理设施和配套管网全覆盖;累计实施饮水安全巩固提升工程3147个,保障58.6万贫困人口生产生活用水;农村集中供水率达87%、农村自来水普及率达80%。

3. 公共服务质量大幅提升

实施公共服务提升行动,贫困地区基本公共服务能力迅速提高,贫困群众生活环境实现质变。以文化、卫生、教育等公共服务体系建设为重点,不断完善公共服务基础设施,打造专业人才队伍。文化方面,累计建成乡镇(街道)综合文化服务中心3681个,数字农家书屋580个;卫生方面,累计投入资金21.8亿元,改建扩建县级医院19所、乡镇卫生院180所、村卫生室1048所,14个国家级贫困县人民医院和中医院均达到二级医院标准,实现了乡乡有标准化卫生院、村村有标准化卫生室。教育方面,每年投入各类教育资助资金50亿元以上,新建、改扩建校舍面积378万平方米,建成远程"同步课堂"456个,惠及400万余人次。人才队伍方面,统筹"三支一扶"、博士服务团、首席规划师等人才项目,选派教育、卫生、规划等专业人才1019名到贫困地区服务;通过定向培养、定向使用等方式,为贫困地区招收培养全科师范生7476名、全科医生7683名。

4. 集体经济得到长足发展

实施集体经济提升行动，贫困群众经济基础大幅改善。市、区两级共投入扶持资金6.9亿元，为1919个贫困村制定了村级集体经济发展规划。深化完善农村项目财政资金股权化改革和收益分配方式，农村"三变"改革试点村达到591个。其中贫困村192个，占贫困村的10%，11.4万贫困人口成为股东，2020年底完全消除贫困村集体经济"空壳村"。在符合条件的巫山、巫溪、奉节实施光伏扶贫内容，建设村级光伏扶贫电站287座，13745kW，覆盖287个贫困村，村集体经济收益年均在5万元以上。

五、党的十八大以来重庆决战脱贫攻坚工作的启示

纵观十八大以来重庆决战脱贫攻坚实践，可以总结出以下重要的经验与启示。

（一）始终坚持以习近平同志为核心的党中央集中统一领导是决胜脱贫攻坚最根本的政治和组织保证

我国脱贫攻坚取得了令全世界刮目相看的重大胜利，最根本的是总书记对脱贫攻坚念兹在兹、亲力亲为、领战督战、领航掌舵，以钉钉子精神抓扶贫，彰显了强烈的为民情怀和责任担当，为全党全社会作出表率。重庆市之所以能取得脱贫攻坚的重大胜利，最根本的原因就是遵循习近平新时代中国特色社会主义思想的科学指引，坚持以习近平同志为核心的党中央集中统一领导。2017年以来，市委、市政府带领全市上下自觉向总书记看齐，牢记嘱托，把深入学习贯彻习近平总书记关于脱贫攻坚的重要论述作为首要政治任务，坚持把总书记关于扶贫工作的重要论述作

为做好脱贫攻坚工作的理论指引、行动指南和工作法宝,用以武装头脑、指导实践、推动工作,坚持在学懂、弄通、做实上下功夫,做到学深悟透、内化于心、外化于行,使脱贫攻坚工作始终有"源头活水",才能常怀"国之大者"重责于心底,不折不扣全面落实党中央决策部署,感恩奋进、团结一心、沉心静气、埋头苦干、顽强作战,全面彻底肃清孙政才恶劣影响和薄熙来、王立军流毒,以脱贫攻坚实际成效体现政治忠诚和政治担当,推动脱贫攻坚各项工作落实落地。重庆的实践证明,只要我们坚决做到"两个维护",坚决听从习近平总书记指挥,坚决贯彻党中央决策部署,工作就有底气,发展就有希望,事业就能顺利,就一定能够战胜前进道路上的任何艰难险阻。

(二)坚持"以人民为中心"的初心和使命是决胜脱贫攻坚最本质的思想信念

坚持以人民为中心的发展思想,坚定不移走共同富裕道路。在党的领导下不断健全和完善中国特色脱贫攻坚制度体系,是我国消除绝对贫困的重要经验。党中央始终坚持践行"以人民为中心"的初心与使命,始终强调消除贫困、改善民生、实现共同富裕是社会主义的本质要求,是党坚持全心全意为人民服务根本宗旨的重要体现,是党和政府的重大责任。把群众满意度作为衡量脱贫成效的重要尺度,集中力量解决贫困群众基本民生需求,从根本上保障了脱贫攻坚战的全面胜利。重庆的实践证明,打赢脱贫攻坚战,最本质的精神源泉和思想信念就是自觉践行以人民为中心的发展思想,思人民所思、想人民所想,一切为了人民。只要我们始终坚定人民立场,千方百计解决人民群众最关心最直接最现实的利益问题,一件事情接着一件事情办,一年接着一年干,就一定能够推动共同富裕取得更为明显的实质性进展。

（三）坚持社会主义能够集中力量办大事的制度特征是决胜脱贫攻坚最关键的政治优势

发挥我国社会主义制度能够集中力量办大事的政治优势，形成脱贫攻坚的共同意志和共同行动是我国决胜脱贫攻坚非常重要的经验之一。广泛动员各族人民以及社会各方面力量共同向贫困宣战，同心合力攻坚，党政军民学劲往一处使。重庆市遵循党和国家的统一部署，纵深推进中央单位定点扶贫工作，在补齐发展短板、加强水利建设、推进金融扶贫等方面下大功夫。深化细化鲁渝扶贫协作，深化东西部扶贫协作合作协议，高位推动协作事项，建立劳务协作精准对接机制，山东省持续加大财政援助资金、财政援助项目、人才援助，深入推动消费扶贫。深化市内对口帮扶，组建市级部门扶贫集团、市属国有企业帮扶集团，优化区县对口帮扶机制。积极开展"万企帮万村"行动，引导群团组织、民主党派及其他社会组织全面参与扶贫事业，构建起专项扶贫、行业扶贫、社会扶贫互为补充的大扶贫格局和跨地区、跨部门、跨单位、全社会共同参与的社会扶贫体系。重庆的实践证明，打赢脱贫攻坚战，最关键的是充分发挥社会主义制度集中力量办大事的政治优势。只要我们始终坚持党的领导、坚定不移走中国特色社会主义道路，就一定能够办成更多像脱贫攻坚这样的大事难事，不断从胜利走向新的胜利。

（四）坚持精准方略，用发展的办法消除贫困是决胜脱贫攻坚最管用的科学路径

精准扶贫是打赢脱贫攻坚战的制胜法宝，开发式扶贫方针是中国特色减贫道路的鲜明特征。脱贫攻坚，贵在精准，重在精准。坚持对扶贫对象实行精细化管理、对扶贫资源实行精确化配置、对扶贫对象实行精准化扶持，建立了全国建档立卡信息系统，确保扶贫资源真正用在扶贫对象上、真正用在贫困地区。因村因户因人精准施策，因贫困原因针对性施策，因贫困类型差异化施策，对症下药，构建长效动态监测和管理机

制,真正发挥拔穷根的作用。同时下足绣花功夫,扶贫扶到点上、扶到根上、扶到家庭,防止平均数掩盖大多数。坚持开发式扶贫方针,坚持把发展作为解决贫困的根本途径,改善发展条件,增强区域自我发展能力、公共服务能力和社会保障能力,从消除连片区域贫困的整体性因素实现突破,打通区域整体发展的难点、痛点,实现由"输血式"扶贫向"造血式"帮扶转变,让发展成为消除贫困最有效的办法、创造幸福生活最稳定的途径。紧紧扭住教育这个脱贫致富的根本之策,强调再穷不能穷教育、再穷不能穷孩子,不让孩子输在起跑线上,努力让每个孩子都有人生出彩的机会,尽力阻断贫困代际传递。重庆的实践证明,打赢脱贫攻坚战,最管用的是坚定贯彻精准扶贫方略,既注重改善区域发展环境,又注重因村因户采取精准的脱贫攻坚科学举措。只要我们坚持精准的科学方法、落实精准的工作要求,坚持用发展的办法解决发展不平衡不充分问题,就一定能够为经济社会发展和民生改善提供科学路径。

(五)坚持群众主体,激发脱贫内生动力是决胜脱贫攻坚最有效的强大动能

脱贫必须摆脱思想意识上的贫困。把人民群众对美好生活的向往转化成脱贫攻坚的强大动能,实行扶贫和扶志扶智相结合,引导贫困群众依靠勤劳双手和顽强意志摆脱贫困、改变命运,引导贫困群众树立"宁愿苦干、不愿苦熬"的观念,让他们心热起来、行动起来。通过各种方式方法激发贫困群众内生动力,提升其脱贫致富的意愿与能力,激发贫困群众生产发展的斗志,挖掘贫困群众自强不息发展生产的潜力,坚定不移地走深走实"造血扶贫"之路。重庆的实践证明,打赢脱贫攻坚战,最有效的是不断激发贫困群众的内生动力。只要我们始终坚持为了人民、依靠人民,把人民群众中蕴藏着的智慧和力量充分激发出来,就一定能够不断创造出更多令人刮目相看的人间奇迹。

（六）坚持弘扬和衷共济、团结互助美德是决胜脱贫攻坚最可贵的社会氛围

坚持弘扬和衷共济、团结互助美德，营造全社会扶危济困的浓厚氛围，是我国打赢脱贫攻坚战的重要经验。推动全社会践行社会主义核心价值观，传承中华民族守望相助、和衷共济、扶贫济困的传统美德，引导社会各界关爱贫困群众、关心减贫事业、投身脱贫行动。为此，不断完善社会动员机制，积极搭建社会参与平台，创新社会帮扶方式，形成了人人愿为、人人可为、人人能为的社会帮扶格局。社会主义核心价值观、中华优秀传统文化是凝聚人心、汇聚民力的强大力量。脱贫攻坚伟大斗争锻造形成"上下同心、尽锐出战、精准务实、开拓创新、攻坚克难、不负人民"的脱贫攻坚精神，是中国共产党性质宗旨、中国人民意志品质、中华民族精神的生动写照，是爱国主义、集体主义、社会主义思想的集中体现，是中国精神、中国价值、中国力量的充分彰显，赓续传承了伟大民族精神和时代精神。重庆的实践证明，打赢脱贫攻坚战，最可贵的是大力弘扬和衷共济、团结互助的传统美德。只要我们坚定文化自信、坚守道德追求，深入践行社会主义核心价值观，不断激发全社会向上向善的正能量，就一定能够为各项事业新发展提供不竭精神力量。

（七）坚持锤炼过硬的工作作风是决胜脱贫攻坚最重要的能力

坚持求真务实、较真碰硬，做到真扶贫、扶真贫、脱真贫，是我国决胜脱贫攻坚的宝贵经验之一。把全面从严治党要求贯穿脱贫攻坚全过程和各环节，拿出抓铁有痕、踏石留印的劲头，把脱贫攻坚一抓到底。严格对标对表，认真查找脱贫攻坚实践中存在的问题，及时消除各类不正确的认识与思想苗头，根据严格的考评巡视结果进行深入整改，才能确保如期高质量脱贫。重庆市在不断地对标对表和整改考评意见指导下，实事求是地调整了全市扶贫开发工作重点区县脱贫摘帽指导计划，优化了脱贫攻坚思路,坚持目标导向与问题导向的统一,坚持以最严格的考核评估和督查巡查制度确保扶贫攻坚工作做实做细,高度重视中央脱贫攻坚专项巡视整改,压紧压实整改责任,高质量完成全部整改任务,确保高质量脱贫。重庆的实践证明,打赢脱贫攻坚战,最重要的是着力锤炼过硬作风能力。只要我们坚持实干兴邦、实干惠民,就一定能够把社会主义现代化建设的蓝图一步步变成现实。

六、强化成果巩固,衔接乡村振兴

党的十九届五中全会明确提出,"脱贫攻坚成果巩固拓展,乡村振兴战略全面推进"是我国"十四五"期间经济社会发展的重要目标。2020年12月3日召开的中央政治局常委会指出,当前我国发展不平衡不充分的问题仍然突出,巩固拓展脱贫攻坚成果的任务依然艰巨。市委、市政府迅速响应,全市各级各部门深入贯彻落实党的十九届五中全会精神,坚持目标导向、问题导向、结果导向,慎终如始推进各项工作,进一步巩固脱贫成果,积极构建扶贫脱贫工作长效机制,推进脱贫攻坚与乡村振兴有机衔接。

(一)持续深化思想理论武装

打赢脱贫攻坚战之后,全面推进乡村振兴,是"三农"工作重心的历史性转移。要继续深入学习贯彻习近平总书记关于扶贫工作重要论述、关于乡村振兴工作的重要论述和在中央政治局常委会会议听取脱贫攻坚总结评估汇报时、在贵州看望慰问各族干部群众时等一系列重要讲话精神,准确把握新形势新任务新要求,深入贯彻党的十九届五中全会精神,认真贯彻落实中央农村工作会议、全国巩固拓展脱贫攻坚成果同乡村振兴有效衔接工作会议和全国扶贫开发工作会议部署要求,准确把握脱贫之后接续推进乡村振兴,加快推进农业农村现代化深入。进一步落实落细习近平总书记对重庆提出的系列重要指示要求,进一步增强"四个意识"、坚定"四个自信"、做到"两个维护",推动学习贯彻往深里走、往心里走、往实里走,确保把总书记的殷殷嘱托落实在重庆大地上,确保党中央决策部署在重庆大地落地生根、开花结果。全面系统总结脱贫攻坚物质成果、精神成果、制度成果、政策成果、理论成果,提炼伟大脱贫攻坚精神。

(二)巩固拓展脱贫攻坚成果

要持续巩固拓展脱贫攻坚成果,一是严格落实"四个不摘"要求,保持现有帮扶政策、资金支持、帮扶力量总体稳定,有序扩大有关政策惠及面。二是进一步压紧压实巩固脱贫攻坚成果责任,要着力抓好查漏补缺工作,加快补齐工作薄弱环节,持续化解疫情灾情影响,统筹"战疫""战贫",抓好扶贫领域风险防范化解,维护贫困群众合法权益,坚决守住不发生规模性返贫的底线。三是对易返贫致贫重点人群要加强监测,健全落实防止返贫监测和帮扶机制,持续开展"回头看""回头帮",建立快速发现和响应机制。四是进一步突出山地农业、山地旅游为主导的特色产业发展,对脱贫地区产业要长期培育和支持,继续改善脱贫地区产业发展基础条件,大力发展农村电商,深入推进农村"三变"改革试点,扎实推进"三社"融合发展,大力发展新型村级集体经济,推动"产业扶贫"逐步转向"产业振兴"。五是强化易地搬迁后续扶持,对易地扶贫搬迁群众要搞好后续扶持,坚持易地搬迁和特色产业紧密结合,完善集中安置区公共服务和配套基础设施,确保搬迁群众稳得住、有产业、有就业、逐步能致富。六是健全扶贫资金资产项目管理运营机制,确保公益性资产持续发挥作用、经营性资产不流失或被侵占。七是深化拓展东西部协作,落实"一区两群"对口协作机制,完善社会力量参与帮扶机制,形成强大工作合力。八是加快构建解决相对贫困的长效机制。加强规划引领,编制巩固拓展脱贫成果规划,逐渐建立起政府主导、社会各界广泛参与的以贫困状态为帮扶依据的普惠型贫困救助机制;做好巩固脱贫成果后评估工作,开展农村低收入人口常态化帮扶,以现有社会保障体系为依托,完善政策措施,切实兜住农村低收入人口、弱劳力半劳力民生底线,防止滑向贫困。

(三)做好向乡村振兴的过渡衔接

决胜脱贫攻坚不是终点,而是推动乡村振兴发展的起点。脱贫攻坚与乡村振兴的有效衔接是一项复杂的系统工程,紧密结合实际,坚持把解决好"三农"问题作为全市工作重中之重,有力有序接续推进乡村振兴,加快推进农业农村现代化深入,做好从脱贫攻坚向乡村振兴的过渡,全面、分类推进乡村振兴,加快实现"产业兴旺、生态宜居、治理有效、乡风文明、生活富裕"。

一是做好脱贫攻坚经验总结,在乡村振兴中持续发挥作用。开展脱贫攻坚与乡村振兴专题调研,总结已有脱贫攻坚与实施乡村振兴战略有机衔接试点工作经验,让脱贫攻坚的智慧和经验在乡村振兴战略中发挥更大的作用,修改完善巩固拓展脱贫攻坚成果同乡村振兴衔接实施意见,做好产业发展衔接、政策衔接和社会治理衔接。

二是做好从产业扶贫向乡村产业振兴的过渡与转换。从脱贫攻坚发展到乡村振兴,首先要以产业振兴为抓手,构建可持续的产业发展长效机制。坚持因地制宜,培育和发展优势产业及主导产业,加快发展乡村产业,将产业兴旺与农业现代化、工业化和城镇化结合起来,在保护当地生态的基础上,推动一、二、三产业融合发展,根据本土优势发掘适宜的新产业新业态,实现沿产业链的集群化发展,延长农业产业链、价值链,有效提升产业发展的综合效益。推进城乡融合发展,深化农村综合改革,完善政策体系、工作体系、制度体系,衔接好脱贫攻坚主体与乡村振兴主体的关系,发展新型职业农民及产业经营机构,大力培育既懂农村农业发展规律,又能有效结合现代科技,通过党建引领,实行"三变改革"强化新型农村集体经济组织,充分发挥新型农村经济组织在整合资源、融合三产发展,引入科技生产要素,构建市场化产品与服务推广体系,拉动贫困群众增收致富等方面的作用,促进农业高质高效、乡村宜居宜业、农民富裕富足。要强化农村人才队伍建设,利用好归雁返乡、乡贤、本土村官等。要构建起多方共赢的机制,妥善管理和营运脱贫攻坚进程中所形成、积淀农村扶贫资产,确保扶贫产业稳定健康发展。

三是做好从扶贫基础设施与公共服务能力建设向夯实乡村振兴基础设施与公共服务能效的过渡与转换。坚持在发展中保障和改善民生,统筹做好就业、教育、社保、医疗、住房、养老、扶幼等各方面工作,扎实推动全体人民共同富裕,多渠道增加城乡居民收入,促进社会公平正义,让发展成果更多更公平惠及全体人民进一步强化农村基础设施和基本公共服务能力建设,改善人居环境。必须看到的是农村基础设施的城乡差距还依然巨大,这严重制约着农村优质生产要素进一步优化配置,生产力进一步解放。持续改善偏远贫困地区基础设施建设,补齐短板和薄弱环节,是推动脱贫攻坚与乡村振兴平稳、高效衔接的重要一环。

四是做好从"志智双扶"向乡风文明全面振兴的过渡与转换。加快乡风文明建设,深化"志智双扶"。继续安排"志智双扶"专项资金,积极开展就业培训、实用技能及精气神提升培训,提升乡村居民劳动技能和经营管理能力。修订《村民自治章程》《村规民约》,健全红白理事会等自治组织,不断激发农村群众推动农村高质量发展的内生动力,提升乡村振兴的文化根底和文明底蕴,唱响自力更生、艰苦奋斗的主旋律。讲好脱贫攻坚和乡村振兴故事,发挥榜样示范作用,凝聚强大正能量、提振精气神,激励群众靠辛勤劳动致富奔小康。

五是进一步完善乡村治理体系,做好脱贫攻坚与乡村振兴的社会治理衔接。要坚定不移推进全面从严治党向纵深发展,切实履行管党治党政治责任，以基层党建引领基层社会治理，持续巩固发展良好的政治生态，推动党中央决策部署在基层落地生根。脱贫攻坚过程形成了一系列的乡村治理经验，这些治理框架经过再创新，有助于形成服务于乡村振兴的治理体系，切实推进乡村振兴战略的实现。党的十九大报告明确提出，健全自治、法治、德治相结合的乡村治理体系，为建立健全推动乡村振兴的治理体系指明了方向，也为做好乡村治理的统筹衔接找准了支点。围绕乡村振兴的战略布局，推进乡村治理体系和治理能力现代化，要顺应信息化、智能化发展趋势，利用新一代信息技术推动"智慧乡村"建设，提升乡村治理现代化水平，切实打通服务群众"最后一公里"。

专 题 篇

牢记殷殷嘱托　决战脱贫攻坚

打赢脱贫攻坚战是党中央向全国人民作出的郑重承诺。党的十八大以来,以习近平同志为核心的党中央把脱贫攻坚摆在治国理政的突出位置,组织开展了脱贫攻坚人民战争,攻克了一个又一个贫中之贫、坚中之坚,脱贫攻坚取得了重大历史性成就。

重庆集大城市、大农村、大山区、大库区于一体,是全国脱贫攻坚的重要战场。习近平总书记高度重视重庆脱贫攻坚,亲临重庆考察指导,亲切看望贫困地区干部群众,给予全市上下巨大关怀、强大动力。2017年7月以来,重庆市委、市政府时刻牢记习近平总书记殷殷嘱托,对"国之大者"心中有数、肩上有责,全面落实党中央决策部署,团结一心、沉心静气、埋头苦干,交出了脱贫攻坚的硬核答卷,带领全市人民与全国人民一道告别了延续千年的绝对贫困。农村贫困人口全部实现脱贫,贫困地区发展步伐显著加快,脱贫地区整体面貌发生历史性巨变,脱贫群众精神风貌焕然一新,党在农村的执政基础更加牢固。许多人的命运因此而改变,许多人的梦想因此而实现,许多人的幸福因此而成就。

一、扛牢政治责任　以上率下齐力强势攻坚

坚决打赢脱贫攻坚战是重大政治任务和第一民生工程,是习近平

总书记亲自带领五级书记一起抓的一把手工程。市委、市政府坚持把旗帜鲜明讲政治贯穿脱贫攻坚工作始终,把脱贫攻坚成效体现在政治忠诚和政治担当上,强化思想武装、以上率下,巩固拓展"五级书记抓扶贫"、全市动员促攻坚的强劲态势。

(一)学重要论述强思想武装

坚持把习近平总书记关于扶贫工作重要论述作为做好扶贫工作"源头活水",强化思想武装,切实增强打好脱贫攻坚战的责任感和紧迫感,切实把重要论述铭刻在心、融入血脉。

突出政治引领。不断提高政治站位,坚决扛起脱贫攻坚的重大政治责任,始终把打赢打好脱贫攻坚战作为增强"四个意识"、坚定"四个自信"、做到"两个维护"的政治检验,不断增强紧迫感、责任感和使命感。围绕学习贯彻习近平总书记关于扶贫工作重要论述、在解决"两不愁三保障"突出问题座谈会上的重要讲话和视察重庆时的重要指示精神,组织开展专题学习,举办市管干部脱贫攻坚专题研讨班、"不忘初心、牢记使命"主题教育集中学习研讨读书班。截至2019年12月31日,市委理论学习中心组专题学习4次,各区县党委、政府中心组开展专题学习661次,市级各部门中心组学习930次。广泛开展理论宣讲,市、区县宣讲团,分别集中宣讲172场次、1.24万余场次,开展基层微宣讲2.39万余场次。

突出感恩奋进。习近平总书记2019年4月视察重庆时充分肯定"对重庆的脱贫工作,我心里是托底的",让全市干部群众倍感振奋、倍受鼓舞、倍增信心。5月,市委召开五届六次全会,研究制定《关于贯彻落实习近平总书记在解决"两不愁三保障"突出问题座谈会上重要讲话精神的实施意见》。7月,全体市领导赴石柱县开展"不忘初心、牢记使命"主题教育脱贫攻坚集体调研,重走总书记走过的路,召开脱贫攻坚现场工作会。20余万名干部扑下身子、问需于民,全面推动政策措施"户户清",以钉钉子精神推动脱贫攻坚工作。

（二）以上率下层层压实责任

坚决贯彻习近平总书记"脱贫攻坚越到最后越要加强和改善党的领导"重要指示精神，以上率下带领全市党员干部履职尽责、不辱使命。

强化示范带动。市委书记、市长带头落实脱贫攻坚"双组长制"，多次召开市委常委会会议、市扶贫开发领导小组会议、市委整改领导小组会议和市政府常务会议，研究部署脱贫攻坚工作。市委主要领导多次专题研究解决"两不愁三保障"等重点问题，市政府主要领导多次专题研究扶贫资金使用管理等工作，其他市领导多次召开扶贫领域专题会议，协调解决具体问题，以上率下、示范带动各级干部真抓实做脱贫攻坚工作。市领导深入87个乡镇、174个村，走访贫困户和脱贫户310户，召开院坝会、座谈会92场次，开展面对面脱贫攻坚政策宣讲112场次，现场督查指导扶贫项目267个，提出政策建议240条，开展干部谈心谈话314人次。

扣紧责任链条。严格落实"五级书记抓扶贫"的工作要求和"市负总责、区县抓落实"的工作机制，督促各级党政主要负责人把主体责任、第一责任扛在肩上，进一步传导、扣紧、压实脱贫攻坚的政治责任，切实把工作做好，把承诺兑现好。市委书记带头履行第一责任人责任。市领导挂帅，组建18个市级扶贫集团对口帮扶18个扶贫开发工作重点区县。33个有扶贫开发工作任务的区县，扶贫开发领导小组全部实行区县委书记和区县长双组长制。充分发挥区县党委作为本区县脱贫攻坚总指挥部、乡镇党委一线战斗部、村党组织战斗堡垒"三个作用"，层层签订责任书，确保市、区县、镇乡、村四级书记齐抓共管。

（三）强队伍建设汇尽锐合力

市委、市政府坚决贯彻习近平总书记"一鼓作气、尽锐出战，确保如期实现脱贫目标"的重要指示精神，加强队伍建设，坚持尽锐出战，充实保障扶贫工作力量。

突出选优派优。统筹调配全市干部资源，把优秀干部选派到脱贫攻坚一线。配强贫困区县和乡镇领导班子，严格执行纪律，保持14个国家级贫区县党政正职稳定和分管负责同志分工稳定。结合全市机构改革，充实扶贫工作部门力量。精心选派驻乡驻村扶贫干部，全市共有贫困村第一书记和驻村工作队员6531名，保持了一村一队、队伍稳定，做到了人员不撤离、帮扶力度不削弱。

突出有为有位。坚持在脱贫攻坚一线考察识别干部。对在脱贫攻坚一线担当作为、干出成绩、群众欢迎的干部，注意培养使用。特殊人才"绿色通道"申报范围向扶贫干部倾斜，拓展扶贫一线干部成长空间。完善扶贫实绩考核机制，大幅度提高脱贫攻坚工作在经济社会发展考核中权重，单列驻乡驻村扶贫干部年度考核指标，全面掌握干部现实表现。

突出能力提升。实施精准扶贫培训计划，分级分类全覆盖培训扶贫干部。一是加强专业培训。以学习贯彻习近平总书记关于扶贫工作重要论述为重点，对涉及扶贫工作的干部开展全覆盖精准扶贫培训。二是加强实践锻炼。定期选派优秀年轻干部到扶贫部门顶岗锻炼，对实绩突出的优秀年轻干部强化跟踪培养。三是加强日常管理。严格落实驻乡驻村干部到岗签到、在岗抽查、履职召回等制度，倒逼驻乡驻村干部扎实历练、提升能力。

二、突出精准施策　敬终如始决战脱贫攻坚

脱贫攻坚战是一场必须打赢打好的硬仗，没有任何退路和弹性。市委、市政府持续加强脱贫攻坚力量，以"咬定青山不放松"的韧劲、"不破楼兰终不还"的拼劲，坚定信心、顽强作战，贯彻精准方略，聚焦"两不愁三保障"突出问题，聚焦深度贫困攻坚克难啃下"硬骨头"，敬终如始、不辱使命，坚决完成脱贫攻坚目标任务。

（一）聚焦精准帮扶增强脱贫攻坚实效

坚决贯彻习近平总书记扶贫开发"贵在精准、重在精准、成败之举在于精准"的指示精神，始终把精准方略落实到脱贫攻坚全过程各环节各方面，强化靶向治疗、对症下药，坚持因地制宜、因户施策，确保扶到点上、扶到根上。

扶贫对象精准。一是网格化管理，建立领导干部"包乡、包村、包户"责任制，做到网格到户、责任到人，确保精准识别"应进必进"。二是数字化管理，开发精准扶贫大数据平台、脱贫人口"回头看"软件系统、"两不愁三保障"走访调查系统、脱贫成效跟踪监测系统等，充分发挥大数据智能在管理的作用。三是常态化指导，出台《重庆市扶贫对象动态管理办法》，组建区县乡（镇）村三级扶贫信息员队伍和市县（区）乡镇三级扶贫对象动态管理业务指导组，实现动态管理规范化常态化。每年对扶贫对象进行动态调整，累计动态识别建档立卡贫困人口190.6万人，近年来贫困人口识别准确率、退出准确率均为100%，信息数据质量位居全国前列，多次在全国扶贫对象动态管理有关会议上作经验交流。

项目安排精准。出台《关于建立完善区县级脱贫攻坚项目库的实施意见》，坚持管理扁平化、储备精准化、流程规范化、监测常态化、实施快捷化，严格实行负面清单管理，强化项目论证，优化入库程序，加强入库审查，做好动态调整，落实公告公示制度，建好管好脱贫攻坚项目库。2018—2020年入库扶贫项目4.2万个。坚持"四个优先"安排项目，三年累计实施扶贫项目3.8万个。

资金使用精准。2015—2020年，全市累计投入各类扶贫资金1004亿元。坚持扶贫资金切块备案制，资金总量精准到区域，工程项目精准到村，保障性措施精准到户到人，强化扶贫资金使用绩效。坚持"谁主管、谁使用、谁监管""上下联动、归口管理"的原则，建立健全"一法、五规、十项制度"为主体的扶贫资金项目监管制度体系。

措施到户精准。深入实施"五个一批"工程，因户施策，分类指导，推动扶贫措施精准落实。**一是**把产业扶贫作为根本之策,构建以"山地农业、山地旅游"为主导的扶贫产业发展布局。**二是**把易地扶贫搬迁作为斩断穷根的重大举措,完成搬迁25.2万人,建成集中安置点253个,实现搬迁户零就业家庭动态清零。**三是**统筹推动脱贫攻坚与生态保护双赢,加大贫困地区生态保护修复力度,大力发展森林康养等生态产业,推动产业生态化、生态产业化,开展区县横向生态补偿交易19.2万亩、4.8亿元,生态护林员岗位选聘贫困群众26037人。**四是**把教育作为阻断贫困代际传递的治本之策,投入资金56.26亿元,全面实施农村义务教育薄弱环节改善和能力提升工作,贫困地区办学条件明显改善。**五是**把社会保障作为打赢脱贫攻坚战的兜底防线,将符合条件的25万贫困人口纳入低保保障,落实"低保渐退""单人户入保"等制度,全市131万应参保贫困人员养老保险实现"应保尽保"。

因村派人精准。坚持将选优严管实训驻村干部作为打通脱贫攻坚"最后一公里"的桥梁,出台《关于贫困村驻村工作队选派管理的实施意见》,通过双向式对接、集团式选派,把有担当、有情怀、有本事的精兵强将派到脱贫攻坚一线。采取"自下而上提需求、自上而下派干部、组织部门审核把关"双向选择、供需对接,"菜单式"精准选派驻村干部,做到精准配对、人岗相宜。选派第一书记4491名,其中市级单位选派443名。

脱贫成效精准。健全区县自查、市级检查、第三方评估、认可度调查"四位一体"评估退出机制,严格退出标准和程序,确保成熟一个退出一个。严格对照"两不愁三保障"标准,落实"一出三不出"要求,开展多部门联合认定"脱贫达标",夯实贫困户退出工作,确保脱真贫、真脱贫。按照国家统一部署,2020年高质量完成16个区县、36.2万户贫困户国家脱贫攻坚普查;对其余17个区县、5.2万户贫困户开展市级专项调查,覆盖全市86%的贫困户,确保脱贫攻坚经得起历史和实践检验。

（二）聚焦"两不愁三保障"推进问题动态清零

市委、市政府牢记习近平总书记2019年在重庆视察和"两不愁三保障"突出问题座谈会上的重要指示，以精准精细的政策措施，确保"两不愁三保障"落地落细，推动脱贫攻坚走深走实。

精准确定政策标准。把解决"两不愁三保障"突出问题作为基础性战役、底线性任务。5月20日至21日，召开市委五届六次全会，出台155条工作措施。7月17日，召开全市脱贫攻坚现场工作会议，对解决"两不愁三保障"突出问题再研究、再部署；其后又分别召开产业扶贫、就业扶贫、消费扶贫、易地扶贫搬迁、义务教育、基本医疗、住房安全、饮水安全等现场推进会。对照国家政策清单，对44条市级政策和33个区县1255条具体措施逐一研判，形成全市政策标准。

精准聚焦薄弱环节。建立及时发现问题、精准解决问题的工作机制，查找出影响解决"两不愁三保障"突出问题7大类24个方面薄弱环节，制定出台实施方案，优化政策供给。在"两不愁"方面，重点扶持发展长效扶贫产业，完善产业发展与贫困户利益联结机制，确保每一个贫困人口吃穿不愁。在"三保障"和饮水安全方面。持续开展控辍保学行动，精准落实教育资助政策，不断改善贫困地区办学条件。强化乡村两级医疗卫生机构和队伍建设，精准实施健康扶贫政策。保质保量推进危房改造。深入实施农村饮水安全巩固提升工程。

精准实施动态管理。加强"两不愁三保障"动态监测和信息共享。线下，持续紧盯"两不愁三保障"突出问题抓紧抓实。组织区县以"两不愁三保障"为重点，全面开展书记遍访、干部走访、教师家访、医生巡访、农技随访"五访行动"。线上，依托全市精准扶贫大数据平台，开发"两不愁三保障"子系统，分级、分行业建立"两不愁三保障"监测平台，构建市级信息共享机制，实现"两不愁三保障"基本信息动态化、数字化管理。

精准落细薄弱点位。动员10多万干部对所有贫困人口"两不愁三保障"情况进行拉网式排查，通过APP实时上传数据，做到户户上门、人人见面。组织开展脱贫措施"户户清"行动,建立问题台账,定人、定责、定目标、定标准。建立市级部门县(区)乡(镇)村"四级联动"工作机制,逐户逐项限时解决,明码结账销号。2019年11月底,全部解决动态排查发现的5155个"两不愁三保障"问题点,提前1个月实现清零销号。

精准压实工作责任。理顺"两不愁三保障"工作机制,以责任倒逼推进工作落实。落实市委、市政府的政治责任,市扶贫开发领导小组办公室的"统筹责任",市级行业部门的"主管责任",区县党委、政府的主体责任,纪委监委机关的"监督责任",党员干部的"帮扶责任"等"六个责任"。

(三)聚焦深度贫困攻坚克难啃下"硬骨头"

坚决贯彻习近平总书记"不以事艰而不为,不以任重而畏缩"的重要指示,集中优势兵力、集中主要火力、集中全部精力,强化支撑体系,聚焦精准发力,扎实推动深度贫困乡镇脱贫攻坚。

聚焦脱贫政策对接落地。以"统筹到区域、精准到人头"为基本思路,实施行业扶贫专项行动。22名市领导定点联系,包干负责18个深度贫困乡镇脱贫攻坚,围绕"四个深度"发力。因地制宜编制18个深度贫困乡镇精准脱贫规划项目2372个,规划总投资162亿元。围绕路、水、电、讯、房和环保等基础设施短板,扎实开展行业精准扶贫行动。

聚焦帮扶措施精准施策。按照"户户见面、人人参与"的原则,自下而上开展多轮次拉网式核查和动态调整,并逐一分析原因、完善脱贫规划、落实帮扶措施。以贫困群众为主体,强化"志智双扶",加强以村风民俗、自立自强为重点的农村公序良俗建设,着力打造共建共治共享的社会治理格局。

聚焦贫困群众增收致富。以绿色化、优质化、特色化、品牌化为方向,大力培育扶贫主导产业,深度调整产业结构,发展特色效益农业项目。以打造"股份农民"为核心,以"三变促三增"为重点,深度推进农村集体产权制度改革。

三、坚持统筹协调　多管齐下深化脱贫成果

脱贫攻坚工作艰苦卓绝,需要运用系统思维,统筹安排和协调推进,确保到2020年实现脱贫攻坚目标。市委、市政府统筹协调攻坚力量,汇聚强大合力;在向脱贫攻坚发起最后冲刺的关键时刻统筹战贫与战疫,推动脱贫战略和工作体系平稳转型,统筹纳入乡村振兴战略,各项工作精准稳妥、协调推进,取得了脱贫攻坚战全面胜利。

（一）统筹扶贫力量

市委、市政府坚决贯彻习近平总书记"扶贫开发是全党全社会的共同责任"重要指示,积极统筹协调,构建起各方参与的大扶贫格局,为打赢打好脱贫攻坚战汇聚起强大的合力。

深化东西部扶贫协作。鲁渝两省市用真情、聚合力,着力推动政府援助、产业合作、智力支持和社会帮扶,扶贫协作成效显著。2016年以来,推动两地实现高层互访9次,14个区县主要负责同志与山东省14个市互访对接;山东省财政援助资金21.9亿元,实施援建项目1281个;累计相互选派225名挂职干部、3761名专技人员开展帮扶和交流学习;帮助培训重庆党政干部4000余人次、专业技术人才2.3万余人次;106家山东企业在重庆市贫困区县投资兴业,完成投资14.23亿元,建设产业园区和现代农业、文旅产业示范基地69个。

深化中央机关定点帮扶。积极主动衔接、落实中央和国家机关、中央企业定点帮扶,制定完善相关配套政策,推动落实联席会议制度,做好挂职干部对接服务工作,加大项目资金争取力度,实化帮扶举措,提升帮扶成效。9家定点扶贫重庆的中央单位在资金、项目、人才等方面倾情倾

力,有力推动我市脱贫攻坚工作走深走实。9家中央单位投入帮扶资金23.47亿元,引进帮扶资金45.14亿元,精准实施各类项目1277个;帮助培训基层干部17174名、技术人员44104名;采购贫困地区农产品6965.1万元,帮助销售3.1亿元;选派扶贫干部52名。其中,2020年投入帮扶资金2.53亿元,引进帮扶资金1.91亿元,帮助培训基层干部10412名、技术人员13598名;采购贫困地区农产品3746.2万元,帮助销售贫困地区农产品7954.8万元。

深化"扶贫集团+国企定点+区县结对"帮扶机制。18个市级扶贫集团结对帮扶18个深度贫困乡镇及所在贫困区县,国有企业定点单位和有关区县,充分发挥自身优势,有计划、有针对性地制定帮扶措施、安排帮扶项目。2017年以来,18个市级扶贫集团共直接投入帮扶资金29.31亿元,安排帮扶项目1792个,有力有效地助推了全市脱贫攻坚工作开展。2019年,38家市属国有企业帮扶4个未摘帽县,落实资金4亿元;主城都市区18个区结对帮扶14个国家扶贫开发工作重点区县,落实对口帮扶价值4.2亿元实物。

深化社会帮扶。开展"万企帮万村"行动,引导民营企业、商(协)会组织参与帮扶,以签约结对、村企共建等主要形式,千方百计在贫困地区投资兴业、培训技能、吸纳就业、捐资助贫,购买农副产品等,为贫困群众提供发展生产、增收致富的动力和门路。截至2019年12月31日,全市有1779家民营企业参与"万企帮万村"精准扶贫行动,帮扶1614个村,其中贫困村1059个,共投入资金21.48亿元。

(二)统筹战贫战疫

坚决贯彻习近平总书记努力克服疫情影响,统筹推进疫情防控和脱贫攻坚重要指示,把确保贫困群众稳定增收作为最紧要的事,立足于早、落实于细,争时间抢进度,以精准有力措施对冲疫情不利影响。

有序推进贫困户帮扶工作,防止因疫情返贫致贫。加强对贫困户新冠肺炎确诊和疑似病例的帮扶,按照低保2倍标准,为确诊贫困患者每人每月发放临时救助金880元,并按每人每天100元标准给予住院保险赔付。创新"不见面""少见面"帮扶方式,动员20余万名帮扶干部开展疫情防控知识宣传、脱贫需求调查、制定增收计划等"五个一"帮扶活动。深入开展疫情影响排查,对存在致贫返贫风险的农户和脱贫户,建立监测清单,实行预警防范,及时将符合标准和条件的农户纳入农村低保或建卡贫困户。

全力做好春耕春播,帮助贫困户发展生产。全面摸排贫困人口农业生产方面困难和需求,因村因户精准帮扶。按照"双对接双选择"和"五个一"帮扶的要求,指导和帮助贫困户选择产业扶贫项目,切实做好种子种苗、化肥、农膜等农资供应。通过一次性生产补贴、贷款贴息支持、参与符合条件的脱贫攻坚项目等方式鼓励涉农企业努力克服疫情影响、带动贫困户发展生产。开通扶贫小额信贷"绿色通道",简化办理程序,延长贴息期限,充分满足贫困人口产业发展的信贷需求。

多措并举因人施策,促进贫困人口务工就业。出台《关于做好新冠肺炎疫情防控期间贫困群众就业扶贫工作的通知》,提出20条具体举措帮助贫困人口务工就业。开发调查信息系统,摸清贫困劳动力就业需求,加强劳务输出地和输入地精准对接,全力帮助贫困群众返程务工。支持区县开发疫情防控临时性公益岗位,优先安排在家贫困户。引导扶贫工厂有序复工复产,优先安排因疫情不能外出务工的贫困劳动力就近就业。

深入开展消费扶贫,有效解决贫困地区农产品"销售难"。以消费扶贫为抓手,畅通农产品流通绿色通道,确保农产品能出村进城。发挥农业经营主体作用,引导企业、农民合作社、电商服务站等,把农副产品收上来、运出去、卖得好。推进"三专一平台"(专柜、专馆、专区、线上平台)载体建设,拓宽扶贫产品销售渠道,2020年1—8月市内消费扶贫完成35.1亿元。上线鲁渝消费扶贫协作农特产品产销对接平台,销售额近3亿元。

(三)统筹脱贫成果巩固衔接乡村振兴

市委、市政府坚决贯彻习近平总书记"巩固脱贫成果""推动减贫战略和工作体系平稳转型,统筹纳入乡村振兴战略"指示精神,一手抓贫困人口如期脱贫,一手抓以乡村振兴巩固脱贫攻坚成果,高质量打赢打好脱贫攻坚战。

全面落实"四个不摘"要求。坚持摘帽不摘责任,保持贫困区县党政正职和分管领导稳定,签订巩固成果责任书。坚持摘帽不摘政策,保持扶贫政策稳定,出台《关于巩固拓展脱贫成果的实施意见》,统筹推进重点区县和非重点区县、贫困村与非贫困村帮扶发展,一体解决区域性整体贫困和插花贫困。坚持摘帽不摘帮扶,保持贫困村、贫困户脱贫后帮扶稳定,深化"志智双扶",充分激发脱贫内生动力。坚持摘帽不摘监管,健全动态监测机制,推行帮扶责任网格化、指导常态化、管理智能化。

建立健全防止返贫监测和帮扶机制。出台《关于建立防止返贫监测和帮扶机制的实施意见》,明确监测范围、监测方法、帮扶措施等。建立三级监测体系,压实监测责任,实现"一对一"监测,及时跟进落实产业、就业及综合保障等帮扶举措。精准识别脱贫监测户10095户32441人、边缘户11892户34242人。截至2020年11月底,已消除风险的脱贫监测户7780户24892人、边缘易致贫户10846户30903人,户数占比84.7%。构建"精准脱贫保+产业扶贫保+防贫保"三保联动保险扶贫体系,用市场手段多渠道构筑防贫线。

扎实开展脱贫攻坚总攻"十大专项行动"。2020年,坚决贯彻落实习近平总书记在决战决胜脱贫攻坚座谈会上的重要讲话精神,提升决战决胜态势向脱贫攻坚发起总攻,进一步巩固提升脱贫攻坚成果,大力开展健康医疗扶贫、产业扶贫、乡村旅游扶贫、就业扶贫、消费扶贫、扶贫小额信贷及金融扶贫、易地扶贫搬迁后续扶持、生态扶贫、社会救助兜底、"志智双扶"等脱贫攻坚总攻"十大专项行动"。由市级行业主管部门牵头,逐一制定工作方案,清单式明确任务举措。建立每月调度、定期通报工作机制，务实推进各项举措落实落地。

建立脱贫攻坚与乡村振兴衔接机制。2020年5月，召开脱贫攻坚与乡村振兴衔接试点工作座谈会，8月出台《关于加强脱贫攻坚与乡村振兴衔接的指导意见》和《开展脱贫攻坚与实施乡村振兴战略有机衔接试点工作方案》等文件，将深入推进"3个区县+18个深度贫困乡镇+18个贫困村"三个层面试点工作，着力做好规划、政策、工作、保障"四个衔接"。制定完善关于加强脱贫攻坚与实施乡村振兴的政策措施。"十四五"时期，脱贫摘帽区县仍要把巩固脱贫攻坚成果作为乡村振兴重点，确保脱贫人口和摘帽地区在乡村振兴中不掉队。

四、紧盯短板弱项　较真碰硬做实督查整改

考核督查是检查脱贫攻坚工作进度，总结经验、压实责任、传导压力的重要手段。市委、市政府坚持问题导向，聚焦重点难点，紧盯短板弱项，全力推进国家考核反馈问题整改、带动重点工作落地落实，合力攻克深度贫困堡垒，奋力脱贫致富奔小康，坚决打赢脱贫攻坚这场硬仗，确保如期实现整县脱贫摘帽。

（一）常态化考核督查

坚决贯彻习近平总书记"要从严考核监督""坚决杜绝数字脱贫、虚假脱贫"指示精神，强化绩效评估和督查考核，扎实推进脱贫攻坚工作落地落细落实。

加强评估考核。出台《重庆市区县党委和政府扶贫开发工作成效考核办法》，围绕落实精准扶贫、精准脱贫基本方略，针对主要目标任务设置考核指标，较真从严开展考核评估，对考核结果靠后的，由市委领导约

谈区县党政主要领导。促使县级党委和政府切实履职尽责，改进工作。各区县结合本区县实际制定相关考核办法，加强对本区县扶贫开发工作的考核，形成覆盖全市的扶贫开发工作考核体系。

强化日常监督。切实把监督抓到底、抓到位，制定《重庆市脱贫攻坚督查巡查工作办法》，市委将脱贫攻坚作为专项巡视重要内容，对未脱贫的区县开展全覆盖专项巡视。整合市委督查室、市政府督查室和市扶贫开发领导小组力量，开展常态化明察暗访。成立"12317"扶贫监督举报电话工作室。完善集中督查、重点抽查、专项巡查、随机暗访、社会监督"五位一体"的督查体系，以钉钉子精神抓好脱贫攻坚各项政策措施落地落细落实。

（二）体系化整改落实

紧盯"交总账"存在的短板弱项，认真梳理存在的问题，建立台账、明确责任、抓实整改。

坚持正确政治导向。市委坚持把旗帜鲜明讲政治贯穿整改工作始终，从政治上认识专项巡视，从政治上认领反馈问题，从政治上落实整改要求。坚持从政治站位上找问题、从思想认识上找原因、从责任担当上找差距、从工作落实上找不足，真正使整改落实的过程成为对标看齐的过程，把整改成效体现在政治忠诚和政治担当上；坚持破立并举、有破有立，进一步坚决肃清扶贫领域孙政才恶劣影响和薄熙来、王立军流毒，持续营造良好政治生态。

压紧压实整改责任。市委切实扛起巡视整改主体责任，全面落实各级党委（党组）主体责任、纪检监察机关监督责任、行业主管部门监管责任，建立"领导小组+专项小组+定点包干"的领导责任体系，全面抓好整改工作的统筹领导和督促落实，做到以上率下"带动改"、严查实纠"较真改"、条块结合"合力改"，形成整改落实的"雁阵效应"。

清单化抓实整改。市委突出问题导向、聚焦重点问题，注重点面结合、分类指导、精准施策、标本兼治,高质量、高标准推进整改工作。逐一对照中央专项巡视反馈意见,研究制定《整改方案》,提出56条、175项具体整改任务,明确问题、任务、责任"三个清单",做到定人、定责、定目标、定时间、定任务、定标准把所有问题对象化、项目化,实行台账管理。建立市、区县、乡镇、村四级联动机制,紧盯易重点问题挂牌整改。《整改方案》确定的中央巡视175项、国家考核133项和国家督查44项整改任务全部完成整改。

五、强化法治思维　全力保驾护航脱贫攻坚

脱贫攻坚有序开展,需要高度重视运用法治思维和法治方式。市委、市政府坚持法治原则,严格依法行政、依法办事;面对矛盾不回避,面对挑战不退缩,正视问题、依法解决矛盾、依法惩治扶贫腐败和作风问题,着力构筑脱贫攻坚法治"守护墙"。推动脱贫攻坚在法治轨道上健康运行。

(一)依法化解群众矛盾纠纷

市委、市政府坚决贯彻执行习近平总书记"要坚持以人民为中心的发展思想,切实解决好群众的操心事、烦心事、揪心事"的指示精神,注重依法化解纠纷、解决实际困难,暖人心、聚人心。

注重法治宣传教育助力脱贫。组建"法治服务乡村振兴"队伍,开展法制宣传,提升干部群众法治素养,推动形成办事依法、遇事找法、解决问题用法、化解矛盾靠法的良好环境。坚持用身边案、新发案、典型案制作警示教育片,开展警示教育会,引导群众主动通过法律政策来找思路、谋出路,不懂法、不守法等状况大为改观。

注重矛盾纠纷化解助力脱贫。认真落实"枫桥经验"重庆实践十项行动,加强诉源治理,畅通和规范群众诉求表达、利益协调、权益保障通道。针对家庭婚姻矛盾、邻里纠纷等矛盾突出的问题,实行重点关注、滚动排查、跟踪化解、动态管控。对信访积案较多、矛盾问题突出的贫困村,实行挂单整治,限期销号。2019年以来,重庆市各级调解组织受理各类矛盾纠纷37.08万件,有效防止民间纠纷转化为治安案件836件、转化为刑事案件466件,有力维护了脱贫攻坚的社会稳定大局。

注重三治融合发展助力脱贫。积极推进自治、法治、德治三治融合发展,推动贫困地区形成文明乡风、良好家风、淳朴民风。推行村级重大事项决策"四议两公开"制度,健全群众说事、干部问事、集中议事、合力办事、民主评事的"五事工作法"协商制度。加强"法治大院"建设,抓小院治大村,以自治促进基层善治,化解矛盾于局部,解决问题在基层。积极推进平安乡镇(街道)、平安村(社区)建设,开展突出治安问题专项整治,深入开展法治示范创建,已创建全国民主法治示范村2个、市级民主法治示范村(社区)48个,区县民主法治示范村(社区)162个,区级模范守法农户50户。

(二)着力构筑脱贫攻坚法治"守护墙"

坚决贯彻习近平总书记法治思想,打通法治扶贫"最后一公里",为百姓构筑法律"守护墙",发挥法治在脱贫攻坚中的托底作用。

强化基层治理营造良好治安环境。建立乡镇(街道)治安巡逻队伍,加强社会面巡查、巡逻、巡防。严厉打击农村违法占用耕地林地、阻扰扶贫项目施工等违法犯罪行为,特别是针对贫困地区发生的重大恶性案件和侵财性案件,坚持做到快侦快破。挂牌整治"盗抢骗、黄赌毒"等治安问题,为脱贫攻坚营造良好治安环境。加强特殊人群服务管理,及时发现解决问题,将安全隐患消灭在萌芽状态。研究出台《未成年人保护工作机制》《关于进一步加强未成年人法治教育的实施意见》等系列文件,全面加强未成年人司法保护,实现未成年人违法犯罪案和未成年人受非法侵害案"双下降"目标。

强化公共服务满足群众法律需求。建立扶贫案件绿色通道,送法下乡,切实解决司法服务群众"最后一公里"。加大对因案致贫、因案返贫的困难群众司法救助力度,对符合司法救助条件的建档立卡贫困户优先救助,对符合救助标准的建档立卡贫困户遭受犯罪侵害的,及时予以法律援助。落实贫困村法律顾问制度,深入开展"法律顾问进乡村"活动,积极为贫困乡村经济社会发展和贫困群众提供全方位、多层次的法律服务。探索成立"让一让"调解工作室,"易法院"扶贫工作室。

(三)依法惩治扶贫腐败和作风问题

坚决贯彻习近平总书记"对脱贫领域腐败问题,发现一起严肃查处问责一起,绝不姑息迁就"指示精神和党中央决策部署,高度重视扶贫领域腐败和作风问题专项治理,确保扶贫政策、项目、资金精准落地。

扎实开展专项治理。出台《2018—2020年扶贫领域腐败和作风问题专项治理工作方案》,针对扶贫领域"四个意识"不强、责任落实不到位等突出问题,提出6个方面24项工作举措。开展扶贫领域腐败和作风问题专项治理"回头看",通过"三不"(不打招呼、不定时间、不定单位)方式开展明察暗访。以点带面集中整治突出问题,督促主责部门举一反三开展"两不愁三保障"方面突出问题集中整治。发挥区县纪委监委主力军作用,深入开展"以案四说""以案四改",通过监察建议等方式,督促职能部门对普遍存在问题建章立制。

依法严格执纪问责。出台《重庆市扶贫领域监督执纪问责七项制度》。建立健全纪委内部归口管理、纪委与扶贫责任单位加强联动协同的工作机制。出台扶贫项目资金民主决策、公示公告、村级义务监督员等十项监管制度和《脱贫攻坚工作中加强监督执纪问责的意见》,逐县签订扶贫领域党风廉政责任书,定期召开扶贫资金监管联席会议,形成了内部监督、审计监督、纪检(监察)监督、群众监督等多位一体的监督体系。2018—2019年累计查处扶贫领域腐败和作风问题3319件,处理5131人。

(执笔人:左涛、徐术)

决战脱贫攻坚　脱贫成效显著

党的十八大以来,以习近平同志为核心的党中央站在全面建成小康社会、实现中华民族伟大复兴中国梦的战略高度,把脱贫攻坚纳入"五位一体"总体布局和"四个全面"战略布局,摆到治国理政突出位置,作出一系列重大部署和安排,组织实施了人类历史上规模最大、力度最强的脱贫攻坚战。2017年7月以来,重庆市委、市政府坚决贯彻落实党中央决策部署,坚持以习近平新时代中国特色社会主义思想为指导,深学笃用习近平总书记关于扶贫工作重要论述和视察重庆重要讲话精神,坚决把脱贫攻坚作为重大政治任务,坚决执行"两个确保"和"两不愁三保障"目标标准,坚决落实精准扶贫精准脱贫基本方略,全面尽锐出战,强力攻坚克难,全市脱贫攻坚的力度、资金投入的强度、政策保障的厚度、社会参与的广度、工作开展的热度持续加强,如期完成了脱贫攻坚目标任务,取得了显著成效。

一、对标对表中央要求,全面优质高效完成脱贫攻坚任务

党的十八大以来,重庆市的脱贫攻坚工作走了一些弯路。2017年7月以来,全市上下在以习近平同志为核心的党中央坚强领导下,深学笃

用习近平总书记关于扶贫工作重要论述和视察重庆重要讲话精神,强化责任担当,强化精准方略,强化尽锐出战,坚决肃清孙政才恶劣影响和薄熙来、王立军流毒,脱贫攻坚工作整体向好、持续向好。

(一)最伟大的成就:历史性消除了绝对贫困

14个国家扶贫开发工作重点区县、4个市级扶贫开发工作重点区县全部脱贫摘帽,1919个贫困村脱贫出列,累计动态识别(含贫困家庭人口增加)的190.6万建档立卡贫困人口全部脱贫,所有贫困群众实现"两不愁"真不愁、"三保障"全保障。地处武陵山、秦巴山集中连片特困地区的12个区县摆脱贫困,18个市级深度贫困乡镇发生翻天覆地变化,区域性整体贫困得到有效解决。

(二)最可喜的成果:大幅提高了贫困群众收入水平

14个国家扶贫开发工作重点区县农村常住居民人均可支配收入由2014年的8044元增加到2019年的13832元,年均增长11.7%,比同期全市、全国平均增幅分别高1.6、2.5个百分点。建档立卡贫困人口人均纯收入由2014年的4697元增加到2020年的12303元,年均增幅17.4%。通过脱贫攻坚的持续扶持,如今县县有主导产业、乡乡有产业基地、村村有增收项目、户户有脱贫门路。

(三)最明显的变化:极大改善了农村生产生活生态条件

新修建农村公路8.4万公里,农村公路通车里程超过16万公里,所有行政村通上硬化路,村通畅率由2015年的87%提高至100%。实施农村饮水安全巩固提升工程2.1万余处,农村集中供水率达88%、自来水普及率达86%,农村贫困人口供水入户比例达99.7%。完成贫困人口易地扶贫搬迁25.2万人,改造农村危房30.9万户。建成村卫生室9914个,农村5230所义务教育阶段学校全部达标。所有贫困村通宽带、4G信号全覆盖,农村电网供电可靠率达99.8%。贫困群众出行难、饮水难、上学难、看病难、通信难等问题普遍解决。过去贫困地区"千面坡、万道梁,满山都是土坯房""吃水靠抬、煮饭靠柴、交通靠走、通信靠吼",如今已是"条条新路盘山梁、通组到户宽又畅,产业基地务工忙、户户住上安稳房""吃水不用抬、煮饭不用柴,小车开进来、雨天不脏鞋"的崭新面貌。

(四)最突出的成效:明显加快了贫困地区发展

"十三五"时期,14个国家扶贫开发工作重点区县、4个市级扶贫开发工作重点区县GDP年均增速7.6%,比全市平均增速高0.4个百分点。贫困区县农业产业结构有效调整,产业聚集度明显提升,每个贫困区县培育1个以上扶贫主导产业,新发展柑橘、榨菜、中药材、茶叶等扶贫产业2151万亩,其中18个贫困区县843万亩。过去"养儿养女不用教、酉秀黔彭走一遭",如今基础设施"巨变"、产业发展"蝶变"、农民生活水平"质变"、人居环境"嬗变"、思想观念"蜕变"。贫困地区干部群众认为,"脱贫攻坚使当地发展提前了10年"。

(五)最深远的影响:有效提升了农村基层治理能力

严格落实"五级书记抓扶贫"责任制,开展四级书记遍访行动,全面构建专项扶贫、行业扶贫、社会扶贫"三位一体"大扶贫格局,5800个驻乡驻村工作队、2.27万名驻村工作队员(含第一书记)、20余万名结对帮扶干部扎根一线,回引在村挂职本土人才9200多名,基层党组织战斗堡垒作用明显增强,基层干部素质能力有效提升,党在农村的执政基础不断夯实,进一步密切了党群干群关系。广大扶贫干部"面对面"送政策、"实打实"送方法、"心连心"送关爱,群众不脱贫、干部不离村,扑下身子到村里干、同甘共苦与群众一起干,群众"犟拐拐"的少了、"明事理"的多了,以前干部不进门、如今成了老熟人,党和政府与群众的心更近了。

（六）最深刻的改变：显著提振了干部群众精气神

广大党员干部吃苦耐劳、不怕牺牲，舍小家、为大家，用苦干实干演绎了一场场战天斗地的艰苦壮举，谱写了一曲曲感天动地的奋斗之歌，书写了一个个改天换地的英雄故事，涌现出杨骅、周康云、严克美、王贞六等一大批扎根基层、甘于奉献、带头致富的先进典型。全市累计表彰脱贫攻坚先进集体249个、先进个人499名，荣获全国脱贫攻坚奖的先进集体2个、先进个人12名，4100多名优秀扶贫干部在脱贫攻坚中得到提拔重用。当代"愚公"巫山县竹贤乡下庄村村主任毛相林立下誓言："山凿一尺宽一尺，路修一丈长一丈。这辈人修不出路来，下辈人接着修，抠也要抠出一条路来"，带领村民用牺牲6人、花费7年时间的代价，在绝壁上凿出一条长8公里的"天路"，被中宣部授予"时代楷模"称号，铸就了百折不挠的当代愚公精神，宁愿苦干、不愿苦熬的"黔江精神"在新时代脱贫攻坚中得到生动诠释和弘扬。贫困群众感恩意识越来越强，奔跑劲头越来越足，"既然党的政策好，就要努力向前跑"成为自觉行动，"脱贫摘帽不是终点，而是新生活、新奋斗的起点"成为普遍共识。

重庆市的脱贫攻坚工作获得了习近平总书记和中央有关部门的肯定。2019年4月15日至17日，习近平总书记亲临重庆视察，主持召开解决"两不愁三保障"突出问题座谈会并发表重要讲话。习近平指出："党的十九大以来，重庆聚焦深度贫困地区脱贫攻坚，脱贫成效是显著的""重庆的脱贫攻坚工作，我心里是托底的"。习近平总书记对重庆的高度重视和亲切关怀，极大地激发了全市广大干部群众打赢脱贫攻坚战的信心和动力。2019年9月，国务院扶贫开发领导小组第14督查组对重庆2018年脱贫攻坚成效考核发现问题整改工作开展督查，对重庆2018年退出贫困县进行抽查。督查组认为，"重庆尽锐出战，精准施策，持续发力，成效显著，全市上下形成了一鼓作气、顽强作战、决战决胜的强力攻坚态势"。2020年，国务院扶贫开发领导小组组织开展了2019年脱贫攻坚成效考核，重庆市综合评价为好。评价指出，重庆市"两不愁三保障态势"

总体实现较好,责任落实、政策落实、工作落实"三落实"总体到位,精准识别、精准退出、精准帮扶"三精准"总体水平较高,群众满意度比较高,考核中发现的问题比较少,脱贫攻坚成效显著。

二、牢记总书记殷殷嘱托,解决"两不愁三保障"突出问题

不愁吃、不愁穿,义务教育、基本医疗、住房安全有保障——"两不愁三保障"是摆脱绝对贫困的标志。近年来,尤其是2019年4月习近平总书记视察重庆后,重庆市牢记总书记殷殷嘱托,严格对标对表中央要求,将脱贫攻坚举措精准到个人,统筹到区域,摸清底数,查漏补缺,逐项逐户对账销号,一个个贫困群众陆续摆脱贫困。

(一)饮水安全有保障

在"饮水安全有保障"方面,推进贫困人口饮水安全保障,实施农村饮水安全巩固提升工程,解决部分群众季节性缺水,建立管护运营机制,让所有农村贫困群众都喝上"放心水"。2019年,完成工程投资15.02亿元,受益人口338万人,开工建设集中和分散供水工程项目2695个,农村集中供水率达87.5%,自来水普及率达80.5%。2020年,继续深入实施农村饮水安全巩固提升工程,建管并重解决饮水安全问题,建立贫困人口饮水安全动态清零工作机制,通过月排查、滚动整改实现动态清零。截至2020年4月,未保障饮水安全的313户已全面解决。截至2020年10月,落实资金14.8亿元,实施饮水安全巩固提升工程2023处。全市贫困人口饮水安全已达到国家脱贫攻坚现行标准,实现了农村贫困人口饮水安全问题动态"清零"。已基本建成以规模化供水工程为主、小型集中供

水工程为辅、分散供水工程为补充的农村供水保障体系,全面解决了184万贫困人口饮水安全问题,全市农村饮水正在从"有水喝"、"喝安全水"向"喝好水"转变。

(二)住房安全有保障

在住房安全有保障方面,让贫困群众住上安全住房。为高效推进农村危房改造工作,重庆市将农房建设放在脱贫攻坚、乡村振兴的大背景下,在改造对象认定、确保危房改造质量等方面精准发力。一是严格执行扶贫等部门"提单子"、住房城乡建设部门"改房子"的程序,建档立卡贫困户身份识别以扶贫部门认定为准,农村分散供养特困人员、低保户身份识别以民政部门认定为准,严格确定农村危房改造范围。与此同时,我市按照应保尽保、应改尽改的原则,对建档立卡贫困户等重点对象农村危房改造实行动态覆盖。二是严格执行户申请、村评议、乡镇审核、区县审批的程序,健全公示制度,把改造对象认定置于广大群众的监督下。三是严格执行乡镇逐户逐项开展质量安全巡查和区县住房城乡建设部门抽查巡查、逐户逐项竣工验收的程序,确保农村危房改造质量。四是健全农户纸质档案管理制度,实行"一户一档",确保批准一户、建档一户,及时将纸质资料信息录入《农村危房改造脱贫攻坚三年行动农户档案信息检索系统》,实现数据资料的信息化、查询便利化。2019年,重点锁定为全覆盖开展农房安全鉴定,动态消除贫困户等"四类重点对象"C、D级危房,完成建档立卡贫困户等重点对象住房安全等级鉴定84.8万户。下达贫困区县农村危房改造补助资金4.71亿元,累计完成贫困户等4类重点对象农村危房改造3.88万户。2020年,继续保质保量推进危房改造。截至2020年10月,上半年9169户存量危房全部完成改造,全市47.7万户建档立卡贫困户完成住房安全核验,实现危房动态清零。"十三五"时期,重庆累计完成建档立卡贫困户等重点对象农村危房改造20.3万户,农村危房改造惠及群众上百万人。重庆市通过逐户开展住房安全有保障核验、脱贫攻坚普查等方式,确保全市建档立卡贫困户全部实现了住房安全有保障。

(三)义务教育有保障

在义务教育有保障方面,不让一个学生因贫辍学。2019年以来,全市紧紧围绕"义务教育有保障"和"发展教育脱贫一批",坚持向贫困学生"输血",支持贫困区县增强"造血"功能,切实阻断贫困代际传递。与此同时,全面落实"两免一补"等教育资助政策,让每一名适龄儿童都能上学。此外,大力发展公办幼儿园、普惠性民办幼儿园,做好义务教育薄弱环节的改善与能力提升,实现"幼有所育"。建立特殊困难群体学生数据库,构建"1+N"联控联保责任体系,2019年资助建档立卡贫困家庭学生37.59万人次,落实资助资金9.79亿元。实施学前教育推进工程、寄宿制学校建设工程、全面改善农村义务教育薄弱学校办学条件等项目,2019年录取贫困区县、农村地区考生4048名,招收农村订单定向免费本科医学生150名,通过"三区支教"计划、"特岗教师"计划补充教师1001名,定向培养农村小学全科教师1510名、学前教育公费师范生516名。2020年,全市持续开展控辍保学行动。截至2020年4月,因病、因残、因厌学等辍学失学924人已全部接受义务教育,未及时全部落实资助政策的256人已全部兑现到位。截至2020年10月,义务教育方面投入8.33亿元,新增寄宿制学位5242个,完成248所中小学旱厕改造任务。

(四)基本医疗有保障

在基本医疗有保障方面,让贫困群众看得上病、看得起病、看得好病。全市投入资金21.8亿元,提档升级贫困区县医院设施,14个国贫县的人民医院和中医院均达到二级医院标准。同时,建立起以基本医保、大病保险、医疗救助为基础,商业补充保险、疾病应急救助、扶贫济困医疗基金、健康扶贫医疗基金为补充的"三保险""两救助""两基金"多重医疗保障体系，推进开展远程医疗服务对口支援，倾斜报销惠及贫困人口124.35万人次。全面实施分级诊疗、"一站式"结算和"先诊疗后付费"，2019年，贫困人口县域内就诊率达96.96%，全市因病致贫5144户15507人，较2018年减少20371户，减少79.8%。2019年，全市设立4亿元区县健康扶贫医疗基金，形成基本医保、大病保险、民政医疗救助、扶贫济困医疗基金、健康扶贫医疗基金、疾病应急救助、商业补充保险相衔接的"七道保障线"。实施大病集中救治、慢病签约服务、重病兜底保障"三个一批"分类救治，实施大病专项救治5.8万人，落实慢病签约服务管理18.09万人，贫困人口大病救治率、家庭医生慢病签约服务管理率、重病兜底保障率分别达到100%。创建贫困人口医疗救助"一站式"结算平台，医疗救助惠及贫困人口近20万人。2020年，全市继续精准落实健康扶贫政策。截至2020年4月，未参加基本医疗保险的586人已全部参保。截至2020年10月，全市因病致贫返贫户从建档立卡时的141273户减少到4925户，减少96.51%。在20个区县开展执业助理医师乡聘村用试点，对3200余名村医开展能力提升培训，贫困人口住院费用自付比例在10%以内，大病专项救治病种增加到33种。

三、精准帮扶，"五个一批"成效显著

紧扣"扶贫开发，成败系于精准"，持续深化"五个一批""六个精准"，切实在扶到点上、扶到根上下功夫、见实效，确保高质量脱贫。根据不同致贫原因，深化落实发展生产脱贫一批、易地扶贫搬迁脱贫一批、生态补偿脱贫一批、发展教育脱贫一批、社会保障兜底脱贫一批"五个一批"到户到人精准帮扶措施，帮助贫困群众脱贫增收。

(一)发展生产脱贫一批

坚持"绿水青山就是金山银山",围绕"山地农业、山地旅游"两大主攻方向,完善《产业扶贫规划》和《乡村旅游扶贫规划》,建立产业扶贫项目库。按照区县对接市级产业扶贫规划、乡镇对接区县产业扶贫实施方案、村级按照"一村一品"原则选择发展产业项目、农户结合自身实际选择发展产业扶贫项目"双选择、双对接"原则,深入实施特色产业推升工程。2018年,切块下达市级以上农业项目资金32.8亿元,新发展特色产业58万亩,建设乡村旅游扶贫片区55个,新培育休闲农业和乡村旅游经营主体1634个,培育引导1833家龙头企业参与产业扶贫。大力推广联户经营、委托代养、入股分红、订单收购等利益联结模式,带动贫困户20余万户。支持贫困群众因地制宜发展小加工、小餐饮、小运输、小制作、小买卖"五小"非农经济和小果园、小生态园、小瓜菜园、小水产园、小养殖园"五小"庭院经济,覆盖贫困户23.3万户。

2019年,强化以"山地农业、山地旅游"为主导的特色扶贫产业覆盖带动,引导2093家龙头企业参与产业扶贫,在14个国家级贫困区县建立电子商务公共服务中心,探索建立土地流转、资金入股、房屋联营、务工就业、保底分红、产品代销等带贫机制,90余万贫困人口通过产业持续增收;建成"扶贫车间"163个,针对贫困人口开发公益性岗位46440个,以稳定就业实现稳定脱贫。在455个村开展集体经济发展试点,新增农村"三变"(资源变资产、资金变股金、农民变股东)改革试点村99个,选聘产业发展指导员1.58万人,健全股份合作、订单帮扶、产品代销等带贫益贫方式,实现有劳动能力、有产业项目的贫困户全覆盖。推进光伏扶贫、构树扶贫试点,直接带动贫困户3200余户。贫困区县农村常住居民人均可支配收入增幅比全市平均水平高1.1个百分点。

2020年,组织区县优化完善扶贫产业发展规划,选准并重点培育1个以上扶贫主导产业,同时深入开展"一村一品"创建,完成在贫困区县累计创建"一村一品"示范村300个以上的规划任务。

（二）易地扶贫搬迁脱贫一批

易地扶贫搬迁是脱贫攻坚的标志性工程。"十三五"期间，国家计划对约1000万生活在"一方水土养不起一方人"地区的贫困人口实施易地扶贫搬迁，其中涉及重庆市的贫困群众为25.2万人。任务下达后，重庆市出台了一系列关于易地扶贫搬迁的政策和措施，划定搬迁群众、保障资金来源、明确实施路径，并在此基础上形成"12543"的工作路径，持续推进易地扶贫搬迁工作。"1"即尊重群众意愿，不搞"一刀切"；"2"即守住"两条红线"，严格控制建房面积和大额负债；"5"即引导群众有效向城区（镇）集中、向工业园区集中、向乡村旅游区集中、向农业基地集中、向农民新村集中，积极推进集中安置市级示范点建设；"4"即建设"四好住房"，确保搬迁群众入住"质量好、风貌好、环境好、配套好"的搬迁住房；"3"即绘就"三美家园"，使搬迁安置地成为"生态美、产业美、生活美"的美好新家园，积极完善搬迁安置区配套基础设施，落实后续帮扶措施。

全市精准识别搬迁对象，精准集聚搬迁政策、资金，充分尊重搬迁群众意愿，坚持"以岗定搬、以业定迁"，努力做到对建档立卡贫困人口应搬尽搬。建立财政资金、专项资金、地方债、群众自筹等"多位一体"异地扶贫搬迁融资模式。同时，围绕做好后续工作，将易地扶贫搬迁工作重心由"搬得出"转向"稳得住、能致富"，抓好产业培育、就业帮扶和社区融入，大力发展现代特色高效农业，完善利益联结机制，加大就业创业扶持力度，补齐安置点基础设施和公共服务短板，让搬迁群众既住上新房子，又过上好日子。2018年，完成搬迁安置5.9万人，实施搬迁户农房整宗地收益权收储3860户，支付收储资金1.6亿元，推动搬迁户"建新拆旧""资产变现"。2019年，全市通过建立财政资金、专项资金、地方债、群众自筹"多位一体"融资模式，全面完成"十三五"期间全市计划搬迁任务25.2万人，培训搬迁贫困人口7711人，开发公益岗位安置搬迁6112人，完成搬迁户农房整宗地收益权收储17788户。截至2019年底，25.2万贫困人口房屋主体建设任务基本完成。同步跟进搬迁后续产业发展，实施"雨雾计划"全覆盖,支持搬迁户利用居住条件改善等优势,大力发展乡村旅游等特色产业,确保每户至少有1个劳动力实现稳定就业或1至2个产业增收项目。

2020年,全市继续加大搬迁力度,上半年完成易地扶贫搬迁配套设施建设并投用、搬迁户全部搬迁入住,同时以产业和就业为重点抓好后续扶持。通过采取扎实有力、精准对路的措施和方法,截至2020年7月,重庆市"十三五"规划的易地扶贫搬迁任务基本完成——全市253个集中安置点6万多套住房陆续迎来了主人,25.2万贫困群众不仅搬入了新房,而且还全部落实了后续帮扶措施,其中发展特色农林业5.9万人、发展劳务经济9万人、发展现代服务业2.2万人、资产收益扶贫0.7万人、社会保障兜底1.7万人、其他方式5.7万人,贫困群众通过搬迁实现挪出穷窝安新居,有家有业奔小康。

搬得出,还要稳得住。在易地扶贫搬迁中,综合考虑搬迁群众生产生活需要,因地制宜推进搬迁住房建设,切实完善搬迁安置区水、电、路、讯等基础设施,实现搬迁安置户安全饮水、生活用电、通信网络全覆盖。

(三)生态补偿脱贫一批

立足于生态改善与脱贫致富双赢,加大贫困地区生态保护修复力度,大力发展森林康养等生态产业。2018年,落实市级以上生态效益补偿资金3.74亿元,实施天然林保护工程公益林建设、国土绿化提升行动等423万亩,新建全国森林旅游示范县2个、累计建成全国森林旅游示范县4个、全国森林康养示范基地8处、森林人家1800余家。针对贫困人口新开发生态护林员、水库管理员等公益性岗位4000个,累计提供就业岗位3.8万个。2019年,制定《关于统筹解决生态保护和脱贫双赢的指导意见》,落实生态护林员19035人,探索生态补偿机制并落实补偿资金2.25亿元。全市组织贫困人口参与退耕还林还草、天然林保护等生态工程,落实生态护林员19035人;大力发展森林康养等生态产业,积极发展特色种养业、特色经果林、生态旅游等产业,建设乡村旅游扶贫重点村612个,努力将生态资源优势转变成农民增收致富优势。

坚持因地制宜,推动贫困地区绿色发展。制定《生态保护与脱贫攻坚双赢工作方案》,开展实地核查,对181个涉自然保护区"两不愁三保障"扶贫项目,建立工作台账,明确工作重点,对83个在建、拟建项目,按照"一案一策"原则,逐一提出处置意见。截至2019年底,156个项目已建成或已解决"两不愁三保障"问题,22个在建项目、3个拟建项目进展顺利。加大贫困区县专项资金投入。2019年,向14个贫困区县切块下达中央农村环境整治专项资金8850万元;争取市财政支持,向18个深度贫困乡镇下拨环保脱贫攻坚资金900万元。2017—2019年累计下达脱贫攻坚资金约2.7亿元,有力地支持了各区县脱贫攻坚工作。

聚焦坚决打好污染防治攻坚战,贫困地区生态环境质量不断提升。加强污水治理,截至2019年底,全面建成乡镇及撤并场镇污水处理设施1584座。建设乡镇和农村污水管网4288公里,实施乡镇和农村污水处理设施技术改造189座。其中,14个贫困区县建设污水管网2324公里,实施污水处理设施技术改造29座。强化饮用水安全监测,截止到2019年11月,对18个乡镇27个饮用水水源地累计进行了54次监测,水源频次达标率均为100%。

(四)发展教育脱贫一批

坚持"扶贫先扶智、治贫先治愚"工作思路,坚持当前和长远结合、"输血"和"造血"结合,建立起市级部门横向联动、市教委与区县教委上下联动、教育部门内部联动的工作机制。

精准资助贫困学生,向贫困家庭学生"输血"。全面落实国家资助政策,2019年全市安排学生资助资金53.17亿元,惠及学生465.28万人次。其中:义务教育学生资助资金18.84亿元,惠及学生314.9万人次;资助建档立卡贫困家庭学生37.59万人,落实资助资金9.79亿元。

精准构建控辍保学体系，实现义务教育有保障。将控辍保学作为打赢教育脱贫攻坚的重点任务，围绕辍学学生找得到、劝得回、学得好、稳得住，精准施策，一人一案，构建"1+N"联控联保责任体系。即每一个辍学学生，精准对应"N"个由有关部门、责任学校、所在乡镇、村组组成的具体责任人，细化落实辍学学生帮扶措施。

精准倾斜政策、资金、项目，增强贫困区县教育"造血"功能。一是政策倾斜。针对贫困学生实施"三大专项计划"，2019年共录取全市贫困区县、农村地区考生4048名；招收农村订单定向免费本科医学生150名。贫困家庭毕业生定向铁路培养计划试点启动，共录取224人。通过"三区支教"计划、"特岗教师"计划，补充教师1001名；定向培养农村小学全科教师1510名、学前教育公费师范生516名。全市33个区县4000余所乡村学校10万名乡村教师每月享受不低于300元、最高可达到1800元的生活补助。二是资金倾斜。2019年，市级共安排区县教育资金102.43亿元，其中：安排贫困区县资金59.69亿元，占比58.3%。全面解决全市18个深度贫困乡镇义务教育和学前教育短板需求，市级倾斜安排专项资金5450万元，支持18个深度贫困乡镇解决规划外教育脱贫问题；倾斜安排专项资金1710万元，支持深度贫困乡镇幼儿园校舍维修及设备设施购置资金。三是项目倾斜。针对贫困区县教育发展短板，量身定做项目，支持贫困区县补短板，强弱项。全市先后实施了学前教育推进工程、寄宿制学校建设工程、全面改善农村义务教育薄弱学校办学条件等项目。各区县平均小学校际综合差异系数从2012年的0.675下降到2018年的0.384，下降了43.11%；初中平均校际综合差异系数从2012年的0.593下降到2018年的0.307，下降了48.23%。2019年全市接受国家义务教育均衡发展基本均衡县验收。

建立和完善从学前教育到高等教育全覆盖资助政策，出台重庆市家庭经济困难学生认定办法，精准推进学生资助，实施贫困家庭大学生学费8000元以下据实报销。2019年，全市投入中央和市级资金10.9亿元，全面推进贫困地区义务教育薄弱学校改造,重点加强乡镇寄宿制学校和乡村小规模学校建设,实施高中贫困毕业生定向培养(全科医生)招生计划、免费学前师范生和全科教师计划,贫困地区办学条件进一步改善。累计安排资金53.27亿元,惠及学生459.84万人次。其中,安排资金14.84亿元,直接资助各学段建档立卡贫困家庭学生37.69万人;发放贫困学生生源地助学贷款10.57亿元,惠及学生13.7万人次。

(五)社会保障兜底一批

完善兜底"渐退制度",筑牢基本生活保障底线,确保兜好底。按照国务院办公厅转发《民政部等部门关于做好农村最低生活保障制度与扶贫开发政策有效衔接的指导意见》精神,重庆市积极加强农村低保制度与扶贫开发政策在对象、标准、管理方面的有效衔接,对符合低保条件的农村贫困人口实行政策性保障兜底。同时,进一步建立了低保渐退制度,对纳入农村低保的建档立卡贫困人口,因家庭收入发生变化,家庭月人均收入超过低保标准但低于2倍低保标准的,给予6个月的渐退期。截至2019年11月底,全市低保兜底保障23.05万人,占全市农村低保总人数的40.1%,累计支出低保金9.1亿元。对14019名家庭收入超过低保标准的兜底保障贫困人口实施了渐退。

完善兜底"分户制度",筑牢重点群体保障防线,确保兜牢底。按照民政部、财政部、国务院扶贫办《关于在脱贫攻坚三年行动中切实做好社会救助兜底保障工作的实施意见》精神,重庆市针对未脱贫建档立卡贫困户中靠家庭供养的重度残疾人、重病患者等完全丧失劳动能力和部分丧失劳动能力的贫困人口,在脱贫攻坚期内,专门实行单人户纳入低保保障政策,加大重病、重残等符合条件贫困人口兜底保障,切实解决了重病、重残等符合条件的贫困人口基本生活。截至2019年11月底,全市分户保障4924名未脱贫建档立卡贫困户中重残、重病贫困人口。

完善兜底"调标制度",筑牢基本生活标准增长线,确保兜住底。为保障困难群众生活水平与全市经济社会发展水平同步提升,重庆市建立了社会救助标准自然增长机制。重庆市农村低保标准达到每人每月440元[5280元/(人·年)],高于扶贫标准线1530元,切实保障了贫困人口基本生活困难问题。在此基础上,重庆市还建立了社会救助和保障标准与物价上涨挂钩联动机制,2019年4—11月连续8个月启动联动机制,对城乡低保对象、特困人员发放物价临时补贴,确保困难群众基本生活不因物价上涨而降低。

四、实施四大提升行动,脱贫攻坚发展环境明显改善

为确保高质量脱贫,瞄准制约瓶颈,大力实施基础设施、人居环境、公共服务、集体经济四大提升行动,不断增强贫困地区、贫困人口稳定脱贫和持续发展的能力水平,切实在扶到点上、扶到根上下功夫、见实效。

(一)基础设施提升行动

实施基础设施提升行动,以"四好路、安全水、动力电、4G网"为重点,加快实施交通建设三年行动计划。2018年,新建改进贫困村农村公路2.4万公里,实现贫困村100%通畅;落实水利扶贫资金33亿元,实施饮水安全巩固提升工程3147处,保障58.6万贫困人口生产生活用水;完成317个自然村动力电改造,实现所有贫困村通动力电;投资7000余万元,建成4G基站293个。2019年,落实贫困区县"四好农村路"补助资金55.1亿元,实现行政村100%通油路或水泥路、撤并村100%通公路、99.3%的行政村通客运,村民小组通达率、通畅率分别达到95.3%、74.4%。落实贫困区县水利资金37.4亿元,建设集中和分散供水工程项目2695个,农村集中供水率达87%、农村自来水普及率达80%。贫困区县建设污水管网

2324公里,实施污水处理设施技术改造29座。

到2020年底,全市"四好农村路"已建总里程达16万公里,路网密度194公里/百平方公里,居西部第一。三年全市累计建成6.26万公里,建设规模为过去2015年至2017年的2.1倍,为历史之最。着力"进村通组",新解决9875个村民小组通公路、23170个村民小组通硬化路,具备条件的村民小组通公路提高到100%、通硬化路提高到92%;具备条件的乡镇和行政村实现100%通硬化路、100%通客车。特别是18个深度贫困乡镇具备条件的村民小组通硬化路达100%,均有一条对外连接干线公路通道。

(二)人居环境提升行动

实施人居环境提升行动,以"宜居、宜业、宜游"为目标,扎实抓好"治污、靓房、美环境"等重点工作,指导各区县实施改厕、改厨、改圈,大力整治房屋周边人居环境,建设整洁庭院和美丽村庄。2018年,完成贫困户危房改造5.1万户,实施农村改厕4.6万户;落实市级以上资金2.3亿元,开展典型流域农业面源污染治理试点,实现全市乡镇和常住人口1000人以上的农村居民聚居点集中式污水处理设施和配套管网全覆盖;实施农村环境连片整治350个村,建设美丽宜居村庄68个。

2019年,重庆各地深入学习推广浙江"千万工程"经验,以农村"厕所革命"、农村生活垃圾治理、村容村貌整治提升等"6+3"工作为重点任务,统筹推进农村人居环境整治工作,全面实施"农村生活垃圾分类千村示范行动",全市农村人居环境整治共计投入各级资金143.25亿元,基本形成了政府投入引导、金融资金倾斜、社会资本参与、农民自筹等多元化投入机制。全市共完成农村户厕改造45.09万户,建设农村公厕1205座,行政村生活垃圾有效治理率99.3%,建成生活垃圾分类示范村300个。全市有1046万名村民积极参与村庄清洁行动,累计清理生活垃圾43万吨、清理沟渠14万公里、清理农业生产废弃物10万吨,完成危房改造3.89万户。全市乡村旅游推动乡村资源增值、农业增效、农民增收、农村繁荣,全年乡村休闲旅游业综合收入突破800亿元,游客量稳定在2亿人次以上。

(三)公共服务提升行动

实施公共服务提升行动,以提高贫困地区基本公共服务能力为核心,着力抓好文化、卫生、教育等公共服务体系建设,不断增强贫困群众获得感和幸福感。加快文化阵地设施建设,截至2018年底,累计建成乡镇(街道)综合文化服务中心435个、村(社区)综合文化服务中心3681个、数字农家书屋580个;加强卫生服务建设,投入资金12.4亿元,累计改扩建贫困区县县级医院11所、乡镇卫生院152所;加大优质教育资源向贫困地区倾斜力度,累计新建改建扩建校舍面积378万平方米、落实教育教学仪器设备采购资金24.8亿元,建成远程"同步课堂"教室456个。

(四)集体经济提升行动

实施集体经济提升行动,以资源为基础、市场为导向,因地制宜发展壮大"产业带动型、服务创收型、资源开发型、资产经营型、资本运作型、固资租赁型、乡村旅游型"等多种类型村级集体经济。2018年,市、区县两级共投入扶持资金6.9亿元,为1919个贫困村制定了村级集体经济发展规划,在1241个贫困村建立了集体经济组织,1667个贫困村启动了集体经济发展项目。

2017年12月,重庆部署和启动农村"三变"改革试点,截至2019年底,全市试点村累计达137个。全市137个试点村累计入股耕地8.2万亩,累计盘活集体林地、草地、水域、"四荒"地2.1万亩,闲置撂荒土地3.1万余亩,闲置农房等872套,集体经营性资产1.4亿元,打造了一批助农增收的特色优势产业。"三变"改革唤醒了沉睡的资源,激发乡村发展的内生动力。推行两年多的"三变"改革让25.5万名农民当上"股东",享受改革带来的红利。在"三变"改革中,全市资产入股和股权量化重点向贫困人口倾斜,推动贫困农户家家有产业、人人变股东,探索出"三变+精准扶贫"的模式,每年为贫困人口带来人均500元左右的稳定性财产性收入。"三变"改革将单家独户生产的小农经济,整合为抱团闯市场的集体力量,带动了传统农业向现代农业的转变。截至2019年底,全市137个试点村集体经营收入均达到20万元,扭转了集体经济无钱办事的局面,农村基层组织的凝聚力、号召力、战斗力得到有效提升。

(执笔人:俞荣新)

加强组织领导　凝聚脱贫攻坚强大合力

打赢脱贫攻坚战,组织领导是保证。市委、市政府坚决贯彻习近平总书记关于加强脱贫攻坚组织领导的重要指示精神和党中央、国务院决策部署,加强思想理论武装,建立健全领导体系和扶贫工作队伍,坚定不移抓党建促脱贫,为如期高质量打赢脱贫攻坚战提供坚强有力的组织保障。

一、强化理论武装

党的十八大尤其是2017年7月以来,全市上下始终把深学笃用习近平总书记关于扶贫工作的重要论述和视察重庆重要讲话精神作为做好脱贫攻坚工作的"源头活水"和行动指南,切实加强思想理论武装。

(一)用心学进去

市委、市政府带头第一时间学、原原本本学、上下联动学,及时安排部署全市各级各部门系统学习贯彻习近平总书记关于扶贫工作的最新重要指示精神,持续开展"学重要论述、强思想武装、促整改落实"等专项行动,举办学习贯彻习近平总书记关于扶贫工作重要论述专题研讨班、"不忘初心、牢记使命"主题教育学习研讨读书班等,分级分类大规模组织扶贫干部培训,切实用习近平总书记关于扶贫工作重要论述武装头脑、指导实践、推动工作,切实增强高质量打赢脱贫攻坚战的思想自觉和行动自觉。

各级各部门集中学习。2017年,全面开展"大学习、大落实",通过层层召开党委常委会会议、政府常务会议、中心组学习会、专题培训会等方式,对党中央决策部署和习近平总书记关于脱贫攻坚的系列重要讲话、重要指示精神,坚持每篇必学、每人必学。其中,市级层面先后召开学习贯彻党的十九大精神中央宣讲团报告会、市委常委会会议、市政府常务会议、市扶贫开发领导小组会议等各类会议20余次,深刻学习领会党中央和习近平总书记对脱贫攻坚工作的新部署、新要求。2018年,把深学笃用习近平总书记关于扶贫工作的重要论述与学习贯彻习近平总书记视察重庆和参加重庆代表团审议时等重要讲话精神结合起来,把加强思想理论武装作为落实中央脱贫攻坚专项巡视反馈意见提出的整改要求的重要抓手,通过市委常委会会议、理论中心组专题学习会、扶贫开发领导小组会等方式,开展市级层面集体学习23次;全市上下进一步加大学习力度,在学深悟透上下功夫,在结合实际贯彻落实上下功夫,做到以学促干、以学促改,学以致用、知行合一,确保党中央脱贫攻坚重大决策部署在重庆落地落细落实。2019年,将习近平总书记关于扶贫工作重要论述和视察重庆重要讲话精神纳入中心组学习重点内容和党建考核主要内容,召开市委五届六次、七次全会,举办市管主要领导干部专题研讨班、主题教育集中学习研讨读书班、2次市委理论学习中心组专题学习会,区县党委政府和市级部门开展中心组集中学习988次,各级干部政治自觉、思想自觉和行动自觉持续增强。2020年,在脱贫攻坚收官之年,市委一以贯之带动全市上下坚决贯彻落实习近平总书记关于疫情防控期间统筹抓好脱贫工作的重要指示精神,认真学习贯彻习近平总书记在决战决胜脱贫攻坚座谈会和在中央政治局常委会会议听取脱贫攻坚总结评估汇报时的重要讲话精神,准确把握党中央对脱贫攻坚的新部署、新要求。

举办专题培训班。2017年,分级分类组织区县领导、扶贫干部、驻乡工作队、第一书记、村党组织书记等3.6万余人参加专题培训,实现培训全覆盖。2018年,举办全市党政主要负责人参加的专题培训班,依托市委党校主体班、市级专题培训班、重庆学习论坛、重庆干部网络学院等,举办扶贫干部、贫困村党组织书记培训等市级示范班25期,培训5200余人;各区县严格按照培训时间、培训地点、参训人员、师资力量、培训效果"五落实"的要求,分级分类组织扶贫干部培训400余期5.4万余人次,全面提升攻坚决战能力水平。2019年,举办市管主要领导干部专题研讨班,全市分级分类培训党员干部17.8万人次。到2020年底,全市累计分级分类组织扶贫干部培训40.4万多人次。

(二)用情讲出来

习近平总书记关于扶贫工作的重要论述和视察重庆重要讲话精神,是重庆市脱贫攻坚工作的根本遵循。在加强各级党组织和党员干部思想武装的基础上,还要向社会各界和基层群众广泛宣传,让习近平总书记重要讲话精神和党中央决策部署深入人心,为脱贫攻坚汇聚各方力量,营造良好氛围。

2017年,组建党的十九大精神进企业、进农村、进校园、进社区、进军营等"六进"宣讲队,深入贫困区县、深度贫困乡镇、贫困村开展专题宣讲350余场次。挑选驻村工作队、结对帮扶人、致富带头人、脱贫致富等先进典型18名,结合自身先进事迹,开展贯彻落实党的十九大精神巡回宣讲190余场次。举办脱贫攻坚"农民夜校""讲习所",建立固定宣讲阵地和师资队伍,开展常态化宣讲1200余场次。

2018年,通过"课堂式大集中、互动式小分散"的方式,组织20余万名党员干部开展"上讲台、进农家"宣讲行动。开展党员干部"回乡、回访"交心谈心、"讲政策、讲变化"将心比心、"解民怨、解难题"将心换心"两回两讲两解"活动,深入脱贫攻坚一线讲政策、听民意、解疑难。依托文化中心、田间学校、院坝会、群众会等,常态开展脱贫攻坚"微宣讲"。从专家学者、部门领导、业务骨干和农村专业合作社负责人、致富能手、本土人才中择优选聘,组建脱贫攻坚政策宣讲队,以脱贫攻坚"讲习所"、农民夜校等为载体,巡回开展政策宣传、经验介绍、现场指导,集中宣讲1500余场次。开展全国脱贫攻坚先进典型事迹宣讲、杨骅同志先进事迹巡回宣讲、"榜样面对面"巡回宣讲、"身边的脱贫故事"微访谈等活动,以榜样的力量进一步激发全市上下脱贫攻坚的使命感责任感紧迫感。此外,还通过制作《挑战贫困》系列纪录片,开通"重庆扶贫"公众号,编印《聚焦脱贫故事》书籍,把习近平总书记对贫困群众的关心关怀和中央精神送到群众"心坎上"。

2019年,市委把落实中央脱贫攻坚专项巡视反馈意见整改工作作为一项重要政治任务,着眼于提高思想认识,结合市领导蹲点"促改督战"专项行动,采取召开基层干部群众院坝会、座谈会等方式开展宣讲活动,主要宣讲习近平总书记关于扶贫工作重要论述和对重庆重要指示批示精神,宣传党中央、国务院关于脱贫攻坚的决策部署和市委、市政府对脱贫攻坚工作要求,推动"学重要论述、强思想武装、促整改落实"落到基层。市委主要领导带头,21名市领导到18个贫困区县开展宣讲112场次。市、区县成立宣讲团,开展宣讲活动5730次、基层微宣讲2.39万余场次。中央媒体、市级媒体刊播的大量关于重庆市脱贫攻坚的新闻报道,使脱贫攻坚深入人心。

到2020年,通过"课堂式大集中、互动式小分散"方式,市委和区县党委组建宣讲团开展集中宣讲12600余场次。组织驻村工作队、致富带头人、大学生村官、百姓名嘴等,通过"农民夜校""讲习所"等开展"六个一"宣传活动6600余场次,组织开展"榜样面对面"脱贫攻坚先进典型宣讲、杨骅先进事迹巡回报告会5800余场次,把习近平总书记对贫困群众的关心关怀和党中央精神传递到千家万户。

(三)用力做起来

2018年,全市脱贫攻坚聚焦年度脱贫目标,细化分解重点工作任务117项,逐一落实到区县和相关部门,层层签订脱贫目标责任书和成果巩固责任书,立下军令状。围绕"两个确保"攻坚总目标,建立三年脱贫攻坚项目库,储备项目和对资金进行规划。按照《中共中央国务院关于打赢脱贫攻坚战三年行动计划的指导意见》部署要求,结合全市脱贫攻坚实际,制定《关于打赢打好精准脱贫攻坚战三年行动的实施意见》,提出9个方面、48项政策举措、228项具体任务,逐一分解落实到53个牵头部门、55个参与部门,进一步明确任务书、路线图、时间表。按照习近平总书记关于大兴调查研究之风的重要讲话精神,市扶贫办组织开展"双到三促一聚焦"系列调研活动,发现和梳理扶贫工作中存在的问题,推动扶贫工作落实落地。

2019年,中央巡视组巡视意见反馈后,市委、市政府进一步强化落实。开展市领导蹲点"促改督战"和党员干部"访深贫、促整改、督攻坚"活动,做到"用力做起来"。召开市委常委会会议14次、市政府常务会议12次、市扶贫开发领导小组会议7次,市委、市政府主要领导亲力亲为研究推动脱贫攻坚。市领导认真履行定点包干责任,市委、市政府分管领导每周至少调度推进一次工作。市委、市政府主要领导带头,22位市领导深入18个贫困区县、156个乡镇、261个村蹲点,督促指导区县进一步提高政治站位,围绕"两不愁三保障"和"六个精准""五个一批",全面落实脱贫攻坚政策举措,确保完成脱贫攻坚任务,提高脱贫攻坚质量。全体市领导赴石柱开展"不忘初心、牢记使命"主题教育脱贫攻坚集体调研,召开脱贫攻坚现场工作会议。市委常委会班子、市政府党组带头,33个区县、32个市级部门召开专题民主生活会,主动认领问题,深刻剖析根源,狠抓工作落实。组织区县以"两不愁三保障"为重点,全面开展书记遍访、干部走访、教师家访、医生巡访、农技随访"五访行动"。20余万干部开展为期一年的"访深贫、促整改、督攻坚"活动,点对点推动脱贫攻坚措施"户户清"。

2020年,坚决打赢打好脱贫攻坚收官战,压茬开展定点攻坚战、百日大会战、收官大决战等战役,一个节点一个节点坚守、一个问题一个问题解决、一项工作一项工作推进,持续推动脱贫攻坚走深走实。

二、建立健全组织领导体系和扶贫干部队伍

习近平总书记指出:"打好脱贫攻坚战,关键在人。"市委、市政府强化脱贫攻坚领导体系和工作队伍建设,着力配强领导力量、选优帮扶力量、聚集人才力量,切实做到尽锐出战。2017年7月以来,市委、市政府先后印发《深化抓党建促脱贫攻坚行动方案》《关于加强贫困村驻村工作队选派管理工作的实施意见》等文件,抓好脱贫攻坚工作队伍建设。

(一)建立完善脱贫攻坚组织领导体系

2017年7月以来,坚持中央统筹、市负总责、区县抓落实的工作机制,迅速调整市扶贫开发领导小组,及时落实市委书记、市政府市长"双组长制",5名市政府副市长担任副组长、41个市级部门主要负责人为成员。33个有扶贫开发工作任务的区县和各乡镇同步落实"双组长制",全面加强组织领导。严格落实党政一把手负总责的责任制,层层签订脱贫攻坚目标责任书和脱贫攻坚成果巩固责任书,四级书记齐抓共管,一抓到底。

市委书记、市长带头履行第一责任人责任,主持召开市委常委会议、市政府常务会议、市扶贫开发领导小组会议研究脱贫攻坚工作,深入贫困区县调研指导脱贫攻坚工作。全体市领导身先士卒、靠前指挥,深入扶贫攻坚一线开展脱贫攻坚专项督查、调研、指导。市人大常委会开展扶贫攻坚专题询问,市政协开展扶贫提案办理民主评议。市级各部门立

足本职、主动作为,加快推进行业精准扶贫,全面参与深度贫困乡镇帮扶行动,全力助推脱贫攻坚。贫困区县坚持以脱贫攻坚统揽经济社会发展全局,区县委常委会每月至少研究一次脱贫攻坚工作,党政主要领导每月至少调研一次脱贫攻坚工作,区县党委政府每年向市委、市政府专项述职。

为集中力量抓好深度贫困地区脱贫攻坚工作,落实市县乡三级领导干部450余名,实行市领导包县、县领导包乡、乡领导包村的定点包干方式,包干领导亲自审定脱贫规划、督导工作落实,不稳定脱贫不脱钩。尤其是为了抓好全市18个脱贫难度最大的深度贫困乡镇的脱贫攻坚工作,在市扶贫开发领导小组统筹指导下,专门组建深度贫困乡镇脱贫攻坚指挥部,由市、区县、乡镇三级领导干部共同组成。市委、市政府领导和市人大、市政协主要领导逐一定点包干担任指挥长,18个帮扶集团牵头部门主要负责同志担任常务副指挥长,18名副厅级领导担任驻乡工作队长,选派一批驻乡工作队员和驻村第一书记,形成"市领导+市级责任单位主要负责人+区县党政主要负责人+深度贫困乡镇党政主要负责人"的指挥体系和"驻乡工作队+驻村工作队"的落实体系。

2019年1月,中央巡视组反馈意见后,按照巡视整改要求,市委切实扛起巡视整改主体责任,全面落实各级党委(党组)主体责任、纪检监察机关监督责任、行业主管部门监管责任,建立"领导小组+专项小组+定点包干"的领导责任体系,全面抓好整改工作的统筹领导和督促落实。成立市委落实中央脱贫攻坚专项巡视反馈意见整改工作领导小组,由市委主要领导任组长。市委整改领导小组下设11个专项小组,分别由7名市领导任组长、副组长。建立市领导包干联系贫困区县整改工作机制,市委、市政府主要领导带头,市人大常委会、市政协主要领导及市委、市政府共22名市领导,包干指导、督促、推动18个贫困区县整改工作。以市领导为示范,有关区县、市级有关部门按照下沉一级、定点包干的要求,定点联系乡镇(街道)和重点整改事项,深入基层点对点推动整改落实。

(二)加强区县、乡镇、村三级班子建设

在脱贫攻坚中,市委按照党中央部署要求和脱贫攻坚工作实际需要,出台《深化抓党建促脱贫攻坚行动方案》等文件,大力加强对有脱贫攻坚任务的区县、乡镇和村三级领导班子建设。

深化贫困区县领导班子建设。选优配强贫困区县领导班子,脱贫攻坚期内保持贫困区县党政正职相对稳定,确需调整的,必须符合相关规定,对如期完成任务且表现突出的予以重用,对不能胜任的及时撤换,对弄虚作假的坚决问责。尤其是2018年,根据打赢打好脱贫攻坚战三年行动的需要,全面加强了贫困区县领导班子建设:在保持贫困区县党政正职总体稳定的基础上,对不适宜担任现职的两个贫困区区委书记,经请示中组部同意后作出调整;有针对性地选派7名优秀干部充实贫困区县领导班子,提拔重用实战成绩突出的贫困区县干部21名,对4名脱贫攻坚履职不到位的市管领导干部给予党纪政纪处分。

加强贫困乡镇领导班子建设。选优配强贫困乡镇党政正职,脱贫攻坚期内保持贫困乡镇党政正职相对稳定,脱贫摘帽后仍稳定一段时间、巩固脱贫成果。脱贫攻坚任务重的乡镇,明确1名领导班子成员专职分管脱贫攻坚工作,下派区县部门副职担任乡镇党委副书记或副乡镇长、遴选区县机关事业单位优秀年轻干部或专业技术人员担任乡镇党委委员主攻脱贫攻坚,对不在状态、不能胜任的干部及时调整。如,2017年,落实深度贫困乡镇1名领导班子成员专职分管脱贫攻坚工作,从区县下派扶贫副乡镇长572名,提拔重用脱贫攻坚一线干部735名。2018年,通过开展全覆盖回访研判,调整不适宜担任现职的乡镇领导干部64名。

选好配强村"两委"班子。突出选好配强贫困村党组织带头人,从各类优秀人才中选拔或选派一批过硬的村党组织书记。对贫困村"两委"班子运行情况特别是党组织书记履职情况进行全面摸排,对不合格不称职不胜任的及时调整。以乡镇为单位建立村级后备干部队伍,每个村培养储备1~2名后备干部。如,2017年,将226个未脱贫村的党组织全部

纳入后进整顿，调整贫困村党组织书记256名。2018年，全覆盖回访研判村"两委"班子，调整不适宜担任现职的村党组织书记320名，将98个未脱贫的贫困村党组织全部作为后进党组织进行整顿。

（三）加强驻乡、驻村、结对帮扶三支队伍建设

按照党中央、国务院关于帮扶工作的安排部署，在脱贫攻坚中，重庆市根据实际情况和工作需要，建立起驻乡、驻村和结对帮扶三支队伍。党的十八大以来，重庆市累计选派5800个驻村驻乡工作队、5.71万名驻村工作队员和第一书记，20余万名结对帮扶干部扎根一线，他们在脱贫攻坚工作中倾力奉献、苦干实干，把最美的年华无私奉献给了脱贫事业，涌现出许多感人肺腑的先进事迹。

驻乡工作队。2017年8月，为深入贯彻落实习近平总书记在深度贫困地区脱贫攻坚座谈会上的重要讲话精神，重庆市从14个国家级贫困区县中甄选出18个深度贫困乡（镇），向这些深度贫困乡（镇）派出驻乡工作队，有针对性地开展脱贫攻坚行动。驻乡工作队由市级责任部门选派3名以上干部（1名副厅级干部、1名处级干部、至少1名工作人员）、区县责任部门选派3名干部、深度贫困乡（镇）党委和政府班子成员、深度贫困乡（镇）所辖行政村党支部书记、驻村第一书记、村委会主任、驻村工作人员共同组成。驻乡工作队在专门组建的、由市、区县、乡（镇）三级领导干部共同组成的深度贫困乡（镇）脱贫攻坚指挥部领导下开展工作，主要职责任务是开展宣传动员、完善扶贫规划、推动政策落地、加强信息沟通。驻乡工作队队长和队员到深度贫困乡（镇）常驻开展工作，时间不少于1年，1年期满后视情况可以调换。

驻村工作队。按照"一村一队"原则，因村选人组队，针对组织软弱涣散、产业发展滞后、基础设施薄弱、矛盾信访突出等具体情况，分类精准选派驻村工作队队员。从市级扶贫集团成员单位选派干部到18个深度贫困乡镇领导力量薄弱的贫困村担任第一书记，从区县党政机关选派

干部到其他贫困村担任第一书记。驻村工作队队员从市、区县、乡镇党政机关、事业单位和国有企业、高等院校中选派。驻村工作队队长原则上由驻村第一书记担任。驻村工作队承担着开展宣传动员、推动精准扶贫、帮建基层组织、为民办事服务、提升治理水平的职责任务。干部驻村期间不承担原单位工作,党组织关系转接到所驻贫困村,专职驻村帮扶。每个驻村工作队一般3~5人,每期驻村时间不少于2年。市级选派的第一书记由深度贫困乡镇脱贫攻坚指挥部及其驻乡工作队和派出单位共同管理;区县选派的第一书记、驻村工作人员由区县委组织部、乡镇党委和派出单位共同管理;派出单位进行跟踪管理,定期到村指导、了解实情、督促鞭策。相关管理部门和单位加强对驻村工作人员日常管理,强化驻村帮扶工作支持保障。采取市级示范培训、区县集中轮训、乡镇常态集训等方式实现在岗驻村干部培训全覆盖,增强帮扶干部政策水平和帮扶能力。严格执行召回制度,每年至少开展1次驻村人员履职情况摸排检查,对不负责任的批评教育,对不胜任的及时召回,对造成不良影响的严肃处理。

结对帮扶队伍。根据贫困户实际情况和党员干部能力特长,采取"一帮一"或"一帮几"的方式,对所有贫困户实行结对帮扶;对困难特别大的贫困户,由区县、乡镇领导干部结对帮扶。组织外出务工经商党员,及时为家乡提供信息、就业、农产品销售等服务。组织在村党员,通过设岗定责、承诺践诺、志愿服务等方式,力所能及发挥作用,力争让所有党员都集合起来、行动起来。在结对帮扶中,注重扶贫同扶志、扶智相结合,帮助贫困群众提高发展生产和务工经商的基本技能,激发脱贫致富的内生动力,带动贫困群众稳定脱贫、持续增收。

(四)打造脱贫攻坚专业人才队伍

人才是脱贫攻坚的第一资源,是实现精准脱贫的重要支撑。市委、市政府高度重视脱贫攻坚专业人才队伍建设。一方面,加强和完善各级扶贫开发机构的设置和职能，分级分类对贫困地区主要负责同志、扶贫系统干部、贫困村党组织书记、驻乡驻村扶贫干部等开展扶贫专题培训。另一方面，加强各类专业人才的引进、开发和利用，深入实施本土人才回引计划，以乡镇为单位，每年对本乡本土大中专毕业生、外出务工经商成功人士、复员退伍军人等开展摸底调查，动态更新充实人才库，"点对点"动员回村挂职、创业，确保每个村至少1名各类人才，对本土人才回乡创业、干事给予政策扶持，打造一支"不走的工作队"。

2018年，统筹"三支一扶"、博士服务团队、首席规划师等人才项目，选派1019名教育、卫生、规划等专业人才到贫困地区服务。选派市级科技特派员2634名，实现贫困村全覆盖。通过定向培养、定向使用等方式，为贫困地区招收培养全科师范生7467名、全科医生7683名。以乡镇为单位，对本乡本土大中专毕业生、外出成功人士等进行调查摸底，建立4.2万余人的本土人才库；乡镇、村党组织采取电话联络、座谈联谊、主动登门拜访等方式，进行"点对点"动员，通过给待遇、给扶持、给出路，持续引回本土人才8903名。降低边远贫困地区乡镇机关公务员、事业单位人员招录门槛，累计招录乡镇公务员734名、补充事业单位人员近2万名，新选调601名优秀大学毕业生充实到脱贫攻坚一线，推动各类干部、人才在脱贫攻坚主战场建功立业。

2019年，按照市委《中央第四巡视组脱贫攻坚专项巡视反馈意见整改落实方案》要求，进一步充实市级扶贫部门工作力量，进一步完善区县、乡镇（街道）扶贫开发机构设置，确保扶贫开发机构人员力量配备与工作任务相适应，切实解决"小马拉大车"的问题。大力支持扶贫机构使用编制补充工作力量，对扶贫机构招录公务员和招聘专业技术人员，实行"特事特办、随到随办"，加快用编计划审批。进一步统筹优化编制资源，重点向农村教育、卫生、乡村旅游等与扶贫工作密切相关的领域投放，切实为加强脱贫攻坚工作力量提供编制保障。继续大力实施本土人才回引工程，围绕引得回、留得住、干得好"三个环节"，突出本土大中专毕业生、外出成功人士"两个重点",回引贫困村本土人才挂职、创业。2019年,区县扶贫机构人员行政编制增加51%、事业编制增加43%,169个扶贫任务重的乡镇单设扶贫办或扶贫开发服务中心,贫困区县新招录公务员1231名。到2020年,全市各贫困村共回引1.59万人,每个村都有1~2名本土人才回村,领办创办合作经济组织1062个、小微企业1852个,8000余名回引人才被选进村"两委",群众满意度提高4.3个百分点。

三、坚定不移抓党建促脱贫

(一)加强基层党组织建设

农村基层党组织和党员干部奋战在脱贫攻坚第一线,发挥着战斗堡垒和先锋模范作用。中央对加强基层组织建设提出了总体要求:抓好以村党组织为领导核心的村级组织配套建设,集中整治软弱涣散村党组织;以县为单位组织摸排,逐村分析研判,坚决撤换不胜任、不合格、不尽职的村党组织书记;选好配强村级领导班子,突出抓好村党组织带头人队伍建设;完善村级组织运转经费保障机制,将村干部报酬、村办公经费和其他必要支出作为保障重点;继续落实好"四议两公开"、村务联席会等制度,健全党组织领导的村民自治机制。

2017年7月以来,市委先后印发《关于深化脱贫攻坚的意见》《深化抓党建促脱贫攻坚行动方案》等政策文件,对加强基层党组织建设作出了具体规定。把贫困村党组织全部纳入后进整顿,"一支一策"制定整改方案,做到整改目标、整改任务、整改措施、整改时限和责任主体"五落实"。开展强村与弱村、机关与基层支部结对共建。突出选好贫困村党组织带头人,对贫困村"两委"班子运行情况特别是党组织书记履职情况进行全面摸排,对不合格不称职不胜任的及时调整。大力培养储备村级后备干部,注重从优秀农村党员和回引本土人才中物色合适人选,加强"传帮带",确保每个村有1至2名后备干部。每个贫困村培养一批入党积极分子,每两年至少发展1名年轻党员。每年对村党组织书记和村委会主任集中轮训一次。严格执行村(社区)干部行为规范"十不准",村(社区)干部及其直系亲属享受惠农惠民政策"十公开"和"村财民理乡代管",从严整治"村霸""蝇贪"和侵害群众利益问题。建好管好用好便民服务中心,指导党员群众用好群工系统就业推荐、求医问诊、扶贫项目公示等实用功能。

2019年,按照巡视整改要求,把抓党建促脱贫攻坚作为县乡村三级书记抓基层党建述职评议考核的重点内容,组织召开区县党委书记述职评议会,督促各级书记切实把脱贫攻坚责任扛在肩上、抓在手上。开展软弱涣散村党组织集中整顿,将33个未脱贫村全部纳入整顿,全年整治软弱涣散村党组织739个,新发展农村党员9469名。各区县对村班子进行全面分析研判,对班子配备不齐不强的进行了梳理,采取多种措施及时调整充实村干部队伍。市委组织部会同区县党委组织部再次对18个深度贫困乡镇班子进行分析研判,认真查找问题,提出改进措施,反馈区县整改。选派100名贫困村党组织书记到山东综合实力较强的村挂职3个月,着力提升攻坚决战能力。加强基层组织经费保障,村级组织办公经费补助标准实现翻番,村书记(主任)补贴标准增幅超过40%。

到2020年,全市坚持每年组织对村"两委"运行特别是党组织书记履职情况进行全覆盖研判,调整充实村党组织书记1427人,持续整顿软弱涣散村党组织3320个。每年全覆盖轮训村党组织书记,培养储备村级后备力量2.1万名。发展农村年轻党员1.13万名,招录选调生1897名到基层一线工作。在贫困区县挑选240名贫困村党组织书记,到山东结对市县综合实力较强的村(社区)开展为期3个月的挂职学习。建立落实村干部固定补贴动态增长机制。全面推行"四议两公开",全覆盖设立村务监督委员会,不断提升基层治理水平。石柱县持续深化抓党建促脱贫攻坚,推动基层党组织强起来、干部作风实起来、广大群众动起来,将85个贫困村全部纳入后进基层党组织整顿,调整党支部书记105人,发展农村党员415名,回引本土人才365名,凝聚起了攻坚拔寨的强大合力,推动脱贫攻坚取得显著成效,荣获"全国脱贫攻坚先进集体"称号。

(二)关心关爱一线扶贫干部

市委、市政府出台《关于打好脱贫攻坚战三年行动的实施意见》《深化抓党建促脱贫攻坚行动方案》《关于加强贫困村驻村工作队选派管理工作的实施意见》等相关政策文件,加强关心关爱一线扶贫干部。

提拔重用脱贫攻坚一线干部。注重在脱贫攻坚一线考察识别干部,加强对在脱贫攻坚中表现优秀的扶贫干部、挂职干部、基层干部的提拔使用。单列名单跟踪培养脱贫攻坚一线优秀年轻干部,年度考核对驻乡驻村干部进行单列并适当提高优秀等次比例。完善容错纠错机制,旗帜鲜明为在脱贫攻坚中敢于担当的优秀干部撑腰鼓劲。到2020年,全市累计4100多名优秀扶贫干部在脱贫攻坚中得到提拔重用。

落实脱贫攻坚一线干部相关待遇保障。有关区县、市级扶贫集团有关成员单位为本地本单位选派的第一书记按每人每年不低于1万元的标准安排工作经费,落实驻村人员生活补助、办理人身意外伤害保险、报销差旅费、报销医疗费、定期体检等措施,关心日常生活,解除后顾之忧。所在乡镇、村为驻村人员提供必要的工作和生活条件,确保下得去、待得住、干得好。干部驻村期间原有人事关系、各项待遇不变。对因公负伤的做好救治康复工作,对因公牺牲的做好亲属优抚工作。区县、乡镇党委和政府、派出单位负责人经常与驻村干部谈心谈话,了解思想动态,激发工作热情。

评选表彰先进典型。2016年,国务院扶贫开发领导小组决定,在"十三五"期间设立"全国脱贫攻坚奖";从2018年起,增加了每个奖项的表彰名额,并且增设了"组织创新奖"。同时,市委、市政府也对重庆市扶贫开发工作先进集体和先进个人进行评选表彰。通过评选表彰活动,充分肯定了先进人物和先进集体在艰苦奋斗、苦干实干中取得的优秀成绩,不断激励和凝聚脱贫攻坚战线上广大干部群众的顽强斗志和奉献精神。到2020年,全市累计表彰脱贫攻坚先进集体249个、先进个人499名,荣获全国脱贫攻坚奖的先进集体2个、先进个人12名。在全国脱贫攻坚总结表彰大会上,巫山县下庄村党支部书记毛相林被授予全国脱贫攻坚楷模荣誉称号,一批为脱贫攻坚作出杰出贡献的先进个人和先进集体获得表彰。2021年4月15日召开的重庆市脱贫攻坚总结表彰大会,对全市脱贫攻坚工作中涌现的615名先进个人和400个先进集体给予表彰。

(三)切实减轻基层负担

在脱贫攻坚工作中,市委、市政府认真贯彻落实党中央、国务院和国家扶贫主管部门关于减轻基层负担的要求,让奋战在脱贫攻坚第一线的基层党员干部把更多精力放到脱贫攻坚实际工作和为群众服务中去。2019年3月,中央办公厅印发《关于解决形式主义突出问题为基层减负的通知》,将2019年确定为"基层减负年"。市委制定《认真落实中央"基层减负年"要求切实解决形式主义突出问题的具体措施》,从精简文件、精简会议、优化调研、转变作风等方面,对减轻基层负担作出具体安排。

全市扶贫系统认真贯彻落实减轻基层负担的要求。2018年,将2月下旬到3月下旬确定为"无会月",全年会议同比减少25%,各级督查、检查、评估减少30%,基层填报表数减少近50%。2019年,组织各级各部门用好精准扶贫大数据平台,推动数据信息共享,减少基层调报表数。市级层面每年只开展一次脱贫攻坚成效考核、一次专项督查巡查,减轻基层迎评迎检负担。发至区县的规范性文件79件,减少33%,开至区县的工作会议10个,减少30%。

(执笔人:袁仁景)

健全政策制度　护航脱贫攻坚

系统完备、科学规范、运行有效的政策制度体系是打赢脱贫攻坚战的重要保障。党的十八大特别是2017年7月以来，市委、市政府坚决贯彻落实党中央、国务院脱贫攻坚决策部署，切实担负起全市脱贫攻坚工作总责，统筹抓细抓实脱贫攻坚战，研究出台《关于深化脱贫攻坚的意见》等重要文件29个，市扶贫开发领导小组及市级相关部门研究制定产业扶贫、教育扶贫、健康扶贫、金融扶贫、易地扶贫搬迁、就业扶贫、扶贫队伍建设等政策文件100余个。各区县逐项细化实化政策措施和工作方案，全面构建系统设计、上下联动、配套完善的脱贫攻坚政策制度体系，涵盖了脱贫攻坚责任、政策、投入、社会动员、考核和监督六个方面的体系，为决胜全面建成小康社会背景下的脱贫攻坚战，提供了有力的制度支撑。

一、构建深化脱贫攻坚责任体系

打赢脱贫攻坚战，时间紧、任务重，涉及多个领域、多个政府层级、多元主体的协同行动，在脱贫攻坚行动中建立健全重庆扶贫开发管理体制、主体责任体制、帮扶责任体制。

（一）强化市、县（区）、乡（镇）扶贫开发责任管理机制

党的十八大以来，党中央确定中央统筹、省负总责、市县抓落实的扶贫开发管理体制。重庆在脱贫攻坚实践中，坚持以上率下，持续强化压紧压实市级总体责任、区县主体责任、乡村两级直接责任，形成纵向贯通、横向联动的责任链体系。市委、市政府每年召开脱贫攻坚工作推进会，逐级签订责任书。坚持市县两级扶贫开发领导小组"双组长"制，每季度至少召开一次领导小组会议。围绕"十二大行动"，实行市政府分管领导负责制，分别牵头制定子方案，挂图作战、清单管理，每年向市扶贫开发领导小组报告任务落实情况。区县党委、政府切实履行主体责任，研究细化实施方案和年度计划，做好进度安排、项目落地、资金统筹、人力调配、推进实施等工作。党的十九大以来，累计召开市委常委会会议52次、市政府常务会议51次、市扶贫开发领导小组会议及市委落实中央脱贫攻坚专项巡视反馈意见整改领导小组会议30余次。市委、市政府分管同志每周调度推进工作；市人大、市政协积极开展视察调研、民主监督，全力支持推动脱贫攻坚；22位市领导持续深入蹲点"促改督战"，在脱贫攻坚一线发现问题、破解难题、推动工作。贫困区县党政主要负责人每月至少调研一次脱贫攻坚工作，区县党委常委会会议每月至少研究一次脱贫攻坚工作，区县党委政府每年向市委、市政府专项述职。深入开展书记遍访贫困对象行动，带领各级党员干部进村入户，有力推动各项工作落地落实。

（二）"五级书记"一起抓扶贫的主体责任体制

脱贫攻坚，加强领导是根本。发挥各级党委总览全局、协调各方的作用，严格落实"五级书记抓扶贫"责任制，将打赢脱贫攻坚战作为"第一民生工程"和"头等大事"来抓，以脱贫攻坚统揽经济社会发展全局。市委书记带头履行第一责任人责任。市领导挂帅，组建18个市级扶贫集团对口帮扶18个扶贫开发工作重点区县。33个有扶贫开发工作任务的区县，扶贫开发领导小组全部实行区县委书记和区县长双组长制。充分发

挥区县党委作为本区县脱贫攻坚总指挥部、乡镇党委一线战斗部、村党组织战斗堡垒"三个作用",层层签订责任书,确保市、区县、镇乡、村四级书记齐抓共管。脱贫攻坚期内,贫困区县党政正职保持相对稳定,对表现特别优秀的,按规定就地提拔担任上一级领导职务;对工作不在状态的,严肃问责。深化贫困乡镇领导班子建设,配强乡镇党政正职,实施贫困乡镇党委书记、贫困村党组织书记培养工程。健全驻村帮扶工作机制,出台《关于贫困村驻村工作队选派管理的实施意见》,全市选派5800个驻乡驻村工作队、2.27万名驻村工作队员(含第一书记)、20余万名结对帮扶干部扎根一线,回引在村挂职本土人才9200多名,基层党组织战斗堡垒作用明显增强,基层干部素质能力有效提升,真正把基层党组织建设成带领群众脱贫致富的坚强战斗堡垒。

(三)全社会合力攻坚的帮扶责任体制

始终坚持政府主导、社会动员、各方参与,完善结对帮扶机制,拓展社会参与机制,构建形成专项扶贫、行业扶贫、社会扶贫"三位一体"大扶贫格局。一是深化鲁渝东西扶贫协作,重点突出产业帮扶、劳务协作、人才支援、资金支持、招商引资等方面,并向贫困村延伸;建立扶贫协作工作台账,每年对账考核。二是深化中央定点扶贫,积极对接落实中央单位定点帮扶工作,落实联席会议制度,每年召开一次中央定点扶贫重庆工作座谈会。三是深化完善市级扶贫集团结对帮扶机制,优化区县对口帮扶机制,深入推进国有企业对口帮扶深度贫困县,鼓励市内高校与贫困区县加强合作。四是深化社会组织扶贫,深入推进"万企帮万村"行动,持续开展"光彩行"活动,实施社会工作"专业人才服务计划""服务机构牵手计划"等专业服务,制定落实扶贫志愿服务支持计划。截至2020年11月底,我市在中国社会扶贫网注册爱心人士285.8万人,其中贫困户49.3万人、管理员1.44万人,贫困户发布需求38728个、需求资金2568.6万元,落实爱心捐赠860.2万元。

二、构建深化脱贫攻坚政策体系

在党中央、国务院领导下,全面贯彻实施精准扶贫方略,市委、市政府制定了《重庆市精准脱贫攻坚战实施方案》等一系列政策,共同构筑起脱贫攻坚的政策体系。脱贫攻坚的政策体系包括两个方面:一是聚焦"六个精准""五个一批",直接作用于脱贫攻坚各个领域的政策安排;二是应新时期农村减贫与发展形势和破解制约贫困地区农村脱贫增收各项体制机制障碍的配套改革政策。

(一)精准扶贫政策体系

脱贫攻坚,精准是要义。必须坚持精准扶贫、精准脱贫,坚持扶贫对象精准、项目安排精准、资金使用精准、措施到户精准、因村派人(第一书记)精准、脱贫成效精准等"六个精准",不搞"大水漫灌",不搞"手榴弹炸跳蚤",因村因户因人施策,对症下药、精准滴灌、靶向治疗,扶贫扶到根上。一是落实扶贫对象精准,解决好"扶持谁"。健全贫困识别机制和动态管理机制,优化贫困人口识别程序和标准,按照户户上门、人人见面的要求,多渠道入户采集信息,加强公告公示、数据比对、部门联动,避免漏评、错评等情况。实施贫困识别责任追究制度,扶贫对象入库、退出由乡镇干部签字确认,与村干部绩效考核奖励挂钩。每年对扶贫对象进行动态调整,累计动态识别建档立卡贫困人口190.6万人,近年来贫困人口识别准确率、退出准确率均为100%。二是落实因村派人精准,解决好"谁来扶"。推进脱贫攻坚,关键是责任落实到人。压紧压实市级总体责任、区县主体责任、乡村两级直接责任,做到分工明确、责任清晰、任务到人、考核到位,合理确定各级政府脱贫攻坚的权责。采取"自下而上提需求、自上而下派干部、组织部门审核把关"双向选择、供需对接,"菜单式"精准选派驻村干部,做到精准配对、人岗相宜,选派第一书记4491名。三是落实项目安排精准、资金使用精准、措施到户精准,解决好"怎么扶"。根据贫困地区和贫困人口的具体情况,分类施策,实施"五个一批"工程。即发展生产脱贫一批、异地搬迁脱贫一批、生态补偿脱贫一批、发展教育脱贫一批、社会保障兜底一批。健全财政支持政策,财政专项扶贫资金向贫困程度深的区县倾斜,财政结转资金优先用于脱贫攻坚。强化扶贫资金使用绩效,坚持"谁主管、谁使用、谁监管""上下联动、归口管理"的原则。2015年至2020年,全市累计投入各类扶贫资金1004亿元。四是落实脱贫成效精准,解决好"如何退"。精准扶贫是为了精准脱贫。建立反映客观实际的贫困县、贫困户退出机制,努力做到精准脱贫。一要设定时间表,实现有序退出。二要留出缓冲期,实行"四不摘",保持现有帮扶政策总体稳定。三要实行严格评估,按照摘帽标准、程序验收,引入第三方评估机制。四要实行逐户销号,防止陷入"福利陷阱",做到脱贫到人,返贫重新录入。

(二)脱贫攻坚配套改政策体系

为了保障脱贫攻坚各项决策部署落到实处,市委、市政府和各区县各部门各领域启动了多项配套政策措施,以全面深化改革的思维为脱贫攻坚保驾护航,如《关于进一步推进资产收益扶贫工作通知》《关于进一步推进乡村旅游扶贫工程的通知》《重庆市深化实施电子商务扶贫行动方案的通知》等。这些政策措施,直面扶贫开发工作深入开展中遇到的问题,为充分释放活力,促进精准扶贫精准脱贫基本方略落地提供了有力支撑。以深化金融精准扶贫支持深度贫困地区脱贫攻坚为例,为完善金融政策措施,创新工作举措,做实工作成效,中国人民银行重庆营业管理部、市金融办等11个部门联合出台《关于深化金融精准扶贫支持深度贫困地区脱贫攻坚的实施意见》,立足新阶段、新形势和新部署,聚焦深度贫困,深化金融扶贫,助推全市2020年实现高质量稳定脱贫,提出开展"金融进村扶贫服务"、实施"万户百村行长扶贫"、启动"政策性金融脱贫攻坚"、完善"保险托底精准脱贫"等金融扶贫"四项工程";坚持统筹推进,深化金融扶贫"四项行动";夯实利益联结,服务脱贫攻坚"四个领域";优化政策联动,完善金融扶贫"四项政策";强化组织保障,健全金融扶贫的"四项机制"。一系列举措,为全市打好打赢脱贫攻坚战提供了有力的金融支持。

三、健全深化脱贫攻坚资金管理体系

脱贫攻坚以来,全市各级各部门高度重视扶贫资金使用管理工作,始终把扶贫资金项目作为"第一民生工程"的载体,把加强扶贫资金投入、管理使用和监督作为落实脱贫攻坚任务的重中之重,以制度为纲、监督为基、实效为本,促进扶贫资金监管更加科学、更加规范、更加高效,确保了全市脱贫攻坚进程和质量。

(一)优化扶贫资金使用管理整体设计

为了完善扶贫资金使用管理制度,优化顶层设计,修订了财政专项扶贫资金管理实施办法、绩效评价办法以及工程类扶贫项目管理办法等规章制度,先后下发创新财政扶贫资金使用机制的意见、加快财政专项扶贫资金预算执行的通知等文件,依靠机制和制度定规则流程、管资金项目、提使用绩效。改革专项扶贫资金预算安排方式,对跨年实施项目分年度安排预算;改革工程类扶贫项目招标投标制度,在不拆分项目的前提下,对具备相应条件的同类项目进行打捆公开招标,个别项目无法进行打捆公开招标的,在承包商备选库随机公开抽取;改革专项扶贫资金报账制管理,全面推行国库集中支付制度,由区县财政局直接拨付到项目业主单位或乡镇政府,不得层层转拨;探索扶贫资金项目管理"三权分置"制度,区县扶贫部门行使项目设立管理权,财政部门行使项目资金管理权,其他涉农部门行使项目实施管理权。鼓励区县在现有制度框架下,探索创新扶贫资金使用方式和管理机制,确保资金安全、规范、高效使用。大力推进资金分配方式改革,坚持发挥财政资金撬动作用,建立以脱贫效果为导向的资金分配方式,加大农业项目财政补助资金股权化改革力度,探索财政扶贫资金以奖代补、改补为借、改补为投,做到资金安排与贫困人口参与程度、脱贫效果直接挂钩。加大金融投放力度,建立借款启动、奖补巩固、信贷提升"财政+金融"扶持产业发展新机制。

(二)做实脱贫攻坚项目库

按照"聚焦精准、分级负责、群众参与、公开透明"的原则,积极推进脱贫攻坚项目库建设,扣好资金管理"第一颗扣子",确保资金使用精准安全高效,实现贫困人口稳定脱贫。市扶贫开发领导小组统筹项目库建设工作,下发《关于完善县级脱贫攻坚项目库建设的实施意见》,区县扶贫开发领导小组加强本地项目统筹,做好项目审定、项目实施进度跟踪检查等工作。在项目选择上,坚持"四个优先"(优先安排"两不愁三保障"项目、优先安排深度贫困区域和特殊贫困人群脱贫的项目、优先安排群众积极性高的项目、优先安排前期工作较好的项目),完善"四个环节"(村级申报、乡镇审核、区县审定、市级报备审查)。对不符合要求的项目库内容,限期修订后重新报备。设立项目库负面清单,对盲目提高脱贫标准、与减贫目标关联不直接和与贫困户自身发展不密切、群众不知晓、未进行充分论证、未建立带贫减贫机制、未编制绩效目标、对生态环境保护造成负面影响等10个方面的项目,一律不得纳入项目库。委托第三方机构,采取集中审查与实地核查相结合,对33个区县纳入项目库管理的近2万个扶贫项目逐一进行审查,重点审查项目库申报程序是否合规、受益对象和建设地点是否精准、建设内容是否精准、建设任务及投资是否精准、实施主体是否精准、群众参与和带贫机制是否精准、绩效目标是否精准、项目前期工作和实施进度安排是否精准。分级建立市、区县专家库，把好入库项目论证关，切实解决"项目实施难"问题。区县项目主管部门于11月底前梳理次年项目计划，按照"四个优先"原则，提前做好项目计划安排，切实解决"资金等项目"问题。区县主管部门指导乡镇和村两委、驻村工作队提前做好编制实施方案或可研报告以及群众动员协调等前期工作，建立扶贫项目政府采购流程"绿色通道"，确保项目计划下达60日内启动实施，切实解决"项目开工慢"问题。

（三）强化扶贫项目资金监管

坚持以制度管理资金和项目，不断完善制度漏洞。一是压紧压实行业部门监管责任。制定《重庆市扶贫资金监督管理办法》，按照权责对等原则，进一步理清市与区县、部门之间的监管责任，压紧扣实财政部门的牵头责任、行业部门的监管责任、区县政府的主体责任。市扶贫开发领导小组办公室印发《关于进一步加强行业主管部门脱贫攻坚监管责任的意见（试行）》，按照"谁主管、谁使用、谁监管"和"归口管理、各司其责"的原则，督促主管部门加强扶贫资金项目的业务指导、执行督促、监督管理等工作，确保项目加快建设、资金及时支出、政策精准落实。市级部门领导班子每季度至少专题研究一次行业扶贫工作，重点部门主要负责人每个月至少有2个工作日直接研究扶贫资金项目管理等工作。二是建立健全部门联合办公制度。市扶贫开发领导小组办公室印发《关于健全区县财政涉农资金统筹整合方案备案审查和反馈机制的通知》，规范区县资金整合方案的编制、上报、审核、反馈、通报等流程。市扶贫开发领导小组办公室牵头，每季度召开一次财政涉农资金统筹整合涉及市级部门联席会议，强化对扶贫项目运行和资金使用情况的全过程监督。三是加强扶贫资金项目常态化监管。坚持问题导向和绩效导向，将扶贫资金管理使用情况纳入脱贫攻坚日常督导、明察暗访的必查内容,组织16个督查巡查组,"一对一"开展经常性督导巡查,对问题资金整改落实情况进行抽查核验。制定《重庆市扶贫领域监督执纪问责七项制度》,加大监督执纪问责力度,严肃查处虚报冒领、截留私分、贪污挪用、套取挤占等行为。

四、健全深化脱贫攻坚动员体系

脱贫攻坚,各方参与是合力。充分发挥政府和社会两方面力量作用,构建专项扶贫、行业扶贫、社会扶贫互为补充的大扶贫格局,调动各方面积极性,引领市场、社会协同发力,形成全社会广泛参与脱贫攻坚格局。

(一)深化鲁渝扶贫协作

实化深化鲁渝扶贫协作,出台《关于进一步加强鲁渝扶贫协作的意见》,建立定期互访和联席会议制度,充分发挥双方优势,加强资金、产业、就业、人才等领域的扶贫协作力度,努力改善贫困地区群众生产生活条件。鼓励合作建设承接产业转移基地,引进一批山东龙头企业到贫困区县落户。有组织地开展人岗对接,加大力度推进干部双向挂职、人才双向交流。对接东部经济发达县"携手奔小康"行动,推广"闽宁示范村"模式,细化区县之间、乡镇之间、行政村之间结对帮扶措施。落实市县对接17个、县乡结对46个、镇镇结对10个、镇村结对65个、村村结对10个。市委、市政府专题研究鲁渝扶贫协作工作42次,市委书记带头开展互访对接,开展互访9次,召开高层联席会议9次,区县、市级部门主要负责同志每年赴山东开展对接。

（二）深化中央单位定点扶贫

积极对接落实中央单位定点帮扶工作，做好挂职干部对接服务工作，把定点扶贫工作纳入市级脱贫攻坚成效考核内容，市政府每年听取一次中央单位定点扶贫工作汇报。每年召开中央单位定点扶贫重庆工作座谈会、中组部赴渝挂职干部座谈会、中央单位定点扶贫挂职干部座谈会。9家中央单位投入帮扶资金23.47亿元，引进帮扶资金45.14亿元，精准实施各类项目1277个；帮助培训基层干部17174名、技术人员44104名；采购贫困地区农产品6965.1万元，帮助销售3.1亿元；选派扶贫干部52名。

（三）深化市内结对帮扶

结合直辖市体制特点，在脱贫攻坚中积极探索以城带乡、以工补农机制。一是完善市级扶贫集团结对帮扶机制，加强帮扶工作成效捆绑考核。组织375家市级单位组建18个市级扶贫集团，由市领导挂帅结对帮扶18个深度贫困乡镇及贫困区县，累计投入帮扶资金50.63亿元，其中2020年投入直接帮扶资金7165万元。二是深入推进市属国有企业对口帮扶城口、巫溪、酉阳、彭水等深度贫困县，通过产业发展、对接视察、安置就业、教育医疗资助等多种方式帮助贫困户脱贫。组织36家市属国有企业投入帮扶资金20.4亿元帮扶贫困程度较深的县。三是区县结对帮扶。组织主城都市区18个区结对帮扶14个国贫区县，落实帮扶资金实物量22.7亿元，其中2020年落实帮扶资金3.5亿元，累计协助引进项目落地145个。

（四）深化社会力量参与帮扶

深入推进"万企帮万村"行动，引导民营企业积极开展产业扶贫、就业扶贫、消费扶贫、公益扶贫，鼓励有条件的大型民营企业通过设立扶贫产业投资基金等方式参与脱贫攻坚。将8个民主党派市级机关纳入市级扶贫集团,分别对口帮扶1个贫困县和1个深度贫困乡镇,支持民主党派围绕脱贫攻坚开展重点民主监督。组织2299家民营企业参与"万企帮万村"精准扶贫行动,投入资金30.97亿元帮扶1975个村。深化"我们一起奔小康"扶贫志愿服务行动,发布扶贫志愿服务项目1.5万余个,发动1.4万多个志愿服务组织和爱心企业参与,开展志愿服务活动9.15万场次,受益贫困群众570万人次。引导社会组织捐赠资金26.77亿元,开展各类公益扶贫项目及活动4700多个,惠及困难群众274万人次。

五、健全深化脱贫攻坚监督体系

脱贫攻坚,从严从实是要领。必须坚持全面从严治党要求贯穿脱贫攻坚工作全过程和各环节,实施经常性的督查巡查,确保脱贫过程扎实、脱贫结果真实,使脱贫攻坚成效经得起实践和历史检验。

(一)巡查督查

围绕着脱贫攻坚目标的落实。2017年,市委、市政府出台《重庆市脱贫攻坚督查巡查工作办法》,适用于对全市33个有扶贫开发工作任务的区县党委和政府、市级部门有关单位脱贫攻坚工作督查和巡视。由市扶贫开发领导小组根据当年脱贫攻坚目标任务,制定年度督查计划,监督内容涉及脱贫攻坚责任落实情况,专项规划和重大政策措施落实情况,减贫任务完成情况以及特困群体脱贫情况,精准识别、精准退出情况,行业扶贫、专项扶贫、鲁渝扶贫协作、定点扶贫、重点扶贫项目实施、财政涉农资金整合等情况,督查结果向市委、市政府反馈。督查坚持目标导向,着力推动工作落实。同时,发挥市扶贫开发领导小组与市委巡视组、市委督查办、市政府督查办联动作用,健全专项巡视、集中督查、专项督查、专项巡查、暗访随访等多方式的督查督导体系。巡查坚持问题导向,着力解决突出问题,巡查的重点问题包括:干部在落实脱贫攻坚目标任务方面存在失职渎职,不作为、假作为、慢作为,贪占挪用扶贫资金,违规安排扶贫项目,贫困识别、退出严重失实,弄虚作假搞"数字脱贫",以及违反贫困县约束机制,发生禁止行为事项问题等。在全国率先开展脱贫攻坚巡视(察),市委分两轮对46个单位脱贫攻坚工作进行专项巡视,及时开展专项巡视"回头看"。组建16个由正厅局级干部任组长的督查巡查组,对33个有扶贫开发任务的区县和成员单位开展常态化督导。对所有有扶贫开发工作任务的区县开展全覆盖扶贫专项审计。针对工作滞后、问题较多的区县,由市扶贫开发领导小组成员单位主要负责同志带队开展专项巡查。有力的督查巡查,为各项决策部署和工作目标的落实提供了保障,解决了一些实际工作中存在的问题,保证了脱贫攻坚体系的执行力。

(二)民主党派监督

发挥民主党派监督的作用,市级民主党派重点围绕贫困地区和特殊贫困人口脱贫、严格落实现行扶贫标准、加强扶贫领域作风建设、提高脱贫攻坚质量等问题开展民主监督,推动区县党委政府采取更有力、更有效的举措完成脱贫任务。各民主党派市委会就对口区县脱贫攻坚重点问题开展深入调研,精准监督脱贫环节中的重点部位和难点关卡。调研中,既听取区县党委、政府和有关部门的工作汇报,也深入基层、深入群众,走村入户实地调查,着力发现问题、分析原因、提出对策;将调研中遇到的问题向相关区县党委、政府和市扶贫办反馈;运用政党协商、参政议政等平台和渠道,积极向市委、市政府反映情况,其中重要问题和重要意见建议通过"直通车"等形式专报市委、市政府领导同志;各民主党派市委会可推荐党派专家学者参与有关部门和专业机构开展的第三方评估工作。

(三)社会监督

市扶贫办加强与审计、财政等部门和媒体、社会等监督力量的合作,综合运用各方面监督结果,加强对各区县工作指导。设立12317扶贫监督举报电话,畅通群众反映问题渠道,接受社会监督。

六、健全深化脱贫攻坚考核体系

实施最严格的考核评估需要建立最严格的考核评估体系。市委、市政府出台《区县党委和政府扶贫开发工作成效考核办法》(以下简称《考核办法》)等,明确了扶贫成效考核和贫困县退出专项评估检查的内容、标准、方法和要求。各区县也结合实际出台了脱贫攻坚考核评估的政策文件,初步形成了纵向到底、横向到边的脱贫攻坚考核评估体系。

《考核办法》对考核内容、程序和结果运用作出了严格规定。在内容上,重点考核减贫成效、精准识别、精准帮扶、扶贫资金等四个方面,并将督查巡查和突出问题整改情况、信访案件处理情况作为考核重要依据。在程序上,按照区县自评、第三方评估、量化打分、综合评价、结果反馈等五个环节组织实施,力求以严格的环节、公正的成效,确保考核结果的公正性和公信力。在结果运用上,严格执行脱贫攻坚一票否决和捆绑考核。凡是未完成年度减贫任务计划的、违反扶贫资金管理使用规定的、脱贫退出弄虚作假搞"数字脱贫"的、扶贫领域存在违法违纪行为的一律实行"一票否决";凡未完成脱贫攻坚年度目标任务的,区县党政领导班子、党政主要领导和分管领导年度考核取消评先评优资格,同时取消相关市级扶贫集团成员单位领导班子和主要负责人评优评先资格。

健全区县自查、市级检查、第三方评估、满意度调查"四位一体"贫困退出机制,严格退出标准和程序,做到扶贫工作必须务实,脱贫过程必须扎实,脱贫结果必须真实。完善定性与定量、第三方评估与部门对账、集中考核与平时工作相结合的考评机制,提高脱贫攻坚在经济社会发展实绩考核中的权重,以最严格的考核确保脱贫质量过硬。邀请党代表、人大代表、政协委员、群众代表、民主党派和专家、记者全程监督,确保考核评估较真逗硬、公平公正。

(执笔人:左涛)

构筑全社会共同参与的大扶贫格局

习近平总书记指出:"必须坚持充分发挥政府和社会两方面力量作用,构建专项扶贫、行业扶贫、社会扶贫互为补充的大扶贫格局,调动各方面积极性,引领市场、社会协同发力,形成全社会广泛参与脱贫攻坚格局。""要更加广泛、更加有效地动员和凝聚各方面力量,共同向贫困宣战。要研究借鉴其他国家成功做法,创新我国慈善事业制度,动员全社会力量广泛参与扶贫事业,鼓励支持各类企业、社会组织、个人参与脱贫攻坚。"十九大报告对脱贫攻坚提出了新要求:既强调大扶贫格局,又坚持政府主导、部门支持、全社会共同参与,努力打造专项扶贫、行业扶贫和社会扶贫"三位一体"的大扶贫格局。

围绕精准扶贫、精准脱贫攻坚目标,市委、市政府充分调动全社会资源,推动社会各方参与合力决战脱贫攻坚,助推脱贫攻坚;畅通信息,构建社会扶贫信息平台;推动社会组织深度参与,构建和谐社会;积极引导企业全方位参与,发挥市场在脱贫攻坚中重要作用;积极构建全社会参与的全方位脱贫攻坚体系。

一、深化鲁渝协作机制,增强东西交流互补

东西部扶贫协作是党中央作出的重大决策部署,充分体现了党中央

对贫困地区和贫困群众的亲切关怀,充分体现了社会主义制度的优越性。2017年以来,市委、市政府高度重视东西部扶贫协作,加大推进鲁渝扶贫协作,逐步形成鲁渝定期互访的机制,鲁渝东西扶贫协作体制机制逐步完善,扶贫成效明显。2018年,重庆市政府专门制定《重庆市鲁渝扶贫协作三年行动计划》。2019年,市委主要领导就鲁渝东西部扶贫协作工作2次作出批示,签署2019年东西部扶贫协作协议,高层互访频频,市委还专门成立了东西部扶贫协作工作专项小组,专题研究推动东西部扶贫协作工作。"在山东好兄弟的鼎力支持下,我们的脱贫攻坚有了长足进展。"十八大以来,山东省累计支持重庆市财政援建项目1281个,援助资金总额逾21.9亿元。其中2020年就援助我市7.17亿元,援建项目385个。

在鲁渝东西扶贫协作上,市委市政府始终坚持互惠互利、共同发展基本原则和精准扶贫、精准脱贫基本方略,不断健全以政府合作为基础、市场合作为重点、人力支持为纽带的鲁渝扶贫协作工作体系。积极探索既聚焦贫困人口、贫困地区精准发力和精准帮扶,又确保双方优势互补、互利共赢的扶贫协作长效机制,不断推进和完善县与县、镇与村、部门与部门、企业与企业对接机制。不断深化产业、就业、教育、文化、医疗、搬迁、金融扶贫协作和人才支援协作、政府无偿援助。切实加强鲁渝协作的组织保障。

围绕产业帮扶、劳务协作、人才支援、资金支持、招商引资等重点,强化贫困区县深度对接山东对口支援地区,特别是经济发达地区。鼓励合作建设承接产业转移基地,引进一批山东龙头企业到贫困区县落户。有组织地开展人岗对接,加大力度推进干部双向挂职、人才双向交流。推进医疗、职业教育东西协作行动。将帮扶贫困残疾人脱贫纳入鲁渝东西扶贫协作范围。积极对接东部经济发达县"携手奔小康"行动,推广"闽宁示范村"模式,细化区县之间、乡镇之间、行政村之间结对帮扶措施。贫困区县党委或政府主要领导每年至少到对口协作地主动对接一次。

建立扶贫协作工作台账,每年对账考核。

鲁渝两地携手聚焦当地优势特色产业和突出民生短板,不断优化援助资金投向,简化援助资金项目投资下达程序,重点支持带贫效益好的产业帮扶项目、直接保障或改善建档立卡贫困户教育、医疗服务和住房安全、饮水安全等民生项目,推动东西部扶贫协作各项工作提速提质。

以消费扶贫为重点深化东西部扶贫协作,构建东西部扶贫协作的长效机制。东部建好市场、中西部组织好产品,通过开展消费扶贫行动,实现东西部地区共同发展。重庆先后开展"十万吨渝货进山东"等行动,开设"重庆重点农产品供货"专栏,建设线上线下消费扶贫专柜、专馆、专区,向山东党政机关、企事业单位、社会组织、城市社区推介扶贫产品。2020年,重庆市向山东销售扶贫产品4.06亿元。

二、主动衔接中央机关定点帮扶工作,发挥中央机关的人才资源优势

中央国家机关定点扶贫是国家政治优势和制度优势的重要体现。重庆市积极主动衔接、落实中央和国家机关、中央企业定点帮扶,落实对接联络机制,召开中央单位定点扶贫重庆工作座谈会,做好挂职干部服务保障工作,加大项目资金争取力度,实化帮扶举措,提升帮扶成效。

中央外办、水利部、致公党中央、中信集团、中国法学会、中国进出口银行、中国长江三峡集团有限公司、中核集团、中国农业银行等9家定点扶贫我市的中央单位,在脱贫攻坚进入决战决胜的关键阶段,结合自身特色,不断加大扶贫力度,从资金、项目、人才等方面倾情倾力,有力推动我市脱贫攻坚工作落地落细、走深走实。资金援助方面,9家中央单位仅2019年就直接投入资金1.8亿元,协调引进资金7.8亿元,实施项目74个。

人才培养方面，先后培训14个贫困区县基层干部2618名、技术人员8884名，进一步提升了我市贫困地区干部工作水平和提高贫困群众就业技能水平。金融扶贫方面，中国农业银行围绕秀山县主导产业、重点项目、龙头企业等金融需求，累计投放贷款15.6亿元；中国进出口银行重庆分行为云阳县川维泓锦公司6万吨/年PVB树脂项目批贷4亿元，发放贷款2.88亿元，项目建成后可带动贫困人口就业近500人；中信银行3年累计向黔江发放贷款14亿元，贷款余额6亿元。

三、建立集团帮扶机制，定点扶贫成效卓越

集团式帮扶，是重庆首创的社会扶贫模式——我市由375家成员单位组建18个市级帮扶集团，立足自身特色、整合社会资源，围绕脱贫攻坚的难点及热点问题，对口帮扶14个国家扶贫开发工作重点区县，成效斐然。2017年以来，共计直接投入帮扶资金29.31亿元，安排帮扶项目1792个，有力有效地助推了全市脱贫攻坚工作开展。仅2019年，18个帮扶集团直接投入帮扶资金6110余万元，捐赠物资2.32余万件，安排帮扶项目269个、3.86亿元，协调帮扶项目137个、1.23亿元。发动2299家民营企业参与"万企帮万村"行动，结对帮扶1975个村，其中贫困村985个，投入资金20.27亿元；市国资委监管的36家市属国有企业连续4年累计投入帮扶资金16亿余元，主要用于城口、巫溪、酉阳、彭水县开展脱贫攻坚工作。

组建市级扶贫集团，开展集团式扶贫，是直辖之初市委、市政府作出的重大决策。每个扶贫集团分别由一位市级领导挂帅联系，一个市级部门牵头，把市级部门、近郊区、驻渝部队、人民团体、科研单位、大专院校、工商企业组织起来，发挥综合优势，开展社会扶贫，取得了显著成效。

一是坚持市委、市政府决策,两厅下发文件。市委、市政府始终把集团式扶贫作为扶贫开发工作的重要组成部分,作为社会扶贫的重点,列入市委、市政府的重要议事日程,坚持不懈地用集团式扶贫推动整个社会扶贫工作。在集团式扶贫的每一个重要节点,市委、市政府都要召开专题会议,研究集团式扶贫工作。为确保集团式扶贫的连续性和权威性,扶贫集团的组成和每个扶贫集团挂帅领导及扶贫集团成员单位,都是由市委常委会研究后,由市委办公厅和市政府办公厅联合下文,作出安排,提出要求。

二是坚持领导亲自挂帅,综合部门牵头。为加强对扶贫集团的领导,在组建扶贫集团之初,市委、市政府就决定由市委常委、市人大主任、市政府领导、市政协主席等市领导挂帅扶贫集团,并确保每个扶贫集团至少有1名市领导挂帅。为使扶贫集团形成坚强有力的工作团队,每个扶贫集团都由市委办公厅等综合部门牵头,负责制定帮扶计划,建立内部协调机制,组织资金筹集,督促抓好落实。

三是坚持健全组织机构,下派扶贫干部。每个集团建立定点扶贫领导小组,牵头部门成立办公室,设专职联络员。每个集团每年选派2~3名优秀干部下到帮扶区县开展蹲点扶贫,由市委组织部和市扶贫办联合下文,明确职责,提出要求,直辖以来,从未间断。

四是坚持明确工作任务,建立长效机制。每个扶贫集团每年初制定计划,明确目标,分解任务,各成员单位定点到村、帮扶到村,帮扶到户、惠及到户。市扶贫开发领导小组统一研究制定了《定点扶贫项目及资金管理办法》《挂职扶贫干部管理暂行办法》等规章制度;各扶贫集团建立和完善了激励机制、统筹协调机制、检查督导机制。

2017年7月以来,市委、市政府高度重视脱贫攻坚工作,根据中央要求,结合实际,重新对市级扶贫集团对口帮扶工作进行了调整部署。结合贯彻落实《中共中央国务院关于打赢脱贫攻坚战三年行动的指导意见》(中发〔2018〕16号),2018年,市委、市政府出台了《关于打赢打好脱贫攻坚战三年行动的实施意见》（渝委发〔2018〕51号），市委办公厅、市政府办公厅印发了《关于调整市领导联系市级扶贫集团切实加强对口帮扶深度贫困乡镇脱贫攻坚工作的通知》（渝委办〔2018〕91号），将市级扶贫集团从帮扶贫困区县调整为帮扶深度贫困乡镇，按照"三高、一低、三差、三重"识别标准，从全市甄选了18个深度贫困乡镇，作为脱贫攻坚的重中之重开展对口帮扶，全面落实"定点包干"和"指挥长"帮扶制度。市委确定了22位市领导定点包干18个深度贫困乡镇，组建了18个深度贫困乡镇脱贫攻坚工作指挥部，构建"市领导+市责任单位主要负责人+区县党政主要负责人+深度贫困乡镇党政主要负责人"的指挥体系。明确了18名副厅局级领导干部作为驻乡工作队队长，从市级部门新选派了65名干部驻深度贫困乡镇帮扶，选派了443名干部到贫困村担任驻村第一书记和驻村干部，深入到第一线进行蹲点督战。2019年，按照"适应机构改革、保持总体稳定、局部调整优化、推动精准脱贫"的原则，以市扶贫开发领导小组名义下发了《关于调整市领导联系市级扶贫集团和深度贫困乡镇脱贫攻坚工作的通知》（渝扶组发〔2019〕4号），进一步加强市级扶贫集团对口帮扶工作，从根本上确保了市级扶贫集团对口帮扶深度贫困乡镇脱贫攻坚工作高位有力推进。

3年来，各市级扶贫集团充分发挥集团成员单位自身优势，倾力帮扶对口贫困乡镇，帮扶力度大、帮扶措施实、帮扶效果好。2017年，18个市级扶贫集团对口帮扶14个国家扶贫开发工作重点区县，共计直接投入帮扶资金8.8亿元，安排帮扶项目495个，协调引进帮扶项目资金10.3亿元。2018年，18个市级扶贫集团先后有1589名厅局级以上领导干部深入基层开展扶贫调研，其中，共投入帮扶资金9.7亿元，捐赠物资折款2397万元，安排帮扶项目542个，协调引进帮扶项目资金10.88亿元，有力有效地助推了全市脱贫攻坚工作开展。2019年，18个市级扶贫集团直接投入帮扶资金10.81亿元，安排帮扶项目755个，协调引进项目资金13.8亿元；到对口帮扶贫困区县考察调研厅局级及以上领导1202人次，处级干部6172

人次；召开对口帮扶工作联席会议462次，市级扶贫集团所有成员单位共向对口支援区县选派帮扶干部376人，其中厅级干部24人，投入力度更大，帮扶力量更强。

四、建立圈翼帮扶机制，区域协作有声有色

"一圈"对口帮扶"两翼"是我市加大扶贫开发力度、统筹城乡区域协调发展的一项长期性战略举措。2007年，市政府专门下发了《关于建立健全"一圈两翼"对口帮扶机制的意见》，要求"一圈"区县按不低于上年本级地方财政一般预算收入的1%安排帮扶实物量用于支持"两翼"对口帮扶区县（自治县），其中：三区县帮一县的按0.5%计。2013年，按财税收入的1%实物进行帮扶。市内18个条件较好的区县结对帮扶14个国家级贫困区县，建立协作机制，整合资源要素，协同发挥市场机制和政府作用，促进要素资源互联互通和协调发展。在市政府推动下，重庆形成了区县（自治县）自主协商为主、市级指导协调的工作模式，建立完善了区县（自治县）党政领导互访协商、工作部门对口衔接、目标任务层层分解、帮扶信息沟通共享、帮扶资金（物资）的使用监管以及援建项目管理等多项制度，并综合运用考核、通报、表彰、媒体宣传等多种形式建立工作激励机制，有效调动了区县（自治县）及参与各方的积极性。2018年市政府出台《关于优化区县对口帮扶机制的实施意见》，按照"政府推动、市场运作、互惠互利、共同发展"的原则，优化结对区县，安排重点任务。

通过整合对接帮扶的资源，大力招商引资，引进资金、技术、人才，有效改变了城市基础设施建设，助推了高山生态搬迁、工业园区的建设，为贫困区县的脱贫致富注入强劲动力。2018年至2020年，各帮扶区县累计援助"两翼"区县（自治县）帮扶实物量19.8亿元。

五、建立驻村结对帮扶机制，到村到户精准有效

围绕切实做好精准帮扶，更好发挥驻村工作队脱贫攻坚生力军作用，以更大的力度、更实的举措推动贫困群众如期高质量稳定脱贫，重庆市在派驻驻村工作队的基础上，进一步加强了干部和贫困户的联系，做到每个贫困户家庭都有一个直接帮扶联系人对接联系，同时，市委办公厅、市政府办公厅印发《关于加强贫困村驻村工作队选派管理工作的实施意见》，进一步完善驻村帮扶机制，实现驻村帮扶全覆盖。

全市共选派驻村工作队5800个（其中贫困村1918个），驻村干部22699人（其中市属单位选派455人）。十八大以来共选派驻乡驻村干部5.7万名。在推进驻村帮扶工作中，坚持尽锐出战，始终把因村选人、制度管人、培训育人、实绩用人、保障留人作为重要抓手，在驻村帮扶提质增效、做实做细方面成绩明显。

六、建立爱心帮扶机制，空前壮大扶贫力量

积极倡导"我为人人、人人为我"的全民公益理念，着力推进结对帮扶、结亲帮扶。一是搭建捐款捐物平台。做大做强扶贫基金会、扶贫协会，搭建快捷高效的捐赠平台。按照"政府主导、协会组织、企业参与、市场运作"的工作思路，组织行业协会和社会人士到贫困地区参观考察，让他们切身感受当地情况，触发他们的捐资热情。二是搭建志愿者扶贫平台。与市委组织部、团市委联合搭建大学生当村官志愿扶贫平台。充分

利用主城区教育资源、卫生资源丰富的优势,通过扶贫集团这个平台,每年组织一次支教支医出征大会,推动教育扶贫、卫生扶贫工作持续发展。三是搭建大型活动平台。以全国设立首个"扶贫日"为契机,组织开展了以一次系列宣传、一次新闻发布会、一次全市社会扶贫工作座谈会暨"扶贫日"捐赠仪式、一个贫困农民通过高山生态扶贫搬迁喜迁新居活动、一个贫困农户股权分红发放仪式、一次"重庆十大扶贫责任企业家"、"重庆十大扶贫明星企业"、"重庆十大扶贫示范项目"推荐评选活动为载体的"六个一"活动,共募集资金9.24亿元。搭建扶贫义演、义拍、义卖、义展、义诊、义赛等活动平台,为社会爱心人士参与扶贫提供支持。四是搭建媒体宣传平台。从宣传动员、感动社会,建设网络、提供服务,政策引导、舆论鼓励三方面为有志于扶贫开发事业的企业和个人提供信息服务。建立和完善民政、扶贫部门与扶贫公益、社会服务机构之间的衔接机制,实现贫困需求信息和扶贫资源、社会服务信息的对接、共享和匹配。全市近40万贫困户得到结对帮扶,实现全覆盖。

七、创新扶贫新模式,巩固提升扶贫效果

一是加大农村职业技能培训,做好后继技术跟踪服务。市扶贫办先后组织扶贫创业培训近10万人,培育了一大批小老板,真正做到了"培训一人、创业一人、带动一片",在贫困地区发挥了较好的示范和引领作用。为提高培训的质量和效果,从2015年起,重庆市扶贫办启动了"扶贫培训后续服务"项目,由市扶贫指导中心和重庆市现代农业科技服务协会共同组建专家工作团队提供后续跟踪服务。专家团队包含一批熟悉农业农村工作,长期服务于农业的种植、养殖技术专家,也有项目规划师、创业培训师、营销策划专家,擅长通过电视栏目、互联网、农校对接、农餐对

接、农超对接等多种营销方式，打造优质农产品销售渠道。

在一年多的时间里，专家团队行程4万多公里，对38个市级贫困村产业发展情况进行了详细调研和实地指导。同时，协会还搭建起了电话咨询服务、微信公众服务、QQ群服务、"农互帮"网络服务平台等咨询讨论平台，并开展了专家现场指导服务。"农互帮"网站上已经有超过1000人次农户注册账号，QQ群上长期在线560人，官方微信平台有200余名学员关注、咨询，专家累计现场指导35次、累计参与人数达156人次。

截至目前，通过"扶贫培训后续服务"项目已帮扶48个贫困村、380余名创业者，累计为创业学员解答技术问题938个，助推了一大批扶贫创业项目，增强了创业者的信心和决心，有力转变了受助企业企业管理、经营理念、营销模式，受助企业带领贫困群众增收致富的能力明显增强，扶贫带动效益明显，得到了各贫困村及各级政府的广泛支持和肯定。

二是实施电子商务扶贫行动。通过电子商务促进产业扶贫、消费扶贫、就业创业、网络促销、网店带动，实现贫困区县电子商务公共服务体系、物流配送体系、带头人产地集配中心、主打农产品质量追溯体系、电商企业对口帮扶、网络基础设施"七个全覆盖"，让贫困地区农产品卖得掉、卖得快、卖得好、卖得远。电子商务进农村综合示范工作向贫困区县倾斜。所有贫困区县建成区县级农村电子商务公共服务中心，有条件的村设立电子商务服务点，培育一批有特色、有产业的电子商务扶贫示范乡镇和示范村。探索"大数据+特色效益农业+乡村旅游""电子商务+农业经营主体（带头人）+贫困户"和电商网店"一店带多户""一店带一村"等电商脱贫新模式。贫困户通过电商平台创业就业，给予适当补助和扶贫小额信贷支持。每个贫困村至少培育1名电子商务带头人。每年开展2次农村电子商务现场观摩活动。深入推进国家网络扶贫示范县建设。积极推动互联网、大数据、云计算、物联网等在贫困地区的运用。

三是深入推进民营企业"万企帮万村"行动，引导民营企业积极开展产业扶贫、就业扶贫、消费扶贫、公益扶贫，鼓励有条件的大型民营企业通过设立扶贫产业投资基金等方式参与脱贫攻坚。持续开展"光彩行"活动。积极推进平安集团"三村"扶贫工程。制定支持社会组织参与脱贫攻坚激励政策,引导、支持社会组织参与脱贫攻坚,建立社会组织帮扶项目与贫困地区需求信息对接机制。落实社会扶贫资金所得税税前扣除政策。实施社会工作"专业人才服务计划""服务机构牵手计划""教育对口扶贫计划",为贫困人口提供生计发展、能力提升、心理支持等专业服务。用好中国社会扶贫网、扶贫爱心网等平台。动员组织各类志愿服务团队、社会各界爱心人士开展扶贫志愿服务,深化扶贫接力志愿服务行动,制定落实扶贫志愿服务支持政策。

四是广泛动员社会力量帮扶,支持社会团体、基金会、社会服务机构等各类组织从事扶贫开发事业。建立健全社会组织参与扶贫开发的协调服务机制,构建社会扶贫信息服务网络。

五是整合共青团、妇联、教育、民政、扶贫等部门和单位帮扶力量,创新完善农村留守儿童、留守妇女、留守老人"三留守"群体特殊关爱帮扶体系,形成政府、社会家庭多方联动。深化扶贫接力志愿服务行动。引导扶贫公益组织依法依规开展募捐和设立扶贫公益基金。探索发展公益众筹扶贫。完善社会扶贫激励政策,每年"扶贫日"期间广泛开展扶贫献爱心活动,为社会力量参与脱贫攻坚营造良好氛围。

六是进一步发挥社会工作专业人才和志愿者扶贫作用。鼓励社会工作专业人才和社会工作服务机构组建专业服务团队、兴办社会工作服务机构,为贫困地区培养和选派社会工作专业人才。鼓励支持青年学生、专业技术人才、退休人员和社会各界人士参与扶贫志愿者行动。充分发挥各级各类志愿服务组织的作用,构建扶贫志愿者服务网络。

(执笔人:徐术)

聚焦深度贫困　全力攻克"硬骨头"

2017年7月,重庆市委、市政府参照国家深度贫困县识别标准,结合重庆实际,精准识别出18个市级深度贫困乡镇。18个乡镇山高坡陡沟深,基础设施落后,发展基础薄弱,有建档立卡贫困村91个、占52.6%,贫困人口5.6万,贫困发生率17.9%,成为重庆脱贫攻坚的坚中之坚、困中之困、难中之难。三年多来,全市上下深入学习领会习近平总书记关于扶贫工作重要论述、在深度贫困地区脱贫攻坚座谈会上的重要讲话和视察重庆重要讲话精神,坚持精准扶贫精准脱贫基本方略,以18个乡镇脱贫攻坚带动全市决战贫困工作全局,如期打赢了这场脱贫攻坚"硬仗中的硬仗"。2019年4月,习近平总书记亲临重庆调研脱贫攻坚工作后指出:"党的十九大以来,重庆聚焦深度贫困地区脱贫攻坚,脱贫成效是显著的""对重庆的脱贫工作,我心里是托底的"。截至2020年底,18个深度贫困乡镇所有贫困村实现整体"摘帽",确保了深度贫困地区和贫困群众同全市人民一道进入全面小康社会。

一、精准识别深度贫困乡镇

2017年6月23日,习近平总书记在山西太原市主持召开深度贫困地区脱贫攻坚座谈会时明确要求,加快推进深度贫困地区脱贫攻坚,要按照党中央统一部署,坚持精准扶贫精准脱贫的基本方略。重庆积极贯彻落实习近平总书记重要讲话精神,下足"绣花功夫",尽锐出战,全力攻克深度贫困这块脱贫攻坚战中最难啃的"硬骨头"。

(一)"三高、一低、三差、三重"的精准识别标准

2017年7月以来,重庆市参照国家确定深度贫困县的标准,结合本市实际,按照"三高、一低、三差、三重"的识别标准,对深度贫困乡镇进行了精准识别。"三高",即贫困发生率高(2014年乡镇建档立卡贫困发生率高于10%)、贫困人口占比高(乡镇贫困人口占全县贫困人口总数的比例较高)、贫困村占比高(乡镇范围内贫困村占行政村总数比例高于50%);"一低",即人均可支配收入低(2016年乡镇人均可支配收入水平低于14个国家重点县农村居民人均可支配收入10244元的标准);"三差",即基础设施差(乡镇范围内村道通畅、社道通达、入户便道以及安全饮水保障仍未完全解决)、生存环境差(处于高海拔偏远地区,困难群体安全稳固住房未完全解决)、主导产业带动能力差(乡镇贫困人口参与主导产业发展的比例不高);"三重",即低保五保残疾等贫困人口脱贫任务重(乡镇贫困人口中低保五保残疾人口等占比较高)、因病致贫人口脱贫任务重(乡镇贫困人口中因病致贫的占比较高)、贫困老人脱贫任务重(乡镇60岁以上贫困人口的占比较高)。

(二)18个深度贫困乡镇基本情况

全市14个国家扶贫开发重点区县按照以上标准进行倒排普查、综合排序。同时,适当考虑区域平衡和发挥示范带动作用的要求,明确从巫溪县、城口县、彭水县、酉阳县等4个贫困程度较深的县分别确定2个综合排序最后的乡镇作为深度贫困乡镇,从万州区、黔江区、武隆区、开州区、丰都县、秀山县、石柱县、奉节县、云阳县、巫山县等10个区县分别确定1个综合排序最后的乡镇作为深度贫困乡镇。最终识别深度贫困乡镇

18个，分别为石柱县中益乡、巫溪县红池坝镇、巫溪县天元乡、奉节县平安乡、丰都县三建乡、云阳县泥溪镇、城口县鸡鸣乡、城口县沿河乡、武隆区后坪乡、酉阳县车田乡、酉阳县浪坪乡、彭水县大垭乡、彭水县三义乡、巫山县双龙镇、开州区大进镇、秀山县隘口镇、万州区龙驹镇、黔江区金溪镇。据相关资料显示，18个深度贫困乡镇均处于我市武陵山和秦巴山集中连片特困地区，贫困程度深，贫困发生率高，总人口31.3万。其中，建档立卡贫困户14638户56031人，173个行政村中有建档立卡贫困村91个。

二、深入推进常态化工作

为集中优势力量，突出抓好18个深度贫困乡镇的脱贫攻坚，市委、市政府采取"五个一"机制推进常态化工作。即每个乡镇由一个市领导挂帅、一个市级部门牵头负责、一个扶贫集团对口帮扶、派驻一个驻乡工作队、实施一个脱贫攻坚规划。并在此基础上，从领导体系、项目规划、驻村帮扶、政策资金、协调机制等方面全力推进深度贫困乡镇脱贫攻坚。

（一）建立组织领导体系

由市委、市政府领导和市人大、市政协主要领导逐一定点包干，担任指挥长，落实市县乡三级干部450余名，实行市领导包县、县领导包乡、乡领导包村，构建"市领导挂帅+市级责任单位主要负责人+区县党政主要负责人+深度贫困乡镇党政主要负责人"的指挥体系，明确市级总体责任，区县主体责任、乡村两级直接责任，层层压实责任、传导压力。按照市委、市政府《关于打赢打好脱贫攻坚战三年行动的实施意见》部署，将"三年行动"重点任务逐一分解到53个牵头部门和55个参与单位。层层签订脱贫目标和成果巩固责任书;实行最严格的督查考核,建立常态约谈机制,形成一级抓一级、层层抓落实的工作格局。

(二)科学编制项目规划

2017年8月,18个深度贫困乡镇脱贫攻坚指挥部启动乡镇脱贫攻坚规划编制。通过入户走访、召开院坝会等形式,听取群众意见建议,掌握真实情况,并多次组织相关区县和市级部门召开专题会议,听取规划编制工作情况汇报,研究、指导规划编制工作。市交委、市水利局、市国土房管局、市教委、市卫生计生委等21个市级部门充分发挥行业优势,深入到深度贫困乡镇一对一指导规划编制工作。市规划局通过大数据支撑,助力区县科学编制脱贫攻坚规划。10月,市扶贫办组织从15个市级部门精选相关专家,组建脱贫攻坚项目专家库,指导规划编制工作,并召开专家咨询评估会,对18个深度贫困乡镇规划项目逐一进行评审,后经报各指挥长确定18个深度贫困乡镇规划脱贫项目2372个,规划总投资162亿元。在工作推进中,为解决深度贫困乡镇规划项目与生态保护区和财政涉农资金"负面清单"冲突问题、新冠肺炎疫情以及其他因素,深度贫困乡镇脱贫攻坚规划经过多次调整,最终明确规划项目总数为2151个,规划总投资86.86亿元。

(三)加强驻村帮扶工作

设立18个深度贫困乡镇脱贫攻坚指挥部,下设18个驻乡工作队,由市级18个部门的副厅级领导干部任驻乡工作队长,从市级责任部门和帮扶单位选派70名驻乡工作队员和88名驻村第一书记,与346名区县、乡镇干部共同组成。制定《驻乡驻村干部管理办法》,明确驻乡驻村工作队员职能职责,加强日常管理,严格实行工作考核,落实工作生活保障,建立召回制度,切实提高驻村驻乡帮扶工作质量。在驻村工作队和第一书记的选派上,特别注重选派政治素质好、工作作风实、综合能力强、身体健康、具备履职条件的人员参加驻村帮扶,优先安排优秀年轻干部和后备干部。第一书记驻村期间,不承担派出单位工作,人事关系、工资和福利待遇不变,党组织关系转到村。每个驻村工作队一般3～5人,每期驻村时间不少于2年。脱贫攻坚期内,第一书记、驻村工作队不撤不退,对不适应的及时召回调整。全面推行下村签到、工作纪实、在岗抽查等制度,确保第一书记每个月有2/3以上的时间吃在村、住在村、干在村。

(四)加大政策资金力度

为贯彻落实《关于支持深度贫困地区脱贫攻坚的实施意见》要求,明确重点实施稳定脱贫提升行动、基础设施提升行动、产业扶贫提升行动、生态保护提升行动、人口素质提升行动、公共服务提升行动、村"两委"提升行动等7大攻坚行动。各级各部门加大对深度贫困乡镇政策、资金倾斜力度,全力推进深度贫困乡镇脱贫攻坚工作。两年来各类财政资金、帮扶资金、金融资金、社会资金近100亿元,集中用到18个深度贫困乡镇,推进经济社会发展。市交委下达深度贫困乡镇"四好农村路"建设补助资金5.5亿元,支持每个深度贫困乡镇300万元前期工作经费,优先开展交通项目设计审批,指导区县对涉及深度贫困乡镇的普通国省干线公路建设项目纳入行动计划,优先给予资金支持。市财政每年对每个深度贫困乡镇分别新增安排2000万元财政专项资金,14个国家扶贫开发工作重点区县每年对每个深度贫困乡镇分别新增安排1000万元财政专项资金。累计投入就业创业培训、教育资助、医保资助参保、危房改造、易地扶贫搬迁等到人到户资金达到5亿多元。新增支农再贷款(扶贫再贷款)优先满足深度贫困地区,鼓励和引导金融机构将新增金融资金优先满足深度贫困地区,新增金融服务优先布局深度贫困地区。保障深度贫困乡镇产业发展、农村基础设施建设、易地扶贫搬迁、民生发展等用地。深度贫困乡镇开展城乡建设用地增减挂钩可不受指标规模限制,城乡建设用地涉及农用地转用和土地征收的,依法加快审批。从2018年起,从市级财政专项扶贫资金中连续三年每年新增安排18个深度贫困乡镇补助资金3.6亿元,市级相关部门计划落实项目资金50亿元,支持深度贫困乡镇脱贫攻坚工作。

(五)创新工作协调机制

一是工作联络机制。编印《深度贫困乡镇脱贫攻坚工作通讯录》,组建了3个微信群、2个QQ群,及时掌握全市深度贫困乡镇脱贫攻坚工作动态,实现信息资源共享。构建帮扶单位与33个未脱贫村工作交流机制,定期开展走访调研、意见交流、工作调度等各项工作。二是台账管理机制。建立深度贫困乡镇脱贫攻坚工作评估体系,全面开展"两不愁三保障"问题核查,实行动态、量化管理,即时掌握全市深度贫困乡镇及未脱贫村脱贫攻坚工作推进落实情况。三是项目库备案管理机制。组建脱贫攻坚项目专家库,指导区县制定深度贫困乡镇脱贫攻坚规划,加快路、水、电、讯、房和环保等基础设施建设。建立深度贫困乡镇脱贫攻坚项目库备案管理制度,及时掌握项目进度,督促项目落地,确保有进度有形象。四是督查督办机制。对各级督查、巡视、审计发现的问题和涉贫信访问题纳入问题整改台账,落实责任单位和责任人,确定整改要求和整改时限,发现一个,整改一个,销号一个,确保事事有着落、件件有回音。

三、聚焦"四个深度"精准发力

全市严格按照"新增脱贫攻坚资金主要用于深度贫困地区,新增脱贫攻坚项目主要布局于深度贫困地区,新增脱贫攻坚举措主要集中于深度贫困地区"的重要指示要求,把18个深度贫困乡镇作为脱贫攻坚主战场,紧紧围绕深度改善贫困地区生产生活生态条件、深度调整产业结构、深度推进农村集体产权制度改革、深度落实各项扶贫惠民政策"四个深度"精准发力,着力攻克深度贫困"堡垒",切实抬高整体发展"底部",树立精准脱贫"标杆",打造破解深度贫困"样板"。

(一)深度改善贫困地区生产生活条件

"以统筹到区域、精准到人头"为基本思路,实施行业扶贫专项行动,深度改善贫困地区生产生活生态条件。围绕路、水、电、讯、房和环保等基础设施短板,扎实开展交通三年大会战、水利扶贫大攻坚、人居环境大整治、公共服务大提升和创新创业大帮扶等行业精准扶贫行动。2018年即落实交通补助资金20亿元、水利建设资金5.6亿元,新建改建通村通组公路1225公里、人畜饮水池1141口。安排专项资金1.9亿元,实施深度贫困乡镇农网改造升级。开展"互联网小镇"建设,光纤网络和4G网络实现18个深度贫困乡镇92个行政村全覆盖。推进乡镇公安智能化、交通安全管理等项目建设70余个。实施地票交易1632亩3.1亿元。落实补助资金9000万元,建设改善农村人居环境市级示范片20个。建设农产品产地集配中心11个,切实破解深度贫困乡镇致富"瓶颈"、打通发展"关节"。并启动"小康路、小康水、小康电、小康讯"等各类基础设施项目建设208个,完成投资8.5亿元,新建、改建乡村道路2100余公里。实施医疗、教育、文化等公共服务项目建设36个。启动生态保护与环境治理项目建设34个,实现乡镇集中式污水处理全覆盖。

(二)深度调整产业结构

以绿色化、优质化、特色化、品牌化为方向,大力培育扶贫主导产业,深度调整产业结构。2018年,派出专家组对各乡镇产业基础、资源禀赋、水土特点、新型经营主体数量等进行深入调研,指导乡镇规划实施特色效益农业项目283个,引进培育龙头企业118家,巩固、发展特色效益农业产业基地13个,农民专业合作社297个,打造"三品一标"等品牌农产品64个,建立农业特色产业专家大院2个。规划生态特色产业和生态旅游业项目120个,启动57个,新发展特色经济林20万亩,落实乡村旅游扶贫项目补助资金1800万元,新增"森林人家"等乡村旅游接待户1900余户,推出一批乡村旅游线路产品和节会活动,覆盖带动贫困人口4000余人。启动电商物流项目建设11个,培育农村电商带头人160余人,组建农民电商合作社83个,扎实推进农旅、农商深度融合。开展"精准产业保"试点,对贫困户参与产业发展提供订单式、全覆盖商业保险保障。

同年,在南坪会展中心举行的第十七届中国西部(重庆)国际农产品交易会上,全市18个深度贫困乡镇组团亮相。在特设的"深度贫困乡镇脱贫攻坚展厅"里,集中展示了各个乡镇与全国人民一道奔小康的特色农产品和脱贫"任务表"。

18个深度贫困乡镇主导产业脱贫任务表

区县	优势	脱贫目标	脱贫妙招
万州区龙驹镇	龙白、龙罗、龙梨公路交会处,万利高速咽喉要道,矿产、旅游资源丰富	2018年脱贫82户262人,2019年脱贫110户352人	花椒、淡季水果等
黔江区金溪镇	有奇峰异石、蜿蜒曲折的情人谷峡谷风景,文化资源、旅游资源丰富	计划2019年脱贫	蚕桑、茶叶、蔬菜、香猪等
城口县鸡鸣乡	森林覆盖率70.6%,盛产鸡鸣贡茶、野生天麻、党参、核桃等,仙女池等自然风光	计划2019年脱贫	高山药材、山地鸡、茶叶等
秀山县隘口镇	有市级自然保护区太阳山林区,面积5206公顷,生态资源丰富	2018年脱贫15户84人,2019年脱贫24户99人	茶叶、金银花、黄精等
酉阳县车田乡	"凉都",劳动力资源丰富,全乡大部分处于河谷地带,土壤肥沃	2018年脱贫84户402人,2019年脱贫60户247人	旅游、中药材、土鸡、山羊等
酉阳县浪坪乡	小山坡土家苗寨,"五洞连珠"、石林等景点,气候冬暖夏凉	2018年脱贫149户712人,2019年脱贫109户459人	高山蔬菜、油茶等

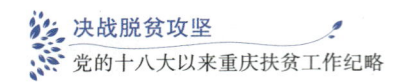

续表

区县	优势	脱贫目标	脱贫妙招
巫溪县天元乡	典型的立体高寒山区气候	2019年脱贫	乡村旅游、山羊、毛猪等
彭水县大垭乡	境内自然资源丰富,珍稀古木品种繁多,芙蓉江水质好,鱼类资源丰富	贫困户537户2259人,计划2019年脱贫	辣椒、花椒、农家乐乡村旅馆等
彭水县三义乡	林业资源丰富,原生植被完好,森林覆盖率65%	2018年脱贫136户556人,2019年脱贫66户282人	烤烟、珍珠鸡等
武隆区后坪乡	平均气温15.3℃,有天坑群、石林等旅游资源,也有茶叶、竹笋等土特产	2018年脱贫30户105人,2019年脱贫27户85人	乡村旅游
丰都县三建乡	多样的生态环境和生态资源,旅游景观美不胜收	2018年脱贫40户123人,2019年脱贫16户31人	青脆李、优质水稻、竹笋等
石柱县中益乡	水资源丰富,夏季平均温度22～25℃,有保存完好的土家风貌传统民居	2018年脱贫197户614人	民宿旅游
奉节县平安乡	森林覆盖率63%,旅游资源丰富,有气势宏伟的关门山等	2018年脱贫139户473人,2019年脱贫67户200人	山羊、乡村旅游
巫山县双龙镇	位于国家5A级景区小三峡腹心地带,雨量充沛,平均气温17.6℃	2018年脱贫95户306人,2019年脱贫63户180人	豌豆、胡豆、板栗、山羊、脆李等
城口县沿河乡	森林覆盖率81.6%,大气负氧离子浓度达到一级,全乡近6万亩野生竹林资源	2018、2019年两年脱贫257户1043人	建"大巴山竹林人家"旅游片区
开州区大进镇	年平均气温16.2℃,森林面积20.93万亩,旅游资源得天独厚,植物多达1800余种	2018年脱贫30户100人,2019年脱贫94户288人	精品民宿、有机茶、土鸡等
巫溪县红池坝镇	有49.1平方公里位于红池坝国家森林公园保护区内,具备打造国家5A级景区潜质。还有传统手艺、民居、民俗等文化资源	2018年脱贫263户1000人,2019年脱贫187户710人	精品民俗、茶园、山羊等
云阳县泥溪镇	境内有潭獐峡风景秀丽的自然风光,保持较好的清中晚期民宅特色人文景观,打连厢、彩龙船等特色民俗	2018年脱贫57户163人,2019年脱贫14户41人	黑山羊、黑米、黑花生等

(三)深度推进农村集体产权制度改革

农村集体产权制度改革,是党中央作出的重大决策部署,是农业农村改革中具有"四梁八柱"性质的重大改革,对推动农村发展、完善农村治理、保障农民权益、探索形成农村集体经济新的实现形式和运行机制,都具有十分重要的意义。为全面贯彻落实党的十九大精神,创新农村发展体制机制,激发乡村振兴动力活力,重庆自2017年开始在全市范围内开展农村资源变资产、资金变股金、农民变股东改革(即农村"三变"改革)试点。试点工作在38个涉农区县各选择1个村展开,并专门召开全市性会议对农村"三变"改革试点工作进行了安排部署。为保证改革试点的顺利推进,市委办公厅、市政府办公厅出台了《关于开展农村"三变"改革试点促进农民增收产业增效生态增值的指导意见》,进一步明确要求把农村"三变"改革作为全面深化农村改革的总抓手,坚守农村土地集体所有性质不改变、耕地红线不突破、农民利益不受损三条红线,以打造"股份农民"为核心,以产业发展为支撑,以合股联营为关键,通过"三变"促"三增"(农民增收、产业增效、生态增值),努力在"三农"和扶贫开发领域培育新增长点。据市扶贫办资料显示,2017年按照"清产核资、确权确股、市场对接、合股联营、按股分红"的模式,采取村民联动、村社共建、股份合作等形式,扎实推动"三变"促"三增",全市累计清理核查农村集体资产804.8亿元,完成土地承包经营权确权颁证640.2万户,在2183个村、9853个组开展集体资产量化确权,组建新型农村集体经济组织443个,培育农民专业合作社3万个,形成了"农户+合作社+村集体经济组织""农户+合作社+龙头企业"等多元化经营模式,带动农户17.9万户。

2018年,重庆进一步出台了"三变"改革试点意见和《关于深化农村产权制度改革的实施意见(试行)》,清理核查集体资产3.8亿元,完成土地承包经营权确权颁证8.2万户,盘活农村闲置土地3.8万亩,量化形成股金6383万元,6.5万农民成为股东获得资产性收益。落实财政资金股权化改革1.6亿元,受益贫困群众5000余户。组建新型农村集体经济组织21个,带动贫困户6000余户。

在实施农村"三变"改革试点过程中,全市注意防止没有产业支撑的"虚改",杜绝没有选准项目的"瞎改"。立足资源禀赋、需求导向,运用现代理念、市场思维,加快布局绿色农产品生产、加工、销售及乡村旅游等优势项目,注重实施一二三产业融合发展项目。与此同时,还不断加大涉农资金整合力度,主要涉农区县每年安排不少于3000万元用于农业项目财政补助资金股权化改革。加大信贷贴息、担保费补助、保险保费补助力度,采取以奖代补、先建后补等方式,优先支持农村"三变"改革试点的经营主体承担便道建设、土地整治、宜机化改造、农田水利等建设项目,以及农村环境整治、物业管理等公益项目。截至2019年6月底,全市共有17个区县先后三批列为全国试点,已有3702个村、19439个组完成集体资产量化确权,量化资产141亿元,确认成员身份1068万人,农村集体产权制度改革总体上取得了阶段性进展。

随后,重庆在前期区县试点基础上,开始整市推进农村集体产权制度改革,重点做好完善清产核资后续工作、科学确认农村集体经济组织成员身份、有序推进经营性资产股份合作制改革等方面改革内容。在清产核资的基础上,重庆还将集体经营性资产以股份或份额的形式量化到本集体成员,让农民成为集体资产的所有者、管理者、受益者。同时,通过健全市、区县农村产权交易平台,建立乡镇农村产权流转交易中心和村级服务站点,提高农村要素资源利用率。截至2020年3月,18个深度贫困乡镇组建新型农村集体经济组织21个,成立农民专业合作社297个,引进龙头企业118家,建立完善利益联结机制,带动农户7000余户。同时实施财政扶贫资金"改补为投",落实财政资金股权化改革近1.8亿元,受益贫困户达6000余户。

(四)深度落实各项扶贫惠民政策

把提高脱贫质量放在首位,瞄准目标,严把标准,紧紧围绕稳定实现

"两不愁三保障",针对贫困群众主要致贫原因,持续完善脱贫规划、深化落实惠民政策和帮扶举措。

一方面,以高质量脱贫为目标,实施"一户一策"。按照"户户见面、人人参与"的原则,自下而上开展多轮次拉网式核查和动态调整,精准识别贫困人口,并逐一分析原因、完善脱贫规划、落实帮扶措施。据统计,仅2018年就实施贫困人口创业就业培训1200余人次。发放扶贫小额信贷资金2.1亿元,惠及贫困户4998户。实施医疗救助3300余人次、教育资助2500余人次。按照辖区人口每人每年10元的标准落实临时救助准备金。投入资金1320万元,新建改扩建养老服务站44个。安排专项资金2000万元,为8053名残疾人落实针对性帮扶举措。选派45名专业人才,为特殊困难群众提供专业社会工作服务。

另一方面,以贫困群众为主体,强化"志智双扶"。加强以村风民俗、自立自强为重点的农村公序良俗建设,健全"村规民约",设立乡贤讲理堂、成立道德评议会、组建村民议事会,着力打造共建共治共享的社会治理格局。全面开展脱贫攻坚"红黑榜""五好家庭"等评议评选活动,推荐市级道德模范候选人,开展"身边的脱贫故事"微访谈活动,建设乡村学校少年宫,组织贫困人口创新创业培训。创办《深度贫困乡镇脱贫攻坚简讯》,深度宣传报道先进事迹和先进经验,充分调动贫困群众脱贫致富的主动性和积极性。

四、深度贫困乡镇脱贫攻坚成效显著

三年多来,全市上下牢记习近平总书记殷殷嘱托,坚持统筹到区域、精准到个人,推进深度贫困地区脱贫攻坚取得决定性成效。18个深度贫困乡镇91个贫困村全部脱贫出列,累计动态识别的1.6万户、6.3万名建档立卡贫困人口全部脱贫。建档立卡贫困人口人均纯收入由2014年的4221元增加到2020年的12359元,年均增幅19.61%。所有贫困群众实现"两不愁"真不愁、"三保障"全保障,贫困群众对脱贫攻坚满意度均达99%以上。

（一）生产生活条件全面改善

饮水安全保障率达100%,5户以上集中供水率达99.4%;所有行政村通水泥路,家家户户有硬化路;实现4G信号全覆盖,农村电网供电可靠率99.8%;实施易地扶贫搬迁9991人,实施危房改造5000户;适龄儿童义务教育入学率、贫困家庭子女享受教育资助年均达100%;所有贫困村均有标准化卫生室和合格村医,医保参保率、村医服务覆盖率100%。

（二）农村产业实现特色发展

每个深度贫困乡镇至少培育2个以上扶贫主导特色产业,新发展柑橘、榨菜、中药材、茶叶等扶贫产业314万亩,特色产业对贫困户覆盖率100%。

（三）农村基层组织不断夯实

18个驻乡工作队、172个驻村工作队、1137名工作队员、3000余名帮扶干部扎根一线,91个贫困村党组织由"后进"变"先进",密切了党群干群关系。

（四）干部群众精神面貌焕然一新

18个深度贫困乡镇认真贯彻落实《关于深入开展扶志扶智工作激发贫困群众内生动力的意见》,将扶贫工作与扶志扶智紧密结合,通过加大宣传动员力度,积极开展就业创业培训,贫困群众内生动力显著提升。党员干部吃苦耐劳、不怕牺牲、舍小家、为大家,涌现出"时代楷模"毛相林、"全国劳动模范"王祥生、"全国脱贫攻坚先进个人"韦永胜、"全国乡镇卫生院优秀院长"蒋凤、"背包书记"田杰、"教育书记"田富、"点子书记"全克军等一大批先进典型,带动提振了群众的脱贫志气和激情。

五、重庆市攻克深度贫困主要创新举措及经验

市委、市政府坚持把脱贫攻坚工作作为深学笃用习近平新时代中国特色社会主义思想的实践行动,作为增强"四个意识"、坚定"四个自信"、做到"两个维护"的具体体现,作为营造良好政治生态、彻底肃清孙政才恶劣影响和薄熙来、王立军流毒的有力抓手,出台实施《关于贯彻落实习近平总书记在解决"两不愁三保障"突出问题座谈会上重要讲话精神的实施意见》《实施深度贫困乡镇脱贫攻坚三年规划》等文件,以18个市级深度贫困乡镇为突破口,积极探索出了一批创新举措,交上攻克深度贫困的重庆答卷。

(一)落实习近平总书记"强化党政一把手负总责的领导责任制"的重要指示要求,做到领导带头、上下联动,构建坚强有力的组织领导体系

严格落实"一把手责任制",市、区县、乡镇、村社四级书记一起抓。一是市领导定点包干。陈敏尔书记定点联系石柱县中益乡,实地调研、蹲点指导9次,提出深度改善生产生活生态条件、深度调整产业结构、深度推进农村集体产权制度改革、深度落实各项扶贫惠民政策"四个深度发力"要求。唐良智市长定点联系奉节县平安乡、巫溪县红池坝镇。22位市领导定点联系18个深度贫困乡镇,担任指挥长深入一线指挥,指导编制深度贫困乡镇脱贫攻坚规划,实地调研192次,召开座谈会259场

次,研究脱贫攻坚重大问题。二是区县党委政府主抓主攻。深度贫困乡镇所在区县党政主要负责人每月至少到深度贫困乡镇调研一次脱贫攻坚工作,区县党委常委会会议每月至少研究一次深度贫困乡镇脱贫攻坚工作,区县党委政府每年向市委、市政府和指挥长报告深度贫困乡镇脱贫攻坚工作。乡镇、村社实行挂图作战,对照时间表、路线图一项一项抓落实。三是市级部门合力共推。市级各部门积极参与、组织18个驻乡工作队,派出18位厅级领导担任工作队长,吃、住、干在基层一线(三在村);选派驻乡70名工作队员、88名驻村第一书记,认真履行帮扶职责。473家市级单位组建18个市级扶贫集团结对帮扶深度贫困乡镇,积极筹措资金、推动项目落地。

(二)落实习近平总书记"坚持现行脱贫标准,既不拔高,也不降低"的重要指示要求,工作户户到家、人人见面,实现"两不愁三保障"问题动态清零

组织县乡村三级干部全面摸排、逐户核查、集中研判,对照"两不愁三保障一达标"标准,确保应进全进、应退全退。对贫困户网格化、精细化、动态化管理,根据致贫原因与贫困户共同制定脱贫方案,做到"一户一策"。一是强化义务教育保障。创新联控联保责任体系,分类开展控辍保学,实施"一乡一策、一人一案"。建立从学前到研究生各教育阶段全覆盖、公办民办学校全覆盖、家庭经济困难学生全覆盖的资助政策体系,实现所有贫困家庭子女义务教育阶段无因贫失学辍学。比如,巫溪县天元乡引入龙湖集团设立助学基金,不断改善"一中四小"教学条件。二是强化基本医疗保障。建立"三保险""两救助""两基金"多重医疗保障体系,贫困人口基本参保率、大病救治率、家庭医生慢病签约服务管理率、重病兜底保障率均达100%。全面实施分级诊疗、"一站式"结算和"先诊疗后付费"制度,确保贫困人口得了大病、重病基本生活不受影响。比如,黔江区金溪镇发挥市卫生健康委扶贫集团帮扶优势,投资3000多万元整体迁建金溪镇卫生院和村卫生室,提高医疗服务质量和水平。三是强化住房安全保障。拉网摸排农户农房,严格危房改造验收,实现贫困户农村危房动态清零。加强质量管理和配套设施建设,注重保留民族特色和地方风格。比如,彭水县大垭乡提前2年完成了C、D级危房改造和易地扶贫搬迁点建设。四是强化饮水安全保障。因地制宜解决群众水量、水质、用水方便程度、供水保证率等问题,建立健全农村供水工程运行管护长效机制,集中供水工程全部落实管护责任人,对贫困群众集中供水水费实行减免。比如,酉阳县车田乡建成集中式供水厂3座、农村人畜饮水池37口,铺设管道60余公里,彻底改变了贫困群众饮水靠天的历史。

(三)落实习近平总书记"坚持精准方略,提高脱贫实效"的重要指示要求,坚持深度发力、精准聚焦,破解深度贫困乡镇发展难题

坚持规划先行、项目支撑、监管到位,快速推进脱贫攻坚项目。一是补齐基础设施短板,深度改善生产生活生态条件。新建改建农村公路1445公里,实施农村饮水、水土保持、小水电扶贫等工程项目489个,新建10千伏线路413公里,建成4G基站293个,完成危旧房屋改造5000户,实施一大批人居环境整治工程,基本实现乡镇污水、垃圾集中处理全覆盖。二是培育扶贫主导产业,深度调整产业结构。组织专家组深入调研指导,"一乡一策"规划主导产业,实施特色效益农业项目283个、生态特色产业和生态旅游业项目120个,并引进和培育龙头企业57家,覆盖贫困人口2万余人。比如,巫溪县红池坝镇根据海拔高差和立体气候,错季错位发展"小规模、多品种、高品质、好价钱"山地特色效益产业,打造宜居宜业宜游的现代生态休闲农业示范园。三是推动"三变"促"三增",深度推进农村集体产权制度改革。采取村民联动、村社共建、股份合作等形式,推动农村资源变资产、资金变股金、农民变股东,促进农民增收、产业

增效、生态增值。清理核查集体资产3.8亿元,完成土地承包经营权确权颁证8.2万户,土地规模经营度达到50%。组建新型农村集体经济组织21个,带动贫困户5000余户。开展贫困人口创新创业培训1.1万人次,新增科技特派员200余名。比如,丰都县三建乡实施全域"三变"改革,8个村分别组建股份合作社,引入经营主体与股份合作社、村集体合股组建股份公司,有效盘活1.2万亩闲置撂荒的土地、林地等资源,实现户均增收1万元以上,村集体年均增收10万元以上;石柱县中益乡293户村民将1088亩土地入股到中益旅游开发有限公司,种植黄精、吴茱萸等中药材及脆桃、脆李等水果,每户村民按照地力情况每年享受保底分红。四是全面实施一户一策,深度落实各项扶贫惠民政策。整合涉农资金,实施财政资金"以奖代补""转补改投",落实财政资金股权化改革近1.8亿元,受益贫困户达6000余户。量身定制"产业脱贫保",承保贫困户9803户,理赔24.2万元。18个深度贫困乡镇累计发放扶贫小额信贷9230户、3.8亿元。

(四)落实习近平总书记"形成全社会广泛参与脱贫攻坚格局"的重要指示要求,坚持政府主导、社会协同,增强深度贫困乡镇攻坚合力

一是发挥政府投入的主导作用。市级财政每年为每个深度贫困乡镇落实专项资金2000万元,区县财政配套1000万元。市交通局、市水利局、市规划自然资源局、市国资委等市级行业部门3年投入42亿元以上,对深度贫困乡镇实施倾斜帮扶。二是发挥金融资金的助推作用。国开行、农发行、农行、人保财险公司等金融机构探索支持深度贫困乡镇脱贫攻坚新模式,提供"单列贷款计划、基准利率放贷、贷款年限较长、绿色通道审批"优惠贷款,给予190亿元贷款授信额度。三是发挥社会力量的帮扶作用。鲁渝扶贫协作资金、项目、人才向深度贫困乡镇倾斜,山东省投入深度贫困乡镇帮扶资金11.6亿元、占总资金的52.97%;援建项目581

个、占总项目的45.36%。中央单位定点扶贫加大帮扶投入,帮助销售深度贫困乡镇扶贫产品6500多万元。18个市级扶贫集团3年累计投入帮扶资金6.63亿元。"万企帮万村"精准扶贫行动实现172个行政村全覆盖。

(五)落实习近平总书记"充分调动贫困群众积极性、主动性、创造性"的重要指示要求,坚持多措并举、志智双扶,提振深度贫困乡镇群众精气神

一是强化典型示范。建立脱贫荣誉制度,推出扶贫脱贫典型"中国好人"22个、"重庆好人"107个。组织3个宣讲团,挑选15名脱贫攻坚一线先进典型,开展基层脱贫攻坚先进事迹宣讲。在农民工春节返乡期间,举办脱贫攻坚"讲习所"、"农民夜校"、院坝会等,实现面对面交流、点对点宣传。二是强化技能培训。围绕"一户一人一技能"目标,开展农村实用技术、乡村旅游、手工艺技能等培训9926人次,有效提高贫困群众致富能力。比如,黔江区金溪镇打造"金溪护工"就业品牌,累计培训9期401人。三是强化村民自治。深入开展"除陋习、树新风"专项行动,建立健全村规民约,设立乡贤讲理堂、成立道德评议会、组建村民议事会,打造共建共治共享的社会治理格局。全面开展脱贫攻坚"红黑榜""五好家庭"等评议评选活动,推荐市级道德模范候选人18名。比如,万州区龙驹镇深入治理乱办无事酒席和大办婚丧宴席陋习,实施立志立德育新风活动;云阳县泥溪镇探索建立"积分超市",群众通过自发参与志愿活动、主动改善人居环境、主动参与社会治理等"赚"积分,用积分兑换生活用品。

(六)落实习近平总书记"必须坚持把全面从严治党要求贯穿脱贫攻坚工作全过程和各环节"重要指示要求,坚持党建引领、尽锐出战,强化攻克深度贫困的组织保障

一是加强基层组织建设。配齐配强乡镇和村级领导班子,先后调整不胜任的深度贫困乡镇党委书记6名、乡镇长3名、其他班子成员21名,石柱县中益乡、奉节县平安乡、巫溪县红池坝镇、丰都县三建乡等分别由县领导兼任乡镇党委书记。调整补充村党组织书记23名,每年对所有村党组织书记全覆盖轮训一遍,将37名村支"两委"干部培养成为致富带头人,把29名致富带头人培养成为村支"两委"干部,91个贫困村在脱贫攻坚一线新发展党员187名。此外,市委组织部扶贫集团23个党支部还与大进镇19个村党支部结对共建。二是加强监督执纪。扎实开展扶贫领域腐败和作风问题专项治理,深入开展"兴调研转作风促落实"行动。全覆盖设立村务监督委员会,落实公示公告等十项监管制度,开通12317扶贫监督举报电话,充分发挥村务监督委员会和扶贫义务监督员作用。建立常态化督查巡查制度,实施第一书记到岗履职情况专项督查,确保扶贫工作务实、过程扎实、结果真实。

18个深度贫困乡镇脱贫攻坚的实践探索积累了宝贵工作经验,深化了规律性认识体会。一是攻克深度贫困,核心之要是坚持以习近平同志为核心的党中央坚强领导和以习近平新时代中国特色社会主义思想为根本遵循。习近平总书记对脱贫攻坚念兹在兹、亲力亲为、领战督战,彰显了人民领袖深厚的为民情怀和强烈的责任担当。以习近平同志为核心的党中央对深度贫困地区脱贫攻坚工作的坚强领导,是取得脱贫攻坚重大成绩的根本和前提,习近平总书记关于扶贫工作重要论述是打赢打好深度贫困地区脱贫攻坚战的根本遵循和"源头活水"。二是攻克深度贫困,关键之举是坚持精准方略。精准扶贫精准脱贫基本方略是扶贫理念的重大创新,充分体现了目标导向与问题导向相统一、战略性与可操作性相结合的方法论,是取得深度贫困地区脱贫攻坚胜利的关键。三是攻克深度贫困,根本之策是系统完善政策保障。全市上下坚持"一张蓝图干到底",从解决贫困群众"两不愁三保障"问题,到帮助贫困群众发展产业、稳岗就业、安居乐业等政策支持全方位出台。四是攻克深度贫困,管用之计是建立落实最严格的责任制。各级严格落实"五级书记抓脱贫责任制",建立最严格的专项巡视、督查巡查、考核评估等制度,构建起全方位监督体系和责任体系,为攻克深度贫困地区脱贫攻坚提供强有力的组织保障和制度保证。五是攻克深度贫困,重要之基是构建强大的攻坚合力。坚持政府主导、市场引导、社会协同,形成广泛参与、合力攻坚的社会动员体系。六是攻克深度贫困,长久之举是增强贫困地区贫困群众自我发展能力。贫困群众是脱贫攻坚的对象,更是脱贫攻坚的主体,必须增强贫困地区"自我造血"功能、提升贫困群众"自我造血"能力,变"要我发展"为"我要发展"。

(执笔人:田姝)

加强督查考核　抓实问题整改

施政之要,重在实干,贵在落实。能否不折不扣地完成脱贫攻坚目标任务,取决于能否把各项工作一项项落到实处。为深入贯彻落实习近平总书记在深度贫困地区脱贫攻坚座谈会上提出的"加强脱贫攻坚检查监督,实施最严格的考核评估"重要指示精神,进一步增强责任感、紧迫感,奋力夺取脱贫攻坚战的全面胜利,市委、市政府结合全市脱贫攻坚工作实际,制定督查考核工作办法,发挥督查考核的"风向标""指挥棒"作用,加大督查工作力度,加强督查工作创新,强化考核结果运用,以督查考核推动各项工作全面落实、取得实效。针对中央巡视组对重庆脱贫攻坚工作的巡视意见,市委、市政府高度重视,认真研究谋划整改工作,确保高质量扎实推进巡视整改工作落地落实。

一、加强脱贫攻坚工作督查巡查

狠抓工作落实,必须要进一步加大督查巡查工作力度。脱贫攻坚工作督查巡查是贯彻落实习近平总书记关于扶贫工作重要论述和在解决"两不愁三保障"突出问题座谈会上重要讲话精神的重要举措,是全面检视和推动全市脱贫攻坚工作的重要抓手。全市脱贫攻坚督查巡视工作坚持问题导向和绩效导向相统一,深入检视和精准解决脱贫攻坚中的突出问题,全面落实脱贫攻坚工作的各项决策部署要求,决战决胜脱贫摘帽。

(一)强化日常监督

市委、市政府紧紧围绕决战决胜脱贫攻坚各项政策部署,切实把监督抓到底、抓到位,确保决战决胜脱贫攻坚目标任务圆满完成,出台《重庆市脱贫攻坚督查巡查工作办法》,将脱贫攻坚作为专项巡视重要内容,严格落实年度报告和督查制度。开展脱贫攻坚专项巡视巡察,将脱贫攻坚工作作为对区县巡视监督的重要内容。市委、市政府每年听取一次33个有扶贫开发工作任务的区县党委、政府脱贫攻坚工作专项述职。抽调23名副厅级局级干部、51名工作人员,分赴33个区县和各成员单位,蹲点督导至2020年。对非重点区县不定期开展巡查。完善集中督查、重点抽查、专项巡查、随机暗访、社会监督"五位一体"的督查体系,以钉钉子精神抓好脱贫攻坚各项政策措施落地落细落实。整合市委督查室、市政府督查室和市扶贫开发领导小组力量,开展常态化明察暗访,围绕扶贫对象、项目安排、资金使用、措施到户、因村派人、脱贫成效"六个精准"实施专项督查,对督查发现的问题实行"点对点"通报、"一对一"约谈、"面对面"指导,确保限时整改落实到位。2018年,对未脱贫区县全覆盖开展专项巡视,发现突出问题209个、问题线索865件。强化扶贫资金项目公示公告制度,充分发挥村务监督委员会和扶贫义务监督员作用,主动接受社会和群众监督。制定《关于进一步加强行业主管部门脱贫攻坚监管责任的意见》《重庆市扶贫资金监督管理办法》,健全扶贫资金监管机制、审计常态化监督机制,全面落实公告公示制度,确保资金使用精准、项目安排精准。加强工程类扶贫项目监督管理。坚持问题导向、重心下移、创新机制,做到日常监管不间断、无缝化、全覆盖。乡镇政府成立扶贫项目监督小组,重点对项目建设进度、工程质量、施工安全等进行监督。区县行业主管部门和扶贫部门通过"飞行"检查的方式,对扶贫项目实行全覆盖检查。市级有关行业主管部门采取

"双随机、一公开"等方式加大检查抽查力度。积极发挥民主党派在脱贫攻坚中的民主监督作用。2018年6月以来,市级民主党派重点围绕贫困地区和特殊贫困人口脱贫、严格落实现行扶贫标准、加强扶贫领域作风建设、提高脱贫攻坚质量等问题开展民主监督,推动区县党委政府采取更有力、更有效的举措完成脱贫任务。截至2019年11月,各民主党派市委主要负责同志带队开展调研11次,走访38个乡镇、75个村、753户贫困群众,举办协商、座谈、意见反馈等会议78次。

(二)严肃正风肃纪

将作风建设贯穿于脱贫攻坚始终,重点安排、重点推进、重点督办扶贫领域作风问题整治,出台《重庆市2018—2020年扶贫领域腐败和作风问题专项治理工作方案》,针对扶贫领域"四个意识"不强、责任落实不到位、工作措施不精准、资金管理使用不规范、工作作风不扎实、考核评估不严不实等突出问题,提出6个方面24项工作举措。将2月下旬至3月下旬确定为"无会月",2018年会议同比减少25%,各级督查、检查、评估减少30%,基层填表报数减少近50%。组织330个蹲点调研组,深入2700个行政村、3.2万户农户开展为期1个月的到贫困程度最深的地方、到矛盾问题最多的地方,促进问题整改、促进工作落实、促进作风转变,聚焦高质量打好精准脱贫攻坚战"双到三促一聚焦"蹲点调研活动,全面改进调查研究,强化作风锤炼。

2018年1月15日,市扶贫领导小组印发《开展扶贫领域作风问题专项治理实施方案》,要求对影响脱贫攻坚政策措施实施落实的突出问题,对基层干部反映强烈的问题,对损害群众利益的行为,迅速纠正,坚决整改。追根溯源,举一反三,完善政策措施,加强制度建设,扎紧制度笼子。将作风建设贯穿脱贫攻坚全过程,在抓常、抓细、抓长上下功夫。通过采取开展"大学习、大落实""大走访、大调研""大督查、大整改"三方面的举措,着重对思想认识不到位、责任落实不到位、工作措施不精准、资金管理使用不规范、工作作风不扎实和考核监督不严格等六个方面的问题进行治理。

(三)严格执纪问责

严格责任追究,是落实脱贫攻坚责任制的有力手段。市委、市政府各级纪检监察机关坚持从严执纪,对违反责任制规定的行为严格实施责任追究,切实维护脱贫攻坚责任制的严肃性。2018年4月,重庆市纪委根据中央纪委十一室关于扶贫领域监督执纪问责的工作要求,建立了《重庆市扶贫领域监督执纪问责七项制度》。一是建立一年两会制度。市纪委一年召开两次有扶贫任务的重点区(县)纪委书记例会,交流经验做法,通报突出问题,部署工作任务,压实工作责任,传导工作压力。邀请中央纪委联系室到会指导。二是建立一月一报告制度。有扶贫任务的重点区(县)纪委每月向市纪委报告查处扶贫领域问题数量、类别和具体案例。市纪委加强分析、汇总,及时提出意见,并向中央纪委有关室报送情况。开通12317扶贫监督举报电话,畅通扶贫信访渠道。三是建立直查直办制度。市纪委直接查办欺上瞒下、作风漂浮、欺骗群众、做假账、报假数、假扶贫的典型案件,直接查办基层纪委已经了解但信访举报依然不断,甚至发生群体上访的问题。对瞒案不报、压案不查或敷衍塞责、失之于宽松软,实行"一案双查",严格责任追究。四是加大问题发现力度。将扶贫领域监督作为民生监督的重要内容,与巡视巡察工作相结合,督促各级纪检监察机关深入基层调研,及时发现问题,畅通群众监督、举报渠道,发挥村务监督委员会的作用。五是建立问题移交、督办制度。巡视巡察中发现的群众身边腐败问题特别是涉及扶贫领域问题线索,及时交市纪委第八纪检监察室汇总、梳理。建立突出问题提出治理措施。六是建立常态化通报曝光机制。建立通报是常态、不通报是例外的机制,在风正巴渝网、重庆电视台、重庆日报等平台建立定期通报曝光制度,在风正巴渝网APP建立每周通报制度,切实做到查处一起、点名道姓通报曝光一起,传递扶贫领域监督执纪问责全民从严并越往后越严的信号。七是建立联动协同工作机制。建立健全纪委内部归口管理、纪委与扶贫责任单位加强联动协同的工作机制,将扶贫领域腐败问题和不正之风的专项治理与加强基层党组织建设、惩治群众身边的腐败以及政治黑恶势力等工作结合起来,统筹推进形成合力,净化政治生态和社会风气。2018—2019年累计查处扶贫领域腐败和作风问题3319件,处理5131人,确保阳光扶贫、廉洁扶贫。

为了深入贯彻中央纪委深化扶贫领域腐败和作风问题专项治理工作部署和要求,强化监督执纪问责,督促全市各级各部门落实脱贫攻坚政治责任,2018年10月,市纪委监委制定了《市级部门协作配合制度》《纪检监察机关内部统筹协调制度》《直查直办和抽查复核制度》《通报制度》四个配套制度。《市级部门协作配合制度》对市扶贫开发领导小组成员单位间建立工作例会制度、日常沟通机制、工作季报制度、线索移送机制、追责问责机制和考核奖惩机制等方面进行了规范,以加强成员单位间的信息共享、情况互通、协作配合,形成工作合力。《纪检监察机关内部统筹协调制度》明确市纪委监委第八纪检监察室负责组织协调全市扶贫领域腐败和作风问题监督执纪问责工作,综合协调全市扶贫领域腐败和作风问题专项治理工作。各区县纪委监委民生督查室负责组织协调本地区扶贫领域监督执纪问责工作,并对扶贫领域监督执纪问责宣传教育、腐败和作风问题线索处置和情况反馈等工作作出了具体规定。《直查直办和抽查复核制度》进一步规范和改进了纪委监委内部扶贫领域腐败和作风问题线索处置流程,加大直查直办和抽查复核力度,确保线索办理及时高效。《通报制度》明确了扶贫领域腐败和作风问题通报曝光工作的原则,通报频次、时限、范围形式等,充分发挥扶贫领域典型案例、信息的震慑和教育作用。

强化脱贫攻坚领域监督执纪问责,筑牢纪律防线,以严明的纪律和优良的作风确保中央扶贫决策部署落细落实。市纪委出台《关于在脱贫攻坚工作中加强监督执纪问责的意见》,完善脱贫攻坚监督执纪问责机制,坚决杜绝形式主义、数字脱贫、假脱贫,坚决查处贪污挪用、截留私分、优亲厚友、虚报冒领等违纪违法行为。实施最严格的考核评估和督查巡查，强化考核结果运用，加大脱贫攻坚追责问责力度。建立举报追查和查实曝光制度，对扶贫领域不正之风，一经举报查实，坚决曝光。建立主体责任和监督责任追究制度，对涉贫作风问题频发的地区、部门和单位，严肃追究有关单位和个人的责任。强化纪检监察、审计、财政、公安、监察等机关和部门协作配合，深入开展扶贫领域职务犯罪集中整治行动，加大通报曝光和追责问责力度。2017年，约谈区县党政领导14人次、分管领导27人次，追责问责不履责、不作为党员干部317人，查处贪污挪用、截留私分、优亲厚友、虚报冒领等违纪违法行为15起。

二、严格脱贫攻坚责任考核

责任考核是落实脱贫攻坚责任的重要环节。市委、市政府及各区县、各部门都按照责任制规定实施责任考核，各级纪检监察机关强化监督检查，以防责任分解流于形式，确保脱贫攻坚工作取得实效。

（一）考核评估体系

为了确保全面完成脱贫攻坚目标任务，2016年4月，市委、市政府出台《区县党委和政府扶贫开发工作成效考核办法》，围绕落实精准扶贫、精准脱贫基本方略，针对主要目标任务设置考核指标，坚持结果导向、实行正向激励，落实责任追究，促使县级党委和政府切实履职尽责，改进工作，坚决打赢脱贫攻坚战。从2016年到2020年，每年开展一次考核。考核内容包括四个方面，一是考核减贫成效，建档立卡贫困人口数量减少、贫困村销号、贫困区县农村居民收入增长情况。二是考核精准识别，建档立卡贫困人口识别、退出精准度。三是考核精准帮扶，对驻村工作和对帮扶责任人帮扶工作的满意度。四是考核扶贫资金,财政专项扶贫资金绩效考评办法,重点考核各区县扶贫资金安排、使用、监管和成效等。考核分五个步骤展开。第一步区县总结,各区县党委和政府对照市扶贫办开发领导小组审定的年度减贫几户,就工作开展情况和取得的成效形成总结报告,报送市扶贫开发领导小组。第二步第三方评估,市扶贫开发领导小组委托有关科研机构和社会组织,采取专项调查、抽样调查和实地核查等方式,对相关考核指标进行评估。第三步数据汇总,市扶贫办会同有关部门对建档立卡动态监测数据、国家农村贫困监测调查数据、第三方评估和财政专项扶贫资金绩效考核考评情况等进行汇总整理。第四步综合评价,市扶贫办会同有关部门对汇总整理的数据和各区县的踪迹报告进行综合分析,形成考核报告。第五步是沟通反馈,市扶贫开发领导小组向各区县专题反馈考核结果,并提出改进工作的意见建议。各区县结合本区县实际制定相关考核办法,加强对本区县扶贫开发工作的考核,形成覆盖全市的扶贫开发工作考核体系。

(二)考核评估监督

加强深度贫困乡(镇)定点包干脱贫攻坚行动督查考核,实行深度贫困乡(镇)脱贫攻坚工作"季度报告"制度,每季度第一个月5日前,各指挥部将上个季度的工作进展、典型做法、存在问题、贫困检测数据等报市扶贫开发领导小组办公室,梳理汇总后报市扶贫开发领导小组审定。市扶贫开发领导小组办公室与每季度第一个月15日前印发工作通报,通报主要报送蹲点扶贫的市领导和脱贫攻坚指挥部。各指挥部联络员负责信息报送工作。市扶贫办会同市委督查室、市政府督查室以及市级有关部门组成督查组,每半年对深度贫困乡(镇)脱贫攻坚工作开展一次督查。每年年底至次年年初,由市扶贫开发领导小组牵头对深度贫困乡(镇)脱贫攻坚成效进行考核,主要考核贫困退出、贫困发生率、人均可支配收入、村级集体经济、基础设施建设、社会公共服务、贫困人口识别及退出精准度、帮扶工作满意度等情况。考核指标及具体办法由市扶贫办会同有关单位制定。强化考核结果运用,对深度贫困乡(镇)脱贫攻坚工作成绩突出或有突出贡献的干部,在评先评优中单列指标,按照有关规定给予表扬或提拔任用;对不作为、乱作为、慢作为、假作为、未完成目标任务,或有其他严重影响工作成效过失行为的,按相关规定严肃追责。

(三)考核结果运用

领导干部考核,重点在于考核结果的运用。全市充分发挥目标责任考核的指挥棒、风向标作用,强化考核结果运用,有力地促进脱贫攻坚各项目标任务稳步推进。脱贫攻坚考核工作结果由市扶贫开发领导小组予以通报。实施最严格扶贫成效考核,建立问责激励双重机制,对完成年度计划减贫成效显著的区县,按照规定给予奖励;对弄虚作假、失职失责的,由市扶贫开发领导小组对县级党委、政府主要负责人进行约谈,提出限期整改要求;情节严重、造成不良影响的,实行责任追究。坚持把脱贫攻坚实绩作为选拔使用干部的重要依据,重用扶贫工作成绩突出的干部;对完不成脱贫攻坚任务的干部要及时调整,年度考核实行"一票否决",考核结果对区县和市级扶贫集团捆绑使用。把扶贫开发工作成效作为区县党政领导班子年度考核评价重要内容,考核结果直接计入综合考核成绩,并严格执行"一票否决",考核结果对区县和市级扶贫集团捆绑使用。较真从严开展考核评估,对考核结果靠后的,由市委领导约谈区县党政主要领导,2017—2018年,约谈区县党政主要领导30人次。

三、抓实脱贫攻坚问题整改

2019年1月,中央巡视组巡视意见反馈后,市委、市政府高度重视,迅即启动整改工作。对反馈的4方面13个问题,诚恳接受、照单全收,同时举一反三、全面查摆,对标对表,认真研究谋划整改工作,不折不扣扎实推进巡视整改工作取得实效。

(一)坚持从学习抓起、从根本改起,知行合一践行"两个维护"

市委坚持把旗帜鲜明讲政治贯穿整改工作始终,从政治上认识专项巡视,从政治上认领反馈问题,从政治上落实整改要求。从加强理论武装开篇抓整改,在深化学习、深化反思、深化履责中扎实抓好巡视整改,深刻领会和把握习近平总书记"整改不落实,就是对人民不负责"的重要指示要求,不断深化对巡视整改工作严肃性、重要性、紧迫性的认识,着力解决落实中的"落差""温差""偏差",把"两个维护"体现在行动上、落实在工作中。市委坚持从政治站位上找问题、从思想认识上找原因、从责任担当上找差距、从工作落实上找不足,真正使整改落实的过程成为对标看齐的过程,把整改成效体现在政治忠诚和政治担当上;坚持破立并举、有破有立,进一步坚决肃清扶贫领域孙政才恶劣影响和薄熙来、王立军流毒,持续营造良好政治生态。

(二)加强组织领导,压紧压实整改责任

市委切实扛起巡视整改主体责任,全面落实各级党委(党组)主体责任、纪检监察机关监督责任、行业主管部门监管责任,建立"领导小组+专项小组+定点包干"的领导责任体系,全面抓好整改工作的统筹领导和督促落实,做到以上率下"带动改"、严查实纠"较真改"、条块结合"合力改",形成整改落实的"雁阵效应"。一是强化领导小组"统筹指挥"。成立市委落实中央脱贫攻坚专项巡视反馈意见整改工作领导小组,由市委书记任组长,市委副书记、市政府市长和市委副书记任副组长,7位市领导为成员,召开市委整改领导小组会议8次,就市委整改方案、市领导蹲

点"促改督战"专项行动、专题民主生活会、专项小组重点任务等进行研究。二是强化专项小组"专项攻坚"。市委整改领导小组下设深入学习贯彻习近平总书记关于扶贫工作重要论述、落实脱贫攻坚主体责任和监管责任、强化纪检监察机关监督责任和脱贫攻坚作风建设、扶贫产业发展、易地扶贫搬迁、扶贫资金管理使用、东西部扶贫协作和中央单位定点扶贫、统筹生态保护和脱贫攻坚、抓党建促脱贫和脱贫工作考核、整改各类监督检查发现问题、巡视整改落实工作日常监督等11个专项小组,分别由7名市领导任组长、副组长。11个专项小组共召开专题会议50余次,研究制定整改方案,认领细化问题清单,深入开展调研督导,聚焦重点难点问题集中力量攻坚整改。三是强化联系领导"定点包干"。建立市领导包干联系贫困区县整改工作机制,市委书记陈敏尔和副书记、市长唐良智带头,市人大常委会、市政协主要领导及市委、市政府共22名市领导,包干指导、督促、推动18个贫困区县整改工作,分别到联系区县参加动员部署会,切实履行领导责任、包干责任和示范责任,奔着问题去,揪着问题改。以市领导为示范,有关区县、市级有关部门按照下沉一级、定点包干的要求,定点联系乡镇(街道)和重点整改事项,深入基层点对点推动整改落实。

(三)坚持从市级改起,以上率下带动整改

坚持从市级改起,从市领导做起,围绕组织领导、分类指导、工作督导、责任传导等方面,一级带着一级改,一级做给一级看,一级带领一级干,切实做到真认账、真反思、真整改、真负责。一是市委主要领导带头带动抓。市委书记切实担负起整改第一责任人责任,亲自研究部署整改工作,直接抓、抓具体、抓到底,召开6次市委常委会会议、8次整改领导小组会议听取汇报、研究部署工作。其他班子成员结合分管工作,切实落实分管领域整改责任,扎实推动整改工作有力有序进行。在市委的示范带动下,区县、乡镇、村三级书记认真履职尽责,形成上下联动、齐抓共管

的整改合力。二是深入开展市领导蹲点"促改督战"专项行动。包干联系18个贫困区县的21名市领导开展蹲点调研,指导巡视整改和脱贫攻坚工作。市委书记、市长到有关贫困区县开展暗访随访,蹲点调研,深入一线督导落实。各责任市领导围绕分管领域重要专项工作,主动担当、亲自部署,推动重点难点问题整改落实。三是高质量召开巡视整改专题民主生活会。市委常委会班子、市政府党组对照中央脱贫攻坚专项巡视反馈意见,把自己摆进去、把职责摆进去、把工作摆进去,主动认领问题,深刻剖析根源,研究制定整改方案。33个有扶贫开发任务的区县、32个市扶贫开发领导小组成员单位也相继召开专题民主生活会,深刻反思,扎实整改。

(四)坚持从严从实,项目化清单式抓实整改

市委突出问题导向、聚焦重点问题,注重点面结合、分类指导、精准施策、标本兼治,高质量、高标准推进整改工作。一是建立整改工作"三个清单"。市委逐一对照中央专项巡视反馈意见,研究制定整改方案,提出56条、175项具体整改任务,明确问题清单、任务清单、责任清单,做到定人、定责、定目标、定时间、定任务、定标准。将巡视反馈点到的所有问题逐一对象化、项目化,做到项目不漏、事项准确,建立整改工作台账。二是建立市、区县、乡镇、村"四级联动"整改机制。11个专项小组、19个市级部门、33个区县分别制定细化整改工作方案,将具体事项细化延伸到乡镇和村,推动问题整改落地落细。市委整改领导小组及其办公室加强整改工作日常调度,每周调度一次整改进展。建立巡视整改工作信息管理平台,实现整改工作信息化、数字化管理。三是加强日常监督检查。市纪委监委会同市委组织部强化整改工作监督检查,以督查倒逼责任落实、工作落实,做到该批评严肃批评,该纠正坚决纠正。建立整改挂牌督办制度,强化对巡视整改的全程跟踪督促和常态化督查,督责任落实,督任务完成,督时序进度,督整改成效,精准开展整改执纪问责。制定巡视

整改工作核查验收办法,整改任务完成后,采取"先自查,后抽验"的方式,以严格的核查验收确保整改质量。

(五)强化统筹兼顾,全力促进脱贫攻坚

市委坚持统筹抓好巡视整改和脱贫攻坚,做到两手抓、两促进。一是把巡视整改与打赢打好脱贫攻坚战三年行动结合起来。认真梳理今后两年脱贫攻坚工作任务,坚持目标标准,贯彻精准方略,确保如期高质量完成脱贫攻坚任务。聚焦解决"两不愁三保障"突出问题,实施贫困地区危房改造动态清零行动、饮水安全巩固提升工程、教育扶持控辍保学行动、健康扶贫分类救助行动、综合保障兜底行动等,"两不愁三保障"政策措施进一步精准和深化。围绕深度改善生产生活生态条件、深度调整产业结构、深度推进农村产权制度改革、深度落实各项扶贫惠民政策,持续推进深度贫困乡镇脱贫攻坚,全市脱贫攻坚"春季攻势"势头强劲。二是把打赢脱贫攻坚战与实施乡村振兴结合起来。市委明确要求,贫困区县实施乡村振兴战略,首先要完成脱贫攻坚任务,将乡村振兴的目标、要求和原则融入到脱贫攻坚计划和行动中,在制定规划、落实政策、实施项目时一体把握、统筹推进,以乡村振兴巩固脱贫成果。三是把精准脱贫与防止返贫结合起来,把防止返贫摆到更加重要的位置,研究制定返贫监测办法,对脱贫人口开展"回头看",严格执行脱贫不脱政策的要求,深入实施贫困村提升工程,多措并举防止返贫和出现新的贫困。

(执笔人:左涛)

重庆脱贫工作中的亮点

党的十八大特别是2017年7月以来,重庆市委、市政府坚决贯彻落实党中央决策部署,坚持以习近平新时代中国特色社会主义思想为指导,深学笃用习近平总书记关于扶贫工作重要论述和视察重庆重要讲话精神,如期完成了脱贫攻坚目标任务,取得了显著成效。在扶贫开发过程中,重庆在中央颁布政策的基础上,结合重庆实际制定政策,摸索和总结了许多好的经验,也形成了具有地方特色的亮点工作。

一、改革农村产权机制,培育脱贫攻坚造血机制

农村集体产权制度改革,是以习近平同志为核心的党中央作出的重大决策部署,对推动农村发展、完善农村治理、保障农民权益,探索形成农村集体经济新的实现形式和运行机制,都具有十分重要的意义。中共中央、国务院出台《关于稳步推进农村集体产权制度改革的意见》后,重庆市委、市政府将农村集体产权制度改革作为全面深化改革、推进乡村振兴的一项重要任务,重庆市梁平区、巴南区、永川区、万州区、黔江区等17个区县先后三批被列为全国农村集体产权制度改革试点。按照农业农村部、中央农办要求,第三批试点区县在全面开展农村集体资产清产核资、全面强化农村集体资产财务管理、确认农村集体成员身份、有序推

进经营性资产股份合作制改革、赋予农民对集体资产股份权能等五个方面进行了积极探索。

在推进集体产权改革的过程中,重庆通过积极推进"三变"改革,在扶贫攻坚工作方面取得初步成效。"三变",指资源变资产、资金变股金、农民变股东,其中"资源变资产"的核心是让"死资源"变成"活资产"。通过改革将农村的自然型资源、历史型资源、资产型资源和权利型资源转变为资产,实现资产增值。主要通过明确四类资产的范围类型、产权归属和权能边界,并将四类资源入股到龙头企业、合作社和家庭农场等新型经营主体中,推动农村产业规模化、集约化、融合化发展,并量化为农村集体和农村居民的股权,按股分红。以此盘活农村闲置资源,发展并壮大农村集体经济,提高农村居民收入。"资金变股金"的核心是让"零散资金"变成"增值资本"。通过改革将农村的各类资金整合起来,入股到新型经营主体中,在不改变资金使用性质和用途的基础上,提高农村资金的边际收益和利用效益,并量化为农村集体和农村居民的股金,按股分红。以此变农村集体和农村居民"一次性"投入为"持续性"增收,形成增收的长效机制。"农民变股东"的核心是增加农村居民的收入渠道。在"资源变资产"和"资金变股金"中,引导农村居民将自身拥有的土地、资金、资产、技术入股到新型经营主体中,成为股权人,按股分红。同时,农村居民是农村集体的组成部分,在农村集体产权制度改革背景下,农村集体资产量化到农村居民个体。所以,即使农村居民自身所拥有的资源没有入股到新型经营主体中,只要农村集体的资产入股到新型经营主体中,农村居民依旧是股权人。通过入股的方式,改变农村居民的投资结构、就业结构和收入结构,实现农村居民有效分享产业链和价值链中的利润收益,提高农村居民的财产性收入。

2017年、2018年,中央"一号文件"均提出鼓励地方开展和推动农村进行"三变"改革。2017年12月,重庆市委、市政府决定在全市38个涉农区县(含万盛经开区)分别选择1个村开展农村"三变"改革试点,在明晰规范产权、优选产业项目、培育经营主体、强化资本运作、注重权益保障、防范管控风险等方面展开全面探索。从2018年开始,重庆分两批次共选择137个具备条件的村开展农村"三变"改革试点,其中贫困村38个。经过几年实践探索,重庆农村形成了"三变+特色产业""三变+集体经济""三变+乡村旅游""三变+康养休闲""三变+脱贫攻坚"等改革路径,创新了"土地股""资产股""现金股""基建股""管理股""特色风景股"等股权形式,助农增收效果日益显现,改革红利正在加快释放。

二、改革动态管理机制,增强贫困人口识别精准性

贫困人口的有效识别是开展精准扶贫工作的前提。从20世纪80年代减贫工作开始,我国对贫困人口的识别经历了以"县"(1986—2000年)、"村"(2001—2012年)、"户"(2013年至今)为贫困识别基本单元的历程。

1986年,国务院以"县"为单位,以1985年年人均收入低于150元为标准,第一次划定了国家级贫困县,并以"县"为贫困识别基本单元开展扶贫工作。到2000年,生活在贫困县的绝对贫困人口仅占全国总贫困人口的一半,其他贫困人口生活在非贫困县,继续坚持以"县"为扶贫目标,则意味着将近一半的贫困人口不能得到扶持。2001年,中国实行以"村"为贫困识别单元,实施整村推进。但在实际工作中,贫困识别依然存在偏差。2013年11月,习总书记在湖南省湘西自治州花垣县十八洞村考察时提出"精准扶贫"。"精准扶贫"即是针对不同贫困区域环境、不同贫困农户状况,运用科学有效程序对扶贫对象实施精确识别、精确帮扶、精确管理的治贫方式。在精准扶贫战略提出后,2014年4月,国务院印发《扶贫开发建档立卡工作方案》,该方案不仅明确规定建档立卡

对象包括贫困户、贫困村、贫困县和连片特困地区,而且对建档立卡工作的方法、步骤以及时间等做了明确、细致的规定。通过建档立卡,可以对贫困户和贫困村进行精准识别,了解贫困状况,分析致贫原因,摸清帮扶需求,明确帮扶主体,落实帮扶措施,同时可对贫困县和连片特困地区进行监测和评估,分析掌握扶贫开发工作情况,为扶贫开发决策和考核提供依据。

十九大以来,重庆市以前所未有的力度推进脱贫工作,坚决贯彻习总书记"六个精准""五个一批"要求,把精准方略落实到脱贫攻坚全过程。

为了切实解决好"扶持谁"的问题,2017年,重庆市建立贫困动态监测和跟踪管理机制,坚持以"一个区域、一个群体"为重点,分两次进行地毯式搜索、拉网式排查,组织开展扶贫对象精准识别交叉大检查,全面深入乡镇、村,解剖麻雀、蹲点指导,确保动态调整工作有序开展。针对档外对象和"就地农转非"特殊困难群体,在全面摸底排查的基础上,严格按照农村建卡贫困户的识别标准和帮扶政策,对"整户转、原地住,未享受任何城镇居民的政策、两不愁三保障问题尚未解决"的家庭以及贫困户中部分家庭成员"农转非"全部纳入扶贫信息系统,落实帮扶政策。在档外对象识别期间,查出漏评对象3.6万户10.8万人,标注删除对象2.4万户9.56万人;动态管理识别新增贫困对象2.78万户7.98万人,返贫对象1900户6500人。

2018年,重庆市扶贫办出台《重庆市扶贫对象动态管理办法》(渝扶办发〔2018〕96号),建立扶贫对象精准识别承诺、部门数据比对共享、系统数据定期统计报告及漏评错评错退举报通报等工作机制,严把数据精准关。开展扶贫对象动态管理,全年全市新识别扶贫对象2.5万人。建立贫困动态监测和跟踪管理机制,开展致贫趋势预警和提前干预试点,筑牢返贫防线,全年全市返贫2263人,返贫率0.15%。

2019年8月,重庆市扶贫办在试行一年后再次印发《重庆市扶贫对象动态管理办法》，对扶贫对象精准识别精准退出相关工作机制作出更明确规定。

对贫困户的识别，从识别标准、识别方法、识别流程等方面具体规定：一、在识别标准上，主要考虑农户家庭年人均纯收入，以及农户是否解决"两不愁三保障"。农户家庭年人均纯收入低于国家扶贫标准为贫困户，农民家庭年人均纯收入稳定超过国家扶贫标准为脱贫户。具体采用"四进七不进"的方法进行识别。二、在识别方法上，采取政策宣传、业务培训、自愿申请、整户识别、进村入户、信息采集、民主评议、公示公告、比对核实、全程监督的方法进行识别。三、在识别流程上，沉下身子，逐村逐户，摸清底数。对贫困户（含返贫户）采取"八步、两评议两公示一比对一公告"的识别流程进行识别认定，即第一步，农户自愿申请；第二步，村民小组民主评议（第一次公示）；第三步，村组干部和驻村干部组织入户调查核实；第四步，村级民主评议（第二次公示）；第五步，乡镇审核认定（对外公告）；第六步，县级行业部门数据比对（返回核实）认定；第七步，对疑似对象返回乡镇、村级重新核实；第八步，数据录入和数据清洗。

对贫困户和贫困村的退出也作了明确规定。贫困户脱贫退出以户为单位，以家庭人均纯收入及"两不愁三保障"为主要衡量标准，具体退出标准可概括为"一出三不出"；脱贫退出的流程为"两评议两公示一比对一公告"，即村民小组筛选提名、公示，村级民主评议、公示，乡镇审核，行业部门联合认证，县级扶贫部门综合认定，县级公告，数据录入。贫困村脱贫退出以全村贫困发生率低于3%为标准，统筹考虑村内基础设施、基本公共服务、产业发展、集体经济收入等综合因素；脱贫退出流程为贫困村自愿申请，乡镇审核公示，县级部门联合认证，区县级人民政府审批公告，向重庆市扶贫开发领导小组办公室报备；贫困村脱贫退出每年组织一次。

三、创新工作机制，强化脱贫攻坚能力

脱贫攻坚以来，重庆市创新工作机制，从解决贫困家庭负担、小额信贷助贷员队伍建设、解决因病因灾致贫返贫问题等方面多举措强化脱贫攻坚能力。

探索实施"集中供养+居家康复救助"举措，解决失能弱能贫困家庭负担重的问题。整合"五保"、低保、社会救助、慈善捐款等资金，按每名失能人员每月1500元的标准，探索开展贫困家庭和农村"五保"失能人员集中供养，跟进落实失能人员家庭就业、创业等精准帮扶措施。针对不方便住院或不宜长期住院的17种重大疾病患者贫困家庭实施"居家康复治疗救助"，每月为其提供100元至500元的药品救助，落实结对家庭医生，解决"一人失能、全家受困"的问题，切实为失能弱能贫困家庭减负。

成立扶贫小额信贷助贷员队伍，解决群众知晓度不高、获贷率较低的问题。整合驻村工作队、第一书记、村"两委"和帮扶责任人等力量，成立扶贫小额信贷助贷员队伍，协助开展政策宣传、产业规划、评级授信、汇总贷款需求，开展贷款使用监督及指导发展产业，帮助落实贷款回收和按期付息等。设立扶贫小额信贷风险补偿金8.2亿元，建立"政府+银行+保险+助贷员"风险防控体系。组织9家银行和25家县级村镇银行，以乡镇为单位划片包干，对辖内贫困户实行名单制管理，逐户开展走访和信用评定，采取"一次核定、随用随贷、余额控制、周转使用"的办法，在授信额度内由贫困户自主周转使用资金。

创新设立"精准脱贫保"解决因病因灾致贫返贫问题。整合小额意外保险、大病补充保险、疾病身故保险、贫困学生重大疾病保险、农房保险5个险种创设"精准脱贫保"，按照"一款产品、多重保障、统一方案、分

线理赔,市级统筹、区县实施"的原则,采取"市级财政补助、区县自主采购、实行动态调节、群众直接受益"的方式,由市级财政扶贫资金按照每人100元的标准,为贫困人口提供5000亿元商业保险保障。同时,投入资金570万元,整合重大疾病险、意外身故险、农房损毁险,设立农村贫困边缘人群参保,建立"精准脱贫保+致贫险"双保险,防止因灾因病致贫返贫。

四、精准解决"两不愁三保障"突出问题

2019年4月15日至17日,习近平总书记在重庆主持召开解决"两不愁三保障"突出问题座谈会并发表重要讲话。会后,重庆市坚持把学习贯彻总书记重要讲话精神作为首要政治任务,把解决"两不愁三保障"突出问题、打赢脱贫攻坚战作为"不忘初心、牢记使命"主题教育的重要实践载体,深入扎实推进。市委出台了《关于贯彻落实习近平总书记在解决"两不愁三保障"突出问题座谈会上重要讲话精神的实施意见》,制定了《重庆市解决"两不愁三保障"突出问题实施方案》。明确市级相关行业主管部门统筹指导、督促检查整改的任务,建立全市建档立卡贫困户"两不愁三保障"问题台账,坚持按月通报整改进度,建立动态监管工作机制,全市"两不愁三保障"排查系统实现实时更新、动态监管。在2019年,重庆市就组织开展了4轮次排查摸底,全面动态掌握"两不愁三保障"情况,纳入扶贫大数据平台管理、每月比对更新。建立"一人一案"控辍保学机制,开发学生资助管理信息平台,实现控辍保学和教育资助全程动态管理。贫困人口基本医保实现"应保尽保",落实"两升两降一取消"医保倾斜报销政策,贫困人口大病专项救治病种扩大到30种;乡镇卫生院、村卫生室标准化建设全覆盖,家庭医生慢病签约服务管理实现全覆

盖。对农村存量危房开展全覆盖摸排和安全等级鉴定,实现贫困户危房改造动态清零。实施农村饮水安全巩固提升工程,贫困人口饮水安全问题全部销号。

因地施策促"义务教育有保障"。市教委切实加强统筹指导,研究和推进解决"义务教育有保障"突出问题。组织各区县特别是控辍保学国家级重点监测县制定"一区(县)一案""一乡一策"工作方案,进行疑似失学辍学儿童摸排核查,开展义务教育阶段学生"大家访"活动。市级建立"重庆市义务教育控辍保学动态管理平台",开展区县、学校平台管理员培训,做好基础数据采集。安排各区县逐项核实义务教育"两免一补""营养改善计划"资金落实情况。全面推进义务教育薄弱环节改善与能力提升专项工作,加强乡村寄宿制学校和小规模学校建设。

政策覆盖促"基本医疗有保障"。市卫生健康委和市医保局强化机制建设,采取有力措施,确保一个不漏。积极开展健康扶贫政策清理,对贫困人口医疗费用报销"七道保障线"和区县自行制定实施的兜底政策进行核查,认真解剖研究。市医保局与市扶贫办、市税务局建立农村建档立卡贫困人口信息定期比对机制,实现医保扶贫对象数据的管理与共享。在医疗保障信息系统中做好信息采集、精准标识工作,实现动态调整、动态管理,适时更新信息,确保数据真实、统一。建立定期核查排查机制,要求区县每月摸排核查数据、每月更新台账,实行动态管理,逐项解决。

逐级整改促"住房安全有保障"。市住房城乡建委逐级核实核准,分析查找原因,精心指导区县整改落实。全覆盖开展农房安全鉴定,建立住房安全保障常态化监测机制,适时跟踪掌握贫困户住房安全保障情况。制定全市建档立卡贫困户农村危房改造工作方案,通过修缮加固、拆除重建等方式消除危房安全隐患,全面实现贫困户住房安全保障。严格执行现行政策标准,完善住房基本居住功能,满足通风、透气、采光等基本要求,确保所有贫困户住上结构安全、功能完善的"放心房"。

拉网排查促"饮水安全有保障"。市水利局印发《农村贫困人口饮水保障工作实施方案》和《关于切实解决建档立卡贫困人口饮水安全问题的通知》,统一印制"明白卡"和"销号卡",建立市县两级动态监管台账,指导督促区县严格对标执行水量、水质、用水方便程度和供水保证率等4项指标,因户施策,逐户登记联系电话,明确工程措施、完成时限和责任人员。

五、创新人才机制,打造"不走的工作队"

脱贫攻坚以来,重庆市针对农村特别是贫困村"两委"班子普遍老化、驻村工作队难以长留、推进脱贫攻坚人才匮乏等问题,在深入调研基础上,将加强农村本土人才队伍建设作为长远之计和治本之策,出台《关于加强农村基层本土干部人才队伍建设的通知》,大力实施"本土人才回引"工程,积极回引本乡本土大学毕业生、返乡农民工、在外创业的成功人士、退役军人、离退休干部回村挂职任职、创办企业或专业合作社,从返乡人士中培育村"两委"干部,带领当地群众脱贫致富,着力打造一支"不走的"脱贫攻坚工作队。

(一)摸清底数,着力"找得准"

常态化开展本土人才回引情况调研工作,及时掌握人才信息、岗位需求及村(居)发展短板,提高回引本土人才的针对性,合力配置人才资源。

明确人才标准。回引的人才主要为四类,一是重庆籍特别是原籍在农村的大学毕业生;二是在外地创业或打工、事业小有成就的本乡本土人士;三是党政机关、企事业单位的离退休干部;四是退役军人,特别是自主择业的退伍军官。对交通闭塞、基础设施落后、农民人均纯收入低于本区县平均水平的边远贫困村,学历可放宽到中专(高中)。

掌握人才信息。以乡镇(街道)为单位,定期对本乡本土大学毕业生、外出务工经商人员等开展摸底调查,掌握个人信息、家庭状况、就业创业现状等基本情况,了解本人返乡意愿。在此基础上,收集汇总相关信息,建立本土人才库。

摸清回引需求。通过调研,充分掌握全市各村(居)两委班子运行情况、产业发展现状,针对班子结构不合理的村(居)优先培养本土人才担任村干部,鼓励返乡创业农民工优先在产业发展乏力的村(居)创办企业和专业合作社,进一步优化配置本土人才资源。

(二)大力回引,着力"引得回"

从思想、政策、服务、感情四方面着手,通过丰富回引方式,加快推进本土人才回引工作。

思想上,组织发动基层党组织和党员干部,采取主动登门拜访、电话联络、座谈联谊、宣传创业就业政策等方式,"点对点"做好本乡本土大学毕业生、在外务工人员、离退休干部、退役军人等群体的思想动员工作,鼓励其回村任职、创业发展。

政策上,充分利用国家大学生村官、选调生政策,进一步扩大招录范围,注重面向本地户籍高校毕业生选聘,对有意向回村任职,通过公开选拔、统一考察、集体研究等程序择优确定,为有意向返乡工作的大中院校毕业生提供更多的就业岗位。

服务上,加快推行异地商会建设,积极与长三角、珠三角当地商会进行对接,收集在外创业的本土人士相关情况。同时,高起点、高水平策划包装了一批产业项目,通过加大基础设施建设力度,建立完善的工作机制,提高乡镇行政效率,为其提供良好的发展环境,吸引其返乡创业。

感情上,每年春节、端午节等传统节假日期间,利用大量外出人员返乡探亲的契机,在各地通过制作宣传标语、组织项目推介会、回乡茶话会、播放形象宣传片、发放政策环境宣传资料等方式,反映家乡变化,听取返乡人士对家乡发展的意见和建议,激发其建设美好家乡的热情。

(三)强化保障,着力"留得住"

通过加大政策倾斜力度,完善制度保障,解决每一名返乡挂职任职和经商创业人士的后顾之忧。

明确工资待遇。对回乡回村挂职人员,由市委组织部落实专项资金,按照不低于当地村干部标准,发放相应的工资待遇,参加养老保险。

加大创业扶持。打捆用好脱贫攻坚、国家关于鼓励农民工返乡创业、大力发展小微企业、实施"互联网+"行动等优惠政策,从土地流转、融资担保、贷款贴息、税费减免等多方面给予创业支持,支持返乡人才创办小微企业、领办合作经济组织、发展农村电商和集体经济,切实帮助回乡创业人士解决融资、招工等难题,推动干事创业。全市各区县出台的扶持返乡人员创业政策,为返乡人员创业提供了强有力的保障。

拓宽发展渠道。全市每年拿出100个左右名额面向优秀村干部定向考录乡镇公务员,各区县拿出一定事业编制面向优秀村干部定向招聘,符合条件的本土人才可参加乡镇公务员、事业单位工作人员定向招考,其在村挂职时间计入村干部任职年限。

(四)加强培养,推动"干得好"

通过加强对返乡挂职任职本土人才的跟踪培养,形成长效机制,努力让他们提高素质、增强能力、干出实绩,为家乡发展贡献力量,推动我市脱贫攻坚工作。

加大培训力度。突出学习贯彻习近平新时代中国特色社会主义思想和党的十九大精神,强化推动农村发展、引领基层治理特别是脱贫攻坚方针政策、群众工作方法和产业发展、实用技术、农村电商等方面知识的培训。采取区县调训、乡镇轮训的方式,不断提高本土人才能力素质,从回引的本土人才中吸纳新党员,培育致富带头人。

强化实践锻炼。对到村挂任村党组织书记助理、村委会主任助理或其他综合服务岗位的本土人才,明确由乡镇(街道)党政班子成员联系帮带,让其参与村务管理,强化实践锻炼,提升工作能力,培育优良作风,群众对回引本土人才挂职的做法充分认可,对村干部满意度明显提高。

严格管理考核。到村挂职的本土人才由乡镇(街道)党(工)委负责日常管理考核,年度考核不合格、群众不认可的,不再安排挂职。对培养成熟、表现突出、群众公认的本土人才,及时推荐选拔进入村"两委"或选聘为专职干部。本土人才回村后,弥补村干部知识技能方面的不足,在脱贫攻坚、乡村振兴、基层治理等工作中发挥了积极作用,成为农村干部人才队伍的重要源头。

六、创新扶贫模式,大力发展消费扶贫

2019年1月,国务院办公厅印发《关于深入开展消费扶贫助力打赢脱贫攻坚战的指导意见》指出,消费扶贫是社会各界通过消费来自贫困地区和贫困人口的产品与服务,帮助贫困人口增收脱贫的一种扶贫方式,是社会力量参与脱贫攻坚的重要途径。大力实施消费扶贫,有利于动员社会各界扩大贫困地区产品和服务消费,调动贫困人口依靠自身努力实现脱贫致富的积极性,促进贫困人口稳定脱贫和贫困地区产业持续发展。根据中央精神,市委、市政府以习近平总书记重要讲话精神为根本

指引，组建了由两名副市长"双牵头"的全市消费扶贫工作领导小组，采取多项措施持续深化推动消费扶贫工作，围绕打通生产、流通、消费各环节制约"瓶颈"，配套出台拓宽贫困地区农产品营销渠道、加快电子商务产业发展、优化供给推动消费平稳增长等多个配套文件，形成了推进消费扶贫的"1+N"政策体系，并结合重庆实际，研究制定了《重庆市消费扶贫专项行动工作方案》等相关政策措施，包括通过设置消费扶贫专柜、政府预算单位定向采购、鲁渝消费扶贫协作等举措，助推贫困群众增收和长效脱贫。

在设置消费扶贫专柜方面，重庆市以消费扶贫"专柜+专馆"试点为重要抓手，积极推动消费扶贫专区专馆专线建设，打造消费扶贫立体化格局。通过打造"武陵山消费扶贫专馆"、长江游轮"水上扶贫"旅游铺、依托重庆航空和西部航空打造"空中扶贫礼包"等方式，拓展消费扶贫渠道。2020年10月揭牌开馆的中国西部消费扶贫中心和重庆市消费扶贫馆，集"会议中心+直播中心+集采配送中心+智慧物流仓储"等于一体，设立"11个西部省级馆+33个区县馆"，为全市深入开展消费扶贫提供重要展销平台和重要活动场所。

在畅通消费扶贫途径方面，以"互联网+"为主要载体，打通消费扶贫"四大渠道"。在全市采取重庆市内18个帮扶集团与18个对口帮扶区"结对"的方式，购销受助区县扶贫产品，通过中央定点帮扶和东西部扶贫协作、预算单位采购、动员全民参与等渠道，大力销售扶贫产品。如开展"10万吨渝货进山东""10万山东人游重庆"等品牌活动，切实使贫困群众从"望天吃饭"变为"靠山致富"。

在提升消费扶贫的质量与效益方面，重庆市深入实施了主体培育、产品认定、展销对接、扶贫产品监管、专题培训"五大行动"。截至2020年10月，重庆已精准认定、动态管理市级扶贫龙头企业998家；累计认定扶贫产品8025个、供应商2607家，价值总量192亿元，带动贫困人口59.4万人增收；举办各类消费扶贫月活动80余场次。

通过这些举措,重庆不仅基本消除农产品滞销情况,而且使消费扶贫成为帮助贫困人口增收脱贫的重要途径。

七、注重聚焦深度贫困攻坚,构建大扶贫格局

习近平总书记指出,扶贫开发是全党全社会的共同责任,要动员和凝聚全社会力量广泛参与。从2014年国务院办公厅印发《关于进一步动员社会各方面力量参与扶贫开发的意见》,要求全面推进社会扶贫体制机制创新,形成政府、市场、社会协同推进的大扶贫格局,到2019年国家发展改革委等15部门发出《动员全社会力量共同参与消费扶贫的倡议》,专项扶贫、行业扶贫、社会扶贫互为补充的"大扶贫格局"逐步形成。重庆市委、市政府按照中央部署,充分调动地区、部门、单位、社会资源参与扶贫,在构建起全社会力量共同参与的全方位脱贫攻坚体系过程中形成了大扶贫格局。

实现了精准扶贫的"大"部门合作。扶贫工作是一项涉及众多部门且具有长期性持续性的工作。在脱贫攻坚中,重庆坚持并不断深化中央单位定点扶贫,"点对点"加强同帮扶单位的对接联系;坚持并不断深化"扶贫集团+国企定点+区县结对"的帮扶机制,18个市级扶贫集团结对帮扶18个深度贫困乡镇及所在贫困区县,市属国有企业帮扶未摘帽县,主城都市区结对帮扶国家扶贫工作重点区县;坚持并不断深化社会扶贫,开展"万企帮万村"行动,组织民营企业帮扶贫困村,引导社会组织捐赠资金和爱心人士与贫困户的对接工作。

实现了精准扶贫的"大"区域合作。脱贫攻坚绝不只是贫困地区的工作,更需要富裕地区的大力协助。在脱贫攻坚战中,重庆坚持东西部扶贫协作机制,实现渝鲁扶贫协作不断深化、细化。在扶贫中,山东省与

重庆贫困地区精准对接,在产业合作、劳务协作、人才支援、资金支持等方面持续给予支持与帮助,推动了人才、资金、技术等向贫困地区的流动,助力贫困地区完成脱贫攻坚任务。

(执笔人:黄亚丽)

巩固脱贫成果　衔接乡村振兴

习近平总书记强调："防止返贫和继续攻坚同样重要。"2019年的中央一号文件指出,巩固和扩大脱贫攻坚成果,减少和防止贫困人口返贫。为进一步提高脱贫质量,有效防止返贫,重庆市深刻领会总书记指出的"多管齐下提高脱贫质量,巩固脱贫成果,把防止返贫摆在重要位置,减少和防止贫困人口返贫""探索建立解决相对贫困长效机制"重要指示精神,一手抓贫困人口如期脱贫,一手抓脱贫成果巩固拓展,高质量打赢打好脱贫攻坚战。

一、严格落实"四个不摘",强化后续帮扶措施

2019年4月,习近平总书记视察重庆时强调,贫困县摘帽后,要继续完成剩余贫困人口脱贫任务,实现已脱贫人口的稳定脱贫。贫困县党政正职要保持稳定,做到摘帽不摘责任。脱贫攻坚主要政策要继续执行,做到摘帽不摘政策。扶贫工作队不能撤,做到摘帽不摘帮扶。要把防止返贫放在重要位置,做到摘帽不摘监管。要保持政策稳定性、连续性。2020年2月,随着最后四个贫困区县顺利摘帽,重庆所有贫困区县实现全部摘帽。为了巩固脱贫成果,3月3日,市委、市政府正式发布《关于抓好"三农"领域重点工作确保如期实现全面小康的实施意见》,要求全面落

实"四个不摘"要求,深入开展扶贫领域腐败和作风问题专项治理;已实现稳定脱贫的区县在抓好贫困村巩固提升的同时,可根据实际统筹安排专项扶贫资金支持非贫困村发展;要精心组织脱贫摘帽区县普查工作,继续实行最严格的督查巡查制度,对"三保障"和饮水安全、产业扶贫等重点工作开展专项督导。

(一)坚持摘帽不摘责任,签订巩固成果责任书

脱贫攻坚期内,全市摘帽区县坚持以脱贫攻坚统揽经济社会发展全局,非重点贫困区县坚持把脱贫攻坚作为重大政治任务,将巩固成果防止返贫作为脱贫内容,扎实抓好责任、政策和工作落实,确保目标不变、靶心不散。坚持摘帽不摘责任,保持贫困区县党政正职稳定,签订巩固成果责任书。脱贫攻坚期内贫困区县和乡镇党政正职保持稳定,已脱贫摘帽的也继续保持稳定。贫困乡镇党政正职调整前需报市委组织部批准。贫困区县和乡镇领导班子成员脱贫攻坚工作分工保持总体稳定,确需调整分工的报上级党委组织部备案。驻乡扶贫干部一般应在扶贫一线工作1年以上,驻村第一书记和工作队员驻村时间不少于2年。2019年,约谈区县负责同志17人,调整不适宜市管领导干部9名。2020年,继续强化"五级书记"抓扶贫。

(二)坚持摘帽不摘政策,深入实施贫困村提升工程

脱贫攻坚期内,重大基础设施项目、符合区域发展功能定位的重大产业布局、民生工程继续向已摘帽县倾斜,财政涉农统筹整合资金、各级财政专项扶贫资金、社会帮扶资金保持原有投入力度,保持脱贫攻坚政策接续执行。

2019年,出台《关于巩固拓展脱贫成果建立防止返贫机制的实施意见》,深入实施贫困村提升工程,统筹推进贫困区县与非贫困区县、深度贫困乡镇与一般乡镇、贫困村与非贫困村、贫困户与非贫困户扶持发展,

开展相对贫困村、相对贫困户识别帮扶工作。对已出列但仍存在短板和弱项的贫困村,以及发展相对滞后的非贫困村,加大资金和项目倾斜支持力度,增强发展能力。2019年,在18个深度贫困乡镇开展脱贫攻坚与乡村振兴衔接试点。

2020年3月3日,市委、市政府正式发布《关于抓好"三农"领域重点工作确保如期实现全面小康的实施意见》,要求全面落实"四个不摘"要求,已实现稳定脱贫的区县在抓好贫困村巩固提升的同时,可根据实际统筹安排专项扶贫资金支持非贫困村发展。到2020年底前,具备条件的村民小组实现公路通达率100%、通畅率80%,具备条件的行政村客运通车率达到100%;农村集中供水率达到85%以上。到2022年底,基本消除农村集体经济"空壳村",30%以上的村级集体经济组织年经营收入超过5万元。

(三)坚持摘帽不摘帮扶,选派优秀驻村帮扶干部

脱贫攻坚期内,保持脱贫户帮扶政策、帮扶责任人稳定,对脱贫户新产生的"两不愁三保障"及产业、就业、培训等帮扶需求,按照"缺什么补什么"原则,及时落实帮扶措施,保持扶贫工作队伍不撤,并将巩固成果作为脱贫攻坚成效考核和专项述职的重点。2019年,增派"第一书记"290名,实现市级选派全覆盖。截至2019年底,全市共选派"第一书记"1919人,累计选派驻村工作队6583个,有在岗驻村干部21314名,结对帮扶干部19.9万人。深化"志智双扶",开展贫困人口培训43万人次,开展"榜样面对面"典型宣讲5730场次。

(四)坚持摘帽不摘监管,建立健全督查巡查机制

脱贫攻坚期内,坚持把防止返贫放在重要位置,分类做好未脱贫人口、脱贫人口和边缘人口帮扶工作。健全常态化督查巡查和约谈机制,对工作松懈的区县实行常态化约谈。建立定点联系指导制度,防止转移

重心,更换频道。

健全动态监测机制,开展脱贫攻坚"回头看"。2019年,新识别贫困人口1298人,摸排出脱贫监测户8010户25918人、边缘户10345户30339人。完善贫困户明白卡和住房、饮水安全标识牌。

2020年3月3日,市委、市政府发布《关于抓好"三农"领域重点工作确保如期实现全面小康的实施意见》,要求全面落实"四个不摘"要求,精心组织脱贫摘帽区县普查工作,继续实行最严格的督查巡查制度,对"三保障"和饮水安全、产业扶贫等重点工作开展专项督导。

二、"六强化"巩固贫困户脱贫成果

(一)强化义务教育保障

持续改善贫困地区办学条件,强化控辍保学,精准落实资助政策,确保已脱贫和未脱贫家庭子女全覆盖持续享受教育保障政策。2019年,共安排贫困区县教育资金59.69亿元,落实家庭经济困难学生资助资金52.09亿元、惠及学生450.9万人次。

(二)强化基本医疗保障

深入实施大病集中救治、慢病签约服务、重病兜底保障"三个一批"行动,已脱贫和未脱贫人口全部纳入基本医疗保险、大病保险和医疗救助等制度保障范围,常见病、慢性病能够在区县、乡镇、村三级医疗机构获得及时诊治。截至2019年底,全市因病致贫返贫比建档立卡时减少16.9万户,减少97.07%。贫困人口住院自付比例为9.14%,慢病、重特大疾病门诊自付比例为12.20%。

(三)强化住房安全保障

对动态新增的建档立卡贫困户等4类重点对象的住房全面进行安全等级鉴定,跟踪脱贫户住房安全,及时动态消除脱贫户、未脱贫户动态产生的C级、D级危房。加大建新拆旧工作力度。截至2019年底,已完成住房安全等级鉴定84.8万户、实施4类重点对象危房改造3.83万户。

(四)强化饮水安全保障

动态掌握农村饮水安全现状,及时消除饮水安全问题,保障农村人口喝上"放心水",饮水安全达到农村饮水现行标准。截至2019年底,农村集中供水率达87%、农村自来水普及率达80%。

(五)强化稳定增收成果

2019年,完善新型农业经营主体与贫困户联动发展利益联结机制,选聘产业发展指导员1.58万人,提高产业带贫益贫能力。加强就业失业基础信息动态管理,开展"定向式"技能培训,新增贫困人口就业7.4万人、增长27.59%。管好用好7.5万个公益性岗位,建成"扶贫车间"276个。

(六)强化基本生活兜底保障

完善农村最低生活保障标准动态调整机制,逐步提高农村低保保障水平。按照失能特困人员集中照护工程实施方案,做好失能特困人员集中照护工程,解决贫困人员后顾之忧。2019年,将符合条件的22.8万贫困人口纳入低保保障、1.17万贫困人口纳入特困人员救助供养,农村低保标准增加至每人每月440元。

三、"五提升"巩固贫困村脱贫成果

（一）提升基础设施

加快推进农村交通、水利、电力、通信等建设，健全建管制度，促进农村基础设施建设以建为主转到建管并重。建设"四好农村路"，实现行政村100%通柏油路或水泥路、撤并村100%通公路、99.3%的行政村通客运，村民小组通达率、通畅率分别达到95.3%、74.4%。深入实施农村饮水安全巩固提升工程，2019年落实贫困区县水利资金37.4亿元，建设集中和分散供水工程项目2695个。

（二）提升产业发展

强化以"山地农业、山地旅游"为主导的特色扶贫产业覆盖带动，引导2093家龙头企业参与产业扶贫，新增农村"三变"改革试点村99个，健全股份合作、订单帮扶、产品代销等带贫益贫方式，实现有劳动能力、有产业项目的贫困户全覆盖。预计贫困区县农村常住居民人均可支配收入增幅比全市平均水平高1.1个百分点。

（三）提升集体经济

加快村级集体经济发展，切实加强农村集体经济组织资金、资产、资源管理，强化对贫困户的利益联结。全市有集体经营收入的村（农村社区）预计达6945个、占77.9%，比2018年提高22.2个百分点。

（四）提升人居环境

扎实推进农村人居环境整治三年行动，加快实施农村"厕所革命"，实现农村人居环境明显改善,村民环境与健康意识普遍增强,实施农村旧房整治,推动农户住房由"住得安全"向"住得舒适"提升。对自然保护区核心区和缓冲区、生态环境脆弱地区内的居民,有序开展生态移民搬迁。支持社会化服务组织提供污水处理、垃圾收集转运等服务。将财政涉农整合资金适当用于农村人居环境整治项目。

(五)提升治理水平

持续整顿软弱涣散村党组织,实施农村带头人队伍整体优化提升行动。健全党组织领导的自治、法治、德治相结合的乡村治理体系,全面实施村级事务阳光工程,完善"四议两公开"制度,发挥村民议事会、红白理事会等社区社会组织作用。开展国家级乡村治理试点示范区县、村镇创建,同步开展市级试点示范。开展民主法治示范村创建,加强平安乡村建设。

四、"五项机制"建立健全防止返贫机制

(一)建立健全动态监测机制

紧盯建档立卡贫困人口、脱贫不稳定人口、边缘户,对返贫致贫趋势进行预警和提前干预。完善精准扶贫大数据平台,实现扶贫、民政、教育、卫生健康、医疗保障等部门和单位相关数据互通共享。2019年,新识别贫困人口1298人,摸排脱贫监测户7984户25838人、边缘户10264户30128人,占贫困户的3.37%。2020年,实行"一对一"监测和帮扶,截至2020年10月,全市共识别监测对象21856户66510人,其中脱贫监测户10030户32309人,边缘户11826户34201人,两类对象合计占比3.97%。

（二）建立健全持续帮扶机制

扎实开展脱贫攻坚"回头看"，全面排查脱贫人口脱贫质量是否可靠、增收渠道是否稳定、帮扶政策是否精准落实等。脱贫攻坚期后，贫困村第一书记和驻村工作队保持稳定一段时间。市级累计选派扶贫干部443名，选派驻村工作队5622个，在岗驻村干部2.13万名，结对帮扶干部19.9万人。全市只有8户、20人返贫。

（三）建立健全"志智"双扶机制

积极培育文明乡风、优良家风、新乡贤文化，加强贫困农村移风易俗工作。开展"榜样面对面"典型宣讲，实施转移就业技能及精气神提升培训43万人次。深入推进财政扶贫资金改补为奖、改补为贷、改补为保等"五改"试点，将资金补助与贫困户参与生产经营挂钩。

（四）建立健全扶贫项目运管机制

建立脱贫攻坚资产台账，明确扶贫项目建设管理责任，加强后期管理维护，持续发挥好项目效益。结合公益性岗位开发，推进农村公共基础设施维护，保障项目后续有人管护。2019年实施扶贫项目1.6万个、投资195亿元。

（五）建立健全社会力量帮扶机制

脱贫攻坚期后，持续推进市级扶贫集团和区县结对帮扶。继续实施"万企帮万村"行动。研究完善引导民营企业和各类社会组织参与扶贫的激励政策措施。引导社会组织参与扶贫减贫，支持扶贫公益组织依法依规开展募捐。继续实施扶贫接力志愿服务行动。探索发展公益众筹扶贫。发挥"10·17"扶贫日社会动员作用。用好中国社会扶贫网。完善社会帮扶激励机制，定期评选表彰一批社会扶贫先进典型。

五、积极探索脱贫攻坚与乡村振兴有机衔接

(一)推动乡村产业振兴

2019年,重庆市紧紧抓住"结构调整"扎实推动乡村产业振兴,大力发展多品种、小规模、高品质、好价钱的现代山地特色高效农业,加快推进农业由增产导向转为提质导向。全市柑橘、榨菜、生态畜牧、生态渔业等十大山地特色高效产业增势良好,新发展特色产业140万亩、总面积达到3075万亩。在产业的带动下,重庆乡村休闲旅游业呈"井喷式"发展。2019年,全市新认定105个市级休闲农业和乡村旅游示范镇、182个示范村社、301个示范村点,打造36条乡村旅游精品线路,全年乡村旅游综合收入突破800亿元。

(二)实施十大重点工程,与乡村五个振兴相衔接

2020年是全面建成小康社会、决战决胜脱贫攻坚的收官之年,也是实施乡村振兴战略"三步走"第一步目标的实现之年。年初,市委、市政府发布《重庆市乡村振兴十大重点工程实施方案(2020—2022年)》,决定从2020年开始,集中3年时间实施乡村振兴"十大重点工程",即农村基础设施建设工程、农村一二三产业融合发展工程、现代农业产业园建设工程、农村人居环境"五沿带动、全域整治"工程、农田宜机化改造和高标准农田建设工程、农村"三变"改革扩面深化工程、"智慧农业·数字乡村"建设工程、"三乡"人才培育工程、乡村文化"百乡千村"示范工程、农村带头人队伍整体优化提升工程。全市乡村振兴以"十大重点工程"为抓手、以试点示范为牵引,推动乡村振兴迈向新台阶。

(三)开展脱贫攻坚与实施乡村振兴战略的有机衔接试点

脱贫攻坚已近收官,乡村振兴方兴未艾,做好两项工作的衔接至关重要。2020年8月,市扶贫开发领导小组下发文件,在部分区县、乡镇和贫困村开展脱贫攻坚与实施乡村振兴战略的有机衔接试点工作,把脱贫攻坚作为优先任务,以乡村振兴巩固脱贫成果,强化规划衔接、政策衔接、工作衔接、保障衔接,探索建立解决相对贫困的长效机制,逐步实现从脱贫攻坚向乡村振兴平稳过渡。

试点范围分为三个层级:在区县层面,是潼南区、武隆区和云阳县;在乡镇层面,是18个深度贫困乡镇;贫困村层面,在涪陵区、南川区、忠县3个市级扶贫开发工作重点区县和15个有扶贫开发工作任务的非重点区县各选择1个贫困村。衔接工作包含规划、政策、工作和保障4个方面。在规划方面,统筹谋划脱贫攻坚与乡村振兴工作,建立健全城乡融合、区域一体、多规合一的规划体系;在政策方面,探索研究解决相对贫困的政策举措,探索将脱贫攻坚的区域性、特惠性、阶段性政策转化为乡村振兴全域性、普惠性、长期性政策的内容和条件;在工作方面,将脱贫攻坚工作中形成的工作制度、工作机制、工作方法、政策支持、力量配备等经验做法,推广运用到乡村振兴工作中,并探索研究解决相对贫困的工作方式和工作机制;在保障方面,建立严格的乡村振兴督查、考核、评估等制度,强化工作保障。

试点有8个方面重点工作:一是巩固扩大脱贫攻坚成果。把如期完成脱贫攻坚目标任务、防止返贫作为开展脱贫攻坚与实施乡村振兴战略有机衔接试点的重要前提和首要任务,并建立防止返贫监测和帮扶机制,防止脱贫人口返贫、边缘人口致贫。二是改善农村基础设施。对脱贫攻坚中未完成的建设项目接续推进、加快见效,对已建成的基础设施适时提档升级促进互联互通,推动农村基础设施建设由以建为主转到建管并重。三是发展壮大乡村产业。推动扶贫产业由以短平快为主的特色种养业向以二三产业为牵引的长效产业发展,深化一二三产业融合,扩大农村"三变"改革试点,健全产业发展与农民的利益联结机制,提升产业带贫益贫能力。四是提升农村公共服务水平。包括提升贫困地区教育教学质量,加强贫困区县医院专科能力建设,加强多重保障制度衔接,健全农村留守儿童、留守妇女、留守老人和残疾人关爱服务体系等内容。五是抓好农村人居环境整治。以疫情防控为切入点,大力开展村庄清洁行动,整村推进"厕所革命",有效治理垃圾污水,全面解决贫困户和相对贫困人口住房安全问题。六是强化乡村人才支撑。在乡村振兴过程中引导外出农民工、大学毕业生、退伍军人返乡创业创新,鼓励退休人员参与乡村振兴。同时,健全教育培训、评选认定等高素质农民培育机制,探索开展职业农民职称评定和建立农业职业经理人制度,探索推行"产业村民委员会主任"制。七是加强基层组织建设。全面推行村党组织书记通过法定程序担任村委会主任和村级集体经济组织、合作经济组织负责人,推行村"两委"成员交叉任职,完善村民自治管理、民主监督和"一事一议"制度。八是激发农民内生动力。借鉴脱贫攻坚的成功经验,通过积极培育文明乡风,加强农民思想、文化、道德、法律、感恩教育,调动农民群众参与乡村振兴的积极性。

(执笔人:俞荣新)

区县篇

万州区

万州区地处重庆东北部、三峡库区腹心,集大城市、大农村、大山区、大库区于一体,属于欠发达地区、处于欠发达阶段,面积3457平方公里,辖52个镇乡街道,439个行政村,总人口176万。万州区是典型的移民大区,共有三峡移民26.3万人,占三峡库区的六分之一,占重庆库区的四分之一;是国家新一轮扶贫开发工作重点区县之一,2014年新一轮建档立卡识别贫困村140个、贫困户34515户106044人,其中因病致贫占比43%、因学致贫占比27%、自身发展动力不足和因残分别占比8.5%、其他原因(缺技术、缺劳力、因灾、缺资金、交通条件落后、缺土地、缺水、因婚、因丧)占比13%,贫困发生率10.9%。党的十八大特别是2017年7月以来,在市委、市政府的坚强领导下,万州区深学笃用习近平新时代中国特色社会主义思想,全面贯彻中央、市委关于脱贫攻坚决策部署,坚持把脱贫攻坚作为全面建成小康社会的重大政治任务和第一民生工程来抓,坚持以脱贫攻坚统揽经济社会发展全局,集全民之智、聚全区之力,谋脱贫之路、施治贫之策,推动脱贫攻坚工作不断走深走实。

一、主要成效

（一）围绕"两不愁三保障"问题这一核心指标，坚持因户施策、精准帮扶

一是义务教育保障方面。 出台教育相关政策40余个，建立"区、片区、学校"三级教育扶贫工作体系，全面落实控辍保学和教育资助政策。全覆盖普查近16万余名义务教育适龄少儿就读情况，"一生一策"与监护人、村居、帮扶人、公安、镇乡政府联动开展劝返复学工作，动态清零失学辍学情况；运用国家学生资助数据库、扶贫系统、学籍系统和乡镇数据开展数据比对，反复核查教育资助落实情况，全区累计落实各项教育资助资金104338.49万元，惠及学生163.05万人次。

二是住房安全保障方面。 累计易地搬迁3449户，完成C、D级危房改造25022户（其中C级危房改造10703户，D级危房改造14319户），建成或修缮房屋面积约120万平方米，完成投资约8.2亿元（其中政府补助资金约3.5亿元），惠及群众约6.2万人，农村居民全部住上安全房。通过实施危房改造，建成长岭东桥、郭村三根等凸显巴渝民居风貌特色、院坝及绿化等配套设施相对完善的D级危房改造集中点，村容村貌明显改善，农房建设品质明显提升。

三是饮水安全保障方面。 脱贫攻坚以来，共建设完成饮水扶贫项目477个，全面解决了建卡贫困人口的饮水安全问题。落实维养经费800万元/年，专项用于农村饮水工程维修养护及运行管理，对贫困村连续四年另行补助5000元/年的饮水工程维养经费，贫困村饮水工程的运行状况相对较好。

四是基本医疗保障方面。 建立贫困患者优先诊疗机制，落实贫困人口就医"7+1"医疗保障制度,持续实施"一站式"服务,累计大病集中救治8770人次,救治进度100%,慢病签约服务22485人次,服务率100%,重病兜底保障31105人次,兜底保障率100%,建卡贫困户医疗保险参保率100%。提前实现医疗卫生机构"三建好"、医疗技术人员"三合格"、医疗服务能力"三达标"的标准要求,逐步实现"小病不出村,常见病留乡镇,大病不出区"的服务模式,区内就诊率持续保持在99%以上。贫困群众住院医疗费用自付比例9.89%,重特大疾病、慢性病门诊自付比例15.92%,医疗救助共计8.56万人次,累计减免医疗费用7619.4万元。截至2020年底,经历年动态调整后的34972户106949名贫困人口全部实现脱贫,建卡贫困户人均纯收入从2014年的4972元增至2020年底的1.27万元,年均增速17%。边缘易致贫户和脱贫不稳定户风险可控。

(二)围绕"建八有解八难"这一出列指标,坚持资源整合、投入优先

累计整合各类财政涉农资金约70亿元,实施扶贫项目4270个。自2015年起,先后投资6亿元对龙高路、孙余路、柱经路、狮凤路、铁峰山旅游路等184公里县乡道完成升级改造,争取约22.3亿元实现村组公路4030公里,在全市率先实现了行政村通畅率100%、村民小组通达率100%、行政村通客运率100%、镇乡快递末端服务网点覆盖率100%的"四百"目标及村民小组通畅率90%。建成到村全覆盖、多层次的供水工程体系,现有农村供水工程12584处,全区集中供水率90.64%、自来水普及率80.3%、水质达标率70.19%,农村饮水工作稳居全市第一梯队。140个贫困村完成新一轮农网改造,完成村级便民服务中心标准化建设。光纤宽带实现全覆盖,广播、电视、移动互联网4G信号实现了"村村通"。

(三)在脱贫攻坚的实践过程中不畏艰难、砥砺前行

克服了受孙政才恶劣影响:在初期抢时间、赶进度导致的基础工作

▲ 武陵镇四通八达的道路方便群众生产生活（万州区扶贫开发办公室供图）

不牢、不实和脱贫摘帽后一度松劲懈怠等问题，不断补齐脱贫攻坚各类短板和不足，形成了"五位一体"压实攻坚责任、"五度"定向保障资金项目、"双百亿"工程引领产业发展、"三师入户"助推政策落地等一批行之有效的措施和做法。2017年通过第三方评估退出国家扶贫开发工作重点县，140个贫困村全部整村"销号"；2019年成功承办全国扶贫对象动态管理培训班，第一次向全国扶贫系统展现万州形象；2020年高质量通过国家脱贫攻坚普查，顺利通过国家和市级脱贫攻坚成效考核。

二、主要措施

(一)守好"责任田",构建"五位一体"责任体系

一是坚持高位推动。区委书记坚持把脱贫攻坚摆在工作的重中之重,落实全区140个贫困村的遍访任务。书记、区长严格落实"双组长制",坚持区委常委会、区政府常务会、区扶贫开发领导小组会每月研究部署脱贫攻坚工作机制,坚持每月用5个以上工作日开展扶贫工作;分管区领导坚持每周在扶贫办坐班调度一天,统筹研究解决重难点问题;33名区领导带头落实脱贫攻坚"定点联系制"和"三级督战"责任,自觉把责任扛在肩上、落实在行动上。

二是落实乡镇主责。区委、区政府与各镇乡街道每年均签订脱贫攻坚责任书,形成一级抓一级,层层抓落实的总攻态势。

三是强化帮扶责任。组建42个帮扶集团、140支驻村工作队,与各镇乡街道一起逐村制定脱贫方案、拟定脱贫项目、推动政策落实;明确1.47万名帮扶责任人,"一对一、一对多"联系帮扶贫困群众,做到帮困不漏户、户户见干部。印发《万州区脱贫攻坚结对帮扶工作职责》和《进一步加强结对帮扶工作的通知》,严格驻村工作队日常管理、跟踪管理、台账管理,坚持下村签到、在岗抽查、工作纪实,做到任职期间与原岗位工作脱钩、党组织关系转移到村,督促工作队员"吃在村、住在村、干在村"。

四是压实监管责任。加大了区级部门对脱贫攻坚责任落实考核权重,倒逼行业监管责任落实;各区级行业部门组织精干力量,进村入户常态开展动态排查、督导指导。特别是2020年以来,结合定点攻坚工作,"三保障"和饮水安全行业部门组织开展专项排查,坚决做到排查实、解决实,守住了"两不愁三保障"工作底线。住建部门通过组织乡镇和区级

专业机构对全区32万户农户房屋开展鉴定复核,切实解决排查鉴定不精准问题。通过旧房整治提升、危房改造等措施,立行立改发现问题,4259户一般农户住危房问题得到有效解决,守住了"人不住危房、危房不住人"的底线。水利部门通过组织对建卡贫困户饮水安全、供水工程管护情况等全覆盖大排查,结合饮水安全巩固提升工程等措施解决排查发现问题,确保所有贫困户喝上"放心水"。同时,完成5户以上相对集中供水工程水质检测1989处。

卫健部门通过组织开展逐层逐级逐户逐人拉网式排查,建立"医院、基层卫生院、社区卫生服务中心执行健康扶贫政策问题台账""村卫生室问题台账""排查问题涉及贫困户个案台账""贫困人口管理台账"4本台账,确保医疗卫生机构"三建好"、医疗技术人员"三合格"、医疗服务能力"三达标"、医疗保障制度"全覆盖"。教育部门通过学校包片、教师包户走访,比对就读学生信息和户籍义务教育阶段适龄儿童数据,逐户逐人建立就读台账,全面落实控辍保学和教育资助政策。

五是严格监督考核。建立督查、通报、约谈、问责的工作机制,强化纪监和组织部门的监督责任。组建6个督导组、委托三方机构开展电话调查,常态化督导督查,并将督查结果纳入年终绩效考核。区纪委监委机关和区扶贫办坚持"双到场、双听取、双反馈、双汇报",对督导发现问题点对点交办责任单位,一对一跟踪督办,对问题突出、整改不力的单位通报约谈,情况严重的启动问责程序,有力地推动了脱贫攻坚责任落实、政策落实、工作落实。

(二)织密"保障网",形成一套措施有效的政策体系

一是制定出台一批政策文件。先后出台《关于集中力量打赢扶贫攻坚战的意见》《万州区全面深化扶贫开发持续巩固脱贫成果实施意见》《万州区关于打赢打好脱贫攻坚战三年行动的实施方案》以及住房、医疗、教育、低保、就业帮扶、扶贫培训、组织建设、监督执纪问责等配套文

▲ 新乡镇茶叶产业园中，村民在采茶（万州区扶贫开发办公室供图）

件，整理形成100余个脱贫攻坚制度成果，为脱贫攻坚提供了有力的政策保障。

二是有效整合一批资金资源。加强资金统筹调度，集中用于脱贫攻坚。强化惠农政策落实，各类农业投入、农业项目集中投放贫困村，农业支持保护补贴、农机具购置补贴等奖补政策向贫困村、贫困户倾斜，地票交易收益优先惠及贫困村、贫困户。同时，出台扶贫攻坚资金管理办法，严密资金跟踪监管，确保资金安全高效使用。

三是精准落实一批帮扶政策。按照"八步、两评议两公示一比对一公告"程序，精准识别贫困人口，及时兑现帮扶政策。

（三）坚守"主阵地"，构筑脱贫攻坚坚强战斗堡垒

一是拓宽渠道"选"，优化队伍结构。坚持每年全覆盖研判村级班子和轮训村党组织书记，大力实施农村带头人队伍整体优化提升行动，注重从本村致富能手、外出务工经商返乡人员、本乡本土大学毕业生、退役军人、城乡资本下乡企业主中选拔村党组织书记，逐步吸收素质好、有文

化、热心服务群众的党小组长、村民小组长到村干部队伍中，及时调整能力不强、状态不好、不作为乱作为的村干部，不断优化带头人队伍。2018年以来，先后调整村党组织书记66名，其他村干部502名。

二是创新方式"育"，提升能力素质。 坚持每年1次组织所有村党组织书记到区委党校集中培训，帮助他们了解惠农政策、产业发展、实用技术、农村电商等，开阔眼界、拓展思路、掌握信息，在脱贫致富上找到路子、想到法子。推动村级党组织班子成员与村集体经济组织、合作经济组织负责人"双向进入、交叉任职"，大力推进村党组织书记兼任村集体经济组织负责人，鼓励支持党员致富带头人领办创办合作经济组织。加强干部人才交流，先后选派16名村党组织书记到对口支援省市山东济宁挂职学习，不断拓宽基层党组织带头人视野，提升实战能力。

三是完善机制"管"，推动履职尽责。 严格落实村党组织书记区级备案管理制度，对村党组织书记选任、离退、调任、转任等及时备案，对其工作中的奖惩、经济责任审计、目标承诺等情况，进行全程纪实。健全村党组织议事规则和决策程序，认真落实"四议两公开"要求，严格执行"村财乡代管""四务公开"等制度，促使村党组织书记廉洁自律、干净干事。建立和完善保障机制，按规定落实村干部待遇动态增长机制，确保村党组织书记补贴标准不低于全区上年度农村居民人均可支配收入的两倍，推动全面落实村干部参加城镇企业职工养老保险。

四是搭建平台"引"，汇集实用人才。 认真贯彻《关于鼓励引导人才向艰苦边远地区和基层一线流动的若干措施》，坚持内引外联，打通人才回流"大通道"，着力把一大批熟悉农村、了解农村、与农民群众有深厚感情的本土优秀人才引回来、选出来、用起来、留下来，常态保持每个村1至2名。深入实施农技推广服务特聘计划，支持农业技术推广人员回归本业，组建"农技专家+技术指导员+科技示范户+农户"的技术推广服务模式，培育农业科技示范户。切实发挥好重庆三峡职业学院乡村振兴学院龙驹分院、大周分院、白土分院作用，为决战决胜脱贫攻坚提供坚强有力的人才和智力支持。依托重庆三峡职业学院、重庆三峡农科院等示范培养基地,对乡村各类人才开展技术技能培训。以农民田间学校等为载体,大力培育新型职业农民。

(四)答好"自选题",创新工作机制提升发展质量

一是创新"三师入户"精准落实政策。聚焦"两不愁三保障"核心指标,在深度贫困镇龙驹镇试点的基础上,自2019年4月起,在全区面上全面开展教师、医师、技师"三师入户"活动,着力构建"1+3"(第一书记+"三师")长效结对帮扶机制。教师入户助学4.5万户次,实现从幼儿园到高中阶段建卡贫困学生走访联系全覆盖;医师累计入户巡访患者2.87万余人次,通过入户指导和预约治疗,治愈300人次;农业技术人员构建了"8+192"入户体系,8个区级专家组开展技术指导2000余次、培训"土专家"及新型农民1700余人,192名乡镇农技师开展技术指导7300次;建设工程技术人员进村入户指导危房改造等工作,完成了全区32万户农户的住房安全鉴定。2020年全国两会期间,万州区"三师入户"做法在人民政协报登载。从2020年国家脱贫攻坚普查结果来看,万州区贫困户"两不愁三保障"和饮水安全100%保障到位,生产生活状况均为"明显改善",体现了高质量脱贫成果。

二是创新"国企进村"探索"村企共建"。三峡平湖、三峡资本、经开公司、南滨公司、长江水务、建环集团、万州机场、万州燃气、建工集团、三峡农业、三峡交旅、万商集团、万州担保、江东机械、文创集团等15家区属国有企业结合自身主责主业实际,聚焦深度贫困、聚焦产业扶贫,侧重带资进村,探索"村企共建、互利共赢"新路子。出资1160万元参与"百万头"生猪养殖,发展10万丛铁皮石斛、5000亩花椒标准园、100万只鲁渝扶贫协作芦花鸡产业示范园等项目。打造"京东·重庆扶贫馆万州专馆"、"三峡好礼"微信公众号、"万州消费帮扶平台"、精准培训+精准就业平台等四个平台,累计销售扶贫农产品3500余万元,成功安置就业233

人。在龙驹镇实施高速路连接道工程、场镇环境整治等基础设施项目，助力攻克深度贫困。

三是实施"双百亿"工程夯实产业基础。 万州区坚持生态优先、绿色发展，大力实施"双百亿"工程夯实产业基础，即发展100万亩经果林，实现产值100亿元；新增100万头生态猪产能，建成有机肥生产、饲料加工厂、生猪屠宰及肉食品加工全产业链，实现产值100亿元。建成生猪养殖单元400个，896个养殖单元全面建成后将新增生猪产能100余万头，其中，全区贫困村和重点村持股建设生态猪项目370个单元，建成后享受年分红共1850万元。已建成86万亩经果林，构建土地流转、资产收益等8种新型农业经营主体与农户（贫困户）利益联结分配机制。全区现有适度规模种植业扶贫基地488个、养殖业扶贫基地106个，平均每个贫困村发展产业基地500亩以上、有1个以上贫困群众参与度高的特色主导产业，村级集体经济"空壳村"全部消除，贫困群众生活水平实现大幅度提升。

四是开展农村"双亮"激发创新活力。 在全区41个镇乡定期开展以"亮产业、亮环境"为主题的乡村振兴"双亮"活动，33名区领导、有关部门和镇乡街道通过集中现场观摩和座谈交流、对镇乡街道和部门分别测评打分排序等方式，总结亮点形成经验、查找不足补齐短板，持续巩固脱贫攻坚成果，有效激发贫困群众内生动力和干部争先创优工作活力。累计打造美丽乡村示范点81个、美丽庭院1500个，29个村入选重庆市首批美丽宜居乡村。

（五）瞄准"契合点"，开创东西扶贫协作新局面

济宁、万州两地党政主要负责同志坚持高位推动，累计互访15人次，召开联席会议10次，围绕东西部扶贫协作结对互访、资金支持、产业合作、劳务协作、人才交流、携手奔小康6大重点任务，狠抓协议落实、深化工作创新，推动东西扶贫协作向纵深推进。

一是产业合作增强脱贫新动能。 两地产业合作作为推进两地协作

的主战场,深入推动特色产业发展。发展芦花鸡产业,立足本地森林资源丰富等优势和济宁市汶上县芦花鸡抗病力强、灵敏好动、口感鲜嫩、经济价值高、养殖门槛低的特点,2018年,万州区引进山东省级龙头企业金秋农牧科技有限公司来万投资建设汶上芦花鸡西南片区繁育基地,成功探索集育雏、养殖、加工和销售于一体的芦花鸡全产业链项目。该项目建成孵化育雏车间6处,林下鸡舍75所,占地750亩,总投资3034.3万元,基本形成年出栏10万只蛋鸡、500万只鸡苗、50万只山地散养芦花鸡,年产2500万枚绿壳鸡蛋、销售10万只深加工产品"芦花椒椒鸡"的生产规模,产业链整体产值达到1亿元以上,增加村集体经济收入40万元以上、就业岗位2000~4000个,带动当地及周边区县2000户散养家庭每户年增收2万~3万元。项目投产3年后,逐步发展到年出栏100万只散养芦花鸡、销售30万只"芦花椒椒鸡"的生产规模,产值达到2.5亿元以上。该项目在2020年10月国务院扶贫办召开的东西部扶贫协作携手奔小康推进会上向全国推广。培育中药材产业,在生产环节,统一种植标准、技术指导、订单生产,发展道地中药材种植业主200余家,种植面积2万余亩;在加工环节,整合山东各类帮扶资金建成中药材初加工车间5处,提升产品附加值;在流通环节,协调大型中医药企业与中药材协会签订合作协议,产品直接进入全国最大的亳州中药材市场。

二是消费扶贫拓宽增收新渠道。持续探索市场请进来、产品走出去发展模式,动员鲁喀供销联盟来万注册成立重庆好品供应链管理有限公司,成功开设扶贫农特产品直采中心。在济宁市不定期举办消费扶贫专场推介会和万州扶贫产品进社区活动,在贵和购物商城、爱客多连锁超市长期设立8个专柜专区,常年展销万州烤鱼、杂酱面等30余种扶贫产品。通过线上线下两个平台,累计销往济宁市农特产品近4000万元,受益贫困人口近2000人。

三是人才互派拓展交流新空间。结对以来,两地已互派党政挂职干部13人,互派教师、医师、农技人员等专业技术人员263人学习交流,组织 16 名村支书到济宁市挂职锻炼,培训各级干部 13 期 782 人次,培训各类专技人才 39 期 14419 人次。

四是劳务协作提供就业新路径。探索创新"送服务、送岗位、送培训、送政策"劳务协作模式,先后专车转移贫困户到济宁就业 124 人;开发东西部扶贫协作公益性岗位 191 个,新建协作扶贫车间 3 个,实现贫困劳动力就近就业 462 人;累计协作开设贫困劳动力培训班 18 期,培训贫困人口 610 名;安排专项财政援助资金 160 万元,对在济宁市就业人员、协作公益性岗位、扶贫车间安置人员提供各类就业补贴,促进稳岗就业。

三、典型:东西协作结硕果　山沟筑巢引凤凰

万州区深化济宁·万州结对协作,创新工作举措,成功探索芦花鸡全产业链项目,该项目集育雏、养殖、加工和销售于一体,将龙驹镇梧桐村从一个深度贫困的后进村发展成村民人均可支配收入突破 17000 元的产业大村,1000 余户贫困户依托芦花鸡产业实现脱贫致富。

(一)精准切入要点,绘好协作"路线图"

一是明确协作关键要点,产业先行。济宁、万州两地党委、政府深入学习贯彻习近平总书记在银川主持召开的东西部扶贫协作座谈会精神,在携手奔小康征程中力求优势互补、产业主导。

二是明确产业发展方向,合作共建。万州区地势高低不平,森林资源丰富。济宁市汶上县芦花鸡抗病力强、灵敏好动、口感鲜嫩、经济价值高、养殖门槛低,适合发展成贫困户"家门口"的扶贫产业。经过深入考察和反复论证,成功协调两地业主落户市级深度贫困镇龙驹镇梧桐村,借着"栽有梧桐树,引得凤凰来"的佳句,合作共建芦花鸡西南片区生态

繁养基地,大力发展"林下养鸡"产业。

(二)持续高位推动,注入发展"强心剂"

在两年多的携手产业发展过程中,两地党政领导高度重视,济宁市主要领导来万互访时必到芦花鸡繁养基地调研指导。山东省扶贫协作重庆市干部管理组先后5次到基地指导。重庆市委常委、万州区委书记莫恭明8次到基地调研指导,召开现场办公会3次,全力推动协作产业落地见成效。

(三)保障资金投入,点燃产业"发动机"

万州区先后下拨1380万元扶贫协作资金撬动两地合作企业投入资金3000余万元。特别是2020年通过"国企投入建设、企业长期使用"的方式,投入资金1000万元,为繁养基地建成标准厂房4栋,业主实现了少投入、轻资产、专注经营、专注发展。深度贫困镇龙驹镇采用"基地+专业合作社+大户+农户"的运作模式,多方投资340万元,按照50只/亩生态散养标准,在全镇建成5个示范区,发展9个村居35个养殖点,建成年出栏20万只林下散养基地。

(四)深入技术协作,打造人才"孵化器"

一是精心打造科技平台,汇集专业人才共同攻关。万州区政府、市科技局帮扶集团、芦花鸡繁养基地三方共同打造农家"科技小院"平台,针对芦花鸡的适应性、免疫条件和原生态散养等问题,从育种、饲料研发、中药免疫等方面进行科研项目攻关。

二是创新开展"技师入户",人才引进培育共同推进。持续开展"技师入户"活动,邀请农学院专家、科技特派员、山东专家提供技术支持,培养专业养殖技术人才,造就一支脱贫攻坚生力军。两年来,济宁市先后派出农技专家4批28人次,来万进行芦花鸡繁养等农村实用技术指导

120余次，培训5000人次。

（五）延长产业链条，筑牢发展"总基石"

一是上游环节把好产品质量关。打牢育雏基础，保证供应源头稳定。建成孵化育雏车间6栋，年可提供鸡苗500万只，销售芦花鸡苗近20万只至重庆市内丰都、黔江、云阳等7个区县，市外四川、贵州、湖北等省市。建成林下标准鸡舍1200余个，在十余乡镇发展养殖户1000余户，年出栏40万只，全部采用林下散养，保证产品物美质优。

二是加工环节配齐产业主心骨。培育深加工能力，在龙驹镇小微加工园建成标准化深加工厂房2000平方米，年加工能力10万只，并配套屠宰、冷链车间。

三是下游环节打造产品竞争力。着力发挥品牌效应，创建"芦花椒椒鸡"品牌，提高芦花鸡系列产品附加值，增强扶贫企业市场活力。着力拓宽销售渠道，通过网络直播、重庆市消费扶贫馆等电商平台远销全国各地。着力加大发展后劲，趁热打铁上马"10万只芦花绿壳蛋鸡项目"至龙驹镇梧桐村，预计年产"绿壳蛋"3000万枚，继续壮大扶贫产业。

（六）立足带贫益贫，端稳群众"金饭碗"

一是创新资金投入带贫。2019年投入380万元协作资金，其中40%作为贫困户和占地村民股份、10%作为村集体股，每年按入股金额的6%分红，剩余的50%支持企业。

二是创新国有资产租赁带贫。通过国有投资平台建设的4栋繁养车间，租金收入的50%约25万元在未来5年留在村作为村集体经济收入。

三是创新养殖模式带贫。创新推出了消费领养、社会认养、区域联养、分户散养和托管代养等"五养新模式"。如托管代养就是引导养殖基地为无劳动能力的脱贫户每人代养芦花鸡50只，销售后，贫困户每只可分红18元。

黔江区

黔江地处武陵山区腹地和渝东南中心，面积2402平方公里，辖30个乡镇街道，户籍人口56万，少数民族人口占74.6%。2014年底共有贫困村65个，贫困人口11430户40641人，贫困面29.8%，贫困发生率13%。党的十八大以来，精准扶贫精准脱贫成效明显，累计实现11741户45132人脱贫、全区65个贫困村全部销号，贫困发生率由2014年的13%降至0，现行标准下农村贫困人口全部脱贫，如期完成了新时代脱贫攻坚目标任务，脱贫攻坚取得全面胜利。贫困村通畅率、村民小组通达率均达100%，安全饮水、安全用电、广播、电视、互联网实现全覆盖；基本形成"一村一品"产业发展格局；村村建有便民服务中心和标准化卫生室。2017年历史性摘掉国家贫困区县"帽子"，群众认可度达96.87%，成为重庆市及武陵山连片贫困地区中首批通过国家评估验收的摘帽区县之一。2018年被列为全国首批"贫困县摘帽案例研究"样本区县，《中国脱贫攻坚——黔江故事》（中宣部2020年主题出版重点出版物）、《黔江：内生型脱贫模式》（国家出版基金项目）两本反映黔江脱贫攻坚成效图书已由中国出版集团研究出版社公开发行。2021年被确定为首批全国脱贫攻坚交流基地。

一、举措与成效

（一）聚焦思想武装，坚持"三突出"深学笃用习近平总书记关于扶贫工作的重要论述

一是突出思想引领。始终坚持以习近平新时代中国特色社会主义思想、习近平总书记关于扶贫工作的重要论述和视察重庆讲话精神作为引领脱贫攻坚的"总纲领"，在思想上主动看齐，在行动上主动对标，在工作上主动落实。

二是突出学懂弄通。通过区委常委会、区委理论学习中心组学习、区扶贫开发领导小组会议等，开展专题学习研讨300余次。全区各级党组织采取班子会、职工会、村组干部会、群众院坝会等形式进行学习传达。

三是突出活学活用。深刻领会习近平总书记关于脱贫攻坚重要讲话内涵，出台完善产业扶贫、健康扶贫、易地扶贫搬迁等系列政策措施。始终坚持以习近平新时代中国特色社会主义思想、习近平总书记关于扶贫工作的重要论述和视察重庆讲话精神作为引领脱贫攻坚的"总纲领"，在思想上主动看齐，在行动上主动对标，在工作上主动落实。

（二）聚焦顶层设计，做到"三及时"有序有力有效推动脱贫攻坚

一是及时明确政治责任。由区委、区政府主要领导担任区扶贫开发领导小组"双组长"，区委、区政府全体领导和区人大常委会、区政协联系领导为副组长。

二是及时调整攻坚目标。按照中央确定的时间节点和市委统一部署，及时调整脱贫攻坚目标，确保到2020年实现"户脱贫、镇村出列、区小康"的目标。精准识别市级深度贫困镇1个（金溪镇），区级深度贫困村29个，38位区级领导定点帮扶。

三是及时完善政策措施。制定了"1+1+25"政策体系，全力攻坚；围绕"1+29"深度贫困镇村，制定"1+2"深化脱贫攻坚政策体系和《黔江区精准脱贫攻坚战行动方案》《关于打赢打好脱贫攻坚战三年行动的实施意见》，一手抓深度贫困攻坚，一手抓脱贫攻坚成果巩固。聚焦"两个确保"目标任务，率先开展"百日大会战""收官大决战""十大行动"解决"两不愁三保障"及饮水安全突出问题。由区委、区政府主要领导担任区扶贫开发领导小组"双组长"，区委、区政府全体领导和区人大常委会、区政协联系领导为副组长。

（三）聚焦贫困人口，破解"四难题"解决"两不愁三保障"突出问题

一是着力破解"扶持谁"难题。严格按照国家"两不愁三保障一达标"标准，探索"338"识别帮扶方法，严格按照"八步两评议两公示一比对一公告"流程，做到凡有异议必核查，核查结果必研究，研究情况必反馈，确保识别过程阳光真实。

二是着力破解"谁来扶"难题。用好国市区三级驻村帮扶力量，1名市级领导定点包干深度贫困镇，38名区级领导定点包干30个乡镇街道，建立"干部遍访、教师家访、医生随访"三访制度，全区行政事业单位和党员干部全员出战，122个区级部门、285名市区干部、30个乡镇街道组成驻村工作队，帮扶贫困村实现全覆盖。5052名干部与贫困户"一对一"结对帮扶，2327名乡村教师入户家访9万余次，1248名"白衣天使"上门随访服务6万余人次，做到帮困不漏户、户户见干部，确保摘帽不摘帮扶。

三是着力破解"怎么扶"难题。围绕解决"两不愁三保障"突出问题，实施稳定收入、住房安全、义务教育、基本医疗、饮水安全和日间照料"六

大行动",采取"十个一"模式打造"3+X"山地特色效益农业产业体系,实施"订单"式培训,加强实用技术培训,实现贫困群众应训尽训,全区每户贫困户都有1~2项稳定增收项目,贫困人口每人至少拥有一门实用技术。建立学前教育到高等教育多层级资助体系,创设"圆我读书梦"助学品牌并连续举办13届,共计募集资金3860余万元,资助渝东南6个区县和湖北省咸丰县的贫困(优秀)学生1万余名。大力实施"12345"健康扶贫工程,所有贫困人口基本医疗得到保障。扎实推进易地扶贫搬迁工程,3年累计搬迁建卡贫困户2207户9040人,实现应搬尽搬。2015年以来,通过实施精准脱贫,实施农村危房改造5968户,其中完成贫困户危房改造4693户,惠及16280人,动态消除农村危旧房。6578户13969名农村贫困人口纳入农村低保(其中建卡贫困户2845户6672名),贫困人口城乡居民养老保险参保率达100%,实现应保尽保。

四是着力破解"如何退"难题。建立完善"区负总责、部门协作、乡镇街道抓落实、任务到村、责任到人"的工作机制,建立"月通报、季督查、年考核"督查考核机制。严格执行脱贫农户申请、民主评议、逐户核实、签字确认、公示公告和贫困村脱贫入村调查、摸底核算、公示公告等程序,邀请"两代表一委员"对退出程序进行全程监督,杜绝"被减贫""被脱贫"。

(四)聚焦发展动力,补齐"四短板"深度改善农村生产生活条件

一是补齐基础设施短板。加快贫困地区路、水、电、气等基础设施建设,优先破解交通"瓶颈"制约,全面提升人居环境质量。贫困村通畅率、村民小组通达率均达100%;新解决及巩固提升了26.5万人的饮水安全问题,农村饮水水量水质、供水保证率、用水方便程度达到农村饮水安全标准,基本实现人畜饮水安全;乡乡镇镇通天然气;实施"互联网+扶贫"行动,建成渝东南电商产业园、1个区级电商服务中心、30个乡(镇)级电

商服务站、165个村级电商服务点,互联网物流体系基本建立;改善73所村小基础条件,大力实施均衡教育,贫困村教育水平进一步提升;对35个贫困村卫生室进行了标准化改造,标准化配置65个贫困村医疗设备,配乡村医生65名,贫困村医疗条件进一步改善;新建和维修村级便民服务中心62个,贫困村组织阵地进一步夯实;建成20个贫困村综合文化服务中心示范点、193个农民体育健身工程、65个贫困村文化中心户,建成农村文化室219个,实现了贫困村广播、电视、通信以及文化室全覆盖,贫困村文化生活不断丰富。

二是补齐产业短板。稳步推进"三变"改革、"三社"融合,消除集体经济"空壳村"72个。"3+X"农业产业体系提质增效,建成亩产万元立体农业基地13.1万亩,蚕茧产量连续8年全市第一,连续11年获"全国生猪调出大县"奖励,全国首个国家无抗生猪养殖标准化示范区通过中期评估,获评中国猕猴桃之乡、中国脆红李之乡、全国首批农村产业融合发展试点示范区,基本形成"一村一品"产业发展格局。

▲ 致富农业"立起来"——中塘镇仰头山现代农业产业园(黔江区扶贫开发办公室供图)

三是补齐生态短板。深入实施"五大环保行动",城区空气质量优良天数稳定保持在350天左右,森林覆盖率达68%。全面推行河长制,主河流阿蓬江获评"长江经济带美丽河流"。学好用好"两山论",走实走深"两化路",绿色工业、山地特色农业蓬勃发展,"云上水市""武陵天塘""土家十三寨"等高品质乡村旅游点、21条精品乡村旅游线路构成美丽乡村新图景,生态颜值逐步转化为经济价值。建成国家4A级景区8个,濯水古镇成功创建5A级景区,连续3年游客人数和旅游综合收入实现40%以上增长,带动10万余名老百姓吃上"旅游饭"。

四是补齐公共服务短板。滚动实施重点民生实事,深化与重庆主城9所、山东日照14所名校名医院合作办学办医,外来就学、就医分别达17.1%、31.2%。着力巩固深化"长安杯"创建成果,坚持自治、法治、德治相统一,构建共建共治共享的社会治理新格局,公众安全感满意指数达到99.6%。城镇登记失业率控制在3.4%以内,城乡养老、医保参保率稳定在95%以上,群众"三感"持续提升。

(五)聚焦深度贫困,深化"六统筹"巩固脱贫成果建立长效机制

一是深化统筹"深度+一般"。围绕深度贫困镇、村,坚持"缺啥补啥、差啥添啥",科学编制发展规划,坚持以点带面,统筹做好非贫困乡镇、非贫困村、城市贫困人口扶贫工作,切实解决"插花"贫困问题。

二是深化统筹"巩固+提升"。对已销号村、已脱贫户"扶上马送一程",保持脱贫政策、帮扶力度、攻坚态势"三个不变",实施"三年提升工程",规划2018—2020年项目1520个,着力补齐农村路、水、电、讯、房和环保等基础设施短板。

三是深化统筹"资源+资本"。积极探索农村"三变"改革,提速发展乡村旅游业,引进阿里巴巴村淘、京东、苏宁易购等知名电商企业入驻黔江,创新推出"金溪农场"电商扶贫微信公众号及"大厨驾到""土家幺妹"

直播团等网络直播带货活动,探索开设"山韵黔江农特产品O2O扶贫专柜"等电商扶贫项目,用农村电商产业服务链推动建立稳固的利益联结机制,推动农业"接二连三"。

四是深化统筹"内力+外力"。 全力打造中央国家机关定点帮扶、东西部协作、市内结对帮扶"三个示范"。中信集团创新实施的"三聚三帮"机制得到国务院领导肯定性批示,山东省日照市对口帮扶黔江共建"赴日照看海·来黔江看山"旅游品牌,市卫生健康委扶贫集团打造"三金"品牌,永川区实施"互联网+农贸"模式促进黔江特色农产品走出山区、辐射全国。

五是深化统筹"普惠+兜底"。 严格程序扎实抓好建档立卡动态调整和管理,认真落实各项扶贫惠民政策到户到人,全面改善深度贫困地区教育、医疗、养老等条件。深化易地扶贫搬迁、农村危旧房改造和特困群众"兜底帮扶",加强兜底扶持和基础保障。

六是深化统筹"帮扶+自立"。 推进"扶志"与"扶智",加强实用技术培训,深入开展"我的扶贫故事、我的脱贫故事、我的创业故事"宣讲,不断提升贫困群众主动脱贫的志气和摆脱贫困的智慧,增强贫困群众内生动力和自我发展能力。围绕深度贫困镇、村,坚持"缺啥补啥、差啥添啥",科学编制发展规划,坚持以点带面,统筹做好非贫困乡镇、非贫困村、城市贫困人口扶贫工作,切实解决"插花"贫困问题。

(六)聚焦"四个不摘",强化"四保障"确保脱贫攻坚工作前进有定力、措施有效力、肩上有压力

一是强化责任保障。严格落实区委书记、区长"双组长制",区委区政府每月至少研究1次脱贫攻坚工作,区扶贫开发领导小组每两月至少召开1次工作会议。市级深度贫困镇和区级深度贫困村实行"包干制""指挥长制",38名区级领导定点包干乡镇街道,每人包干联系1~2个贫困村、5户最困难的贫困户。区级行业部门定期研究本行业脱贫攻坚工

作，乡镇街道党委、政府每月对脱贫攻坚工作进行专题研究，党委主要负责人对辖区贫困户遍访1次以上。

二是强化资金保障。探索"三权分置"试点，深入开展统筹整合使用财政资金，区扶贫办行使项目设立管理权、区财政局行使项目资金管理权，其他涉农部门行使项目实施管理权。深入开展统筹整合使用财政资金试点，累计整合财政涉农扶贫资金27亿元用于农村建设。探索小额扶贫信贷"五分工作法"，设立扶贫小额贷款风险补偿金3001万元，累计发放扶贫小额信贷2.28亿元，贫困户获贷率46%，帮助5000余户次通过发展产业增收致富。积极对接中信集团、山东日照市和重庆市卫生健康委扶贫集团、永川区，共争取对口帮扶资金3.9亿元。

三是强化质量保障。坚持整改责任、整改台账、整改效果"三清晰"统质量。对中央脱贫攻坚专项巡视反馈意见、国务院扶贫办核查验收、国家发改委专项稽查、扶贫专项审计、市级主管部门监督检查、考核验收等各类问题，实施问题"台账化""清单制"，整改"报账"销号式动态管理，举一反三整改"清零"问题。

四是强化党建保障。始终把党的政治建设摆在首位，牢固树立"四个意识"，坚定"四个自信"，坚决践行"两个维护"。严格执行"二十字"好干部标准，树立"组织管干部、干部管干事"的鲜明导向，近3年提拔基层干部占1/3以上。始终保持扶贫领域正风肃纪反腐高压态势，党风政风民风持续好转。

二、探索与亮点

(一)"三联三促"机制为驻村帮扶赋能增效

在脱贫进程中，黔江区创新"标准+精准"联动、高进优选促"尽锐出战"、"导向+取向"联管、严管厚爱促"愈战愈勇"、"内力+外力"联合、延伸扩面促"战绩提升"的驻村工作"三联三促"机制,在全国驻村帮扶工作培训班上作交流发言,得到国务院扶贫办领导、兄弟省份参会人员的高度赞誉。随着乡村振兴战略行动计划的快速推进,这一被实践充分证明行之有效的工作机制将继续发挥积极作用。

(二)打造全市健康扶贫示范镇、高质量脱贫示范镇推动市级深度贫困镇金溪镇旧貌换新颜

举全区之力攻克贫中之贫、坚中之坚,金溪镇基础设施全面完善,实现饮水安全100%,村组通畅率100%,4G网络信号及光纤覆盖率100%,建成3个美丽宜居示范村庄。产业发展全面提速,已发展蚕桑10452亩、优质蔬菜5390亩、特色水果5407亩,粮经比由2016年的9∶1调整为1∶9,利益联结机制实现贫困户覆盖率90%以上。成功打造"金溪护工""金溪被服""金溪农场"扶贫品牌。"金溪护工"在重庆主城医院、区中心医院等就业136人(后面是159人),先后为67名建卡贫困户提供就业岗位;"金溪被服"始终维持35%以上的员工为建卡贫困户;"金溪农场"品牌逐渐打响,销售农产品3000余万元。"三金"扶贫品牌得到国务院扶贫办副主任夏更生和相关市级领导充分肯定。金溪镇被列为首批91个全国脱贫攻坚考察点之一。

(三)"收入水平略高于建档立卡贫困户群体"防贫政策有效筑牢致贫返贫防线

大胆探索收入水平略高于建档立卡贫困户群体帮扶政策,及时识别出贫困边缘户248户893人,印发《关于加强收入水平略高于建档立卡贫困户群体帮扶工作的通知》,按照缺什么补什么原则,及时增手段、补措施,全面落实增收、住房、教育、医疗等政策,落实170万元试点防贫保险,确保一般群众不因病、因灾、因房致贫,有效巩固了脱贫成果。

（四）"宁愿苦干、不愿苦熬"的新时代"黔江精神"焕发时代光芒照亮前程

黔江区把"宁愿苦干、不愿苦熬"的"黔江精神"注入新的时代内涵，作为脱贫攻坚的制胜法宝，不断将干部群众内生动力转化为强大生产力，推动二次创业形成强大攻势，谱写新时代脱贫攻坚之歌。结合脱贫攻坚工作，深入开展推动新时代"黔江精神"再出发主题宣教活动，深入挖掘脱贫攻坚工作典型，广泛开展"我的脱贫故事、我的扶贫故事、我的创业故事"宣讲活动，持续进行"最美扶贫人、最美帮扶人、最美脱贫户"评选表彰，人民日报、新华社、光明日报等国、市媒体进行重力报道，引起热烈反响。在新时代"黔江精神"鼓舞下，全区干群用行动践行"不获全胜、决不收兵"的铮铮誓言，涌现出了"背包书记""点子书记"等一大批优秀扶贫干部，带动了"蜂王"王贞六、"土家愚公"简旺超等一大批不等不靠、自力更生脱贫致富典型。黔江区黑溪镇胜地社区村民王贞六，黔江区金溪镇山垇村驻村第一书记、重庆医科大学附属第二医院治安主管刘

▲ 美丽乡村风景如画——冯家街道渔滩社区新风貌（黔江区扶贫开发办公室供图）

昶,中信银行重庆分行派驻黔江区沙坝镇木良村驻村第一书记肖鸣荣获全国脱贫攻坚先进个人称号,黔江区扶贫开发办公室获全国脱贫攻坚先进集体称号。

三、典型

(一)黔江"五子登科"让搬迁群众"稳收更稳心"

李家溪易地扶贫安置点是全市规模最大、唯一在工业园区的易地扶贫搬迁安置点,项目总用地面积约58.5亩,其中安置居住房面积4.1万平方米。近年来,采取帮扶有对子、居住有房子、就业有位子、生产有棚子、种菜有园子"五子登科"的后续扶持措施,已搬迁入住全区29个乡镇街道建卡贫困户413户1531人,让他们"搬出一片新天地、迁出幸福好生活"。该安置点被国家发改委评为"十三五"美丽搬迁安置区,入选全国"十三五"易地扶贫搬迁典型案例,被国务院扶贫办确定为首批全国脱贫攻坚考察点。

(二)创新打造"三金"品牌实现"造血式"内生扶贫

积极推进深度贫困金溪镇脱贫攻坚工作,重庆市卫生健康委扶贫集团充分发挥行业优势,打造"金溪护工""金溪被服""金溪农场"三张金字招牌,实现"造血式"精准扶贫,脱贫攻坚"主战场"变为乡村振兴"示范地"。"金溪护工"累计培训学员411人,其中在主城、区级医院稳定就业159人(前面是136人),其中贫困户67人,人均月收入4000元以上;"金溪被服"现有员工70余名,其中贫困群众占50%以上,带动每人每月收入2000~4000元,企业每年还将产值总额的1.5%助力8个村(社区)集体经济发展,2019年分红76000元;"金溪农场"品牌逐渐打响,销售农产品

3000余万元,带动1854户5354人增收致富。2020年11月,金溪镇"三金品牌"又增添了新成员,坳竹风竹制品扶贫车间正式开业。"四金品牌"通过行业帮扶的力量,引进开放的视野、社会的资源、帮扶的力量,搭建起贫困群众致富的平台。2021年,金溪镇被确定为首批全国脱贫攻坚考察点之一。

(三)创新"三联三促"机制为驻村帮扶赋能增效

创新驻村工作"三联三促"机制,在全国驻村帮扶工作培训班上作交流发言,得到国务院扶贫办副主任夏更生"黔江早在20世纪八九十年代,就创造了'宁愿苦干、不愿苦熬'的'黔江精神'。在脱贫攻坚伟大实践中,'黔江精神'又放射出时代光芒,是扶贫战线的一面旗帜"的高度肯定。

一是"标准+精准"联动,以尽锐出战促攻城拔寨。对选派的"第一书记"、帮扶队员和驻村干部,明确标准择"准"、规范程序保"准"、因村派人促"准",坚持优中选优、程序规范、有的放矢。

二是"导向+取向"联管,以严管厚爱促真情帮扶。坚持把驻村工作作为锻炼干部、选拔干部的重要平台,近5年提拔重用扶贫干部497人,基层干部占1/3以上,干部选拔任用满意度连续5年保持在99%以上,点燃"想干事"的热情;分级分类推动驻村干部培训,制定《黔江区驻村工作队选派管理办法》,增进"会干事"的能力。全力保障驻村工作队工作补贴,建立干部作先锋、单位当后盾、领导负总责的驻村工作机制,打牢"能干事"的基础;开展"村里来了第一书记"等晒计划亮成效活动,严格执行驻村工作队向派出单位和群众双向专项述职和召回管理制度,落实"干成事"的责任。

三是"内力+外力"联合,以真抓实干促驻村成效。搭建"桥梁"引入外部生产力,与中信集团开展市场化合作,总投资120亿元三塘盖国际旅游康养项目正式落地;与重庆市卫生健康委扶贫集团合力打造"金溪护工""金溪被服""金溪农场""三金"品牌,市级深度贫困镇金溪镇实现从"输血式"转向"造血式"精准扶贫。联结"纽带"激发内生源动力,深入开展"我的扶贫故事、我的脱贫故事、我的创业故事"宣讲活动。善当"头雁"凝聚整体战斗力,充分发挥驻村第一书记示范引领作用,夯实农村基层党组织同脱贫攻坚实现了有机结合。重庆医科大学附属第二医院派驻黔江区金溪镇山坳村驻村第一书记刘昶、中信银行重庆分行派驻黔江区沙坝镇木良村驻村第一书记肖鸣荣获全国脱贫攻坚先进个人称号。

(四)脱贫当自强,七旬老人的"甜蜜事业"

黔江区黑溪镇胜地社区脱贫户王贞六,年近70岁,老伴体弱多病,儿子为智力二级残疾和视力三级残疾。2015年,经驻村工作队和结对帮扶人员集体"会诊",王贞六开始起步搞规模化养蜂,当年养蜂加上家里其他自营收入共达1.8万元,王贞六家一举实现脱贫。经过几年的努力,王贞六凭借养蜂技术,年收入达到20余万元,从此走上了脱贫致富之路。率先脱贫的王贞六不忘穷乡亲,2017年他免费送出中蜂35桶,帮带村里的25户贫困户一起发展养蜂产业并实现脱贫摘帽,同时领衔成立了黔江区担子坪中蜂养殖合作社,发展社员25名,一起干起了他们的"甜蜜事业",并过上了"甜蜜"生活。2019年,王贞六获评"2019年全国脱贫攻坚奖奋进奖",受邀参加全国脱贫攻坚先进事迹巡回报告团。2020年,王贞六成为黔江区蜜蜂产业协会理事长,他说还想依托政策,发展蜂蜜适度规模深加工,增加产品附加值,打开更加广阔的销路,增加更多的收入。2021年,王贞六荣获全国脱贫攻坚先进个人。

(五)创新"八化"机制,延伸绿色产业链厚植益贫效益

以发展蚕桑产业为抓手,厚植让贫困群众长期、稳定获得产业收益和增值收益的益贫性机制,创新体制机制,建立全区茧丝绸产业发展指挥部,构建区、乡、村三级服务体系,实现产业"组织化""专业化"。创新

发展模式,从浙江桐乡引进茧丝绸龙头企业、从山东日照引进海通丝绸,推行"公司+农民合作社+基地+农户"发展模式,实现产业"规模化""集约化"。创新技术运用,探索创新"六化五配套"技术路线,实现产业"标准化""规范化"。创新综合开发,设立黔江·桐乡丝绸工业园,延长"产业链",大力发展"桑+"立体农业,实现产业"链条化""立体化"。2020年,全区产茧6万余担,蚕农综合收入达2亿元,全区建卡贫困户469户种植蚕桑增收致富,同时全区蚕桑产业带动2300余名贫困人员在合作社或大户务工增收。2020年12月,中国蚕学会授予黔江区"中国蚕桑之乡"称号,这是重庆市区县首次获得该称号。

涪陵区

涪陵区居重庆市及三峡库区腹地，全区面积2942.36平方公里，辖12个镇、6个乡、9个街道办事处，2019年末户籍人口114.83万人，属于市级扶贫开发重点区。全区有63个市级贫困村，占360个有扶贫开发任务行政村总数的17.5%；27个乡镇街道中有25个有扶贫开发任务，于2015年脱贫摘帽。2014年建档立卡以来，在全区各级干部的共同努力攻坚下，全区累计实现脱贫60641人。截至2020年底，全区现有17384户54262人（有效对象）建档立卡贫困对象全部实现脱贫，无错退返贫发生。党的十八大特别是2017年7月以来，涪陵区深学笃用习近平总书记关于扶贫工作重要论述，认真贯彻落实习近平总书记视察重庆系列重要讲话精神，严格按照中央决策部署和市委工作要求，坚持以脱贫攻坚总揽经济社会发展全局，聚焦贫困人口脱贫和脱贫质量巩固提升，举全区之力、行非常之举、施创新之策，尽锐出战，全力攻坚，如期完成了新时代脱贫攻坚目标任务，脱贫攻坚成效显著。

一、举措与成效

（一）围绕"思想、组织、队伍"三强化，着力打造脱贫攻坚铁军

一是强化理论武装，提升思想认识。坚持把习近平总书记关于扶贫工作重要论述和视察重庆系列重要讲话精神作为脱贫攻坚工作的根本遵循和行动指南，跟进学习习近平总书记最新重要讲话和指示精神，组织全区各级党组织深入学习，并纳入各类干部学习教育培训的必学内容。区委组建宣讲团和宣讲队深入乡镇街道、企事业单位开展专场宣讲，分级分类实施帮扶干部全覆盖教育培训。

二是强化组织领导，压实攻坚责任。严格落实脱贫攻坚"双组长制"和"一把手"负责制，区委常委会、区政府常务会坚持每月研究脱贫攻坚工作，每两个月召开一次领导小组会，研究出台脱贫攻坚政策措施文件和实施方案25个。扎实开展区乡村"三级"书记遍访行动和干部联心行动。区委、区政府分别与25个有扶贫任务乡镇街道、23个行业部门签订巩固脱贫成果责任书，全面推行脱贫攻坚专项报告制度和年度述职制度，创新建立脱贫攻坚责任清单、问题整改任务清单、项目建设清单、重点任务推进时间表"三单一表"，进一步压紧压实脱贫攻坚责任。

三是强化队伍建设，推动工作落实。配齐配强区乡村"三级"扶贫工作力量。结合机构改革，单独设立区扶贫办作为区政府正处级工作部门，选优配强1正2副负责人和1名党组班子成员，成立扶贫发展中心，核定行政事业编制23个，采取直调、抽借等方式，充实工作人员达到35人。保持乡镇街道党政主要领导和扶贫分管领导脱贫攻坚期内总体稳定，乡镇街道全部成立扶贫开发领导小组办公室，落实扶贫专干3~5人。在全市率先选聘123名村级扶贫专干（扶贫信息员），打通扶贫政策落地落细的"最后一公里"。

（二）对标对表精准脱贫标准，聚力解决"两不愁三保障"突出问题

一是紧扣增收这个目标，长短结合、做实产业。 强力推进产业扶贫。在全区63个贫困村深入开展"一村一品"创建工作，累计创建榨菜、中药材、畜禽养殖、乡村旅游等"一村一品"示范村16个，贫困村3300余户贫困户参与"一村一品"发展。围绕以榨菜、中药材为核心的"2+X"扶贫产业体系，建成一定规模的种植业、养殖业产业扶贫基地913个，扶持发展贫困户到户产业1.1万户，逐户落实产业到户奖补政策，实现在家有劳动能力和产业发展意愿的贫困户全覆盖。全区1415名产业发展指导员逐一对接联系贫困户，帮助和指导贫困户参与产业发展。统筹抓好消费扶贫、电商扶贫、乡村旅游扶贫。探索推行贫困村商品点对点销售、脱贫攻坚集市售卖、机关食堂定向采购、帮扶干部宣传代销等消费扶贫模式。依托涪陵电子商务产业园，建立农村电商平台6户、邮政网点318个、电商扶贫示范点46个。常态化举办以"涪陵榨菜嘉年华"为主导的四季特色农业节庆活动，开展"美丽涪陵乡村行·文旅体育助脱贫"活动，提炼发布5条乡村旅游扶贫精品路线。深入开展就业扶贫。累计开发保洁、护路、巡河、护林等农村生态公益性岗位安置就业1884人。创建扶贫车间15个，吸纳贫困户就近就地就业160人。每年转移贫困劳动力就业21000余人，外出务工实现"应转尽转"。建立村致富带头人信息库，培育农村致富带头人554人，带动受益贫困人口6367人。大力实施金融扶贫。落实扶贫小额信贷风险补偿资金3500万元，建立领导、部门、责任、激励、考核"五联动"机制，一手抓精准投放，一手抓规范管理，累计发放贷款10925户次3.04亿元，贫困户获贷率达到62.8%。

二是紧扣保障这个底线，因户施策、靶向治疗。 全面落实义务教育

保障。建立区级部门、乡镇、村社、学校、家庭"五位一体"控辍保学体系，采取"一校一案""一生一案"方式对重度残疾儿童送教到家，义务教育保障率达100%。严格落实扶贫系统筛查、进村入户排查、学籍信息核查、学校班级巡查、资助中心审查"五查"制度，贫困家庭学生实现应资助尽资助。全面落实基本医疗保障。严格落实健康扶贫"七重救助"机制，和"先诊疗后付费""一站式结算""分级诊疗"等政策，贫困户城乡居民医保参保率、财政资金资助参保覆盖率均达100%。乡镇卫生院、村(社区)卫生室标准化建设实现全覆盖，组建家庭签约医生团队409个，在家贫困户实现签约服务全覆盖。设立2000万元区级健康扶贫基金和1300万元扶贫济困基金，建立医疗兜底保障制度，贫困人口住院和特病门诊自付比例分别控制在10%、20%标准以内。全面落实住房安全保障。严控危房改造面积和质量，切实做到贫困身份、危房等级、改造验收三个100%核查。D级危房改造在市级补贴2.1万元/户基础上，区级财政配套1.4万元/户，采取拆除重建与加固维修并重方式，累计完成4类重点对象危房改造11657户，其中C级3480户、D级8177户，实现贫困户住房安全保障问题动态清零。全面落实饮水安全保障。紧盯水质、水量、用水方便程度和供水保障率四项指标，动态开展农村贫困人口饮水情况排查监测。采取安装入户自来水、新建或改造自备水源、增大蓄水池调节能力等措施，全面解决饮水安全保障问题。

三是紧扣基础这项硬件，完善设施、补齐短板。持续推进农村交通、网络、电力、人居环境、基本公共服务等建设。累计完成"四好农村路"建设4197公里，建成农村移动通信基站196座，自然村实现通信信号、互联网、广播电视信号全覆盖，全区行政村4G网络覆盖率、光纤通村率均达100%。全面实施农村电网升级改造，实现村村通动力电。完成建卡贫困户等农村4类重点对象改厕12490户，行政村农村生活垃圾有效治理比例达100%，有效治理覆盖人口比例达98.6%，贫困村、贫困户生产生活生态环境得到切实改善。

决战脱贫攻坚
党的十八大以来重庆扶贫工作纪略

△ 涪陵区龙潭镇德胜村蔬菜大棚基地（涪陵区扶贫开发办公室供图）

（三）常态化"回头看、回头帮"，持续巩固脱贫成果、防止返贫

一是精准实施动态管理。严把摸底调查关。坚持动态排查，采取"六看六问"方式，对卡内、卡外户"两不愁三保障"落实情况开展拉网式大排查，切实把致贫返贫风险排查出来，把贫困对象精准识别出来，累计完成摸排22.94万户63.75万人。严把程序标准关，对新增人口、脱贫户开展调查、评议、公示，组织扶贫、教育、医疗、住房、水利等行业部门对"两不愁三保障"各项指标进行联合认定，确保贫困人口"应进必进、应退则退"。严把数据质量关，配齐配强区乡村"三级"扶贫信息员，认真开展扶贫信息数据比对，及时开展问题数据"清洗"，切实做到扶贫信息系统、户展示栏、户资料袋、扶贫手册、档案资料与贫困户家庭实际情况"六统一"。

二是精准实施分类施策。按照家庭年人均纯收入、住房保障、义务教育、基本医疗、饮水安全等5个保障类指标和是否有商品房、是否有享受型轿车、是否有财政供养人员、是否投资经商办企业等4个成效类指标,对所有贫困人口开展分类型、画像式脱贫稳定性标准排查,精准分为稳定脱贫户、巩固脱贫户、临界脱贫户等3种类型。对稳定脱贫户,保留到户联系制度,建立反哺社会机制;对巩固脱贫户,按需落实帮扶措施,着力挖掘内生动力;对临界脱贫户,加大政策帮扶和兜底保障力度,切实消除返贫风险。

三是综合运用兜底保障政策。加强扶贫与低保"两项制度"有效衔接,针对农村年老、重病、残疾等丧劳或基本丧劳无法依靠产业、就业实现稳定增收的特殊困难群体,采取低保兜底、临时救助等方式,确保实现稳定脱贫。截至2020年底,全区共有3695户、6980人建档立卡贫困对象纳入低保兜底范围,累计临时救助1.9万余人次。

四是志智双扶激发内生动力。坚持扶贫与扶志扶智相结合,着力培育贫困群众主动脱贫的志气和摆脱贫困的技能。通过开展环境清洁和卫生评选,贫困群众精气神得到提升;通过开展身边的脱贫典型宣传,贫困群众的信心得到增强;通过实施产业到户和就业务工奖补,贫困群众主动脱贫动力得到激发;通过开展产业、就业技能培训,贫困群众自主脱贫能力大大提高。

五是有序推进社会扶贫工作。建立完善"万企帮万村"精准扶贫台账,落实78户民营企业对接联系贫困村。切实抓好"中国社会扶贫网"的推广应用,建立区乡村"三级"运行组织架构,完成爱心人士注册71042人,信息管理员注册514人,贫困户发布需求1451件,对接成功率96.48%。积极开展"10·17"全国扶贫日故事宣讲、扶贫一日捐等系列活动,全社会共同参与扶贫氛围更加浓厚。

(四)筑牢"五大支撑",确保脱贫攻坚质量和实效

一是深化抓党建促脱贫。持续开展软弱涣散贫困村党组织排查整

顿，及时调整不胜任贫困村党组织书记。在每村落实8万元服务群众工作经费基础上，为63个贫困村分别拨付区管党费2万元，保障村级组织运转和阵地建设。实施贫困村党建工作专项考核，给予优秀党组织1万元以奖代补工作经费。深入实施农村带头人队伍整体优化提升行动，全覆盖培训村（社区）党组织书记、主任。切实加强驻村帮扶力量，全区24个扶贫集团成员单位由89个增至119个。按照"3+3"模式（区级部门3人、乡镇街道3人），调整充实贫困村第一书记和驻村工作队员，新选派第一书记18人（含市级8人）、驻村工作队员102人，全区63个扶贫工作队总人数达390人。

二是强化扶贫投入保障。 通过增加财政预算、整合涉农项目资金等方式，确保扶贫投入与各级考核指标、三年行动计划项目实施需求相适应，确保本级财政专项扶贫资金投入高于市级资金增幅，最大限度发挥扶贫资金使用效益。2018年、2019年、2020年连续3年保持扶贫投入资金增长。2020年共投入脱贫攻坚项目资金29927.48万元，比2019年增加3755.27万元，实现了本级专项扶贫资金、涉农整合总量、脱贫攻坚总投入"三个"不减，其中区县本级财政专项扶贫资金投入3500万元，比2019年增加100万元；整合资金16996.01万元，比2019年增加127.8万元。

三是狠抓纪律作风建设。 扎实开展"基层减负年"活动，精简会议发文，减少填表报数，确保基层干部有更多精力投入到脱贫攻坚。持续推进扶贫领域腐败和作风问题专项治理"回头看"，常态化开展日常监督，创新开展"常规+点穴式"专项巡察监督，全覆盖开展暗访督查，发现问题，及时通报、及时交办、及时整改。强化涉贫信访舆情处置，修订完善《涪陵区扶贫信访突发事件应急预案》《涪陵区重大涉贫事件处置预案》，切实提升涉贫信访和网络舆情处置能力，按期办结"12317"交办扶贫信访件。

四是关心关爱扶贫干部。 注重在脱贫攻坚一线考察、识别干部，5年以来累计提拔重用扶贫干部172名，通报表彰成绩突出干部719人。为每个驻村工作队落实工作经费2万元,评选5名驻村工作队员为优秀共产党员。对驻村工作队员分为区管领导干部、科级及以下干部两个单元单列考核,每个类别均按照30%比例确定优秀等次比例。全面落实驻村工作队员人身意外伤害保险、定期体检和交通、生活、通信等补贴政策,切实提高驻村工作队员干事创业的积极性。2020年疫情防控期间,为驻村工作队、乡镇街道扶贫干部、村扶贫信息员等免费提供口罩15000个、消毒液3000瓶,为2507名驻村干部统一购买新冠肺炎专属保险。

五是考准考实工作业绩。坚持年度集中考核与平时掌握情况相结合,对减贫成效、精准识别、精准帮扶、巩固脱贫攻坚成果、扶贫资金使用管理绩效、各类问题整改等实行年度集中考核正向计分20分,对各级组织的暗访督查、扶贫领域腐败和作风专项治理、信访舆情处置情况实行逆向扣分10分机制,把脱贫攻坚考核结果作为乡村振兴考核结果实行10分扣分。将市级考核结果与区级对乡镇街道考核结果挂钩,督促各级各单位对标对表抓工作。对综合评价靠后的乡镇街道和行业部门,及时约谈提醒,督促改进提高,持续传导压力。

二、特色亮点

(一)建立榨菜产业"一个保护价、两份保证金、一条利益链"益贫惠贫机制,贫困户实现稳定增收

以榨菜集团、太极集团两大国有上市龙头企业为依托,组建农业专业股份合作社255个,全面推广"龙头企业+合作社+贫困户"带贫惠贫模式,探索建立榨菜产业"一个保护价、两份保证金、一条利益链"益贫惠贫机制。其中榨菜集团等龙头企业与全区197个榨菜股份专业合作社全面签订粗加工订单生产协议,合作社按照每吨30元标准缴纳履约保证金,

保证每吨原材料在扣除各项成本费用后合作社能有150~200元利润空间;同时合作社又与入社农户签订保护价收购合作协议,每户按30元标准缴纳履约保证金,协约约定雨水节前按最低不低于760元/吨价格标准对种植农户(贫困户)青菜头进行收购,建立起了股份专业合作社上联龙头企业、下联贫困户的产业带贫惠贫利益链。2020年新冠肺炎疫情期间,全区组建7个专项工作组、14个指导检查小组,开展对青菜头收购全覆盖巡回指导督导,37家榨菜企业和197个榨菜股份合作社主动作为、各司其职,采取"价格承诺、分散设点、同价同步"等措施,先后设立收购网点2000多个,分散售菜人群,各机关、企事业单位组织志愿砍收队,在做好疫情防护前提下,积极帮助缺劳贫困户、大户砍收,全区2020年青菜头比往年提前5天完成收购,实现了应收尽收,全区青菜头收砍面积72.71万亩,总产量160.81万吨;销售总收入141681.29万元,其中建卡贫困户

▲ 涪陵区江北街道志愿者帮助贫困户砍收青菜头(涪陵区扶贫开发办公室供图)

种植青菜头12200余户，实现销售收入2730余万元，户均销售收入2244元，实现了在疫情影响下稳定带贫增收。

（二）在全市率先选聘村扶贫信息员，切实提高扶贫基础信息精准度

按照"联系贫困户200户以内配备1人"原则，区财政每年安排专项资金600多万元，从本乡本村选聘村扶贫信息员123人，坚持吃住在村、工作在村，重点围绕"两不愁三保障"情况排查、信息数据完善、社情民意收集、扶贫政策宣传，开展常态化入户走访，落地落细扶贫政策"最后一公里"。

（三）探索建立"一庄一园"的"三变"扶贫改革经验，促进脱贫攻坚与乡村振兴有机衔接

在大顺乡新兴村探索成立村集体资管会，对农村现有闲置宅基地、闲置住房、闲置土地等进行收储回购，采取对外招租、合作共建、联合经营等方式，在不改变其基本属性前提下，引导城市资本下乡打造特色民宿、共享农庄和产业示范园"一庄一园"，使农村闲置宅基地、闲置危房、闲置土地真正成为带动贫困户增收致富和村集体经济发展的资产资源，既壮大村集体经济，又促进乡村振兴与脱贫攻坚有效衔接。2018年以来，大顺乡新兴村成功引进城市资本建设农业"三产"融合发展项目9个，盘活闲置宅基地6800平方米、土地1656亩，村集体和农户共获得各种收益244.3万元，农户另获得项目劳务报酬40余万元，直接受益农户108户423人，带动贫困户42户。2019年，新兴村人均可支配收入达到17000元，贫困人口实现全部脱贫。

（四）坚持与特色产业相结合，让扶贫车间成为贫困群众就近就地就业新渠道

为稳定增加贫困群众收入，促进就近就地就业，涪陵区紧紧依托当

地特色产业和资源优势,因地制宜加大扶贫车间创建力度。全区2020年新创建扶贫车间9个,累计创建15个,共吸纳就业417人,其中建卡贫困户160人,占比38%。此项工作得到中央有关媒体充分关注,特别是蔺市镇美心红酒小镇依托景区资源优势创建扶贫车间、开通脱贫攻坚集市,实现农旅融合发展,被《人民日报》社会栏目头条报道。

(五)全面推行入户走访"六看六问"工作法,切实提高帮扶实效

帮扶干部围绕"两不愁三保障"落实情况,入户走访时,采取看环境、看住房、看吃穿、看专栏、看手册、看资料袋和问家庭收入、问医疗救助、问教育资助、问饮水安全、问小额信贷、问帮扶需求的"六看六问"方式,努力将群众诉求解决在基层、矛盾化解在基层,切实提高群众对扶贫工作的满意度。

(六)强化扶贫项目"一统筹四责任",切实提高财政扶贫资金精准到户绩效

"一统筹"即:扶贫开发领导小组发挥统筹作用;"四责任"即:强化扶贫部门对项目扶贫性审核责任、财政部门资金统筹责任、行业部门项目实施监管和资金拨付责任、区纪委监委和审计部门资金使用监督责任。加强对乡镇街道上报项目与贫困户关联度审核,进一步规范脱贫攻坚项目库管理,明确脱贫攻坚项目实施必须从项目库中抽取,避免项目安排的随意性和不可预见性,扶贫资金使用与贫困户关联度达100%。

(七)建立反馈问题"五步"整改工作法,切实推动真改实改

按照针对性整改、自查验收、签字背书、上传销号、装订成册"五步"工作法,统筹推进中央巡视、国家和市级成效考核等各级各类问题整改,确保真改实改、全面整改。

三、典型

(一)建立"两金一链","青疙瘩"变"金疙瘩"

涪陵区被誉为"中国榨菜之乡"。涪陵榨菜自1898年诞生并推向市场、走向世界以来,历经百年沧桑,与欧洲酸黄瓜、德国甜酸甘蓝并誉为世界三大名腌菜而闻名中外,已发展成为涪陵乃至重庆市农村经济中产销规模最大、品牌知名度最高、辐射带动能力最强的优势特色产业。拥有"涪陵榨菜""Fuling Zhacai""涪陵青菜头"3件地理标志证明商标,形成了全形榨菜、方便榨菜、出口榨菜三大系列100余个产品品种,产品远销全国各大中城市及县乡市场,并出口100多个国家和地区。"涪陵榨菜""涪陵青菜头"品牌价值分别达147.32亿元和24.38亿元。

多年来,涪陵区委、区政府高度重视榨菜产业发展,将榨菜作为农业农村经济发展特色效益产业和富民兴企第一民生产业。然而,如何让这么一个优势特色传统产业紧密联系千家万户,带动贫困户稳定脱贫致富成了摆在涪陵区各级领导干部面前一张必须用心做好的"答卷"。

一是建立一项核心补助制度。涪陵区立足以榨菜产业为主导的"2+X"扶贫产业体系,大力发展农民专业股份合作社。2019年,全区以村为单位新组建发展农民专业合作社255个,其中榨菜股份专业合作社197个,占68.4%。按照每发展一个符合条件股份合作社财政补助资金25万元的标准,因地制宜支持发展股份合作社,让"资金变股金""农民变股民"。其中5万元作为村集体经济组织股份,用于贫困户慰问、救助、帮助发展生产等;8万元用于村集体经济组织扶贫基金,对入社贫困户点对点股份分红;7万元用于合作社基础设施建设、发展生产;另外5万元用于与合作社签订协议的龙头企业股金。通过确权入股,让青菜头种植农户、

"榨菜贩子"、企业，特别是把贫困户紧紧地抱在了一起，也让曾经的"榨菜贩子"变成了如今的股份合作社理事长。

二是打造"两金一链"利益联结机制。 全面推广"龙头企业+合作社+贫困户"带贫惠贫模式，探索建立"两金一链"利益联结机制，即一个保护价、两份保证金、一条利益链，让股份合作社成为连接龙头企业和贫困户的"桥梁"。通过"两金一链"机制，初加工前移到合作社，解决了企业用工难、收储有限的难题；合作社成为榨菜企业第二生产车间，保证了初加工利润，促进了合作社发展，增强了联企联农的能力；合作社保护价订单收购，价格得到了有效保证，增强了特别是建卡贫困户种植积极性、增强了内生动力，从而实现了建卡贫困户、合作社、龙头企业三方受益。让企业、合作社、建卡贫困户都吃上"定心丸"，增加了抵御市场风险能力，实现了贫困户到大市场的紧密"链"接。

三是推动"三带动模式"促进贫困户稳定增收。 2020年初，青菜头收购旺季正值疫情暴发，为有效应对疫情影响，涪陵区引导榨菜股份专业合作社通过保护价优先收购、保底与盈利分红、合作社吸纳务工三种模式，保障贫困户稳定增收。全区组建专项督查指导组开展全覆盖巡回指导督导，实现了应收尽收。2020年，涪陵区青菜头种植涉及23个乡镇街道60万农民，收砍面积72.71万亩，总产量160.81万吨；销售总收入141681.29万元，农民人均青菜头种植纯收入1907.14元。全区建卡贫困户12200余户种植青菜头2.14万亩，总产量3.5万吨，销售总收入2730余万元，户均销售收入2244元。此外，合作社优先吸纳贫困户从事初加工务工，每户至少净收入1000余元。"三种模式"作保障，让贫困户实现了稳定增收。

（二）村民的"贴心人"

张晨榆，女，涪陵区数字化城市管理中心副主任、涪陵区城市管理局驻龙潭镇铜岩村扶贫工作队副队长。驻村扶贫以来，她真帮实扶，情系困难群众,把村民的困难当作自己的困难。除日常走访中随时发现问题解决问题外,她用心用情关注关心老弱病残失劳、失能人群,自费为铜岩村杨婆婆购买医用护理床,为余婆婆扩建房屋,为患大病贫困户跑医保,为村里鳏寡孤独困难群众购买冰箱、电视、米面油盐等生活必需品。她牢记助困帮扶使命,严格履行工作职责,沉下身、勤学习、带好头,努力为龙潭镇铜岩村贫困群众及村民办实事、办好事,成为村民信赖的"贴心人"。2020年4月28日,她被涪陵区委、区政府表彰为"涪陵区第四届先进工作者"。

(三)初心不忘扶贫志,无怨无悔奉献情

张瑜,区港航局驻珍溪镇石牛村扶贫工作队队长、第一书记。自2017年9月任珍溪镇石牛村扶贫工作队队长、第一书记以来,始终坚持吃住干"三在村",常常奔波在田间地头,深入开展入户走访,加强与群众的血肉联系,问民情、帮民困、解民忧,为贫困村补短板、强引导、谋出路,用心用爱用力用情开展驻村扶贫工作,驻村扶贫工作取得显著成效。

北碚区

北碚区面积755平方公里,辖9个街道、8个镇、107个行政村。常住人口81万,其中农村户籍人口23万,属于全市15个扶贫开发工作非重点区县之一。党的十八大特别是2017年7月以来,区委、区政府将脱贫攻坚作为最大的民生工程,举全区之力、集全区之智、鼓全区之劲,迎难而上,加大资金倾斜力度,累计减贫1818户5320人,3个市级贫困村脱贫销号,贫困发生率由1.7%降至0,2020年贫困户年人均纯收入达14211元,较2015年增长174%。

一、举措与成效

(一)强化政治担当,抓好"三个落实"

一是责任落实到位。 严格落实"双组长"制,党政主要领导亲自调度,采取"点面结合、上下联动、责任到人"的方式,全面建立攻坚体系,抓实抓细定点攻坚。10名区领导任驻镇(街道)攻坚第一书记一线定点攻坚,每周安排不少于2天时间驻镇开展工作,亲自上阵"啃"硬骨头。坚持三级书记抓扶贫,区委、区政府主要负责人遍访3个贫困村,多次深入基层调研,带头开展"访深贫、促整改、督攻坚"活动。出台《关于打赢打好脱贫攻坚战三年行动的实施意见》等政策性文件20余个。有扶贫任务的

10个街镇严格落实"一把手"责任制，层层签订《脱贫攻坚成果巩固责任书》。

二是政策落实到位。 做实产业扶贫。制定《北碚区扶贫主导产业发展实施方案》，合理规划全区产业结构和产业布局。建立产业指导员制度，组建5个产业扶贫专家技术指导组，落实到村、到户产业指导员65名。新冠疫情期间，通过电话、微信等方式"一对一"指导贫困户抓好春耕生产，累计指导8600余次。配送种子2.4吨、肥料68吨。下拨农业生产救灾资金45万元，加快灾后恢复生产，确保主要农产品稳产保供。2015年以来，实施扶贫产业项目29个，发展百香果、樱桃、腊梅等主导产业4200余亩，累计发放到人到户产业补助1152万元，带动800余户贫困户增收。健全贫困户利益联结机制，严格落实企业带贫责任，从项目收益中拿出不少于15%用于定向扶贫；发展各类龙头企业46家，新型经营主体664个，培育致富带头人197人，均签订带贫协议，切实提高贫困户获得感。持续推进金融扶贫。建立小额信贷风险补偿基金500万元，引导贫困群众用好用活小额信贷政策。累计发放贷款569户2213.25万元，2020年新增贷款892.2万元，获贷率54.61%。开展防返贫保险试点，为全区除建卡贫困人口外"非四类"农村居民购买防贫险。加大就业扶贫力度。启动实施"职业技能提升+志智双扶脱贫"行动，累计免费培训863人次。建立健全就业扶贫监测网络，动态掌握贫困劳动力就业失业状态、就业需求情况。努力克服疫情影响，全区贫困劳动力已实现就业1432人，就业率达113%。加强扶贫领域公益性岗位开发管理，公益性岗位安置贫困户人口306人。充分发挥扶贫车间吸纳就业作用，认定扶贫车间2个，累计吸纳16名建卡贫困户就业。深化消费扶贫，成立消费扶贫工作领导小组，超额完成消费扶贫采购任务。开展北碚区消费扶贫月活动，与多家企业签订合作协议，共同推进消费扶贫工作。通过区领导直播带货，举办扶贫农产品展销会等帮助农户销售蔬菜、水果、鸡鸭等农副产品185吨，销售额近1000万元，惠及贫困户300余户。认定扶贫产品

113个，总市值6亿元。设立北碚消费扶贫专馆、开设10个消费扶贫专区，有序推进首批20台扶贫专柜安装。成立"消费扶贫联盟"，组织100余家社会单位、企业与贫困村、贫困户对接，优先购买贫困户农产品，助力脱贫攻坚。加大特殊困难群体帮扶力度。目前，全区建卡贫困户中纳入低保320户551人，2020年新增98户175人；纳入特困27户27人，2020年新增4户4人。持续推进失能特困人员集中照护工作，在主城都市区率先建成特困人员集中照护中心，累计解决63名失能困难人员照护问题。

三是工作落实到位。强化扶贫资金绩效管理。完善区级扶贫项目库，严格落实公示公告制度，不定期对扶贫项目实施及资金使用情况进行跟踪检查，确保扶贫资金发挥最大效益。加强涉贫舆情处理。成立区涉贫舆情应急处置领导小组，印发《北碚区涉贫舆情应急处置工作机制》，明确工作职责及流程等。扶贫信访事件均得到及时有效化解。大力推广社会扶贫网。动员社会各界人士、要求所有公职人员注册"爱心人士"，并积极参与贫困户需求对接，爱心对接率达到100%。坚持"智志"双扶。围绕"决胜全面小康、决战脱贫攻坚"主题，举办习近平总书记视察重庆一周年、"10·17"扶贫日等系列活动，大力选树和宣传脱贫攻坚先进典型。举办"身边的脱贫故事"微访谈、"榜样面对面"宣讲活动110余场次，开展法律维权、农业实用技术、技能培训、创业就业等梦想课堂600余场次，开展"我们的中国梦"文化进万家送演出进基层、"情满乡村、全民小康"三下乡等活动50余场次。《重庆日报》、华龙网等媒体宣传报道北碚区脱贫攻坚工作100余次，为决战决胜脱贫攻坚构筑强大舆论声势。

（二）强化工作举措，全面解决"两不愁三保障"突出问题

一是义务教育保障方面。扎实开展控辍保学攻坚行动，全区义务教育入学率、巩固率达到100%。健全贫困学生资助体系，累计资助各类贫困学生33万余人次，资助总金额7200万余元；累计"兜底"资助区内建档

立卡贫困学生3785人次,资助金额360.1万元,资助覆盖面达100%。

二是基本医疗保障方面。建成标准化村卫生室110个,配备乡村医生136名,培训基层医务人员1900余人次。全额资助贫困人口购买合作医疗保险,参保率100%;全面落实"七重"医疗保障和"先诊疗后付费"制度,累计救助贫困人口3200余人次,救助金额130余万元。

三是住房安全保障方面。2020年实施危房改造723户,已全部完工并入住,全区"四类"重点对象住房安全全部保障到位。同时,结合人居环境整治一体化推进改厕、改厨、改院坝等,推动贫困群众居住环境得到明显改善。

四是饮水安全保障方面。自2005年农村饮水安全项目实施以来,全区累计投入建设资金近3亿元,建成村镇集中供水工程119处,全区农村饮水安全问题全面销号。2020年,落实资金2000余万元新建18个农村饮水安全工程,已全部完工并投入使用,巩固提升农村饮水安全人口1万余人,农村集中供水率99.7%、自来水普及率99.7%;农村人口饮水安全保障率、水质达标率均达100%。

(三)强化动态管理,突出"三个精准"

一是扶贫对象识别精准。在各街镇建立专项工作组、各行政村成立建档立卡数据核实核准工作团队,落实专项工作经费,扎实开展扶贫对象动态管理工作,对收入低于6000元/年的重点人群实行动态监测,对收入骤减或支出骤增的14户38人边缘户和14户37人脱贫不稳定户纳入监测范围,及时落实产业帮扶、低保兜底等帮扶措施,防止因疫情返贫或重新致贫。每月开展数据清洗工作,对贫困户情况进行跟踪管理,不断更新和完善数据指标,做到账实相符、账账相符。

二是贫困户退出精准。严格执行"一出三不出"的标准和"两评议两公示一比对一公告"的退出程序,区级相关行业部门和街镇进行联合认定,严把收入达标、"两不愁三保障"全保障、贫困户认可关,确保建卡贫困户精准退出。

三是帮扶措施精准。对3个市级脱贫村持续落实驻村帮扶,14名驻村干部坚持吃在村、住在村、干在村,1200余名结对帮扶持续开展"一对一"或"几对一"结对帮扶,积极入户走访,开展动态监测,持续巩固脱贫成果。将15个软弱涣散村党组织纳入集中整顿,"一支一策"制定整顿方案,选派第一书记驻点帮助解决问题,推动全区农村党组织书记能力素质整体提升。

(四)强化问题导向,纵深推进问题整改

始终把中央巡视"回头看"、国家考核等各类监督检查反馈问题整改工作作为重大政治任务,坚持问题导向,立行立改,举一反三、标本兼治。分类制定整改方案,建立"问题、任务、制度"三张清单,做到定人、定责、定目标、定时间、定任务、定标准。组建7个督导组,对专项巡视"回头看"及问题整改情况开展全覆盖督导。目前,中央巡视"回头看"涉及整改任务52条、问题1个,国家成效考核涉及整改任务52条均已全部销号,各类监督检查、审计等指出的问题已全部完成整改。以问题整改推动16项政策制度制定、修订和完善。

(五)强化作风建设,持续巩固脱贫攻坚成效

一是深化抓党建促脱贫攻坚。出台《深化抓党建促脱贫攻坚行动方案》《抓党建促脱贫攻坚工作督查要点》等文件,以提升组织力为重点,强化政治功能,着力发挥基层党组织战斗堡垒作用。按不低于10%的比例排查整顿软弱涣散村党组织,将3个市级脱贫村纳入整顿对象,"一村一策"制定整顿方案。

二是做实"一线监督"。紧盯脱贫攻坚任务推进、政策执行、资金监管、项目实施等重点环节,组织纪检监察系统干部主动下沉一线,开展脱贫攻坚专项监督执纪6批次,入户走访600余户建卡贫困户和400余户危

房户,延伸巡察村(社区)覆盖率实现100%,做到"一线发现问题、一线督促整改、一线执纪问责、一线跟踪问效"。

三是严肃执纪问责。 综合运用"四种形态",持续开展扶贫领域腐败和作风问题专项治理,全年查处扶贫领域腐败和作风问题37件48人;开展"以案四说"警示教育60场次,受教育人数5000余人次。

二、探索与亮点

(一)以项目促产业,构建多种利益联结机制

积极探索多种企业、合作社、村集体、贫困户等之间的利益联结机制,推动实现多方共赢。以"合作社+村集体+贫困户"为主要抓手,投入资金2550万元,在包含春柳村、小华蓥村、永兴村3个重点脱贫村在内的38个行政村先行先试,探索形成"产业带动型、资源开发型、劳务创收型、租赁经营型、项目拉动型"五种发展壮大村集体经济模式,多途径、多形式、多渠道促进村集体增收,并从项目收益中拿出不少于15%用于定向扶贫。三圣镇春柳村引进了重庆展泉生态开发有限公司、傲欣农业有限公司和重庆云翼旅游开发有限公司等农业企业,对村里的乡村旅游资源进行开发,建设农业园,直接推动120余户农户通过土地流转、务工实现增收,带动全村100多名村民实现家门口就业,将贫困户融入产业基地、嵌入产业链,实行"自我发展"加"带动发展",增加贫困户收入。柳荫镇永兴村重点打造区级重点扶贫产业项目——永兴村高山桃李草莓采摘园,构建"贫困户+公司+合作社+基地"利益联结机制,让投资者、村集体、贫困户共享发展成果的模式。同时,充分利用土地资源,在果树未达丰产期前,套种西瓜、南瓜、糯玉米等常见果蔬,并引进了蒲公英、红藜麦等新品种增加收益。预计2020年园区内套种作物收入可达40余万元,贫

决战脱贫攻坚
党的十八大以来重庆扶贫工作纪略

▲ 金刀峡镇小华蓥村樱桃装车（秦廷富 摄）

困户分红可增加3000余元。金刀峡镇小华蓥村、七星洞村建立"公司（合作社）+农户（贫困户）"共享模式，引导贫困群众发展双胞山药、百香果、樱桃等扶贫产业，公司（合作社）为村民免费发放种子、肥料，提供种植技术，搭建产购销平台，采取保底回购的方式保障村民收益，有效拓宽贫困户增收渠道。

（二）拓宽助农帮销渠道，答好疫情"加试题"

构建"互联网+农产品"模式。利用北碚邮政自身助农电商平台渠道和配送优势，以"居民线上下单+基地直采+邮政免费送达"的模式，打通了贫困村特色农产品入城入户的新路子。搭建"驻村干部+贫困户+合作社"模式，由合作社、农业大户对贫困户生产的农产品进行统一收购。同时，各街镇建立农产品推销群，在微信群内接龙助力，批量下单，集中销售,解决疫情期间滞销蔬菜、水果等25吨,保障贫困户收入稳定。

区领导直播带货,让土货成爆款。采用"主播+副播"的模式,引入时下流行的网红主播,通过抖音与北碚融媒体中心两个平台推介。区领导跨行客串主播、为扶贫产品代言,帮助贫困户产品销售,确保贫困户持续稳定增收。

探索乡村度假消费扶贫新模式,进一步盘活贫困户闲置资源。柳荫镇合兴村在满足贫困户自身居住需求的前提下,将闲置房屋盘活发展"微民宿",通过线上预订向游客提供服务,不仅可以增加贫困户的收入,拉动村里的农产品销售,同时还能激发贫困户的内生动力,引导他们在脱贫摘帽后积极投入家乡建设。

(三)以农村人居环境整治为跳板,"先消后促再带动"三步迈出脱贫攻坚新高度

消除"视觉贫困"。2020年,创新开展"村庄清洁助力脱贫攻坚"行动,联合扶贫结对帮扶机制,由区领导带队,组织各级各部门固定每周五到驻点街镇参与大整治、大扫除,组建助贫清洁小队协助带动贫困户逐户打扫房前屋后、庭院死角、阳沟柴舍清洁卫生,彻底改变和消除农村环境脏乱差现象,营造整洁有序、生态宜居的乡村环境。截至目前,已清理地面积存和散落垃圾500余吨、沟渠260余公里、塘堰200余处、农业废弃物60余吨,清扫乡村公路600余公里,实现农村居民全覆盖、建档立卡贫困户全受益。

促进收入提升。组织各行政村特别是有贫困户的行政村设置清洁卫生公益扶贫岗位100余个,主要用于建立村级保洁队伍和卫生监督检查队伍,既美化环境又促进就业,形成"乡村美、产业兴、农民富"的良性循环。

带动扶贫扶志。在贫困村的建档立卡贫困户中,以住房"三建"、农家"三园"、环境"三清"、习惯"三优"为主要评分标准,按照20%的比例,

集中评选一批"清洁卫生示范户",并进行一次性现金奖励,充分发挥先进的示范引领作用,带动贫困群体自觉投身环境整治,以生活环境的改变提升群众积极向上追求美好生活的精气神和幸福指数。

(四)探索贫困家庭失能人员集中照护,解决贫困家庭后顾之忧

利用两年时间,开展调查研究、学习考察、摸底测算等,探索建立了贫困家庭"政府兜底保障、释放劳动能力、助推脱贫攻坚"集中供养模式,投资230万元,建成贫困家庭失能人员集中照护中心,采用公建民营,购买服务的方式投入运营。将贫困失能人员集中到一起"托管照料",释放贫困家庭劳动力,彻底解决后顾之忧,让脱贫致富之路越走越广。

集中照护中心占地面积2100平方米,建筑面积1600平方米,设33个房间、74张床位,配置营养餐厅、多功能活动室、公共洗浴间、医务室、护理站、室外活动场所等功能区,目前已入住56人。配备具有丰富临床经

▲ 北碚区金刀峡镇石寨村贫困家庭失能人员集中照护中心开展义诊活动(秦廷富 摄)

验的高中级医务人员24小时诊疗照护,定期派医学专家巡诊,心理医师定期和不定期进行心理咨询和心理治疗,让入住人员获得优质的医疗和心理护卫,实现医养结合一体的健康养老。

(五)做实教育扶贫,从根本上阻断贫困代际传递

调整非普惠幼儿园贫困学生与普惠幼儿园享受同等资助标准,保教费人均增加约2000元/(人·年),生活费增加约3200元/(人·年)。

对所有建档立卡贫困学生实施"兜底"资助政策,将全区就读的建卡贫困户全部纳入国家专项资助。同时,区内各学校、幼儿园通过全面落实"按规定比例提取学校事业收入用作校内资助"的政策,进一步健全机制,实施建档立卡户教育"兜底"资助政策,免去区内建档立卡学生在校就读期间所有费用,实现建档立卡家庭子女上学无负担。

开展爱心慰问。疫情期间,区教育系统开展的爱心慰问活动,让困难学生处处感受到党和政府的温暖。北碚区文星小学对建档立卡、残疾儿童、贫困家庭子女等22名困难学生统一发放粮油等生活物资;龙凤教管中心为辖区内3所学校共计6名家庭经济困难的学生送去了平板电脑,帮助他们解决了线上学习的困难;三圣中心校、梅花山小学等学校对家庭经济困难学生开展送口罩、消毒液、学习资料等暖心资助活动等。

加强受助学生感恩教育、诚信教育、励志教育和社会责任感教育,重视人文关怀,实施心理健康动态观测,充分发挥救助的导向作用。挖掘受资助的优秀学生典型,用学生身边的真实事例激励广大学生积极进取、刻苦学习、立志成才。

(六)探索脱贫攻坚与乡村振兴有序衔接

分层分类谋划。按照"硬件建设+软件配套+产业支撑"的工作思路,谋划布局示范村重点项目16个,统筹协调2.7亿元资金抓好落实。积极争取专项债券资金3600万元,采取"先建后补""以奖代补"的形式,根据

街镇建设进度、质量予以拨付。

因地制宜定位。立足各示范镇村资源禀赋和区位优势，找准功能定位，探索构建差异化建设模式，因地制宜打造乡村振兴示范村。例如：柳荫镇以校地合作艺术研学为平台，探索"乡村艺术化、艺术乡村化"发展模式；静观镇围绕"梅"文化做文章，以"一园一带两苑三项目四院落"为串联，打造农文旅融合的腊梅全产业链；金刀峡镇以"引人入胜，别有洞天"为定位，围绕"一线三点"做示范，推动形成"生态+农业+旅游"发展格局；歇马街道紧扣"生态文凤，乐活家园"主题，串联柑橘公园、梁滩河湿地公园、文凤村美丽乡村风貌、田园综合体约5000余亩，打造美丽乡村精品路线；等等。

严格打表推进。各街镇严格落实主责主业，按照半年出形象、一年见成效的工作要求，倒排时间计划，挂图作战。领导小组办公室坚持每周动态调度，跟踪掌握项目建设进度、建设质量；每半月组织观摩学习晒做法、晒成效；每半年一次考评，考评结果纳入年终专项考核。

三、典型：红樱桃助推小华蓥村脱贫攻坚事业

种植红樱桃，成为金刀峡镇小华蓥村脱贫攻坚三大特色主导产业之一。

成立专业合作社。党的十八大以来，习近平总书记站在全面建成小康社会、实现中华民族伟大复兴中国梦的高度，把脱贫攻坚摆到治国理政突出位置，提出一系列新思想新观点，作出一系列新决策新部署。2015年开展整村脱贫以来，金刀峡镇党委政府把小华蓥村种植红樱桃确立为贫困户产业脱贫稳定增收方式之一。小华蓥村立即行动起来，组建重庆市北碚区半边山果树种植专业合作社，负责红樱桃种植技术、日常

管护等方面培训、销售宣传推介等,承担起金刀峡镇小华蓥村贫困户脱贫攻坚事业。同时,将青山沟组和隆兴寺组结合部分散种植的樱桃进行成片种植,形成了初具规模的红樱桃种植基地,使其成为带动贫困户产业脱贫的重要抓手。

2015年以来,为改善进出红樱桃基地交通出行状况,金刀峡镇通过自筹资金和争取国家财政扶贫资金相结合的方式,在原有社级道路基础上,拓宽道路,平整路面,疏通边沟,消除安全隐患,于当年11月建成4.8公里的环山公路,把周边原有的农村公路连为一体,打通了村民出行和樱桃销售的道路。

在交通条件明显改善下,次年,小华蓥村积极拓展红樱桃种植规模,形成了面积达350亩的原生态红樱桃种植基地;同时,广大村民自愿申请入社,形成了拥有成员100户(其中建卡贫困户6户)的种植专业合作社。

多渠道推介。2014年以前,小华蓥村的樱桃"长在深闺无人识",因为没有修通农村公路,当地人无奈地感叹"地无三尺平,行车路不通,山货卖不出,外人进不来……"再加上缺乏发展意识,在房前屋后、路边田坎,村民们随意地栽种樱桃树,看起来零零散散的,根本不成气候。樱桃成熟后又缺乏运输渠道,村民只能背起背篓,一路步行下山到镇上叫卖。虽然樱桃品质好,价格却卖不起来,每公斤价格不到10元。

金刀峡镇采取多种措施开展红樱桃销售推介宣传活动,从原来悬挂宣传横幅到拍摄樱桃生长环境在电商平台和微信平台宣传,逐步走进了重庆市民的眼帘;2017年起金刀峡镇连续三年成功举办金刀峡镇红樱桃采摘节,越来越多的游客走进红樱桃基地,体验采摘乐趣、观光游玩;红樱桃价格从过去的每公斤不到10元涨到30元。2019年采摘节,专业合作社社员包括建卡贫困户收入较2018年有大幅提升,樱桃销售超2.85万斤,总收入达45.95万元。这既实现了贫困户稳定增收,又发展了乡村休闲旅游业。至此,小华蓥村红樱桃的知名度达到了前所未有的高度,成为贫困户脱贫攻坚产业发展的三大特色产业之一。

渝北区

渝北位于重庆主城北大门,全区面积1452平方公里,辖11个镇19个街道(含两江新区直管区8个街道),城市建成区面积170平方公里,耕地面积60余万亩,森林面积70万亩,常住人口166万,其中农村人口35.36万。作为市级扶贫非重点区县,渝北区坚持以习近平新时代中国特色主义思想为指导,深学笃用习近平总书记关于扶贫重要论述、在决战决胜脱贫攻坚座谈会上重要讲话和视察重庆重要讲话精神,认真贯彻落实市委、市政府要求,精准施策、持续发力,坚决把脱贫攻坚各项任务落到实处。2014年全区建档立卡贫困户有1367户3893人,截至2020年12月底,全区现有已脱贫享受政策建卡贫困户1001户2505人(含监测户7户20人)、边缘户30户84人,贫困发生率从1.7%下降至0,漏评率、错退率、返贫率均为0。渝北全面推进精准扶贫、精准脱贫,着力提升建档立卡数据质量,深化精准脱贫机制,精准实施到户到人帮扶政策,统筹抓好"两不愁三保障一达标"各项任务,农村贫困群众收入明显提高,自我发展意识和能力明显增强。2020年全年地区生产总值达到2004亿元,农村常住居民人均可支配收入达到20779元、增长6.4%,农村常住居民人均可支配收入较2015年13776元增长50.83%。

一、举措与成效

（一）聚焦"三个坚持"，切实提高政治站位

一是坚持政治引领。党的十八大以来，以习近平同志为核心的党中央把脱贫攻坚摆在治国理政的突出位置，作出了一系列重大决策部署。渝北区始终把脱贫攻坚作为一项重要工作和重大政治使命，始终坚定"不获全胜决不收兵"的决心，坚决克服"攻坚不攻坚，目标都能实现"的盲目乐观思想和"差不多了，可以歇口气了"的松劲懈怠情绪，做到坚定信心不动摇、咬定目标不放松、整治问题不手软、落实责任不松动、转变作风不懈怠。

二是坚持深学笃用。结合"不忘初心、牢记使命"主题教育，深入学习贯彻习近平总书记关于扶贫工作的重要论述、习近平总书记视察重庆重要讲话、在解决"两不愁三保障"突出问题座谈会上和在决战决胜脱贫攻坚座谈会上重要讲话精神，组织召开区委常委会会议、区委理论学习中心组（扩大）集体学习会议、领导小组会等会议进行专题学习研讨，推动全区上下形成"学重要论述、强思想武装、促脱贫攻坚"的浓厚氛围，进一步增强广大干部群众打赢打好脱贫攻坚战的思想自觉和行动自觉。

三是坚持从严整改。对照巡视、考核反馈问题，精心制定整改落实方案，成立由区委书记任组长，区政府区长和区委副书记任副组长的区委落实中央脱贫攻坚专项巡视"回头看"反馈意见整改工作领导小组，下设10个专项整改小组，分别由区委、区政府相关领导牵头，形成脱贫攻坚巡视整改强大合力。截至2020年12月底，中央巡视"回头看"52条整改任务、国家成效考核52条整改任务已全部销号；"不忘初心、牢记使命"主题教育检视6个问题、市级考核评估反馈17个问题、全市专项督查发现

问题、百日大会战暗访发现问题已全部整改；国务院扶贫开发领导小组反馈问题65条整改任务、贫困县退出抽查第三方评估反馈问题22条整改任务已全部完成。

(二)聚焦"三个精准"，不断深化脱贫措施

一是严格动态调整，做到识别精准。出台《渝北区2019年度扶贫对象动态管理工作方案》等政策文件，建立区、镇、村三级信息员制度，严格执行"四进七不进"和"八步法"工作规范，及时开展贫困对象摸底排查和数据清洗、动态调整。高度关注脱贫监测户和边缘户，截至2020年12月底，全区有脱贫监测户7户20人、边缘户30户85人。

二是准确把握标准，做到退出精准。严格执行"一出三不出"标准，按照"两评议两公示一比对一公告"退出程序，做好贫困户退出工作。截至2020年12月底，全区1008户2469人建卡贫困户已实现稳定脱贫。

三是派驻工作专班，做到帮扶精准。坚持"摘帽不摘责任、摘帽不摘政策、摘帽不摘帮扶、摘帽不摘监管"，印发帮扶方案，将任务逐一分解到全体区领导和全区105个区级部门和单位，制定"一户一策、一户一档"帮扶方案，有效解决贫困户具体困难，确保帮扶措施精准。制定《关于进一步激励广大干部新时代新担当新作为的实施意见》，全面落实驻村扶贫干部生活交通补助、健康体检、意外伤害保险等，最大限度关心关爱驻村扶贫干部。

(三)聚焦"三个保障"，全力确保到户到人

一是危房改造到户。制定《渝北区农村危房整治实施方案》《渝北区农村危房整治9条》等文件，按照"区委区政府领导、职能部门监督、镇街主体、群众参与"的运行体系，形成部门牵头、镇街为主，联动协作、齐抓共管的工作格局。十八大以来，累计投入资金11.7亿元，实施农村C、D级危房整治5.4万余户(含建卡贫困户等四类重点对象6407户)，2019年

底,已全部完成贫困户等四类重点对象C、D级危房整治。2020年,进一步加大危房整治力度,对6万余户农户房屋情况进行全面排查、鉴定,按照《关于进一步推进农村存量危房整治工作的通知》要求,对一般农户唯一住房是C、D级危房的进行全面整治,通过固化拆除、C级维修加固、D级新建房屋等方式完成了33888户,实现了"危房不住人、人不住危房"底线目标。对4万余户农户房屋情况进行全面排查,开展农村危房整治百

渝北区石船镇胜天村危房整治前原貌(渝北区扶贫开发办公室供图)

渝北区石船镇胜天村危房整治后新貌(渝北区扶贫开发办公室供图)

日攻坚行动,建立"每周一通报、每周一研判、每半月一督查、每月一现场推进会"的调度机制,切实推进危房整治工作。组建8个农村危房整治百日攻坚检查指导组,联合设计师和技术专家深入全区11个镇开展督促指导、检查验收、鉴定挂牌等工作。将危房整治任务落实到镇街领导班子成员,包户开展农村危房整治,围绕"房子经得起看、对象经得起问、资料经得起查"进行拉网式的"回头看"。

二是医疗救助到人。深化健康扶贫工程,制定《渝北区健康扶贫"三个一批"行动实施方案》,全面实施大病集中救治、慢病签约服务、重病兜底保障"三个一批"健康扶贫行动。十八大以来,持续推进医疗卫生机构"三建好"、医疗技术人员"三合格"、医疗服务能力"三达标",对全区4家区级医疗机构、11个镇中心卫生院、145个村卫生室的基础设施、功能用房、人员配备等进行提档升级,对全区1027名注册执业(助理)医师、217名乡村医生开展职业技能培训,满足了能够承担常见病多发病诊治、急危重症病人初步现场急救和转诊等服务,全区健康扶贫救助47184人次,救助金额1434.16万元。2020年,持续深化健康扶贫"三个一批"专项行动,全面实施大病集中救治、慢病签约服务、重病兜底保障行动。明确4类医院作为全区大病集中救治定点医院,救治病种在市卫生健康委33种基础上增加到40种。进一步落实慢病签约服务,提供"六个一"服务,累计签约履约8000余人次,实现贫困人口在家有意愿签约服务率为100%。重病兜底保障经过八重保障体系后,贫困患者住院个人自付比控制在8%范围内,门诊个人自付比控制在18%范围内。落实便民服务,设立贫困患者综合服务窗口21个,严格执行"先诊疗后付费"和区内公立医疗机构"一站式结算"制度。2020年以来,救助建档立卡贫困户9830人次,金额224.4万元。建立远程会诊中心、心电中心,探索"专家赶场"机制,让群众享受到优质医疗资源,渝北区健康扶贫工作受到《人民日报》网络媒体宣传报道。

三是教育资助到人。十八大以来,先后出台《关于完善建卡贫困户子女教育资助政策的通知》等文件20余个,构建覆盖学前教育、义务教育、普通高中教育、职业教育、高等教育、教师队伍、办学条件、教育信息化等全方位的教育精准扶贫体系,投入资金近90亿元,新建中小学28所,新增幼儿园63所,新增学位近8.5万个,招聘农村学校教师225人,发放乡村教师岗位生活补助3504人次791万元,落实农村建卡贫困学生各类资助资金2343万元,统筹"9·9公益行动""滋惠计划""爱心助学"等社会公益资助项目,加大对特殊困难学生救助力度。启动11个教育集团化办学方式,实施"互联网+教育"行动,新建多媒体教室2221间,配备计算

▲ 渝北区洛碛镇新石村贫困户用上干净清澈的自来水(渝北区扶贫开发办公室供图)

机26000余台,开通农村边远地区等23所学校定制公交,优化基础教育资源配置。开展4批次控辍保学工作台账核查,核减义务教育阶段疑似失学儿童1401名,精准落实594名适龄残疾儿童少年入学,对无法到校的残疾适龄儿童少年实施"一人一案"送教上门,形成以"控辍保学"为主,以"随班就读""送教上门"为辅的保障措施。

四是饮水保障覆盖到户。制定《渝北区农村饮水安全巩固提升工程"十三五"规划》《渝北区农村饮水安全精准扶贫精准脱贫实施方案》等政策文件,新建扩建农村饮水工程190个,累计投入资金47579.61万元,其中中央资金7609万元,市级投资2221万元,区级财政投入37983.61万元,累计受益人口达57.77万人。大力实施农村饮水安全巩固提升工程,推进农村供水工程管理专业化、规范化,成立渝港水务公司统一管理供水工程、统一定价,持续稳步提升农村供水保障能力,让农村群众喝上"放心水"。通过实施农村自来水"村村通"工程,农村自来水普及率达90%,集中供水率达98.37%,农村饮水安全受益人口48.07万人,实现全区建卡贫困户饮水安全保障全覆盖。推进农村饮水工程建管结合,累计投入资金5200万元,用于农村供水工程的运行维护。建立了农村供水工程运行管护制度,探索"集中供水工程以专业供水公司管理为主、镇村管理和用水户管理为辅,分散供水工程自用自管"的分类管理模式,2019年,组建重庆渝港水务有限公司,40座农村集中供水工程实现专业化管理、实现城乡同一水价。同时,每年开展农村供水水质监测,农村自来水水质合格率高于全市平均水平。

(四)聚焦"三个落实",环环扣紧工作链条

一是对标对表抓责任落实。严格落实脱贫攻坚"双组长制",定期召开区委常委会议、区政府常务会议、领导小组会议等,研究脱贫攻坚和各类问题整改工作。扎实开展五级书记遍访工作,区委书记带头遍访9个已脱贫摘帽村和5个扶贫重点村,镇、村两级书记已遍访贫困户。始终坚

持把脱贫攻坚一线作为考察识别、培养锻炼干部的主战场,向全区10个有脱贫攻坚任务的镇各派驻1个督导组,围绕乡村振兴、脱贫攻坚深入到镇、到村、到户开展全脱产督导。精选15名干部,在大盛镇千盏村、茨竹半边月村等5个区级扶贫重点村派出驻村工作队,强化脱贫攻坚一线工作力量配备。建立持续整顿软弱涣散党组织工作机制,每年排查确定软弱涣散村党组织,实行一名党员区领导联村、一名镇街班子成员包村、一名第一书记驻村、一个区级部门结对帮扶的"四个一"整顿措施,推动村党组织全面进步全面过硬。对全区村"两委"班子和"两委"成员开展逐人分析研判,及时配齐配强;把村党组织书记培训纳入干部培训整体规划,每年组织开展村党组织书记轮训和专题培训;加强村级后备力量培养储备,确保每村至少储备2名后备力量、保持1名以上本土人才在村挂职;建立村(社区)"两委"成员、专职干部及人选资格联审机制和区级备案管理制度,确保人选政治合格、素质过硬。健全党组织领导下的村民自治机制,建立健全村民会议制度、村民代表会议制度、村民代表联系户制度、四议两公开等民主决策相关制度,规范村务公开程序和形式。发展基层协商民主,激发群众自治活力,351个村(居)建立了议事会、红白理事会、道德评议会等协商议事平台,建立健全联席会议制度,定期组织辖区单位、群众、社会组织召开联席会议,商讨社区公共事务和公益服务中的难题。

二是实招硬招抓政策落实。 大力推进产业扶贫。坚持"龙头带动、项目支撑、链式开发、联动发展"的思路,推动"农民增收、产业增效、农村增绿"目标实现,2020年底,全区实现农业总产值35.12亿元,农村居民收入达19530元,同比增长8.8%。2019年以来,围绕发展现代山地特色高效农业,结合10万亩经果林、10万亩生态林"双十万工程",大力发展柑橘、绿色蔬菜、特色水果和特色养殖业等四大扶贫主导产业,坚持"一户一策",通过"资产收益带动、新型主体带动、园区发展带动、集体经济带动、乡村旅游带动"五种模式为每个贫困户选准至少1个致富产业。突出

"9+5"村产业发展,累计安排到人到户、产业发展等扶贫产业项目19个,投入财政资金1273.3万元,辐射带动全区所有贫困户。充分发挥龙头企业带动作用,全区累计培育市级龙头企业18家、区级龙头企业42家。按照"大基地、小业主"发展模式,重点镇村示范,重点区域带动、重要产业夯基,成功建设"花椒村""仙桃村""柑橘村"等24个特色产业村,累计培育重庆名牌农产品50个,"两品一标"农产品268个。着力壮大村集体经济,积极探索"村集体+公司+贫困户+基地""村集体+专业合作社+贫困户+基地""产业带头人+村集体+贫困户+基地"等多种经营模式,2019年全区村级集体经济组织净资产达到4640.52万元,实现经营收益1975.26万元,全区174个村集体经济组织提前一年实现村均集体经济收益10万元的既定目标。渝北区发展壮大村级集体经济经验做法,得到市委组织部、中组部领导肯定,并在《乡村干部报》宣传报道。积极探索"三社"融合发展促进"三变"改革实施路径,创新设置"一社三部",在全区38村的"双十万工程"建设区域涉及9543户以41344.01亩土地(其中贫困户97户327.229亩土地)、2174户以1081.7万元(其中贫困户26户11.45万元)和7个村集体以188万元资金入股建设生产互助农业股份合作社,实现"一社融三、三社合一"。积极发挥金融扶贫支持力度,设立扶贫小额信贷风险补偿金500万元,为贫困户提供5万元以内、3年以下、基准利率、免抵押、免担保的小额信贷支持,由财政扶贫资金给予贴息,2018年以来累计为632户发放小额信贷1366.15万元。制定《渝北区产业精准脱贫保险工作方案》,2020年为855户发展产业的贫困户购买200元/(户·年)的"产业精准脱贫保险",为贫困群众产业发展保驾护航。大力推进消费扶贫。深化消费扶贫行动,通过政企带头拉动消费、配送公司、直播带货消费等方式,帮助贫困户销售蔬菜、水果、肉蛋等农副产品150余万元,帮助云阳销售农产品200余万元。大力推进"三专一平台"建设,认定扶贫产品123个,开展"GO渝北·购美好"、"金秋渝北·惠民消费"、消费扶贫农货节等系列活动,累计实现消费扶贫1.2亿元(其中帮销云阳扶贫产品2600

万元)。大力推进就业扶贫。通过扩大就业渠道、强化技能培训、鼓励创新创业等多种方式提高就业质量,累计开发农村公益性岗位432个,因地制宜建设2个扶贫车间,培育创业致富带头人298人,开展贫困劳动力职业资格、专项能力、特色工种等培训2546人。开展"春风行动""就业援助月"和"送岗位、送培训、送政策"专项就业帮扶活动,帮助有劳动能力和就业愿望的1055名贫困劳动力实现稳定就业,兑现2151万元就业扶贫补助资金支持贫困劳动力提高技能、就业创业。2020年,着力打造"老乡就在家乡""创享渝北"就业创业服务品牌,开展线上政策直播、创业指导、云培训等就业创业服务活动1000余场,创新开设"缝纫工""贴条工""经果林栽培与营销"等特色工种,1770名贫困劳动力实现职业技能提升。疫情期间,组织包车"点对点"输送复工返岗,实现303名外出务工贫困劳动力交通补贴全覆盖。推进"免、减、缓、返、补"落细落地,为1.8万户参保企业减免养老、失业、工伤保险费18亿元;落实小微、困难企业社保优惠政策,少征社会保险费3.89亿元。发放中小企业疫期稳岗返还资金1.47亿元,发放创业担保贷款8005万元,发放就业补助资金和职业能力提升行动专项资金8600万元,促进稳企稳岗稳就业。

三是用心用力抓工作落实。大力推进小额扶贫信贷。结合"双十万工程"、村集体经济建设、致富带头人等产业支持项目,加大对贫困户产业发展小额扶贫信贷资金需求的支持,大力推进扶贫小额信贷,截至2020年12月31日,扶贫小额信贷共计贷出632户1366.15万元,其中,2020年新增226户827.8万元。累计还款(包括到期还款和提前还款)279户422.15万元。累计展期1户1万元。同时全过程监管贷款资金,杜绝户贷企用,确保扶贫小额信贷资金用到位、效果好、还得上。大力推进社会保障兜底。持续推进农村低保制度与扶贫开发政策有效衔接,综合运用好"单人户""分户计算""渐退期"等政策,将农村低保由每人每月440元增长至每人每月496元,特困供养对象基本生活标准逐年递增至每人每月806元,累计发放城乡低保金26008万元、特困供养金14300万元、临时救助金4646.06万元。实施残疾人"两项补贴"以来,累计发放贫困残疾人生活补贴13万人次787.23万元;发放重度残疾人护理补贴22万人次1981.55万元;发放经济困难的高龄失能老年人养老服务补贴5.5万人次1108.68万元。充分发挥社会帮扶力量,区慈善会累计救助支出2385.84万元,共惠及35.61万人次。加强对困难残疾人的重点帮扶,累计资助学前到高中教育阶段残疾学生2565人次185.44万元,资助残疾大学生586人次161.55万元;累计发放贫困残疾人护理补贴13149人次1014.51万元。2020年加大对因疫情、灾情导致困难群众的救助力度,制定《做好新型冠状病毒感染的肺炎疫情防控期间困难群众基本生活保障的措施》,加强对全区农村低保7302人、特困救助供养对象3098人的监测,及时将符合低保条件的497名贫困人口纳入低保兜底,将75名符合条件的贫困低保对象纳入特困供养范围,实现"应保尽保"。大力推进扶志和扶智。将习近平总书记关于脱贫攻坚、全面小康的重要论述纳入全区各级党委中心组学习的重要内容,各级党委中心组开展学习1600余次。开展决胜全面小康社会、决战脱贫攻坚宣讲活动1000余场。选树自主脱贫户王远良、优秀扶贫干部张何欢、优秀乡村校长潘永明等先进典型,开展"不负嘱托 奋斗有我"榜样面对面脱贫攻坚先进事迹微视频宣讲活动,宣讲视频在"学习强国"平台刊播,网络受众逾10余万人次。开设"决战决胜脱贫攻坚"专栏,将宣传任务贯穿全年,精心策划推出系列重点报道。完成大盛镇千盏村"扶贫印记"拍摄和报道。在《人民日报》、人民网、新华网、《重庆日报》、重庆电视台、华龙网等中央、市级主流媒体刊发渝北区脱贫攻坚相关稿件430余篇,区属媒体累计推出相关稿件1300余篇。在重庆电视台、区电视台各大频道对渝北区乡村旅游和特色农产品"渝北歪嘴李"、"放牛坪梨"、古路"仙桃李"进行报道。强化涉贫舆情管控工作。制作乡风文明公益广告2000余处。围绕习近平总书记视察重庆重要讲话精神、十九届五中全会精神等主题,在渝都大道、区政府广场等显著位置,利用天桥标语、LED屏、户外大型广告牌等载体,制作发布标语856条、游走字幕738条、画面10500余平方米,发布量居全市前列。先后开展"身边的脱贫故事"微访谈、"榜样面对面"活动100余场。开展移风易俗"十抵制十提倡"主题实践活动8场。

(五)聚焦"三个领域",助推打赢脱贫攻坚

一是强化扶贫资金使用管理。制定《渝北区扶贫资金监督管理实施细则》,明确区与镇之间、部门与部门之间的监管责任。2014—2020年扶贫专项资金投入共计6970.24万元,其他财力补助资金1977.56万元,形成扶贫资产68个、资产原值4180.17万元,其中到户类资产29个、2702.25万元,公益类资产8个、246.5万元,经营类资产31个、1231.42万元。加强资金绩效管理,制定《渝北区扶贫项目资金绩效管理实施细则》,对脱贫攻坚项目的绩效目标设定、审核、批复、执行监控、绩效评价、考核问责等环节进行细化和明确。加强扶贫资金使用监管,严格按照区级报账制流程报销,强化区财政局和区扶贫办监督职责,建立项目进度和资金使用月通报制度,将扶贫项目和资金使用情况纳入年度重点考核内容。组织人员对相关区级单位开展扶贫政策资金落实情况督查,同时聘请第三方对扶贫项目进行跟审。做好扶贫资金项目后续管理,拟定《渝北区扶贫项目实施后续管护办法(试行)》,进一步强化扶贫项目利益联结,加大对项目实施过程的监管,确保项目实施合理、合规、合时序、达预期效益。

二是扎实开展对口帮扶。建立两地共享人力资源信息平台,扎实推进劳动力转移,实现招聘求职信息共享。策划实施帮扶项目11个,拨付援建项目资金3040万元。积极号召区级机关单位和社会组织开展爱心捐赠、公益慈善、技术培训等活动。加强汽车、食品企业合作交流,到位资金达810万元。协助开展招商引资,为云阳县引进规上项目1个,协议总投资达1亿元。双方科技部门建立常态化联系机制,在加强科技创新发展、科技扶贫合作等方面达成共识。加强云阳旅游宣传推介,促进游客旅游消费。设立激励机制,对参与旅游扶贫和消费扶贫的部分企业给

予适当补贴。共享就业岗位信息，推动就业转移，2020年共有648名云阳劳动力转移至渝北就业，其中新生代劳动力119人。开展中式烹调、中式面点等就业技能培训，助力贫困户技能脱贫，共培训300余名建档立卡贫困户。依托展会宣传促销，累计销售云阳农副产品100余万元，组织区内商贸企业代表采购农副产品12万元，组织动员社会力量购销扶贫产品2591万元。

三是不断加强作风建设。 坚持把纪律挺在前面，加强扶贫领域的廉政教育，推动"以案说纪、以案说法、以案说德、以案说责"警示教育向脱贫攻坚领域聚焦。开展扶贫领域不正之风和腐败问题专项整治，聚焦危房整治、就业扶贫、产业扶贫等政策，开展"点穴式"督导，压实主体责任，强化通报曝光、约谈提醒和交办督办，切实推动各项扶贫政策措施精准落地见效。出台《关于关心基层扶贫干部保障安全工作的通知》《关于扎实做好新冠肺炎疫情防控期间脱贫攻坚有关工作的通知》等文件，深入贯彻落实党中央关于减轻基层负担的要求，坚决纠正形式主义官僚主义问题，切实将会议活动、填表报数、检查考评等降下来，减少基层扶贫干部路上奔波或加班熬夜。全面落实中央和市委关于"基层减负年"工作部署，精简会议和文件，2020年1—12月，会议次数同比下降10%，下发文件数同比下降25%。

二、典型

（一）四项举措开好看病"良方"

一是政策落地，让贫困群众"看得起病"。 成立区健康扶贫工作领导小组，建立健康扶贫工作机制，出台推进健康扶贫工作政策文件20余个，明确要求各相关基层医疗机构每年到贫困户家中开展服务不低于6次，确保惠民政策落地落实不打折扣。对农村贫困患者开展兜底救助,实现贫困人口"看病有保障"。制定《健康扶贫"三个一批"行动实施方案》,在全市30个救治病种的基础上,将救治病种增至40个,有效扩大了救治范围。2019年,大病集中救治286人次,救治进度及覆盖率100%;慢病签约率100%,农村贫困人口重病兜底救助15969人次,救助金额980余万元。

二是优化配置,让贫困群众"方便看病"。提前完成为全区建档立卡贫困户发放电子健康卡任务。从区、镇街、村卫生室三个层面加强硬件建设,投入2000余万元为基层医疗机构购置、更新医疗设备,补齐村卫生室服务能力短板。建立区域内公办医院兜底保障"一站式"结算平台,将区内各公办医院均定为农村贫困患者"先诊疗、后付费"定点医疗机构,农村贫困患者在定点医院就医时无需缴纳住院押金,出院时"一站式"结算。

三是完善服务,让贫困群众"看得好病"。建立"专家赶场"机制,建设远程会诊中心、心电中心等,让群众在基层享受优质医疗资源;开展各种业务培训和技术练兵,聘请第三方开展病历评审和处方点评,提升基层医疗服务能力,实现"看得好病"。

四是强化预防,让贫困群众"极少看病"。张贴发放健康扶贫宣传单、海报12万余份,加强市、区两级新闻媒体宣传健康扶贫医疗救助典型案例和健康扶贫政策,提高贫困人口政策知晓率。组建百余名医生的专家团队,逐户开展健康体检义诊、家庭医生签约服务管理、健康扶贫政策和健康教育知识宣传等内容,进一步核实核准患病情况,制定针对性帮扶措施及个性化健康教育处方并指导督促使用。扎实开展疾病预防控制工作,促进预防控制断病源,降低健康扶贫增量。

(二)励志贫困户——从头再来的"养殖专家"

梅龙伍,来自渝北石船镇民利村,2015年3月,他从工地干活堡坎上摔下昏迷，送到医院后被诊断为马尾神经受损，作为家里的唯一支柱，现实的残酷"重创"了他的家庭和生活。当地政府得知情况后，于2016年底将梅龙伍列为建卡贫困户，为其一家三口办理了低保，并按照政策划拨5万多元为他修建新房。考虑到梅龙伍虽然是二级残疾，但还能干一些轻巧的农活，村里给出建议让他发展养殖业，完成基本的自给自足。2017年，一切重来的他精心照料扶贫干部送来的100只鸡苗、50只鸭苗和两头100斤的小猪，年底一算账，当年靠养殖纯收入就达到了5500元，他也因此摘掉了"贫困帽"。后来，尝到劳动甜头的梅龙伍更加辛勤，先后挖建鱼塘、种植秋桃等，并经常请镇、村农业技术干部上门指导，帮助他把养殖业发展得风风火火，现在的家庭收益早已翻番。"帮扶干部扶我上马，我也得靠勤劳的双手将马儿赶得更远才是。"梅龙伍这么说也是这么做的，3年来，他不怕苦，不怕累，用汗水和智慧实现了脱贫梦，为家人撑起了一片艳阳天。

（三）致富带头人——苦干实干的"党总支书记"

沙湾村位于渝北区洛碛镇东北部，主要产业是水果种植，以柑橘、枇杷为主。10多年前，沙湾村还是有名的贫困村，自张禹梅担任村党总支书记以来，全村经济社会面貌发生了翻天覆地的变化。2015年底5户贫困户均实现脱贫，2019年人均收入达19791元。贫困户脱了贫，但是张禹梅为民服务的心却没有停下来。她将"四类人员"的住房改善问题又放在了心中，为村上住房质量欠佳的"四类人员"集中修建了房屋，并争取了20余万元资金为部分群众解决了生产生活方面的遗留问题。2019年，她带领沙湾村在全市率先获颁集体经济组织登记证，大力实施村内水库整治、水果市场建设、母亲水窖建设、农村人居环境整治等项目，盘活国有闲置资产，全年实现经营性收益90余万元，排在全镇首位，还率先在年底实现了分红，800多村民人均分红200元，困难群众还有额外的清洁卫生奖励金。

2020年，张禹梅推动村里成立"重庆市银珠子农业股份合作社"，占地约500亩，目前入股社员有68户，其中贫困户零投入占股。该模式不但业主降低了投资风险，集体也增加了收入渠道，群众有了保底收入还能收益分红，并将发展成果同贫困户共享。目前，辐射带动周边200余户农户增收，村集体经济组织实现分红18万元。同时，她率先在村里开展"双十万"工程2131亩经果林建设，全力打造独具山地特色的经果林智慧农场。合作成立建筑垃圾回收利用公司，利用国有闲置渣场进行建筑垃圾加工，形成"土地租金+入股分红"的收益模式。作为村里领路人，张禹梅带领沙湾村民们走上了致富路，无愧"共产党员"的称号。

巴南区

巴南区位于重庆主城南部，面积1825平方公里，辖8个街道、14个镇，常住人口108万。是全市有扶贫开发任务的15个非重点区县之一，全区有5个建档立卡贫困村，2015年底全部脱贫销号。全区贫困人口由2014年建档立卡时3761户12075人减少至0，无新增致贫和返贫人口。"十三五"期间，全区投入脱贫攻坚财政支出8.07亿元，投入脱贫攻坚财政资金逐年增加。5个贫困村分别培育1~2个主导产业，并与贫困户建立利益联结机制。水利、交通、通信等基础设施进一步完善。在全市脱贫监测户和边缘户"两摸底"试点中，巴南区探索的"四步工作法"得到市扶贫办肯定。巴南连续两年在市对区脱贫攻坚成效考核中获得"好"等次，巴南区扶贫办获2019年度重庆市扶贫先进集体荣誉称号。巴南区《坚持党建引领决胜脱贫攻坚》经验做法在中国扶贫网刊载报道。

一、主要举措

（一）深学笃用习近平总书记关于扶贫工作重要论述和在解决"两不愁三保障"突出问题座谈会上重要讲话精神

一是持续深入学。召开区委理论学习中心组专题学习会、区政府党组理论学习中心组专题学习会、区委常委会会议、区政府常务会议等，结合"不忘初心、牢记使命"主题教育，深入学习贯彻习近平总书记关于扶贫工作重要论述、视察重庆和在解决"两不愁三保障"突出问题座谈会上重要讲话精神。分级、分批开展脱贫攻坚专题培训36次，6220余人参训，各镇街、部门培训全面开展，做到扶贫干部培训全覆盖。向各部门、各镇街党政干部、扶贫干部发放《习近平扶贫论述摘编》《重庆市巴南区脱贫攻坚工作手册》等近万册，各级干部常学常新。利用"理论面对面"APP专栏推出关于"习近平总书记关于扶贫工作重要论述"学习内容和阐释文章，全区党员干部学出了坚定初心使命，学出了深厚人民情怀，学出了科学思想方法，学出了务实工作作风。

二是深入浅出讲。邀请市委党校专家到巴南区做关于习近平总书记在解决"两不愁三保障"突出问题座谈会上和视察重庆重要讲话精神辅导报告。组建学习贯彻习近平总书记关于扶贫工作重要论述区委宣讲团，区领导带头深入23个镇街开展集中宣讲。组织"百姓名嘴"宣讲员深入村社开展习近平扶贫论述宣讲，选派"百姓名嘴"宣讲骨干赴5个市级建卡贫困村开展扶贫宣讲。利用新媒体平台开展扶贫知识有奖竞答活动，确保习近平总书记关于扶贫工作重要论述深入人心，指引全区人民决战决胜脱贫攻坚。

三是知行合一做。印发《巴南区打赢打好脱贫攻坚战行动实施方案》《关于贯彻落实习近平总书记在解决"两不愁三保障"突出问题座谈会上重要讲话精神的实施意见》等文件，明确工作任务、具体措施，制定时间表、线路图，把总书记重要讲话转化为工作思路、具体举措和发展成果。认真落实区扶贫开发领导小组"双组长"制，区委、区政府主要领导分别任组长。落实区、镇、村三级书记遍访贫困村及贫困户责任。区委、区政府坚持每月研究脱贫攻坚工作，区扶贫开发领导小组每两月召开一次会议，传达学习中央和市委脱贫攻坚决策部署，研究部署脱贫攻坚具体工作。20名区领导担任20个镇街扶贫开发领导小组组长，区"四大家"领导深入开展"访深贫、促整改、督攻坚"活动，全力推动脱贫攻坚政策落

▲ 石滩镇四好农村公路(巴南区扶贫开发办公室供图)

实、责任落实、工作落实。

(二)集中力量统筹解决"两不愁三保障"突出问题

一是强化收入来源保障,实现所有贫困人口不愁吃不愁穿。成立5个产业发展指导小组对口帮扶指导5个贫困村发展产业。每个贫困村分别培育了1~2个主导产业,均与贫困户建立了利益联结机制。实施产业扶贫到户项目,调动贫困户直接参与产业发展积极性,形成了"村村有扶贫产业、户户有增收项目"的发展格局。全面落实就业扶贫,全覆盖摸排贫困人口就业需求,分类建立台账,累计发布22期招聘信息,提供了19831个岗位,累计开发公益性岗位911个。2020年外出就业贫困劳动力5229人,是2019年贫困人口外出务工人数的1.2倍,名列全市前茅。严格按照程序将符合低保条件的建档立卡贫困人口1341人纳入农村低保兜底。全区贫困人口年人均纯收入均达到脱贫标准线以上。

二是强化义务教育保障,实现所有贫困家庭义务教育阶段的孩子不失学辍学。统筹义务教育营养改善计划,完善家庭经济困难寄宿生生活补助政策。建立健全从学前教育到大学阶段的全覆盖资助体系,实施学期初预拨、学期末集中清算,大大提高了资金拨付效率。印发《学生资助政策告知书》等宣传资料15万份,2014年至今共计落实资助资金53769.86万元,惠及各类家庭经济困难学生(儿童)等55.1万人次。2020年投资2989万元,将"两类学校"纳入2020年"义务教育薄弱环节与能力提升"项目。多渠道补充农村学校教师,安排城区优质学校与贫困村所在镇学校结对帮扶,提升农村教育教学水平。各学校落实专人负责控辍工作,通过市级控辍保学平台对每名学生进行监控,目前全区无辍学学生。

三是强化基本医疗有保障,实现所有贫困人口有地方看病、有医生看病、看得起病。建立"三保险""两救助""两基金"(基本医疗保险、大病保险、商业补充保险,医疗救助、疾病应急教助,扶贫济困医疗基金、健康扶贫医疗基金)多重医疗保障体系,贫困人口基本参保率、大病救治率、家庭医生慢病签约服务管理率、重病兜底保障率均达100%。全面落实"先诊疗后付费"和"一站式结算"制度,率先将全区贫困户信息接入医保HIS系统。落实健康扶贫救助兜底保障政策,确保贫困人口得了大病、重病基本生活不受影响。全区23个镇街的基层医疗卫生机构均配备全科医师,243个村卫生室全部正常运行,所有行政村基本医疗卫生服务全覆盖。

四是强化住房安全保障,实现所有贫困人口不住危房。实施农村4类重点对象存量危房拉网式摸排,完成住房安全等级鉴定1.4万户,建立房屋台账,进行挂牌公示。指导、规范各镇街开展农村危房改造工作,制作改造图集1000余册、政策明白卡2000余张、公示牌模板3类样板,培训农村建筑工匠175名。始终坚持"应保尽保、应改尽改",坚持周分析、月例会、季督查的节奏全速推进危房改造。组织各镇街召开危房改造质量

决战脱贫攻坚
党的十八大以来重庆扶贫工作纪略

▲ 二圣镇集体村农村人居环境整治示范点（巴南区扶贫开发办公室供图）

安全培训大会，组建10个小组赴农村危房改造现场开展质量、安全抽查和验收工作。自2014年以来，全区投入逾2亿元资金，6000余户贫困户乔迁新居。

五是强化饮水安全保障，实现所有贫困人口有水喝、喝上放心水。因地制宜解决水量、水质、用水方便程度、供水等问题。对全区22个镇街建档贫困人口饮水保障情况进行全覆盖大排查，重点对建档立卡贫困户存在临时性、季节性缺水及危房改造搬迁等原因导致饮水保障困难的问题进行详细核实，逐户拟定解决方案并实现动态清零销号。开展"农饮精准提升两年行动"，采取政府投入和企业自筹相结合的方式，投入资金约1.8亿元，对工艺落后、管网老旧的供水工程实施全面改造，确保所有贫困人口都能喝上"放心水"。

二、推动脱贫攻坚成果巩固形成长效

(一)坚持党建引领,强化组织人才保障

一是围绕决战决胜强基固本。常态长效整顿软弱涣散党组织,将1个定点攻坚村新纳入整顿范围。开展基层党建"整乡推进、整县提升"行动,选树一批脱贫攻坚示范村党组织,以点带面促进全区抓党建促脱贫攻坚工作整体提升。严格执行村(社区)干部及人选区级联审机制和党组织书记区级备案管理制度,深入开展排查解决农村发展党员违规违纪问题试点工作,严格落实农村党员发展3年规划,大力发展农村年轻党员。严格落实"四议两公开"决策机制,强化村(居)务监督委员会管理。

二是坚持决战决胜尽锐出战。严格确保党政正职和分管扶贫工作的负责同志稳定,每个镇街保持2名专职扶贫干部和1~3名兼职扶贫干部,选派31名干部组成驻村工作队,将新招录的16名选调生全部安排到脱贫攻坚任务重的镇街工作。配齐配强198名村党组织书记,回引本土人才213人,培养储备后备干部686人,打造一支"不走的工作队"。对驻村工作队队员单列考核,优秀比例达30%,高于全区平均水平。将脱贫攻坚内容纳入基层党支部主题党日、"三会一课"重要内容,开展"党课开讲啦"653场次,全覆盖轮训村党组织书记等4000余人。

三是保障决战决胜治病去痼。针对农村C、D级危房改造工作、义务教育阶段学生营养改善计划工作、经济困难的高龄失能老年人养老服务补贴领域,开展腐败和作风问题专项治理,扎实开展"以案四说"警示教育,加强对各纪检监察组织处置扶贫领域问题线索的督查和指导,提高问题线索办理质量。认真分析研判监督检查发现的突出问题和查处案

件暴露出的体制机制漏洞，通过点对点发送工作提醒、纪检监察建议书等方式督促相关主责部门建章立制、抓好整改。

(二) 狠抓志智双扶，强化内生动力保障

一是加强教育引导，营造"想干"的氛围。 充分发挥新乡贤的示范引领带头作用，推选新乡贤214名。指导各镇街全面开展"家风润万家""梦想课堂"等活动。通过帮扶干部、致富带头人、新乡贤等加强对贫困群众教育引导。常态化推进"三清一改"村庄清洁行动，引导村民统筹做好贫困户垃圾、污水等人居环境整治工作，努力改善贫困户的生活居住环境，养成良好生活习惯。

二是开展技能培训，增强"能干"的本领。 组织开通网上技能培训课程，开设照料老年人、护理病人、电工等紧缺工种，免费为重点群体提供线上技能培训。组织实施建卡贫困人员线下技能培训专班，对建卡贫困人员开展火锅调味、小面制作技能培训。采取送培方式，分批将有培训意愿的贫困群众送至开州和彭水等地参加"雨露计划"培训，增强致富能力和本领。

三是修订完善政策，形成"勤干"的导向。 修订完善产业扶贫到户项目奖补方案，将贫困对象发展种植及养殖业，包括畜禽、水产、粮油、蔬菜等产业纳入奖补范围。完善公益性岗位开发政策，鼓励贫困群众通过劳动创收，形成勤劳致富、多劳多得的积极导向，进一步激发贫困群众的内生动力。

(三) 围绕精准务实，强化体制机制保障

一是坚持精准标准。 区扶贫办牵头开展"百日大会战"自查评估，对全区建档立卡贫困户和一般农户重点户进行拉网式全覆盖排查，区住建部门牵头对农村危房进行全覆排查，区水利部门牵头对贫困群众饮水安全保障问题进行专项排查，确保问题排查精准。加强区、镇街、村三级扶

贫干部学习培训,全面掌握扶贫对象精准识别和退出的程序、标准。严格按照"八步、两评议两公示一比对一公告"程序,开展建档立卡贫困对象识别和退出,区公安、民政、住建、财政等部门开展大数据比对分析,确保扶贫对象精准。对建档立卡贫困户、脱贫监测户、边缘户进行随机抽查监测,对发现的问题及时落实针对措施予以解决,确保措施精准。

二是坚持求真务实。坚持常态暗访督导机制,制定脱贫攻坚常态化督导考核细则,区领导加强调度,区委督查办加强督查督办。坚持末位发言制度,对工作不在状态、效果不佳的单位安排在区扶贫开发领导小组会议上发言,由领导小组组长督促其整改落实。坚持部门联席会议制度,通过整合会议、开电视电话会议等方式,尽量做到少开会、开短会。精简文件资料,可发可不发的文件一律不发,行业部门能提供的信息数据不再向镇街收集,让基层腾出更多精力投入脱贫攻坚。制发《帮扶手册》填写模板和《脱贫攻坚档案资料要件清单》,做到档案资料规范,避免盲目收集,减轻基层负担。

三、以决战决胜姿态推动脱贫攻坚圆满收官

(一)持续巩固脱贫攻坚成果

坚持问题导向、目标导向、结果导向,瞄准突出问题和薄弱环节,一鼓作气、尽锐出战,确保如期完成剩余脱贫任务。统筹推进非贫困村与已脱贫村、非贫困户与已脱贫户的整体发展,深入推进"十大扶贫专项行动",进一步克服新冠肺炎疫情带来的不利影响。进一步完善防止返贫的监测和帮扶机制,坚持开发式帮扶和保障性兜底相结合,有针对性地落实帮扶措施,防止致贫返贫风险。

(二)持续推动产业就业创业共同发力

大力发展现代山地特色农业,推动农商旅文融合发展,促进农业"接二连三",培育壮大农村集体经济,建立更加有效、更加长效的利益联结机制。大力发展劳务经济,引导返乡创业就业,加强职业技能培训,千方百计帮助贫困劳动力就业稳岗。加大消费扶贫,建设农产品营销平台,提升农村电商带动农产品销售主渠道作用。

(三)持续推进全面脱贫与乡村振兴有效衔接

以全面脱贫为新起点,编制"十四五"巩固脱贫成果规划,开展相对贫困人口精准识别,研究建立解决相对贫困的长效机制,推动全面脱贫与乡村振兴有效衔接。按照产业兴旺、生态宜居、乡风文明、治理有效、生活富裕的总要求,借鉴脱贫攻坚经验,建立健全支持乡村振兴的政策体系,推动走向全面振兴、共同富裕。

四、典型

(一)真情帮扶,埋头苦干,用心填好民生答卷

2018年8月,区卫生健康委党委委员、区疾控中心党总支书记余堂江毅然接受组织的选派,到姜家镇蔡家寺村任驻村工作队队长、第一书记。在其专职开展扶贫工作期间,严格执行驻村工作纪律,同镇、村干部一道,无论酷暑严寒、白天夜晚,在田间地头,群众家里,用真情播洒党的温暖,用真心赢得群众赞许,用真功换来扶贫的丰硕成果,为村社干部做出了表率。对蔡家寺村27户建卡贫困户逐一摸清基本情况,制定帮扶措施、增收计划,还完成了54户特困户、15户低保户、13户临界户、370多户危房户和在家的一般群众的走访,还组织开展了全村978户村民的集中

大排查大走访。全面掌握了全村的经济发展、基础设施、民情民风等状况。规划并配套建设了100亩"姜家黑"系列农产品标准示范园、500亩赏心谷果蔬园基础设施,同时建立了"产业+农户"利益链接机制。协调新建"花果乐园"阳光果蔬大棚600余平方米,为"产业+乡村生态旅游"模式发展打下良好基础。积极推进村电商平台发展,通过线上线下结合销售"姜家黑"系列产品。大力推动村基础设施建设,完成4.5公里公路进行硬化,新修人行便道10公里,新修用于农田灌溉和防洪的水渠2公里,整治田土地200亩。扩建赏心谷花果园泥结石路2公里,整治新明排水沟420米。协调新修何家滩社凤凰坝泥结石路1.1公里;完成横跨鸭溪河的中桥建设,改变了"花果山"水果产业园受河阻隔状况;实施3.5公里蔡天路(蔡家寺—二圣天坪山)改扩建工程。在余堂江同志的带领下,姜家镇蔡家寺村各项工作取得良好成绩,得到各级领导认可。余堂江荣获2019年度重庆市脱贫攻坚先进个人荣誉称号。

(二)因地制宜,长短结合,开辟致富增收路径

巴南把培育产业作为推动脱贫攻坚的根本出路,持之以恒抓实抓细。成立了5个产业发展指导小组对口帮扶贫困村,每个贫困村分别培育了1~2个主导产业。并通过开办"农业理论、技术培训、农业实作"三门课程,积极建基地、抓信贷,不断打牢产业基础。建档立卡贫困村——东温泉镇黄金林村坚持"一二三"产业融合发展思路,采取"政府引导、合作社带动、农户参与"的模式,创新推动金丝皇菊产业与水果、旅游产业融合发展并取得初步成效。

一是做强生态一产,利益联结保底分红。参股分股金。贫困户以土地和现金入股,耕地以1亩为1股、撂荒地以2亩为1股、5000元为1股。入股贫困户2021年起保底分红,保底价为耕地400元/亩、撂荒地200元/亩。分红得现金。项目产生收益在提取项目后续发展经费后,集体和村民按持股比例进行分配。集体部分收益的50%归村集体和项目所在村

民小组所有,10%用于充实村扶贫济困基金,余下40%归全村集体经济组织成员所有,按集体产权制度改革确权确股数量进行二次分配。务工挣薪金。积极组织贫困户参与金丝皇菊种植、管护、采摘,提高贫困户产业发展"获得感",仅工资收入一项为贫困户年人均增收6500元。

二是做优绿色二产,变废为宝持续增收。闲置粮站变扶贫车间。利用闲置国有资产,将460平方米垮塌的粮站库房改装为操作房、烘干车间、包装库、冷藏库,将200平方米旧员工宿舍改装成为管理房、展示厅、电商平台,建成660平方米的菊花加工厂。废弃次菊变鲜花温泉。精心挑选优质菊花后,剩余不适合加工成菊花茶的鲜菊花,以较低价格打包销售给6家温泉酒店,推出特色金菊鲜花浴、金菊火锅餐,酒店当季吸引温泉游客人数同比增加35%。扶贫车间变人居环境整治示范点。投资70万元,将扶贫车间及周边环境纳入人居环境整治项目,统一规划、统一实施,进行美化靓化,建成富有地方文化特色的人居环境整治示范点。

三是做活低碳三产,农旅融合共同致富。免费开放聚人气。设立网红打卡点,通过"万能朋友圈""抖音达人"吸引各地游客免费到菊花基地游玩打卡,花季期间赏菊游客6000人次,为温泉旅游点缀上鲜花名片。吃赏玩购于一体。引导贫困户开办农家乐和销售土货,通过小额信贷解决贫困户前期投入资金问题,花季期间贫困户人均增收1000元。集群优势联动发展。200亩菊花基地、300亩兴农柑橘基地、1000亩特色优质水果基地共同构成"十里花果长廊",镇内与温泉、五布河形成"春赏花、夏玩水、秋摘果、冬泡泉"经典四季旅游格局,镇外"十里花果长廊"处于丰盛—木洞东部旅游环线、南川白沙镇越野公园连接点,与周边旅游联动发展。

(三)创新机制,探索新路,多点激活造血功能

脱贫攻坚中,巴南立足自身资源禀赋和产业基础,创新机制,贫困村结合实际建立了"公司+村集体+农户""公司+专业合作社+农户""专业合

作社+农户"等多种利益联结机制,推行"互联网+扶贫""消费+扶贫"等模式,推动扶贫由"大水漫灌"向"精准滴灌"转变,多点激活"造血功能"。通过培育农业新型经营主体,建立了"政府扶龙头、龙头建基地、基地连农户"的重点产业扶贫体系,相继引导5个贫困村依托和组建了20个农业公司、16个专业合作社,积极探索"公司+合作社+农户"发展模式,把农业产业发展的收益更多地留给贫困户,正实现着贫困户增收与农业产业发展的有机衔接。

除此之外,为进一步激活造血功能,巴南还着力下功夫打造扶贫品牌,通过深入挖掘地域文化、区域特色、经典产品,全力打造"一镇一品"特色产业,融合线上线下渠道,搭建扶贫产业产品产销对接平台;通过吸纳社会资本,鼓励企业参与产业扶贫,积极引导、支持和鼓励小微企业资本下乡,建立扶贫车间,帮助贫困群众实现家门口就业。

长寿区

长寿区作为市属插花贫困非重点区,有市级贫困村10个,建档立卡贫困户5522户14567人。党的十八大特别是2017年7月以来,全区始终坚持真抓实干,尽锐出战,脱贫攻坚工作取得决定性进展。

一、走过砥砺奋进的5年,脱贫攻坚取得决定性胜利

(一)聚焦识别、帮扶、退出"三精准",全面小康路上一个都没掉队

一是精准解决"扶持谁"的问题。 坚持"谁识别、谁签字、谁负责",建立行业部门联动认定机制,全面建立"一人一卡一册一账一表一牌"。对全区所有建档立卡贫困户、档外农户共61万人开展大排查,建立基础信息、疑似问题、核查核实、问题整改"四本台账"。

二是精准解决"谁来扶"的问题。 全区选派驻村工作队10支、在岗驻村干部34名,向天星村等4个脱贫村派驻了市属单位驻村第一书记兼驻村工作队队长,10个脱贫村第一书记和驻村工作队员全部由区级及以上单位选派。制定帮扶责任人工作制度和考核办法,动员机关、事业单位干部5898人与贫困户实现结对帮扶全覆盖。

三是精准解决"如何退"的问题。 严格执行"两评议两公示一比对一

公告"程序,全面签订扶贫对象精准识别精准退出承诺书,无"漏退""错退"现象。

(二)做强产业、就业、金融"三支撑",全力确保贫困群众"两不愁"真不愁

一是坚持"四到"抓好产业扶贫。加快"主导产业到村、农技服务到田、利益联结到户、奖补资金到人",完成10个脱贫村"一村一品"建设,新建各类产业基地3300余亩;选派产业指导员299名,为每个脱贫村配备一支农技服务队伍;为贫困户提供3000元以内产业发展资金,累计支持2708名贫困户发展到户小产业;推广土地流转、资金入股、劳务合作等8种利益联结方式,10个脱贫村全部成立集体经济组织,实现集体经济年收入5万元以上。

二是强化"五项措施"抓好就业扶贫。加大技能培训、送工送岗、就近就业、创业带动、兜底安置力度,创建扶贫车间11个、吸纳贫困劳动力就业66人,开发公益性岗位安置贫困劳动力1073人,对超龄贫困人员开发农村服务型岗位就业309人,培训贫困劳动力3435人,成功就业868人。

三是强化金融扶贫。坚持"应知尽知、应贷尽贷、应还尽还",建立1100万元小额信贷风险补偿金,累计发放扶贫小额信贷5263.4万元、3508户次,贫困户获贷率63.5%,实现边缘户贷款14.6万元、11户次。

(三)强化教育、医疗、住房"三保障",贫困群众生活条件全面改善

一是全面实现义务教育"不失学、上得起学、就近入学"。构建"属地+行业+学校"联控联保机制,彻底消除义务教育阶段辍学现象,累计资助建档立卡贫困学生2.6万人次、2721.3万元。

二是全面实现基本医疗"看得起病、看得上病、方便看病"。建档立卡贫困人口参保率、资助率均达100%;在市级"三保险""两救助""两基金"基础上，设立区级500万元医疗兜底基金，将贫困人口区内看病住院、门诊自付比例控制在10%和20%以内，"一站式"结算、"先诊疗后付费"全面落实。

三是全面实现住房安全排查、鉴定、比对、改造、拆除"五个覆盖"。"人不住危房、危房不住人"全面落实，累计排查农户17万余户，鉴定1.5万余户，投入补助资金1.7亿元，改造危房5849户。

四是全面实现饮水保障"有足量水、喝放心水、方便用水"。投入1.6亿元建设集中供水工程项目207个；农村集中供水率达95%，自来水普及率达92%，供水工程水质检测率、合格率均达到100%。

（四）加快基础设施、人居环境、公共服务"三提档"，农村地区整体面貌大幅改观

一是推进基础设施网络化。建成"四好农村路"1815公里，全区225个村（居）全面通硬化公路，村民小组通达率达100%；推进新一轮农网改造升级工程，新（改）建电网线路188公里，农村全部用上"动力电""放心电"；自然村聚居区实现4G网络覆盖。

二是推进农村人居环境治理常态化。建成龙河、双龙、邻封等5个示范片，形成"五沿"亮丽风景线，累计改造卫生厕所2.2万户、普及率达85.5%，新建污水管网70公里，四级垃圾收运体系实现行政村全覆盖。

三是推进基本公共服务均等化。投入2亿元加强基层医疗机构标准化建设，实现"一村一室一证"，乡村医生执业（助理）医师占比超过全市平均水平；全区"两类学校"无D级危房，20条底线要求全部达标，师资配备率达99.1%；加强农村低保与脱贫攻坚有效衔接，建档立卡贫困户累计享受低保94341人次，发放低保金2790.6万元。

（五）做到责任、政策、工作"三落实"，凝聚全线出击尽锐出战的磅礴力量

一是建立各司其职的责任体系。严格落实"双组长制"，区委、区政府坚持每月至少专题研究布置一次脱贫攻坚重点工作，各街镇和重点涉扶部门每月至少研究一次脱贫攻坚工作。

二是建立因人施策的帮扶体系。实行"区级领导+属地街镇+区级部门+帮扶责任人"包片包村包户，对口解决"两不愁三保障"问题1.5万余个，三级书记遍访贫困对象三轮以上。

三是建立运转有效的工作体系。抽调7名处级干部和20名业务骨干到区扶贫办集中办公，组建3个"两不愁三保障"和问题整改工作督导指导组。

四是建立适应需求的投入体系。累计投入财政专项扶贫资金1.8亿元，累计实施扶贫项目163个。

五是建立广泛参与的社会动员体系。动员122家社会组织参与，开展各类公益扶贫活动、志愿服务70余场次，直接惠及困难群众6100余人次；创新对口帮扶丰都工作，实行5个街道、5家企业与丰都5个脱贫村"一对一"结对，开展"十大专项"帮扶行动，累计帮扶金额超过5000万元。

二、决战决胜收官之年，战疫战贫取得重大战略成果

（一）决战剩余贫困，全面完成减贫任务

一是攻克最后贫困。对剩余9户17人未脱贫人口，每户增加1名处级实职干部结对帮扶，分类落实产业、就业、住房等帮扶政策，全面解决"两不愁三保障"问题，目前已全部实现脱贫。

二是集中定点攻坚。对10个定点攻坚村（含市级定点攻坚村长寿湖

镇龙沟村)至少由1名区级领导挂帅,"一村一策"精准提升,安排财政资金2614.5万元,实施各类扶贫项目45个。

三是坚决防止返贫。制定建立防止返贫监测和帮扶机制的实施意见,细化7个方面10项政策措施,对脱贫监测户90户228人、边缘易致贫户90户198人实行"一周一监测、一月一小结",全部消除致贫返贫风险。

(二)决战疫情影响,全面巩固脱贫成果

一是狠抓稳岗就业。出台帮扶贫困人员就业10条措施。全区贫困劳动力外出就业6690人,累计发放交通补助3490人、27.1万元。新建扶贫车间8个,吸纳贫困劳动力就业31人,政府投资项目优先安排贫困劳动力务工568人。新开发公益性岗位托底安置就业1073人,落实公益性岗位补贴和社保补贴270余万元,培训贫困人员3435名。

二是推进产业扶贫。新整合资金1854.5万元,安排脱贫村特色效益项目、装备能力提升项目48个,对2381户贫困户实施到户产业补助。新增发放扶贫小额信贷1731.82万元、493户次。

▲ 产业发展见成效——邻封镇"十里柚香"(长寿区扶贫开发办公室供图)

三是强化产销对接。疫情期间制定补电商、补物流的助销政策,助销扶贫产品1600余万元。扎实推进消费扶贫,认定扶贫产品161个,建成消费扶贫专区6个、专馆3个、专柜200台,重庆消费扶贫馆累计消费金额371.5万元。开展消费扶贫"六进"活动,实现消费扶贫金额1.17亿元,超额完成市级下达任务。

四是保障项目进度。打通项目用工、用料、资金、审批阻点瓶颈,脱贫攻坚项目库中64个项目全部完工,投入财政专项扶贫资金3342.7万元,支出进度实现100%。

五是落实社会救助兜底。投入300万元实施特困人员集中照护和敬老院改造提升工程,共救助脱贫不稳定户、边缘易致贫户184人,纳入特困人员救助238人。

(三)决战脱贫质量,全面提高工作成色

一是提升义务教育保障成果。疫情期间向283名缺网络终端的贫困生免费送平板电脑、送网络流量,推行"一人一案"送教上门、"公函扶贫",送教上门2952人次,协调落实市外就读贫困学生教育资助106人。

二是提升基本医疗保障成果。大力推进家庭医生签约服务、乡村医生能力提升、村卫生室标准化建设,大病救治病种扩大到33种,贫困人口大病救治率100%,家庭医生签约9534人,签约率100%。

三是提升住房安全保障成果。完成动态新增四类对象危房改造228户,累计完成5591户建档立卡贫困户住房安全保障核验录入。下大力气解决一般农户住危房问题,制定"改、拆、退、搬、封"五项措施。对10个脱贫村无人居住的残垣断壁进行统一拆除,按每平方米100元给予拆除奖励。争取农发行专项贷款10亿元实施土地复垦,公检法司联合出台《关于依法惩治赡养人不履行赡养义务行为的通告》,严格封闭无法拆除的夹心房、连体房896户。

四是提升饮水安全保障成果。投入1098万元建成8个脱贫村饮水

安全巩固提升工程,惠及建档立卡贫困户1150人,5户以上相对集中水源监测实现全覆盖。

(四)决战问题整改,全面实现销号清零

一是以上率下抓整改。建立"领导小组+专项小组+定点包干"整改责任制,半月一调度、一月一通报,强化区、镇、村"三级联动"。

二是建立清单抓整改。系统梳理中央脱贫攻坚专项巡视"回头看"、国家成效考核、市级考核、"不忘初心、牢记使命"主题教育检视、新冠疫情影响5个大类的问题,对象化、具体化制定7个整改方案。同时,对历次巡视、考核、审计、督查等指出的问题进行全面"回头看",做到问题一体化整改、资料一体化更新、平台一体化维护。国家、市级脱贫攻坚成效考核、督查、检查反馈的208项整改任务已全部整改完成。

三是举一反三抓整改。坚持既解决具体问题,又建立长效机制,修订和完善脱贫攻坚政策制度5项,有效防止一些问题屡查屡有、屡改屡犯。

(五)决战数据质量,全面落实账账相符

一是抓好账实相符、账账相符。抽调1800余人,组建256个自查评估组,自查评估排查问题1339个,全部整改到位。组织专班开展数据质量专项清洗5次2000余条,进一步完善"一卡一册一账一表两牌"信息。

二是抓好精准扶贫档案收集归档。整理文书档案12623件、分户档案912册、照片档案223张、项目档案182卷。

三是圆满完成市级脱贫攻坚专项调查。区表、行政村表、贫困户"两不愁三保障"指标均无问题,就业扶贫、生态扶贫、资产收益扶贫等政策享受覆盖率达99%以上。

四是全面完成建档立卡动态管理工作。核实更新国扶系统相关信息,数据的真实性、准确性、完整性进一步提高。

（六）决战圆满交卷，全面开展总结宣传

一是用心总结。深入挖掘脱贫攻坚先进典型案例193例，举办征文活动和演讲比赛3场，开展"身边的脱贫攻坚故事"微访谈和"榜样面对面"宣讲活动各76场。

二是用情宣讲。结合"10·17"扶贫日，开展会、赛、展、片、曲系列活动，征集摄影作品1000余幅，开展形式多样的扶贫日宣传活动19场。

三是用力提升。大力开展"驻村干部回村看看""帮扶干部与贫困户谈脱贫""涉贫信访走访化解"三项活动，共走访贫困户6027户次，帮助解决具体问题104个，提出工作建议8条。疏导化解涉贫信访案件14件，全力提升群众满意度。

三、抓紧抓实开局之战，着力推动巩固拓展脱贫攻坚成果同乡村振兴有效衔接

（一）保持"稳"的定力

一是稳定帮扶政策。突出帮扶政策的延续性，新的政策出台前，保持现有帮扶政策不变，宣讲力度不减。制订实施《关于2021年继续开发农村服务型岗位的通知》《长寿区2021年度巩固脱贫到户奖补资金实施方案》等文件5个。

二是稳定资金投入。突出资金投入的持续性，编制2021年巩固脱贫攻坚成果项目库，落实财政专项扶贫资金3345万元、项目17个，下达涉及金融扶贫小额信贷贴息、巩固脱贫攻坚保险等项目资金2001万元。

三是稳定帮扶力量。突出结对帮扶的长效性，保持帮扶干部及结对帮扶关系稳定。严格落实"区级领导+属地街镇+区级部门+帮扶责任人"包片包村包户工作责任制，保持驻村工作队、第一书记不撤不换，帮扶干

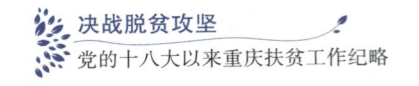

部每月至少一次走访贫困户。

(二)巩固"防"的成果

一是建立防止返贫动态监测和帮扶机制。针对脱贫不稳定户、边缘易致贫户、农村低保对象、农村特困人员及因病因灾因意外事故困难人员等"五类人员",建立农户申请、干部排查、部门比对核实监测机制。建立脱贫不稳定户、边缘易致贫户、低收入人群动态管理台账,分层分类精准帮扶。对因病因灾因意外事故导致收入骤减的,采取临时救助和社会救助措施消除风险;对长期生病或无劳动能力的,落实低保、公益性岗位等保障措施;对有劳动能力的,针对性发展产业、落实就业。

二是防止"两不愁三保障"问题反弹。健全"两不愁三保障"联席会议制度,严格落实行业主管部门工作责任,健全控辍保学工作机制,确保义务教育阶段适龄儿童少年不失学辍学。防范因病返贫致贫风险,落实分类资助参保政策,做好脱贫人口参保动员工作。建立农村脱贫人口住房安全动态监测机制,继续通过农村危房改造等方式保障低收入人口基本住房安全。

(三)拓展"进"的成效

一是变产业扶贫为产业兴旺。强化特色产业的培育,编制全区特色产业提档升级规划方案,持续加大资金、科技、人才等要素的扶持力度,重点在"种(养)的质量和销的渠道"两方面下功夫。全面推进"三变"改革,加快"三社"融合,优先支持脱贫村发展仓储物流、冷链保鲜、农村电商、乡村旅游和消费扶贫,加快培育新型农业经营主体30个,优先将脱贫村特色产业品牌统一纳入"自然长寿"品牌宣传推介。

二是持续推进稳岗就业。强化镇村劳务合作社创建,培育本土劳务品牌3个,全面完善用工信息平台,强化就业服务,逐步提高劳务输出组织化程度和就业质量。拓宽就地就近就业渠道,延续支持扶贫车间的优

▲ 龙河镇"慢城"(长寿区扶贫开发办公室供图)

惠政策,提标扩面农村公益性岗位,全年新开发公益性岗位600个。全面实施创新创业致富带头人培育工程,确保更多脱贫人口在家门口就业。

三是全面提升整村发展水平。抓好通行路、旅游路、产业路建设,实现生产生活"便捷化";构建全区农产品物流骨干网络体系,建设"快递进村"点10个,实现物流网络"信息化"。全力推进脱贫村市级生态宜居美丽乡村建设,整村推进"厕所革命",加强农村户厕无害化改造,加快推进脱贫村改厕4000户,卫生厕所普及率达88%以上。因地制宜建设污水处理设施,健全延伸到自然村组的农村生活垃圾收运处置体系。提速城乡义务教育优质均衡发展,继续保持现有健康扶贫政策基本稳定,全面建立农村低收入人口住房安全保障长效机制,增强脱贫村综合服务功能水平。

(四)做好"转"的谋划

一是平稳做好机构调整转变。及时化解扶贫干部思想顾虑,调整优化扶贫机构职能职责,实行区乡村振兴办与区扶贫办"一体化"办公。

二是平稳做好政策调整转变。清单化梳理乡村振兴与脱贫攻坚帮扶政策,分类提出衔接的意见,将脱贫攻坚时期的"特惠政策"适时转变为全面保障的"普惠政策"。

三是平稳做好工作调整转变。以乡村振兴规划为引领,精心编制做实巩固拓展脱贫攻坚成果同乡村振兴有效衔接项目库,将巩固脱贫攻坚项目库纳入乡村振兴重大项目管理范畴,通过大项目带动大投入、大投入带动大发展、大发展带动大巩固。

四、典型

(一)创新住房安全保障机制

一是全域安全排查,做到"绝不落下一户"。发动所有街镇人员、结对帮扶人员、村干部,对辖区内所有农村房屋进行全面摸底排查,做到每户有人排查,每排查一户必有排查记录,每份排查记录排查人员必须签字确认。

二是全面安全鉴定,做到"绝不留下一户"。对各街镇初步摸排的疑似危房汇总分类,按建档立卡贫困户、农村低保户、农村分散供养特困人员疑似危房进行全部鉴定。对鉴定为危房的,区将统一进行挂牌公示管理。

三是全数信息比对,做到"绝不错改一户"。长寿区对经鉴定为C、D级及无房的建档立卡贫困户、农村低保户、农村分散供养特困人员逐一进行房屋信息核查比对。数据比对后,对确需进行住房安全保障的全部纳入保障范围。

四是全力分类实施，做到"绝不遗漏一户"。 对住房安全无保障的农村分散供养特困人员，区民政部门优先接纳进入五保家园或敬（养）老院，实行集中供养。不愿集中供养的，纳入危房改造予以保障住房安全。对住房安全无保障的其他人员，进行危房改造。

五是全面出台政策，做到"绝不走样一户"。 制定《长寿区住房城乡建委脱贫攻坚三年行动方案》《长寿区2019年农村贫困人口住房安全保障工作方案》，明确目标任务、工作步骤、工作措施、建设模式、资金保障等。加强农村C、D级危房改造专业技术指导。根据住建部和市住房城乡建委相关要求，出台了《长寿区农村D级危房改造标准图集》《长寿区农村D级危房改造技术导则》《长寿区农村C级危房改造技术导则》，坚持农村危房改造实用性和规范性相结合。

（二）大同村旧貌换新颜

长寿区云集镇大同村谭其军，短短两年时间带领大同村的干部群众将大同村旧貌换新颜：云丛路顺利建成，产业发展有了新"出路"；农村电商应运而生，土鸡蛋等农产品卖到全国；巧借竹林资源，发展起了竹编产业。

2018年至今，国道云丛路穿境而过，大同村涉及里程近5公里，硬化村道里程近20公里，各湾组道路及入户路全部新修和硬化，四通八达的公路不仅缩短了山与山之间的距离，也拉近了人与人之间的感情。

2019年5月，谭其军通过发展农村电商，在贫困户中培养电商带头人1名，带动在家90%贫困户发展养鸡，仅一年的时间带动全村村民通过电商销售土鸡蛋7万余枚、血脐40多吨、大米6000多斤、土鸡土鸭上千只，平均月销售额2万余元，带动农户80户，其中贫困户50户，年户均增收4000元。2020年上半年实现村集体收益4万余元。

为让留守村民将荒山荒地变金山银地，让有劳动力的贫困户身怀绝技。谭其军引进企业，以"公司+农户"的模式栽种蜂糖李548亩，带动贫困户61户、低保户14户、五保户13户。为充分利用大同村闲置竹资源，多方协调，2019年5月组织党员代表外出考察竹编工艺，之后立即回村开办竹编培训班，吸引40多个贫困户参加。通过竹编培训，带动贫困户外接竹编产品订单、编制电商产品包装。现在，村上竹编技术娴熟的，每月可增收1500元以上。

(三)"贫困村"逆袭成"明星村"

过去的长寿区双龙镇红岩村"农房破败不堪，危房超60%，道路泥泞，交通全靠走，生产全看天"。可如今，蓝天白云下，勤劳耕读家风淳，渔舟唱晚歌声扬，虾满鱼肥谷满仓，山野绿遍橘满枝。红岩村摇身一变，成了远近闻名的"明星村"。2019年红岩村党支部也被区委表彰为"先进基层党支部"。

驻村工作队来到该村后通过抓产业升级、发展新型农村经营主体、培育农村新型经济人、全力推进产业到户政策。推进人居环境建设，建设秀美乡村、大力开展志智双扶，提升精气神、改善民生，提高脱贫质量等措施，全面改善民生，推动该村社会事业振兴。全村贫困户48户106人也于2019年全部脱贫，贫困户不仅做到了"两不愁三保障"，还诞生了邓小琴、张银轩、石绍英等种植大户、养殖大户和致富"明星"。全村公路通村率达到100%。村民们家家户户用上了自来水，烧上了天然气，80%的农户使用了无害化厕所。1200亩的果园一眼望不到边，产量达到100吨。500亩蔬菜基地郁郁葱葱，新规划的50多个大棚也将拔地而起。村委会也投资了50万元集体培育资金修建了管理用房。

2018年以来，整治山坪塘51口；新建石河堰1处；新修建入湾公路46公里，全村天然气安装500户左右，新建人行便道17.38公里，新建80平方米卫生室一个。利用区教委帮扶资金5万元改建村委会阵地，改造卫生厕所400户，新建公共厕所一座。实施饮水功能提升工程，改造自来水管网800余米。一盏盏明亮的路灯,犹如一颗颗闪亮的星星镶嵌在夜空中,温暖的灯光倾洒而下,点亮了夜晚,也照亮了村民幸福的大荧幕。

江津区

党的十八大特别是2017年7月以来,全区上下深入贯彻落实习近平总书记关于扶贫工作的重要论述,特别是习近平总书记视察重庆重要讲话精神以及在解决"两不愁三保障"突出问题座谈会和决战决胜脱贫攻坚座谈会上的重要讲话精神,在市委市政府的坚强领导下,始终把脱贫攻坚作为头等政治任务和第一民生工程,聚力聚焦"三精准""三保障""三落实",扎实推进产业扶贫、消费扶贫、就业扶贫、金融扶贫等"十大扶贫行动",深入开展"访深贫促整改督攻坚""帮扶干部在农家""人大代表走进建卡贫困户""百日攻坚""百日监督""百日大会战""收官大决战"等活动,脱贫攻坚取得决定性成果。全区把好脱贫质量关,创新推动脱贫攻坚,《教育扶贫"全覆盖""零拒绝"》案例入选2019年中国基础教育30个典型案例,《"团购众扶"模式助推消费扶贫》上报国务院扶贫办,"奖补式"产业扶贫增强发展动力、"四个一批"有效解决贫困劳动力就业、"三色管理"风险预警和干预防止返贫致贫、"花椒银行"淡储旺销促进扶贫产业保值增收、"公司+贫困户"经营模式建设扶贫养殖小区助增收等的经验做法得到市级表扬和肯定。2016年、2017年、2018年、2019年连续获得市级脱贫攻坚成效考核"好"的等次。

江津位于重庆西南,毗邻四川省合江县和贵州省习水县,是重庆辐射川南黔北的重要门户,面积3218平方公里,总人口150万,辖5街25镇,现有少数民族34个,聚集少数民族人口6000余人,是聂荣臻元帅的故乡、陈独秀晚年寓居地,中国长寿之乡、武术之乡、楹联之乡、花椒之乡、富硒美食之乡,中国生态硒城,国家新型工业化示范基地,国家现代农业示范区,全国双拥模范城。

一、主要成效

(一)贫困村面貌焕然一新

15个市级贫困村于2015年底全部脱贫出列,贫困村生产生活条件发生了翻天覆地的变化。贫困村"四好农村路"村民小组通达率100%、通畅率100%;建成各类水利设施853个,各类管渠233.3公里,蓄水总量达502.6万立方米,贫困村集中供水率达到84%,自来水普及率达到83.7%;建成各类输电线路1650公里,安装变压器360个,建成各类通信基站73个,光纤和4G网络全覆盖,所有贫困村通动力电。群众便捷出行难、安全饮水难、人居环境不整洁等问题得到妥善解决。

(二)贫困户脱贫成效明显

5年实现所有建档立卡贫困户2335户6318人稳定脱贫。贫困发生率由0.2%下降至0.01%,返贫率为零。建档立卡贫困人口家庭年人均纯收入由2016年的6268元增长至2020年的12442元。贫困群众"两不愁"质量提升,生产生活明显改善,精神面貌积极向上,获得感不断增强。

二、主要做法

(一)强化责任落实,凝聚攻坚合力

严格落实"区县抓落实""四个不摘"和"五级书记抓扶贫"等工作机

"帮扶干部在农家"活动中帮扶干部帮助贫困户收谷子(江津区扶贫开发办公室供图)

制,认真落实"部门协调联席会议制""减贫任务每月一报制""工作监督常态督查制""党委履责专项述职制"等工作制度。区委书记带头遍访所有贫困村,镇街书记、村书记遍访所有贫困对象。38名区级领导挂帅20个区级扶贫集团、包片帮扶,20个驻村工作队、65名驻村干部吃在村、住在村、干在村,6182名区镇村帮扶干部全覆盖结对帮扶贫困户,深度整合攻坚合力,构建起了"党委政府主抓、扶贫部门主管、行业部门主事、镇街村居主体、扶贫干部主扶、监督部门主查"的攻坚责任体系。

(二)加大资金投入,提升带贫实效

持续加大财政扶贫资金投入,2016年以来累计投入各类扶贫资金15亿余元,其中:专项扶贫资金2.2亿元,行业部门资金12亿余元;扶贫集团、社会帮扶等资金0.6亿元。建立脱贫攻坚项目库,累计收集在库项目213个。合理合规使用扶贫资金,执行信息公开和公告公示制,加强资金

事前、事中、事后等环节的监管，对所有贫困村和困难村开展了2015—2019年财政专项扶贫资金使用绩效评价，扶贫资金使用效益不断提高。

（三）坚守底线任务，做到动态清零

实行脱贫攻坚问题风险常态排查，发现问题清单交办动态清零。落实义务教育阶段控辍保学措施，累计投入各类教育资助7.8亿元，保障所有贫困家庭子女都上得起学、有学上。构筑起基本医保、大病保险、医疗救助等"七道保障线"，贫困群众区内住院医疗费用自付比例9.81%，慢病和重特大疾病门诊医疗费用自付比例13.5%。完成住房安全等级鉴定标识33683户，分期分批完成"四类重点对象"、边缘户等危房改造20330户，实现所有贫困户住上安全房。对394个集中供水工程全面开展水质检测并整治，全部达标，投入资金1.92亿元，实施农村饮水安全巩固提升工程66个，受益农村人口52万人，其中受益贫困人口1.8万人，贫困村集中供水率达到84%，建卡贫困户集中供水率达到93%，实现所有贫困人口有水喝、喝上放心水。

（四）紧盯增收目标，精准有效帮扶

大力发展花椒、水果和畜禽等扶贫产业，不断推动贫困村"一村一品"格局形成，扶贫产业带动5791户贫困人口19524人、户均增收6917元，建成产业扶贫基地183个，7个贫困村成功创建市级"一村一品"示范村。落实扶贫小额信贷政策，累计获贷5180户次、1.27亿元，获贷率61.67%。线下开展"扶贫赶场""采果节""采茶节""吃新节"等活动，线上开展"网红"直播、书记区长直播、网络公益扶贫、志愿者直播等活动，深入推进消费扶贫，认定扶贫产品227个，投放消费扶贫专柜440个，建成消费扶贫专馆2个、专区49个，销售农产品4.1亿元，无农产品滞销。通过"四个一批"方式灵活解决就业，实现有意愿有能力的贫困劳动力11826人就业，累计开发公益性岗位1796个。

（五）聚焦短板弱项，抓好问题整改

全面建立"领导小组统筹、专项小组负责、责任单位落实"的工作机制，举一反三、挂单销号扎实整改各类问题。中央专项巡视反馈整改任务131项、2018年脱贫攻坚成效考核反馈整改任务81项、市级脱贫攻坚成效考核反馈整改任务44项、全区排查"两不愁三保障"问题713个、市级2019年脱贫攻坚成效考核指出问题9个、中央专项巡视"回头看"和2019年国家脱贫攻坚成效考核反馈整改任务80项、全区脱贫攻坚"百日大会战"发现问题1711个、市决战决胜脱贫攻坚专项督查反馈问题8个、脱贫攻坚"百日大会战"暗访抽查发现问题8个，全部完成整改并销号。

（六）落实综合救助，化解疫灾影响

出台《关于进一步做好疫情防控期间困难群众兜底保障工作的通知》《保障疫情防控期间农用生产物资供应七条措施》《关于做好新冠肺炎疫情防控期间贫困劳动力就业扶贫工作的通知》等多个政策文件，深化脱贫攻坚领域有效应对疫情政策措施。受疫情影响存在返贫致贫风险的人口实行"三色预警"管理，摸排出的19户"红色"风险户全部采取针对性措施精准帮扶，受洪灾影响的133户贫困户分类落实产业、住房、饮水措施，5327名贫困人口纳入低保（特困）实施政策兜底保障，没有因疫情和灾情造成新的致贫和返贫。

（七）推进扶志扶智，激发内生能力

加大脱贫攻坚宣传，建立脱贫攻坚先进典型案例库，采编"脱贫路上的百个故事""身边的脱贫故事"微视频，开展"乡土宣讲员""榜样面对面"等主题宣讲，制作主题T型广告牌30余块、墙体喷绘100余幅，发放宣传折页5万余份。设立江津区党建促脱贫攻坚教育基地教学点，既开展致富技能培训又讲好脱贫故事，培育贫困群众自主脱贫意识、致富能力，累计开展培训30余场次，1000名干部群众参加受益。紧盯技能就业、技

▲ 贫困户在嘉平镇紫荆有机茶叶基地采茶增收（江津区扶贫开发办公室供图）

能增收、技能脱贫，累计实施"雨露计划""一户一人一技能"等培训，举办各类招聘会82场，为贫困户提供就业岗位2万余个。开展"五星文明户"评选，选树脱贫攻坚先进典型，对贫困户勤劳致富、敬老孝赡等进行表彰，累计表彰勤劳致富贫困户20户、敬老孝赡贫困户10户，营造脱贫攻坚浓厚氛围。

三、亮点经验

（一）"点名式"教育资助杜绝漏扶漏助

优化义务教育阶段建卡贫困户子女教育资助政策审核程序，将传统的"学生申报—学校受理—部门审核"程序大幅精简。区扶贫办提供建卡贫困户名单,区教委对照名单直接打卡发放,务求精准高效。5年来,累计投入各类教育资助7.8亿元,每年惠及30万余人次贫困学生,建档立卡贫困户家庭子女无一漏报、漏助。《教育扶贫"全覆盖""零拒绝"》案例入选2019年中国基础教育30个典型案例。

(二)"团购众扶"模式助推消费扶贫

通过牵线搭桥"找路子",各贫困村"第一书记"、驻村工作队、帮扶责任人走村串户对农产品清单进行登记造册,充分发挥"代理人"和"经纪人"作用,积极联系帮扶力量认领认购;通过团购众扶"下单子",以片区农产品定向直供、干部职工自发团购、工会到贫困村开展活动等措施,建立完善订单销售渠道,并将各集团消费金额与帮扶成效挂钩,实现责任"深度绑定",成绩"清单为证"。先后开展扶贫赶场、农展会、电商促销、农超对接等各类产品推广和促销活动400余场,团购金额达到3000余万元。

(三)"花椒银行"淡储旺销促进扶贫产业保值增收

为实现花椒产业持续保值增值,江津区创新发展模式,在全国首创建立"花椒银行",通过统"收"、代"工"、随"储"、包"贷"、稳"本"措施,实现淡储旺销、通存通兑,确保扶贫产业增值保值,增加椒农收入,提升带贫成效。目前,全区花椒种植面积已达56万亩,产量30万吨,产值32.5亿元,居全国之首,共惠及椒农28万户62万人,带动贫困户2444户7494人参与,实现贫困户户均增收3601元。

(四)"公司+贫困户"经营模式推动扶贫养殖小区建设

积极引进温氏集团,在贫困村建立精准扶贫养殖小区,采用"公司+贫困户"经营模式,实行生猪代养一体化养殖。项目建成后可实现50万头生猪生产能力,带动贫困户稳定增收。目前,龙华镇燕坝村种猪场和各个养殖小区正在加快建设。

(五)"三色预警"分级开展贫困户返贫预警和防贫干预

印发《关于做好建卡贫困户收入分类预警和干预工作的通知》,根据贫困户收入受疫情影响程度,按预期收入4000元以下、4000~5000元、5000元以上,实行红色、黄色、蓝色三类风险预警,分类落实防贫干预措施。对摸排出的"红色"低收入风险户,均第一时间"清单交办"给相关镇街和扶贫集团,进行重点监测和帮扶。

(六)"奖补式"产业扶持鼓励劳动致富

制定《江津区产业扶贫到户奖补标准参考表》,明确贫困户新发展各类种植养殖奖补标准,将奖补上限设为7000元,并针对流转土地等特殊情况进行明确。由镇村干部、帮扶责任人,对贫困户新发展的种植养殖业规模数量进行审核确认,积极引导贫困群众扩大生产,促进短期产业长期滚动发展,长效产业强化管理持续发展。2019年、2020年两年落实产业扶贫到户奖补资金1400余万元,引导鼓励贫困户积极发展产业。

(七)"菜单式"组合培训提振脱贫信心

利用闲置的村小学校,在嘉平镇设立江津区党建促脱贫攻坚教育基地教学点。教学点依托晚熟脆红李示范园、"紫荆一号"花椒基地、"巴山心谷"旅游扶贫项目,采取课堂讲习、观摩学习、现场实践等形式制作"1+9+X"菜单,并由贫困群众点单,教学点以通俗易懂的语言和鲜活生动的事例,解读党的十九大精神,宣传精准扶贫政策,开展技术培训,传播乡风文明。累计开展讲习30余场次,培训干部群众1000余人。

四、典型

(一)教育扶贫"全覆盖""零拒绝"

全区细化落实义务教育阶段控辍保学各类具体措施,全力保障贫困家庭子女教育扶贫"全覆盖""零拒绝"。

一是密织资助网络,确保贫困学子"能上学"。资助全覆盖,惠及贫困学生30.5万余人次。拓宽助学渠道,设立"区—镇(街道)—校"各级助学基金,对有寄宿需求的贫困学生优先预算安排。

二是推进补短项目,办好百姓身边"好学校"。通过集团办学、结对帮扶、全员培训等形式提高保教水平。通过就近设点、安全整治、规范收费等举措,提高群众对学前教育的满意度。新增农村寄宿制学校6所,完成"全面改薄"、校舍维修项目497个,切实提升农村偏远学校办学条件。实行乡村教师支持计划,实施农村教师核编调配、师资交流、福利待遇等"六个倾斜"政策,交流233名教师到薄弱学校任教。努力提高乡村教师岗位补贴,最高达1300元/月。

三是加强留守儿童、残障儿童、流动人口随迁子女等特殊群体关爱保护。完善党政统筹、部门联动、教育为主、家庭尽责、社会参与、儿童为本的"六位一体"留守儿童关爱保护长效机制,推行代理家长制,开展圆梦行动、连心行动、家访行动、安全行动,为3万余名留守儿童提供常规体检。全面完成6—14周岁残疾儿童少年摸底调查,实施随班就读或送教上门服务,做到"全覆盖""零拒绝",坚决不让一个孩子因残疾而失学。

(二)"团购众扶"模式助推消费扶贫

因地制宜开展"团购众扶"消费扶贫模式试点,积极探索贫困村、贫困户农产品与帮扶集团等社会帮扶力量产销对接,让贫困户分享产业发展红利,形成关系稳固的利益联结机制。

一是深摸细研,充分论证"摸底子"。分片包干摸底。充分发挥富硒资源密集优势,区扶贫开发领导小组组建20个区级扶贫集团,对20个贫困村(困难村)实行分片包干,调研产业扶贫、消费扶贫短板弱项。领导靠前指挥。各集团分别由38位区领导牵头,充分调研责任片区内贫困村、贫困户农产品供求信息,征求基层干部、贫困群众的产业发展意愿和建议,摸清各责任片区内富硒大米、土鸡蛋、花椒等25项扶贫产品周期上市的批次数量、预期价格,以及现有物流方式和配送途径。剖析滞销案例。区扶贫开发领导小组及时组织区农委、区商务局等部门,对农产品滞销情况进行案例分析,深度解剖问题成因、系统短板、设施缺项及机制漏洞,确保各责任片区消费扶贫相关信息"底子清、问题明、机制齐"。

二是统规统建,汇聚合力"搭台子"。建机构组团队。成立由分管区长为组长,区农委、区林业局、区水务局、区畜牧兽医局、区商务局等8家部门为成员的产业扶贫工作领导小组,并抽调各行业专家库成员,组建农技、农艺、畜牧、水产4个产业扶贫专家团队。整资源统平台。领导小组对农业、商贸、旅游、经信等部门现有农产品电商资源和渠道进行全面优化整合,统一制定消费扶贫工作平台宣传推广方案。调规划优服务。各专家团队采取"分片分镇调规,因村因户施策"的方式,综合研判各片区产品类型、上市周期、价格趋势等实际情况,全面调整优化产业规划,并向领导小组和各部门提供决策咨询和技术指导等相关服务,确保各部门"合力向心、资源到位、技术匹配"。

三是经纪代理,牵线搭桥"找路子"。强基固本打通关节。为进一步打通消费扶贫"产、接、收、储、送"五大关节,各贫困村"第一书记"按照产业规划和专家团队建议,全面加强自身薄弱环节建设,积极联系相关区级部门,组织各村申报项目补齐短板。截至目前,区脱贫攻坚项目库新收纳各村项目149个,其中基础设施类63个、种养殖及其他产业类87个。

驻村走访收集清单。各驻村工作队全面动员,通过走村串户对2020年上半年预期农产品清单进行登记造册,共走访农业龙头企业、专业合作社、种养殖大户等经营主体6000家10000余次。牵线搭桥代理销售。各驻村工作队、贫困户帮扶责任人,充分发挥"代理人"和"经纪人"作用,通过区级扶贫集团各企事业单位及社会帮扶力量认领认购,确保"精准对接,订单精准"。截至目前,各驻村工作队、贫困户帮扶责任人共联系区级部门、企事业单位204家,代理销售各类农产品3000万余元。

四是直供统销,团购众扶"下单子"。下好"产品订单"。区扶贫开发领导小组组织各区级扶贫集团拓宽思路和方法,通过责任片区农产品定向直供、组织干部职工自发团购、鼓励工会到贫困村开展工会活动等措施,对片区建立完善订单销售渠道,起到良好示范带动作用。发好"推广传单"。各区级扶贫集团突出贫困村农产品"富硒绿色+扶贫公益"宣传主题,全力协助责任片区举办"嘉平有礼京东众筹""中山千里长宴""石蟆橄榄节"等农产品推广促销活动。记好"消费清单"。实行"消费清单"绩效制,将各集团团购金额、促销订单数量与帮扶成效直接挂钩,确保帮扶责任"深度绑定",考核成绩"清单为证"。全区各扶贫集团共协助贫困村开展扶贫赶场、农展会、电商促销、农超对接等各类产品推广和促销活动400余场,团购金额已达3000余万元,为大力度高质量打赢脱贫攻坚战奠定了坚实基础。

(三)"花椒银行"淡储旺销扶贫产业保值增收

江津是"中国花椒之乡",江津花椒是江津一张最具特色和分量的产业名片,也是贫困群众脱贫增收的最大扶贫主导产业,花椒品牌价值达59.35亿元。现种植面积56万亩,产量30万吨,产值32.5亿元,带动贫困户2444户7494人参与,实现户均增收3601元。为解决花椒销售和保值增值问题,江津在全国首创建设"花椒银行",通过统"收"、代"工"、随"储"、包"贷"、稳"本"措施,实现淡储旺销,增加椒农收入,提升带贫成效。

一是联合主体统"收",保障椒农利益。2019年在重庆率先成立产业化联合体——重庆市江津区花椒产业化联合体。联合体成员单位共有66家,其中公司43家、农民合作社11家、家庭农场12家,经营土地面积10万亩。牵头成立产业化联合体的凯扬农业公司,与联合体成员单位签订统管统收协议,以协议价优先收购联合体成员单位花椒。同时,为了促进种收积极性,制定了最低交付标准,对鲜椒供货主体实施二次返利政策,多种多交者按照收售金额的1%~2%进行二次返利,在市场价格总体处于低位的情况下,保障了联合体椒农的利益,稳定了鲜椒货源,增加了椒农收入,实现了联合体内部鲜椒稳定供应。2020年,花椒产业化联合体共收购鲜椒5.8万吨,同比增长30%,其中收购贫困村花椒1万多吨。

二是精筛技术代"工",延长产业链条。2020年根据花椒产业发展现实需要,结合国家现代农业产业园建设,"花椒银行"的企业配套完善了万吨花椒保鲜花椒生产线3条;花椒油炼油生产线3条;鲜花椒冷榨萃取生产线3条;花椒油全自动灌装包装生产线3条;干花椒烤槽生产线1条、干花椒全自动热循环烤机生产线4条,干花椒色选生产线2条,鲜椒标准年处理能力12万吨。实施花椒分级销售,也可为椒农定制(单)加工生产,大大提高了花椒处理能力,提高附加值,增加椒农收入。

三是公益冷链随"储",实现保值增值。"花椒银行"新建公益性冷链仓储库房,为椒农提供随存随取仓库,实现花椒淡储旺销。在先锋食品特色产业园建设花椒银行并成立"总行",在凯扬公司、骄王公司、丰源公司、俊博公司设立"支行",在农民专业合作社、家庭农场设立若干"储蓄点",在花椒集中采收季以当日干花椒市场价作为保底价收储花椒,冷储费按100元/(吨·月)收取(产业化联合体成员单位优惠20%,公益性冷库享受半价优惠),收储企业在花椒集中采收季外销售后兑现椒农花椒销售款。销售价等于收储价的,收储企业不收取椒农任何费用;销售价低于收储价的,收储企业补足收储价,也不收取任何费用;销售价高于收储价的,扣除成本费用(保底价和冷储费)后的利润,收储企业与农户按4∶6比例二次分红。2020年,全区共为椒农代储800余吨干花椒,为农户增收节支170余万元,企业增收100余万元,其中涉及贫困户200多户600余人。

四是仓单质押包"贷",注入发展动力。区农业农村委(扶贫办)与重庆农村商业银行联合推出"花椒贷"信贷产品,创新开展"仓单质押",积极探索花椒银行"储蓄点"网点设置,通过质量标准的统一,力求"通存通兑"。区内从事花椒种植、收购、加工、销售、仓储、冷链、农资服务的新型经营主体,可到重庆农村商业银行获得"花椒贷",利率均按4.35%的LPR固定利率享受低息贷款支持,中央财政奖补资金对放贷银行实施梯度贴息,2020年共贴息500万元,新增信贷资金投入4.2亿元。

五是保险兜底稳"本",防范市场风险。为确保业主的花椒在花椒银行存储的安全,由花椒银行(收贮公司)向保险公司统一投保,若业主存储的花椒受到损失,由公司按保底协议价格向保险公司索赔后给予业主补偿。同时,江津区与中国太平洋保险公司、中国人民财产保险公司、中华联合财产保险公司合作,创新开展花椒收益保险,投保主体自缴保费120万元,财政补贴180万元,分别在先锋镇、石门镇、吴滩镇开展花椒(鲜椒)收益保险试点1万亩,共为739个花椒产业新型农业经济主体提供了6000万元的市场风险保障,三家保险承办机构共计理赔1660万元。在全区开展花椒灾害保险10万亩,因大风灾害理赔120万元。

合川区

合川区面积2344平方公里,辖23个镇、7个街道办事处,总人口156万。2014年有贫困人口9015户27554人,市级贫困村10个。党的十八大以来特别是2017年7月以来,合川区切实把打赢脱贫攻坚战作为全面建成小康社会的头等大事和首要任务,按照高质量脱贫总体要求,紧盯目标任务对标对表,打好脱贫攻坚"组合拳",有效实现10个市级贫困村摘帽。截至2020年底,现行标准下26124名贫困人口全部脱贫,贫困人口人均年纯收入达到15010元。

一、举措与成效

(一)高举思想之旗,突出思想引领,始终以习近平总书记关于扶贫工作重要论述统揽脱贫攻坚工作

一是学懂弄通下实功。 全区上下深入学习贯彻习近平总书记关于扶贫工作的重要论述,认真学习贯彻党中央、国务院和市委、市政府的部署要求,强化政治责任和政治担当,尽锐出战、真抓实干,推动脱贫攻坚战取得决定性进展。2017年以来,通过区委常委会(区委理论学习中心组会议)、区政府常务会议(区政府党组理论学习中心组会议)、区扶贫开发领导小组会议等开展学习研讨83次,深刻领会习近平总书记7次脱贫攻坚专题座谈会重要讲话内涵、研究解决全区脱贫攻坚具体问题。

二是融会贯通下实功。全区各级党组织和广大机关干部、村(社区)干部,通过集中学习、专题培训、"三会一课"等方式进行学习,进一步增强思想自觉、政治自觉、行动自觉,确保脱贫攻坚战正确政治方向;各级领导干部撰写理论文章120余篇。

三是真信笃行下实功。各级领导干部深入基层、走访调研、解决问题,做到"走访不漏户、户户见干部",确保每一名扶贫干部都对辖区内贫困户底数清、情况清。

(二)立好工作之规,突出考核督查,始终层层压紧压实工作责任

一是落实主体责任,构建一个工作体系。严格落实"五级书记"抓扶贫、"四个不摘"要求,狠抓脱贫攻坚责任落实,成立区委书记和区长任双组长的扶贫开发领导小组,每两个月召开一次领导小组会议,研究制定脱贫攻坚各项工作实施方案和政策文件。按照"双组长"工作要求,建立区委负总责、区级统筹、行业部门牵头、镇街抓落实的工作机制。制定《区级领导联系贫困村制度》,成立12个联系指导组,每个指导组由1名区级领导担任组长、镇党委书记担任常务副组长,联系部门主要负责人和镇街行政主要负责人担任副组长。组建12个驻村工作队和310个驻村工作组,形成区、镇街、村三级组织领导体系。

二是强化工作指导,完善一套政策体系。发挥牵头揽总,围绕医疗救治、教育资助、兜底保障、危房改造、饮水安全、产业发展等工作,制定完善《合川区精准脱贫攻坚实施方案》《打赢打好脱贫攻坚战三年行动的实施意见》《进一步完善"两不愁三保障"及饮水安全突出问题动态清零工作机制》《开展困难群众"两不愁三保障"全面排查工作方案》等"8+72"文件制度体系,有效增强了全区扶贫政策措施的针对性、操作性,推动政策落地落实见效。

三是充实帮扶力量,组建一支工作队伍。 按照"因村派人、按需选派"原则,精心挑选61名优秀干部参加驻村帮扶,组织8000余名党员干部"一对一""一对多"帮扶贫困户,推动全区干部下沉到村、工作到户。

四是做实问题整改,销号一份问题台账。 全力抓好中央脱贫攻坚专项巡视及专项巡视"回头看"、国家和市级脱贫攻坚年度成效考核等各类监督检查发现问题整改,制定整改方案,建立问题清单、任务清单、制度清单,落实"签字销号背书"制度,举一反三整改"清零"问题。

五是狠抓党建引领,筑牢一线战斗堡垒。 全面加强党的政治建设,牢固树立"四个意识",坚定"四个自信",做到"两个维护",持续推进脱贫攻坚工作。开展扶贫领域"以案四说"警示教育100余场次,受众7000余人,扶贫领域腐败和作风问题得到有效遏制。

(三)打赢攻坚之战,突出精准要义,始终把握打好脱贫攻坚硬仗难点

一是聚焦定点攻坚。 区委、区政府成立二郎镇六合村定点攻坚指挥部,5名正副指挥长包户联系89户建卡贫困户和2户边缘户,整合资金2000余万元,建成农村"四好公路"6.3公里、人行便道3公里,生产便道1.5公里、机耕道7.5公里,新发展种植大雅柑橘2000亩,间种花生、黄豆650亩,有力推动定点攻坚取得实效。

二是聚焦疫情灾情。 大力开展消费扶贫,依托邮政平台建成"1+10+449"农村电商网络体系,建成合川区农村电商公共服务中心,配套2000平方米农村电商仓储、物流中心;认定扶贫产品267个,实现销售18.57亿元,全区没有发生扶贫农产品难卖滞销的情况。及时开展困难帮扶,疫情期间,区财政对全区所有贫困人员按100元/人的标准发放交通补贴和生活补贴。积极开展灾后恢复重建,因灾造成1户贫困户唯一住房变为D级危房,已重建完工。

三是聚焦危房改造。 坚持抓实抓细住房安全保障,深入推进住房安

全等级鉴定和危房改造，投入财政补助资金11317万元，完成农村危房改造8094户，实现脱贫户农村危房动态清零。

四是聚焦教育保障。利用好两个资助系统、建立学校学籍台账和户籍资助台账、创新项目对区外就读建卡学生所在学校未提供资助的实行大兜底等手段，实现了全区义务教育阶段建档立卡贫困户学生资助全覆盖。通过提供营养午餐、发放资助金等方式资助义务教育阶段建卡贫困户学生21439人次，发放资助资金约1409万元。

五是聚焦医疗保障。贫困户参加基本医保实现全覆盖，未脱贫人口100%资助参保，已脱贫人口50%资助参保。全面落实"先诊疗、后付费"和"一站式"结算。区健康扶贫特别资助资金累计报销14367人次，报销总金额1098.48万元。贫困人口住院费用自付比例9.62%，重特大疾病、慢性病门诊费用自付比例11.98%。全覆盖做实家庭医生签约服务，累计完成在家贫困人口签约39616人次，在家且有意愿签约建卡贫困人口签约率达100%。

六是聚焦饮水安全。累计投入资金近8000万元，进行饮水安全巩固提升，全面补齐农村饮水安全短板，全区集中供水率达到86%左右。完成贫困人口饮水安全精准识别，无未保障扶贫对象。

（四）用好精准之方，突出成效巩固，始终注重构建全社会共同参与的大扶贫格局

一是精准产业扶贫。坚持以市场为导向，以资源为基础，因地制宜确定"果蔬油粮渔禽游"7个扶贫产业，重点发展畜禽、蔬菜、柑橘等3个重点扶贫产业。10个市级贫困村发展柑橘、花椒、无花果等产业1.5万亩，"一村一品"格局基本形成。通过土地流转、资金入股、务工就业等8种利益联结机制累计覆盖贫困户22390户次。区级财政投入1000万元用于"五改"试点工作。调整充实产业技术指导员1741名，为4262户贫困户提供产业技术指导。

▲ 钱塘山地高效农业示范园区（陈刚 摄）

二是精准社会救助兜底。贫困人员参保18537人，享受代缴政策2050人，领取养老待遇6211人，贫困人员参保率、代缴率、领待率均达到100%。针对部分贫困人口年老、残疾导致丧失劳动能力的情况，将4931名扶贫对象纳入低保兜底。

三是精准金融扶贫。精确需求对接，做到贫困户、边缘户应贷尽贷，建立完善扶贫小额信贷全流程"绿色通道"。设立扶贫小额信贷风险补偿金1030万元，累计发放扶贫小额贷款5125笔9606万元，贫困户获贷率66%，在全市排名前列。

四是精准就业扶贫。建立完善"政府+市场"就业扶贫新机制、创新建立就业扶贫新载体——合川区就业创业服务超市。全区贫困劳动力实现务工就业10390人。建成6家扶贫车间，吸纳贫困人口30人就业。发挥公益性岗位托底安置作用，全区公益性岗位结存安置贫困人口1418

人。加大就业扶贫政策落实力度,实现贫困务工人员交通补贴全覆盖。

五是精准志智双扶。培育贫困农村创业致富带头人411人,开展农村实用技能及精气神培训5669人,选树脱贫先进典型178人。深入村社院坝开展"榜样面对面""身边的脱贫故事"等宣讲活动300余场次。

(五)建好长效之制,突出创新务实,始终围绕巩固成果创造性开展工作

一是完善扶贫资金使用制度。制定印发《关于进一步加强财政支出绩效评价管理工作的通知》《合川区扶贫项目资金绩效管理实施细则》等项目监管、资金拨付、公示公告制度等文件,建立完善并定期调整脱贫攻坚项目库。严格执行建设单位自查、镇街复核、区级验收的"三级验收"制度,确保项目建设工程质量。将扶贫项目公示、实施和资金使用监管等情况纳入脱贫攻坚年度考核,确保财政扶贫资金使用安全高效。

二是完善产业扶贫利益联结机制。构建"龙头企业+村集体经济组

▲ 太和镇晒经村花椒基地(合川区扶贫开发办公室供图)

织+贫困户"为主的"N+1"发展模式,发挥龙头企业的技术、管理、销售优势,大户的农业经验优势,以及贫困户扶贫资金及扶持政策的优势,实施"一户一策",将8种利益联结机制由"帮扶到户"逐步转化为"效益到户",累计覆盖贫困户22390户次,贫困村贫困户100%加入专业合作社。

三是完善防止返贫监测和帮扶机制。印发《建立防止返贫监测和帮扶机制的实施意见》,明确监测方法、监测机制、帮扶措施等内容,对边缘户、脱贫监测户落实了监测人,做到防止因疫情造成新的致贫和返贫。

四是完善驻村工作队工作机制。每季度组织召开1次驻村工作队队长会议。落实承诺践诺、工作例会、下村签到、工作纪实、在岗抽查、"双考勤"、驻村召回等制度,干部每期驻村时间不少于2年,每个月有2/3以上时间在村工作。依托区委党校、党员教育融媒体等平台,培训贫困村驻村工作队及扶贫系统干部、村党组织书记等1600余人次。

二、典型

(一)产业扶贫,铸造脱贫攻坚"金钥匙"

按照"因地制宜、典型带动、整村推进"思路,紧紧抓住产业扶贫这个"牛鼻子",铸造"金钥匙"打开"致富门"。

一是"大园区+好企业"。推进龙市—肖家项目区共创国家农村产业融合发展示范园、全国农业产业强镇和市级现代农业产业园建设,引进、培育万源、曾巧、友军、荣豪、品有等优质企业33家,大力发展农产品精深加工、储运、销售,延长农产品产业链条,引导、帮助贫困户以土地流转、资金入股、订单+收购、务工就业、饲料原料销售等形式融入现代农业园区、农业龙头企业等经营主体;种植青菜、榨菜5000亩,吸纳70户贫困户务工就业,带动贫困户增收致富。

二是"大龙头+新机制"。聚合龙头企业、新型经营主体、集体经济力量,以"龙头企业+村集体经济组织+贫困户"为主的"N+1"发展模式不断创新,发挥龙头企业的技术、管理、销售优势,大户的农业经验优势,以及贫困户扶贫资金及扶持政策的优势,实施"一户一策",将8种利益联结机制由"帮扶到户"逐步转化为"效益到户",累计覆盖贫困户10189户次,全区累计区级以上扶贫龙头企业38家,带动贫困人口4794人增收,贫困村贫困户100%加入专业合作社。

三是"大整合+强撬动"。推行扶贫资金为主导的"1+N"扶贫资金整合方式,采取"以奖代补""先建后补"等方式,累计投入扶贫专项资金26797.86万元(其中区级投入16397.68万元),发放扶贫小额信贷8588.38万元,帮助4613户贫困户发展种植养殖等产业,全区获贷率达到63.5%。

四是"大协作+全保障"。吸纳银行、保险、网络通信、扶贫帮扶单位等与产业链相关联的战略合作伙伴,整合扶贫信贷资金支持、风险保障、信息化及智能化服务支撑、指导帮扶等力量,构筑企业反担保、企业长效帮扶机制、熔断机制等多重保障,打消贫困户顾虑,有效激发小额信贷资金参与发展的力度,让贫困户零风险、兴产业、增收入、稳就业。

(二)精锐尽出,配优脱贫攻坚"领头雁"

贫困户的"自家人"书记。2018年,合川区信访办干部唐磊主动请缨,志愿到离合川城区最远的二郎镇六合村担任驻村工作队队长兼第一书记。"履新"伊始,他就着手抓基层党建工作,严格落实"三会一课"、民主评议等制度,规范全村议事制度,所在村党组织战斗力、凝聚力显著增强,成为远近闻名的先进支部。两年多来,他和驻村工作队、村"两委"干部一道,把苦干实干贯穿扶贫全过程,聚焦"两不愁三保障"基本要求和核心指标,整村安装自来水工程,从根本上解决了饮水安全问题;着力补齐基础设施短板,全村水泥公路入院落率达90%,人行便道入户率达92%;致力发展特色扶贫产业,推动新建柑橘基地2000亩,建成120亩优质水稻基地、80亩莲藕基地，发展其他特色农作物650余亩，每年实现产值30万余元，周边群众实现务工收入10万余元、土地流转收入4.8万余元。六合村贫困户都亲切地称他为"自家人"。

"忙里忙外"的第一书记。2019年3月，民盟重庆市委会副秘书长、宣传处处长洪满斌被派驻到化龙村任第一书记兼驻村工作队长。上任第一天，洪满斌就把"内部自我脱贫、外部多元扶贫"作为化龙村巩固脱贫工作思路。通过调研、挖掘本地资源，确定蜜蜂养殖为本村主导产业，引导养蜂大户牵头成立重庆市合川区御丰飞养蜂专业合作社，建成化龙村蜜蜂养殖示范园。全村养蜂户达到300户（其中贫困户50多户），养殖蜜蜂1000多群。发动群众利用路旁、房前屋后播撒波斯菊、蜀葵等鲜花300多亩，培植更多蜜源；建成化龙村电商平台，销售蜂蜜20多万元。同时，积极向外主动联系引力帮助，获得民盟重庆市委会企业家联谊会捐赠产业发展资金15万元，帮助销售土特农产品40多万元，并签订土特产品销售长期帮扶协议；开展书画扶贫捐赠义卖活动，筹集140600元资金建成扶贫爱心超市；组织开展送教、送医、产业帮扶、消费扶贫等帮扶活动20多批次。

（三）典型引领，凝聚脱贫攻坚正能量

身残志坚的"猪倌"。合川区官渡镇断桥村7组建档立卡贫困户张现彬，年幼时因患小儿麻痹症落下终身残疾。2014年被评为建档立卡贫困户，成为镇、村两级重点帮扶对象。经过断桥村村干部和驻村工作组几番"谋划"，"一对一"技术指导和自身努力学习，张现彬通过生猪养殖走上脱贫致富路。2018年，张现彬家的饲养规模就达100多头。2020年，张现彬申请5万元扶贫小额信贷，再次扩大养殖规模，养殖生猪达到250余头，预计实现年收入超过70万元。熬过了最苦的日子，一家人生活越过越红火，张现彬成为远近闻名的"猪倌"。从贫困日子走出来的张现彬，脱贫不忘本，优先购买周边贫困户的农产品，养猪场的粪便免费提供

给周边农户，解决了20余户农户的肥料问题。提到张现彬，村里人都对他赞不绝口，他坚韧不拔的脱贫事迹点燃了困难群众心中的"希望之火"。

"金窝窝"里飞出的金凤凰。 小沔镇金土村在2014年被确定为市级贫困村，有建卡贫困户182户451人。2015年，"85后"姑娘胡杨回到家乡，成为合川区小沔镇金土村的一名本土人才。通过日常走访调查，她了解到很多乡亲年老体弱，且子女长期在外务工，主要收入来源于销售自家的农产品，不仅挣钱少，还耗费精力。于是，胡杨萌生了利用互联网帮助乡亲们销售农产品的想法，使他们足不出户增收致富。为此，胡杨申请开办了"金窝窝"网店，通过自身努力和镇党委政府关心，先后解决了销售渠道单一、物流运输网络渠道等问题，"金窝窝"陆续在京东、淘宝、"在村头"五度农场等电商平台销售，因为货真价实、货品新鲜，网店的"粉丝"越来越多，帮乡亲们销售土鸡鸭、小米花生等特色农副产品达20余种。2016年9月，在镇党委和村"两委"的帮助下，成立了合川区扶贫电商服务站——金土村扶贫电商服务站，注册"小沔金窝窝"商标，设计包装礼盒，形成了完善的"金窝窝"品牌产品。如今，小沔镇金土村扶贫电商共有员工11人，其中贫困户4人。累计销售总额150万元，帮助500余户贫困户每户增收2000余元。

永川区

永川区面积1576平方公里,辖7个街道、16个镇,现有行政村207个,农村人口24.1万户75.5万人。全区累计实现脱贫13428人(其中2020年脱贫44人),全区贫困发生率由2014年的2.3%降至0;5个市级贫困村已于2015年全部脱贫出列,5个区级相对滞后村产业和基础设施短板全面补齐。党的十八大特别是2017年7月以来,永川区深入贯彻习近平新时代中国特色社会主义思想,深学笃用习近平总书记关于扶贫工作的重要论述和视察重庆重要讲话精神,按照党中央、国务院和市委、市政府关于脱贫攻坚工作的决策部署,全面落实精准扶贫、精准脱贫措施,强力推进脱贫攻坚工作,越来越多的贫困群众圆了脱贫梦想、开启了新的生活。

一、举措与成效

(一)坚持把理论学习贯穿始终,推动"深化认识"向"保持定力"延伸

自觉把习近平总书记关于脱贫攻坚工作系列重要讲话精神和指示批示精神作为理论学习的"必修课"、工作开展的"总遵循",坚决做到中央有部署、市委有要求、永川抓落实。对标中央决策,对照市委部署,自觉把思想摆进去、把自己摆进去、把职责摆进去,全区各级党员干部进一

步深化了对习近平总书记提出的"脱贫任务不轻""成败系于精准""小康路上一个都不能掉队"等重要指示精神的理解、认识和把握,切实把坚决打赢打好脱贫攻坚战作为学习贯彻习近平总书记视察重庆重要讲话精神、树牢"四个意识"、践行"两个维护"的具体实践,作为开展"不忘初心、牢记使命"主题教育的内在要求,作为落实市委要求永川"积极打造高质量发展先行区"的重要内容,作为实施乡村振兴战略、统筹城乡融合发展的具体抓手,着力以坚定的政治自觉、思想自觉,筑牢广大干部打赢攻坚战不仅看表态、关键看工作、最终看结果的行动自觉。

(二)坚持把压实责任贯穿始终,推动"各司其职"向"合力攻坚"延伸

一是坚持区委以上率下"担责"。坚持抓脱贫攻坚,首先从区委做起,关键从区领导干起,由区委书记和区长负总责,区委专职副书记牵头统筹,其他区领导分工协作,推动一级做给一级看、一级带着一级干。定期召开区委常委会、区政府常务会、区扶贫开发领导小组会议,听取和审议脱贫攻坚工作相关议题,研究决策脱贫攻坚重点工作。

二是注重全员结对帮扶"扛责"。全部区领导和处级领导至少联系结对帮扶1户贫困户。组建23个"镇街扶贫工作团",实行每个镇街至少有1名区领导亲自联系、有3~4个区级部门集中帮扶、4~5个辖区企业定点援助,加快构建"镇街吹哨、部门报到、企业参与"的工作运行机制。同时,从市级、区级有关部门、镇街精准筛选43名干部组成驻村工作队,严格考核管理、脱产蹲点,确保留得住人、静得下心、干得成事。

三是强化镇村协调联动"履责"。倡导比学赶超,建立"面试"环节,搭建"竞进"擂台,适时分片区召开脱贫攻坚推进会议,及时听取汇报、了解问题、推动工作;明确各镇街固定列席区扶贫开发领导小组会议,适时汇报脱贫攻坚工作开展情况,每月向区扶贫办报送工作推进动态;全区207个村"两委"负责人定期在镇街脱贫攻坚工作会上进行述职、开展考

评。通过晒工作、相互比,努力找差距、提水平。

四是坚持严肃督查考核"问责"。实行"一月一考核、一月一排名、一月一约谈"工作机制,从区级相关部门抽调专门工作人员组成督查组,对23个镇街脱贫攻坚工作开展专项督查,形成工作报告,开出问题清单,严格限时销号,并适时组织"回头看"。由区委副书记对专项督查排名后三名的镇街党政主要负责人开展约谈,在全区有效传导了压力、压实了责任。

(三)坚持把精准施策贯穿始终,推动"平均用力"向"重点聚焦"延伸

一是多措并举强化"两不愁"。对照"两不愁"要求,坚持因人而异、分类施策,统筹落实综合保障政策。注重"扶在必要时"。针对弱劳动力或半劳动力、因病致贫等情况,在进一步用好用足各级各类政策支持、帮扶资源的同时,在全市率先创新搭建"一门受理、协同办理"救助信息平台,横向衔接全区16个救助单位,纵向贯穿区、镇(街道)、村(社区)三级,整合纳入医疗救助、助学救助、临时救助、危房改造等帮扶事项50余项,累计主动资助救助贫困群众近3.8万人次,有效防止群众因困致贫、返贫。注重"帮在需要处"。针对无劳动力、丧失劳动力等情况,将符合条件者纳入低保兜底、特困供养,能实施临时救援,以及可享受贫困残疾人生活补贴、重度残疾人护理补贴的,全部予以政策解决。2016—2020年,全区纳入农村低保兜底1792户3261人、特困供养400户428人、困难残疾人生活补贴711人、重度残疾人护理补贴618人,同时,针对疫情影响,实施城乡低保7日办结、临时救助应急审批等便利措施,确保应保尽保、收入达标、吃穿不愁。注重"助在关键处"。逐步完善城乡居民基本养老保险制度,对符合条件的贫困人口由区统筹财政资金代缴城乡居民养老保险费。同时,积极鼓励通过互助养老、社工服务等途径,丰富养老服务方式。通过实施社会服务兜底工程,建设为老人、残疾人、精神障碍患者

决战脱贫攻坚
党的十八大以来重庆扶贫工作纪略

等特殊群体提供服务的设施。落实建卡贫困人口农村扶贫小额保险和精准脱贫保,为建卡贫困人口提供意外伤害、大病、疾病身故、农房自然灾害等保险赔付。

二是齐心协力强化"三保障"。加大投入强度、加强工作准度,全面巩固拓展"三保障"成果,不断提升贫困群众获得感、幸福感。从"营养午餐"到"精神正餐",推动实现义务教育更有保障。以保障义务教育为核心,以加强"六类人员"资助为重点,持续健全贫困户家庭子女从学前教育到大学全覆盖资助体系,全面兑现所有建档立卡贫困家庭学生享受免学杂费、免书本费、生活补助和营养改善计划政策,全区未有因贫辍学情况。同时,针对疫情影响,采取送手机、送流量等方式,有效解决贫困学生线上学习问题。从"入院就诊"到"上门送诊",推动实现基本医疗更有保障。全面落实"先诊疗后付费""一站式"结算等政策,实施基本医保、

▲ 金龙镇产业扶贫致富园基地(永川区扶贫开发办公室供图)

大病保险、商业补充保险等7重保障和医疗补助，全区贫困人口住院费用自付比例、门诊费用自付比例均在市级要求以内。进一步用好用足23个镇街医疗小分队，积极整合卫生院、家庭签约医生等资源，常态化到镇进村开展政策咨询、健康体检、集中义诊等服务，努力确保群众小病少跑路、大病少花钱、看病不费劲。从"重点改造"到"全面改善"，推动实现住房安全更有保障。以建卡贫困户等特殊困难群体为重点，动态消除住房安全问题，特别是2019年出台多项政策措施，区财政拿出"真金白银"2.1亿元，以全市非贫困区县的最大力度，把C级变D级、就地农转城危房户、无房户和相对困难一般农户危房等以前无政策、无指标解决的特殊情况进行统筹解决，形成了全闭合的农村住房安全保障政策体系。五年来，全区改造重点贫困对象危房12005户，其中，国家政策内D级危房重建6973户、C级危房修缮2123户；"C变D"和就地农转城等特殊贫困户危房改造2909户。保障贫困无房农户长租1368户、改造一般农户危房（唯一住房）1670户，稳定实现了农村困难群众的"安居梦"。2020年，进一步加大力度、拓展幅度，既及时消除动态新增贫困对象危房，还对长期有人居住旧房、"五沿"区域旧房实施"保权拆危"、改造提升等措施，一体加强人居环境整治，切实让贫困群众享受"宜居"成果。从"能吃上水"到"吃上好水"，推动实现饮水安全更有保障。加快实施农村饮水安全巩固提升工程，全面解决贫困人口饮水安全问题。2020年，在全面解决贫困群众饮水安全的基础上，又投入资金1.3亿元，实施3.1万户农村自来水全覆盖工程，一体加强全区集中式、分散式饮用水源地管理，饮水质量不断提升，确保全区农村群众都能喝上更加清洁卫生的"放心水"。

三是整体推进助力打赢攻坚战。推进交通建设助攻坚。巩固和保障全区行政村通畅率100%、通客车率100%，加快实施"四好农村路"建设，着力达成自然村（村民小组）通畅率100%目标，交通三年行动计划期间累计完工通组公路2326公里，完成全区村道安全生命防护工程实施476公里，切实提升群众出行条件，充分发挥交通脱贫的基础性先导性作用。推进电网覆盖促发展。统筹推进动力电、网络、通信信号、宽带互联网、广播电视信号、农村电商等建设,实现行政村电网、金融服务基础设施、农村电子商务配送站点全覆盖,为农村发展新业态、新产业、新模式提供广阔空间。推进环境整治改条件。全面推进农村人居环境整治,重点推进农村生活垃圾治理、卫生厕所改造等专项行动,不断改善农村生产生活条件,积极提升农村环境面貌。截至目前,全区农村生活垃圾有效治理行政村比例达100%,卫生厕所普及率达到84%,农村生活污水集中处理率保持在73%,村庄清洁覆盖率达到100%。推进文化建设振精神。深入实施农村公共文化服务重大工程和文化民生实事项目,全区有公共图书馆1个、文化馆1个,村级综合服务措施覆盖率100%,村级图书室或文化站覆盖率100%,逐步推动文化产业发展。

四是对口帮扶注重增强实效。 自对口帮扶黔江区以来,两地强合作、勤沟通、重实效,工作机制持续优化,对口帮扶工作不断取得新成效。2016至2020年,援助黔江区8040.7万元(其中帮扶资金额6224万元,实物量折资额1816.7万元)。在教育和医疗援助方面,两区教委、卫健委开展结对共建,选派41名教师到黔江区支教、选派44名医务人员帮助黔江受援医院开展日常诊疗服务;在人才交流方面,选派21名优秀青年干部、3名国企管理人才交流挂职,帮助黔江区培训基层干部和贫困村致富带头人500余人;在劳务协作方面,组织召开专场招聘会5次,开展职业培训1300余人,转移新生代劳动力656人;在商贸合作方面,促成吉之汇联动扶贫项目落地黔江,实现了永川区与黔江区农产品无缝对接,带动金溪镇等贫困户的生猪、蔬菜等农畜产品直销市内外;促成黔江区高效完成全市公益性农产品流通体系示范区创建;开通两地物流专线,为两地商品流通提供快速通道,重庆吉之汇农产品有限公司与重庆三磊渝东南冷链物流有限公司合作成功打造了线上线下绿色农贸市场;重庆谷生活米业有限公司与重庆市黔江区储备粮有限公司开展优质粮食订单收购、代销及粮食加工等技术交流合作。在产业协作方面,积极推动重庆市蓬江食品有限公司与重庆缅滇谊烨农副产品有限公司、重庆市黔江区尝必乐农业开发有限公司与重庆市永川区豆豆香食品有限责任公司等10家公司之间建立"两两"合作关系,促进产业协作;在招商引资方面,积极促进助力黔江区招商引资,帮助黔江区引进天润新能风资源开发项目、黔江三塘盖景区生态康养综合开发项目、黔江社区养老体系建设项目、四川新希望饲养及饲料项目等;2019年和2020年分别在对口帮扶计划外援助黔江区建设,2019年投资43.8万元,援建120盏太阳能路灯,2020年支持70万元,用于支持黔江区2个便民服务中心建设和村社区干部和致富带头人培训。

(四)坚持把问题整改贯彻始终,推动"全面销号"向"提质增效"延伸

坚持把中央脱贫攻坚专项巡视"回头看"、国家脱贫攻坚成效考核、"不忘初心、牢记使命"主题教育检视问题整改落实作为重大政治任务,与脱贫攻坚问题排查以及各类督查、检查、审计发现问题一体整改、统筹推进。针对各级各类反馈问题,及时成立由区委、区政府主要领导任组长的整改工作领导小组,分门别类制定整改工作方案,逐一明确时间表、任务书、责任单。截至目前,中央巡视问题及"回头看"反馈问题、国家成效考核反馈整改任务等均已在整改平台销号;市级成效考核反馈问题、2019年脱贫攻坚大排查"回头看"发现问题、2019年全市脱贫攻坚专项巡查督查反馈问题、2020年全市决战决胜脱贫攻坚专项督查和"百日大会战"暗访抽查发现问题等均已完成整改,扎实做到全部清零、成效巩固。

(五)坚持把健全机制贯穿始终,推动"当下脱贫"向"稳定脱贫"延伸

一是持续深化"志智双扶",推动"要我脱贫"向"我要脱贫"有效转变。抓实用好永川作为全市唯一的乡村人才振兴试验示范区机遇,充分

决战脱贫攻坚
党的十八大以来重庆扶贫工作纪略

▲ 龙头企业——板桥镇可益花椒基地（永川区扶贫开发办公室供图）

用足全区17所职业院校教育人才资源，持续深入开展"三下乡""田间课堂"等活动，帮助近700名建卡贫困群众掌握了"一技之长"。同时，注重发挥政府的引导作用、新乡贤的示范作用、村规民约的教化作用，鼓励引导贫困群众积极依靠自己动手、丰衣足食，培育涌现出了一批以市级脱贫攻坚先进个人古德建为代表的脱贫典型，有效激发贫困群众脱贫致富的内生动力。

二是深入开展"私人订制"，推动"有心无力"向"自食其力"有效转变。 全面实施"一户一策"精准到户措施，通过"以奖代补"的方式实施产业帮扶，扶持发展短平快种植养殖业，有效增强贫困群众生产发展和稳定增收能力。2016年至2020年累计落实产业帮扶到户扶贫专项资金2860余万元，对有产业发展意愿的贫困户实施生产发展奖补，增强贫困群众生产发展和持续增收能力。选派508名产业指导员，按照1名产业指导员指导10～20户贫困户的原则，开展帮扶对接工作。将产业扶贫专家服务队53名成员分成16个产业扶贫小组，按照镇街贫困户的数量，每个产业扶贫小组对 1~2 个镇街的产业发展指导员和贫困户进行技术培训。投入财政资金 500 万元,建立扶贫小额信贷风险补偿金,落实扶贫小额信贷政策,支持贫困户发展生产、增加收入的相关生产经营活动。目前,全区累计贷款 2906 户、4146.85 万元,贷款覆盖率达到 67.38%。

三是不断增强"造血功能",推动"产业匮乏"向"百业竞兴"有效转变。统筹专项扶贫资金 2600 余万元,稳妥推进农村"三变"改革,累计创建各类致富园、就业园、创业园 130 余个,发展种植食用菌、名优水果等 27 万余亩,实现利益联结机制全覆盖,稳定带动贫困户 1700 余户,人均增收约 2000 元/年。积极引导支持全区 5 个市级贫困村和 5 个相对滞后村发展合作社 36 个,所有建卡贫困户全部入社,带动贫困户户均增收 1000 元/年。2020 年 6 月 8 日、7 月 3 日,《人民日报》分别刊发了《一招化解了返贫风险》《重庆永川推动产业扶贫,种好脱贫瓜、过上甜日子》两篇文章,报道了永川区产业扶贫、长效扶贫工作成效。

四是深入实施"就业扶贫",推动"灵活就业"向"稳岗就业"有效转变。全覆盖开展就业培训需求宣传、统计,围绕农村产业、市场需求和贫困劳动力培训意愿,依托技能培训班、科技特派员下乡等方式,采取送培训到家到户和集中培训相结合的方式,有针对性地开展职业技能培训、农村实用技术培训和就业适应性培训等,提升贫困户生产发展能力,开展职业培训累计培训建卡贫困户 1336 户,开展畜禽养殖、蔬菜种植等农村实用技术指导或技能培训班培训建卡贫困户 3969 户;常态开展"春风行动"、每周现场招聘会,针对疫情影响,扎实开展"三个一批"就业行动,让 4191 名贫困群众吃上了"就业饭",贫困家庭依靠务工增收比例逐步提高;坚持多渠道开发公益性岗位,累计开发公益性岗位 8390 个,累计通过公益性岗位解决贫困人口就业 1797 人;创建扶贫车间 5 个,吸纳贫困劳动力就业 16 人。全面兑现贫困劳动力外出务工住宿交通补贴、公益性岗位补贴等政策 15 项,确保贫困群众有稳定工作、有可靠收入。

**五是持续深化"消费扶贫",推动销售"单一渠道"向"广开门路"有效转变。通过线上开设扶贫产品销售专区、线下设消费扶贫专馆专柜、开展直播带货活动等方式深化消费扶贫。目前设立消费扶贫专馆1个；与制造商订购消费扶贫专柜500台，第一批35台正在陆续落地，已试点安装6台；加快扶贫产品认定进度，共认定扶贫产品86个，供应商47个，累计销售扶贫产品16000余万元；15家生产商成功进驻中国社会扶贫网重庆馆，上架143个产品。开展直播带货活动17场次，销售额达220余万元。深入开展"旅游+电商"行动，积极鼓励发展农家乐和"后备箱经济"，努力让更多"绿水青山"变成"金山银山"。累计乡村旅游综合收入361.03亿元，乡村旅游直接带动贫困户3408人。

二、典型

（一）创新开展"百家企业驻村"活动

在决战决胜脱贫攻坚进程中，永川区创新开展"百家企业驻村"活动。政府、企业、村民三方联动，累计结成驻村对子219对，非公有制企业进村联系工作8500余人次，为群众解决困难1316件，提出发展建议473条，修建基础设施221处，落实帮扶项目204个，就地解决就业7500余人，落实建设及帮扶资金8995万元，落实项目资金约10亿元，实现扶贫开发与企业发展互促双赢。这项工作被中华工商时报等多个媒体专题报道，并在全国推广，开启了精准扶贫活动的先河。

（二）带着亲情去扶贫的驻仙龙镇关门山村第一书记邓德学

驻仙龙镇关门山村第一书记邓德学带着亲情去扶贫，把贫困户当成为亲人，急群众之所急，想群众之所想，在他走访荆竹湾村民小组的建卡贫困户唐忠见时，了解到其妻"何六梅"在当地没有户口，二人成婚多年也未取得结婚证。因没有户口,"何六梅"无法享受各种民生政策。解决"何六梅"的户口问题,必须与她的原籍地联系。就这样,一场寻亲行动就此展开。"何六梅"在关门山村定居25年,但其说话仍有严重的乡音。说话一快起来,根本听不懂。邓德学带领着扶贫干部一行人经多方寻找,并从她的口音中辨别出少许有用的信息:"贵州""荔波县""瑶族"。凭着这些碎片信息,获取到何六妹的家乡所在,并护送离开家乡25年的何六妹回到贵州省黔南州大山深处的荔波县瑶山瑶族乡菇类村懂蒙组,与86岁的老母亲及亲人团聚,并帮其重新办理了户口。从而帮助长期"失踪"的瑶家女,真正融入当地群众之中,过上了幸福的生活。

(三)致富带头人陈食街道卢家岩村藕塘村民小组村民陈邦琼

年幼时,陈邦琼父母离异,她跟随奶奶一起捡废品、吃百家饭长大。长大后,她为照顾失明的奶奶,从丈夫的家乡福建回到永川老家。不但自己种蘑菇致富,还提供约20万袋培育成熟的菌包,持续跟进后续服务和技术指导,带动周边镇街的数百名农户转产种蘑菇致富,带动20余户贫困户、低保户脱贫致富。先后被评为永川团区委"星火带头人"、永川区创业大赛优秀奖、永川区十佳最美家庭、感动永川人物、重庆市巾帼建功标兵等。《重庆科技报》、永川电视台、《永川日报》以及永川网等媒体多次对她的事迹进行了宣传报道。

南川区

党的十八大特别是2017年7月以来,南川区认真学习贯彻习近平新时代中国特色社会主义思想,深学笃用习近平总书记关于扶贫工作的重要论述和系列重要讲话精神,全面落实党中央决策部署和市委工作要求,坚持"精准扶贫精准脱贫"基本方略,始终把脱贫攻坚作为重大政治任务、中心工作、第一民生,以脱贫攻坚统揽经济社会发展全局。坚持问题导向,紧紧围绕"扶持谁""谁来扶""怎么扶""如何退",认真落实"六个精准""五个一批",推动脱贫攻坚走深走实,取得决定性成效。截至2020年底,全区农民人均可支配收入为1.7万元,其中贫困户人均纯收入达到1.58万元,全区建档立卡贫困人口在现行标准下全部实现脱贫。

一、举措与成效

(一)坚决站稳"两个维护"立场,深学笃用习近平总书记关于扶贫工作的重要论述

一是提高站位学。南川区委、区政府将脱贫攻坚作为增强"四个意识"、践行"两个维护"的具体体现,引导全区各级党员干部在学深悟透习近平总书记扶贫重要论述上下功夫,坚决肃清孙政才恶劣影响和薄熙来、王立军流毒。区委理论学习中心组全体成员、各级扶贫干部人手一

册《习近平扶贫论述摘编》，全文通读、常翻常学。区委常委会、区政府常务会、各级中心组专题学习习近平总书记关于扶贫的重要论述、党中央关于扶贫的决策部署290余次，开展习近平总书记关于扶贫工作重要论述宣讲3100场、分级分类开展扶贫干部培训43期4191人次。

二是用心用情讲。构建"区、镇、村"三级宣传宣讲格局，邀请市委宣讲团成员到南川举办宣讲报告会，区内全媒体开设"决战决胜脱贫攻坚""脱贫攻坚网络展"等专题专栏，推出"习近平谈脱贫攻坚""脱贫政策ABC""脱贫政策秒学"等专题节目130余期，把总书记重要讲话精神传达到每一个党组织、每一名党员干部和基层群众，把总书记对贫困群众的深切关怀传递到千家万户，切实营造脱贫攻坚良好社会氛围。

三是学以贯通做。南川区四大班子主要领导统筹调度、一线督战，班子成员带头攻坚、包镇负责，"一盘棋"抓脱贫攻坚。攻坚阶段、会战期间、决战时刻，区委书记坚持实行脱贫攻坚周调度、镇街主要领导天天抓，各级分管领导80%的工作精力用于脱贫攻坚、60%以上的工作时间在基层一线。2019年建立脱贫攻坚书记周调度会制度，区委书记统筹调度指挥，发出并办结"两不愁三保障"突出问题交办事项114个，及时有效推进各项重点工作。广泛动员民营企业、社会组织和党外人士助力脱贫攻坚，持续推进"百企帮百村"活动，在南民营企业积极参与40个贫困村结对帮扶，累计投入资金7042万元，有效推动贫困地区基础设施建设和特色产业发展。

（二）建立健全"六个责任"体系，在全区上下形成齐抓共管格局

一是领导责任。严格落实"一把手"负责制、"五级书记抓扶贫"和"双组长制"，从严落实区委、区政府及区级各部门、各乡镇（街道）"一把手"主要责任，区委、区政府每半月至少专题研究一次脱贫攻坚工作，实行区党政主要领导周调度、镇街主要领导天天抓。

二是纪委监委监督责任。在全市率先组建10个脱贫攻坚专项巡察组,全覆盖开展40个贫困村为期2个月的脱贫攻坚专项巡察。结合三级联动协作组,建立"五个一"监督机制。

三是区级部门属事主管责任。出台《进一步加强行业主管部门脱贫攻坚监管责任的实施办法(试行)》,按照各部门职责分工,履行牵头职责,加强行业监管指导,深入落实"五访"行动,推动"两不愁三保障"政策落地落实。

四是乡镇(街道)属地主体责任。切实做好精准识别、精准退出、信息管理和监督检查,落实各项精准扶贫举措,实施问题数据"清零行动",全面提升数据信息质量,不断夯实脱贫攻坚基础。

五是村(社区)具体落实责任。发挥好基层一线扶贫干部的先锋模范作用,密切联系并带动群众增收致富;组织开展入户调查、数据核实、信息采纳、民主评议、公示公开、到户政策宣传等,严格执行扶贫对象动态管理要求,对全区贫困户进行精准识别和精准退出。

六是党员干部帮扶责任。推动各帮扶单位在对口帮扶、行业指导、驻村队伍建设等方面给予贫困村大力支持,具体落实"双包"责任机制和"五访"行动,做到对贫困户家庭情况、家庭收入、两不愁、住房、健康、教育、就业、产业、驻村帮扶、人居环境等"十清楚"。

(三)严格落实"六个精准"要求,以真抓实干努力推动脱真贫真脱贫

一是扶贫对象精准。坚持"应纳尽纳、应退则退"原则,严格按照"两公示一公告"的程序要求,建立健全精准识别工作机制、贫困动态监测机制。2015年以来新识别贫困人口3253人,清除不合格对象8107人。完善常态排查机制、动态销号机制、部门联动机制、定期通报机制"四个机制",全面提升数据信息质量。

二是项目安排精准。坚持因户因人施策,确保扶到点上、扶到根上,

重点聚焦贫困村和发展相对滞后非贫困村发展、"两不愁三保障"突出问题、产业发展等突出短板和薄弱环节,凡是纳入负面清单的、涉及自然保护区内未取得合法手续的、不符合环保要求的、应纳入整合项目未提供当年规划和完成依据的均不得安排扶贫项目。

三是资金使用精准。制定扶贫资金管理使用专项小组细化工作方案,健全监督执纪问效、区级相关部门季度联席会议、涉农资金统筹整合、扶贫资金动态监控、扶贫资金拨付等监管机制,坚持对属于负面清单的、未纳入项目库的、未设定绩效目标的、绩效评价结果差的、监督检查发现问题多的项目"五不安排",切实加强扶贫项目资金监管。建立涉农资金统筹整合的长效机制,落实资金使用者的绩效主体责任,提高资金使用效率。

四是措施到户精准。继续落实好驻村工作队包村、干部包户"双包"机制,区乡村"三级书记"完成贫困村、贫困户遍访,各级各部门按照全区统一部署,由党政"一把手"挂帅,专题研究、传达学习相关政策,传导压力、夯实责任。驻村工作队、帮扶干部通过进村入户、户长会、电话联系、一对一交流等多种方式全覆盖走访,精心制定帮扶措施;持续做好"一卡一册一账一表两牌"完善和张贴工作,创新设计并使用《帮扶手册》(2020年版),增设44条帮扶政策,让贫困群众一目了然,推动扶贫政策到户到人。

五是干部选派精准。统筹全区领导班子和干部队伍建设,注重把对群众有感情、熟悉农业农村工作的干部充实到乡镇(街道)领导班子,尤其注重把政治过硬、阅历丰富、精力充沛、敢担当善作为的干部选拔到党政正职岗位;先后选派117名优秀年轻干部担任贫困村第一书记(工作队长),207名干部担任驻村工作队队员,明确驻村职责和待遇保障;全面排查244个村(社区)党组织书记履职情况,建立补齐台账,及时调整充实24名;实施"留住乡愁·雁归创业"本土人才选育计划,培养村级后备干部616名。

决战脱贫攻坚
党的十八大以来重庆扶贫工作纪略

△ 南川脱贫致富的"金山银山"（南川区扶贫开发办公室供图）

六是脱贫成效精准。建立完善"区负总责、部门协作、乡镇街道抓落实、任务到村、责任到人"的工作机制，实行"月通报、季督查、年考核"督查考核机制，坚决克服形式主义、官僚主义。严格执行脱贫农户申请、民主评议、逐户核实、签字确认、公示公告和贫困村脱贫入村调查、摸底核算、公示公告等程序，邀请"两代表一委员"对退出程序进行全程监督，杜绝"被减贫""被脱贫""数字脱贫"。

（四）聚焦短板弱项，全面提升"两不愁三保障"水平

　　一是千方百计助农增收。出台"五条增收措施"，筹集奖补资金3000万元，激励贫困户新发展精品稻米、商品蔬菜、中药材2万亩，新存栏家禽26万余头（只），新流转贫困户耕地（林地）1300余亩，不断拓展贫困群众增收渠道，确保贫困群众稳定增收。

二是全面落实控辍保学。 落实建卡贫困学生区内外就读资助 26 万人次、2.14 亿元，办理生源地贷款 1.9 万笔、1.42 亿元，实现资助政策、资助对象全覆盖。建立联控联保工作机制，统筹落实义务教育保障工作，采取随班就读、送教上门和入读特殊教育中心等方式，向特殊儿童提供个性化受教育机会，全区无一学生因贫辍学失学。

三是不断优化医疗服务。 全方位构建基本医保、大病保险和医疗救助"三重医疗保障"，先诊疗后付费、"一站式"结算，家庭医生签约服务全覆盖，贫困患者住院自付比例 9.92%，门诊自付比例 17.59%，确保"大病不返贫"。全覆盖家庭医生签约服务，提升基层医疗卫生机构服务能力，实现"小病不出村"。

四是有效保障住房安全。 开展全区贫困户唯一住房危房存量全面清查行动，对住房安全进行全面清理、全盘纳入、分类推进、应改尽改，建立健全农村 12.3 万户住房安全鉴定台账，印制住房安全保障"政策明白卡"到村到户。出台"七个一批"举措，累计完成农村 C 级、D 级危房改造 12838 户，拆除危房 6258 户，确保"人不住危房、危房不住人"。

五是不断提升饮水质量。 做到"建管并重"，累计投入资金 7443 万元用于全区农村饮水安全巩固提升工程，建成农村饮水供水工程 5586 处、受益人口 13.56 万人，其中建档立卡贫困户 2.19 万人。建立健全农村饮用水工程管理、水源保护、水质监测长效机制，全区农村集中供水率达到 94%，自来水普及率达到 91.5%，确保贫困群众喝上干净水、安全水、放心水。

（五）探索"五项机制"创新，突出结果导向制度化提升脱贫攻坚质量

一是书记周调度制度。 实行一周一专题、一周一研判、一周一交办、一周一落实，由区委书记专题调度脱贫攻坚特别是中巡、成效考核、各类监督检查发现问题的整改工作，确保随时掌握进度、及时会诊施策，推动解决"两不愁三保障"突出问题。

二是利益联结增收机制。坚持基本经营制度、坚持各方互利共赢、坚持引导农民参与、坚持优先扶贫扶弱、坚持稳步渐次推进等基本原则,通过资产收益、土地流转、资金入股、房屋联营、务工就业、产品代销、生产托管、租赁经营、产业补助等联结方式,全区各类农业经营主体带动贫困户11500余户次,2020年全区农村居民人均可支配收入1.7万元。

三是"书记工作室"机制。在2019年部分乡镇(街道)试点的基础上,2020年在全区34个乡镇(街道)全面推广建立"书记工作室"。工作室突出抓脱贫攻坚、抓集体经济、抓基础设施、抓村庄治理、抓基层党建"五抓"行动,领办书记项目300余个,策划农村党组织干部培训基地、农业产业助推脱贫攻坚等精品书记项目34个,着力打造农村基层党建"工作智囊团"、农村带头人"培训孵化地"、基层疑难"问题会诊所"、脱贫攻坚"成果分享堂",为推动抓党建促脱贫攻坚、促乡村振兴,党建引领基层治理等提供有力组织保证。

四是预警监测帮扶机制。印发《关于建立防止返贫监测和帮扶机制的实施意见》,实行台账管理,分类做好跟踪帮扶工作,防止脱贫人口返贫、边缘人口致贫。由区财政兜底,边缘户同等享受贫困户医疗救助、产业和房屋补助、民政支助等政策。

五是巡查监察机制。区纪委监委对全区40个贫困村"全覆盖"开展脱贫攻坚专项巡查。坚持"一月一督查、一次一侧重",组织5个督查组对政策落实、工作落实、责任落实、扶贫领域官僚主义和形式主义等情况开展监督检查。建立"激励"+"倒逼"机制。对脱贫攻坚领域失实反映的问题实施澄清,激励干部担当作为。运用"三个区分开来"问责,对脱贫攻坚履职不力的相关党员领导干部进行问责。

(六)不断强化"五大保障"基础,从根本上长效巩固脱贫攻坚成果

一是资金投入保障。建立"多个渠道进水、一个池子蓄水、一个龙头

放水"机制,累计投入财政扶贫资金近10亿元、涉及项目2026个,其中,各级财政专项扶贫资金5亿元,整合财政涉农资金4.56亿元。建立完善扶贫资金支出进度周通报、抽查检查、约谈等制度,将扶贫资金管理使用情况纳入区委脱贫攻坚专项督导组必查内容。

二是产业指导保障。围绕"3+1"现代农业产业体系,因地制宜指导贫困村精准选择优势产业项目,确定40个贫困村扶贫主导产业73个,发展优质稻32万亩、中药材12.2万亩、茶叶1.85万亩、方竹笋23万亩;建立完善"专家+技术指导员+试验示范基地+科技示范户+贫困户"的技术推广模式。争取国家"三区"科技人才和市级特派员29人来区服务,建立科技示范点6个,培育科技示范户740户,建立专家科技服务团1个;建立贫困户产业发展指导员制度,聘请具有高级以上技术职称的13名农技专家组成区级扶贫产业发展专家组,分产业明确97名专业技术人员作为区级扶贫产业发展指导员;开展"一村一品"示范村创建活动,确定20个贫困村作为首批创建单位。

三是金融支持保障。健全完善以涉农银行为主,所有商业银行广泛参与的扶贫信贷协同机制,各银行业金融机构全面收集金融扶贫责任片区有效金融需求,通过"一乡一品""一企一策"等方式,积极帮助特色产业、重点企业发展,带动周边贫困群众脱贫增收。2020年全区涉农贷款余额170.53亿元,较"十二五"新增99.71亿元;通过广泛宣讲政策、精准发放对象、限时办结兑现、加强后期管理、常态沟通交流"五项举措",坚持户借、户用、户还,有效发挥扶贫小额信贷在脱贫攻坚中的支撑作用,累计放款31435.18万元,覆盖率达到64.68%,帮助7449户通过发展产业增收。

四是就业服务保障。采取订单培训、定点培训、联合培训、委托培训等多种方式,提供丰富的"技能大餐",供贫困群众自愿选择。累计对建卡贫困人员开展"南川巧媳妇"、"南川土特产制作"、育婴师、家政服务等各类职业技能培训6590人次,为符合补贴条件的1306名建卡贫困人员发放培训生活费(含交通费)补贴124.94万元。统筹扶贫、民政、城管、交通、水利、林业、生态环境等部门及乡镇(街道)开发公益性岗位,做到在100%托底前提下,动态更新岗位,确保贫困群众求职有门、就业有路、困难有助。累计发放创业担保贷款及贴息2126.4万元。

五是志智双扶保障。坚持扶志与扶智相结合,既让干部动起来,又让贫困群众干起来。统筹开展思想教育行动、文化惠民行动、典型示范行动、教育脱贫攻坚行动、职业技能提升行动和正向政策激励等六大行动,积极培育和践行社会主义核心价值观,推动扶贫与扶志同步发展,不断增强贫困群众战胜贫困、稳定脱贫的内生动力。全区开展"身边的脱贫故事"微访谈活动和"榜样面对面"脱贫攻坚先进事迹宣讲活动共计860场,累计受众1万余人。开展农业科技大培训2543人次,农村实用技术培训72场4671人,发展致富带头人350人、带动贫困户1201户。

▲ 半溪河村新貌(南川区扶贫开发办公室供图)

二、展望

(一)优化产业体系,进一步夯实脱贫致富基础

全区建立完善乡村振兴区乡村三级责任体系,明确党组织书记为"第一责任人"。分层分类开展试验示范。区级层面打造市级综合试验示范区,大观镇和木凉镇部分村打造综合试验示范核心区,大观镇、兴隆镇、木凉镇打造3个综合试验示范镇和5个综合试验示范村。同时,各乡镇(街道)结合实际打造27个单项试验示范村,构建形成"1+1+3+5+X"试验示范格局。成功创建国家级茶叶标准化示范区,获评国家级、市级"一村一品"示范村14个。

(二)强化基层治理,进一步融洽干群关系

集中人力、物力、财力,加快补齐40个贫困村基础设施短板。累计投入资金18亿元,建成"四好农村路"2200公里、农村饮水工程5586处,新建及改造高低压输电线路255.7公里,新铺设天然气管道92.4公里,为贫困地区群众解决最关心、最直接、最现实的出行难、饮水难等现实问题,精准打通服务群众"最后一公里"。创新制定乡村善治"四有十条"标准,解决突出问题8000余件、化解矛盾纠纷4300余件,全区信访总量下降34.9%。创建全国、全市民主法治村(社区)58个。攻坚以来,8000多名干部用心用情常态化开展结对帮扶,与贫困群众成为"一家人",推动户均享受帮扶措施10个以上,脱贫攻坚专项调查群众满意度100%。

(三)促成"五销联动",有效畅通消费扶贫渠道

通过开展消费扶贫月系列活动,多角度宽领域引导全社会参与消费

扶贫。一是预算单位"定额销"。全区47个一级预算单位通过"832"平台完成采购交易330万元。二是党群活动"鼓励销"。全区机关企事业单位开展"党建带群建·勠力战脱贫"党群活动70场次,直接购买贫困村、贫困户农副产品152余万元。三是广泛动员"社会销"。中国社会扶贫网消费扶贫重庆馆线上销售857万元,区内生产企业、电商企业、农业企业、商贸企业、帮扶干部等其他社会力量购销扶贫产品4663万元。四是电商平台"拓展销"。举办直播带货活动33场,直接销售金额525万元。五是产品认定"带动销"。已认定45家区内民营企业的扶贫产品117个,带动2126户贫困户增收。

(四)加强防贫监测,全面完成脱贫攻坚战任务

探索出台《南川区防贫返贫监测预警响应机制(试行)》,全面落实"扶持贫困人口持续稳定增收5条措施"、扶贫小额信贷、教育、医疗、住房等扶持政策,防止脱贫人口返贫、边缘人口致贫。全区脱贫不稳定户392户1348人、边缘易致贫户217户655人已全部消除风险,有效防止脱贫人口返贫、边缘人口致贫。截至2020年12月底,系统内有建档立卡贫困人口11532户40110人,五年来累计减贫11532户43779人;2020年全区贫困人口人均收入1.58万元、较2015年增长201.68%,人均务工收入和生产经营性收入占比分别达到77.7%、12.5%,较2015年分别增长1.7、2.9个百分点。

三、典型

(一)完善保障机制切实补齐"两不愁三保障"短板

一是"五条措施"稳增收。扶持贫困人口务工就业。全面落实跨区

域就业往返城市间交通补贴。全力开发公益性岗位安置建档立卡贫困劳动力给予工资补助。凡2020年新增吸纳建档立卡贫困劳动力，给予经营主体一次性吸纳建档立卡贫困劳动力岗位补贴3000元。扶持贫困人口发展养殖业。贫困人口在2020年新发展"当年养殖、当年出售"的畜禽，按照商品肉兔10元/只、商品肉鸡（鸭、鹅）30元/只、商品羊300元/只、商品猪1000元/头的标准，给予购买仔畜、仔禽、饲料等补助。扶持贫困人口发展种植业。在2020年新发展"当年种植、当年出售"的特色农产品，按照绿色精品稻米300元/亩、草本中药材600元/亩、水果（西瓜、草莓等）500元/亩、商品蔬菜300元/亩的标准，给予种子（种苗）、肥料等农资补助。扶持购销贫困人口农产品。年购销贫困人口农副产品总金额2万元以上的，按照交易额的10%补助经营主体。扶持流转贫困人口承包地。对2020年新流转贫困人口耕地、林地的经营主体，按照实际支付当年流转费总额的10%补助经营主体。

二是"七个一批"保住房。复垦拆除一批。对符合"一户一宅"规定的农村危房，优先复垦，并按照复垦相关程序实施拆除。鼓励拆除一批。对符合"一户一宅"规定且经本次鉴定的农村C级、D级危房，在规定时间内完成危房拆除且验收合格的，给予0.5万元/户的拆除奖励。证据保全拆除一批。对纳入土地储备红线范围内，拟于近期开发建设，按征地拆迁相关程序，先行签订房屋拆迁补偿安置协议，提前拆除原旧房屋。修缮加固一批。对一般农户长期居住且经鉴定为C级危房的农村唯一住房，在规定时间内完成修缮加固且验收合格的，按照0.9万元/户的标准补助给权利人（"四有"人员除外）。拆除新建一批。对一般农户长期居住且经鉴定为D级危房的农村唯一住房，新建房屋建筑面积不超过80平方米，并经验收合格的，按照2.1万元/户的标准进行补助（"四有"人员除外）。限期拆除一批。全面清理易地扶贫搬迁"建新未拆旧"的和纳入D级危房改造的建卡贫困户"建新未拆旧"的进行限期拆除。佐证挂牌一批。针对全区农村C级、D级危房中的"四有"人员或长期不在家的农户，由各乡镇(街道)收集佐证资料,形成佐证档案,并对该类住房进行挂牌公示。全区自筹集资金1.3亿元,完成农村C级、D级危房改造4154户,拆除危房7000余户,确保"人不住危房、危房不住人"。

三是"六个到位"强管理。严格项目审核到位。在坚持"五不安排"基础上,对入库项目全面清理、逐一审查,重点围绕解决"两不愁三保障"突出问题,精准发力、对症下药。审批程序精简到位。疫情防控期间,对必须由主管部门审批的扶贫项目,原则上审批时间压缩一半,财政预算评审时间,原则不超过一周。要求招投标代理方第一时间开展代理活动,对未达到公开招标数额标准的微小型扶贫项目,只要贫困村具备相关项目建设、运营能力的,同意按照村民民主议事方式,直接委托村级组织自建自营。增强绩效管控到位。按照"谁申请资金,谁设定目标"原则,压实绩效目标设定、审核等主体责任,严格项目申报、确认等具体流程,切实抓好事前、事中、事后绩效管控,形成全方位、全过程、全覆盖的绩效管理体系。资金投入保障到位。建立"多个渠道进水、一个池子蓄水、一个龙头放水"机制。强化资产管理到位。全面清理2014年以来专项扶贫资金和2016年以来统筹整合资金,建立项目资金双台账,明确扶贫实物资产内容、资金来源及使用情况、资产权属和管理营运主体。常态化督促检查到位。建立完善扶贫资金支出进度周通报、抽查检查、约谈等制度,将扶贫资金管理使用情况纳入区委脱贫攻坚专项督导组必查内容。

(二)精锐尽出,啃"最硬骨头"

一套组合拳,打出脱贫致富路。王世平,2015年7月由南川区委组织部选派到南城街道半溪河村担任第一书记兼驻村工作队队长。在底子不清、班子涣散、贫困户脱贫信心不足、贫困诉求不对称、各项工作推进缓慢、"空壳村"等情况下,通过摸家底察实情,精准制定方案;抓班子带队伍,凝聚攻坚合力;送政策理思路,植入脱贫信心;添举措强保障,推动工作落实；解急难办实事，关切群众诉求；育产业防返贫，拔掉贫困深根等组合拳，科学编制《半溪河村脱贫攻坚规划实施方案》，形成了"支部牵头、党员带动、群众参与"的脱贫攻坚工作格局，引导贫困群众变"要我脱贫"为"我要脱贫"，探索建立周一议事制度和轮流值班制度，做到重要事项及时研究、群众诉求及时回应、村务工作及时公开。争取各方资金3000余万元，重点解决群众办事、出行、人饮和居住四大难题，改建600余平米便民服务中心，实施道路新扩建51.5公里，实施39户D级危旧房改造，新建人饮水池21口、铺设水管20余公里，新建800平方米物流仓库，推进3000亩茶叶、500亩优质稻、300亩猕猴桃发展，推动200亩近郊休闲避暑项目开发，通过出租方式实现村集体每年增收13.7万元。在扎实做好全村脱贫攻坚工作的同时，王世平同志还积极向上建言，针对脱贫攻坚中出现的新问题新情况，深入思考总结、撰写上报调研材料29篇，其中，《扶贫小额信贷政策执行出现新情况及建议》等6篇被市政协采用报全国政协，《关于因地制宜推进高山生态扶贫搬迁的建议》等10篇报市领导及市级有关部门，有力推动农村基层一些问题得到解决。

从"象牙塔"到村主任，将青春奉献给大山。杜寅霞，现为南川区三泉镇风吹村村主任。2007年，杜寅霞大学毕业，没有选择城市的"灯红酒绿"，毅然决然地回到了养育她的家乡——"天天有风吹，一月十天大风吹""石头都压不住瓦片""骑摩托不敢上路"的风吹村。从妇女主任到计生专干再到村主任，一干就是十几年。通过将新思想、新理念带回山里，风吹村发生翻天覆地的"蜕变"，陡壁泥路，变成了30多公里的致富路。2015年脱贫攻坚刚启动之时，风吹村喊响了"苦战二十天，畅通致富路！"的口号。杜寅霞和村社干部、村民连续奋战，克服地质条件差、严寒等恶劣条件，5公里的脱贫产业道路保质保量按时完成。近年来，风吹村又硬化了33公里的通村路，甚至比有些乡镇硬化公路都要长。道路改善后，群众的房屋改造方便了许多，蔬菜、茶叶、晚熟李、香榧等产业蓬勃发展，再加上利益联结机制的建立，老百姓的生活越来越好。风吹村海拔千米以上,是避暑纳凉的好地方,有百年老木屋、土匪寨子洞、千年观音庙、湘官道等遗迹,既有厚重的历史文化景观,又有峻峭的山川,面对丰富的旅游文化资源,杜寅霞充分发挥其导游专业优势,引导村民培育了两家农家乐,其中贫困户潘常友通过开办农家乐实现脱贫。杜寅霞相信,乘着吹到风吹村的"东风",村里还有会越来越多的人吃上"旅游饭",日子会越过越好。截至2019年底,村里的未脱贫户从建档立卡时的54户177人直线下降到1户3人。

(三)艰苦奋斗谋发展,摆脱贫困迎新篇

"一目了然"的贫困户。 李朝文,南川区东城街道黄淦村人,左眼失明,母亲患病,两个孩子,家有土屋两三间,因病、因学致贫。对于生活,瞎了一只眼的李朝文,比起双目健全的人看得更加明白:李朝文从不抽烟,但上衣口袋里却一直放着一包烟。与人一见,便谦逊地递上一支。在城里帮人送牛奶中,一支烟递上,便与客户攀谈起来。讲到南川米好吃,客户想尝尝新米,他便主动送米上门,客户认可。看准时机多次送米,积攒下一些客户后,将南川米产购加工及销售渠道看得明明白白的李朝文通过扶贫贷款建立起自己的稻米加工行,竟这样渐渐将米生意做了起来。如今,李朝文夫妇在区里开了两个摊位卖米。通过扶贫小额贷款5万元和亲朋好友借的几万元,在村里土屋旁开了一家脱壳筛选加工厂,经过几年"早五晚九"的苦干,在农贸市场销售和送米上门,每年能卖出100多吨米,有2000多户的回头客,由于高于市场价格收购谷子,带动了周围6个村社村民种水稻的积极性。李朝文夫妇始终相信幸福是奋斗出来的,只要勤劳肯干,就能脱贫致富。

不忘乡情,领脱贫。 韦会强,现年46岁。他从昔日一个普普通通农民,成为重庆市悦波农业开发有限公司总经理。他依靠党的富民政策,带领广大群众脱贫致富。他对人对事公平、诚信,在商海中奋战搏击,大家相信他、信任他。致富后的他不忘乡亲父老,2011年回乡创业,带动当

地老百姓脱贫致富，成为当地有名的农村致富带头人。2013年，他在南川区三泉镇半河社区种植200亩奈李子，动员当地贫困户一起种植青奈李子，贫困户每月可增收500元。而后，他又承包种植柚子400亩、蜂糖李700亩，一般农户和贫困户都可以通过土地入股的方式加入公司，年底他拿出20万元，给当地贫困户配股分红，带动当地61户贫困户共159人脱贫。韦会强是一个普通老百姓，但他自始至终紧密地团结在党的周围，拥护党的领导，拥护党的方针、政策，从一个贫穷的农村小伙子通过自己的不断努力发展，成长为今天的农村致富带头人。

綦江区

綦江不是重点贫困区县，也没有深度贫困镇村，但却是非重点区县中贫困程度相对较深、脱贫任务相对较重的区县之一。2012年，市下达綦江区13个贫困村的整村脱贫任务。13个贫困村辖99个村民小组，农业总户数7653户，农业人口2.5万余人，其中贫困户535户、贫困人口1921人。国家新一轮脱贫攻坚打响后，根据国家现行贫困标准，綦江区2014年精准识别出贫困村25个，贫困户6950户22908人。党的十八大特别是2017年7月以来，綦江区多措并举脱贫成效显著，全区25个贫困村全部脱贫，实现了"小康路上一个都不掉队"。

一、举措与成效

（一）坚持联动作战，用百分之百的政治担当筑牢脱贫攻坚责任

一是主要领导领战督战。 对标对表市委要求，细化落实区、镇两级党政主要领导"双组长"制，严格履行第一责任，切实把扶贫工作牢牢扛在肩上、紧紧抓在手上，任何时间、任何地点、任何事情都以脱贫攻坚为先。全面深入推进三级书记遍访制度，区委书记、区委副书记、区长带头，每年遍访25个贫困村，其他区领导每年遍访联系街镇贫困村、贫困

户,做到零距离了解真实情况、面对面听取群众意见、点对点解决实际问题。

二是社会各界联动联战。完善落实区级领导包镇、部门干部包帮、街镇班子包片、驻村工作队包村、村干部包点、企业结对帮扶的"六联动"工作机制,推动干部一起出征、一线作战,形成攻坚合力。强化帮扶责任人包户包干责任,创新看居住环境、帮家园美化,看就业状况、帮吃穿无忧,看农房质量、帮住房安全,看水源水质、帮饮水安全,看子女入学、帮教育成长,看健康状况、帮诊疗到位,看产业发展、帮收入稳定"七看七帮"工作法,做到走访慰问、摸清户情、宣传政策、帮扶措施"四个到位",确保结对帮扶有力有效。

三是强化保障引战促战。充实扶贫力量,在保持脱贫攻坚街镇党政主要负责同志稳定的同时,选派59名驻村第一书记,增派46名贫困村驻村工作队员,并坚持基层导向、实绩导向,注重在脱贫攻坚中锻炼、考察、选拔干部,累计提拔36名政治过硬、实绩突出、群众认可的第一书记,激发了基层干部担当、作为的热情;新设区、镇扶贫指导中心,为各街镇配备3~5名专职扶贫干部。加大资金投入,在区级财力十分紧张的情况

▲ 綦江区横山镇——脱贫致富路(綦江区扶贫开发办公室供图)

下,2019年投入扶贫资金8.65亿元,2020年安排财政专项扶贫资金5.58亿元,为脱贫攻坚提供资金保障。同时,坚持把脱贫攻坚作为班子年度考核、个人评优评先、干部提拔重用的重要依据,充分发挥考核"指挥棒"作用,激励和引导广大干部领战、苦战、善战。

(二)坚持全面会战,用百分之百的兑现落实巩固脱贫攻坚成果

一是聚焦"剩余贫困"开展大会战。针对暂未脱贫的10户38名贫困人口,紧盯"两不愁三保障"和饮水安全,开展"挂户督战",由街镇主要负责同志亲自督战,"一户一策"精准施策、精准帮扶,现已全部达到脱贫标准,实现了6月底前攻下"最硬堡垒"的目标任务。针对易返贫监测户177户512人和易致贫边缘户155户430人,压实街镇领导包片、镇村干部包户责任,建立"一户一档",实行"一对一"监测帮扶,无一人致贫返贫。针对全市定点攻坚村——丁山镇石佛村,在全市非重点区县中率先启动定点攻坚工作,制定实施方案,细化15个方面、53项任务,整合资金650余万元,清单化、项目化、责任化打表推进各项工作。目前,已完成45项攻坚任务,剩余的8项任务将在8月底前全面完成。

二是聚焦"问题整改"开展大会战。坚持把抓好问题整改作为检验"两个维护"的"试金石",将中巡"回头看"、国家考核及大排查反馈问题、"不忘初心,牢记使命"主题教育检视问题等结合起来,一体研究、一体整改,建立任务、责任、时限三张清单,压紧压实街镇部门"一把手"责任,每周通报、半月调度、常态督查,把好进度关、质量关、资料关,全力推进各类问题整改销号。目前,中巡"回头看"62项任务已全部销号,完成率100%;国考52项任务已销号51项,完成率98%;大排查32项任务已全部销号,完成率100%;市考35项任务全部销号,完成率100%。线下整改任务也同步整改销号。同时,把扶贫信访作为发现整改问题的重要途径,坚持机制体制、台账管理、分类处置、化解矛盾"四个到位"。

三是聚焦"成果巩固"开展大会战。兜底方面：全面排查农村困难群体生活保障情况，新增低保、特困521户862人（建卡贫困户95户200人），临时救助1388户（建卡贫困户186户），持续关注残疾群众，积极采取社会捐赠、发展产业、技术培训、医疗资助等方式解决基本生活和收入问题。住房方面：实施农房全面筛查、户户比对、全面挂牌，2018年改造危房2953户，2019年改造危房965户，2020年改造危房1981户，其中动态清零新增的"三类对象"危房335户，结合旧房提升工程项目，改造一般农户危房1646户，因户施策解决就地"农转城"人员住房问题，确保住房安全保障全覆盖。教育方面：建立教委、公安、镇村、帮扶责任人、学校、家庭六位一体"控辍保学"机制，采取"分段资助""送教上门"等方式，全面落实教育帮扶政策，确保不漏一人、应享尽享，实现零辍学、零失学。医疗方面：实施"四个百分百"医疗扶贫模式，提升基层卫生院（卫生室）服务水平，提高医疗保障能力，实现区内公立医院"先诊疗后付费""一站式结算"100%、家庭医生签约服务覆盖率100%、村卫生室建成投用100%、医疗自付比例达标100%，确保小病不出村、大病不耽误。饮水方面：整合资金1.7亿元，实施农村饮水巩固提升工程156个、分散式供水工程118处，7月底将全面建成投用；健全饮水运行管理机制，配备公益性岗位管水员342名，确保农村饮水"管得好、长受益"。

四是聚焦"普查基础"开展大会战。成立普查工作领导小组，落实专班领导、专业队伍、专项资金、专门场地，制定《脱贫攻坚自查评估工作方案》，分街镇自查、区级核查"两步走"，两道关口、两道工序确保普查工作务实、数据真实。坚持人人见面走访、户户建立台账，组织2780人次镇村干部，连续42天集中入户调查贫困户15149户次、重点户9342户次，逐村逐户算收入账、政策账、对比账，挨家挨户查找问题、核实整改，做到问题发现"零遗漏"，所有问题已全部整改清零。同时，统一规范区、镇、村、户各级档案，逐户逐人逐条对信息系统、档案资料、实际情况进行比对，确保线上线下"数数"相符、扶贫部门与行业部门"账账"相符、台账与实情

"账实"相符。

五是聚焦"疫情化解"开展大会战。坚持"战疫""战贫"两手抓，揪住就业和增收两个关键，推行优先对接就近就业、优先推进扶贫项目等"十优先"举措，建设扶贫车间16个，合理开发公益性岗位2867个，解决就业困难人数3126人，实现贫困劳动力"家门口就业"。认真落实"五个一"帮扶措施，精准摸排贫困劳动力就业需求，通过代购车票、专车运送等方式外送务工3000余人，实现贫困劳动力100%务工就业。制定十二条支持新型农业经营主体扶持政策，向148家涉农带贫企业派驻指导服务员，实行"一企一策"指导服务，协调融资贷款1.9亿元，扶贫龙头企业、扶贫车间3月上旬实现100%复工。紧扣贫困对象春耕所需，组织产业指导员入户帮扶，确保了春耕生产不误农时。全区无一人因疫情返贫、致贫。

（三）坚持齐力助战，用百分之百的精准举措提升脱贫攻坚成色

一是助产业增收，拓宽"致富之路"。制定落实贫困户产业发展补助政策，因地制宜培育草蔸萝卜、糯玉米、蜂蜜等10大主导产业，选派571名技术指导员到村到户指导帮扶，培育致富带头人445人、带贫1500多户。发展壮大集体经济，选派184名区级单位党员副职领导干部、9名在綦党员民营企业家到空壳村、薄弱村担任第一书记，实施"破壳行动"，25个贫困村实现村村有收入，平均收入达到14万元，69个龙头企业与建卡贫困户建立利益联结机制，并依据村规民约、人居环境积分等分配红利，户均分红200元。加大金融扶贫力度，设立1000万元扶贫小额信贷风险基金，全面开展小额信贷上门服务，扶贫小额贷获贷率达48.9%，实现贫困对象应贷尽贷，有力支持了贫困户产业发展。三角镇中坝村、中峰镇中峰村扶贫产业发展在中央媒体得到宣传。

二是助基础夯实，建设"美丽乡村"。累计投入资金13.1亿元，全面补齐基础设施短板，有序推进路、电、讯、网等基础设施、公共服务建设，

▲ 綦江区永新镇——梨花香中春耕忙（綦江区扶贫开发办公室供图）

建成农村公路500公里、人行便道513公里，实现客运车通村、硬化路通组、水泥路连户，25个贫困村村村通动力电，自然村落通信信号实现全覆盖。坚持脱贫攻坚与生态保护有机衔接，实施生态扶贫提质增效、农村人居环境整治行动，深入推动"三清一改"，实现厕所、供水、厨房、圈舍、院坝、排污排水设施"六个建好"，扎实推进残垣断壁整治，村容村貌整体改善，实现户户清洁、村村"清爽"。

三是助志智双扶，增强"内生动力"。深入开展"用情讲变化、用心想未来"活动，各级帮扶干部走下去、到现场，通过讲变化，切实让贫困对象、农村群众感恩党的好政策、感恩总书记的为民情怀、理解基层干部的辛苦和有为，努力提升群众满意度；通过想未来，不断激发群众思发展、盼发展的内生动力。坚持扶志与扶智相结合，做好政策引导、技能培训、帮扶激励、产业扶持、典型示范、乡风引领"六篇文章"，用好"一会一榜一奖惩"（政策宣讲会、红黑公示榜、奖惩明细单），选树脱贫攻坚先进典型76名，带动贫困群众增强脱贫信心决心，实现由"要我脱贫"向"我要脱贫"转变。

四是助资源整合，扩大"叠加效应"。 充分发挥联系部门、国有企业、金融机构、社会组织等外部扶贫力量作用，推动各方政策、资源、项目、资金向贫困村集聚，形成"和衷共济、风雨同舟"的脱贫合力。针对疫情带来的农产品滞销问题，进一步加大消费扶贫力度，统筹"线上""线下"两种手段，区委书记、区长带头"直播带货"，区人大在人大代表中创新开展"我为乡亲卖土货"等消费扶贫活动，推行机关单位定点买、市场超市专柜销、节庆活动集中售、电商平台全力推、爱心人士踊跃购等方式，推动扶贫产品进市场、进商超、进社区、进食堂，累计销售扶贫产品5500余万元，切实让贫困群众手里的农产品变成真金白银。

五是助长效衔接，探索"试点示范"。 积极思考脱贫攻坚任务完成后工作，主动探索脱贫攻坚与乡村振兴的有机衔接，以隆盛镇振兴村为衔接试点，制定《试点方案》，借鉴脱贫攻坚政策举措和实践经验，着力做好脱贫攻坚与乡村振兴规划、政策、机制、工作"四个衔接"，集中优势资源，有序推进试点探索，努力为全市推动脱贫攻坚与乡村振兴有机衔接提供綦江经验、贡献綦江力量。

二、典型

（一）工作机制创新案例

党的十八大特别是2017年7月以来，綦江区始终把脱贫攻坚作为重大政治任务、第一民生工程，坚持用担当诠释忠诚、用落实体现责任、用方法演绎作为，全力以赴打好脱贫攻坚战，确保交出一份高质量的"綦江答卷"。在党中央、国务院和市委、市政府的坚强领导下,在全区上下的共同努力下,2019年底,全区25个贫困村全部脱贫,贫困人口从2014年22908人下降到10户38人,贫困发生率下降至0.01%。

为进一步贯彻落实习近平总书记在决战决胜脱贫攻坚座谈会上的要求,重点解决"两不愁三保障"突出问题,2020年,綦江区创新开展"七看七帮"工作法(即看农房质量,帮住房安全,看子女入学,帮教育成长,看水源水质,帮饮水安全,看健康状况,帮诊疗到位,看产业发展,帮收入稳定,看就业状况,帮吃穿无忧,看居住环境,帮家园美化),实施精准帮扶,确保扶在点上、扶在根上、扶在效上,奋战"脱贫攻坚冲刺90天"。在持续巩固7583户22908人贫困对象脱贫成效的基础上,6月底前,剩余10户38人贫困户全部达到脱贫标准,实现了"小康路上一个都不掉队"。在全市脱贫攻坚座谈会上,"七看七帮"工作法的模式和成效,得到了市扶贫办的充分肯定。

(二)扶贫干部典型案例

扶贫路上的"铺路石"。2019年3月,有着25年党龄的57岁老同志龙俊才,受重庆市委组织部派遣,来到市级贫困村綦江区三角镇中坝村任驻村第一书记。初到中坝村,龙俊才便深入走访全村贫困户,对本地资源和原有产业认真调研,并不断向先进地区学习考察,理清了全村产业发展思路,同村支两委一起确定了"观珍禽美景、乐亲子采摘、享文化野餐、吃生态乡宴、住清凉民宿"的产业目标,制定了农旅文旅融合发展计划,创新了"业主+农户+村集体"的合作模式,引进了规模产业。在他的带领下,中坝村协调到各类资金2000多万元,建成20余公里硬化公路和柏油示范路,安装太阳能路灯249盏实现全村公路亮起来,建成1000亩雷竹产业基地、"百凤园"珍禽特色养殖基地、矿石博物馆。同时,他致力于村民精神文明建设,推动建成藏书达5000余册的中坝村乡村图书馆,引入"'我们的中国梦'——文化进万家暨重庆市美丽乡村文艺秀活动",

为中坝村制定了"2019—2049乡村振兴人才培养计划",提出"到2049年计划培养500名大学生"的目标,设立了村奖学金,2019年奖励24名学生,发放奖学金26700元。在他的努力下,2019年中坝村人均收入达到18233元,44户贫困户"两不愁三保障"全部实现。2019年,龙俊才被重庆市委市政府评为乡村振兴贡献奖先进个人。他始终坚信,中坝人能靠自己强大起来,而自己只不过是这条通往致富道路上的一颗"铺路石"。

铁脚板的"第一书记"。綦江区石壕镇万隆村,地处重庆与贵州的交界处,平均海拔1300米左右,夏季平均气温22~28℃,森林覆盖率达到80.2%,当地村民主要依靠种植玉米、马铃薯等作为经济来源,山岭险峻,地广人稀,是市级贫困村,2012年,这里的人均纯收入仅2300多元。2016年8月,令狐克军来到万隆村任第一书记。2年多的时间,走坏了二十多双鞋子的他,怀揣着一颗"要让老百姓富起来"的初心,探索出了一条万隆的发展之路。他通过走村入户,摸排村情,因地制宜,依靠花坝景区,带领村干部们为村里制定出了"景区+扶贫户""合作社+扶贫户""农家乐+扶贫户""产业+扶贫户"和"种植大户+扶贫户"等扶贫方式。短短2年时间,全村人均纯收入便增长到13897元。2018年下旬,他来到了与万隆村相邻的香树村任第一书记。他根据当地的实际情况,为香树村规划了一条"集体经济+特色产业+旅游"的发展之路,在他的带领下,村集体产业香树建筑劳务公司成立,对外输出了大量劳动力,同时在村上发展脆红李产业1500多亩,糯玉米约500亩,新增农家乐6家。2019年,香树村的人均收入从11000元增长到16480元。这位务实的第一书记,当地的老百姓都称他为"铁脚板书记"。

(三)致富带头人案例

甜蜜中峰的"幸福生活"。綦江区中峰镇中峰村的脱贫致富带头人邹晋,是土生土长的中峰村的村民,从事蜜蜂养殖14年,是当地有名的养殖专家。2017年,中峰镇以蜜蜂产业发展为突破口,帮助群众养蜂脱贫。

当年不到三十岁的他毅然决然地放弃了外面的工作,回到家乡带领家乡的父老乡亲一起共赴小康,主动挑起扶贫担子,免费为贫困户提供技术支持。在他的帮助下,2018年底,14户贫困户通过养蜂脱贫,其余80多个贫困户每户平均增收4000多元。随着邹晋的养蜂产业影响力不断扩大,越来越多的贫困户加入了养蜂的队伍,截至2019年底,全镇养蜂户达到300余户,养殖中华蜜蜂近8000群,建成标准化蜜蜂养殖园30个,实现综合年产值1200万元,并成功申报"全国优质成熟蜜示范基地"。连续两年,邹晋被评为中峰镇致富带头人。谈到对未来的规划,他讲到,养蜂不仅仅是带领辖区的群众实现小康梦,更重要的是对外大力展示中峰文化,展示甜蜜中峰的重要途径。

把日子过"牛气"的"养牛郎"。 綦江区赶水镇双龙村1组的程世现,身患先天性4级残疾,家有七十多岁的老父亲和正在读书的儿子,2015年,母亲因病去世,妻子嫌弃家里穷,离家出走,带着儿子生活的程世现,异常艰难。2017年,程世现一家被识别为贫困户。2018年,双龙村扶贫干部根据他的具体情况为他出谋划策、厘清发展思路。因为有给堂哥打理养牛场的经验,他申请了5万元的小额免息贷款,盘下堂哥的牛场,接手了10余头成牛。他通过镇兽医站的指导学习,熟练掌握了配种、接产等养牛技术。在他的努力下,成牛长势良好,3个月后便被人全部预订购买。"牛刀初试"的成功给了他信心,2018年下半年,他再次贷了5万元,购买母牛、添置割草机,并流转了5亩土地种植牛草,开启自繁自养的模式。因为肉质优良,他的牛肉颇受市场青睐,2019年底,他的牛场存栏量高达43头,年纯收益将达20万元。富不忘乡亲,把日子过得"牛气"的程世现还要把全村人的生活带得"牛气"起来。程世现对前来向他求教养殖技术的村民都毫无保留地讲解。

大足区

大足区辖6个街道、21个镇,总人口107万,其中农业人口75万,属国家和市级脱贫攻坚非重点区县。2012年,全区扶贫开发对象8688户27970人,"十一五"的20个市级贫困村整村推进脱贫。2014年新一轮建档立卡识别贫困对象8015户26888人,共涉及24个镇街248个村,识别宝顶镇铁马村等9个市级贫困村。党的十八大特别是2017年7月以来,累计脱贫9032户28420人,贫困发生率由2014年的3.6%下降为0,9个市级贫困村全部脱贫摘帽。

一、主要举措

(一)强化高位推动

区委、区政府把脱贫攻坚工作作为首要政治任务来抓,坚持"双组长"和"一把手"负责制。区委常委会会议、区政府常务会议每两月至少听取一次全区脱贫攻坚工作汇报,掌握进度、研究问题、推动工作。区扶贫开发领导小组根据工作需要,不定期召开专题会议,研究部署推动相关工作。区委、区政府分管负责人坚持每月召开调度会议,推动工作落实落地。区人大、区政协开展脱贫攻坚专题调研,共同助力脱贫攻坚,推动形成齐抓共管、共同攻坚的工作态势。

(二)确保尽锐出战

采取"领导小组+帮扶集团+驻村工作队+帮扶干部"和"1+9+24+600"的队伍体系,在区农业农村委挂扶贫办牌子,增设区扶贫开发服务中心,核定事业编制7名,从相关部门抽调骨干力量,区扶贫办人员由2012年的3人增加到24人。明确镇街专职扶贫干部不得少于3人,从副科级干部帮扶调整为全区所有机关干部全覆盖开展结对帮扶。9个脱贫村共派驻村工作队员34人(其中市级派驻4人),其余有扶贫任务的239个村实行驻村工作队全覆盖。

(三)压实工作责任

一是分类明确。扶贫开发领导小组及办公室、扶贫指挥部(扶贫集团)、帮扶镇街的部门、结对帮扶干部、驻村工作队及其队长等8大主体责任清单,94项具体职责,全面推动责任落实、政策落实、工作落实。

二是持续组织实施区、镇、村三级书记遍访贫困对象行动。区委书记已多次遍访9个市级脱贫村,24个有脱贫攻坚任务的镇街党(工)委书记和村(社区)党组织书记三年内(2018年、2019年、2020年)实现全部遍访贫困户,建立走访台账,及时解决群众反映的热点、难点。

三是区级30余名市管领导多次到镇进村入户、进企业开展明察暗访,进一步传导压力。

(四)加强督导监管

全区组建脱贫攻坚常态化指导组6个,对区级相关部门和镇街进行适时开展指导。组织9个督查组,由9名区管干部带队,深入24个镇街对脱贫攻坚等重点工作进行专项督查,将扶贫项目纳入监管,并建立脱贫攻坚领域问题线索、监督检查、巡察等台账管理机制。累计开展扶贫领域监督检查60余次,发现并督促整改问题900余个。定期检查9个市级脱贫村扶贫项目资金、物资使用等情况,发现并督促整改问题49个。依托党员干部亲属涉权事项公开制度,逐一比对发现并处置不符合政策规定事项724项,清退资金30.8万元。

(五)保障资金投入

2012—2020年,共投入财政专项扶贫资金45071.9万元,其中市级以上资金9804.5万元、区级配套资金35267.4万元,共实施扶贫项目350个。为加强扶贫资金项目监管,有效保障扶贫项目建设、产业发展和贫困群众增收,筑牢三道防线:一是建章立制,规范项目及资金管理。印发《大足区财政专项扶贫资金管理实施办法》《大足区扶贫资金监督管理实施细则》《扶贫项目资金绩效管理办法(试行)》《重庆市大足区产业扶贫项目管理办法(试行)》等规章制度,对扶贫资金使用范围、监管责任等方面作详细的规定,将扶贫资金管理使用关进制度的笼子。二是多形式开展扶贫项目资金检查。通过委托第三方机构,联合财政局、纪检部门等开展扶贫资金专项检查,确保资金使用安全,切实发挥效益。三是压实责

▲ 高升镇先进村蔬菜基地番茄丰收(大足区扶贫开发办公室供图)

任,制定切实可行的考核机制,压紧压实区负总责、镇街为主体、村(社区)抓落实、部门协作攻坚责任。制定资金绩效考核表,将扶贫项目管理情况、绩效实现情况、资产管理情况纳入扶贫资金绩效考核。

二、主要成效

(一)着力解决"两不愁三保障"突出问题

一是"两不愁"保障到位。建档立卡贫困户主要以因学、因病为致贫主要原因,脱贫攻坚期间,通过落实产业扶贫、就业扶贫、扶贫小额信贷等政策,全区贫困对象人均年收入从2014年的2486元增加到2020年的11623元,增长4.7倍,贫困群众的生活质量大幅提升。

二是住房安全保障到位。按照"人不住危房,危房不住人"要求,加强贫困户和"三类人员"危房动态排查,建立建卡贫困户住房信息动态台账,符合政策的及时纳入改造计划。2015年以来,共安排农村危房改造专项补助资金2.7亿元,实施改造10522户,其中建卡贫困户5257户(C级684户、D级4573户),创新完善"四配套"(水、电、厨房、厕所)政策,推动危房改造户达到入住条件。2019年,大足区农村危房改造工作受到国务院通报表彰,并获得中央财政资金奖励500万元。

三是基本医疗保障到位。按照基本医疗有保障的"三建好""三达标""三合格"工作标准,加强基层医疗卫生"三级"网络建设。目前,全区拥有三级甲等综合医院1所、二级医院4所、专业机构5所,每个镇街均有1所卫生院,每个村卫生室至少有1名注册乡村医生或执业(助理)医师,镇卫生院、村卫生室标准化建设实现全覆盖。全区实际开放床位5208张,每千名常住人口拥有床位5.38张、执业医师2.85人、注册护士3人;全区共有注册全科医生220名,每万名居民拥有3名全科医生。实现四类慢病家庭医生签约服务率100%,建卡贫困人口医疗保险参保率100%,住院费用报销比例在90%以上,特病门诊费用报销比例在80%以上。

四是义务教育保障到位。累计投入各类资金7.8亿元,全力实施"全面改薄""能力提升"工程。2015—2020年,共招聘教师1285人,安置到农村学校866人、占招聘总数的67.4%,实现农村学校音、体、美教师全部配齐。对残疾儿童采取"随班就读""入特教校就读",对重度残疾儿童开展"送教上门"服务等方式,确保所有适龄少儿接受义务教育。累计发放贫困学生资助资金2亿元,年均资助贫困学生3.5万人次;发放生源地助学贷款1.6亿元,惠及学生2.2万人次;对区外就读义务教育阶段的建卡贫困户学生,全部跟踪掌握资助落实情况。

五是饮水安全保障到位。累计投入3.2亿元,实施巩固提升供水工程27处,改造加药加氯设施55台(套),新建及改造供水主管道2764公里,完成区级管理平台1处,巩固提升和改善54.5万人饮水安全问题。全区集中供水率达88%,农村自来水户普及率达86%,供水保证率达95%以上。

(二)全力实施"专项行动"

一是生态扶贫取得实效。大力实施新一轮退耕还林、国土绿化提升行动等。累计完成国土绿化工程57.5万亩,其中人工造林10.5万亩、封山育林4.9万亩、农田林网和特色经济林改造7.5万亩、低效林改造10万亩、森林抚育24.6万亩。依托退耕还林、长江防护林等林业工程建设,建立林业扶贫基地119个。森林生态效益补偿覆盖贫困户5442户,占贫困户总数的59.9%。

二是低保保障兜牢底线。及时将7760名建档立卡贫困对象纳入低保兜底,291名纳入特困人员救助供养,15名享受孤儿待遇,7名享受事实无人抚养儿童待遇,1690名享受贫困残疾人生活补贴,952名享受重度残疾人护理补贴,492名享受高龄失能养老服务补贴,300名80岁以上的老年人享受困难低收入老年人高龄津贴,实现应保尽保。累计发放临时救助金3412名共548.5万元。建立3000万元应急救助基金,累计救助1525户共1300余万元,做到应助尽助。

三是产业扶贫成效明显。组建扶贫专家组,选派615名指导员,全覆盖指导扶贫产业。累计投入产业项目资金近1.5亿元,培育农业龙头企业143家,发展农民专业合作社664个,家庭农场454家,9个市级脱贫村均有1~2个扶贫主导产业,村级集体资产年收入在10万元以上。培育致富带头人390个,带动贫困户1316户。探索将30万元及以上的农业产业扶贫项目全部实施股权化改革,并完善利益联结机制,534家新型农业经营主体通过土地流转、入股分红、招工等方式实现带贫益贫4807户17623人。

四是小额信贷推进顺利。聚焦"应贷尽贷"目标,通过采取加强政策宣传、贴息方式由"贴息到户"改为"贴息到银行"、建立1080万元风险补偿金等多项举措,全力推进金融扶贫收到实效。累计发放扶贫小额信贷6079户(次)(其中边缘户60户),放款金额10776.43万元,获贷率达66.94%,无一户逾期。

五是稳定就业助农增收。开展扶贫职业技能培训4962人,开发全日制公益性岗位,累计安置贫困户1397人。贫困劳动力外出务工11357人。建成就业扶贫示范车间14个,带动贫困户就业225人。组织开展扶贫招聘活动107场,提供就业岗位6万余个。提供免费创业工位130个,发放创业担保贷款143万元、重点群体一次性创业补助23.2万元,外出务工交通补助83万元。就业扶贫政策做到"应享尽享"。

六是消费扶贫势头强劲。拓宽贫困群众农特产品销售渠道,认定31家扶贫企业扶贫产品68个。建成农村电商服务站点345个,培育水果、蔬菜、调味品等农村电商主导产业6个。区内各机关事业单位和社会力量完成扶贫产品购销金额近1.3亿元,超市级下达目标任务44.8个百分点。

七是乡村旅游发展提速。依托世界文化遗产大足石刻影响力,全力推进"十里荷棠·山湾时光""棠香人家""隆平五彩田园""老家·观音岩"等乡村振兴示范点建设,打造乡村旅游精品线路6条,其中4条获评"重庆市精品乡村旅游线路"。累计接待乡村旅游游客900万人次,带动5000余名贫困人口增收。

八是志智双扶激发动力。从提升贫困户精神面貌入手,从开展宣传系列活动着力,全面总结脱贫攻坚典型案例、先进经验、金点子等350余个(条),举办"身边的脱贫故事"微访谈78场、"榜样面对面"宣讲81场、"孝善巴渝""文化进万家"等活动220余场,深入开展身边好人、文明村镇等评选活动,消除贫困户"等靠要"思想,激发内生动力和脱贫致富的信心决心。

(三)基础设施明显改善

脱贫攻坚期间,新修建农村公路2347公里,农村公路通车里程超过3263公里,所有行政村通上硬化路,村民小组通畅率由2015年的87%提高至100%。所有脱贫村通宽带、4G信号全覆盖,农村电网供电可靠率达99.8%。贫困群众出行难、饮水难、上学难、看病难、通信难等问题普遍解决。

(四)农村基层治理稳步提升

全面构建专项扶贫、行业扶贫、社会扶贫"三位一体"大扶贫格局,249个驻村工作队(其中9个市级贫困村由区级派驻)、900余名驻村工作队员、6200余名结对帮扶干部扎根一线。坚持定期公开党务、村务、财务、服务,实现村内重大事项民主决策、一事一议。

(五)努力提升数据质量

一是扎实开展自查评估。按照"走访不漏户、户户见干部"要求,组织2800余名评估人员全覆盖入户排查24个镇街22万余户农户（含建卡贫困户）基础信息，为提升数据质量提供有力支撑。

二是"半月攻坚"助力"专项调查"。创新开展"半月攻坚"行动，组织全区帮扶干部，进村入户核查"一卡一册一表两牌"、贫困户家庭实际情况和系统信息，向贫困户算好收入账和政策明细账。市级"专项调查"结果显示，全区"两不愁三保障"和饮水安全指标实现100%保障到位，贫困户生产生活均为"明显改善"。

三是建立健全工作机制。探索建立"三抓一促"工作机制（即抓信息共享、抓规范流程、抓责任追究，促进扶贫信息系统数据质量问题清零），通过"两横两纵"模式（行业部门横向比对2次，镇村干部纵向比对2次），持续完善基础信息和政策享受台账。实行"谁采集、谁签字、谁录入、谁负责"，实时更新基础数据，实现账账相符、账实相符，连续5次全市数据质量通报问题"清零"。

▲ 季家镇柏杨村就业扶贫车间员工正在猕猴桃基地疏芽（大足区扶贫开发办公室供图）

（六）坚决防止返贫致贫

出台《防止返贫监测和帮扶机制实施方案》等文件，明确"两类人员"一周一监测机制，明确帮扶监测责任人，制定监测台账，全力落实就业培训、扶贫小额信贷、开发公益岗位、临时救助等政策，做到"应纳尽纳、应扶尽扶、应消尽消"。全区434户1258人脱贫不稳定户和边缘易致贫户，已全部消除返贫致贫风险。同时，明确对已消除风险的边缘易致贫户，帮扶责任不撤、风险监测不断、政策享受不减，坚决防止返贫致贫风险。

三、工作亮点

（一）创新实施党员干部亲属涉权事项公开制度

通过报告、比对、核查、公示、民主生活会说明、监督执纪六个环节，管住管好"小微权力"，严防优亲厚友、截留挪用等扶贫领域腐败和作风问题。取消不符合条件的低保、扶贫、移民后扶、困难群众慰问救助对象等811人，共查处违纪违法问题93件139人，给予党政纪处分33人，问责35人，移送司法机关1人。2017年10月实施以来，党员干部亲属涉权事项公开制度分别写入了市纪委五届二次全会、市纪委五届三次全会、市纪委五届四次全会报告，市委书记陈敏尔在市纪委五届四次全会上对市纪委书记、市监委主任穆红玉报告中制度取得的成效予以肯定，要求"要完善基层党员干部亲属涉权事项公开制度，上下联动整治民生领域的'微腐败'、妨碍惠民政策落实的'绊脚石'，持续跟踪问效、防止反弹"。《人民日报》《中国纪检监察报》《半月谈》等多次予以报道，北京、上海、浙江、河南、山东、福建等多地纪检监察机关来大足学习交流。2018年5月，党员干部亲属涉权事项公开制度在重庆市各区县推行。2020年7月，大足区党员干部亲属涉权事项公开制度进入"中国廉洁创新奖"前二十名。

(二)农村危房改造获得表彰

2015年以来,实施危房改造10522户,全面完成建档立卡贫困户危房改造5257户。2019年,大足区农村危房改造工作被国务院通报表彰。

(三)农村公路成为先进

"三年行动计划"实施以来,共计投入11.15亿元,建立"四好农村路"1579公里,改善了群众生产生活条件,有力助推了扶贫产业发展。2019年,被交通运输部、农业农村部、国务院扶贫办联合命名为"四好农村路"全国示范县。

(四)应急救助基金助力脱贫攻坚

整合社会救助类资金,设立3000万元的"重庆市大足应急救助基金",对因患重大疾病、遭受重大灾害伤害或其他特殊突发原因导致家庭陷入困境,社会救助和扶贫政策暂时无法覆盖或救助、帮扶之后仍存在严重困难的家庭,给予2000元至10万元不等的救助,帮助特殊困难家庭摆脱困境。截至2020年6月底,已累计发放救助金830.28万元,惠及建档立卡贫困户、特困人员、低保户、重度残疾户以及其他困难群众792人次。

(五)产业带贫益贫机制显成效

2020年安排4910万元产业扶贫资金,实施了79个扶贫产业项目,带贫益贫8890人。安排产业扶贫到户资金454.2万元,支持贫困家庭发展种植养殖产业。建立1000万元风险基金,开通扶贫小额信贷"绿色通道",累计发放贷款金额6510.92万元,贷款户次4755户(次)。完善机制促利益联结。印发《重庆市大足区产业扶贫项目管理办法(试行)》,明确享受产业扶贫资金补助的项目申报主体必须按照财政补助资金三个等级分配,带动相应数量的贫困人口增收。稳定分红收益。凡是财政补贴

30万元以上的涉农项目,必须进行股权化改革,有效形成扶贫产业与贫困户利益联结机制。补助资金的30%由项目所在地村社委员会持股,每年按持股金额5%的标准实行分红,其中村集体经济组织占20%、村全体贫困户占80%。鼓励资产入股。鼓励贫困户以土地、房屋、劳动力等要素入股,引导就近就业,建立紧密利益联结机制,确保贫困户"不返贫、快致富"。成立产业扶贫专家指导组,派出产业扶贫专家组4个、产业指导员544人,大力开展产业指导、技术帮扶、咨询服务。2020年开设优质粮油、特色果蔬等专题培训班10期,开展贫困群众技能培训1187人,致富带头人培训和农村实用技术培训2781人次。

璧山区

　　党的十八大特别是2017年7月以来,璧山区委、区政府坚决贯彻落实党中央和市委、市政府决策部署,坚持以习近平新时代中国特色社会主义思想为指导,深学笃用习近平总书记关于扶贫工作重要论述和视察重庆重要讲话精神,坚决把脱贫攻坚作为重大政治任务,坚决执行"两不愁三保障"和"两个确保"目标标准,坚决落实精准扶贫精准脱贫基本方略,全面尽锐出战,强力攻坚克难,如期完成脱贫攻坚目标任务。2014年年底,全区有贫困村3个,建档立卡贫困人口5014人,贫困发生率1.3%。经过"8年精准扶贫、5年脱贫攻坚",彻底改变了贫困面貌,极大改善了生产生活条件,群众生活质量显著提高,"两不愁三保障"全面实现,"两个确保"顺利完成。截至2020年底,高质量完成2524户6758人和3个市级贫困村脱贫任务,实现现行标准下农村贫困人口全部脱贫,无返贫、致贫现象。农村人均可支配收入从2015年14229元提高到2020年21827元,年均增长9%;贫困户人均纯收入从2015年的7153元提高到2020年的15177元,年均增长17%。贫困户综合满意度从建档立卡之初的不到90%稳步提升到97%以上。

决战脱贫攻坚
党的十八大以来重庆扶贫工作纪略

一、举措与成效

（一）从思想上树立脱贫攻坚主人翁意识，坚决把市委市政府工作部署全面落实到位

一是用心学进去。持续开展"学重要论述、强思想武装、促整改落实"等活动，举办学习贯彻习近平总书记关于扶贫工作重要论述专题研讨班、"不忘初心、牢记使命"主题教育学习研讨读书班等组织扶贫干部培训2万余人次，切实用习近平总书记关于扶贫工作重要论述武装头脑、

▲ 璧山区八塘镇蔬菜种植基地（璧山区扶贫开发办公室供图）

指导实践、推动工作,切实增强高质量打赢脱贫攻坚战的思想自觉和行动自觉。

二是用情讲出来。深入开展习近平总书记关于扶贫工作重要论述和视察重庆重要讲话精神系列宣传宣讲活动。通过"课堂式大集中、互动式小分散"方式,组建宣讲团开展集中宣讲225场,受众12952人。组织开展"榜样面对面"脱贫攻坚先进典型宣讲85场,观众达5800余人次,把习近平总书记对贫困群众的关心关怀和党中央精神传递到千家万户。

三是用力做起来。严格对照市委、市政府工作要求,研究出台《关于深化脱贫攻坚的意见》《关于打赢打好脱贫攻坚战三年行动的实施意见》《璧山区解决"两不愁三保障"突出问题实施方案》等系列文件,会同各行业部门研究制定各项帮扶政策文件,完善"1+N"扶贫政策体系。各级帮扶干部深入开展"访深贫、促整改、督攻坚"行动,压茬开展定点攻坚战、百日大会战、收官大决战等战役,持续推动脱贫攻坚走深走实。

(二)坚定不移把脱贫攻坚作为重大政治任务和第一民生工程,坚决扛起脱贫攻坚政治责任

一是严格落实"区负总责、部门联动、镇街主抓"责任机制。区委、区政府主要领导带领带动全区上下尽锐出战、攻城拔寨,累计召开区委常委会会议和区政府常务会议108次、脱贫攻坚工作领导小组会和专题工作会37次。35位区领导持续深入开展未脱贫户脱贫攻坚包干,在脱贫攻坚一线发现问题、破解难题推动工作。区级部门主动作为、履职尽责,深入开展行业扶贫,全力推进脱贫攻坚。各镇街逐级签订脱贫攻坚责任书,建立完善镇街党委政府每年向区委区政府专项述职制度。

二是建立最严格的考核评估和督查巡查工作体系。完善考评机制,充分发挥区精准脱贫攻坚办与区督查办、区纪委监委联动作用,健全专项巡视、集中督查、专项督查、专项巡查、暗访随访等多方式的督查督导体系,及时开展专项巡视"回头看"。对15个有扶贫开发任务的镇街和成

员单位开展常态化督导和扶贫专项审计。针对工作滞后、问题较多的镇街,由领导小组负责人带队开展专项巡查。

(三)把解决"两不愁三保障"突出问题作为最根本的任务,坚决完成脱贫攻坚底线性标志性指标

一是强化义务教育保障,实现所有贫困家庭义务教育阶段的孩子不失学辍学。以学校为单位建立"送教上门"工作档案及影像资料档案,为"送教上门"学生建立学籍档案,纳入统一管理。建立从学前到研究生各个教育阶段全覆盖、公办民办学校全覆盖、家庭经济困难学生全覆盖的资助政策体系,总计资助学前、义教、高中、中职建档立卡贫困户学生9349人次,金额760.4431万元,全覆盖落实"爱心午餐"。

二是强化基本医疗保障,实现所有贫困人口有地方看病、有医生看病、看得起病。建立多重医疗保障体系,贫困人口基本参保率、大病救治率、家庭医生慢病签约服务管理率、重病兜底保障率均达100%。全面实施分级诊疗、"一站式"结算和"先诊疗后付费"制度,建档立卡贫困患者住院自付比例为9.47%,得了大病、重病基本生活不受影响。全面推进"医通—精准帮扶",充分发挥区人民医院、区中医院龙头传帮带作用,组建61人组成的17个医疗团队,对区第二人民医院及15个镇街卫生院提供"一对一"精准帮扶。为镇街卫生院配置了彩超、DR(数字化X线成像)、全自动生化分析仪等医疗设备,满足基层群众的基本诊疗需求。

三是强化住房安全保障,实现所有贫困人口不住危房。实施4类重点对象存量危房拉网式摸排,完成住房安全等级鉴定10946户,投入危改资金15039.2万元,改造建档立卡贫困户等重点对象危房共计5363户。实施一般农户危旧房屋处置,安排专项资金2.43亿元,通过拆除排危、修缮加固一体化、全方位消除农村危旧房屋56018户。累计悬挂标识牌55885张,完善标识牌8144张,实现"危房不住人,住人无危房"。

四是强化饮水安全保障,实现所有贫困人口有水吃、吃上放心水。

全区贫困人口水量、水质、用水方便程度、供水保证率均100%达标,贫困户集中供水率达98.2%。创新开展"党建引领、水价治理"工作,全面加强农村饮水安全工程的运行和管护,将农村供水管网漏损率控制在20%以内,水费收缴率实现100%。

五是建立完善工作机制,实现"两不愁三保障"突出问题"专项化治理、常态化排查、智能化监测、动态化清零"。由"两不愁三保障"及饮水安全职能部门牵头,分别开展重点任务专项治理,确保根本性指标任务得到根本解决。对"两不愁三保障"新增突出问题实行周报送机制,每周摸排,汇总问题,集中研判,限时整改。将帮扶干部日常走访同"两不愁三保障"新增突出问题发现、申报、解决相结合,确保贫困户生产生活诉求和困难第一时间受理、解决。依托全市精准扶贫大数据平台,对监测户边缘户预警显示红色、黄色、蓝色三类风险进行实地排险。

(四)把握"六个精准""五个一批"精神要意,坚决推动政策精准落实落地

一是扶贫对象精准。严格落实"四进七不进"操作细则和"两评议两公示一比对一公告"工作流程,建立部门数据比对共享、系统数据定期清洗的工作机制。组建区、镇两级业务指导组和乡镇、村级扶贫工作站(室),落实扶贫信息员150余名,利用各类平台、系统即时采集数据。每年对扶贫对象进行动态调整,累计动态识别建档立卡贫困人口6758人。近年来贫困人口识别准确率、退出准确率均为100%,信息数据质量位居全市前列。

二是项目安排精准。建好管好脱贫攻坚项目库,严格实行负面清单管理,强化项目论证。坚持"四个优先"原则,2018—2020年入库扶贫项目86个,基础设施类占比23.3%、产业类占比17.4%、保障类占比26.7%、其他类占比32.6%,所有项目均高质量完成,获群众认可。

三是资金使用精准。2015—2020年,全区累计投入各类扶贫资金

7053.06万元,年均增长44.3%。完成2016年以来的扶贫资产清理工作,共清理扶贫资金2739.72万元,涉及项目46个。公益类资产2031.03万元,涉及项目36个;经营类资产708.69万元,涉及项目10个。

四是措施到户精准。深入实施"五个一批"工程,因户施策分类指导,推动扶贫措施精准落实。把产业扶贫作为根本之策。创建"一村一品"示范村19个。培育致富带头人202名,直接带动贫困户662户。选聘644名产业发展指导员到户指导产业发展。4家扶贫龙头企业和93个新型经营主体与1587户贫困户建立起稳定可靠的利益联结。建设镇村电商服务站点137个,培育农村电商带头人200余人。统筹推动脱贫攻坚与生态保护双赢。实施农田林网和特色经济林新造9.1万亩、农田林网和特色经济林改造16.4万亩。实施新一轮退耕还林工程,完成全区退耕还林1.39万亩。加强天然林资源保护,落实天然林管护任务61万亩。累计开发公益性护林岗位158个,优先安排符合条件的建卡贫困人员46人就地就近应聘为护林员、守护员。把教育作为阻断贫困代际传递的治本之策。全面实施农村义务教育薄弱环节改善和能力提升工作,18所学校创建为重庆市智慧校园示范学校,璧山区成功入选重庆市智慧教育应用示范区。委托重庆第二师范学院招收培养农村小学全科教师30人,考核聘用新毕业的19名全科教师到区内农村学校工作,培训乡村教师3850余人次。把社会保障作为打赢脱贫攻坚战的兜底防线。将符合条件的919名贫困人口纳入低保保障,落实"低保渐退""单人户入保"等制度,实现应保尽保。健全完善农村低保、特困供养、临时救助等救助制度,建立健全社会救助家庭的经济状况核对机制和困难群众监测预警机制,完善孤儿、事实无人抚养儿童、农村留守人员、残疾人等福利保障制度。

五是因村派人精准。出台《关于贫困村驻村工作队选派管理的实施意见》,选派41名优秀干部驻村帮扶,严格驻村工作队管理,成立区驻村工作领导小组,建立"周例会、月对账、季述职、年考核"制度,严格落实下村签到、工作纪实、在岗抽查等,督促落实工作队"三在村"要求,派出单位"三个捆绑"要求。落实2万元/年工作经费、1500元/人体检经费、人身意外伤害保险等,妥善解决驻村工作队办公、食宿、健康等问题。

六是脱贫成效精准。严格对照"两不愁三保障"标准,落实"一出三不出"要求,开展多部门联合认定"脱贫达标",确保成熟一个退出一个。按照市委市政府统一部署,2020年高质量完成市级脱贫攻坚专项调查任务,贫困户综合满意度超97%。

(五)坚持将防止返贫致贫摆在突出位置,坚决巩固拓展脱贫攻坚成果

一是严格落实"四个不摘"要求。在非重点区县率先组建区精准脱贫攻坚办,各镇街分别成立扶贫办,全面强化各级脱贫攻坚工作力量。强化财政专项扶贫资金保障,区级财政专项扶贫配套资金每年增长率不低于5%,一年内扶贫资金结转结余率低于8%,两年内扶贫资金结转结余率低于2%,无两年以上结转结余资金。全区3164名帮扶干部始终保持每月至少1次入户帮扶,帮助贫困户解决实际困难,发展生产。采取集中督查、明察暗访蹲点督导等方式,常态化加强"三落实"监督。

二是建立健全防止返贫监测和帮扶机制。出台《关于建立防止返贫监测和帮扶机制的实施方案》,建立三级监测体系,压实监测责任,及时跟进落实产业、就业及综合保障等帮扶举措。精准识别脱贫监测户27户74人、边缘户59户166人。截至2020年12月底,均已全部消除风险。为所有贫困人口购买每人每年100元(2020年增加至130元)的"精准脱贫保"累计赔付350万元、5016人次。

三是扎实开展脱贫攻坚总攻"十大"专项行动。由区级行业主管部门牵头,逐一制定工作方案,清单式明确任务举措。建立每月调度、定期通报工作机制,务实推进各项举措落实落地。区住房城乡建委通过先行固化证据的办法,全面解决农村危房拆除"老大难"问题。区商务委通过直播带货实现农产品销售额1000余万元。区就业局通过专场招聘会、公

益岗位安置、送工送岗等方式，实现贫困户务工就业人数持续增加。

四是彻底整改问题提升脱贫质量。建立"领导小组+专项小组+定点包干"整改工作责任制，制定问题、任务、责任"三张清单"，建立整改工作定期调度制度，实现区、镇街、村三级联动，紧盯重点环节，挂牌督办、实地抽验，确保真改实改全面改。中央巡视反馈2个对象化问题和54项整改任务、国家2019年成效考核反馈的52个问题、"不忘初心、牢记使命"主题教育检视的5个脱贫攻坚问题、国务院督查反馈的67个问题、市级2019年成效考核反馈的14个问题、市决战决胜脱贫攻坚专项督查和第三方机构暗访检查反馈的10个问题全部整改完毕。

五是不断激发贫困群众内生动力。深入开展"志智双扶"，通过实施精神扶贫、着力提升技能素质、引导健康文明习惯、优化政策兑现方式等举措，营造自力更生、脱贫光荣、勤劳致富的良好氛围。开展"十佳脱贫致富光荣户"表彰、"我们一起奔小康"扶贫志愿服务活动，组织210个志愿服务组织、3245名志愿者参加活动。选推的视频作品《不向贫困低头的女人》获国务院扶贫办举办的"我所经历的脱贫攻坚故事"评选活动优秀奖。

六是着力防范扶贫领域风险。建立扶贫小额信贷风险补偿金500万元，健全"政府+银行+保险+助贷员"风险防控体系，实现贷前贷中贷后风险防控。全区累计发放扶贫小额信贷资金2038.65万元，1090户次贫困户受益，获贷率达到66.5%。健全完善三级舆情监测体系，建立分析研判和涉贫敏感舆情处置机制，畅通12317信访渠道，全区累计受理信访件18件，限时高质量处理18件，处理率100%，群众满意度100%。

七是有序开展巩固拓展脱贫攻坚成果同乡村振兴衔接试点。在高质量完成巩固拓展脱贫攻坚成果同乡村振兴有效衔接"两镇三村"试点的基础上，积极开展经验总结，摸索建立"党建引领+社会投入+村集体经济组织+农户参与""基础设施提升+农村新型经营主体带动+村级入股+土地流转+农户就近务工"等一批可复制的工作模式，为乡村全面振兴提供了极具参考意义的经验和途径。将巩固拓展脱贫攻坚成果同乡村振兴有效衔接与区级重点农业建设规划相结合,以"两镇三村"试点为突破口,建立巩固拓展脱贫攻坚成果的长效机制,推动特色产业提质增效,持续改善农村基础设施条件和人居环境,大力提升农村公共服务水平。

(六)统筹推进"战贫"与"战疫",坚决答好脱贫攻坚"加试题"

一是贫困劳动力总体实现稳岗就业。落实从"家门口"到"厂门口"全程跟踪服务,实现务工就业1912人,有就业意愿的实现全就业;开发公益性岗位就近安置贫困人口532人;创办扶贫车间5家,吸纳贫困人口就业26人。

二是涉贫龙头企业全面开工复工。全区28家涉贫龙头企业,目前已

▲ 三五村驻村第一书记蔡廷江帮助贫困户销售蔬菜(璧山区扶贫开发办公室供图)

全部复工复产,复工率为100%,复工总人数796人,其中贫困人口数39人。2020年投入各级财政专项扶贫资金2465万元,脱贫攻坚项目库项目26个全部按预期开工完工,资金拨付率超98%。

三是加大贫困农产品认定和销售力度。认定扶贫产品85个,涉及供应商68个,安装扶贫专柜200个,2020年以来累计销售超2亿元。疫情期间帮助贫困户销售滞销农畜产品80万元。

(七)坚持抓党建促脱贫,坚决强化组织保障和作风保障

一是全面加强基层党组织建设。把脱贫攻坚作为"不忘初心、牢记使命"主题教育的重要内容和实践载体,用脱贫攻坚成果检验主题教育成效。为3个确无合适人选的村(社区),面向全区公开选拔党组织书记,拓宽选人用人视野和渠道。动态保持每村本土人才1~2名,村级后备力量2名以上,确保后继有人。2018年以来累计完成村(社区)439名"两委"成员及专职干部任前联审工作,防止涉黑涉恶、有前科劣迹人员进入村(社区)干部队伍。2016年以来,从大学生村官中考录镇街机关公务员15名、镇街事业编制人员32名,选派选调生45名投入到脱贫攻坚"一线战场"历练;选派31名优秀年轻干部到村(社区)参与"三变"改革。

二是深入开展脱贫攻坚宣传引导。精心组织开展习近平总书记视察重庆一周年系列宣传活动。开设"脱贫攻坚进行时"专栏,每周不少于3条新闻,璧山报手机报、"儒雅璧山"微信公众号、"儒雅璧山"政务APP及时进行收集、转载,全面总结脱贫成效,树立正反典型,讲好璧山故事。充分利用海报、横幅、LED灯牌、堡坎等多种形式、载体发布脱贫攻坚公益广告,全区186个村(社区)、1628个贫困家庭全覆盖。

三是持续深化扶贫领域腐败和作风问题专项治理。扎实开展扶贫领域腐败和作风问题专项治理,设立第七纪检监察室,专司以脱贫攻坚为重点的民生监督工作,聚焦"两不愁三保障"、惠民惠农资金等重点环节开展监督检查14次。扎实开展扶贫领域"以案四说""以案四改"警示

教育200余场(次),9000余人(次)受到教育。先后2次编印扶贫典型案例警示录,发放给全区干部学习。

二、典型经验

(一)集中"优势兵力"助力高质量打赢脱贫攻坚战

在全市非重点贫困区县率先组建"区精准脱贫攻坚办公室",在整合区扶贫办、扶贫中心的基础上,从部门、镇街抽调42名精干力量(其中6名处级干部)充实"攻坚办",安排400平方米办公场地作为区精准脱贫攻坚办的"大本营",分工合作、联动办公。构建区精准脱贫攻坚办牵头,多部门协作的"1+N"工作联动机制。坚持问题导向,组建5个督查组,深入全区15个镇街137个村(社区),逐户开展走访核查。实行"1+3+7"边核查边反馈边整改边验收的整改机制和整改进度"日通报"制度,1天内交办问题,3天内制定整改措施,7天内完成整改,以务实管用的举措推进"责任落实、政策落实、工作落实"。

(二)"党建引领、水价治理"解决群众"急忧盼"问题

整合资金3400万元,实施16处农村饮水安全巩固提升工程,全面升级改造农村供水管网。对采用分散式供水的贫困户、5户以上共用水池的分散式供水工程、20人以上的小型集中供水工程进行水质检测全覆盖。充分发挥党员先锋模范作用,由村党组织书记牵头,党员代表、会员代表包片包户,全方位加强农村饮水长效运行管理。建立区级维修养护基金400万元,成立农村饮水用水户协会45个,选好用好148名水管员。开展城乡供水一体化改革,推动城乡供水实现"同网同价同质同服务",自启动"党建引领、水价治理"工作以来,农村自来水水质稳步提升,集中

供水率达到95%,水价同比下降29%,相关工作被《人民日报》等主流媒体关注报道。

(三)产业造血功能得到显著增强

以加快推进"菜园""果园""花园"建设为抓手,全区133个村均有1个以上主导产业。1172户贫困户、27户边缘户融入主导产业发展,实现在家有劳动能力贫困户都有一个稳定增收产业。396个新型经营主体与1630户贫困户建立利益联结机制;通过农村"三变"改革、清水养鱼、发展乡村旅游等方式,实现每个贫困户获得资产收益。认定扶贫产品40个,扶贫产品产值达3亿元,中国社会扶贫网和重庆馆爱心人士注册会员均达到6.5万人,累计销售扶贫产品2亿元。集中打造3个民宿点,开设旅游扶贫专柜4组,建立休闲农业和乡村旅游扶贫基地449个,带动贫困户164户。实施产业、就业奖补政策,鼓励贫困户自主发展产业,积极就业。

(四)建立"红黄蓝"三色预警机制防止返贫致贫

依托重庆精准扶贫大数据平台及区"红黄蓝"三色预警监测平台,建立多方协同联动的收入统计规程,通过现金和实物收支记账、填报收入调查统计表等方式,全面及时、详细准确、客观真实反映家庭收入以及农产品销售、收益等情况,建立健全预警机制。建立部门联合会审制度,针对平台监测数据和部门行业信息,区脱贫攻坚办每月组织相关行业部门和镇街进行会审,研判核查返贫情况,一旦发现有贫困户或边缘人口有返贫迹象,按"一户一策"方式制定帮扶或兜底方案,全方位进行"干预"。风险化解后,不定期进行跟踪回访,有效防止返贫、致贫现象。

铜梁区

铜梁地处渝西,面积1340平方公里、总人口85万。党的十八大特别是2017年7月以来,铜梁区认真学习贯彻习近平新时代中国特色社会主义思想,深学笃用习近平总书记关于扶贫工作的重要论述和视察重庆重要讲话精神,全面落实党中央决策部署和市委工作要求,坚持"精准扶贫精准脱贫"基本方略,以脱贫攻坚统揽经济社会发展全局,大力弘扬铜梁龙"靠得住、顶得起、过得硬、容得下"的脊梁精神,五年来,全区5个市级贫困村全部脱贫摘帽,累计实现5776户17826名贫困人口脱贫(目前国扶系统中4423户12423名建卡贫困人口均已脱贫),贫困发生率由2015年初的2.3%下降至0,贫困人口人均纯收入由2015年的6550元提升至13791元,实现翻番。全市专项调查满意率、"两不愁三保障"率、生产生活状况明显改善率等多项指标均实现100%。国务院扶贫开发专项督查组来铜调研督查,对铜梁区脱贫攻坚与乡村振兴有效衔接工作给予充分肯定;中央电视台《焦点访谈》栏目专题报道铜梁区经验做法。

一、举措与成效

(一)对标对表、尽锐出战,掀起决战决胜脱贫攻坚高潮

始终坚持把习近平总书记关于扶贫工作的重要论述作为做好脱贫

决战脱贫攻坚
党的十八大以来重庆扶贫工作纪略

攻坚工作的"定盘星""压舱石"。持之以恒抓学习。定期召开区委常委会、扶贫开发领导小组会、理论中心组学习会，专题学习贯彻习近平总书记关于扶贫工作重要论述、习近平总书记在"两不愁三保障"突出问题座谈会上重要讲话、在决战决胜脱贫攻坚座谈会上重要讲话精神和考察陕西、山西、宁夏以及全国两会期间关于脱贫攻坚重要指示等内容。全力以赴抓推动。区委主要领导亲自研究、亲自部署、亲自推动脱贫攻坚工作，带头定点攻坚坪漆村。区政府主要领导靠前指挥调度，全员不休抓贯彻。成立以区委书记、区长为"双总指挥长"的脱贫攻坚指挥部，10名区级领导任（常务）副总指挥长，下设1个综合办和14个分指挥部，抽调31名精干力量集中办公、合力攻坚。指挥部实行"日总结、周调度、半月报告、月专报"和常态化督查通报，统筹解决住房、饮水等难题；28个镇街全覆盖成立指挥部，联系区领导任第一指挥长，镇村干部将主要精力投入脱贫攻坚工作，构建起上下一体、各方联动、责任落地、工作见底的格

▲ 市级脱贫村太平镇坪漆村扶贫致富路（铜梁区扶贫开发办公室供图）

局。坚持三级书记遍访贫困对象，区委、区政府主要领导多轮次遍访5个市级脱贫村，带动镇、村党组织书记每年至少遍访一次辖区内贫困户，形成田间地头见干部、白天晚上有干部的大决战局面。

（二）坚持标准、严守底线，全面实现"两不愁三保障"

指挥部组建工作组逐村逐户全覆盖走访贫困户，实行区、镇、村三级会审，确保全部高质量实现"两不愁三保障"。全覆盖实现"两不愁"。坚持"造血式"扶贫和"输血式"救助相结合，为建卡贫困人口统一购买精准脱贫保，贫困户收入年均增长20%以上。开展社会救助兜底保障"清零行动"，对"四类人员"、边缘易致贫户、丧失劳动能力户等重点对象进行全覆盖走访，逐户研判"过筛"，将2723名建卡贫困人口纳入城乡最低生活保障，175人纳入特困供养，1300人纳入残疾人"两项补贴"，实现应保尽保、应兜尽兜。全覆盖实现义务教育保障。建立控辍保学工作机制，跟踪监测建卡贫困家庭学生就读情况，对无法到校就读的残疾儿童"一人一案、送教上门"，全区建卡贫困家庭义务教育适龄儿童无一辍学失学。落实各类教育资助金2100余万元，资助学生16800余人次，对区外就读学生逐一对接落实教育扶贫政策，实现贫困学生应助尽助。累计投入4.1亿元，为79所义务教育薄弱学校新建和改造校舍、附属设施、添购教学设备等，进一步改善办学条件。考核招聘188名农村小学全科教师，每年培训各级各类农村教师2000余人次，全面夯实农村教育基础。全覆盖实现基本医疗保障。全面落实"先诊疗后付费""一站式"结算等制度，大病集中救治、慢病签约服务、重病兜底保障均达100%，贫困户家庭医生签约、医保参保实现全覆盖。设立健康扶贫基金，累计救助贫困患者4.14万人次；建卡贫困户住院自付比例9.73%，重特大疾病、慢性病门诊自付比例12.09%，全区无因病新致贫、返贫。强化医疗机构建设及人才培养，建成标准化村卫生室263个，配齐乡村医生577名，培养全科医生253名，全区所有贫困人口有地方看病、有医生看病、看得起病。全覆盖实现住房安全保障。对"四类人员"住房安全开展全面排查、动态监测，实施危房改造9055户（C级5177户、D级3878户）、旧房整治提升7050户，全区建卡贫困户实现住房保障、鉴定、标识标牌、"一户一档"全覆盖。制定一般农户危房改造政策，自筹资金1.2亿余元，对危房分类进行改造、拆除、封堵、复垦，处置一般农户危房33718户，确保危房不住人、住人无危房。全覆盖实现饮水安全保障。常态化摸排农村人口水量、水质、用水方便程度、供水保证率等信息，建立、更新饮水安全台账，对发现问题逐户逐项销号。投入3.92亿元，实施城乡供水一体化场镇管网安装改造、农村饮水安全提升工程等，改善40余万农村人口饮水条件，建卡贫困户集中供水率达87.52%，5个市级脱贫村集中供水率98.8%，全区贫困人口100%实现饮水安全保障。

（三）立足长效、动态清零，高质量完成各类问题整改

坚持把问题整改作为践行"两个维护"的试金石，全力以赴推进责任落地、整改见底。"五项机制"抓整改。成立区委落实中央脱贫攻坚专项巡视"回头看"反馈意见整改暨国家成效考核反馈问题整改、市级脱贫攻坚成效考核反馈问题整改等领导小组，常态化研判问题整改工作，实行"一事一档"，制定各类反馈问题整改方案20余个。建立联动配合、清单管理、定期报告、常态督导、成效回访"五项机制"，形成任务、问题、制度"三张清单"，逐项对账销号、明码结账，中央脱贫攻坚专项巡视、国家和市级成效考核以及各类督查、审计等发现的582个问题全面整改完成。"三级会审"抓巩固。建立区、镇、村三级联合会审制度，对所有问题整改成效逐一"过堂"。每年至少开展2次问题整改"回头看"，逐项核查整改质量和效果，对核查发现的销号程序不完善、佐证资料不充分、整改效果不理想等问题，全部一对一交办、督促重新整改，确保各类问题改彻底、改到位。"举一反三"抓长效。把"当下改"与"长久立"结合起来，由表及里、由点及面推动问题整改，举一反三深入排查一般户住房和饮水、产业发展与贫困户利益联结等方面问

题,建立贫困户利益联结机制、扶贫资金监督监管机制等,从源头上补短板、堵漏洞,推动实现由"解决一个问题"向"解决一类问题"深化,共性问题、相近问题和关联问题全部动态清零。

(四)健全机制、提升质量,全面夯实精准扶贫基础

坚持以高严的标准、细实的作风抓好动态管理、数据质量,确保脱贫攻坚过程、成效经得起历史和人民的检验。防止返贫机制持续健全。落实防贫返贫监测和帮扶、提前干预机制,采取上门排查、农户申请、镇村报告、部门大数据筛查比对、区扶贫办综合研判等方式,开展"月比对"、实时预警监测,"一对一"精准落实帮扶措施,全区127户327人脱贫不稳定户、93户216人边缘易致贫户全部实现风险消除,未出现返贫、新致贫。建卡数据质量持续提升。严格按照"四进七不进"标准和"八步"流程,精准识别、精准退出,全区无错评、漏评,实现应纳尽纳、应退尽退。落实帮扶责任人"月上门""四必见"制度,实施"321"扶贫精细化系统管理,全面采集、及时更新贫困户基础信息。开展逐镇街逐村逐户逐人PPT研判会,常态化开展区、镇两级大排查,进一步提升数据精准度。建立健全数据审核专班、专员制度,常态化开展数据清洗,确保"账账相符""账实相符"。精准扶贫档案持续完善。建立"单位自查、指挥部逐一审核、专业公司统一归档"工作机制,制定精准扶贫档案资料目录、模板,开展精准扶贫档案全覆盖督导培训。全面完成精准扶贫文书会计、音像、电子和实物等收集整理约13万件,形成数字化电子档案38GB,扶贫档案利用1100余件(卷),有效助推解决脱贫攻坚工作存在的问题50余个,实现精准扶贫档案资料整理规范、管理安全、利用高效。铜梁区精准扶贫档案工作得到市调研指导组高度认可。

(五)持续发力、久久为功,全面巩固脱贫攻坚成果

严格落实"四个不摘"要求,持续用力攻坚,坚决做到政策不变、力度

不减、队伍不撤，不断巩固提升脱贫攻坚成果。扎实开展专项行动。制定13个专项行动方案，抓实提升文旅扶贫、生态扶贫等专项行动，推动脱贫攻坚固本、提质、增效。深化文旅扶贫，开发打造4条精品旅游线路，配套发展特色民宿等50余家，带动近500名群众就近就业。积极探索生态扶贫长效机制，实施国土绿化提升行动营造林11.8万亩，发放森林生态效益补偿补助340万元，选聘公益性护林员60人。持续抓实定点攻坚。紧紧围绕"两不愁三保障"、产业发展等17项工作任务，聚力推动坪漆村补短板、强弱项、大提升。基础设施不断完善，建成"四好"公路13.8公里，硬化泥结石路7.67公里，实施电网升级改造工程19处。产业规模不断壮大，发展以香桃为主的小水果2000余亩，建成投产铜梁龙灯彩扎基地，村集体经营收入从不足1万元提高到37万元以上，贫困户人均纯收入从2016年5686元提升到2020年11023元。持续抓实扶贫项目。中央、市级财政累计安排专项扶贫资金6131.5万元，铜梁区自筹配套扶贫资金4486.2万元，投入扶贫产业、产业保险、精准脱贫保等领域。严格按

▲ 扶贫产业安溪茶园（郭洪 摄）

照"区、镇、村"三级评审程序建立项目库,将182个扶贫项目入库管理,建立完善监管、抽查、审计等制度,常态化开展专项巡查,强化扶贫资金项目监督管理,实现项目建设按时完工、资金拨付及时到位、项目带贫益贫全覆盖。

(六)协同联动、化危为机,全面消除疫情灾情影响

建立区镇上下联动、部门横向沟通的应对机制,统筹抓好"战贫""战疫""战灾"。稳岗拓岗保就业。持续开展"把老乡留在老家"行动,高新区企业优先招录贫困人口。建成扶贫车间11家,解决建档立卡贫困人口70名、一般农户90余名就近就业。开发护林员、保洁员等扶贫公益性岗位500余个,通过开发临时性防疫公益性岗位解决144名贫困人口过渡就业。全区返岗务工贫困人口达5605人、同比增长5.5%,实现有意愿的贫困劳动力就业全覆盖。发放跨区域务工交通补贴2983人、一次性求职创业补贴300余人,实现符合条件的贫困劳动人口应享尽享。拓宽渠道保畅销。组织开展展销产销对接活动、"万企帮万村"行动等,举办黄桷门直播带货等各类消费扶贫直播活动,通过直播带货、"亲帮亲、邻帮邻"、扶贫专柜等方式拓展销售渠道,线上线下累计销售扶贫产品1.1亿元,疫情滞销农产品全部销售变现。区委、区政府主要领导均带队到巫山开展对口帮扶,举办巫山扶贫产品展销会,帮助巫山销售扶贫产品1620万元,超额完成购销任务。帮扶救助保收入。组织产业发展指导员、帮扶责任人、驻村工作队员进村入户,全面开展贫困户受疫情灾情影响调查,分户制定增收计划,有效化解对贫困户收入的影响。疫情期间,临时救助建卡贫困户726户69.44万元;对暴雨、洪灾中受损的182户490人建卡贫困户、2户6人边缘户,全部进行灾后理赔、重建,全区未出现因疫因灾致贫返贫。

(七)一体推动、狠抓"三基",打通脱贫攻坚与乡村振兴关节

整合政策、资金、项目,将脱贫村100%纳入脱贫攻坚与乡村振兴有机衔接试点村,一村一规划,一村一专班,夯实"三基",推动乡村持续发展。持续壮大基本产业。立足规模化、品牌化、融合化,量身定制各村产业发展规划,设立1000万元扶贫产业发展基金,建立"专家+指导员+建卡贫困户"技术指导服务制度,走深走实"六要路径"发展新型农村集体经济,培育经果、油茶等特色产业3.5万余亩,发展精品民宿、农家乐、原乡慢食等产业项目,全区集体经济收入超过3400万元,全面消除"空壳村",贫困户利益联结实现全覆盖,2020年人均分红500元以上。发放扶贫小额信贷5736.73万元、获贷率69.45%,位居全市前列。持续提升基础设施。着眼基本面、不撒胡椒面,累计投入近40亿元,全面推进农村路、水、电、讯等基础设施建设。建成"四好农村路"、入户便民路4600余公里,农村公路高质量组组通实现100%,5个市级脱贫村通达率、通畅率均达100%。改造农村用电设施5.2万余户,实现行政村光纤通达率100%、村民聚居地4G信号全覆盖。全面推行人居环境整治"积分制",发动群众实施"一化两改三不见",呈现"过去挣工分、现在挣积分"的火热场景,乡村正一天天变成人们喜欢的样子。持续建强基层组织。坚持抓党建促脱贫,狠抓农村带头人和年轻人"两支队伍",全面推行村党组织书记、村委会主任"一肩挑",回引农村本土人才626名,选优配强驻村工作队员22名、"第一书记"5名,打造一支不走的持续战斗工作队。整顿农村软弱涣散基层党组织98个,筑牢基层战斗堡垒。5个市级脱贫村确定为乡村振兴示范村,目前正不断提升质量巩固成果;串点连线、成片扩面建成120平方公里西郊示范片,串起30余个产业基地,推动"绿道"向"绿网"延伸,打造"绿道经济"。

(八)强化保障、宣传发动,凝聚脱贫攻坚磅礴力量

把全面从严要求贯穿全过程,确保脱贫工作务实、过程扎实、结果真

实。关心关爱扶贫干部。为5个市级脱贫村配齐27名驻村工作队员,每季度召开驻村工作队座谈会,为驻村工作队员全覆盖购买人身意外保险、落实生活补助。分类分级开展扶贫干部综合培训41场,实现每年对区、镇、村扶贫干部培训全覆盖。制定出台为基层减负九条措施、专项整治"重痕迹轻实效"六条规定,为扶贫干部减负减压。对有潜力的优秀扶贫干部持续跟踪培养,注重培养使用奋战在脱贫攻坚一线有成绩、受欢迎的干部,提拔重用扶贫干部62名。抓实宣传教育引导。认真总结提炼工作成果,人民日报、重庆日报等官媒累计报道铜梁区脱贫攻坚工作3200余次,《重庆扶贫专报》《重庆扶贫》刊发关于铜梁区脱贫攻坚与乡村振兴有效衔接、产业扶贫及利益联结、农村人居环境整治等重要稿件35篇。扎实开展"10·17扶贫日"宣传等系列活动,通过脱贫攻坚成果巡展、常态化走访慰问贫困户等,引导全社会积极参与、支持脱贫攻坚。深化"志智双扶",持续开展"脱贫攻坚先进典型"评选、先进典型事迹巡回报告等活动,开展"身边的脱贫故事"微访谈、"榜样面对面"宣讲等活动700余场,引导广大贫困群众感党恩、听党话、跟党走。深入开展专项整治。持续深化扶贫领域腐败和作风问题专项整治,建立扶贫领域问题线索台账、查处台账,对2018年以来扶贫领域问题线索按30%比例进行抽查,累计查处扶贫领域腐败和作风问题180件、处理243人次,开展扶贫领域警示教育405场,覆盖党员干部26157人次,实现查处一案、警示一片。针对5个市级脱贫村、重点行业部门等开展脱贫攻坚专项巡察及巡察"回头看",发现突出问题69个,移交问题线索5件,并督促完成整改。在全区333个村(社区)全覆盖推行农村财务一体化监管平台、便民查询平台,实现小微权力运行可查询、可追溯、能监督,平台运行以来交办疑似问题信息546条,移送问题线索5条。从严从实督查考核。建立督查通报、交办整改、约谈督办、追责问责等制度,对镇街、部门常态化开展督查暗访,发现问题及时研判反馈、督促整改销号,对整改不力、整改质量不高的严肃追责问责,坚决杜绝"虚假式""算账式""指标式""游走式"脱贫。充分发挥考核"指挥棒"作用,将脱贫攻坚在镇街、部门年度考核中的权重分别提升至20分、10分,以考核促进脱贫攻坚工作落地见效。

二、典型

(一)做脱贫攻坚的领头羊

2018年3月,陈鹏从铜梁区国土房管局被选派到市级贫困村维新镇沿河村任第一书记兼驻村工作队队长。沿河村位于铜梁区西北部,位置偏僻,交通不便,村里贫困人口多,收入低,劳动力匮乏。是典型的贫困村。陈鹏做的第一件事情就是重振党建工作。他结合村里实际,从日常管理入手,严格党的组织生活制度,创新方式方法,增强组织生活活力。同时,高标准发展党员,并邀请镇党政领导、专家、技术员到村授课指导工作,在他的努力下,党员队伍团结了,凝聚力、战斗力增强了,带领群众致富的能力也增强了。

思想基础打好了,陈鹏把目光放在了村里的贫困户身上:精准识别贫困对象。陈鹏来到沿河村以后,他带领工作队员及村干部新识别建卡贫困户19户36人,脱贫21户39人,巩固脱贫户59户181人;帮助全村所有贫户开展了"家庭医生签约服务";帮助村里新办电商销售麻羊等25个特色农产品,累计销售12万元。组织开展了一期月嫂培训和糖柑技能培训,通过技能考试有20名月嫂取得了专业证书;扶持发展山羊养殖大户6户;推进了743万的土地项目顺利实施(整修水田田坎500米,生产路9公里,新建蓄水池4口,新建沟渠240米,维修山坪塘1口,硬化田间道6公里),新建公路10条12.8公里,硬化泥结石路4.8公里,新建错车道13处,新建人行天桥1座;完成5社自来水站技改一处,自来水新安装325户。

通过陈鹏与驻村队员及村、社干部的努力,沿河村有了天翻地覆的变化,基础设施覆盖率翻了几倍,实现了社社通公路,户户通水泥便道,自来水覆盖率由原来的30%提高到了85%,村民农产品再也不滞销,通过电商在家就可以赚钱,种植、养殖技术也有了显著提高。

(二)精准施策　筑强乡村振兴之路

铜梁区太平镇坪漆村属深丘地貌,坡高沟深,交通不便,土地贫瘠,过去是远近有名的"夹皮沟"。2015年,坪漆村被列入铜梁区五个市级贫困村之一。随着脱贫攻坚工作的不断深入,昔日贫困村,正在悄然成为一个产业发展、环境优美、生活富裕、乡风文明的美丽乡村。这些可喜的变化与坪漆村的第一书记、驻村工作队队长涂强以及村支两委的付出和努力紧密相连。涂强来到坪漆村后,把基础设施建设作为扶贫工作的重中之重,着力加大投入、补齐短板。坪漆村农村公路已由2015年的一点几公里水泥路发展到现在的13条22公里,便道17公里,打通了6条出村通道,村民小组通畅率实现100%,极大地方便了群众的出行,并且优化了新修道沿线产业布局,为群众脱贫增收、乡村振兴奠定了坚实的基础。

根据坪漆村产业实际情况,涂强牵头制定了《太平镇坪漆村乡村振兴总体规划》《太平镇坪漆村产业规划》,明确了"1主4副"农业产业布局,确立了桃树为坪漆村的主导产业。2015年以来,坪漆村已种植以香桃为主的果树690亩(香桃590亩,柑橘80亩,李子20亩),随后又发展了200余亩经果产业。产业采取"合作社(村社集体)+业主+农户"模式,农户进入村专业合作社,由专业合作社聘请技术人员为会员统一提供技术培训指导,组织专业管护员统一管理。

铜梁龙灯龙舞远近闻名,龙灯彩扎工艺是重庆市非物质文化遗产。涂强主动与其代表性传承人坪漆村周合平、周建两兄弟商量,利用这门技艺做大做强产业,带领乡亲们致富。现在的坪漆村拥有了众多龙灯彩扎技术骨干人才,成为了铜梁区著名的"龙灯之村"。涂强和村支两委成立了坪漆村龙灯彩扎专业合作社,对村建卡贫困户、低保户等60余名剩余劳动力进行了培训,积极打造龙灯彩扎基地。村里采取"公司+专业合作社+农户"模式,2018年11月以来,共组织村民100余名参与铜梁龙灯彩扎、安装务工,实现村民收入约73.2万元,增加村集体经济收入3.6万余元。

潼南区

潼南于2002年被确定为市级扶贫开发重点工作县,经历了整村推进、整村脱贫、片区开发、脱贫攻坚、巩固脱贫攻坚成果五个阶段。2016年4月,潼南正式获批退出市级扶贫开发重点县。党的十八大特别是2017年7月以来,全区持续巩固提升脱贫质量,对标"两不愁三保障一达标",聚焦基础设施建设、产业培育发展、政策落地见效,集中精力、精准发力,脱贫攻坚取得决定性成效。全区50个贫困村全部摘帽,建档立卡贫困人口14085户48777人,均已脱贫或达到脱贫标准;现有的边缘易致贫户529户1351人,脱贫不稳定户380户1064人,均已纳入监测重点帮扶。贫困发生率由2014年建档之初的6.1%,下降至2019年底的0.06%,2020年全部脱贫,贫困群众总体生产生活状况明显改善。

一、举措与成效

(一)坚持政治引领,坚决扛起脱贫攻坚重大责任

一是全面深化理论武装。坚持把习近平总书记关于扶贫工作重要论述和中央决策部署、市委最新要求,作为区委常委会、区委理论学习中心组学习会必学篇目,第一时间召开区委常委会(扩大)会、区扶贫开发领导小组会、全区脱贫攻坚工作会等,传达学习习近平总书记视察重庆

重要讲话、在决战决胜脱贫攻坚座谈会上的讲话以及中央、市委系列会议文件精神,深刻领会精神实质,把握思想内涵。五年来,区委中心组开展相关学习26场,各级中心组开展学习1900余场。

二是精心组织脱贫宣讲。成立区委宣讲团、镇街宣讲队,深入田间地头、院坝村落,以群众喜闻乐见的方式组织理论宣讲,开展线上线下宣讲5000余场,受众38.5万余人,做到及时学、深入学、全面学。精心编发脱贫攻坚"口袋书"5万余本,切实推动学习贯彻习近平总书记关于扶贫工作重要论述和视察重庆重要讲话精神往深里走、往实里走、往心里走。

三是全面压实脱贫责任。建立横向到边、纵向到底的责任体系,严格执行"双组长制"和"五级书记抓扶贫"机制,遍访贫困户实现全覆盖。区委、区政府坚持每月至少专题研究一次脱贫攻坚,每两月至少召开一次扶贫开发领导小组会议,常态化研究部署工作、解决具体问题。区领导和各部门坚持每月研究1次行业扶贫工作,确保项目到村、资金到户、措施到人。落实区级领导、区级部门包帮镇街和贫困村,全区派出50支驻村工作队,5306名各级干部与贫困户"一对一"帮扶,形成全方位、多层次扶贫工作体系。

(二)贯彻精准方略,全面彻底解决"两不愁三保障"突出问题

一是义务教育保障方面。严格按照"发展教育脱贫一批"要求,落实"教委领导、机关科室长、机关干部、教管中心主任、学校校长"五个责任一体化责任机制,实现了校校都是教育扶贫的责任主体,人人都是教育扶贫的责任者;区教委专门成立教育扶贫办牵头具体抓,推进各项教育扶贫政策全面落实落细,保障了贫困学生上学路上一个不少。聚焦义务教育控辍保学和学生资助等重点,对失学辍学儿童分类施策,全面开展劝返复学,即劝即返;对重度残疾学生实行送教上门,实现义务教育适龄儿童少年全部入学,全区建卡适龄儿童全部接受或完成义务教育,无一

人失学辍学。全面兑现教育扶贫政策,实现贫困学生全程资助、全员覆盖,应助尽助。持续加大"两类学校"建设力度,22个镇街均有小学和初中各1所以上,在相对偏远的村建有小学或教学点66个、幼儿园73所。实施强校结对弱校帮扶工作,倾斜配置优秀教师资源,全面实施送教、走教和支教措施,确保老百姓子女在家门口有"好学"上。2016年以来,全区全面落实各项教育扶贫政策,投入4.99亿元资助83.88万人次贫困学生,做到不重不漏、应助尽助。

二是基本医疗保障方面。深入实施健康扶贫工程,综合利用重特大疾病医疗救助、扶贫医疗救助、精准脱贫保险、商业补充保险、社会慈善捐助、专项救助、兜底救助等手段,严格落实贫困人口医保待遇倾斜政策。每个镇街有1所政府办标准化卫生院,至少有1名全科医师;每个行政村有1所标准化卫生室,至少有1名注册乡村医生或执业(助理)医师。家庭医生签约服务更加完善,在家且有签约意愿的建档立卡贫困人口做到"应签尽签",将原发性高血压、2型糖尿病、肺结核和严重精神障碍等4类慢病患者作为重点服务对象,将因病致贫返贫风险较高的贫困户纳入签约服务范围,实现乡村医生全覆盖参加培训。投资1406.89万元为全区建档立卡贫困户购买精准脱贫保险。医保参保率100%,住院救治医疗费用自付比例9.85%,特殊疾病门诊医疗费用自付比例11.06%,区域内就诊率为97.09%。加大医疗救助政策宣传力度,采取编印口袋书、张贴宣传画、入户讲解、会议宣传等贫困群众喜闻乐见的方式,确保相关政策家喻户晓。

三是住房安全保障方面。紧盯"住房安全有保障主要是让贫困人口不住危房"的目标任务,按照区委区政府及区扶贫开发领导小组抓总、行业部门牵头、相关部门配合、22个镇街落实的工作原则,通过全覆盖鉴定、拉网式排查、大数据比对,逐户核实建卡贫困户等重点对象住房安全保障情况,精准鉴定房屋安全等级,分类明确保障措施。对符合危房改造政策的全部列入改造计划应改尽改;对动态新增的,发现一户改造一户;对居住在危房中的农村分散供养特困人员,主要采取入住五保家园、农村幸福院和敬老院集中供养、分散寄养和租用房屋等方式灵活保障住房安全,确保不住危房;对自愿通过租住房屋、投亲靠友等方式保障住房安全的,逐户开展核验评定,动态掌握住房安全保障情况。危房改造完成后,由区住房城乡建委聘请第三方机构组织逐户鉴定验收,确保改造后的房屋质量安全、功能完善、面积达标、群众满意,竣工验收合格后及时兑付补助资金。2015年以来,共实施农村C级、D级危房改造10468户,落实补助资金2.1亿元,解决近3万农村贫困群众住房安全问题,全面保障了贫困户住房安全。同时,全面加强建新拆旧工作,全区应拆除或封存的危房357户,已全部拆除或封存。

四是饮水安全保障方面。出台《重庆市潼南区农村饮水安全工程运行管理办法》,全面提升农村饮水安全运行管理水平,增强用水保障能力。严格按照《农村饮水安全评价准则》确定的"水量、水质、用水方便程度、供水保证率"4项评价指标,组织镇街、村、社按照全年工作计划逐户核查。累计投入资金6700余万元,建成供水工程3304处,整治山坪塘4333口,实施集中供水工程175处,分散式打井工程3251处,管网延伸工程1处,有效解决912户3250人建卡贫困户饮水问题,全区建卡贫困户饮水安全得到全面保障。

五是综合保障方面。聚焦建卡贫困户中完全和部分丧失劳动力且无法通过产业就业帮扶脱贫的人口,及时纳入兜底保障范围,全区累计实施低保兜底扶贫2614户5077人,临时救助困难群众2.13万人次,救助金额2839.3万元。疫情期间,全区临时救助建卡贫困户331人次,发放资金39.6万元。聚焦特困人员基本生活保障和基本医疗、住房安全保障,及时上调供养金标准至806元/(人·月)及相应照料护理补贴,确保了"吃穿不愁"。聚焦因"重大疾病、子女入学"等因素导致暂时性困难的返贫人口的帮扶,采取简化审批程序、下放审批权限、前移审批关口等方式缩短审批时间,快办快救解决其临时性"急难"。

▲ 潼南五大产业（柠檬、蔬菜、花椒、菜花、小龙虾）成为农民致富增收的主渠道（潼南区扶贫开发办公室供图）

（三）坚持问题导向，抓实各类反馈问题整改

一是提高站位重担当。坚持把抓好脱贫攻坚问题整改作为检验"四个意识""两个维护"的重要标尺，成立区委书记挂帅的整改工作领导小组，下设办公室和10个专项小组，精心制定《整改方案》，形成"1+10+N"责任体系。

二是加强督查促整改。区纪委监委、区委督查办、区委组织部分别组建脱贫攻坚专项督查组，对全区脱贫攻坚各类反馈问题整改情况、"两不愁三保障"等方面的突出问题、驻村工作队履职情况进行专项督查。用好巡察利器，严格对区级有关部门和22个镇街问题整改落实情况开展专项巡察。

三是全面整改求实效。2017—2019年，潼南区脱贫攻坚工作接受了中央脱贫攻坚专项巡视、国家和市级成效考核等各类巡视、考核、巡查、检查等21次,累计反馈问题189个,已全面完成整改。2020年,中央脱贫攻坚专项巡视"回头看"反馈意见潼南区75个任务和问题、国家反馈2019年重庆市脱贫攻坚成效考核潼南区59个任务和问题、市级成效考核反馈潼南区23个问题,"不忘初心、牢记使命"主题教育检视的6个方面44个问题,市级脱贫攻坚专项督查反馈潼南区4个问题,现已全部完成整改。

(四)坚持分类施策,持续巩固脱贫攻坚成果

一是基础设施方面。 加大资金投入,挂图作战,倒排工期,统筹推进贫困村和非贫困村基础设施项目建设,为高质量打赢脱贫攻坚战打下坚实基础。强化道路建设。五年来,全区有贫困对象的284个村实现全面通硬化公路,并开通客车,受益户30户以上道路100%硬化。50个贫困村新增农村公路634公里、新建入户路160公里,贫困村467个村民小组实现100%通畅,受益户15户以上道路100%硬化,群众出行更加方便快捷。强化供电保障。大力实施"电靓乡村"农村供电保障能力提升工程,完成配变1026台,新增配变容量135兆伏安;改造10千伏线路637.4公里,改造0.4千伏线路2411.2公里,全区所有村社全部通上动力电。强化通信基建。投资4.6亿元,围绕农村网络盲区、网络能力新建延伸覆盖,建成铁塔315座,共性基站945个,新建光纤宽带端口28.5万余个,全区农村集聚区光纤网络、4G网络信号、广播电视信号实现全覆盖。强化公共服务。每个镇街建成1所标准化基层卫生院、1所以上公办小学,每个行政村建成1个标准化便民服务中心、1所标准化卫生室和图书室,贫困群众实现就近就医、就近入学、就近办事。

二是产业扶贫方面。 完善产业到户扶持政策。出台《潼南区加快贫困村主导产业发展的实施方案》,明确贫困村和重点村年度产业发展任务;鼓励支持贫困村新型农业经营主体申报农业资金项目,优先支持带贫机制健全、带贫效果明显的经营主体;构建财政资金"改补为奖""改补为贷""改补为保""改补为股""改补为酬"的"五改"工作机制,改进到户

帮扶方式方法,切实提高财政专项扶贫资金使用绩效,激发贫困群众发展产业内生动力,全区有自主发展能力的贫困户基本享受了1项或以上产业帮扶政策,农业自营收入成为贫困群众仅次于工资性收入的第二大主要收入来源。加强产业技术指导与服务。组建5个产业扶贫专家组,制定贫困户产业发展指导员制度,选派180名区级产业发展指导员、明确246名镇级产业发展指导员,构建区、镇两级产业发展指导体系,充分发挥产业扶贫专家组和产业发展指导员进村入户上基地开展产业技术指导与帮扶作用,定点定人帮扶贫困村、贫困户、新型农业经营主体,切实解决各类主体在发展产业过程中存在的技术难题。建立完善产业发展与贫困户利益联结机制。围绕七大扶贫主导产业,贫困村和重点村已发展粮油、蔬菜、柠檬、生猪、渔业、中药材等主导产业10.26万亩,发挥"龙头企业+合作社+基地"的联结机制作用,90家区级以上龙头企业,通过土地流转、务工就业、生产托管、资金入股、产品代销、股权化改革、人员培训等方式带动11000余户贫困户增收,投入8000余万元实施55个股权化改革项目,带动2362户贫困户持股分红。培育贫困村致富带头人198人、非贫困村致富带头人245人,持续带动贫困户增收致富。

三是就业扶贫方面。建立贫困人员就业状况和就业需求实名调查机制。对全区16周岁以上的贫困人员和易地搬迁贫困户开展了就业状况和就业需求信息收集工作,将贫困户的就业情况和需求录入重庆市贫困人员就业情况或需求调查系统,实行动态跟踪。扎实做好就业服务。开展母婴护理、电工、美容等技能培训,建立就业扶贫车间4个,召开招聘会132场次,帮助3669名贫困人口就业。疫情期间,采取定制专列等方式,帮助2.41万贫困劳动力外出务工,确保了贫困户稳定就业。公益性岗位托底安置贫困人员就业。开发扶贫开发、治安协管、保洁保绿等公益性岗位安置建卡贫困户3556人,实现"安置一人、就业一人、脱贫一户"。

四是金融扶贫方面。通过潼南电视台、《潼南日报》、公众微信号"融媒体"一体化宣传体系,强化扶贫小额信贷政策宣传,严格按照"5万元(含)以下、3年以内、免担保免抵押、基准利率、财政贴息、县建风险补偿金"的扶贫小额信贷政策。创新推出"柠檬贷""金猪贷",累计发放贷款682笔1.84亿元,发放扶贫小额信贷6570笔2.85亿元,获贷率46.85%,累计发放金融精准扶贫贷款31.5亿元、余额17.2亿元,支持3937户农户、1895家涉农企业发展生产。

五是消费扶贫方面。建成20个镇级电商公共服务中心,为辖区内的村社,特别是贫困村提供电商服务,基本实现农村电商公共服务体系全覆盖。整合韵达、百世汇通、中通、圆通等快递物流企业在潼资源,引进菜鸟物流,开展末端共同配送业务,初步构建起区镇村三级物流快递网络。组织涉农企业参加西洽会、渝交会等展会活动,设置消费扶贫展位,集中推介、展示、销售特色农产品,并在大路服务区、潼南服务区等高速服务区内设置了潼南名特优产品专柜,通过各种渠道增加潼南产品的曝光率。为切实解决新冠肺炎疫情带来的涉贫产品卖难问题,全区组织开展100场"媒体+电商"消费扶贫战役助农直播活动,优选潼掌柜、六养优品、潼城好货、邮乐购等10个电商平台,上架100余种消费扶贫产品,销售1000余万元。全区1.02万人注册社会扶贫重庆馆,238个财政预算单位注册832平台,共完成消费扶贫采购7800万元,有效解决了扶贫产品难卖问题。

六是志智双扶方面。持续深入挖掘宣传脱贫攻坚工作中的先进典型和人物事迹,12人荣获重庆市脱贫攻坚先进个人,塘坝陈家秀、新胜夏忠琼等入选重庆市100名脱贫攻坚先进典型,区住房城乡建委等8个单位被评为重庆市脱贫攻坚先进集体,哑河村驻村工作队扶贫事迹被国务院脱贫攻坚领导小组收集为典型案例,驻村干部黄晓利被评为重庆市脱贫攻坚先进个人。依托镇街文化服务中心、村文化活动室等载体,举办"身边的脱贫故事"微访谈47场,"榜样面对面"宣讲活动44场。深入开展"十抵制十提倡"活动,推进农村移风易俗、乡风文明建设,发放宣传资料10万余份,悬挂宣传横幅2200余条,张贴画报7700余份,入户宣讲5000余场次。

(五)坚定不移强化绩效管理,全面提升扶贫资金使用效益

一是加大财政投入。坚持扶贫资金投入只增不减,研究制定《潼南区涉农统筹整合专项资金监督管理实施办法》,确保项目加快建设、资金及时支出、政策精准落实。2016年以来,共投入财政专项扶贫资金3.36亿元,其中:上级扶贫专项资金2.54亿元,区级财政配套0.82亿元;统筹整合涉农资金6.93亿元用于脱贫攻坚。

二是加强项目管理。严格扶贫资金投放范围和投放要求,进一步完善项目库建设,根据建设时限、范围、建设规模及资金额度择优选择实施。严格按照《重庆市扶贫资金项目公告公示实施办法》要求,对扶贫资金分配结果、镇村两级扶贫项目安排和资金使用情况一律公告公示,接受群众和社会监督。用好12317扶贫监督举报电话,畅通群众反映问题渠道。

三是强化使用效益。研究制定《潼南区涉农统筹整合专项资金监督管理实施办法》,按照"归口管理、各司其责"和"花钱必问效、无效必问责"的原则,切实加强整合资金项目的业务指导、执行督促、监督管理等工作,确保每个项目、每笔资金都产生带贫益贫效益。

(六)动员各方力量,社会扶贫参与度不断增强

组织93家农业龙头企业定点帮扶50个贫困村,每个贫困村至少发展1个农业企业或专业合作社、5个家庭农场或种养大户,贫困村累计发展各类经营主体800余家。积极开展志愿服务活动,1.5万余名志愿者走村入户,帮助缺劳困难群众干农活、协助改造危旧房、发展生产、开展实用技术培训等。组织引导社会力量采取扶贫捐赠、结对帮扶、劳务输出等多种方式参与扶贫。4.1万名爱心人士注册中国社会扶贫网,通过线上

线下对贫困村贫困户进行捐赠,累计捐款1500余万元。

(七)强化党建引领,基层组织能力不断提升

一是增强一线力量。 坚持每年调整撤换一批、培训提升一批、后备储备一批、培养帮带一批,出台《激励村干部担当作为十六条措施》,探索建立村干部"固定补贴+养老保险补贴+绩效考核+集体经济奖励"待遇保障体系,不断增强村干部队伍战斗力。织密考试、暗访、约谈、述职、考核、保障"六项机制",细化23条管理举措,164名驻村干部沉在基层,全身心投入扶贫工作。

二是强化一线资源。 聚焦农村基础短板,扎实完成"123"党建工作目标,推动人力、物力、财力向脱贫攻坚一线倾斜。全覆盖配备304名本土挂职大学生、717名村干部后备力量,升级改造102个便民服务中心,全面消除集体经济"空壳村",村集体年经营性收入最高达67万元,人才短缺、产业落后局面得到根本扭转。

三是筑牢一线堡垒。 始终把农村基层党组织作为推动脱贫攻坚的战斗堡垒,不断扩大先进支部增量,提升中间支部水平,持续整顿软弱涣散基层党组织。通过区级领导联村、镇街领导包村、第一书记驻村、区级部门结村,2015年以来整顿转化软弱涣散村(社区)党组织174个,有效提升党支部脱贫攻坚凝聚力、战斗力。

(八)强化纪律保障,扶贫领域作风建设不断增强

一是加强监督检查。 2015年以来,整合纪检监察、巡察、扶贫、组织等力量,先后组建60个监督检查组,紧紧围绕各级党委(党组)、职能部门和各基层纪检监察组织落实脱贫攻坚责任、整改落实中央巡视组反馈意见、扶贫领域腐败和作风问题等方面全覆盖开展脱贫攻坚专项监督检查和专项巡察,发现问题501个,均督促整改落实。

二是扎实开展各类专项治理。 2017年以来,全区扎实开展扶贫领域

古溪镇建起4000亩特色产业基地（潼南区扶贫开发办公室供图）

腐败和作风问题专项治理、学生资助政策落实不到位问题专项整治、漠视侵害群众利益问题专项治理、贫困人口基本医疗保障问题专项治理等专项治理工作，有效整治了扶贫领域各类倾向性、苗头性问题。

三是强化执纪整改。 23名区级脱贫攻坚行业部门主要负责人和驻村第一书记因履行脱贫攻坚主体责任不力受到约谈。对22个镇街开展巡视反馈意见整改落实情况督导调研，发现问题38个，均督促整改落实。2015年以来，共查处扶贫领域腐败和作风问题119个204人，形成强大震慑。对典型案例进行通报曝光，起到良好警示教育作用。

二、典型：围绕"五朵金花"做实产业扶贫大文章

（一）发挥资源优势，在产业发展上"以小见大"

一是因地制宜兴产业。按照"一镇一特""一村一品"的思路，与贫困村、贫困户共商发展良策，在巩固粮食、生猪等传统产业基础上，引导鼓励群众发展蔬菜、柠檬、油菜、小龙虾、花椒"五朵金花"，筑牢产业扶贫根基。

二是整合资源攻难关。研究制定《潼南区涉农统筹整合专项资金监督管理实施办法》，确保项目加快建设、资金及时支出、政策精准落实。2015年以来，共投入财政专项扶贫资金4.52亿元，统筹整合涉农资金7.03亿元，累计实施扶贫项目1165个，总投资11.55亿元，为产业扶贫提供坚强支撑。

三是产业发展见成效。蔬菜种植面积100万亩、产量203万吨，柠檬面积32万亩、产量28万吨，油菜面积28.5万亩、产量3.8万吨，蔬菜、柠檬、油菜种植面积和产量均居全市第一。小龙虾5.8万亩，产量6000余吨，是西南地区最大的生态小龙虾基地。花椒面积8.2万亩，产量2.6万吨，成为全市第二大花椒生产基地。

（二）激发产业活力，在市场主体上"育强扶弱"

一是加强政府引导。制定支持特色优势产业发展"政策七条"，加强农业市场主体培育，组建蔬菜、柠檬等10个产业协会，引导市场主体适度规模经营，打造特色产业发展"生力军"。强化风险保障，蔬菜、柠檬等种植保险12.19万亩，总保额37240.85万元，总保费1989.55万元，切实降低生产经营风险。

二是壮大龙头企业。 发展壮大一批农业龙头企业,充分发挥带动示范效应。例如柠檬产业,现已形成以汇达柠檬、檬泰生物为双龙头的柠檬全产业链,汇达柠檬已经成为中国柠檬产业领军品牌、领军企业,并有望于2022年上市。目前,全区有产业化龙头企业155家(国家级1家、市级27家)。

三是用好城市资本。 大力支持城市资本下乡,鼓励城市回乡创业资本投身农业,支持农民返乡创业,引进大学生回村置业。双江镇白云村回乡创业大学生张强,承包5000余亩荒山荒坡种植花椒,带动128户村民增收致富。崇龛镇大学生滕文强,采用稻—虾、稻—蟹立体种养模式,成功打造"稻梦空间",带动15户村民养虾致富。

(三)强化利益联结,在脱贫增收上"携手并进"

一是发展集体经济。 培育专业合作社1081个、家庭农场467家、种养大户4300户,实现村村都有集体经济项目覆盖。

二是土地入股保底分红。 贫困户的承包土地经营权折价入股农业经营主体,实行"保底分红+收益分红"。例如柏梓镇梅家村85%以上的村民,以承包地入股合作社发展柠檬产业,首次分红136万元。

三是财政资金股权化改革。 将财政投入农业产业项目资金部分量化到农村集体经济组织及成员,切实增强农村发展和农民增收内生动力。例如,双江镇五里村蔬菜基地建设项目,财政补助资金150万元,村集体持股15万元,流转土地的农民和贫困户共持股60万元,村集体每年分红0.9万元,流转土地的农民和贫困户每年分红资金共达3.6万元。

四是农村集体产权制度改革。 将农村集体经营性资产折股量化,使贫困户享有农村集体经营性资产的股份。2015年以来,全区涉及面积12876亩,进入农户3078户,受益农民10121人,受益贫困户人均增收470元。

五是农村"三变"改革。 整合各级财政资金766万元,形成股金666.17万元,带动社会资本2097万元,形成股金291万元,农民承包地、林地等资源性资产入股折价1391万元,村组集体经营性资产折价入股273万元,农民变股东10013人,其中贫困户623人。

(四)聚焦延伸链条,在产业融合上"接二连三"

一是做强精深加工。 大力推进柠檬、蔬菜等精深加工龙头企业集群集聚发展,全区农产品加工企业达到120余家,年销售收入超10亿元的企业1家,超1亿元的企业10家。其中,汇达柠檬带动重庆近6万农户、四川近3000农户种植柠檬,户均增收2万元以上。

二是深化农旅融合。 积极打造集循环农业、创意农业、农事体验于一体的农业特色产业园区,高标准建设柠檬特色小镇,新建乡村旅游示范点5个。举办菜花节、柠檬节、生态小龙虾节等17大特色旅游节会,直接为贫困户创造劳动岗位3000余个,人均增收1000元以上。

三是发展农村电商。 建起10个全覆盖标准化镇级电商综合服务中心。坚持线下线上并举,推动"小农货"连接"大市场",蔬菜、柠檬等远销德国、俄罗斯等40余个国家和地区,农村电商年交易额突破20亿元。

(五)发展智慧农业,在科技服务上"提质增效"

一是大力推广新技术。 建立柠檬脱毒育苗中心、科光蔬菜种苗基地。制定柠檬标准化栽培技术规程,推广"柠檬营养诊断配方施肥技术"。开展无人机统防统治,全面禁止销售和使用高毒高残留农药。全区农业机械化水平达到55.1%,设施农业比重65%。

二是促进生产智能化。 抓好用大数据智能化为现代农业赋能,连续两届在智博会上发布"中国柠檬指数",建立农业大数据中心和物联网云平台,引进水肥一体化云控制等智能化系统,建成柠檬、枳壳智慧园2个,打造柠檬产业数字化生产线10条。

三是开发农特产品。加大科技研发投入,与中国农科院柑研所、华中农大等8家科研机构和高校,建立博士后工作站,联合搭建科研平台,研发柠檬、蔬菜精深加工技术300余项,拥有国家发明专利20项。

荣昌区

荣昌区辖6个街道、15个镇,共153个村(社区),总人口86万。党的十八大特别是2017年7月以来,荣昌区以习近平新时代中国特色社会主义思想为指引,深入学习贯彻习近平总书记关于扶贫工作的重要论述和视察重庆重要讲话精神,全面贯彻落实党中央决策部署和市委工作要求,紧紧围绕"精准扶贫精准脱贫",以"时不待我,只争朝夕"的精神,凝聚荣昌智慧与力量,尽锐出战、迎难而上,攻克"碉堡"、扫清"地雷",向贫困发起总攻,在决战决胜脱贫攻坚战役中向党和人民交出满意答卷。

一、举措与成效

(一)"四大抓手"重拳出击,切实织密扎牢脱贫攻坚"质量网"

一是"党建引领",支部为先。始终把党的政治建设摆在首位,注重抓好基层、打牢基础,促进基层党建与脱贫攻坚深度融合,配强镇街领导班子,选好村支"两委"班子,加大农村本土人才回引力度。实施"领头雁"工程,激发广大党员干部和群众积极参与脱贫攻坚,增强村党支部的凝聚力、号召力,提升基层组织服务能力,把基层党组织建设成为带领群众脱贫致富的坚强战斗堡垒。

二是"十指连心",感念党恩。 全区组织4800余名机关干部,结合落实"十指连心"密切联系群众制度,聚焦"为民服务解难题",按照"不漏一户,不少一人"要求,用十指敲开21万户群众的大门,叩开群众的心门,面对面解决群众急难愁盼问题,温暖群众心坎,形成感党恩、听党话、跟党走的良好风尚。

三是"干部夜访",确保精准。 聚焦脱贫攻坚重点难点问题,在21个镇街全面推行镇街机关干部值夜制度,督促干部沉下身子"接地气",打好"时间差",形成田间地头见干部、白天晚上有干部的工作局面,确保把功夫下在平时、感情培养在平时。值夜期间,各镇街已累计走访一般群众20998户、建档立卡户11564户,开展各类志愿服务活动283场次,覆盖群众15551人,群众反响良好。

四是"清仓见底",动态清零。 成立脱贫攻坚"清仓见底大行动"指挥部,由区委书记任总指挥长,区长、人大主任、政协主席、区委副书记任副总指挥长,其余区领导为指挥部成员。指挥部领导每周一调度一研判一通报,确保第一时间发现问题、第一时间整改问题。21个镇街成立分指挥部,班子成员尽锐出征,齐抓共管,集中时间、集中精力全线出击,在责任上补力、工作上补短、效果上补足,推动脱贫攻坚各类问题动态清零。

(二)"五个尽锐出战"压实责任,切实解决"两不愁三保障"突出问题

一是干部尽锐出战,"一把手"示范,以上率下。 区委把打赢脱贫攻坚战作为当前最大、最重要,也是必须完成的政治任务。成立区扶贫开发领导小组及区委常委会领导下的"清仓见底大行动"指挥部。区委书记、21个镇街党(工)委书记,135个村(涉农社区)支部书记遍访贫困对象。

二是政策尽锐出战,因户施策,保障精准。 坚持医教联动精准施策,对因残障等不能入学的学龄儿童,调整有专业技能的医生上门开展康复

性治疗,安排教师上门送教;健全从学前教育到大学全覆盖资助体系,落实资助资金3747.18万元惠及资助建档立卡学生32684人次。整合各类教育项目资金,新建、改扩建校舍7.58万平方米,建设运动场12.72万平方米,采购设施设备8.95万件,大力改善农村教育环境。执行"先诊疗后付费""七重医疗保障""一站式结算"等健康扶贫医疗政策,基本医疗保险参保率达到100%,健康扶贫累计救治3.8万人次、落实资金1800余万元;贫困户家庭医生签约服务实现全覆盖,贫困对象应签尽签,共签约2.1万人,居家有意愿签约率100%,常住贫困签约人口履约率100%;做细做实慢病患者签约服务,下沉办理特病卡2467张,提供慢性病患者医用药服务,切实减轻医疗负担。加强贫困户住房保障动态监测管理,对全区居住农村的三类重点对象房屋全面鉴定排查1.9万户,加快危房改造进度,确保农户住房无忧。2015年以来,共投入改造资金2.27亿元,已对全区三类重点对象实施危房改造10332户,其中贫困户3671户;全区危旧房屋处置2.1万户。实施农村饮水安全巩固提升工程,积极落实水利扶贫惠民政策,在所有贫困户实现饮水安全有保障的基础上,全面开展饮水安全"回头看",实施饮水安全普查,强化动态监测,发现一户解决一户,通过安装自来水、净水器、打机井等方式解决到位,贫困户饮水安全保障率达到100%,确保贫困人口喝上"放心水"。

三是责任尽锐出战,"清单化"管理,敢于担当。坚持"摘帽不摘责任、摘帽不摘政策、摘帽不摘帮扶、摘帽不摘监管"的原则,不折不扣落实"五级书记抓扶贫""双组长制""一把手"责任制,与21个镇街签订脱贫攻坚责任书,制定脱贫攻坚责任清单,主要负责人亲自抓,统筹班子成员分工协作,压实脱贫攻坚工作责任。

四是机制尽锐出战,重真脱贫,更防返贫。建立扶贫产业与贫困户利益联结机制,实行贫困户优先入股、优先分红,确保持续稳定增收。建立义务教育控辍保学动态监测机制,落实控辍保学"一人一案",防止空挂学籍、中途辍学,保障顺利完成义务教育,入学率达100%,义务教育学

▲ 海棠香橙园——清流镇产业扶贫基地（荣昌区扶贫开发办公室供图）

生辍学问题动态清零，阻断贫困代际传递。建立动态监测机制，对边缘易致贫户和脱贫不稳定户持续跟踪、分析研判、精准施策、及时解决问题，巩固脱贫成果。

五是纪律尽锐出战，"利剑监督"，正风肃纪。 始终保持扶贫领域正风肃纪反腐高压态势，将脱贫攻坚工作开展情况作为区级巡察、督查的重点内容，开展扶贫领域腐败和作风问题专项治理"回头看"，以"真问责、问真责"推动脱贫攻坚作风转变。持续加大对扶贫领域的监督检查，严肃查处扶贫领域腐败和作风问题，集中整治群众反映强烈的问题，努力克服形式主义官僚主义问题，为各级党员干部戴上"紧箍咒"。深化运用监督执纪"四种形态"，注重抓早抓小、防微杜渐，党风政风民风持续好转。

(三)"六个精准"强化帮扶,切实巩固提升脱贫成效

一是扶贫对象精准。严格按照国家"两不愁三保障一达标"标准,落实"八步工作法",精准识别贫困户8806户28443人。特别对未脱贫的104户315人"量身定制",实行"一户一策"精准落实帮扶措施,确保现行标准下全部脱贫。

二是项目安排精准。2015年以来全区累计实施脱贫攻坚项目399个,涉及基础设施、产业项目等方面。切实改善农村基础条件,创新农村人行便道和"四好农村路"建设模式,连续三年实施"农村便民道户户通"工程,获"2017年度中国十大民生决策"奖。累计实施"农村公路"建设1900公里,修建人行便道2800公里,全面补齐基础设施短板。培育壮大集体经济,打造"一村一品",累计投入资金1.03亿元,用于扶持壮大村级集体经济项目,建立贫困户利益联结机制,实现139个集体经济组织有收益,带动贫困群众稳定增收,并入选中央党校教学案例。

三是资金使用精准。统筹整合财政涉农扶贫资金7.7亿元,用于农村基础设施建设、脱贫攻坚帮扶等方面。切实推进扶贫小额信贷工作,做到应贷尽贷,充分发挥扶贫小额信贷助农增收作用。设立扶贫小额贷款风险补偿金1060万元,累计发放扶贫小额信贷8621.708万元,贫困户获贷率57.19%,帮助3973户次通过发展产业增收致富。全区把村级作为扶贫资金监管重点,实行扶贫资金三级联动公开制度日常化,开展扶贫涉农领域资金专项督查,保持扶贫资金严查严管态势,确保扶贫资金监管到位。

四是措施到户精准。建立产业扶贫利益联结机制,强化"产业造血"功能,围绕以荣昌猪为主导,夏布、粉条、柑橘等为主的特色效益产业,因地制宜发展特色经果林、畜牧种植养殖、乡村旅游等特色产业,推进一二三产业融合发展,实现"村有主导产业、户有增收项目"。通过"先建后补""以奖代补"方式,因户施策发展到户产业,让贫困户持续稳定增收,累计投入到户帮扶资金2465万元,受益贫困户1.6万户次。建立"培训+

就业"联动机制,拓宽就业脱贫渠道,实现"就业一人,脱贫一户",全面落实扶贫车间、公益性岗位、技能培训、专场招聘会等就业帮扶政策,实现贫困人员9200余人就业。建立低保兜底长效机制,编密织牢基本民生安全网,确保贫困户不愁吃不愁穿。聚焦失能、弱能贫困人口,聚焦未脱贫人口、致贫返贫风险大的人口,及时将符合条件的对象纳入基本生活兜底保障,实现应保尽保快保,做到"不漏一户,不落一人"。

五是因村派人精准。因村制宜、因户施策,干部尽锐出战,强化帮扶,补短强弱,巩固提升脱贫攻坚成果。区领导带头开展攻坚,区级部门派驻现场攻坚员,推进定点攻坚各项工作落实;用好市区镇三级驻村帮扶力量,选派机关优秀干部41人组建16个驻村工作队;集中精锐攻坚克难,选派3057名机关和企事业单位干部对贫困户(脱贫户)开展帮扶,确保了各项政策落实到位和帮扶取得实效。

六是脱贫成效精准。全力开展"脱贫攻坚自查""百日大会战""清仓见底大行动"等工作,全区联动配合,对8806户建档立卡贫困户做到户户上门核查,对脱贫成效数据质量进行审核把关,确保账账相符、账实相符,累计清洗数据12714条。制定农村家庭人均纯收入调查表,确保收入算准核实。梳理脱贫攻坚政策明细账,对脱贫攻坚以来贫困户享受的政

▲ 小康路上迈大步(荣昌区扶贫开发办公室供图)

策、得到的帮扶、取得的成效,确保贫困群众说得出、讲得明,并认可脱贫攻坚成果。

二、典型

(一)精细绣花,清仓见底促成效

为解决小康路上暗藏的"碉堡"和"地雷",全区以更实、更细的"绣花"功夫,由点及面、清仓见底,确保脱贫攻坚不留死角。

一是强弱项补短板,确保"两不愁三保障"。2015年以来,共投入住房改造资金2.7亿元,已对全区三类重点对象实施危房改造10332户,其中贫困户3671户,全区危旧房屋处置2.1万户,确保了"危房不住人,人不住危房"。全面开展饮水安全"回头看",实施饮水安全普查,强化动态清零,实现建档立卡户饮水安全保障率100%。建立义务教育控辍保学动态监测机制,义务教育入学率达100%,全面落实教育资助政策,资助资金3747.18万元惠及32684人次。严格执行健康扶贫医疗政策,基本医疗保险参保率达100%,落实资金1800余万元,健康扶贫累计救治3.8万人次,实现家庭医生签约服务全覆盖。

二是定点定人攻坚,精准施策巩固成果。区领导带头集中力量定点攻坚,选派机关优秀干部41人组建16个驻村工作队,选派3057名机关和企事业单位干部对建档立卡户开展帮扶,确保战出实效、战出佳绩。

三是"十指连心"听民意,切实提升群众满意度。聚焦"为民服务解难题",开展党员干部"十指连心"工程。选派88名扶贫干部组成22个调查小组全覆盖走访8806户建档立卡户,4800余名基层干部全覆盖走访村民小组1339个、一般农户210797户,发放征求意见表30余万份,发放干部联系卡13万张,收集意见建议3.4万个,制定整改措施319项,采取"一周一调度""半月一报告""一月一专题"等方式推进整改,群众的满意度有效提升,"问题清单"变成了"满意清单"。

(二)尽锐出战,扶贫干部显身手

让土疙瘩变"金元宝"的"硬核"书记。 自2018年8月吴永胜担任河包镇核桃村驻村工作队队长、驻村第一书记至今,他带动农户引进并种植高淀粉红薯1450亩,亩产每年可提高120元左右,昔日的"土疙瘩",如今被村民誉为"金元宝"。此外,围绕配套河包粉条产业,他还倡导引进重庆椿林食品公司到村发展酸辣粉配料菜——鲜红辣椒订单种植1000亩,平均亩产3000元,增收600元/亩;带头对接九三学社荣昌区支社,引进重庆喜迎畜牧公司到村建设万头生猪恒温猪场等。同时,吴永胜带领驻村工作队紧盯短板抓基建。优先建设产业路,整合资金470万元,建成产业路12.5公里。快速打通外联路,争取上级资金1100万元,新建水泥路13公里,全村水泥路总里程达到40公里。铺通全村出行路,申报资金300万元,铺设入户人行便道35公里。大力改造低效田,宜机化整治土地1000亩,即将改造高标准农田1500亩。有效解决灌溉水,铺设灌溉用水管网4.5公里,建设泵站1座、高位水池10个,解决了5个社灌溉用水问题。几年辛勤努力让全村面貌发生了巨大改变。

敢啃硬骨头的扶贫女将。 陈秀英多年疾病缠身仍坚守岗位,身为调研员的她保持思想不松劲、工作不脱节,冲锋在脱贫攻坚工作第一线。她担任荣昌区吴家镇玉峰村扶贫驻村工作队队长、第一书记,自2018年扶贫驻村以来,她成功带头引进北京罂祥元生物科技集团重庆分公司,通过"企业+村集体+合作社+种植户"模式,流转撂荒山坡550余亩,打造集"扶贫+收益+观赏+美丽乡村"为一体的油用牡丹花卉园,发展起油用牡丹产业;首倡成立了峰达中药材专业合作社和土地流转专业服务合作社2个,实现全村178户利益联结全覆盖。通过到户产业发展、引导贫困劳动力务工等陈秀英带动村民发家致富,使玉峰村扶贫从"输血"式转变为"造血"式，带领村民走上了致富路。

（三）自立自强，勤劳创造新生活

"犟老头"的脱贫故事。 李永兴，荣昌区观胜镇银河村村民。因儿媳患病致贫，2014年被列为建卡贫困户，2015年儿媳妇病逝，欠下20多万的外债。李永兴凭借好政策学得好本领，成为了村里有名的养猪大户与种姜能手，每年收入乐观，经济条件和生活条件得到极大改善，已还清债务。对于未来，李永兴也有规划，"既然党的政策好，就要努力向前跑。我相信，好日子还在后头"。

"晋升"村综治专干的脱贫户。 远觉镇蔡家坪村的脱贫户唐永美，丈夫父母长期生病，发展产业失败后一家人生活格外拮据。2013年，成为建档立卡贫困户，享受帮扶政策，感受到政府温暖，一家人重拾信心。唐永美通过努力学习，拿到了计算机资格证，考取驾照，并成为远觉镇蔡家坪村综合服务专干。她认真学习政策文件，将村民的需求记在心上，同时她还帮扶了同村贫困户李香友，为他落实各项扶贫政策，用自己的经历鼓励他、引导他。唐永美说："我们虽然经济上贫困，但是思想上不能贫困，不能等靠要，国家的扶贫政策或许是一场及时雨，能解决我们的燃眉之急，但是致富还是要靠我们自己。我相信，我们的生活会变得越来越好。"

开州区

开州区面积3963平方公里,辖40个镇乡街道、535个村(社区),总人口168.6万。党的十八大特别是2017年7月以来,开州区在习近平新时代中国特色社会主义思想的指引下,深学笃用习近平总书记关于扶贫工作重要论述和视察重庆重要讲话精神,全面落实中央决策部署和市委、市政府工作要求,以脱贫攻坚统揽经济社会发展全局,尽锐出战、真抓实干,举全区之力、集全区之智向贫困发起总攻,坚决打赢打好脱贫攻坚战。截至2020年底,全区农民人均可支配收入提升至16220元,比2015年翻了一番,城乡收入比由2015年的2.36缩小到2020年的2.21。建档立卡贫困人口人均纯收入由2015年的3780元增加到2020年的11140元,年均增幅20.4%。

一、脱贫成效

(一)攻坚成效好

统筹整合各类扶贫资金58.4亿元,实施各类扶贫项目2800余个,落实教育资助5.05亿元、惠及贫困学生61.27万人次,医疗报销4.61亿元、惠及贫困人口11.87万人次,发放低保金等5.03亿元,兜底保障2.44万个贫困人口,易地扶贫搬迁5014户1.7万人,危房改造1.48万户,新建改建农村饮水工程2900处,解决8.19万名贫困人口饮水安全问题,所有行政村均实现通村通畅,所有贫困村均建成主导产业,2018年8月顺利实现脱贫摘帽,2020年8月高质量通过脱贫攻坚国家普查。目前全区135个贫困村全部出列,3.1万户10.5万个贫困人口全部脱贫,绝对贫困历史性消除,区域性整体贫困得到有效解决。

(二)总体评价高

各级各类巡视考核督查反馈问题和"两不愁三保障"突出问题动态清零,顺利接受中央、国家、市级历次巡视、考核、督查,在2018年、2019年市级脱贫攻坚成效考核中均取得"两好两优"成绩(综合评价和东西部扶贫协作评价均为"好",深度贫困乡镇考核和财政扶贫资金绩效评价均为"优"),2020年以"零问题""零差评"通过国家脱贫攻坚成效第三方评估,得到评估组高度肯定。

(三)特色亮点多

"抓贫困劳动力返岗就业"和"'三个紧扣'推进消费扶贫"典型做法被国务院扶贫办专报刊发;"建售联"产业扶贫模式成为全国创新案例,潍坊开州"携手奔小康"成为"鲁渝协作样板",创新扶贫资金绩效管理模式,被国务院扶贫办确定为全国示范试点区县;"抓党建兴产业促脱贫""四个深度发力"做法作为典型案例被市里报送中组部和国务院扶贫办;"深度贫困乡镇大进镇挂图作战促攻坚"等多个创新做法在中央电视台、《人民日报》、新华社等媒体深度报道;关面乡扶贫开发工作案例入围全国脱贫攻坚组织创新奖名单;中药材、茶叶产业扶贫模式成为全市创新案例;临江镇福德村"三变"改革经验在全市推广;成功举办全市致富带头人现场会和建档立卡贫困人口技能培训成果展示活动,获得一致好评。

二、主要做法

(一)提高政治站位,对标落实中央部署

一是强化思想认识。 把学习贯彻习近平总书记关于扶贫工作重要论述作为根本遵循和行动指南,通过召开区委常委会议、区政府常务会议、区脱贫攻坚领导小组会议、区委理论学习中心组学习会议,学懂弄通精准方略的核心要义和精神实质,并以此统领各级干部的思想和行动,形成"一切工作为脱贫攻坚服务、一切资源向脱贫攻坚聚集"的集体共识。全区上下以脱贫攻坚为先为重,自觉把脱贫攻坚作为重大政治任务、头等大事和第一民生工程。

二是加强组织领导。 发挥区委总揽全局、协调各方作用,建立区委、区政府主要领导"双组长"的脱贫攻坚领导小组,在领导小组办公室设立作战指挥室,各级各部门成立相应工作机构,全面加强组织领导。建立专项工作推进制、问题会诊制、重大问题会商制等工作机制,落实区脱贫攻坚领导小组会议、区委区政府专题会议、区脱贫攻坚办调度会议、区级行业部门联席会议等工作制度,抓紧抓实各项工作。

三是健全政策体系。 出台深化脱贫攻坚实施意见、精准脱贫攻坚战实施方案等4个总体方案,印发基础设施建设、特色产业发展、就业创业等12项工作方案,制定蹲点、遍访、督查、考核、问责等制度,构建政策支撑、工作落实和制度框架体系,确保作战有方案、工作有保障、成果可巩固。

四是压紧压实责任。 坚持"三级书记抓扶贫""一把手"领导责任制,健全区、乡、村脱贫攻坚"六大责任体系",落实扶贫工作团团长定点包干责任、行业扶贫分管区领导责任、行业部门牵头落实责任、乡镇党委政府

主体责任、镇乡街道班子成员包村（片）责任、驻村工作队和村支"两委"直接责任，在镇乡街道建立"三包三促"工作机制，在贫困村实行"三结对"制度。全区所有镇乡街道有区级领导蹲守、村村有乡镇领导驻村、社社户户有干部入户、每户贫困户有专人帮扶。

（二）坚持公开公正，精准管理扶贫对象

一是广泛宣传动员。坚持目标标准，制定扶贫对象"精准识别、精准退出、精准管理"程序，采取"政策宣讲、业务培训、群众发动"三项措施，层层召开业务培训和群众院坝会，组织各级扶贫干部广泛宣讲政策、逐村逐户动员核查，全面摸清贫困户底数。

二是公开透明评选。严把"八步两评议两公示一比对一公告"流程和"一达标两不愁三保障"标准，采取逐村、逐户、逐人"过筛子"的办法，发动群众参与和监督。多轮次开展精准识别督导，实现贫困户100%见面、临界困难户100%排查、疑点问题户100%复核，有效解决漏评、错退等问题。

三是精准动态管理。建立扶贫大数据核对机制，对贫困村实行"一村一档"、贫困户建立"一户一卡"，科学分析调查数据，分类确定深度贫困户和一般贫困户，建档立卡规范管理。坚持现行脱贫标准，严格进入和退出程序，选优配强551名区、乡、村三级扶贫信息员，常态化开展数据质量清洗，实行动态调整、适时更新，确保"应进必进、应出尽出、应纠则纠"。

（三）深化党建引领，抓实党建促脱贫攻坚

一是建强基层组织。实施全域党建规范提升行动，新建改建村级便民服务中心，全覆盖兴办新时代文明实践中心。建立党委班子成员联系支部制度，320个机关党支部与260个村党支部结对共建，135个贫困村全部纳入后进整顿，"一支一策"整顿提升软弱涣散村党组织184个。

▲ 扶贫产业"开县春橙"万亩柑橘生产基地(开州区扶贫开发办公室供图)

二是打造过硬队伍。 精准选派党务干部到弱村、农口干部到穷村、技术干部到产业村,1556名干部担任扶贫第一书记或驻村工作队员。针对性选拔112名干部到脱贫攻坚重点乡镇任职,评选"新时代担当作为好干部"12名。举办村(社区)干部、第一书记、驻村工作队员培训班,培训扶贫干部3万余人次。开展扶贫政策业务大培训、大考试,考试成绩95分以下的全区通报并补学补考。回引本土人才568名,储备后备干部1414人,推行村党组织和村干部"公开承诺、量化考核",农村无职党员"设岗定责、评星定级",3700名村级干部承诺践诺,1.6万余名无职党员领岗领责。开展"三培两带",在优秀青年、种养大户、技术能手等先进群体中培养发展党员1230名,2251名党员成为"扶贫先锋"、创办领办致富项目512个。

三是发展集体经济。 村级集体经济组织组建率100%,404个村有集体经济收入、135个贫困村全部实现经营收入,全区村级集体经济收入超过1000万元,"空壳村"比例下降到13.3%。

（四）靶向分类施策，全面完成脱贫任务

一是完成底线任务。 实施饮水安全巩固提升工程，整治病险水库53座、山坪塘7325口，惠及农村人口96万人，实行农村饮水安全定点包干联系责任制，在全区推行民主定价、保底收费、邀标管护、提取公积、小灾自救、大灾公助"24字"管水用水保障做法，饮水设施村民自治管护制度逐步建立，农村自来水普及率达93.1%，广大群众喝上了干净水、放心水、安全水。灵活实行"建、改、买"，加强"四类重点对象"危房改造，持续开展农村危房安全鉴定，C级、D级危房改造1.48万户，建成易地扶贫搬迁集中安置点22个，1.7万名贫困群众搬迁入住，通电、通信、就医、就学、后续扶持全覆盖，搬迁群众实现稳得住、有就业、逐步能致富。深入实施健康扶贫工程，开展"健康扶贫暖心服务"活动，推行服务对象自愿选择一个村卫生室、一个乡镇卫生院、一个药房及N个二级及以上医疗机构的"1+1+1+N"家庭医生签约履约服务模式，实行"分片包户"网格管理，对不同困难群体实行全免、部分减免医保参保资助，执行"0135"健康扶贫政策，落实"先诊疗后付费""一站式及时结算"制度，大病救助、慢病救治、重病兜底实现100%，贫困群众区内住院自付费用比例控制在10%以内，医疗负担大幅降低。构建"区教委+片区均衡中心+就读学校+属地乡镇+对象户家庭"五方联动体系，建立党委政府主体、部门单位联动"1+N"联控联保机制，80%以上新聘用教师安排到贫困地区学校，469名城镇优秀教师到贫困地区学校支教，贫困学生学前到大学教育资助全覆盖，对贫困家庭学生免书本费和学杂费、提供免费营养餐和寄宿补助，有效防止因贫辍学，有效阻断贫困代际传递。

二是建好基础设施。 建设"四好农村路"3000余公里，实现全区100%行政村通畅、100%行政村通客运、100%贫困村有一条硬(柏油)化村级公路、100%村民小组通达、83%村民小组通畅目标。新建通信基站3477个、通信光缆2.89万公里，实现光纤网络、4G网络村村通。实施农村电网改造工程，建设电力线路1718公里，村村通动力电，新建改造变压器

859台,新增容量12.93万千伏安,形成以2座220千伏变电站为支撑、6座110千伏变电站为枢纽、15座35千伏变电站为骨架的电网架构。天然气覆盖90%以上集镇和农村集中居民点。农村生活垃圾有效治理,居住环境明显改善。健全城乡文体服务网络体系,实现镇、村两级综合文化服务中心全覆盖,人均体育场地面积超过市级平均水平。

三是发展特色产业。建立区、乡、村三级产业发展指导体系,打造产业扶贫返租倒包等"六型"带贫模式、资产收益"八种"利益联结机制和"24种"产业增收模式,全区99.5%以上贫困户参与产业发展,2/3以上贫困户有新型农业经营主体带动,贫困人口年经营性收入高于全区农村平均水平3个百分点。发展村级集体经济,培育农业龙头企业等新型经营主体8600余个,建成产业扶贫基地2634个。发展柑橘、中药材、冷水鱼、生态畜牧等主导产业120万亩,形成"一乡一业、一村一品、一户一策"产业格局。关面乡年出产木香近1500吨,产值近1600万元,成为"中国木香之乡"。发展"旅游+扶贫"产业,打造绿周果业柑橘博览园等市级休闲农业与乡村旅游示范村(点)21个,建立休闲农业和乡村旅游扶贫基地411个,年均接待游客600余万人次,综合收入达14.6亿元;用好汉丰湖国家AAAA级景区、雪宝山国家森林公园等文旅资源,晒旅游精品、晒文创产品,形成"康养游、体验游、休闲游"三大特色乡村旅游品牌,勾勒"湖在城中、城在山中、人在山水中"的美丽画卷,以旅游产业有效串联贫困户利益发展。发展生态扶贫产业,生态护林员岗位安置贫困劳动力就业3420人次,贫困户生态扶贫政策享受率达到98.6%。

四是深化农村改革。推进农村"三变"改革试点和股权化改革,打造"大户+""家庭农场+""合作社+""龙头企业+"等模式带动农户发展现代山地特色高效农业。打造市级以上"一村一品"示范村镇13个,认定国家级名牌农产品1个、市级名牌农产品19个、"三品一标"农产品217个,农产品商品率增至65%。打造市级全域旅游示范镇和区级乡村振兴示范片,构建环湖城郊现代农业示范圈、南部山地特色现代高效农业发展区+

北部山地生态农业发展区、开城高速+开梁高速+开达高速生态发展带"一圈两区三带"现代乡村格局,成为贫困地区由"脱贫"向"振兴"过渡的典范。

五是保障群众就业。全面落实各项积极的就业政策,组织贫困劳动力专场招聘会220余场次,开展贫困人员技能培训6.86万人次,保障全区5.5万名有劳动能力和就业意愿的贫困劳动力实现就业。打好"开州餐厨""金开家政""开州建工"三张劳务品牌,采取返岗包车分组编队、行前提醒、物资准备、出发签到、途中衔接、抵达对接"六步工作法",帮助贫困劳动力区外就业,建立预计返乡人员"预备岗位"台账,帮助多向就业。推行"亲帮亲、邻带邻"全民劳务经纪人模式,创建15个就业扶贫车间,开发公益性岗位3123个。通过内育外引、政策扶持等方式,培育致富带头人838名、致富带头人项目838个。

六是消费拉动增收。落实产品销售奖补等政策,支持扶贫产品深度加工、商业包装、仓储物流、冷链配送、销售网络等发展。认定扶贫产品737个,总价值量12.54亿元。举办"开味开州"品牌发布会,"开县春橙"成为中国驰名商标,在全国"叫响",品牌价值达13.74亿元,"开县木香"成为全市三大道地药材基地之一,"开州再生稻"成为全市公用品牌,"水竹凉席""南门红糖""开州冰薄"入选市级非物质文化遗产名录。举办扶贫产品云推销会4场,在山东各地开设专店专区专柜,宣传推广"开县春橙""紫水豆干"等特色产品。用好巴味渝珍、重庆消费扶贫馆、开街网等电商平台,运营电商扶贫驿站159个,举办"消费扶贫直通车、网上网下爱心购"活动,区委书记、区长"双晒"直播带货,网销柑橘10.6万单、5.46万吨。各财政预算单位、东西协作单位、市委组织部扶贫集团、市内对口支援单位、民营企业、社会组织、帮扶干部等采购扶贫产品2.12亿元。18.78万人注册重庆消费扶贫馆,馆内线上消费757.59万元,有效带动贫困群众增收。

七是落实保障政策。为每个贫困人口购买"精准脱贫保"。扩大未脱贫户、脱贫不稳定户、边缘易致贫户等困难群体社会救助面,兜底保障贫困人口2.44万个,实现应保尽保快保。对整户不符合条件的贫困户,将重病重残家庭成员纳入低保,对家庭月人均收入超过低保标准低于2倍标准的农村低保贫困户,给予6个月的渐退期。为新冠肺炎确诊和疑似病例中的困难群体,发放2倍低保标准临时救助。强化金融扶持,与重庆农商行、农业银行等6家银行签订合作协议,发放扶贫小额贷款1.5万户次、6.44亿元,有力支持贫困群众发展产业。

(五)尽锐出战攻坚,有力彰显帮扶成效

一是优化帮扶体系。建立"1+N"扶贫工作团体系,持续落实"区级部门对口帮扶制""乡镇主要领导分片联系制",优化完善"包村领导+驻村干部+驻村工作队+帮扶责任人+无职党员"帮扶体系,每个驻村工作队成员3人以上,并保持相对稳定,镇乡街道为每个贫困村确定1名领导班子成员、1名镇乡街道干部包村,1.2万名帮扶干部扎根基层长效帮扶,做到帮扶不漏户、户户见干部。尤其对2020年脱贫户增派区管领导干部加强帮扶,脱贫不稳定户选优配强结对帮扶干部,边缘易致贫户落实1名村(社区)干部监测帮扶,并购买防贫保险,确保防贫防返贫工作落到实处。

二是强化社会扶贫。一体推进中国法学会定点扶贫、潍坊开州东西部扶贫协作、市委组织部扶贫集团结对帮扶和江津璧山对口支援,使用山东省各类援助资金2.14亿元,市委组织部扶贫集团牵头实施大进镇扶贫项目213个,推动大进镇茶叶、中药材、粮油果蔬和乡村旅游"3+1"主导产业形成规模、形象震撼。中石油、国家电网等企业落实"万企帮万村"责任,广大民营企业、社会组织、爱心人士积极参与帮扶,助力开州更好发展。

三是激发内生动力。建设"明德帅乡",开办"我的脱贫故事"等7个专栏,推出脱贫攻坚新闻报道8000余篇(次),发布扶贫公益广告5万余

条,开展"榜样面对面"微宣讲等活动3900余场,推进"我们一起奔小康"等扶贫志愿服务活动1600余场。培育"中国好人"5名、"重庆好人"53名、"开州好人"98名,评选表彰"好媳妇"200名、"致富之星"299名、"脱贫光荣户"1273户。举办重庆市优秀共产党员、重庆市脱贫攻坚奖先进个人和"感动重庆十大人物"获得者、关面乡泉秀村原党支部书记周康云同志先进事迹报告会,用先进人物的典型事迹教育引导贫困群众依靠自己的双手摘穷帽、斩穷根。

(六)强化监管考核,巩固提升脱贫成果

一是严改突出问题。坚持统筹兼顾、举一反三、建章立制,中央巡视4方面13项问题、中央巡视"回头看"3方面10项问题、历年国家成效考核14方面40项问题,历年市级成效考核反馈17方面28项问题、历年全市脱贫攻坚专项督查反馈24方面49项问题和"不忘初心、牢记使命"主题教育自我检视5方面18项问题,全部整改到位。

二是严管扶贫资金。加强扶贫资金使用和管理,实行项目资金公示、公告制度,严把选项、立项、申报、审批、发放、效益"六道关",健全集中督查、重点督查、专项督查、社会监督"四位一体"督查监督体系,实现资金运行过程可记录、风险可预警、责任可追溯、绩效可跟踪。

三是严格考核评估。脱贫攻坚占经济社会发展实绩考核40%权重,对完不成脱贫攻坚任务的镇乡街道和帮扶部门单位,实行"捆绑同责""一票否决",贫困村第一书记、驻村工作队员和非贫困村工作队长年度考核实行单列。

四是严肃常态监督。把"作风提升行动"贯穿脱贫攻坚始终,健全优化督查巡查机制,5个调研指导组常态进行督查指导,开展项目督导、工作检查、作风监督"三类督查",随机抽访,定期巡访。各镇乡街道和行政村落实日常监管责任,健全帮扶干部下村签到、工作纪实、在岗抽查"三项制度",建立扶贫干部个人信息、工作实绩、考核结果"三本台账",刀刃

▲ 开州区大进镇万亩巴渠茶园新貌（开州区扶贫开发办公室供图）

向内，正风肃纪。对扶贫领域腐败和作风问题"零容忍"，做到查处一批、整改一批、震慑一批。

三、典型

（一）"六大责任体系"统揽脱贫攻坚全局

开州区坚持"三级书记抓扶贫"，落实"双组长""一把手"领导责任制，建立扶贫工作团团长定点包干责任、行业扶贫分管区领导责任、行业部门牵头落实责任、乡镇党委政府主体责任、镇乡街道班子成员包村（片）责任、驻村工作队和村支"两委"直接责任等"六大责任体系"，在镇乡街道建立"三包三促"工作机制，在贫困村实行"三结对"制度。2018年8月顺利实现脱贫摘帽，2020年8月高质量通过脱贫攻坚国家普查，135个贫困村全部出列，3.1万户10.5万个贫困人口全部脱贫，绝对贫困历史性消除，区域性整体贫困得到有效解决。在2018年、2019年市级脱贫攻坚成效考核中均取得"两好两优"成绩,2020年以"零问题""零差评"通过国家脱贫攻坚成效第三方评估。

(二)党建促脱贫攻克深度贫困堡垒

市委组建市级深度贫困乡镇大进镇脱贫攻坚作战团,建立市、区、镇、村四级党组织联动抓脱贫攻坚责任制度,构建指挥、战斗、督战"三套体系",19名区领导蹲点督战大进镇19个村(社区),19个村(社区)划为四个片区,分别明确包片领导、包村领导、包村干部,实行"划片作战""三包到村"。实施支部提升、头雁培育、党员先锋"三大行动",做好抓实产业规划、建实产业组织、做实产业惠民"三实措施",建立村党组织"日常考核、年终述职、末位约谈、挂单整顿"机制,开展党员忠、学、讲、律、干、创、诚、孝、礼、美"十在先"活动,创新"党建+民事调解""党建+技能培训""党建+服务提升"社会治理模式。全镇1791户6853人贫困人口稳定脱贫,贫困发生率从18.7%降至零。"抓党建兴产业促脱贫""四个深度发力"做法作为典型案例报送中组部和国务院扶贫办,"挂图作战促攻坚"做法在中央电视台《新闻30分》栏目专题报道。

(三)改革创新助力产业扶贫走深走实

建立区、乡、村三级产业发展指导体系,打造产业扶贫返租倒包等"六型"带贫模式、资产收益"八种"利益联结机制和"24种"产业增收模式,全区99.5%以上贫困户参与产业发展。发展柑橘、中药材、冷水鱼、生态畜牧等主导产业120万亩,形成"一乡一业、一村一品、一户一策"产业格局。"开县春橙"获评中国驰名商标,品牌价值13.74亿元,"开县木香"成为全市三大道地药材基地之一,"开州再生稻"成为全市公用品牌,"水竹凉席""南门红糖""开州冰薄"入选市级非物质文化遗产名录。"建售联"产业扶贫模式成为全国创新案例,得到国务院扶贫办副主任欧青平正面批示;临江镇福德村创新"六统六分六联"机制推动"三变"改革,经验做法在全市推广；关面乡扶贫开发工作案例入围全国脱贫攻坚组织创新奖名单；中药材、茶叶产业扶贫模式成为全市创新案例。

（四）靶向施策助推贫困劳动力更好就业

按照"就业一人、脱贫一家，创业一人、带动一片"思路，落实积极的就业政策。组织贫困劳动力专场招聘会220余场次，技能培训贫困人口6.86万人次，全区5.5万名有劳动能力和就业意愿的贫困劳动力实现就业。建立"贫困人口就业摸底调查系统"，采取"不见面摸底+APP录入"方式，做到贫困人口、就业状态、就业需求、技术水平、就业困难、帮扶对策"五清"，实现企业产能、员工总数、缺工人数、空岗结构、问题困难"五清"。打好"开州餐厨""金开家政""开州建工"三张劳务品牌，采取返岗包车分组编队、行前提醒、物资准备、出发签到、途中衔接、抵达对接"六步工作法"，帮助贫困劳动力区外就业，建立预计返乡人员"预备岗位"台账，帮助多向就业。推行"亲帮亲、邻带邻"全民劳务经纪人模式，创建就业扶贫车间，开发公益性岗位，培育致富带头人，通过务工带动、资金入股等方式带动贫困户长效增收。"抓贫困劳动力返岗就业"典型做法被国务院扶贫办专报刊发并在全市扶贫工作会上交流发言。

（五）东西协作带动社会扶贫见真章出实效

重庆开州与山东潍坊两地聚焦建立保障机制、加强资金管理、畅通人才交流渠道、推动产业发展四个方面增添措施，全力推动东西部扶贫协作工作取得丰硕成果。建立常态化互访、规范化推进、多元化参与"三大保障机制"，聚焦资金需求、投向、管理"三个精准"发力，加大党政干部、教师队伍、医疗人才"三类人才"交流，推进农业、工业、消费扶贫+文旅产业"三产联动"发展，示范带动、一体推进中国法学会定点扶贫、市委组织部扶贫集团结对帮扶、江津璧山对口支援和民营企业、社会组织、爱心人士参与帮扶，在2018年、2019年全市脱贫攻坚成效考核中，东西协作评价均为"好"。"潍坊·开州携手奔小康"成为"鲁渝协作样板",在全国现场会作交流发言,中央电视台《新闻联播》对其进行深度报道,经验做法被市委办公厅专报刊发并在全市推广。

梁平区

梁平区面积1892平方公里，辖33个乡镇（街道），总人口93万。2014年底共有贫困村10个，贫困人口9728户28675人，贫困发生率3.5%。党的十八大特别是2017年7月以来，梁平区在习近平新时代中国特色社会主义思想的指引下，深学笃用习近平总书记关于扶贫工作重要论述和视察重庆重要讲话精神，全面落实中央决策部署和市委、市政府工作要求，以脱贫攻坚统揽经济社会发展全局，尽锐出战、真抓实干，举全区之力、集全区之智向贫困发起总攻，坚决打赢打好脱贫攻坚战。截至2020年底，累计实现29908人脱贫、10个贫困村全部销号，贫困发生率降为0，贫困群众"两不愁"真不愁、"三保障"全保障，农村面貌发生了根本性变化，公共服务水平不断提升，贫困群众收入显著增长，脱贫攻坚取得全面胜利。2017年、2018年、2019年，梁平区在全市脱贫攻坚成效考核中连续三年被评为"好"。《人民日报》、《求是》杂志、《重庆日报》等中央、市级媒体100余次报道梁平经验做法。

一、举措与成效

（一）全面动员部署，凝聚攻坚合力

一是突出思想武装，提高政治站位。深学笃用习近平总书记关于扶

贫工作重要论述、在决战决胜脱贫攻坚座谈会上的重要讲话和视察重庆重要讲话精神,采取多种形式深入学习研讨,切实增强决战决胜脱贫攻坚的政治自觉、思想自觉和行动自觉。举办专题培训班99期,分级分类培训扶贫干部2万余人次,组织5000余名扶贫干部参加脱贫攻坚政策知识考试,切实提升了各级干部脱贫攻坚工作能力。组织第一书记、驻村工作队、帮扶责任人深入贫困村组户宣讲习近平总书记关于扶贫工作重要论述和脱贫攻坚政策,切实把党中央对贫困群众的关心关怀送到群众"心坎上"。坚决肃清孙政才恶劣影响和薄熙来、王立军流毒,对标中央部署和市委要求,坚持问题导向,调整优化目标任务,细化完善工作举措,突出抓重点、补短板、强弱项。2016年以来,区委常委会会议、区扶贫开发领导小组会议、区政府常务会议等研究脱贫攻坚工作140余次。区委常委会、区政府党组分别召开中央脱贫攻坚专项巡视和专项巡视"回头看"反馈意见整改专题民主生活会,认真对照检查,深刻剖析原因,研究整改措施,为高质量完成决战决胜脱贫攻坚任务打下了坚实的思想基础。全区各级各部门结合实际,细化措施,明确任务,打表推进,切实把中央决策部署、市委要求精准落实到村到组到户到人。

二是强化扶贫力量,尽锐攻坚出战。成立区脱贫攻坚工作领导小组,区委书记、区政府区长任领导小组组长,实行"双组长"制;区委副书记任常务副组长,具体统筹推进全区脱贫攻坚工作。在区扶贫办基础上,组建区脱贫攻坚办,在全区范围内挑选熟悉政策、熟悉业务、熟悉基层的扶贫干部充实到区脱贫攻坚办,专职专责抓脱贫攻坚。组建3个常态化督导组,深入村组户开展暗访督查,精准发现问题。在脱贫攻坚的关键时期,强化33个乡镇(街道)扶贫开发职能,在原有1名分管领导基础上,明确乡镇党委、街道党工委专职副书记统筹抓脱贫攻坚工作。进一步明确乡镇(街道)经发办具体承担脱贫攻坚工作职责,并落实2至3名具体工作人员。优化驻村工作队力量,发挥第一书记作用,提振脱贫攻坚精气神,确保打赢脱贫攻坚战。建立区领导联系乡镇(街道)和贫困村组工作机制,安排104个区级部门帮扶33个乡镇(街道),落实5153名干部进村入户开展结对帮扶。坚持市管领导"包镇"、区管领导"包村"、驻村干部"包组"、帮扶责任人"包户",不留死角、不留盲区;严格实行区领导、区级帮扶部门与乡镇(街道)脱贫攻坚成效考核结果捆绑挂钩,同奖同罚。

三是层层传导压力,压紧压实责任。不折不扣落实"五级书记抓扶贫"和"双组长""一把手"责任制,区委、区政府主要负责人遍访33个乡镇(街道)和10个市级贫困村、6个相对贫困村、18个贫困组,查铺查哨,靠前指挥,督战促战。区委副书记统筹抓全区脱贫攻坚工作,其他区领导主动担责,常态化开展调研指导、督查巡查。区人大、区政协积极参与、主动作为,开展专题询问、民主评议。带动各级领导干部扎实开展蹲点"促改督战""访深贫、促整改、督攻坚""两不愁三保障"集中走访调研"定点攻坚战""百日大会战""收官大决战"和脱贫攻坚成效交叉检查。区级部门履职尽责,深入开展行业扶贫,全力助推脱贫攻坚。各乡镇(街道)、村(社区)认真履行直接责任,落实遍访贫困户要求;各部门、第一书记、驻村工作队、帮扶责任人认真履行帮扶责任,各司其职,主动担责,形成了以上率下、以下促上合力攻坚的浓厚氛围。

四是坚持党建引领,夯实基层基础。整顿软弱涣散村(社区)党组织35个,选优配强村党组织带头人。按30%的优秀比例对第一书记实行单独序列考核,选拔重用39名第一书记进入乡镇党委领导班子。扎实开展"决胜脱贫攻坚·党员在行动""护绿水青山·做合格党员"主题党日活动,深入开展扫黑除恶专项斗争。培养本土人才273名、回引外出成功人士162名。加强经费保障,区财政每年分别为驻村第一书记和贫困村驻村工作队安排工作经费2万元。乡镇(街道)、村(社区)力所能及地为驻村人员提供必要的工作和生活条件。健全督查考核机制,大幅提高脱贫攻坚工作在经济社会发展实绩考核中的权重,从2019年起,将10个市级贫困村所在乡镇考核分值提高至20分,其余23个乡镇(街道)提高至10分。

▲ 梁平区福禄镇新建小型水厂正式投入使用（梁平区扶贫开发办公室供图）

对脱贫攻坚考核排名靠后的单位实行绩效考核"一票否决"，并对其主要负责人进行约谈。减少村级填表报数，切实减轻基层负担。深入开展扶贫领域腐败和作风问题专项治理，紧盯重点领域、重点单位、关键人员，直查直办、快查快办、严查严办扶贫领域问题线索，2016年以来，从严查处扶贫领域腐败和作风问题150件266人。

（二）贯彻精准方略，提高脱贫实效

一是扶贫对象精准。严把"程序关""时间关""数据关""纪律关"，扎实开展扶贫对象动态管理、脱贫攻坚大走访大排查和脱贫攻坚"回头看"，逐村逐户调查摸底，精准识别贫困人口，严密组织脱贫达标退出，做到应进则进、应扶尽扶；规范完善贫困户"一卡一册一账一表两牌"等基础资料，确保账实相符、账账相符。全区无错评、错退、漏评现象发生。

2020年底，全区实有脱贫户8616户24952人，无未脱贫人口。建立防止返贫监测和帮扶机制，精准帮扶脱贫不稳定户193户566人、边缘易致贫户259户596人全部消除返贫致贫风险。

二是项目安排精准。高质量编制2018年至2020年脱贫攻坚项目库，入库项目321个，项目库匹配率100%。加强扶贫项目督查验收，严格落实"负面清单"制度，确保焦点不散、靶心不变。及时优化调整梁平区2020年度脱贫攻坚项目库，将原有的部分基础设施项目调整为有助于贫困群众增收的短平快产业项目、吸纳贫困劳动力多的就业项目；采取提前调度、预安排等方式全力保障扶贫项目开工复工所需资金，协调解决好项目开工复工所需疫情防控物资，有效化解疫情对脱贫攻坚项目建设的影响。运用扶贫资金动态监控信息系统，建立扶贫项目资金绩效执行监控机制。

三是资金使用精准。将10个市级贫困村和6个相对贫困村作为乡村振兴示范村，在享受其他政策同时，分别给予每个市级贫困村100万元、相对贫困村50万元资金扶持，全面补齐交通、水利、文化、医疗等基础设施和公共服务短板。持续加大财政扶贫资金投入。2017年以来，全区共投入财政扶贫资金19973.7万元，其中2020年投入资金6917.7万元，比2019年增长17.82%，比2018年增长43.96%，比2017年增长190.78%。深入开展扶贫资金专项检查，2017年以来，未发生一起扶贫资金管理使用方面违纪违法问题。

四是措施到户精准。制定落实《梁平区精准帮扶服务十条》长效帮扶措施，每年为贫困户至少做1~2件实事，做细做实精准帮扶。坚持脱贫不脱政策，贫困户脱贫后继续享受原有政策，确保稳定脱贫。义务教育保障精准到户到人。全面落实控辍保学，对全区6至15周岁的96025名适龄儿童入学情况进行了全面摸排，建档立卡贫困户子女义务教育阶段无一人失学辍学。扎实推进学生资助，加强教育、扶贫、民政、残联等部门的沟通协调，及时共享和比对核查数据，摸清各类贫困学生底数，分类建立台账，按政策给予资助，确保应免尽免、应补尽补。合理布局村教学点，切实补齐村小教学点基础设施短板，组织音体美教师到村教学点走教，保障贫困学生就近入学。健康扶贫精准到户到人。全面落实"先诊疗后付费"和"一站式结算"便民服务，在家且有意愿的建卡贫困户家庭医生签约覆盖率达100%；建档立卡贫困人口100%参加基本医疗保险、100%享受参保资助、100%落实医保待遇；全面落实"三个一批"行动计划和"三保险""两救助""两基金"七重保障，做到"到户""到人""到病"，实现"应治尽治"；2016年以来，投入6600万余元加强乡镇卫生院和村卫生室标准化建设，切实方便群众就近就医。2018年以来，全区实施建卡贫困户扶贫医疗救助7万余人次，救助金额2760.45万元，其中2020年救助1.8万余人次，救助金额926.27万元。住房保障精准到户到人。严格按照"危房不住人，人不住危房"要求，对2.4万余户建卡贫困户、农村分散供养特困人员、低保户房屋安全状况开展逐户鉴定和核验，对所有一般农户房屋安全进行排查；加强农村旧房常态化巡查，对因灾动态新增的"四类人员"房屋跑风漏雨、墙体开裂等情况，发现一户，清零一户。2016年以来，累计改造农村危房6363户，其中建卡贫困户农村危房1237户，有效保障了贫困群众的基本住房安全。整治提升农村旧房8500户，进一步改善困难群众住房条件。兜底救助精准到户到人。全面排查建卡贫困户家庭经济状况，及时将符合条件的贫困人口纳入农村低保、特困救助供养保障范围。全区建卡贫困户中5352人享受低保兜底，194人享受特困供养。2018年以来，共对农村建卡贫困户实施临时救助1880人次，发放临时救助金212万元，切实解决建卡贫困人口的临时性生活困难。安排解决贫困户个性化困难财政专项扶贫资金5批次3148万元，全面彻底解决"两不愁三保障"突出问题和影响脱贫成色的具体问题。

五是因村派人精准。强化抓党建促脱贫攻坚，为10个市级贫困村精准选派驻村第一书记10名、驻村工作队员25名，10个市级贫困村、6个相对贫困村、18个贫困组所在村实现选派第一书记全覆盖。坚持摘帽不摘帮扶,贫困村退出后第一书记和驻村工作队不撤,2016年以来,累计选派第一书记、驻村工作队员163人,着力打造一支懂扶贫、会帮扶、作风硬、能攻坚的驻村扶贫队伍。

六是脱贫成效精准。全区"两不愁三保障"突出问题得到有效解决,贫困人口家庭人均纯收入从2015年的5755.01元提升至2020年的12836.12元,年均增长17.4%。完善利益联结机制,鼓励引导龙头企业减贫带贫,推广"龙头企业+村集体+农户"等模式,解决贫困户种、管、销问题,在贫困村组建立产业基地4580亩,年产值1510万元,带动贫困户282户;大力发展农民专业合作社,10个市级贫困村现有专业合作社47家,全区4856户贫困户以土地、资金、劳动力入股加入农民专业合作社;建立村级集体经济发展财政专项扶持基金,累计投入5300万元支持66个行政村发展村级集体经济,让贫困户获得产业和"三金"(土地流转租金、就近务工薪金、入股分红股金)收入,持续巩固脱贫成效。建立督查通报、考核评估、认可度调查等机制,加强督促检查,严格逗硬奖惩,确保扶贫工作务实、脱贫过程扎实、脱贫结果真实。

▲ 梁平区石安镇里程村黄桃蔬菜立体种植基地(梁平区扶贫开发办公室供图)

(三)聚焦重点难点,提升脱贫质量

一是建立健全长效机制,提高产业扶贫质量。坚持"主导+特色"并重,在全区面上健全完善"3+3+X"扶贫产业体系,大力发展"粮猪菜"三大保供产业,提质增效"柚竹渔"三大特色效益农业,按照"劳力能力所及、现代传统均可、集中分散都行"的原则,因地制宜发展"小规模、多品种、高品质、好价钱"特色增收产业,实现每个贫困村至少有一个主导产业,有劳动能力的建卡贫困户至少有一个增收产业项目。近年来,全区累计投入各类产业扶贫资金近5000万元,在10个市级贫困村和6个相对贫困村发展了李子、梁平柚、麻竹、花椒、柑橘、榨菜、辣椒、蔬菜、高山大米、吊瓜、中药材等产业。5496户贫困户发展了种植养殖增收产业,1058户贫困户通过土地入股等形式间接参与产业发展。选聘贫困户产业发展指导员2882名,每月全覆盖入户指导,帮助解决发展中的困难和问题。组建20名市级、80名区级科技特派员队伍。落实16名中高级技术人才组建产业扶贫专家组4个,开展产业发展咨询和技术指导培训。举办扶贫开发农村实用技术培训127期,累计培训8808人次,切实提高贫困户生产技术水平。改革农业投入方式,构建业主、村集体和农民利益联结机制。投入950万元发展贫困村村集体经济,10个市级贫困村均已成立村集体经济组织,并产生经营性收入。加大政策宣传,简化办理流程,让扶贫小额信贷好贷、好用、能增收,持续助力到户产业发展。累计发放扶贫小额信贷5043笔10585.61万元,其中2020年发放1916笔2892.21万元,贫困户获贷率达58.21%。

二是抓牢"三大主体",推动消费扶贫增收。坚持市场主导、政府引导、社会参与、互利共赢原则,通过党政机关、企事业单位带头示范,民营企业、社会组织积极跟进,社会各界广泛参与,形成消费扶贫新格局。抓牢供给侧主体。10个市级贫困村的第一书记、驻村工作队在保障"两不愁三保障"的前提下,摸清农产品底数,组织、引导群众生产和销售。深入挖掘农产品网货,培育网货品牌近50个,在贫困村建立网货基地5个。

认定扶贫产品222个、供应商92家。抓牢需求侧主体。10个市级贫困村帮扶单位和帮扶责任人带头消费,区内机关、学校、医院、国企等单位协议消费,通过"以购代捐""协议采购"等方式,对接购买大米、南瓜、红薯、土鸡、土鸡蛋等贫困户的农特产品。引导全社会共同参与消费扶贫,重庆市消费扶贫馆单位注册572个,个人注册达45420人,全年线上消费金额共计599.53万元。抓牢中间环节主体。建成区级电商公共服务中心1个、镇级电商孵化中心8个、村社电商服务站170个,创建全国淘宝村1个。全力推进"三专一平台"建设,建成"梁平区消费扶贫在线"电商平台,在"梁平风物"微商城开设"扶贫专区",在重百、新世纪超市打造"贫困户优质农副产品销售专柜"2个,投放消费扶贫智能专柜50台。多层次、全方位孵化电商人才,免费培训贫困村有意愿从事电商行业的人员300余名,协助开设活跃网店50家。动员区内电商龙头企业与贫困村实现产销对接,助销扶贫产品。开展消费扶贫公益直播50场次,邀请区领导、乡镇党政主要负责人、贫困村第一书记走进直播间,带货手工红糖、葛根粉、蜂蜜、红薯粉、面条、高山大米等扶贫农特产品。整合邮政及快递公司、物流企业等物流资源,降低成本,切实解决农产品进城"最初一公里"难题。大力开展消费扶贫展销活动,积极组织贫困村农特产品参加扶贫爱心购、柚花节、购物消费节、商品展等各类会展,拓宽销售渠道。2020年,各类扶贫产品销售总额达2.5亿元。

三是多措并举促进就业,保障贫困人口稳定增收。开展就业信息核查专项行动,建立所有建档立卡贫困劳动力就业状况和就业需求台账,每月动态更新。培育农村劳务经纪人350名,实现每个有脱贫任务的村有1名农村劳务经纪人,为有意愿的建卡贫困人员全覆盖提供职业指导和职业介绍服务,"一对一、点对点"推送就业岗位。2016年以来,大力推进职业技能提升行动,免费培训建卡贫困人员5776人次;累计举办"线上+线下"招聘会275场,入场企业总计3625家,提供就业岗位8.38万余个,帮助3000余名建档立卡贫困劳动力达成就业意向;建成就业扶贫车间8个,吸纳102人务工,其中建卡贫困人员41人;为贫困户提供创业担保贷款42笔639万元。疫情期间,通过点对点包车等服务,解决3103名建卡贫困人员外出务工难题;对在梁平工业园区稳定就业的贫困劳动力给予每人每月200元生活及差旅补助;开发公益性岗位,托底安置建卡贫困户2092人就业,其中疫情防控临时性公益岗位614个;支持贫困劳动力跨区域转移就业,创新"免申即享"模式发放一次性往返交通补贴7427人次112.21万元;发放建档立卡贫困劳动力一次性求职创业补贴1291人64.1万元。

四是完善农村基础设施,贫困群众获得感幸福感安全感不断提升。畅通贫困群众脱贫致富路。优先实施10个市级贫困村、6个相对贫困村、18个贫困组交通扶贫项目172公里。2017年以来,全区累计完成"四好农村路"建设2500公里,在全市率先实现行政组通畅率100%,乡镇行政村通客车率100%。整合打造了梁平"二环路""渔米路""万石耕春""百里竹海旅游公路"等产业大道、旅游道路,为沿线镇乡、村组特别是贫困地区带去了人气、财气。梁平区荣获重庆市2019年"四好农村路"市级示范区县荣誉称号。"二环路"梁山板板桥至蟠龙洞段获评"2019全国美丽乡村路"。投入1000万元专门用于贫困户入户便道建设,贫困户入户便道实现全覆盖,打通贫困户最后的出行障碍,进一步方便贫困群众生产生活。全区入户便道通达率90%以上。多元化保障贫困人口饮水安全。严格按照《农村饮水安全评价准则》标准,对农村饮水安全保障情况开展多次拉网式深度排查。2016年以来,累计走访排查农户27.7万余户,贫困户8800余户,走访指导小型集中供水工程1.2万余人次,发现并解决饮水问题120余个,实现动态清零。以破解小型集中式供水工程管护难题为攻坚方向,强化工程改造、资金统筹、责任落实,因村因组因户施策,全面解决贫困人口饮水安全问题。投入农村饮水安全巩固提升专项资金、专项扶贫资金、债券资金等各类资金1.3亿余元,大力实施农村饮水安全巩固提升工程,建成运营规模化集中式供水工程21处、小型集中式供水工程106处、分散式供水工程14985处,全区农村饮水安全达标率100%,自来水普及率提高到87%,78万农村居民全部实现饮水安全有保障。2019年全国农村供水工程水费收缴工作交流推进会和全市农村饮水安全暨巩固提升试点工作现场推进会在梁平召开,梁平农村饮水安全工作得到了水利部和市领导的高度肯定。

二、典型

(一)他让桂香飘万里

梁平区紫照镇桂香村党总支书记张志中于2013年12月被选举为村委会主任,2018年1月至今任村党总支书记。2012年,务工先富的张志中回家赡养病重父亲,见到家乡仍处于贫困状态后毅然返乡。面对桂香村地处偏远、沟深坡陡、人才匮乏的不利条件,张志中带领村"两委",在扶贫驻村工作队的配合下,深学笃用习近平总书记关于扶贫工作重要论述,通过因地制宜发展短、中、长期相结合的特色山地产业实现整村脱贫,甩掉了贫困帽。短期产业方面,他争取订单,在村种植榨菜810亩、辣椒346亩,为村民增收110万元。中期产业方面,他利用原镇政府办公楼闲置房屋改造创办电子代加工厂吸纳贫困户就近务工,月均薪酬近1000元;创办集体养蜂场,实现收益3万余元。长期产业方面,他在村发展黄桃种植80亩、对原有的400亩青脆李实行统一管护、利用项目资金建成光伏发电站,实现收益近15万元。如今,桂香村已初步实现产业季节搭配、空间立体使用以及短、中、长期效益联结的有机结合,确保脱贫群众"稳定脱贫不返贫"。除发展产业外,他时刻把群众的利益放在心上,每年至少遍访全村贫困户2次,足迹踏遍了桂香村每一个院落。只要群众反映,就件件去落实。遇事找张书记,逐渐成了村民心里的自然选择。

他抓党建强组织,通过选举实现村党总支同股份经济合作社高度融合,让村集体经济发展有了稳定的"主心骨",同时注重发挥农村党员先锋模范作用,努力打造一支"不走的扶贫工作队"。他争取各级项目,在村新修产业大道8.8公里、生产便道24.8公里、人行便道6.7公里,让桂香村实现了组组通公路,户户通人行便道;新安装路灯161盏,实现了组组有路灯、村干道沿线院落集中处有路灯;推动改造贫困户卫生厕所98户,人居环境得到切实改善。如今的桂香村,扶贫产业蓬勃发展,村容村貌焕然一新,村民的日子越过越好,如同桂香一样,飘过山岗来,飘进田野间,飘出幸福美好生活!2021年2月,张志中被党中央、国务院授予"全国脱贫攻坚先进个人"称号。

(二)小李子做出大文章

梁平区曲水镇聚宝村位于梁平东部,2014年被确定为市级贫困村。脱贫攻坚以来,聚宝村切实把发展产业作为稳定脱贫的根本之策,统一思想、选准项目、建强组织、扶持加工、完善设施、建好机制,形成了各方参与、共抓李子产业发展的良好局面。延链补链,以李子、油菜等本地特色经济农作物资源为依托,推动休闲乡村旅游向特色化、精品化、差异化、产业化方向发展。打造谭家院子游学实训基地,盘活闲置农房,鼓励发展农家民宿,连续6年举办赏花节、采李节,每年吸引周边区县3万多人来村赏花、摘果,着力打造乡村旅游名片,成为休闲旅游新热地。过去光秃秃的荒山荒坡变成了"金山银山",不起眼的小李子逐渐变成村民脱贫致富的"金果子"。聚宝村围绕小李子做出了大文章,2015年实现整村脱贫,2016年被住建部评为"第一批绿色村庄",2017年被农业部评为"中国美丽休闲乡村",同年被确定为市级乡村振兴示范村,2019年获评"重庆十大最美乡村",2020年被国家林业和草原局认定为"国家森林乡村",被确定为开展脱贫攻坚与实施乡村振兴战略有机衔接市级试点村。2020年4月26日,介绍聚宝村产业扶贫成功经验的《李子树变"摇钱树"

曾经贫困的聚宝村有了"聚宝盆"》在央视新闻频道《新闻直播间》栏目播出。

（三）一个贫困户的"逆袭"

梁平区铁门乡长塘村二组蒋凤永，全家3口人，母亲年老多病，孩子嗷嗷待哺，蒋凤永一人务农和打零工的微薄收入难以支撑整个家庭的开销，2014年被列为建卡贫困户。贫困压不垮自强不息的人，在扶贫干部的鼓励下，蒋凤永坚定脱贫信心、转变脱贫思路，从无到有搞起了生猪养殖。缺资金，他就申请政府资金扶持。缺技术，他就自己钻研，虚心向养殖大户请教。功夫不负有心人，2015年蒋凤永一家顺利脱贫，但他并没有停下"奔小康"的脚步。2017年初，蒋凤永了解到兔子市场行情非常好，就在自家房屋内开始小规模饲养。慢慢地，他养殖的兔子开始供不应求，养殖量不断扩大，原有的场地变得捉襟见肘。扶贫干部得知情况后，帮他落实扶贫小额信贷5万元，联系爱心人士捐赠隔热板，动员周边群众把用不着的砖瓦捐给他，帮他扩建了圈舍。如今，在蒋凤永的"养殖基地"内，分区养殖着十几头猪崽和上百只兔子，环境干净又卫生。他还种了3亩番茄、2亩辣椒，近7亩水稻。蒋凤永已成为远近闻名的种养大户，是当地脱贫增收的典型代表。2019年，蒋凤永获"重庆市2019年度脱贫攻坚奖奋进奖"。

武隆区

武隆全区面积2901平方公里,辖4个街道、10个镇、12个乡,184个行政村、30个社区,有汉、苗、土家、仡佬等13个民族,总人口41万。2014年,武隆区精准识别贫困人口15909户55449人,识别市级贫困村75个,贫困发生率为14.8%,贫困人口人均可支配收入仅为2215元。党的十八大特别是2017年7月以来,武隆区在习近平新时代中国特色社会主义思想的指引下,深学笃用习近平总书记关于扶贫工作重要论述和视察重庆重要讲话精神,全面落实中央决策部署和市委、市政府工作要求,以脱贫攻坚统揽经济社会发展全局,尽锐出战、真抓实干,举全区之力、集全区之智向贫困发起总攻,坚决打赢打好脱贫攻坚战。到2017年11月,顺利退出了国家扶贫开发工作重点县,75个市级贫困村全部脱贫销号,实现了解决区域性整体贫困的目标任务。2020年底,现行标准下贫困人口全部脱贫。

一、举措与成效

(一)强化"五个"精准到位,结对帮扶力度更大

一是区领导包干乡镇到位。扶贫领导小组实行"双组长制",全区39名市管领导干部"定点包干"26个乡镇(街道),对乡镇(街道)脱贫攻坚负

总责。

二是驻村工作队、第一书记到位。 扶贫集团成员单位与乡镇（街道）组建184个驻村工作队，扎根村社开展扶贫工作；对75个市级贫困村累计选派319名优秀干部驻村担任"第一书记"实现全覆盖。

三是扶贫集团到位。 整合全区129个机关企事业单位组建26个扶贫集团，对口帮扶26个乡镇（街道）。

四是攻坚突击队到位。 扶贫集团成员单位抽调3~5名优秀干部成立"脱贫攻坚突击队"长期扎根村社，切实抓好查漏补缺和问题整改。

五是结对帮扶到位。 落实8912名机关企事业单位干部结对帮扶15909户55449名建卡贫困人口，对贫困户稳定脱贫负帮扶责任。

（二）编制"五类"攻坚方案，凝心聚力全力巩固

一是制定"1+13"后续扶持方案。 涵盖了《全面推进精准脱贫后续扶持工作的意见》，以及基础设施后续建设与管护、后续产业扶持、贫困人口素质提升、特殊贫困人口救助、公序良俗教育、民企联村、健康扶贫、金融扶贫、科技扶贫、大病医疗救助、易地扶贫搬迁、财政涉农资金整合等方案。

二是制定"1+3+N"深化脱贫攻坚方案。 包括《深化脱贫攻坚的实施意见》和《市管领导干部定点包干深度（重点）方案》《脱贫攻坚问题整改方案》《领导小组调整通知》以及《监督执纪问责方案》《驻村工作队、第一书记选派方案》《电商扶贫方案》《文化扶贫方案》《转移就业方案》等配套方案。

三是制定"1+12"精准脱贫攻坚战实施方案。 在《武隆区精准脱贫攻坚战实施方案》中，规划实施了交通扶贫、特色产业扶贫、生态旅游扶贫、电子商务扶贫、就业创业扶贫、易地扶贫搬迁、健康医疗保障、教育文化扶智、集体经济壮大、美丽乡村建设、金融精准扶贫、社会协作动员等12项重点工作，确保贫困群众稳定增收致富，实现高质量脱贫。

四是制定打赢打好脱贫攻坚三年行动实施意见。主要是集中力量推进深度脱贫攻坚工作、强化到村到户到人精准帮扶举措、加快补齐贫困地区基础设施短板、大力激发贫困群众内生动力、切实加强脱贫攻坚支撑保障、动员全社会力量参与脱贫攻坚、夯实脱贫攻坚基础性工作。

五是制定"1+10"决胜脱贫攻坚十大专项方案。实施健康医疗扶贫、产业扶贫、就业扶贫、消费扶贫、乡村旅游扶贫、扶贫小额信贷及金融扶贫、易地扶贫搬迁后续扶持、生态扶贫、社会救助兜底、"志智双扶"等"十大"专项行动,确保如期完成脱贫攻坚目标任务。

(三)聚焦"四大"脱贫保障,因户施策动态清零

一是全面解决住房安全。深入开展《农村房屋危险等级和住房安全简易评定办法》的宣传学习,健全常态化监测机制,加大农村危旧住房排查力度,大力实施危旧房改造动态"清零"行动,推进3万余户农村住房分类张贴《住房安全等级标识标牌》,实现不安全住房动态"清零"。

二是出台医疗救助政策。紧紧围绕"基本医疗有保障"标准要求,完成医疗卫生机构"三建好"、医疗技术人员"三合格"、医疗服务能力"三达标"、医疗保障制度"全覆盖";建立3000万元大病医疗救助专项资金和1000万元扶贫济困医疗基金,将城乡贫困居民全部纳入覆盖范围。全落实"先诊疗、后付费"机制,贫困户家庭签约医生38954人;建档立卡贫困人口住院个人自付比例为9.56%,慢病和重特大疾病门诊自付比例为14.25%,区域内就诊率达到98%,大病集中救治病种扩大到33种。

三是消除贫困代际传递。进一步健全控辍保学联动机制,针对特殊困难学生全部落实特教或送教保障;建立了贫困大学新生入学托底资助5000元,武隆籍在校贫困大学生生活费每生每年补助3000元,贫困家庭儿童学前教育免受保教费、生活费等政策。对贫困大学生学费标准在8000元以内的进行全额补助,超过8000元的定额补助8000元。确保不让一户贫困家庭学生因贫困而辍学,切实消除贫困代际传递。

四是切实解决饮水保障。累计投入农村饮水安全资金4.42亿元,新建及改扩建水厂15座,新建及维修人饮水池2751处,建成农村饮水安全工程4307处,保障了35.4万农村户籍人口饮水安全,全区26个街道办事处、乡镇场镇所在地和旅游重点区域实现标准化水厂全覆盖,群众"有水喝"的问题全面解决。其中,1.6万户建档立卡贫困户,5.5449万贫困人口的饮水问题得到全面解决。

(四)夯实"三大"基层基础,党建引领精准考核

一是狠抓人才作用发挥。分期分批对乡镇党委书记、乡镇长、扶贫专干、贫困村党组织书记、第一书记、大学生村官开展教育培训,每年轮训1次,累计举办各类扶贫专题培训班410期,培训党员干部24138人次,推动各级扶贫干部脱贫攻坚履职能力不断提升。累计回引955名大中专毕业生回乡创业、到村挂职,累计安排149名大学生村官、85名优秀选调生挂村历练,培养储备580余名村级后备力量,打造了一支"不走的扶贫工作队"。组建5个产业扶贫技术专家组和8个重点产业工作指导组;建立产业发展指导员制度,确定484名产业发展指导员,针对100个产业薄弱村,派驻200余名农林牧渔科技员对口帮扶,定期到村指导产业发展,对有产业发展意愿的贫困户实现全覆盖指导。从农村种养大户、能工巧匠中储备建立2.1万名"武隆工匠",并从中择优选取190名优秀大中专毕业生到村担任后备干部,充实村级工作力量。

二是狠抓基层阵地建设。区财政投入1亿元,对184个村级便民服务中心完成升级改造。开展"五个一"工程,集中整顿后进基层党组织56个。出台《关于发展壮大农村集体经济的实施意见》,大力发展村级集体经济,全面消除"空壳村"。推进便民超市、金融网点、电子商务进村实现全覆盖。全覆盖安装"群工系统"APP,畅通服务联系群众"最后一公里"。

三是狠抓问责机制建设。出台《严格考核奖惩细则》《驻村工作队、第一书记管理办法》《项目实施和资金管理办法》等文件,将脱贫攻坚纳

入综合目标考核"一票否决"范畴。制定《武隆区深化扶贫领监督执纪问责工作的实施方案》《扶贫领域监督执纪问责配套制度》等文件，强化督查考核，严格实施问责，开展扶贫领域专项督查43次，督查部门和乡镇覆盖率达100%，先后处置扶贫领域问题线索181件，处理444人，其中给予党纪政务处分67人，组织处理377人，形成有力震慑。

（五）突出"三大"重点措施，"志智双扶"巩固成效

一是营造氛围，增强脱贫意愿。印发了《武隆区脱贫攻坚总攻"志智双扶"专项行动工作方案》和《重庆市武隆区2020年扶志扶智工作重点任务清单分工方案》，明确目标，落实了责任分解。启动了"六讲"活动，组建"讲理论、讲政策、讲法律、讲科技、讲健康、讲典型"等6支新时代文明实践区级宣讲志愿服务队，开展"双战双推"、习近平新时代中国特色社会主义思想微宣讲等基层微宣讲活动3531场次。围绕"决胜全面小康、决战脱贫攻坚"主题，推出宣传报道1600余篇，其中中央、市级主流媒体报道1300余篇。在全区各级开展了"决胜小康、奋斗有我""榜样面对面"脱贫攻坚先进典型宣讲38场。举办"身边脱贫故事"微访谈宣传活动34场。开展送演出进基层156场次。

二是创新形式，释放脱贫能量。印发了《武隆区新时代文明实践积分兑换超市建设指导意见》和《关于下达2020年新时代文明实践积分银行补助资金的通知》，启动新时代文明实践积分活动，制定了活动积分细则，下达了补助资金220万元。在全区广泛开展以"孝贤洁序"为重点的"公序良俗"建设，开展"家风润万家"活动54场次。评选出10名第二届"新时代乡贤"。组织梦想课堂750场次。评选表彰全区脱贫攻坚先进集体80个，先进个人160名。

三是稳定扶持，巩固脱贫后劲。举办党员干部脱贫攻坚培训班6期班次，培训扶贫战线2200余名干部。建立了科技特派员服务团，共派出5个专家服务组29名专家，下派科技特派员142名对全区184个行政村进

行帮扶,开展各类指导、培训和产业规划340余期(次),帮助解决产业技术难题190个。开展新农村新生活培训56场。深入开展法治扶贫行动,法律进乡村活动650场次。

二、工作亮点

(一)旅游+精准扶贫

　　武隆区充分利用辖区生态资源优势,获评"联合国可持续发展城市范例奖""绿水青山就是金山银山实践创新基地",成为全国少有的同时拥有"国家全域旅游示范区""世界自然遗产地""国家级旅游度假区""国家AAAAA级旅游景区"的地区之一。全区大力发展乡村旅游,通过全路径规划、全社区参与、全产业融合,探索出"廊道带动、集镇带动、景区带动、专业合作社"等四种"旅游+精准扶贫"模式,助力贫困村销号、贫困户脱贫。全区已发展乡村旅游接待户4000余户,接待床位4.6万张,全年接待乡村旅游游客1000万人次,综合收入20亿元。依靠发展乡村旅游累计消除贫困村48个、贫困人口3.2万人,武隆区有近10万农民靠旅游吃饭,乡村旅游直接和间接从业人员达到3万余人,其中近1万名涉旅贫困群众的人均年收入达到2万元以上。2020年全国两会时,习近平总书记为武隆区将特色生态资源优势转化为脱贫攻坚发展优势走出的脱贫新路子"点赞"。

(二)产业+精准扶贫

　　武隆区把产业发展作为巩固脱贫攻坚成果的重要抓手,坚持"生态产业化、产业生态化"的原则,按照"2+6+N"农业产业发展思路(即做靓高山蔬菜、高山茶叶优势品牌,做强生态畜牧、生态渔业、特色水果、特色粮

白马镇天尺坪高山有机茶叶基地(武隆区扶贫开发办公室供图)

油、特色经济林、中药材等6大山地特色高效农业),注重一、二、三产业整合发展,大力发展山地特色高效农业产业。全区组建12支产业扶贫技术指导组,选派贫困户产业指导员514名,加大产业指导和招商引资力度,实现每个乡镇有3~5个特色主导产业,每个村有2~3个骨干支柱产业,每户农户有1~2个稳定增收项目;每个贫困村至少有1个新型农业经营主体带动,每个新型农业主体带动贫困户5户以上。培育专业合作社1033家,其中国家级、市级示范合作社分别达到10家、27家;武隆高山蔬菜、火炉脆桃、白马豹岩蜂蜜入选全国"一村一品"示范村镇,仙女山街道确定为三产融合市级试点乡镇。形成40万亩高山蔬菜、18万亩水果种植园、6万亩茶园的现代山地特色高效农业产业格局,2019年底,全区现代山地特色高效农业产值43.07亿元,增幅3.7%,农林牧渔业增加值26.85亿元,增幅4.8%。

(三)电商+精准脱贫

武隆区围绕"一馆、一园、两中心、186个网点"的发展布局,建成"寻味武隆"O2O体验馆、电商产业孵化园、区级电商运营中心和过渡性物流分拨中心及186个镇村级电商服务网点。招引和培育较大型电商企业13家、网商8060家,打造电商示范点20个。以农产品为重点、整合全区107个农产品品牌4270个单品,成功打造区域公共品牌"寻味武隆"。协调利用东西部扶贫协作、水利部定点帮扶、市委政法委扶贫集团帮扶、涪陵区对口帮扶等各大帮扶单位优势深化消费扶贫,积极筹备参加电商扶贫爱心购等活动,借助新媒体联合营销。2019年,武隆区网络零售额实现26.13亿元,带动就业人数2.86万人,其中直接带动1.02万人,间接带动1.85万人,带动1500余户贫困户销售农村产品,户均增收1600元。2020年,卢红区长携部门、乡镇负责同志通过淘宝村播栏目《最乡良品——"区长来了"》直播带货,2小时实现销售额411万元。

(四)"兵支书"助力脱贫攻坚

武隆区坚持"因村派人精准"精准优派驻村工作队,其中有23名驻村工作队队长、第一书记是退役军人。光荣退伍后,他们投身脱贫攻坚第一线,他们继续发扬军人"召之即来、来之能战、战之能胜"的优良作风,扛起新使命,勇当排头兵,围绕习近平新时代中国特色社会主义思想、围绕脱贫攻坚决策部署和工作安排狠抓宣传动员,聚集基础设施、特色产业、培训就业攻克精准扶贫,采取建机构、勤宣传、强布控、募款物、复产复工等措施统筹"战疫""战贫",着力配齐配强村委班子、网格化精细包片管理、"学习强国"APP强化教育、创建党建示范村等方面帮建基层组织,实施贫困对象遍访、贫困户全覆盖帮扶、群众困难全力解决真情为民服务,推行网格化积分管理、院落制管理、公序良俗建设、村规民约约束、遗留问题攻坚化解提升治理水平,在脱贫攻坚战线上再展军人风采。2019年,武隆区"兵支书"群体被中央军委国防动员部确定为国动系统脱贫攻坚先进典型。

(五)复兴村脱贫攻坚田园综合体

黄莺乡复兴村是75个市级贫困村之一,依托东西部扶贫协作平台,通过实施脱贫攻坚田园综合体项目,探索一户一景、一园一景的打造小花园、小果园、小菜园等"微田园",依托稻鱼景观发展体验、观光休闲农业,建成了"稻田+"立体生态养殖示范基地200亩、金秋梨基地500亩、花卉基地200亩,新建大米加工厂房500平方米,配套稻谷烘干机、恒温仓、加工线等设备,注册"龙洞贡米"商标,集体经济收入近10万元。2020年,复兴村利用田园风光和乡村游乐项目,创新售卖代购券的形式,推进消费扶贫,游客以30元/人的票价购得代购券,免费享受乡村游乐项目,可以用代购券换取等价的"复兴大米""复兴花卉"以及其他土特产品。

▲ 武隆区黄莺乡复兴村田园综合体"稻田+"立体生态养殖示范基地(武隆区扶贫开发办公室供图)

2020年"五一"期间,复兴村以代购券的形式售卖复兴农特产品12万元。复兴村充分科学合理利用自然山水资源,有效保护生态环境,改变乡村生活陋习,治理美化乡村生活环境,真正实现"绿水青山就是金山银山"。

(六)后坪乡"三变""三治"

一是"三变改革"。后坪乡天池苗寨44户寨民与村集体、社集体、惠隆乡村旅游公司共47个成员联合运营,共同发起成立村级集体经济组织——苗情乡村旅游股份合作社,寨民以田土林房10年经营权折价人民币500余万元入股,惠隆乡村旅游公司以300万元现金入股,采取"固定分红+收益分红"模式,成功打造天池苗寨乡村旅游示范点,通过"三变"改革,不断壮大村级集体经济,2019年已实现固定分红52.3万元。2020年"五一"期间,天池苗寨接待游客9000余人次,实现综合收入60余万元。二是"三治融合"。坚持自治、法治、德治"三治"融合发展,成立寨民自治理事会,出台天池苗寨《公约十条》,新建寨民议事厅,推行党小组+寨民理事会+股份合作社"三评"模式,定期将寨民的学法守法、乡村文明、环境卫生检查评定范围并公示上墙;首创"法治扶贫",细化实化"让一让"调解室,新建云上苗寨警务室、创新法治大院建设、"莎姐小课堂";坚持德高望重的老党员、老干部"德治"劝服,积极培育正能量。通过"三治"融合发展,有力提升了基层乡村治理水平,从根本上改变了全寨群众生活习惯。

(七)青杠村脱贫攻坚示范点

沧沟乡是武隆区3个区级重点贫困乡之一,青杠村则是该乡的贫中之贫。2019年以来,青杠村充分利用古渡口、古盐道、古驿站的历史文化底蕴,先后争取投资800余万元,在短短7个月的时间,打造了"古渡驿站"脱贫攻坚示范项目,对该村的脱贫成果巩固和片区脱贫发展起到了很好的带动作用。青杠村制定"一心一带三片区"的发展规划,成立村级集体经济"野寒山旅游开发有限公司",流转土地150余亩,动员126户农户筹资40万元入股,种植四季水果300余亩、种植中药材300余亩,养殖林下土鸡5000余只,累计实现产值110万元;创新开辟"野寒山网上自留地",在网上卖到每亩2880元/年,带动农户户均增收1000元以上。2019年8月,全区脱贫攻坚项目现场会在青杠村召开,参会的区四大家领导及区级相关部门、乡镇(街道)对青杠村"古渡驿站"脱贫攻坚示范项目给予了高度评价和充分肯定。

(八)堰塘村脱贫攻坚示范点

芙蓉街道堰塘村抓住山东省济南市对口帮扶重庆市武隆区良好机遇,通过探索"基地+加工+农旅融合"的发展模式,致力调整产业布局,发展新兴产业。目前,堰塘村已建成集特色产业、观光旅游、陶艺体验(七彩陶艺)、户外运动(滑翔伞、卡丁车)等于一体的乡村特色产业集群。全村已种植荷花150亩,养殖小龙虾50亩,种植的林果2000亩,已投产800亩,预计年产值850万元。同时,开拓农产品深加工产业,已形成莲蓬、荷叶、梨膏糖加工,通过大巷口电商平台销售,年销售额200万元。发展乡村旅游接待点20户,预计年接待游客5万余人次。积极探索村级集体经济的经营模式、制度建设、人才培养、管理营销等,做大做强集体经济,走出一条农旅融合发展的特色道路。2020年7月12日,山东省党政代表团在重庆考察对接扶贫协作工作时,对堰塘村鲁渝旅游扶贫协作成果给予充分肯定。

(九)"边缘户"扶持政策

武隆区于2018年在全市率先研究制定了"边缘户"(临界户)扶持办法,配套了干部结对帮扶、大病医疗救助、医疗保险参保、购买防贫保险、产业扶持补助、小额信贷贴息、教育资助等7类帮扶措施。其中,在医保资助方面,参加城乡居民合作医疗保险可享受缴费额70%的资助;在大病救助方面,对心脏病、脑中风、恶性肿瘤等10种重大疾病,自付费用在0.5万元以上的予以分段救助;在产业扶持方面,对发展种植养殖产业项目,每户每年最高可获得6000元的产业补助资金;同时,还可享受扶贫小额信贷贴息补助,和购买"精准防贫保险"等扶持政策。主要做法被市政府办公厅《每日信息》采用刊发,新华社、七一网等主流媒体也进行了专题报道。

(十)扶贫对象动态监测

武隆区率先在全市推进贫困动态监测工作,作为贫困筛查、返贫预警的重要手段,确保贫困人口一个不落、非贫困人口一个不进,实现"漏评、错退、错评"零目标,精准识别率100%。全区纳入全国贫困动态监测试点村1个,全市贫困动态监测试点村12个。

一是建立监测机制。26个乡镇(街道)与区委、区政府签订《精准识别目标责任书》,制定《贫困动态监测工作实施方案》,在184个行政村全覆盖设立村级动态监测点,适时调整贫困监测农户;监测周期从2017年至2019年,共三年。

二是组建监测队伍。184个村全覆盖成立动态监测工作小组并开展专题培训,按照"入户调查—识别对象—纳入监测—识别贫困—退出监测""五步工作法"进行动态流程监测,建立"一户一档"监测档案。

三是严格对象识别。将收入低、患大病、丧劳力、受灾害、受高等教育等5类困难农户纳入动态监测的重点;对符合建卡条件的,按程序识别为贫困户,次年不再监测;对暂不符合建卡条件的,纳入监测范畴,并落实民政救助、临时救助等措施。

四是强化监督问责。充分运用中央、市委及区委开展的督查、巡查、暗访等发现的问题通报,对涉及贫困人口识别不精准的乡镇(街道),实行脱贫攻坚年度考核"一票否决",并对相关单位和责任人员严肃追责。

城口县

城口县全县面积3292.4平方公里,人口25.3万,辖2个街道23个乡镇204个村、社区。党的十八大特别是2017年7月以来,城口县始终坚持以习近平新时代中国特色社会主义思想为指导,深学笃用习近平总书记关于扶贫工作重要论述和视察重庆重要讲话精神,以脱贫攻坚统揽经济社会发展全局,紧盯高质量脱贫摘帽目标,突出"三精准",聚焦"三保障",狠抓"三落实",现行标准下全县11596户44719名贫困人口全部脱贫,90个贫困村全部出列,脱贫攻坚取得了全面胜利。2020年2月,城口县以贫困发生率0.42%、漏评率和错退率均为0、群众满意度98.47%的工作成效,正式退出国家扶贫开发工作重点县。

一、举措与成效

(一)坚持"深准严实",坚决做到脱贫结果真实

一是坚持思想武装求深。 坚持把学深悟透习近平总书记关于扶贫工作重要论述和7次座谈会上重要讲话精神作为首要政治任务,深入开展"学重要论述、强思想武装、促整改落实"活动,举办脱贫攻坚各类培训班185期,分级分类培训扶贫干部2.6万余人次,切实做到用心学进去、用情讲出来、用力做起来。

二是坚持责任落实求准。建立"双组长+乡镇指挥部+村指挥所+帮扶责任人"的指挥体系和责任体系。县委、县政府主要负责人每月平均10个以上工作日用于脱贫攻坚。县委主要负责人带头落实遍访制度,县乡村三级书记遍访所有贫困村、贫困户。建立"54321"结对帮扶责任体系,全县6111名干部帮扶贫困户全覆盖。

三是坚持工作推进求严。精准制定落实"6+2""1+3+N"等政策体系,每年坚持谋划推动"春夏秋冬"四季战役,阶段性开展"百日会战",一个节点一个节点有力有序有效推进工作落实。推行"一线工作法"和网格化管理,项目化、清单化推动"六个精准""五个一批"等精准扶贫政策措施到位见效。

四是坚持脱贫成效求实。科学合理制定脱贫规划,细化贫困对象精准退出办法,严格"两不愁三保障"脱贫标准,建立贫困户脱贫达标由县扶贫办、县住建委、县卫健委、县教委、县水利局联合认证制度,加强数据比对,坚决防止虚假脱贫、数字脱贫。

(二)下足"绣花"功夫,全面解决"两不愁三保障"突出问题

一是精准抓实教育保障。2014年全县有贫困学生1.75万人,农村薄弱学校132所。脱贫攻坚以来,全面加强乡村学校和乡镇寄宿制学校建设,累计投入10亿元,持续改善办学条件,新建学校10所,改扩建学校40所,新增学位7800个,改造校舍及用房面积26万余平方米,全面消除农村薄弱学校;成功创办重庆师范大学城口附属实验中学、上海天坤教育城口职教中心,贫困学生"有学上"的问题全面解决。全面落实教育资助政策,累计资助各类贫困学生20.81万人次1.61亿元,建立县外就读义务教育阶段贫困学生台账,完善函告追踪管控机制,确保"不漏一人"。健全主管部门、学校、乡镇村社和帮扶责任人的"四位一体"联防劝学和控辍保学机制,为特殊儿童送教上门,确保"不落一人"。

二是精准抓实医疗保障。2014年底,县内仅有1所二级乙等医院,有

合格村卫生室的行政村占比仅为71.2%,卫生软硬件建设严重滞后,贫困群众就医难问题突出,县域内就诊率仅为75%。脱贫攻坚以来,累计投入5.3亿元,新建县人民医院,改造11个薄弱乡镇卫生院,规范化建设125个村卫生室,县人民医院成功创建二级甲等医院,中医院和妇幼保健院成功创建二级乙等医院,县域内就诊率达到97.26%。全覆盖落实建卡贫困户参保资助政策,参保资助一个不漏。实施医疗救助"七重保障",全面落实"先诊疗后付费""一站式"结算,累计救助建卡贫困患者7.3万人次,贫困患者住院、门诊自付比例分别为9.85%、19.27%。

三是精准抓实住房安全保障。累计投入8995.8万元,改造农村"四类对象"危房5887户。其中,C级2494户、D级3393户。按照住建部统一部署,采取"认定+鉴定"的方式,全覆盖开展22078户农户住房安全等级鉴定,动态解决新增"四类对象"危房问题,确保住房安全有保障。

四是精准抓实饮水安全保障。2014年底,全县有3万余人饮水不安全,16万余人饮水需巩固提升。脱贫攻坚以来,紧盯水质、水量、方便程度和保证率四项国家标准,累计投资1.96亿元,巩固提升18.17万人饮水安全,建成供水工程889处、蓄水池1493口,铺设管道3443千米,饮水安全得到有效保障。建立完善用水管理体制机制,部分行政村、社区安排公益性岗位,用于农村供水工程设施管护,确保饮水安全可持续。

(三)精准到户到人,全面落实各项扶贫惠民政策

一是"三业"融合固根基。坚持抓产业强基,大力发展山地特色效益农业。坚持以基地为平台,建立"基地+企业+贫困户+产业"带贫益贫模式,建立产业基地252个,90%贫困户与市场主体建立利益联结。因地制宜发展"七大扶贫产业",培育发展农村集体经济组织190个,培育发展农业龙头企业30家、农民合作社709个、家庭农场484个。推进山地产业发展的做法,农民日报社长亲自带队调研,并在2019年10月23日《农民日报》头版头条进行报道。东安镇兴田村乡村旅游扶贫经验做法,在中央

扶贫开发工作会上,得到了习近平总书记的肯定。抓就业增收,大力推动转移就业与就近就业。突出信息台账精准、务工就业精准、技能培训精准、保障服务精准,创新"课堂讲授+模拟实训+政策讲解+后续服务"相结合的培训模式,开展各类培训2.5万余人次;科学精准开发农村公益性岗位20706人次;建设就业扶贫车间12个,带动247人次贫困劳动力就近就地就业;培育致富带头人472名,带动14714名贫困人口增收。抓创业致富,大力推动返乡创业带动。大力发展"归雁经济",累计吸引2000余名外出务工人员带着项目、带着资金、带着技术返乡创业,成功创办具有一定经营规模、一定带动能力的市场主体50家,带领全县1.6万余农户通过基地种植养殖业、招录企业就业、自主创业就业等渠道实现稳定增收致富。

二是易地搬迁"挪穷窝"。坚决按照"搬得出、稳得住、逐步能致富"标准推动易地扶贫搬迁工作,严格按照1.2万元/人的标准兑现建房补助,共计搬迁2971户10830名贫困人口。扶持2235户8332人发展产业,实现了有劳动能力的搬迁户每户至少有1项产业覆盖。实现易地扶贫搬迁贫困户创业就业5006人,确保了有就业意愿且有劳动力的易地扶贫搬迁家庭至少有1人就业。2020年11月3日,城口县被国家发改委评选为"易地扶贫搬迁工作成效明显县"。

三是生态扶贫促双赢。坚持生态优先绿色发展理念,用好用活生态扶贫政策。在重庆首批推进国家储备林建设,完成收储37.5万亩,惠及41个村,全面启动林下经济和森林旅游发展。累计开发建档立卡贫困人口10127人次担任生态护林员,实现户均年增收5000元以上。累计补偿生态公益林面积1336.4万亩,惠及一般农户和贫困户52063户。2020年1月16日,城口县实施国家储备林建设的改革创新做法,《人民日报》也刊文《重庆探索建立森林横向补偿机制,你帮我种树,我帮你致富》报道了城口县的典型经验。

▲ 岚天乡高山生态扶贫搬迁移民新村（城口县扶贫开发办公室供图）

四是金融扶贫"输金活血"。累计发放扶贫小额贷款6732户32744.8万元，贫困户获贷率达到57.94%。坚持以发展生产、提升贫困户内生动力为着力点，获贷贫困户通过小额贷款资金撬动发展中药材、食用菌、城口山地鸡、乡村旅游等特色产业实现增收。严格坚持"户贷户用户还"，落实贷后监管风险防范、风险认定和补偿管理等监管措施，切实提高风险防控能力。

五是综合保障保兜底。将符合条件的8182名建档立卡贫困人口纳入低保兜底，实现"应兜尽兜"。实施贫困失能人员集中照护工程，在修齐、高观、明通三个镇试点，入住贫困人员217人，其中失能人员165人。全面落实贫困残疾人生活补贴、重度残疾人护理补贴和贫困残疾人城乡合作医疗保险等政策，生活补贴和护理补贴覆盖率100%。

（四）整合各方资源，全力攻克深度贫困

一是改善条件暖民心。建设通达工程1552公里、通畅工程1488公

里,全县公路总里程达到4466公里,路网密度由2014年底的94公里/百平方公里提高到136公里/百平方公里。2020年4月15日,《光明日报》专版刊发《护山铺路架心桥——"难中之难"重庆市城口县的脱贫之路》一文进行报道。电网基建投资3.9亿元,改造惠及5.79万户居民用户,实现100%入户通电和村村通动力电。建成通信基站1751个,通信网络信号行政村覆盖率100%。建成光纤网络6892皮长公里,光纤宽带网络用户从2.5万户增至6.1万户,实现了光纤网络县域内全覆盖。

二是攻坚克难扶深贫。坚持"一统筹三整合一强化"(统筹工作对象,整合扶贫资源、扶贫措施、扶贫力量,强化督查巡察),全力攻克鸡鸣乡、沿河乡2个市级深度贫困乡、3个县级深度贫困乡、30个产业薄弱村和20个深度贫困村脱贫攻坚,补齐基础设施建设、公共服务、产业发展突出短板,2个市级深度贫困乡规划的142个项目已全部完工,累计完成投资4.998亿元。

三是志智双扶活脑袋。广泛开展"六进农家"精神扶贫行动,选树"孝老爱亲""致富能手"等基层先进典型600余人,累计评选表彰"脱贫致富光荣户"1316户。建立村、社区新时代文明实践积分超市204个,开展志智双扶志愿服务活动3000余场。全面开展"整治居住环境、摒弃生活陋习、培育文明新风"专项行动;全面启动农村村容户貌"六改三建一美化",整体推进全县农户人居环境整治,累计改造2.35万余户。广泛开展"清洁家园·美丽乡村"行动,实施"家家五干净(地面干净、圈舍干净、物品干净、吃穿干净、形象干净)、户户六整齐(棍棒柴草堆码整齐、衣物鞋被叠放整齐、桌椅家居安放整齐、锅碗瓢盆摆放整齐、屋面墙上贴挂整齐、电路线路安装整齐)"帮扶责任机制,切实改善贫困群众生产生活环境,提升群众精气神。城口县精神扶贫的经验做法被国务院扶贫办《扶贫信息》专刊登载。新华社2019年10月《新华每日电讯》头版头条刊文《从"争当贫困户"到"争做脱贫户"——一个国家级贫困县456份申请书的背后》进行报道。

四是多方支援成合力。 深化东西扶贫协作及水利部定点帮扶,扎实推进国家水利部定点扶贫"八大工程"建设,国家水利部协调帮扶资金近5亿元,推动党建促脱贫、专业技术培训、消费扶贫等工作进一步提升。加强与市纪委监委帮扶集团、市经济信息委帮扶集团和九龙坡区结对帮扶,基础设施、产业、教育、卫生、干部交流、文化科技、社会帮扶等领域合作成效明显。

五是监督织网防风险。 建立完善县级脱贫攻坚项目库,统筹整合涉农资金50.1亿元,实施扶贫项目2851个,每年扶贫投入是2014年投入4倍以上。开展扶贫资金内部审计,对所有乡镇街道扶贫项目资金使用绩效进行全覆盖审计,保证扶贫项目安排精准、扶贫资金使用精准、扶贫开发成效精准。完成对全县2015年以来所有扶贫项目资金的全面清理,及时将问题整改到位。创新建立扶贫项目资金"三账一表"监管系统,市扶贫办召开现场会并向全市推广应用。

(五)坚定不移抓好问题整改,以高质量整改推动高质量脱贫

一是提升站位抓整改。 严格落实问题整改主体责任,通过视频形式组织县、乡、村三级干部大会,全面深入安排部署问题整改。紧盯"两不愁三保障一达标"和"三率一度",启动县级"百日会战",开展大走访、大排查、大整改、大提升行动,扎实推进全市"百日大会战",对所有农户两轮次全覆盖排查,第一时间发现问题、整改销号。

二是压实责任抓整改。 建立"1+10+25"整改责任体系,强化县乡村三级联动整改,实行县级领导挂牌督战、专项小组定项包干、乡镇定点包干,挂图整改、对账销号。推行"谁牵头、谁负责、谁销号、谁签字"的责任制,立行立改、限时销号。落实乡镇排查责任,针对贫困县市级评估入户调查的1600余户,逐一回访核查、回头问效、分类整改、巩固成果。

三是细化措施抓整改。 对标对表中央脱贫攻坚专项巡视及"回头

看"反馈意见、国家及市对县成效考核反馈问题,细化中央脱贫攻坚专项巡视56项整改任务180条具体措施、巡视"回头看"反馈意见4个方面65条整改措施、国家成效考核问题9个方面76条整改措施、市对县成效考核13个方面57条整改措施,分类建立问题、任务、责任"三张清单",定人、定责、定目标、定时间、定任务、定标准,推动整改工作对象化、具体化、事项化、责任化。

四是全面统筹抓整改。把巡视"回头看"反馈意见与各类问题整改一体研究、一体部署、一体整改,统筹谋划、整体推进、动态管理,建立整改成效机制,修订完善制度措施,从源头堵漏洞。截至目前,中央脱贫攻坚专项巡视及"回头看"、国家成效考核、市对县成效考核问题和任务已全部整改完成。

(六)全力战疫战贫战灾,采取加强版的有力措施化解疫情灾情影响

一是实施加强版的政策措施,持续巩固脱贫成果。2020年以来,谋划推动"六强六扶"(强台账扶精准、强基地扶产业、强中心扶技能、强平台扶志气、强网络扶长远、强堡垒扶队伍)巩固脱贫攻坚成果,制定年度工作要点、实施"十大专项扶贫行动"等系列"加强版"政策措施,清单化、项目化推进落实65项巩固脱贫成果具体工作。

二是实施加强版的产业扶贫,持续壮大产业实力。制定出台"1+2+8"产业扶贫政策体系,安排产业扶贫资金2.65亿元,其中安排8341万元到户产业扶持资金,政策激励贫困群众发展家庭产业。抢抓春耕时节,积极调度复工复产原材料,统一配送疫情防控物资和种子农资。实行"先补助、后核算"的方式,帮助48家涉贫企业全面复工复产。

三是实施加强版的就业扶贫,持续保障稳定收入。加强劳务经济组织领导,建立三级劳务经济服务中心。加大务工绩效奖补,安排2350万元奖补资金,给予建卡贫困户不超过2000元、一般农户不超过1000元的

务工绩效奖补，全县所有贫困劳动力已通过外出务工、就近就地就业、发展家庭产业等方式实现就业。"一对一""点对点"输出建卡贫困劳动力1041人，组织输送77名贫困劳动力到山东实现转移就业，3月4日央视《新闻联播》对此进行了报道。

四是实施加强版的消费扶贫，持续拓宽销售渠道。认定334个扶贫产品、64个扶贫产品供应商进入消费扶贫产品目录。加快建设消费扶贫"三专一平台"，建成西部消费扶贫中心城口馆、山东临沂馆，专区6个，切实畅通产品销售渠道，完成年度消费扶贫任务11576万元。充分发挥农村电商、直播带货平台优势，销售农特产品2.7亿元。

五是实施加强版的项目建设，持续提升扶贫资金绩效。全面落实脱贫攻坚项目建设六条措施，优化调整2020年脱贫攻坚项目库，重点加大产业、就业、消费扶贫等政策奖补力度，切实防范致贫返贫。加快项目建设和资金拨付进度，2020年下达的438个项目已全部完工，项目资金支出进度达95%。开展扶贫资金项目清理工作，清理2015年以来扶贫项目3088个，涉及扶贫资金55亿元。

六是实施加强版的社会治理，持续提升群众满意度。整合脱贫攻坚网格和社会治理网格"两张网"，深入推进"党建+三治"融合，推行"一线工作法"，将全县划分为1253个基础网格，7300余名党员干部参与网格化管理，构建起了"小事不出基础网格、一般事不出乡镇街道网格、大事不出县级网格"的基层治理格局，巩固提升公众安全感连续6年保持在98%以上的成效。3月6日，新华社发文《一名党员一个桩，万名党员一张网——重庆城口县以党建为基础扎牢疫情防控网络》报道了城口县的做法，并得到市委领导批示肯定。

七是实施加强版的监测帮扶，持续跟踪监测到位。对1名新冠肺炎确诊病例贫困户，及时落实专属保险、岗位就业等精准帮扶措施。对2名确诊患者发放临时救助金，加强后续跟踪帮扶，消除致贫返贫风险。健全防止返贫监测和帮扶机制，紧盯未脱贫户、边缘户、脱贫监测户、特殊困难群体等"3+1"重点对象,分类建立对象台账,动态完善"一户一策",因户因人精准帮扶。落实1000万元解决因灾新增的45户危房户和191户饮水安全问题,未出现因灾致贫返贫情况。

(七)抓实党建促脱贫,为脱贫攻坚提供坚强保障

一是配齐配强攻坚力量。2016年以来,选拔8名部门正职、14名部门副职任乡镇正职,选拔23名部门副职任乡镇副职,选拔85名部门优秀干部到乡镇任副职,选派60名中青年干部到乡镇顶岗锻炼,增派33名脱贫攻坚突击队员到一线参与脱贫攻坚。3次优化调整驻村工作队,现有90名第一书记183名驻村工作队员、25名驻乡工作队长84名驻乡工作队员,常态化开展驻乡驻村帮扶工作。

二是健全正向激励机制。出台激励干部新时代新担当新作为的26项措施,共提拔重用基层扶贫干部119名。充分发挥先进典型的示范引领作用,全县15名干部被评为市级脱贫攻坚"先进个人"、6个单位被评为"先进集体"。县扶贫办获得2016年"全国脱贫攻坚先进集体",岚天乡党委书记江奉武荣获2018年"全国脱贫攻坚创新奖",2019年荣获重庆市"富民兴渝贡献奖",岚天乡人民政府被评为2019年全国"人民满意的公务员先进集体"。

三是加强脱贫攻坚干部作风建设。常态化开展扶贫领域腐败和作风问题专项治理,深化拓展"以案四说""以案四改",建立落实党员干部"蛛丝马迹"问题发现及处置机制,每月研判情况。制定《城口县调整不适宜担任现职领导干部实施细则(试行)》,加大对不适宜担任现职干部调整力度。

四是建强农村基层党组织。推行农村基层党组织ABC分级分类管理,建立"五个是否"(产业是否发展、农民是否增收、作风是否务实、社会是否和谐、党员是否带头)责任清单,每年开展评比奖励,兑现奖补资金600余万元。开展农村带头人队伍整体优化提升行动,调整补强村、社区

▲ 农文旅融合发展先行先试——城口县北屏乡太平社区（城口县扶贫开发办公室供图）

党支部书记107名。2019年4月16日，习近平总书记在重庆主持召开解决"两不愁三保障"突出问题座谈会，周溪乡凉风村党支部书记伍东作为"五级书记"最基层支部书记在会上向习近平总书记汇报全村脱贫攻坚工作。

　　五是强化脱贫攻坚人才保障。全面实施科教兴县和人才强县行动计划，实施"人才回引计划"，引进国家三区科技人才64名、市级科技特派员138名，柔性引进教育、卫生、农业等重点领域紧缺优秀人才260人。培优培强乡土人才，打造市级农民工返乡创业园2个、重庆市创业孵化基地1个，回引200余名大学毕业生和400余名外出务工人员返乡创业。

二、典型

(一)六强六扶,提升贫困群众自我发展能力巩固脱贫成果

聚力夯实扶贫、带贫、益贫平台,建立完善长效帮扶机制,加强各环节监督引导,多途径强化贫困群众自我"造血功能",让贫困群众手中有技能、增收有渠道、致富有门路。

一是强台账扶精准。建立未脱贫户、监测户、边缘户和特殊困难群体台账,制定一户一策,动态监测未脱贫户脱贫、监测户巩固脱贫、边缘户稳定发展、特殊困难群体兜底保障等具体情况,第一时间处理漏评错退、分类预警等个性化问题。建立涉农涉贫项目实施台账,推动217个涉农涉贫项目如期投用。

二是强基地扶产业。引导村集体经济组织、专业合作社等发挥产业发展引领集聚作用,通过利益联结机制把小弱散的农户组织起来,降低区域内农业产业市场风险。加大扶贫产业政策扶持,撬动2.5亿元社会资本投入到脱贫攻坚产业。

三是强中心扶技能。成立农民工工作领导小组,建立县、乡、村劳务服务中心,准确掌握劳动力基本情况、技能培训需求、务工意向等基本情况。建立劳务中介、大型企业用工需求数据库和劳务培训质量评价体系。落实农民工外出务工补贴和奖补政策,累计发放劳务奖补金2350万元。

四是强平台扶志气。开展党恩教育进农家、村规民约进农家、典型示范进农家、文明新风进农家、实践养成进农家、文化滋养进农家活动,引导贫困群众树立"我要脱贫"的思想,累计表彰脱贫光荣户2402户,深入挖掘道德典型600余名。

五是强网络扶长远。建立集农产品生产、销售和需求于一体的信息平台,采取企业联结、单位捆绑、群团"清零"的方式,提高农产品商品化率。扎实推进电商扶贫专项行动,实现线上销售8365万元。建立村为平台、网格为基础、户为单元的网格化管理工作机制,6241名扶贫干部构建起了"脱贫工作靠网格、基层治理在网格、服务管理到网格"的"一张网"工作格局。

六是强堡垒扶队伍。开展巩固战斗堡垒、配强带头队伍、党员示范引领"三大提质工程",建立ABC类党组织抓脱贫考核评比机制,整顿软弱涣散党组织35个。选优配强村(社区)两委班子,管好用好"第一书记"和驻村工作队,培养后备干部272人、本土人才196人,聚力打造不走的扶贫队伍。

(二)苦干实干,扶贫干部撑起脱贫攻坚脊梁

"民房变民宿"开创者。江奉武是中共岚天乡党委书记。在有天无地、有山无田、有人无路的岚天乡,将全乡仅有的几块"鸡窝地、巴掌田"发挥出几何级增长价值,创新"产业生态化、生态产业化"发展模式。他充分利用岚天乡生态好、气候好的优势,将老百姓原本的老房子改造成充满乡土情的"森林人家",将群众的空置房间改造成为物美价廉的"民宿",发挥山水林作用变山区劣势为生态优势,发展乡村旅游、生态旅游,将穷山恶水变成了人间仙境,100余户村民因"民房变民宿"而脱贫增收。截至2019年年底,岚天乡贫困发生率由2014年年末的18.4%下降至0.26%,农民人均纯收入由5480元上升至12600元。江奉武带领岚天乡先后荣获全国文明乡镇、全国美丽乡村等称号,岚天乡人民政府获得全国"人民满意的公务员集体"。江奉武也先后获得2018年全国脱贫攻坚创新奖、2017—2018年度富民兴渝贡献奖。

凉风村的掌舵人。33岁的伍东是周溪乡凉风村的党支部书记。凉风村是城口最偏远海拔最高的村之一,基础条件差、历史欠账多,用"穷

山恶水"来形容也不为过。2016年,在外经营手机店,年收入过十万的伍东在收到村里换届希望他能回村竞选村支书的消息。伍东毅然放弃了成熟的事业,回到了村里。担任村支部书记以来,伍东带领凉风村修建了26公里村级公路,到乡场镇和县城的时间缩短了40分钟。凉风村缺水,伍东带领着干部在原始森林中攀爬好几个小时终于找到唯一的水源,现在凉风村的群众再也不用为水发愁。村里没有脱贫产业,伍东结合凉风村实际,以"党组织+集体经济+公司+农户"的形式发展起竹笋3000多亩,中药材500多亩,2019年人均增收2000多元。2019年4月,在解决"两不愁三保障"突出问题座谈会上,伍东向习近平总书记汇报了凉风村脱贫攻坚情况。

(三)自力更生,脱贫光荣户成为贫困群众心中灯塔

"无手硬汉"的甜蜜新生。修齐镇石景社区的蔡芝兵是城口县最出名的"脱贫光荣户"之一。22岁时蔡芝兵在矿山务工时不幸失去了双手,后因身体残疾和家庭困难被评为了建卡贫困户。他没有因为失去双手而失去希望,他不断地训练、不断地改进,用最老实、最枯燥的训练实现了生活自理,还能用自创工具生产。2014年,他在政府的帮助下学会了中蜂养殖,发展起"甜蜜事业",2016年他成功脱贫。他自强不息的精神,获得了大家的认可,被评为了城口县脱贫光荣户,还荣获2017年度"感动重庆十大人物"。"这是我的新生",蔡芝兵常这样感慨。现在蔡芝兵不仅扩大了产业规模,还成为了城口县"脱贫榜样面对面"宣讲团的成员,用自己的故事和演讲激励更多的人自力更生,脱贫致富。

"独臂乡贤"只手摘"穷帽"。余代平居住在重庆市市级深度贫困乡鸡鸣乡。年轻时他在外务工意外失去了右臂,作为家庭支柱的他因失去劳动力,导致其家庭被评为贫困户。脱贫攻坚之前,余代平发展了好几年的城口山地鸡产业,但因为不懂技术,一直失败,没能脱贫致富。脱贫攻坚开展后,鸡鸣乡将余代平送去了养殖培训班,并请来专家为余代平

家的鸡场开"药方"。在大家的帮助和自己的日夜辛劳下,余代平的养鸡规模超过了5000只,收入超过5万元。2018年初,余代平向村里提交了"自愿脱贫申请书",经过审查他顺利脱贫,成为了脱贫光荣户。现在,他被选为了村里的"新乡贤",不仅带动其他贫困户发展产业,还参与村里的公共事业,用自己的脱贫故事,鼓舞其他贫困户奋发努力。余代平还登上了2020年第一季度"重庆好人榜"。

丰都县

丰都地处三峡库区腹心、重庆地理中心，面积2901平方公里，辖30个乡镇（街道），户籍人口82万。2014年底共识别贫困村95个，占行政村总数的35.1%，识别建卡贫困人口19396户71917人，贫困发生率11%。党的十八大特别是2017年7月以来，丰都县在习近平新时代中国特色社会主义思想的指引下，深学笃用习近平总书记关于扶贫工作重要论述和视察重庆重要讲话精神，全面落实中央决策部署和市委、市政府工作要求，以脱贫攻坚统揽经济社会发展全局，尽锐出战、真抓实干，举全县之力、集全县之智向贫困发起总攻，坚决打赢打好脱贫攻坚战。至2020年底，19757户81497名贫困群众告别绝对贫困，贫困群众人均纯收入从2016年的6173元增加至2020年的13648元；贫困村通畅率、村民小组通达率均达100%，安全饮水、安全用电、广播、电视、互联网实现全覆盖；基本形成"一村一品"产业发展格局；村村建有便民服务中心和标准化卫生室。2018、2019年连续两年跻身中国西部百强县市。

一、举措与成效

（一）抓攻坚责任落实，提振干部精气神

一是构建组织体系。成立由县委书记、县长任双组长的扶贫开发领

导小组,抽调骨干力量组建充实领导小组办公室;增加县扶贫办行政事业单位编制,完善县扶贫办机构职能设置;在4个深度贫困乡镇经发办加挂扶贫办牌子,明确专人负责脱贫攻坚工作,在其余乡镇(街道)根据实际情况在经发办或农业服务中心明确扶贫服务职能。

二是明确工作体系。县委、县政府坚持每月至少专题研究一次脱贫攻坚工作,每两月至少召开一次扶贫开发领导小组会议,县党政正职每月至少5个工作日用于扶贫工作,及时研究解决脱贫攻坚中的具体问题和实际困难;县人大、县政协组织开展脱贫攻坚专题调研、视察,形成了县"四大班子"共抓脱贫攻坚的良好格局。

三是落实责任体系。实施三级书记遍访贫困对象行动,县委书记遍访95个贫困村,乡镇党委书记和村党组织书记全覆盖遍访辖区内所有贫困户。4个深度贫困乡镇,由县四大家主要领导分别挂帅,其余26个乡镇(街道)分别安排市管领导定点包干,不脱贫不脱钩。

四是提升考评体系。加大脱贫攻坚成效考核权重,将乡镇(街道)提高到50分,行业扶贫部门提高到30分,县级帮扶单位提高到20分,并严格执行帮扶单位与乡镇"捆绑"考核。明确2020年底以前,提拔为县管领导干部的,原则上要有2014年以来脱贫攻坚工作经历的"硬杠子";将驻乡驻村干部考核"优秀"比例提升至20%,激励引导各级干部积极投身脱贫攻坚第一线,为如期高质量打赢脱贫攻坚收官战注入了强大动力。

(二)抓扶贫政策落实,增强群众获得感

一是在教育保障方面。常态化开展"控辍保学"专项行动,建立数据信息定期比对和网格化排查机制,5年来,落实从学前教育到大学教育补助、资助等资金5亿余元,"应助尽助"困难学生39万余人次,实现了"不让一个孩子因家庭困难而失学";同时,对残疾学生、特困学生、留守学生等特殊困难学生全覆盖采取"送爱上门、送育上门、送教上门"方式送学助学,对失学辍学儿童采取劝返复学,控辍保学取得显著成效。

二是在医疗保障方面。 累计统筹3266.8万元,全力资助贫困对象精准脱贫保36.5万人次,全县建档立卡贫困户、最低生活保障对象、特困供养人员精准脱贫保参保率均达100%;持续开展医疗扶贫"春风行动""暖心工程",全面落实贫困人口"七重医疗保障""先诊疗后付费""一站式结算"等政策措施,健康扶贫实施以来,全县累计实施就医资助7.99万人次、减免费用4858.8万元,确保农村贫困人口县内就医个人自付比例控制在6%~10%范围内;同时,为乡镇卫生院、村卫生室配备医疗设备1400余台件,配备乡村医生581人,农村居民看病抓药便利快捷。

三是在住房保障方面。 整合投入5.8亿余元,实施"四类人群"危房改造1.1万余户,一般农户旧房整治提升4.7万余户,农房"四改"9.2万余处,农户住房问题得到根本性解决;投入1.3亿元,建成集中安置点5个,完成安置点配套设施建设项目9个,实施易地扶贫搬迁1773户7369人,易地扶贫搬迁后续扶持政策一一落地落实到位,搬迁群众逐步融入社区生活,基本实现"搬得出、稳得住、逐步能致富"的搬迁目标。同时,统筹农村低保、特困供养、两项补贴、建档立卡、资助参合、临时救助等综合保障政策,强化农村最低生活保障制度与扶贫开发政策"两项制度"有效衔接。截至2020年末,累计为9021人次建卡贫困人口发放临时救助金932.37万元;为1.92万人次特困人员发放供养金1.56亿元;为2.4万人次困难残疾人发放生活补贴1692.17万元;为5.5万人次重度残疾人发放护理补贴4251.93万元。

(三)抓基础设施建设,展现乡村新面貌

一是在交通建设方面。 投入资金8.4亿元,以"三年交通大会战"为抓手,大力度推进"四好农村路"建设,新建农村公路2028公里,实施人行便道831公里,农村道路泥泞、村民出行不便问题稳步解决。

二是在安全饮水方面。 投入15亿元,以"饮水安全巩固提升三年行动计划"为抓手,推进城乡供水一体化改革,新建中小型水库9座、改扩建

饮水安全工程789个,惠及贫困群众5万余人,农村集中供水率、自来水普及率分别达到88%、86%,农村居民饮水难题基本解决。

三是在人居环境方面。投入资金2.27亿元,以"农村人居环境整治三年行动计划"为抓手,全面推进农户家庭人居环境实现床上床下、室内室外、厨房厕所、农具家具"四洁",村内公共环境实现河塘渠堰、村社道路、服务中心、文化广场"四净",农村人居环境进一步提升。

四是在公共服务方面。完成30个乡镇(街道)卫生院、312个村卫生室标准化建设,基本实现贫困群众就近看得上病、看得起病。新建便民服务中心50个、改扩建110个,群众办事更加方便。新建及改造10千伏线路395公里,改造低压线路420余公里,农村供电全面保障。建成4G通信基站1148个,在人群聚居区域挂载并开通5G通信基站103个,实现全县312个有扶贫任务的行政村(居)光纤宽带双网络覆盖。

(四)抓增收渠道拓展,提升脱贫稳定性

一是在产业扶贫方面。围绕全市绿色畜禽养殖基地、食品加工基地建设目标,引进培育恒都农业、华裕农科、德青源、温氏集团、东方希望、重庆农投等7家国家级农业产业化龙头企业,健全完善资产收益、代养收益、股权收益等利益联结机制,引领推进"一村一品"产业培育行动,走出了一条"大龙头带动大产业推动大扶贫"的新路子,带动73.35%的贫困户、边缘易致贫户利用扶贫小额信贷发展扶贫产业,初步构建了"县有龙头企业、村有骨干产业、户有致富家业"格局。

二是在就业扶贫方面。常态化组织开展送工送岗活动,因需开发公益性岗位,因地制宜建设扶贫车间,有效解决了贫困劳动力就业问题。全县常年在外务工贫困劳动力保持在3.2万人左右,2020年虽受疫情影响,但外出务工贫困劳动力总量仍好于2019年,县内企业解决贫困人口就业6938人,较2019年也略有增长;累计开发公益性岗位5170个;建设扶贫车间13个。

▲ "三变"改革助力攻克深度贫困堡垒——三建乡蔡森坝苗圃(丰都县扶贫开发办公室供图)

三是在消费扶贫方面。实施扶贫产品"进商圈、进市场(超市)、进社区、进机关、进景区"等"十进"行动,依托"丰都扶贫在线""扶贫832""消费扶贫重庆馆"等平台,建立健全"农村电商经纪人+贫困户"的电商扶贫模式,帮助贫困群众实现"土货"变"网货";深入开展网络直播带货,县领导亲自推介麻辣鸡、笋竹等产品,引领带动驻乡(镇)工作队、乡镇(街道)领导干部直播推介本地农特产品,有效促进了本地农产品销售。

(五)抓深度贫困攻坚,坚决啃下硬骨头

一是聚力深度贫困乡镇。以龙河流域全国示范河湖创建和场镇整体避险搬迁为契机,累计整合各类资金2.83亿元,实施以基础设施、产业发展、生态保护、公共服务为主的农村人居环境提升项目38个,村组道路通畅率和人行便道入户率均达100%,农村集中供水率达100%,产业路

和水系配套全面覆盖,公共服务质量全面提升,农村电力和通信条件全面改善,高质量稳定脱贫的"底子"更加牢固;引入5家经营主体与农户和村集体建立利益联结,实行"保底+334(361)比例分红"方式因地制宜发展笋竹、青脆李产业1.87万亩,打造15个种植养殖基地,粮经比由9∶1调整为2∶8,并通过股权化改革、入股分红等方式壮大村集体经济收入,全乡8个村(社区)年均经营性收入均达10万元以上,全域三变改革成效初步显现。

二是聚力工作薄弱镇村。 在扎实开展好市级深度贫困乡重点攻坚基础上,县委、政府结合实际情况,将3个工作相对薄弱乡镇和28个工作薄弱村定为县级深度贫困乡镇(村),参照市级深度贫困乡镇(村)实施深入攻坚,切实改善工作薄弱村镇基础条件;对成效考核排位靠后且基础相对薄弱的6个乡镇和有剩余贫困人口的23个村实施定点攻坚,构建"领导小组统筹攻坚、市管领导挂帅攻坚、行业部门分线攻坚"的责任体系,聚焦"三落实""三精准""三保障"要求,在市级确定八个攻坚方面重点的基础上,将未脱贫户脱贫攻坚计划跟踪落实情况、涉贫基础档案资料规范情况纳入攻坚重点内容,确保攻到要害点、干在关键处。

三是聚力深度贫困人口。 在全面落实已脱贫户"四个不摘"的基础上,紧盯剩余未脱贫户,因户因人制定《未脱贫户脱贫攻坚计划》,组建由市管干部牵头、帮扶部门和所在乡镇主要负责人跟进的包户攻坚工作组,以村社为单元的生产互助组和生活看护组,跟踪未脱贫人口在务工就业、产业发展、兜底保障等方面政策措施落实到位情况。

(六)抓各方力量统筹,激发攻坚动力源

一是枣丰扶贫协作成效明显。 山东省枣庄市累计援助资金、物资1.3亿余元,实施项目259个,捐赠财物3305万元,为推动丰都经济社会高质量发展奠定了良好基础;特别是在产业合作上,枣庄市和丰都县按照"先行试验、示范引领、逐步推广"的发展思路,采取"政府引导、企业带动、农

户参与、科技支撑、金融支持"的"链条式"帮扶模式，推动滕州马铃薯成为贫困群众增收致富新支撑，为巩固提升产业协作成果，2020年6月，两地签署《长效合作发展协议》，计划用3年时间扩大种植面积到10万亩，全力打造鲁渝产业协作的"枣丰样板"。

二是水利部定点扶贫稳步推进。水利部鄂竟平部长亲临丰都调研定点扶贫工作开展情况，稳步推进"八大帮扶工程"，五年来累计投入水利定点扶贫资金9.21亿元，建成梨子坪、硝厂沟等一批中小型水利工程，累计解决3.5万贫困群众饮水安全问题；落实资金500万元用于扶贫小额信贷贴息，撬动金融资金1.55亿元；累计培训乡村旅游、电焊电工656人次，安排250名贫困学生勤工俭学，122批次598人次水利专家先后赴丰都县开展规划编制等技术帮扶；协调北京协和医院为238名贫困患者开展远程医疗会诊。

三是市内对口帮扶有力推进。市人大帮扶集团领导、专家多次深入

▲ 滕州"小土豆"催生扶贫"大产业"（丰都县扶贫开发办公室供图）

三建乡实地调研,帮助解决产业发展、项目实施等难题;筹资1500万元成立产业扶持基金,专项用于三建乡产业发展。南岸区、长寿区、大足区累计到位帮扶资金1.65亿元,达成旅游资源共享优惠协议,推动三地旅游产业协同联动发展。

(七)抓到户到人引导,提高群众认可度

一是围绕"三个一"开展感恩奋进主题教育。广泛开展"共话脱贫、感恩奋进"群众性主题活动,让群众当主角,以村为单元,组织"看一看"身边变化、"说一说"脱贫感想、"议一议"美好愿景,引导形成了"感恩共产党、感恩总书记"浓厚氛围。

二是算好"三笔账"确保群众认可扶贫成效。在脱贫攻坚"百日大会战"期间,督促自查评估组和帮扶责任人面对面与贫困户算国家投入账、政策享受账、家庭变化账,让群众真正认可脱贫攻坚带来的实实在在成效,增强了贫困群众获得感、满意度。

三是紧扣"全清零"全面彻底消除群众怨气。集中组织开展扶贫领域信访问题"大排查大化解"专项行动,对排查发现的问题建立责任清单,定向交办,跟踪核查,确保限时清零,从而理顺群众情绪,赢得群众理解和支持。

(八)抓短板弱项补齐,确保工作高质量

始终坚持问题导向,聚焦脱贫攻坚薄弱环节,组织开展一系列专项行动,对突出问题步步紧逼、逐一歼灭,确保脱贫攻坚工作不断走深走实。在2018年4月至7月,组织开展"百日大会战",集中开展精准帮扶提升、人居环境整治、大病集中救治、突出问题整改、控辍保学、内生动力激发、基层组织整顿、工作作风整治等八大专项行动。2019年4月,聚焦农户"两不愁三保障"核心指标,全面开展解决"两不愁三保障"突出问题专项行动,集中攻克了一批住房、义务教育、基本医疗、安全饮水等突出问

题,基本实现贫困群众"两不愁"真不愁、"三保障"全保障。2019年8—9月,组织开展解决扶贫领域"三落实"突出问题专项行动,全面纠正脱贫攻坚过程中存在的责任落实有"温差"、政策落实有"偏差"、工作落实有"落差"等突出问题。2019年10—11月,组织开展扶贫领域问题整改攻坚月行动,深入推进中央脱贫攻坚专项巡视反馈意见、国家和市级脱贫攻坚成效考核指出问题、各类督查巡查审计指出问题整改,并建立动态排查整改机制。2020年以来,面对突如其来的疫情影响,面对决战决胜的繁重任务,坚持"战疫""战贫"两场硬仗一起打,在3月份启动开展"补短强弱提质"专项行动以后,按照全市统一部署,开展脱贫攻坚"百日大会战",聚焦深度贫困、疫情影响、问题整改、成果巩固、资金项目、自查评估、数据质量等重点任务会战,为高水平通过普查验收、高质量实现圆满收官奠定了坚实基础。

二、典型——"五转变"助力扶贫小额信贷质效"双赢"

(一)推动政策落地从重获贷率向重精准度转变

一是精心抓服务。围绕"应贷尽贷"目标,结合防疫宣传和入户帮扶,重点针对有能力无项目、有资源无意愿、有项目无规模的对象,引导帮助规划项目1.5万个,其中1.15万个项目得到了资金支持。根据政策新变化,及时摸清边缘易致贫户贷款需求,有序推进政策落地落实。

二是精准定贷款。坚持"以产业类别定贷款、以发展规模定额度、以产业周期定期限"原则,做到无产业不得贷款、符合条件不得拒贷,积极引导贫困户参与融入全县主导产业体系。全县扶贫小额信贷累计发放12463户次5.68亿元,获贷率63.76%。

三是精细强监管。对贷款余额开展常态化"三查三看"活动:查产业规模,看资金额度是否匹配;查资金流向,看使用方向是否合规;查管理责任,看贷款资金是否安全。全县共整改"为贷而贷"贷款75笔11.7万元、用途不合规贷款34笔134.2万元。

(二)指导生产方式从粗放经营向标准管理转变

一是编印技术规范。针对部分农户盲目发展产业导致效益无法保障现象,坚持实用性和操作性相结合,组织编印到户产业发展技术规范指导手册36套,重点围绕种源选择、除草防疫、加工收藏等重点环节提供技术指导服务。

二是健全服务体系。选派1415名专家组建科技特派员队伍常态化开展送农技下乡活动,统筹力量配备"一乡镇一指导组、一村一产业专干、一户一服务员",点对点帮助贷款贫困户解决产业项目实施过程中的问题和困难。

三是强化集中培训。将扶贫小额信贷支持产业列为重点培训内容,把培训是否合格作为产业项目实施前置条件。鼓励县内农业产业化龙头企业、致富带头人、家庭农场主就近开展实操培训。目前全县共有1万余户贷款贫困户通过培训成功创业。

(三)鼓励组织形式从单打独斗向抱团发展转变

一是租赁承包经营。丰都县名山街道古家店村17户贫困户将获得的信贷资金用于独立承包经营该村集体修建的蔬菜种植大棚,户均年增收4万元以上。

二是合作发展产业。虎威镇依托德清源金鸡扶贫产业园,整合村级集体资金和贫困户信贷资金,配套兴建包装制品厂,贷款农户既当老板又当工人,按期获得收益和工资两份收入。

三是三资融合发展。仙女湖镇硝厂沟16户贫困户将资源折价变资产,再加上信贷资金加入专业合作社,由专业合作社与县属农业产业化龙头企业共同经营管理经济实体,户均年收益达2万余元。

四是集中代种代养。县属重点国企农发集团与村集体组织按33∶67比例出资,为温氏集团建设140个肉鸡养殖场;温氏集团免费提供鸡苗、技术、饲料并实施产品回收。目前,全县50多户贫困户用贷款资金获得代养权,初步测算,户均年获利6万元以上。

(四)引导工作重心从前端产出向后端销售转变

一是狠抓产品转化。依托5家农业产业化国家级龙头企业和县内优质企业获批国家级"名特优新"产品标识5个、市级"三品一标"产品151个、"巴味渝珍"产品标识13个,打造169种特色农产品;已认定扶贫产品122个。

二是激活电商资源。运用金融支农再贷款政策,按联结销售贫困户产品数量授信并给予企业基准利率贷款支持;依托农村电子商务服务中心,对县内531个电商平台进行要素整合;利用中国社会扶贫网等平台发布农产品供给信息。

三是深挖消费潜力。开展消费扶贫"十进"活动,引导县内规模企业、各类学校等重点单位建立消费扶贫基地,利用扶贫专柜引导重点人群参与消费扶贫,组织赶年节等重点"节会"集中展示促销。

(五)促进贷款回收从行政追贷向自觉还贷转变

一是强化诚信建设。完善《丰都县扶贫小额信贷资金风险防控(试行)办法》,对提前或按时还贷贫困户提高一个等次授信;对恶意逃债贷款户,取消享受财政贴息权利并列入银行征信系统"黑名单"进行约束。

二是强化贷后管理。实行"双重"提醒制,提前一个月通过推送短信、上门通知等方式对到期贷款户进行提醒,同步下发《交办通知书》给所属乡镇(街道),引导做好还款准备。对全县历年出现的逾期贷款864笔3501.08万元,按照"当月逾期次月清"要求,采取限时追贷任务交办到

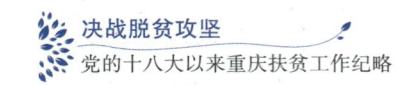

人和按月约谈滞后乡镇等措施,已追回逾期贷款810笔3271.33万元,占逾期总额93.43%。

三是强化分类处置。合理利用缓释工具,为因项目周期长、暂无资金还贷的非恶意欠贷贫困户办理"续贷和展期"524笔2358万元。严格实行风险补偿核销,对遇不可抗力因素的非恶意欠贷按照"账销案存、保留追偿权"原则开展风险认定补偿,落实风险补偿37笔、本息资金162.17万元,补偿后依法追回14笔42.6万元。

垫江县

垫江县面积1518平方公里,辖24个乡镇和2个街道,301个村(社区),户籍人口98万,常住人口72万。党的十八大特别是2017年7月以来,全县上下坚持以习近平新时代中国特色社会主义思想为指导,深学笃用习近平总书记关于扶贫工作的重要论述和关于脱贫攻坚的系列重要讲话、指示批示精神,牢固树立"四个意识"、坚定"四个自信"、做到"两个维护",深入贯彻落实党中央、国务院和市委、市政府关于脱贫攻坚决策部署,坚持把脱贫攻坚作为"不忘初心、牢记使命"的重要载体,坚持以脱贫攻坚统揽经济社会发展全局,严格落实"六个精准""五个一批"工作要求,紧紧围绕解决"两不愁三保障"突出问题,尽锐出战、攻坚克难,脱贫攻坚取得决定性成就。至2020年底,累计实现10个贫困村摘帽,9802户31567人贫困人口脱贫。

一、举措与成效

(一)党建引领,夯实脱贫攻坚决胜根基

一是强化思想武装。坚决把习近平总书记关于扶贫工作重要论述作为打好精准脱贫攻坚战的"指南针""导航仪""定盘星",着力在学懂弄通做实上下功夫,致力学思用贯通、知信行合一。将习近平总书记关于

扶贫工作重要论述和关于脱贫攻坚的系列指示批示精神作为县委常委会、县委理论学习中心组学习会和县政府常务会议常态化学习内容,各乡镇(街道)、县级各部门通过召开党(工)委(党组)会、主题教育、"两学一做"学习教育、职工会、主题党日等形式,认真组织学习贯彻。市管干部带头到机关、乡镇(街道)、村(社区)等宣传宣讲500余场次、县委宣讲团集中宣传宣讲1300余场次;组织开展各级各部门"一把手""学习贯彻习近平总书记视察重庆重要讲话精神系列访谈"活动60期,打赢脱贫攻坚战、促进乡村全面振兴"百人千场万家"形势报告会等宣讲活动5700余场次;垫江日报社、广播电视台、垫江新闻网等县级媒体开辟"脱贫攻坚进行时学论述抓整改促落实""聚焦脱贫故事"等专题专栏,加强宣传引导,推动形成"学重要论述、强思想武装、促脱贫攻坚"的浓厚氛围。

二是践行政治担当。坚决落实"区县抓落实"工作机制,成立县扶贫开发领导小组,深入实施"双组长制",每季度至少召开1次领导小组会议研究部署。坚决落实"三级书记"抓脱贫攻坚,县委书记遍访贫困村、镇村党组织书记遍访贫困户。坚决落实乡镇(街道)主体责任、直接责任和部门主管责任、捆绑责任,党政主要负责人认真履行"一把手"责任。坚决落实更大投入要求,十八大以来,累计安排使用财政专项扶贫资金1.5亿元,统筹整合资金投入脱贫攻坚11亿元。

三是筑牢基层战斗堡垒。全面加强农村基层组织建设,充分发挥基层党组织战斗堡垒作用,认真落实"四个一"帮扶措施,全面排查整顿软弱涣散村(社区)党组织208个。选优配强基层党组织负责人,回引农村本土人才340人,储备后备人才1200人。坚持党建引领乡村治理,推动301个村(社区)建立完善村民(居)民委员会、村(居)务监督委员会自治机制。全面落实"两委"联席会议、"四议两公开"和村务监督等工作制度,实现村级重大事项决策由村党组织提议、村"两委"会议商议、党员大会审议、村民会议或者村民代表会议决议,将决议公开、实施结果公开,有力提升基层自治水平。

四是加强干部队伍建设。强化干部培训提升素质,县、乡、村三级扶贫干部实现培训全覆盖,新上任乡村干部全部轮训一遍,累计开展各类理论知识、业务技能培训会3000余场。保护调动扶贫干部积极性,建立健全关心关爱和容错纠错机制,注重从镇村一线和驻村工作队提拔使用干部,累计提拔使用一线扶贫干部28人。发挥党员示范带动作用,各级党员率先垂范,组建脱贫攻坚先锋队170余个,党员干部爱心捐资400余万元。加强扶贫干部队伍作风建设,深化扶贫领域腐败和作风问题专项治理,查处扶贫领域问题291件,处理干部367人。

五是营造社会扶贫良好氛围。坚持构建专项扶贫+行业扶贫+社会扶贫"三位一体"大扶贫格局,着力引导和动员社会力量参与脱贫攻坚。实施县级部门(单位)集团定点帮扶和县乡干部结对帮扶,全县共安排109个联系帮扶部门和5052名结对帮扶干部。社会爱心力量不断投入脱贫攻坚,中国社会扶贫网推广名列全市前茅,累计注册爱心人士71810人,实现爱心对接569次。脱贫攻坚志愿组织达110个,参与脱贫攻坚志愿者人数达2000余人。红十字会、团县委、县总工会、县妇联、县工商联等组织社会爱心人士募捐1100余万元。

(二)精准施策,解决"两不愁三保障"突出问题

一是坚持把"六个精准"贯穿始终。坚持扶持对象精准,严格按照"四进七不进"标准和"八步两评议两公示一比对一公告"程序,实施贫困对象精准识别和精准退出。坚持项目安排精准,因地制宜,精准落实产业扶贫、就业扶贫、生态扶贫等扶贫项目。坚持资金使用精准,实施扶贫资金系统化、数据化管理,常态开展扶贫资金绩效管理评价,深入实施扶贫资金全覆盖审计,确保资金精准有效。坚持因村派人精准,组建15支驻村工作队,根据贫困村实际从交通、水利、文旅等部门精准选派驻村干部45名。坚持措施到户精准,实施"五个一批"工程,确保户户有增收、户户有保障。坚持脱贫成效精准,依托大数据平台,实施扶贫对象全面监

测,完善扶贫与脱贫评估体系,确保脱贫成效经得起检验。

二是坚持把强力推动贯穿始终。建立"3+8"目标管理体系,制发《垫江县打赢打好脱贫攻坚战三年行动实施方案》《垫江县精准脱贫攻坚战实施方案》等工作方案,实施县领导定点联系包干,领战督战高位推动。实施"五个一"工作推进机制,打响脱贫攻坚总攻决战、定点攻坚战、百日大会战和收官大决战,深入开展"八查四讲五落实"和"查改讲"专项行动,确保责任落实到位、政策落实到位、工作落实到位。

三是坚持把"两不愁三保障"贯穿始终。义务教育有保障,推进农村"两类学校"建设,开展控辍保学行动,实施资助贫困家庭大学生245553人次20348万元。统筹资金4473.6万元惠及贫困户、低保户等困难学生16.6万人次。实现4138名贫困家庭学生教育"一对一"结对帮扶和165名残疾学生送教上门全覆盖。义务教育阶段建档立卡学生无失学辍学发生,义务教育保障率100%。基本医疗有保障,农村新型农村合作医疗制

▲ 垫江县曹回镇徐白村脱贫户邱中国发展芍药产业持续稳定增收致富(垫江县扶贫开发办公室供图)

度不断巩固,贫困户参加基本医疗实现全覆盖,实行贫困人口基本医保"两升两降一取消"政策,贫困户住院医保报销21490人次、报销金额5529万元,严格执行"先诊疗后付费"和"一站式"结算制度,累计支出健康扶贫资金1628.4万元,救助贫困患者4万余人次,县域内贫困户住院、门诊自付比例分别为9.83%、16.78%,落实家庭医生签约制度,累计为4200名贫困户办理特病证,基本医疗保障率100%。住房安全有保障。推进农村危房鉴定挂牌,累计鉴定挂牌农村住房3.5万户,实施农村危房动态清零,累计改造C、D级危房4800户,住房安全保障率100%。饮水安全有保障。加快推进水利工程建设,龙滩水库主体完工、盐井溪水库下闸蓄水、油坊沟水库动工建设,新改建农村供水管网300公里,实施农村饮水安全巩固提升工程,惠及贫困户9084户,常态化开展农村饮用水水源水质监测,饮水安全保障率100%。

(三)巩固成果,构建防止返贫长效机制

一是夯实产业扶贫根本。坚定不移把产业扶贫作为巩固脱贫成果的根本之策,实施产业扶贫专项行动,加快构建独具县域特色的扶贫产业体系、支撑保障体系、利益联结体系。完善扶贫产业体系,培育垫江晚柚、花椒、榨菜三大扶贫支柱产业,培育涉贫企业89家,专业合作社、家庭农场等新型经营主体1600家,发展扶贫特色产业30万亩;10个贫困村和5个扶贫重点村分别建成1个500亩以上的扶贫主导产业;有劳动力有产业发展意愿的贫困户每户至少有1个以上增收产业,无劳动力的贫困户全部通过土地入股、土地流转等方式参与产业发展;强化产销对接,深入推进消费扶贫,建立完善"1+26+N"农产品电商物流体系,认定"西部晚柚""琼椒"等扶贫产品165个,举办节庆展会、直播带货等消费扶贫活动800余场,累计帮助贫困村、贫困户销售农副产品3亿元以上。完善支撑保障体系,整合国土、水利、农综开发等资金3亿元支持扶贫产业发展,支持重庆农担公司发放担保贷款1.2亿元,鼓励有产业发展意愿的贫困户

申贷扶贫小额信贷1.4亿元。完善利益联结体系，贫困村村集体经济"空壳化"全部消除，农村"三变"改革、三社融合发展、股权化改革纵深推进，农业农村改革带来的一系列成果正加速惠及每一户贫困户。

二是完善就业扶贫措施。把就业扶贫作为精准扶贫精准脱贫的重要抓手，围绕实现精准对接、促进稳定就业的目标，深挖贫困户潜力，发挥自身优势，帮助引导贫困劳动力实现稳定就业，增强贫困群众自我造血能力。开展贫困劳动力技术技能培训347场次1.3万余人次，举办就业对接活动130余场，提供就业岗位信息30万余条，建设扶贫车间9个，培育致富带头人322名，开发公益性岗位1637个，引导和帮助贫困劳动力外出务工和就近就业8941人，一半以上的贫困家庭靠务工就业获得稳定收入，同时，积极发挥农民工权益保护协会等社会组织作用，保障贫困户"劳有所得"。

三是统筹推进"战疫""战贫"。全县上下认真落实习近平总书记在统筹推进新冠肺炎疫情防控和经济社会发展工作部署会议上的重要讲话精神，组建党员"抗疫"突击队，深入开展"五访五帮""五查五改"专项行动，有效破解"五大难题"，疫情期间实施困难群众救助2809人次，救助金额624.7万元；及时出台支持贫困群众就业务工13条措施，贫困劳动力就业人数再创新高；涉贫龙头企业、新型农业经营主体全部复工达效；解决贫困群众春耕生产缺农资、技术、资金655户，销售滞销畜禽6043头（只）；扶贫项目全部按时序推进。

四是探索与乡村振兴有效衔接。积极探索全面脱贫和乡村振兴有效衔接，实施定点攻坚补齐短板，启动实施贫困村"五好"示范创建，全力打造乡村振兴示范、"四化"融合发展示范、区群融合发展示范、成渝合作发展示范。全面对接乡村振兴战略规划，对2020年后解决相对贫困的目标任务、扶贫标准、政策措施开展深入调研，探索建立巩固脱贫攻坚成果长效机制，促进农业农村优先发展，推动乡村全面振兴。

五是建立防止返贫监测机制。制定《垫江县做好防止返贫监测和帮

▲ 垫江县永安镇组织全镇有意向的贫困户参加厨师培训（垫江县扶贫开发办公室供图）

扶工作实施方案》，实施贫困人口、边缘人口动态监测和帮扶，排查脱贫监测户245户726人、边缘户139户348人，明确县、乡、村三级监测责任人，因户制定帮扶政策，全县无一人返贫。发挥社会保障兜底作用，全面落实低保和扶贫政策"两线合一"，实现贫困人口低保兜底18363名，发放低保金5975万元；将878户建卡贫困户纳入特困供养，发放特困供养金676万元；实施临时救助的建卡贫困户1175人，救助金额241万元。

（四）工作创新，脱贫质效再提升

一是"四大制度"强化干部作风。建立健全暗访随访、定期履职报告、随机述职述责、周调度等"四大制度"，不断强化干部作风。暗访随访。联系县领导常态化开展脱贫攻坚随机暗访随访，领战督战脱贫攻坚。定期履职报告。县领导每季度,县级部门、乡镇(街道)党政主要负责人每两月,驻村工作队第一书记每月向县扶贫开发领导小组报告扶贫履职情况。随机述职述责。每月随机抽取1名县领导、1名部门负责人、2名镇街书记、2名结对帮扶干部开展脱贫攻坚述职述责。脱贫攻坚周调度。县委、县政府有关领导每周调度脱贫攻坚工作,小结工作、研究问题、细化安排、推动落实。

二是"五访五帮"化解疫情影响。 访贫困群众家庭生活情况,帮贫困群众增强防疫能力。走访掌握贫困群众是否有新冠肺炎确诊、疑似病例、密切接触人员,是否外出返垫,是否有发烧咳嗽及就诊就医,是否有因疫情影响形成新的困难。加强对贫困群众疫情防控知识宣传,帮助贫困群众解决疫情防护物资、医疗救助、基本生活保障等问题,增强贫困群众防控新冠肺炎疫情的信心和能力。访贫困群众就业务工情况,帮贫困群众稳定就业增收。走访掌握贫困群众外出务工、就近就业受影响情况,了解贫困群众外出务工、就业意愿等情况。帮助落实车费补贴、包车送达等政策,引导贫困群众分批有序外出务工。帮助引导暂时不能外出务工的贫困群众参加疫情防控、公路保洁等临时性公益性岗位。对接联系县内涉贫企业和新型经营主体,帮助贫困群众就近就业,实现有就业能力和意愿的贫困群众全覆盖就业,确保贫困群众收入稳定可持续。访贫困群众春耕备耕情况,帮贫困群众落实产业发展。走访掌握贫困户种子、农药、化肥、农膜等农业生产物资是否购买到位,是否缺技术,是否缺劳动力、缺资金等情况。协调联系农资供应商落实送货上门,帮助贫困群众备足春耕生产物资。组织农技指导员,加大春耕生产技术指导力度,帮助有资金需求的贫困群众办理扶贫小额信贷,帮助受疫情影响不能按期还款的贫困户办理延期展期手续,切实保障贫困群众春耕生产不误农时。访贫困群众农产品积压情况,帮贫困群众解决滞销难题。走访掌握贫困户家畜家禽、水果等农副农产品积压滞销情况。力所能及购买、协调联系收购商上门收购、鼓励机关企事业单位食堂采购贫困户农副产品,帮助解决贫困群众农产品售卖难题。访贫困学生居家学习情况,帮贫困学生全员参加学习。走访掌握贫困家庭学生疫情期间是否参加在线学习,是否有在线学习条件,对没有条件进行在线学习和网络学习的,及时向所在乡镇联系解决。帮助制定学习方案,指导贫困家庭学生收看中国教育电视台、中央电视台科教频道、"重庆云课堂"等媒体播出的课程,确保贫困学生在疫情防控期间全部参与学习。

三是"五查五改"提升脱贫成效。精准查改习近平总书记关于扶贫工作重要论述的学习领会消化情况。对有差距、有短板的领域及时补学、及时补课,确保学思用贯通、知信行合一。精准查改"两不愁三保障"达标情况。对全县9802户31567人,户户个个项项复盘,确保事事清楚、项项达标。精准查改已脱贫人员是否可巩固和持续。再入户、再排查,对帮扶措施再优化、再加固,推动年底巩固提升的目标顺利实现。精准查改各类问题整改是否清零见底。对各类巡视督查审计考核等问题整改情况再核实再核准,确保整改问题不反弹、质量效果再提升。精准查改各类档案资料是否完整规范。对扶贫工作启动以来,尤其是党的十八大、十九大以来的各类相关档案资料再核查再检查,确保要件齐全、内容准确、逻辑严密、整理规范。

四是"五个好"衔接乡村振兴。率先在贫困村开展"五个好"示范创建,有效对接乡村振兴"产业兴旺、生态宜居、乡风文明、治理有效、生活富裕"总要求。党建引领好。选优配强村级班子,规范组织活动,创建星级组织,管好用好便民服务中心,充分发挥党员作用,选派驻村帮扶精准,打造一支永不撤离的驻村工作队伍。产业发展好。实现贫困村村有扶贫支柱产业、村有集体经济收入、户有稳定脱贫项目、扶贫产品无滞销、产业扶贫有利益联结等目标,稳定增加贫困户收入。公共服务好。完善基础设施,方便服务群众;繁荣农村文化,丰富群众精神文化生活;健全社会保障,构建幸福和谐新农村;强化农村服务,解决群众困难;有效治理基层,及时排查化解矛盾纠纷。人居环境好。做到村容村貌整洁,室内室外干净,道路干净亮化。组建保洁队伍,评比"清洁家园",引导群众养成良好卫生习惯。群众精神好。保障群众收入稳定、生产生活有保障、邻里关爱和睦、积极发展创业,激发贫困群众内生动力,让群众满意度高,感恩党的扶贫政策。

(五)人民至上,携手奋进奔小康

一是贫困群众生活水平显著改善。坚持开发式扶贫方针,引导和支持所有有劳动能力的贫困人口依靠自己的双手创造美好明天,贫困群众"两不愁"质量水平明显提升,"三保障"突出问题总体解决,收入水平大幅提升。建档立卡贫困人口中,80%以上得到了产业扶贫和就业扶贫支持,三分之二以上主要靠外出务工和产业脱贫,工资性收入和生产经营性收入占比上升,转移性收入占比逐年下降,自主脱贫能力稳步提高。建档立卡贫困户年人均纯收入由2015年的7450元增加到2019年的11460元,渝东北排名第一。

二是农村人居环境质量显著改善。农村基础设施水平全面提升,新改建农村公路2208公里,建设生产生活便道730公里,行政村通达通畅率均达100%,具备通车条件行政村实现农村客运通车100%;全面实施农网改造升级,贫困村全部通生产用动力电;建设信号基站200个,行政村4G信号和宽带覆盖实现100%;推进清洁能源普及,安装天然气10.7万户,安装太阳能路灯、杀虫灯2万余盏。贫困村(户)人居环境全面提升,深入实施贫困村贫困户人居环境整治专项行动,每个贫困村组建保洁队伍,清理公路沿线沟渠200公里,清理山坪塘漂浮垃圾170口,建成垃圾分类示范村15个,拆除农村无人居住危旧房及长期废弃残垣断壁300处,实现改厨改厕5686户,贫困户畜禽基本实现归栏圈养,实施失能贫困户环境救助120户。

三是贫困群众精神面貌显著改善。深入推进"除陋习、树新风"专项行动,建立健全村规民约和村民议事会、红白理事会、道德评议会、老年人协会等"一约四会"及村社风俗监督员制度,婚丧嫁娶大操大办、人情攀比、小事大办等农村陈规陋习有效遏制。突出榜样引领,选树光荣脱贫示范户185名,开展"我身边的脱贫故事""榜样面对面"宣讲活动500余场,贫困户刘德学、夏于波等脱贫先进典型层出不穷。党中央的扶贫方针政策利民惠民便民,贫困群众享受政策、知恩图报,贫困户刘庆主动在屋旁升起国旗,贫困户王茂强脱贫后要求入党,听党话感党恩跟党走深入人心。

二、典型:脱贫攻坚路上的"筒靴书记"

夏强,中共党员,重庆市"五一劳动奖章"获得者,生前担任垫江县裴兴镇高石村驻村工作队队长兼第一书记,2020年12月20日因公牺牲,病逝前仍坚守在工作一线。高石村脱贫攻坚工作实现五个"100%",全村面貌焕然一新。个人先进事迹多次被市、县主要媒体宣传报道,并被重庆市主要媒体称呼为"筒靴书记"。

一是基层党建日益建强。以抓党建促脱贫为抓手,发挥党员先锋模范作用,帮助高石村党支部完善"三会一课"制度,带头开展讲党课50余场,积极发展农村党员、预备党员5个,帮助回引大学生、外出成功人士11人,有效壮大村级后备干部队伍,帮助实现后进支部及时摘帽。

二是基础设施日益完善。油化道路8.2公里,硬化道路18.5公里;整治小二型水库1座,整治山坪塘12口,改造高台地位用水管网7.2公里。

三是产业发展日益壮大。帮助引进建成1个30000只规模现代化蛋鸡养殖场,促进成立正义中药材种植农民专业合作社,支持新型经营主体流转土地1046亩,鼓励20户贫困户和110余户一般农户抱团发展,累计发展榨菜、中药材、黄精等特色扶贫产业3000亩,为村集体经济年增收

9万元。

四是就业增收日益稳定。成功创建县级就业扶贫示范车间1个,组织开展就业对接活动30余场,动员帮助村民就业务工近300人,特别是新冠肺炎疫情发生以来,及时协调解决贫困户就业岗位50余个。

五是志智双扶日益深入。带头制定村风民风治理方案,大力治理农村陈规陋习,带头化解村民矛盾40余起,组织并亲自参与"百人千场万家""榜样面对面"等宣传宣讲170余场,组织送科技、送文化等活动50余场,让贫困户不仅富了口袋还富了脑袋。

忠县

忠县是重庆市扶贫工作重点县。2014年识别出贫困村72个、建卡贫困人口68004人,贫困发生率8.98%。党的十八大特别是2017年7月以来,忠县在习近平新时代中国特色社会主义思想的指引下,深学笃用习近平总书记关于扶贫工作重要论述和视察重庆重要讲话精神,全面落实中央决策部署和市委、市政府工作要求,坚持"四不摘",建立长效脱贫机制,全力巩固脱贫成果,提高脱贫质量,脱贫攻坚不断走深走实。2020年底,全县脱贫攻坚战取得全面胜利,圆满收官。

一、主要举措

(一)坚持高位推动、压紧压实责任,确保中央、市委市政府脱贫攻坚决策部署全面落实

一是狠抓学习贯彻。 及时传达学习习近平总书记重要指示、重要讲话、扶贫重要论述和中央、市委市政府决策部署,研究部署贯彻落实工作,带动各级各部门抓好学习、深化认识、提高站位,切实增强抓脱贫攻坚的政治责任感、强烈使命感;定期举办脱贫攻坚专题培训班,各级干部特别是领导干部"四个意识"、政策水平、履职能力明显增强。

二是压实各方责任。 坚持把脱贫攻坚工作作为首要政治任务和"一

决战脱贫攻坚
党的十八大以来重庆扶贫工作纪略

号工程",将全县工作调为"扶贫模式",全员进入"战斗状态"。县委、县政府每月至少研究1次扶贫工作,每两月至少召开1次脱贫攻坚领导小组会,县委县政府主要领导每月至少5个工作日用于脱贫攻坚。以上率下,全体县领导每年随时到所联系帮扶的乡镇街道、村蹲点调研,促改督战。建立了乡镇街道、县级领导、牵头单位、扶贫集团、行业部门、县扶贫办、驻村工作队和帮扶责任人等各自对所联系对象和对应工作负责的脱贫攻坚"8大责任体系"。

三是统筹各方力量。 严格实行县委书记、县长任组长的双组长制。将全县所有县级机关事业单位、全部国有企业、有实力的民营企业整合起来,组建完善29个县级扶贫集团,对口联系帮扶全县29个乡镇街道。组织近16000名干部与全县20240户贫困户全覆盖结对帮扶。组建72支贫困村驻村工作队驻村蹲点扶贫,非贫困村由乡镇(街道)派驻驻村工作队。全县干部奋战扶贫一线,涌现出重庆市优秀共产党员、脱贫攻坚模范、扶贫战线优秀驻村干部杨骅等先进典型。

▲ 2019年10月17日,忠县第六个扶贫日现场捐赠活动现场(忠县扶贫开发办公室供图)

四是动员社会力量帮扶。广泛动员全社会力量帮扶,每年开展"扶贫日"活动,2015、2016、2019年相继举办了大型扶贫捐赠活动。2018年4月迅速在全县开展"中国社会扶贫网"上线运行工作,至2020年6月30日,全县近2万户建卡贫困户、6.2万名爱心人士在网上注册,实现帮扶对接。

(二)坚持目标标准、全力聚焦精准,全面完善落地各项扶贫政策。精心制定攻坚方案

一是精心制定攻坚方案。坚持以贫困村、贫困户为攻坚主体,"一村一策、一户一策"精准细化攻坚方案,实施"11+4"攻坚行动和助推行动("11"即实施基础设施、扶贫搬迁、特色产业、环境整治、就业创业、保障兜底、教育扶贫、卫生扶贫、结对扶贫、留守关爱、基层组织等11个攻坚行动;"4"即实施党代表、人大代表、政协委员和党外人士4个助推行动)。县委县政府先后出台《忠县精准脱贫攻坚战实施方案》《忠县贫困村提升工程工作方案》《关于建立长效脱贫机制的实施意见》《忠县实现高质量脱贫25条具体措施》等指导性文件。

二是精准识别贫困对象。严格政策标准,有序开展扶贫对象动态调整,应进尽进、应出尽出。对信息数据进行大清理,确保数据质量。2017年深度聚焦筛查确定17个相对贫困村。

三是精准落地到户政策。完善易地搬迁及危房改造、基本生活保障等各项精准扶贫到户政策。加大对特殊困难人员救助,以全县没有稳定收入来源的建卡贫困户特别是未脱贫户为重点对象,开发农村公益岗位,2020年财政专项扶贫资金安排补助公益性岗位1673个,其中贫困人口1540个,边缘户133个;人社局公益性岗位安排建卡贫困人口1230人。每年补助600多万元财政专项扶贫资金为全县所有建卡贫困户参加"精准脱贫保";积极创建扶贫车间,至2020年底已创建10个。

四是扎实开展"志智双扶"工作。每年全覆盖开展广大群众特别是

贫困群众实用技术、技工技能、精气神等培训,开展致富带头人培训、扶贫干部政策业务培训等。组织开展"破除旧观念·致富奔小康""榜样面对面"宣讲活动,不断增强贫困群众内生动力。

(三)坚持精准到户、因人因户施策,着力解决"两不愁三保障"突出问题

贯彻习近平总书记2019年4月视察重庆和在解决"两不愁三保障"突出问题座谈会上重要讲话精神,建立完善"3+1+1"(义务教育、基本医疗、住房安全、饮水安全、稳定收入)工作台账,全面实施D危改造、义务教育保障、饮水安全问题"三大清零行动","两不愁三保障"突出问题实现动态清零。落实"两不愁三保障"突出问题及时发现、快速处理、动态清零、长效巩固工作机制,强化动态监测,确保底线目标全面夯实。2020年4—7月,全县扎实开展以会战"剩余贫困""疫情影响""问题整改""成果巩固""普查基础""数据质量"等六大任务为重点的脱贫攻坚"百日大会战",抽调2784名调查员,组成1392支村级交叉自查评估队伍,对县、村(社区)、建档立卡贫困户、一般农户中的重点户开展横向到边、纵向到底的"全面体检",发现并整改问题469个。聚焦未脱贫户,重扶猛攻,加大帮扶力度,由全体市管领导、部门"一把手"结对帮扶。加大对特殊困难人员的救助力度,探索开展对失能人员进行集中供养。对因病、因残、因灾、因新冠肺炎疫情影响等引发的刚性支出明显超过上年度收入和收入大幅缩减的家庭进行全面摸排,确定全县两类监测对象共891户2353人,其中脱贫不稳定户474户1245人、边缘易致贫户415户1075人,建立监测预警机制,明确结对帮扶干部,有效落实发放扶贫小额信贷、安排公益岗位、购买防贫保险等针对性帮扶措施,切实防止致贫返贫。通过落实帮扶措施,至2020年底已消除两类监测户871户2267人返贫致贫风险。

(四)坚持目标导向、全面整改问题,提高脱贫攻坚工作质量

坚持以抓好中央专项巡视反馈意见整改落实为主线,把反馈意见整改作为重大政治任务和2019年"不忘初心、牢记使命"主题教育的重要实践载体,同时一体推进落实国家和市级成效考核、市委专项督查巡查、审计等反馈问题整改,以高质量整改促高质量脱贫。成立县委整改领导小组,搭建专班,及时动员部署,梳理问题清单,分解落实责任,实行"建账—管账—交账—查账—销账"五账管理,挂单限时销号。2019年初中央脱贫攻坚专项巡视反馈涉及忠县4个方面12个问题、国家反馈2018年脱贫攻坚成效考核问题涉及忠县3个方面19个问题、市级脱贫攻坚成效考核问题涉及忠县4个方面11个问题,于2019年11月前全部完成整改,全部销号。2020年初,忠县接受中央脱贫攻坚专项巡视"回头看"、财政扶贫资金国家第三方绩效评估。全面推动落实中央脱贫攻坚专项巡视"回头看"反馈意见和国家、重庆市2019年成效考核反馈问题整改,至2020年底,中央巡视"回头看"3个方面10个问题,国家成效考核6个方面13个问题,重庆市级成效考核10个方面17个问题,都已全部整改到位。

(五)坚持精准发力、补齐弱项短板,切实巩固脱贫攻坚成果

一是改善基础设施。实施贫困村提升工程,统筹抓好非贫困村的基础设施建设扶贫,按照"缺啥补啥"原则,推动农村通畅通达工程建设;升级改造电网,所有行政村通动力电;加大通信扶贫力度,实现行政村4G、光纤全覆盖。

二是开展产业扶贫、就业扶贫、消费扶贫等"十大专项行动"。产业扶贫上,全县认定市、县龙头企业140个,建立新型经营主体4717个、产业基地796个,聘任县产业扶贫指导员694人,选配31名农业科技人员,组建柑橘及特色水果、畜牧、笋竹、中药材、优质粮油渔业、特色经济作物等6个产业扶贫技术专家组。制定《忠县建档立卡贫困户到户到人产业扶贫指导意见》,收集整理28个农业产业项目,"长短结合、以短养长"供贫困户选择。出台完善产业扶贫减贫带贫机制防止"一股了之"等政策文件,加强产业扶贫项目动态监管及风险防范化解。制定健全产业扶贫与贫困户利益联结机制指导意见,促进农民就近就地就业增收。就业扶贫上,"一户一档"公共就业服务实现全覆盖,就业政策和岗位清单到户到人;"县内企业+灵活就业"吸纳,"县外就业+创新创业"引导,"扶贫车间+公益性岗位"安置。强化落实县外就业"一次性求职创业补贴和跨区域就业往返城市间交通补贴"、创业担保贷款等优惠政策,促进全县贫困劳动能力稳岗就业。大力开发适合贫困人员就业的公益性岗位工种,兜底安置通过市场渠道难以实现就业的贫困人员,仅2020年开发公益性岗位解决贫困劳动力就业3019人。强化就业培训,以"橘城厨工"和"橘子姐"为品牌开展技能培训,以提升就业素质开展就业适应性培训,仅2020年技能培训贫困人员1534名,就业适应性培训贫困人员3777名,培训人数居全市第一。加大贫困农村致富带头人培育,全县认定培育纳入系统管理的贫困农村致富带头人501人。消费扶贫上,出台《关于深入开展消费扶贫助力打赢脱贫攻坚的实施意见》,设置扶贫智能专柜,认定扶贫产品88个价值13亿元。持续开展"电商扶贫爱心购""网络直播带货"等"互联网+"消费扶贫活动。扶贫小额信贷及金融扶贫上,2016年以来累计发放扶贫小额信贷贷款9553笔3.5亿元,到2020年12月底全县贫困户获贷率50.73%。

三是统筹战"疫"战"贫"。2020年极力化解突如其来的新冠肺炎疫情对脱贫攻坚的不利影响,向贫困群众、扶贫企业、扶贫车间发放口罩99780个;采取赠送手机、送教上门等方式,解决疫情期间贫困学生网络学习问题;积极帮助务工就业,新开发疫情扶贫公益岗位522个,引导贫困群众外出务工26638人;采取有效措施,促进扶贫项目全面开工复工。

四是实施定点攻坚。2020年初对善广乡上坪村、白石镇菜园村上报作为全市定点攻坚村,制定整改提升攻坚方案,安排财政资金772万元,实施攻坚项目14个,到2020年10月,规划建设任务全部完成。

五是开展好脱贫攻坚普查。将做好国家脱贫攻坚普查作为2020年的头等大事,县政府成立县脱贫攻坚普查领导小组,组建6个专项工作组,制定组织体系、人员抽调等工作方案,高标准严要求开展好普查各项工作,取得圆满成功。全县18785户建卡贫困户接受全国普查,26项现场登记指标有8项核心指标达到100%,在16个普查区县中忠县总体处于中上水平。

六是加强脱贫攻坚与乡村振兴的有效衔接。制订了全县衔接试点实施方案,确立新立镇官坪村为脱贫攻坚与实施乡村振兴战略有机衔接市级试点村,突出规划、政策、工作、保障"四个衔接",重点在建立健全相对贫困动态监测和帮扶机制、逐步提升完善农村基础设施、延长扶贫产业链条等10个方面进行探索。

(六)坚持党建引领、夯实基层基础,筑牢脱贫攻坚战斗堡垒

一是加强扶贫力量建设。树牢在脱贫攻坚一线选拔培养干部的鲜明导向,五年来,50名扶贫系统干部、122名驻村工作队队员、563名有脱贫攻坚任务乡镇(街道)干部得到职级晋升或提拔重用。在县机构改革中,单独成立县扶贫办为县政府组成部门,增加行政和事业编制,增加扶贫力量。

二是建强基层党组织。将贫困村党支部全部纳入后进整顿。加强村级带头人队伍体系建设,积极培养本土人才和村后备力量。加大扶贫干部培训力度,五年来县本级举办扶贫干部培训班18期2480人次,在新提拔副职领导干部能力提升和年轻干部能力提升主体班中,设置脱贫攻坚专题课程。

三是扎实做好驻村帮扶工作。第一书记和驻村工作队长严格从县管领导干部中选派,五年先后选派驻村第一书记218人次。人员队伍严格保持稳定,全面落实驻村工作队待遇保障。建立"日报告""周抽查""月督导""季督查"机制,加强驻村干部日常管理,强化驻村帮扶工作督

导考核。2019年全县82名贫困村第一书记、驻村工作队队长,有27名被确定为优秀等次;148名驻村工作队队员,有30名被确定为优秀等次。

(七)坚持惩防并举、强化执纪问责,为纵深推进脱贫攻坚提供坚强纪律保障

完善监管制度建设,针对扶贫项目资金监管薄弱环节,出台《忠县财政专项扶贫资金绩效管理办法》等系列制度文件,进一步扎紧制度"笼子"。扎实做好扶贫项目事前、事中、事后全过程监管。创新监管举措。每年组建脱贫攻坚督查组、财政扶贫资金专项清查组,对脱贫攻坚开展专项督查,对各乡镇(街道)扶贫资金管理使用成效开展专项检查,有效解决资金"趴窝""挪窝"等问题。加大扶贫实施和资金拨付进度督促,聘请第三方审计机构,对扶贫项目资金使用绩效进行调查评估。2016年、2017年、2018年、2020年先后4次接受扶贫资金使用管理和扶贫政策执行市级审计,切实整改审计反馈问题。深化专项治理,制订了《忠县深入开展扶贫领域腐败和作风问题专项治理实施方案》,大力整治脱贫攻坚中的形式主义、官僚主义,确保扶贫工作务实、脱贫过程扎实、脱贫结果真实。对扶贫领域腐败和作风问题进行严肃查处。

二、工作成效

(一)历史性消除了绝对贫困

2015年至2020年分别有31724人、30249人、3446人、1626人、1368人、302人实现"一达标两不愁三保障"标准而脱贫,六年共减少贫困人口68715人,动态识别的贫困人口全部脱贫,消除了绝对贫困。全县贫困发

生率已由2014年底的8.82%降至2020年底的0。

(二)大幅提高了贫困农户收入水平

全县建档立卡贫困户人均纯收入由2014年的3118元增加到2020年的11977元,六年年均增幅达到25.2%。农村常住居民人均可支配收入由2014年的9803元增加到2020年的17800元,年均增长10.5%。

(三)极大地改善了农村生产生活生态条件

全县行政村通畅率达到100%,撤并村通达率达到100%、自然村通公路率达到100%。目前全县农村饮水集中供水率达到91.5%,自来水普及率达到88.9%,供水保障率达到95.6%。完成农业灌溉水源的病险水库全部整治。开展农村环境连片整治,全县所有行政村实现垃圾收运集中化管理,常住人口1000人以上的居民点污水集中处理率达到100%。"十三五"期易地扶贫搬迁1161户4540人任务,到2020年6月全部实现搬迁入住。"十三五"期投资近1亿元,完成农村"三类重点对象"危房改造近8000户,边缘户危房改造近800户;自2018年启动农村旧房整治以来,共完成16000户整治任务。72个贫困村便民服务中心得到改建。实施电子商务、金融服务、便民超市"三进村"。全县建卡贫困户子女全学段教育资助实现全覆盖。实施普惠加个性化医疗救助,72个贫困村都建立了标准化卫生室、配齐了乡村医生,县、乡、村三级医师结对签约服务实现全覆盖,健康扶贫档案建档率实现100%。2020年底,6482名符合条件的建卡贫困人口纳入了农村低保,实现应兜尽兜。

(四)显著提高农村扶贫产业发展水平

全县72个贫困村已分别建成1~2个山地特色农业主导产业,现有项目基地9.79万亩,其中特色优质小水果1.42万亩、粮油4.78万亩、优质柑橘1.15万亩、调味品0.87万亩、笋竹0.67万亩,以及特色经济林、中药材、茶叶、蔬菜基地、健康畜禽等,认定市级"一村一品"贫困村示范村9个,县级"一村一品"贫困村示范村146个,县级"一村一品"非贫困村示范村50个。至2019年底全县全部消除农村集体经济"空壳村"。打好助农增收"组合拳",贫困户产业增收利益联结机制逐步建立。

(五)明显增强了群众发展能力并提振了干部群众精气神

干部与贫困户结对帮扶实现全覆盖。开展脱贫致富就业培训,扶智与扶志相结合,就业创业扶持全面扩面提标。贫困群众自强自立、自我发展的信心和能力进一步提升,获得感、幸福感显著增强,致富奔小康的基础得到夯实。全县各级干部在脱贫攻坚中经受实战锻炼,涌现出杨骅等不少先进典型,100多名优秀扶贫干部得到提拔重用。"既然党的政策好,就要努力向前跑"成为广大贫困群众自觉行动,他们发自内心感恩党和政府。

▲ 涂井乡友谊村村民采摘柑橘(忠县扶贫开发办公室供图)

三、典型

（一）打造柑橘全产业链带动贫困群众脱贫致富

一是精准到户，扩大产业覆盖面。 深入践行"绿水青山就是金山银山"理念，将贫困村"荒山荒坡"变成"绿水青山"化为"金山银山"。发挥市场主体作用，采取"公司+基地+农户""公司+集体经济组织+基地+农户""专业合作社+基地+农户"等模式，将柑橘产业向适宜种植的贫困村延伸，增强贫困村造血功能。加大政府扶持力度，加强贫困村基地果园道路、水利等基础设施建设，实施贫困村退耕还林工程，加快贫困村土地流转，为贫困户种植柑橘提供3万～5万元无抵押、无担保、政府贴息"普惠金融诚信贷"。全县柑橘产业种植面积达35.6万亩，覆盖19个乡镇、133个村、22万果农，其中覆盖带动贫困村16个、贫困群众9390户2.5万人。

二是创新驱动，促进产业高端化。 推进生态产业化、产业生态化，数字产业化、产业数字化，加快柑橘产业"接二连三进四"发展，实现从"一粒种子"到"一杯橙汁"、从"榨干吃尽"到"一网打尽"的产加销研学旅完整产业链。建成全球最大柑橘育苗基地、亚洲最大鲜冷橙汁加工基地、国家农村产业融合发展示范园、国家农业科技园区、全国首个"柑橘时空"博物馆、"智慧果园"，"派森百"橙汁成为国宴饮品，"忠橙"品牌价值达11.37亿元，"柑橘网"成为全国柑橘交易市场"晴雨表"，"三峡橘乡"成为全国唯一以柑橘为主导产业的国家级田园综合体。2020年，忠县柑橘产业实现综合产值37.75亿元。

三是深化改革，构建利益共同体。 深化农村"三变"改革、"三社"（农民专业合作社、供销社、信用社）融合发展改革、财政资金股权化改革，通过资产入股、吸纳就业、订单收购、固定分红、二次分红等,在市场主体、村集体和贫困户之间建立了更加稳定的利益联结机制。柑橘基地固定分红惠及贫困户2147户6632人,每人年均增收717元;柑橘基地及加工厂吸纳831名贫困群众务工,每人年均增收5729元;柑橘加工厂保底收购7243户贫困户加工果,户均增收1585元;重庆派森百公司等企业固定分红惠及52户贫困户,户均增收3230元;45家橘园农家乐年均收入达20万元;柑橘产业覆盖的贫困村集体经济年均增收36.9万元、贫困户年均增收2853元。

(二)创新建立"政府+保险"灾害救助机制,有效防止返贫致贫

一是创新机制,落实责任。出台《忠县城乡居民意外死亡保险救助暂行办法》和《忠县城乡居民意外死亡保险政府购买服务项目实施方案》,明确由县民政局、县财政局负责保险救助实施、赔付管理、保费结算、综合评价;由各乡镇(街道)负责本辖区城乡居民意外死亡保险救助工作的组织实施,协助保险公司办理保险结算、赔付等工作;采取竞争性磋商方式择优选择在忠县辖区内注册网络健全、实力雄厚的保险公司,负责案件受理、出险勘查、理赔等工作。

二是全面覆盖,兜底救助。县财政每年安排200万元,将全县城乡居民纳入保险保障范围。对因洪涝、地震、滑坡、泥石流等自然灾害,交通事故、工伤事故,合法的无人组织、无责任人的群众性活动,溺水、火灾、爆炸、触电等事故,意外跌倒、坠物、中毒,被诊断、鉴定为精神病人的伤害行为等,意外导致的死亡而无法获得补偿或赔偿的群众实行保险赔付,赔付额度每人不超过5万元。

三是精心实施,注重实效。开展专题培训,建立县、乡镇、村三级联动模式,设置"一村一联络员""一户一理赔员",一旦发生意外死亡事故,村级联络员协助群众在48小时内报案,理赔员2小时内赴现场核查上

报,保险公司7个工作日内兑现到位。定期开展保险报销人员抽查,建立兑现保险负面清单,因服务不到位引起有效投诉,有效投诉每成立一次或全年应赔实赔率不足100%每差1%按保费金额的1%扣减保费,情节严重者列为不良行为记录名单,并在1~3年内禁止参加政府采购活动。

(三)建立大病重病追溯救助机制,破解因病致贫难题

一是把脉因病致贫原因"开具处方"。因病致贫尤其是患重病、大病返贫是脱贫攻坚的一道难题。贫困人口虽然在建档立卡后可享受到医疗救助,但之前产生的大额医疗费用却是致其贫困的重要原因。为此,忠县创新出台新增因病致贫人口住院及特病重大疾病门诊医疗费用救助政策,对新增因病致贫人口建档立卡前12个月产生的大额医疗自付费用进行追溯补助,切实减轻贫困人口家庭医疗费用负担。

二是号准因病致贫病根"靶向用药"。凡建档立卡贫困人口因病在医疗保险定点医疗机构发生的住院费用(含医保特病重大疾病在指定医疗保险定点医疗机构发生的门诊费用)个人现金支付部分累计达到3万元及以上的,将其列为追溯救助对象,按个人现金支付费用的60%予以救助。同时,明确6类不予救助的情形(在非医保定点医疗机构发生的费用;应当由第三方承担责任部分和自残、自杀、吸毒、犯罪行为、酒后闹事等原因造成的伤害、疾病;器官移植、近视矫正术、气功疗法、音乐疗法、保健性疗法、营养疗法、磁疗等产生的费用;各种美容、健美项目以及非功能性整容、矫形手术等费用,假肢、义齿、眼镜、助听器等康复性器具费用,各种减肥、增胖、增高等项目费用,各种自用保健、按摩、检查和治疗器械费用;在境外就医的;其他不予救助的情形),排除非因病产生治疗费用而享受救助情况,确保扶贫资金精准使用。

三是聚焦因病致贫人员"精细管理"。建立受理医疗机构一站式初审、多部门联合会审工作机制,在各受理医疗机构设立综合服务窗口,对救助人员实行"一站式"结算、一次性告知、申请材料一次性审核受理。

每月由县卫生健康委组织相关部门对申请对象开展会审,重点审查是否存在冒名顶替、过度医疗、虚报套取健康扶贫医疗救助资金等行为。会审结果公示5天,接受社会监督。公示结束后,县财政将救助资金直接支付给救助对象,全过程贫困群众只跑一次路。

(四)重庆市优秀扶贫干部杨骅:扎根最基层 甘做"孺子牛"

原忠县安监局办公室副主任杨骅,派驻忠县金鸡镇傅坝村任党支部第一书记、驻村工作队队长。2018年8月21日,因工作过度劳累,不幸牺牲在脱贫攻坚战一线上。杨骅同志被评为重庆市扶贫开发先进个人、最美巴渝感动重庆月度人物,中共重庆市委追授杨骅同志"重庆市优秀共产党员"称号,2021年获评全国脱贫攻坚先进个人受党中央国务院表彰。

2017年起,杨骅同志积极响应党的号召,前往金鸡镇蜂水村、傅坝村,开展脱贫攻坚工作。他将贫困户当成自己的家人,真心实意为贫困户解决难题,挨家挨户走访贫困群众,将贫困户的情况铭记于心,并分类建立台账,制定帮扶规划和年度实施计划,为实施精准扶贫奠定了基础。为发展富民产业,扩宽增收渠道,他积极引导动员村民回乡发展贵妃鸡、山羊、笋竹等特色养殖、种植业,实现每户增收约5000元;为所在村积极争取产业发展项目,新建成集柑橘种植、四季采摘、垂钓中心为一体的综合型园区,带动60余名群众人均增收10000元;探索建立农产品网上交易平台,引导当地贫困群众利用互联网售卖特产,年交易量达30余万元。他把自己当成村里的人,村里的事就是他的事,积极争取资金30余万元开展灾后重建和隐患治理;陆续完成马塔莲安置点附属工程、8.5公里"四好农村路"、20余户CD级危房改造等项目建设。

云阳县

云阳地处三峡库区腹心地带,面积3649平方公里,辖42个乡镇(街道)、478个村(社区),总人口137万。2014年建档立卡贫困村145个,占全县478个村(社区)的30.3%;建档立卡贫困人口33598户125733人,贫困发生率12.9%。党的十八大特别是2017年7月以来,云阳县在习近平新时代中国特色社会主义思想的指引下,深学笃用习近平总书记关于扶贫工作重要论述和视察重庆重要讲话精神,全面落实中央决策部署和市委、市政府工作要求,以脱贫攻坚统揽经济社会发展全局,尽锐出战、真抓实干,举全县之力、集全县之智向贫困发起总攻,坚决打赢打好脱贫攻坚战。2017年全县退出国家贫困县,2018年全县高质量通过国家贫困县退出评估检查,成功摘掉国家贫困县"帽子"。

一、举措与成效

(一)健全"四大机制",全面构筑攻坚保障

一是强有力的指挥调度机制。率先在全市落实党政主要领导"双组长"责任制,健全县、乡、村三级"立体式"指挥体系。压实县级领导定点包干责任、乡镇(街道)主体责任、行业部门行业扶贫责任、帮扶单位帮扶责任、"村支"两委和驻村工作队直接责任、帮扶责任人结对帮扶责任的

"六位一体"责任体系,形成"县负总责、乡镇落实、村为基础、户为主体、部门联动、社会参与"的工作机制。

二是全覆盖的帮扶机制。 29名县级领导、106个县属部门、250家民营企业、448支驻村工作队、1.48万名各级干部职工参与帮扶,建立"县负总责、乡镇抓落实、村为基础、户为主体、部门联动、社会参与"的工作机制。每个乡镇(街道)都有1名县级领导挂帅攻坚,每个贫困村都有1个县属部门定点帮扶,每个有扶贫任务的村都有1支工作队驻村帮扶,每户贫困户都有1名干部结对帮扶,实现包乡、帮村、扶户全覆盖。为突出结对帮扶针对性,落实医生帮扶因病致贫户、教师帮扶因学致贫户、科技人员帮扶有产业发展能力的贫困户。

三是全方位的资金整合机制。 建立完善财政涉农资金统筹整合机制,整合各类资金91.1亿元,形成"多个渠道引水、一个龙头放水"的扶贫投入新格局。

四是最严格的监督机制。 率先在全市出台扶贫问责管理办法,实行帮扶单位与乡镇(街道)捆绑考核。创新开展扶贫资金与扶贫项目招投标"以案四改"工作。建立"月督导、季督查"机制,常态化、双随机开展督导督查,促进各级各部门认识与精力到位、措施与效果落实。

▲ 云阳县普安乡马鞍社区柑橘园(云阳县扶贫开发办公室供图)

（二）聚焦"六个重点"，稳定实现两不愁三保障

一是产业扶贫卓有成效。长短结合发展增收产业。村村有主导产业。建成柑橘园区30.5万亩、特色水果8.6万亩、中药材8.9万亩、干果11万亩，年出栏牛羊61.6余万头（只），柑橘、中药材、牛羊三大骨干产业覆盖所有贫困村和大多数家庭。新增培育市场主体9270个。探索"配股到户、按股分红"的财政资金股权化改革，11191户贫困户享受入股分红。户户有增收项目。采取"政策推动、产业拉动、金融撬动"等方式，落实到户产业补助资金9479万元、扶贫小额信贷7.019亿元，扶持2.8万余户有意愿和能力的贫困户发展种养业增收项目，户均实现年增收超过2000元。农货销售有门路。围绕"上行下行上下都行，关键在上行；买好卖好买卖均好，重点要卖好"的电商发展思路，培育壮大农村电商发展体系，贫困村电商综合服务点实现全覆盖。电商促销农特产3136.48万票22.52亿元，其中贫困户农特产品356.23万票2.51亿元。

二是就业扶贫效果显著。统筹开展"订单式""定向式"农村实用技术、就业技能培训23.9万人次，成功打造鲜面制作等特色户业和"云阳面工"等优质劳务品牌，发挥"云阳面匠"品牌效应，形成了10多个面条制作专业乡镇、30多个面条制作专业村。因地制宜建设就业扶贫车间31个，累计开发公益性岗位10112个，为有创业意愿的324名贫困人员提供创业担保贷款3518万元，转移就业贫困人口稳岗就业5.9万人。乡镇事业单位每年拿出至少10%的招录指标，定向招聘贫困大学生177名，实现"一人就业、全家脱贫"。

三是社会保障"应兜尽兜"。累计落实救助资金4.79亿元，低保兜底救助贫困群众10.9万人次，特困人员救助贫困群众6000人次，临时救助贫困群众9000人次，实施医疗救助和扶贫济困医疗基金救助贫困群众27.8万人次。

四是义务教育有保障。围绕贫困学生"能上学、有学上、上好学"精准落实教育扶贫政策。全面实现"能上学"。累计发放贫困学生资助资金5.6亿元,生源地助学贷款3.2亿元,惠及学生4.4万余人次;累计落实学前、义教营养改善计划资金3.9亿元,覆盖率达100%,实现全县无一名学生因贫失学。全面实现"有学上"。率先通过随班就读、特教学校入学、送教上门等方式,累计为473名少儿开展了送教上门,并发放定额临时救助金,保障每一名特殊适龄少儿都能公平接受教育。全面实现"上好学"。累计投入资金24.8亿元,对全县各级各类学校进行了达标改造,全县学校面貌焕然一新,办学条件全面达标;累计投入6000多万元,实施教育装备标准化和教育信息化建设,实现了全县中小学互联网接入全覆盖、教学多媒体设备全配备;为农村学校补充教师1453人,实现了音、体、美教师全覆盖。

五是医疗政策精准落实。全面落实城乡合作医疗保险、大病保险、医疗救助政策,严格执行贫困患者"先诊疗后付费"一站式结算,3.8万因病致贫贫困人口实现稳定脱贫。住院救助有保障。建卡贫困患者县内住院个人自付费用负担由2015年的45.3%下降到10%以内;大病集中救治累计92791人次、慢病签约服务累计75956人次、重病兜底保障累计

▲ 云阳县凤鸣镇太地村易地扶贫搬迁安置点风景如画(云阳县扶贫开发办公室供图)

7595人次,"三个一批"均达100%。居家康复减负担。对家庭特别困难、丧失劳动能力或生活自理能力、不方便住院或不需长期住院的17种重大慢性病患者落实帮扶医生,实施"居家康复救助",每月为其提供100至500元的药品救助,已累计救助1.6万人次9731万元。绿色通道少跑路。建立贫困患者综合服务窗口,开通贫困患者就医绿色通道,确定大病集中救治定点医院,拟定贫困患者个性化诊疗方案。县外就医报销由所在乡镇(街道)落实专人负责代办,让贫困群众医疗报销"只跑一次"。

六是住房安全全覆盖。紧扣"确保每个贫困户都有安全住房"的目标,采取政府兜底与差异化补助、购买闲置农房与新建改造、自建与代建、政府补助与邻亲互助"四个结合",累计实施C、D级危房改造8719户,易地扶贫搬迁5726户20178人、土坯房改造2277户、农房修缮加固8052户。改建方式活。对分散供养的五保户、单身贫困人口,按照"集体产权、统一安置、无偿居住、循环使用"原则,采取改造闲置村校校舍、集体办公用房等集体资产进行集中安置;对重残、重病等无自建能力的,由村支两委和驻村工作队负责落实改造安置方案,统一组织实施。改建成本低。落实免收行政事业性收费、免政府性基金和补贴交易环节税费"两免一补"优惠政策,户均降成本2000元左右。实行面积与投资双控制,全面落实农房整宗地收益权收储,兑付资金5768万元。

(三)突出"五大领域",全面改善基础设施

一是出行更加便捷。聚焦农村基础设施短板,加快推进基础设施"五大件"建设,累计完成四好农村路共计3318公里,硬化村级公路1324公里、组级公路878公里,新修通达公路581公里,新修机耕道308公里、人行便道1272公里,实现行政村通畅率100%、通客运率100%,村民小组通达率99.8%、通畅率95.4%。

二是饮水更加安全。累计投入资金近5亿元,实施病险水库除险加固77座,整治病险山坪塘6401口,新建和改扩建饮水工程2500余处,安

装供水管道1.7万余公里,解决和巩固提升了74.8万人的饮水安全,全县集中供水率91.98%,自来水普及率86.3%,供水保障率93.93%,家家喝上了安全水、放心水。

三是用电更有保障。 农村用电质量大幅提升,村村通上动力电。新建(改造)农村通电线路826公里,新建(改造)10千伏变压器509台,农村电网改造逐步升级,农村用电质量大幅提升,村村通上动力电。

四是通信更加顺畅。 建成4G通信基站2868个,农村光纤宽带用户达14万户,全县所有行政村4G网络和光纤覆盖率达到100%。

五是环境更加优良。 集中开展农村环境卫生综合整治,持续开展爱国卫生大扫除周活动,实现乡镇(含场镇)和常住人口1000人以上的农村聚居点集中污水处理设施全覆盖。

(四)抓好"三个关键",持续激发内生动力

一是牢树八大理念。 开办"中华文明讲堂""梦想课堂",持续教育引导群众树立文明卫生、优生优育、理性消费、邻里和谐、崇尚科学、尽孝尽责、自力更生、勤劳致富"八大理念"。细化制定15条可量化、可操作的具体标准,开展"八好之星"评选活动,评选"八好之星"家庭2.9万余户。通过公开授牌、表彰奖励、优先安排公益岗位、优先推荐就业、优先享受帮扶措施等实施正向激励。实施"立规易俗"行动,修订完善村规民约、推行"红黑榜"曝光警示、开展移风易俗专项整治,引导村民自我教育和管理,强化道德约束。

二是抓好三大卫生。 围绕"六边两面",常态化开展个人卫生、家庭卫生、公共卫生三大行动,教育引导群众讲究卫生、穿戴整洁;引导群众对房前屋后、室内院坝经常性开展大扫除,实现"里面、外面"清爽干净;组织党员干部、青年志愿者开展义务劳动,引导村民自觉开展综合整治,让村里房边、田边、路边、沟边、河边、塘边"六边"干净整洁。

三是实施荣誉激励。 建立脱贫荣誉制度,对3.7万余户脱贫户颁发

同奔小康荣誉证,营造脱贫光荣、勤劳脱贫更光荣的良好氛围。

(五)聚焦"深度贫困",全力攻克坚中之坚

坚持把深度贫困镇泥溪镇作为脱贫攻坚的坚中之坚,集中精力啃下硬骨头。紧扣"两不愁三保障"脱贫标准,聚焦项目实施、基础建设、产业发展、政策落地等重点领域,找准靶向、精准施策。累计投资4.3亿元,规划实施重点项目175个。统筹路、水、电、讯、房和环境保护六个方面的基础设施建精准发力,实现行政村道路通畅率、组级路通达率、电商综合服务站点覆盖、群众安全饮水保障率、农村电网改造率和群众覆盖率均100%,实现镇村4G网络、光纤网络全覆盖。紧扣"改革创新先行镇"目标定位,在产业发展中,因地制宜、大胆探索农村"三变"改革,放活生态资源经营权,激活沉睡资源,推进60万段青冈椴木黑木耳产业园、40万袋香菇产业园、5500亩晚熟柑橘园、3000亩乌梅园、农耕故土园、一二三产业融合园"六大园区"农业体系建设,推动荒山荒坡荒地变金山银山,全镇10个村集体收入全部达到5万元以上。泥溪青冈黑木耳已获得"国家有机食品""国家农产品地理标志"等品牌认证。持续推进"三送""三归""三改",通过开展文明卫生理念宣传送上门、送进村、送到人"三送"活动,全方位营造人人爱护环境卫生的浓厚氛围;坚持以垃圾归桶、畜禽归圈、柴火归位"三归"为载体,全方位培养群众爱护环境卫生好习惯;通过农户"改厕"、农村"改院"、集镇"改貌",农村人居环境全面改善。

(六)凝聚"四大内涵",铸就脱贫攻坚精神

一是凝聚起"带着感情、带着坚守"的为民情怀。坚持把为民情怀作为打赢打好脱贫攻坚战的前提,各级干部始终坚持以真情换取群众的真心,常态化开展"干群一家亲"活动,全方位深化惠民行动;始终坚持以执着坚守赢得群众的尊重、信赖。全县145支驻村工作队"吃、住、干"三在村,与群众"干在一起、打成一片",成为贫困群众脱贫奔康的主心骨。近

1.5万名帮扶干部把贫困户当成亲人、视作家人,尽其所能慷慨解囊、倾囊相授,成为贫困群众的贴心人。

二是凝聚起"走最远路、帮最穷户"的责任担当。 始终坚持把责任担当作为打赢打好脱贫攻坚战的关键,各级干部始终紧盯"最远"区域,坚持再远的路都要走,把工作一竿子插到底、把政策落实到"最后一公里""最远一户贫困户";始终紧盯"最穷"群体,坚持再穷的户都要帮,让党的阳光雨露沐浴到最需要的群众身上;始终紧盯"最需"事项,精准掌握群众需求,输血与造血结合,让贫困群众不掉队、不落伍。

三是凝聚起"万众一心、一路同行"的优良作风。 始终坚持把优良作风作为打赢打好脱贫攻坚战的保障,各级干部深学笃用习近平总书记"脱贫致富终究要靠贫困群众用自己的辛勤劳动来实现"的科学论断,始终把"确保扶贫工作务实、脱贫过程扎实、脱贫结果真实"作为落脚点,切实扎实转变干部作风,创新工作方法、密切干群关系,变干部"要我帮扶"为"我要帮扶",变群众"要我脱贫"为"我要脱贫",走出了"扶贫政策养懒汉""越扶干群关系越紧张"的"怪圈"。

四是凝聚起"冲在最前、干到最好"的奋斗精神。 始终坚持把奋斗精神作为打赢打好脱贫攻坚战的动力,各级干部始终保持决战决胜的攻坚状态、一往无前的冲锋姿态。县领导率先垂范,"下沉一级"包战区、攻堡垒,走最远、帮最穷、解最难;镇村干部风里来、雨里去,"5+2"、白加黑,"连轴转"工作是常态;帮扶部门自告奋勇担起"战斗员""排头兵";驻村工作队员六年如一日、熬更守夜,坚守基层、扎根一线,始终无怨无悔、斗志昂扬;在家的同志,也充分发扬苦干实干精神,加班加点,一个人当几个人用,没有留下工作的空当、拉下业务的后腿。

二、探索与典型

(一) 以"证"载誉，激发内生动力"好方子"

聚焦精神扶贫，颁发荣誉证书。着力激活群众想致富的心态，激发贫困群众内生动力，变"要我脱贫"为"我要脱贫"。云阳县为2014年以来建档立卡且稳定脱贫的贫困户颁发了"同奔小康荣誉证"。统一设计，载有获证脱贫户勤劳增收摆脱贫困的奋斗历程、享受的帮扶措施和帮扶责任人信息，包含着体现该户"传统家庭美德"和"感恩教育"的家训。坚定脱贫信心，弘扬良好风尚。引导群众树立"勤劳致富光荣、懒惰致贫可耻"的价值观。对各村（社区）贫困户，集中颁证，讲述脱贫历程，感受脱贫变化。借助电视、广播、院坝会、宣传栏等不同形式，大力宣传脱贫典型代表。进一步激发贫困群众内生动力，"等靠要"思想明显改观。聚力脱贫实效，加强措施保障。着力构建能致富的机制和条件，用物质提升群众的获得感，坚定脱贫的决心，涵养源源不断的脱贫内生动力。加大就业支持力度，落实优惠政策，鼓励自主创业。加强技能培训，开展实用技能培训22万人次，帮助6万多贫困群众怀揣技能闯天下。推进产业扶持，每个贫困村均发展1~2个主导产业，累计安排到户扶持资金9000多万元，落实扶贫小额信贷7.8亿元，扶持有意愿和能力的贫困户发展种养业增收项目，户均年增收超过2000元。畅通销售渠道，热推"天生云阳"和"云洋阳"两大公共品牌系列产品，推动全社会消费扶贫，定期举办电商节，开发"梯城网市"APP新平台，开展网上立体营销，让贫困群众产品变商品，收成变收入，累计助销农特产品31.8亿元。成功入选2017年、2019年全国电子商务进农村综合示范县。

(二)真抓实干,寻找脱贫致富"新路子"

扶贫路上的"螺丝钉"。云阳县泥溪镇是全市十八个市级深度贫困乡镇之一,2017年9月,罗强被重庆市政协办公厅扶贫集团派驻到泥溪镇协合村担任第一书记,三年来,他坚守在离家400多公里的脱贫阵地,充分发扬"哪里有困难,哪里有需要,哪里就有他的身影"的"轨道螺丝钉精神",成了村里孩子们的老师,老人们的幺儿,村民们的第一书记。协合村小学缺乏音乐老师,罗强主动申请,每周为孩子们上2节音乐课,优美的童声又响彻山谷。他动员村民发展乌梅、丹皮、软籽石榴、黑木耳、紫穗槐、中蜂等产业,实现"一带三园两基地"产业布局。搭建村一级网络电商平台,引进企业进行合作销售,做到产销"一条龙"。协合村从2018年的"空壳村",到2020年收入80余万元,集体经济收益实现跨越式发展,在云阳县447个村社区集体经济考核中排名第一。2019年和2020年,罗强被评为"重庆市脱贫攻坚奖先进个人"。

有事请找"毛幺爸"。"毛幺爸"是清水土家族乡庙塆村党支部书记毛海生的别称,村民家里遇到了困难,首先想到的,就是找他们的支部书记,逢喊必至,逢难必解,久而久之,村民就亲切地喊他"毛幺爸"。村民们调解纠纷、上户口、办身份证、跑占地社保手续等,都找他们口中的毛幺爸,毛海生从不推辞,总是帮他们协调解决。从2013年起,毛海生就看准了盖下坝电站蓄水后形成巨大人工湖泊带来的商机。他说服村民把眼光放在必将火起来的旅游业上,带领村民种植了800亩红心蜜柚,200亩优质李子,300亩核桃和其他果木,并规划标准化柚子产业园建设项目1个。村民看到了希望,对未来充满了信心。用村民的话说,有事就找毛幺爸儿!有毛幺爸儿在,我们心头就踏实!"毛幺爸"只是中国千千万万的村党支部书记中的普通一员,但也是新时代勤劳朴实、扎根农村、服务群众的典型。2019年,毛海生被评为"重庆市脱贫攻坚奖先进个人"。

（三）自力更生，立志甩掉"穷帽子"

从门外汉到土专家的"山鸡哥"。 65岁的"山鸡哥"梁尚直是云阳县故陵镇兰草村的建档立卡贫困户，小时候因为烧伤治疗不及时导致右腿落下了病根，只能单腿走路。因为腿脚不便，梁尚直不能干重活，也不能外出打工。为了摆脱贫困，梁尚直从2015年开始养鸡，他虚心向兽医站专家请教技术，同时自己不断摸索，硬是淘出了养殖经验来，在他的悉心照料下，鸡苗成活率高达90%以上，"门外汉"成了"土专家"。后来梁尚直在山上养土鸡，养的土鸡肉质鲜香、嫩滑，营养健康，供不应求，久而久之，大家都唤他"山鸡哥"。梁尚直从最初饲养100余只鸡发展到现在的1万多只，家庭年收入达到30万元，靠自己的勤劳，他硬是单腿"蹦"出了一条致富路。他的事迹在央视综合频道《新闻30分》栏目决战决胜脱贫攻坚系列报道播出。

与贫困"拔河"的硬汉子。 聂云东，是云阳县宝坪镇桂坪村建档立卡贫困户。2007年，聂云东的内兄（妻兄）去世，内嫂（妻嫂）下落不明，他要照顾自家的两个孩子和内兄内嫂留下的年幼的侄子侄女。妻子患有风湿性心脏病，加上常年患病的母亲，一家七口的生活重担落在了他的肩上。他不甘贫困，养了二十多只羊、五头猪，发展起养殖业。但经验不足，所有的羊、猪都得了口蹄疫，请来兽医也没能治好，陆续死亡。一夜回到从前，生活似乎又回到了贫困的原点。聂云东不肯认输，他参加养殖技术培训，请教专家，到别的养猪场参观学习，借钱和妻子建起了标准养猪场。通过精心照料，无论冬夏，聂云东的仔猪都100%成活，还为村里人解决养猪技术上的困惑，把猪崽赊给有困难的家庭。现在他养猪200余头，其中母猪32头，年产仔猪100多头，每年出栏200余头生猪；管护柑橘50亩，并在柑橘地里种上庄稼。2020年，聂云东年纯收入达30余万元。这个黝黑健壮的汉子，起早贪黑，每天与时间赛跑，硬是用双手供出了四个大学生，甩掉了穷帽子，创造出新生活，用实际行动诠释了"幸福是奋斗出来的"真谛。

奉节县

奉节全县面积4098平方公里,辖33个乡镇(街道、管委会)390个村(社区),总人口107万。2014年,全县建档立卡贫困村135个、贫困人口34185户124425人,贫困发生率为13.5%。党的十八大特别是2017年7月以来,奉节县在习近平新时代中国特色社会主义思想的指引下,深学笃用习近平总书记关于扶贫工作重要论述和视察重庆重要讲话精神,全面落实中央决策部署和市委、市政府工作要求,以脱贫攻坚统揽经济社会发展全局,尽锐出战、真抓实干,举全县之力、集全县之智向贫困发起总攻,坚决打赢打好脱贫攻坚战。2019年4月,全县135个贫困村销号,正式宣布退出国家贫困县,甩掉戴了33年的贫困县帽子,全县累计减贫35895户139042人,贫困发生率由2014年13.5%逐年持续下降至全部清零。

一、举措与成效

(一)坚持"三集中一转移",尽锐出战、攻坚克难

一是指挥体系突出包干和包尽。 坚持牵头抓总、分线运行、各负其责、共建其功,严格落实"双组长"制,市管干部担任乡镇指挥长,定点包干、领战督战。乡镇班子成员担任村级指挥长,蹲点指导、一线攻坚。

二是帮扶体系突出到户和到人。 坚持因乡因村派人,31支驻乡工作队、376支驻村工作队全脱产、全脱钩、全天候、全身心驻乡驻村帮扶。167个帮扶单位、8052名帮扶责任人真诚结对子、真心解疑难。

三是责任体系突出主体和主管。 全面压实乡镇主体责任、部门行业扶贫责任、村"两委"和驻村工作队直接责任,实行部门和乡镇捆绑问责、联动考核、有责共担、失责同究。

四是监督体系突出执纪和问责。 建立日常巡察、定期暗访、业务督导、交叉检查"四位一体"督查体系,坚持一月一督查、两月一排名,实行流动红旗嘉奖、黄牌警告亮相。

(二)抓实"两不愁三保障",问题清零、越线达标

一是聚焦住房保障,户户住上安全房。 坚持应改尽改、应搬尽搬、愿收尽收,改造危房16113户,实施易地扶贫搬迁7685户31204人,收储农

▲ "阳光产业"照亮致富路——安坪镇大棚蔬菜基地(奉节县扶贫开发办公室供图)

房3482户,全县无一人住危房。

二是聚焦饮水安全,户户吃上放心水。实行"修缮一批、搬迁一批、管护一批、新建一批",新建集中式供水工程2385处、分散式供水工程3390处,实现村村有活水、户户有净水。

三是聚焦产业扶贫,户户增收有门路。围绕脐橙、油橄榄、中药材等"4+3+X"现代山地特色高效农业,打造"一人一亩高效田、一户一个标准园",实现主导产业和产业增收项目全覆盖。

四是聚焦生态扶贫,户户都能得实惠。全县27821户贫困户年获生态效益补偿562万元,16332户贫困户年获退耕还林补助1409万元,606名贫困户护林员年均增收1.2万元。

五是聚焦健康扶贫,人人患病看得起。建立医疗"六重保障",落实一站式结算、先诊疗后付费、资助参保等制度,救助贫困患者7.16万人次,贫困患者实现有地方看病、看得起病、看得好病。

六是聚焦教育扶贫,人人上学不犯愁。落实教育资助4.3亿元、49万人次,实现学龄前幼儿到大学资助全覆盖,对356名重度残疾学生送教上门1.4万人次,确保扶贫路上无辍学学生。

七是聚焦就业扶贫,人人脱贫有技术。坚持应训尽训、愿训尽训、按需培训,培训贫困人员5.41万人次,引导5.2万贫困人口转移就业,创建扶贫车间20个,开发公益性岗位8912个,让贫困户在家门口就业创业。

八是聚焦弱困群体,人人兜底有保障。统筹综合保障政策,将符合条件的6512名贫困人口纳入农村低保,为符合条件的贫困户代缴城乡居民养老保险,为13842名残疾人发放"两项补贴",资助8.6万名困难群众购买"民政惠民济困保"。

(三)围绕"扶真贫脱真贫",严格标准,精准退出

一是围绕"扶持谁",对象全精准。坚持应进必进、有错必纠,建立签字背书、数据比对、网格管理等制度,扣好精准识别"第一颗扣子",做到

扶贫对象一清二楚。

二是围绕"谁来扶",干部全动员。 每年初召开三级干部大会,高效聚能、高位推进,出台脱贫攻坚战"十条军规""五项奖励",形成"干部共赴一线、机关只留一人"的攻坚氛围。

三是围绕"怎么扶",政策全落实。 统筹建立"1+18"到村到户到人扶贫政策体系,整合资金60.34亿元,推进"五个一批",解决"八难八有"。

四是围绕"如何退",脱贫全真实。 既不降低标准,也不吊高胃口,建立贫困户脱贫、贫困村销号达标认证制度,杜绝虚假脱贫、数字脱贫。接受市级第三方贫困县退出评估,取得"零漏评""零错退",满意度95.6%的成绩。

(四)突出"重创新强探索",深化改革、打造样本

一是八个到位确保帮扶实。 推行干部到户见面到人、宣传到户引导到人、政策到户落实到人、问题到户解决到人、产业到户收入到人、环境到户文明到人、帮扶到户志智到人、效果到户满意到人,对31.03万户群众循环往复走访,确保扶到点上、扶到根上。2019年4月,"八到户八到人扶志扶智"被评为全国优秀扶贫案例。

二是"六个环节"做到识贫准。 规范到户看院子、抬眼看房子、伸手开管子、进门开柜子、走近问身子、坐下问孩子识贫工作法,精细查找、精准解决"两不愁三保障"突出问题。

三是网格管理划定责任区。 建立一网覆盖、责任到人、任务明确、一包到底的网格化管理体系,依托"23188"户情大数据平台,将全县划分为2105个网格,明确3664名网格员定期"打卡",动态掌握每户家庭情况,有效杜绝漏评错退。

四是小额信贷注入新动能。 建立县乡村三级扶贫小额信贷管理体系,完善风险补偿基金、信用村、信用户等三级防控体系,确保户贷户用户还,累计为1.41万户贫困户放贷6.58亿元用于发展产业。

五是电商扶贫催生新业态。引进农村淘宝等电商平台,建成县级电商公共服务中心、公共配送中心和240个村级电商服务站,打通农村物流线路4800公里,线上销售农特产品25亿元,被评为全国农村电商最具活力、最具影响力县域和全国网络扶贫示范县。

六是集体经济实现全覆盖。围绕管理创新破空壳、制度创新添动能、发展创新兴业态、治理创新强堡垒,统筹资金1.66亿元注入376个村集体经济,发挥政策、资金、项目等资源撬动作用,2018年实现经营性收入1015万元。

七是集中供养释放劳动力。对智障、残疾等失能贫困人员实行集中供养、统一护理,建成3个供养中心,供养失能人员605人次,释放劳动力906人,2017年被国务院扶贫办、中残联、民政部、财政部四部委在全国推广。

八是社会实践营造好氛围。每年暑期组织1100余名奉节籍在校大学生,开展脱贫攻坚社会实践,让大学生了解农村、经受锻炼、增长才干,

▲ 幸福平安里——平安乡致富道路(奉节县扶贫开发办公室供图)

赢得社会广泛好评。

九是"四访"工作提高满意度。 组织11716名干部、8299名教师、2806名医生、2445名农技人员，深入开展干部走访、教师家访、医生巡访、农技随访，帮群众解难题，为群众增福祉，让群众享公平，换群众真满意。2019年6月，"四访"工作在全国扶贫论坛上交流经验。

十是"四基"党建引领大扶贫。 坚持抓党建促脱贫，聚焦基层党建、基层组织、基层党员、基层治理，建立"三规范一明确一严格"体系，持续深化"六项专项治理"，全面推行公示公开"六个一"，深入开展新时代文明实践活动，培育良好乡风民俗。

二、典型

（一）战天斗地——尽锐出战，越战越勇

探索创新干部走访、教师家访、医生巡访、农技随访"四访"工作法，直击群众最迫切、最现实的"两不愁三保障"突出问题，靶向施策、精准"绣花"，顺应发展规律、诠释使命初心、回应群众期盼。

干部走访，不落下一村一户一人。 8052名干部靠作风吃饭，按照"八到户八到人"工作要求，进村入户帮扶走访。建立县、乡、村三级网格体系，将全县划分为2105个网格，落实3664名网格员，网格员们经常入户走访、上门服务，动态掌握每户家底，并将走访摸排到的户情信息录入"23188"大数据系统，反复走访24.72万户群众，通过缩短物理距离拉近干群心理距离。

教师家访，不让一个孩子因贫辍学失学。 8634名教师用情怀立身，经常化的送教上门、送育上门、送爱上门、送教上门，对全县的13.3万名学生定期家访，送教上门6000余人次，落实资助资金1.5亿元，资助10.7

万人次,不让一个孩子因贫辍学失学,解决了群众求学求知的民生问题。

医生巡访,把医疗保障送到"家门口"。3146名医生以仁心济困,组建县、乡、村三级医生巡访队伍335支,巡访队伍走基层、进院坝,定期问诊、集中义诊、常态送诊,结合"六重保障""一体互联",家庭医生签约服务达16万人,巡访29万人次,让群众小病少跑路、大病少花钱。

农技随访,把"黄土"变成"黄金"。2439名农技人员凭实绩说话,通过专家团包片、技术队包村、经纪人包销"三包",指导全县农民发展"小规模、多品种、高品质、好价钱"的现代山地特色高效农业,推动实现一人一亩高效田,1.93万户贫困群众稳定脱贫。

(二)改天换地——拔除穷根,摘掉穷帽

林口村的第58个"单身汉"。奉节县平安乡是全市18个深度贫困乡镇之一,这个"一槽二梁三面坡"之地曾是出了名的穷山恶水。2017年9月6日,重庆市国有资产监督管理委员会办公室干部高紫阳担任林口村第一书记。因其妻子在主城上班,儿子上幼儿园,十天半个月难回家一次,有人戏称他为村里第58个"单身汉",但属于"编外"。高紫阳用心用情工作,2年间工作笔记9本,撰写报告、请示、通讯信息等文稿600余篇。组织支部活动50余次,发展入党积极分子2人,转正1人。召开各类群众会424次,收集建议意见146条,梳理影响全局问题11条,提出解决措施24条;组织村民学习"三农"政策100余次、考察学习现代农业技术2次、田间地头实地观摩1次。发展脱贫产业,必须引进企业解决资金、技术和市场问题,带动村民增收。引进5家企业带动村民540余户;发展脆李1375亩、藏香猪种猪养殖100头、土鸡养殖1万只。

朝阳村驻村队长的"多重身份"。2016年11月,奉节县委老干局办公室主任邢平被派驻到奉节县康乐镇朝阳村担任驻村工作队队长,他下村入户长期开着一辆皮卡车,经常免费为老百姓运送物品,当地村民都亲切地称他为"皮卡队长"。担任工作队长以来,邢平扎根朝阳村,用尽心

思与群众一起为解决生产和生活的难题而努力。他带领群众修公路、建水池,鼓励本村返乡创业青年成立了3个种植专业合作社,带动两百余户农户种植油橄榄近1000亩、花椒400余亩、蜂糖李等小水果500余亩,贫困户利益联结机制全覆盖。朝阳村老百姓的生产生活条件得到极大改善,村容村貌也发生了巨大的变化。他主动为陈云龙、陈艺两个孤儿负担生活费,成为他们的"平舅",他自掏腰包送杨林宇到重庆儿童医院住院治疗,成为他的"刑叔叔",他主动向胡月桂资助生活费,成为她的"平爸爸",他更主动申请做周绍云、周绍开两兄弟的监护人,成为他们的"平大哥"。2019年,刑平被表彰为"2019年重庆市扶贫开发先进个人",他说:"平凡的人一样可以干出不平凡的事。"

(三)感天动地——共同奋斗,共谋幸福

用"跛脚"撑起一个家。奉节县汾河镇大坪村四社贫困户廖良琼出生于一个生活贫寒的家庭,小时候的一次意外导致她右脚受伤,又因没钱治疗而落下了病根,成了"跛脚"。而后与胡先国结婚,先后生育3个子女,家庭清贫却也幸福美满。可2006年8月,厄运降临,丈夫胡先国不慎从核桃树上掉下,将脊柱摔断,造成高位截瘫,长年靠着轮椅行动,一家人的生活从此陷入困境。12年间,她从不轻言放弃,每天起早贪黑,用劳动换取微薄的收入,抚养孩子、照顾丈夫,无怨无悔。她不等不靠不要,2016年发展土鸡养殖,两年间养殖土鸡1000多只,又修建羊圈养殖山羊,成了村里的养殖大户。如今,养鸡场一年收入已达5万元左右。在她的带动下,周边的几个贫困户主动寻求产业发展,也走上了脱贫致富的道路。2018年12月,廖良琼家被市委宣传部、市文明办、市妇联评为"2018年重庆十大最美家庭"。2019年1月,廖良琼个人被表彰为2018年度"感动重庆十大人物"。

"最美贫困户"发展致富不忘乡亲。李美蓉是太和乡太和社区5组居民,家中人口多,且父母常年卧病在床,家中儿女都在读书。2016年初,

在扶贫工作队的鼓励引导下,她雄起胆量,租赁周边撂荒土地30余亩,种植烟叶40亩。县烟草公司派出技术员,从土地整治、肥料配套等环节进行传递指导,她吃苦肯学,起早摸黑、披星戴月,学一行、记一行,熟练掌握了烟叶生产技术,当年就出售烟叶1.12万斤,获纯收入10.5万元。思想通了,胆子也大了,2017年,她种植烟叶70亩,获纯收入15万元,一举致富的她主动申请脱贫。经过几年的努力,李美蓉由过去的贫困户变成了如今的种烟大户。"我个人富不算富,要带动所有贫困户共同富裕才算富。"于是,李美蓉自告奋勇当起抱团组长,带领四户贫困户抱团种植烟叶120亩,创产值48万元,纯收入24万元,户均增收6万元。在她的带领下,越来越多的人跟随她走上脱贫致富的道路。2019年3月,被奉节县妇联评为"脱贫致富巾帼带头人",更被表彰为"2019年重庆市扶贫开发先进个人"。

巫山县

巫山县面积2958平方公里,辖26个乡镇(街道)、340个村(居),总人口65万。是国家扶贫开发重点县。2014年底全县农业户籍人口485896人,贫困户20592户66564人,贫困发生率13.7%。党的十八大特别是2017年7月以来,巫山县在习近平新时代中国特色社会主义思想的指引下,深学笃用习近平总书记关于扶贫工作重要论述和视察重庆重要讲话精神,全面落实中央决策部署和市委、市政府工作要求,以脱贫攻坚统揽经济社会发展全局,尽锐出战、真抓实干,举全县之力、集全县之智向贫困发起总攻,坚决打赢打好脱贫攻坚战。累计完成120个贫困村脱贫销号,系统内24678户90064人贫困对象全部脱贫。

一、全面完成脱贫任务

(一)全面提升攻坚态势

一是及早部署。坚持把"战疫"和"战贫"放在首位,一体谋划、一体推进。2020年2月13日,发出《巫山县疫情防控指挥长调度令》,要求在抓好疫情防控的同时,统筹推进脱贫攻坚工作,做好旧房整治提升、饮水安全巩固提升前期准备,并认真制定脱贫攻坚普查方案。2月15日,印发《巫山县2020年脱贫攻坚工作要点》《巫山县2020年脱贫攻坚"百日攻坚"行动方案》等文件,在确保做好疫情防控工作的前提下,有序组织实施。5月7日,召开脱贫攻坚"百日大会战"动员部署会,印发《巫山县脱贫攻坚"百日大会战"实施方案》,落实落细六大会战重点任务。

二是深入学习。及时传达学习习近平总书记在决战决胜脱贫攻坚工作会议上的重要讲话精神,先后召开统筹推进全县疫情防控与脱贫攻坚电视电话会、全县脱贫攻坚暨"三农"工作电视电话会等会议,扎实开展脱贫攻坚业务专题培训,实现全县扶贫干部培训全覆盖,掀起决战决胜脱贫攻坚新高潮。

三是传导压力。坚持县级领导"蹲点一线督战"、纪检部门"深入现场督战"、县普查领导小组"对标对表督战",实行指挥长包片、主管部门包线、帮扶责任人包户,举全县之力克难攻坚。

(二)千方百计稳定增收

一是抓产业增收。抓实春耕生产,落实粮食种植面积81.9万亩,新种植脆李、柑橘各3万亩,抓好农产品销售,统筹"线上"和"线下"销售渠道,大力开展消费扶贫,有效解决农产品"销售难"问题,预计脆李产值15亿元、柑橘4.83亿元。建成光伏电站414个,实现发电收益394.2万元、政策补助281.3万元,带动3000余户贫困户增收。

二是抓就业增收。全面摸排贫困劳动力就业需求,精准发布用工信息,帮助群众及时转移就业,截至6月底,建档立卡贫困户劳动人口53459人中已转移就业39835人。其中公益性岗位安置贫困人员4635人,同时统筹县内企业、重点项目建设、扶贫车间等岗位安排贫困户就近就业。

三是抓转移性收入。落实好种粮直补、退耕还林等惠农政策。财政提前兑现全年生态效益林补偿2990.51万元,退耕还林补助3766万元,耕地地力保护补贴5088.44万元。

四是抓财产性收入。落实宅基地复垦和土地收储政策。目前共向申请宅基地复垦的1958户贫困户支付补偿金8790.70万元,向6085户贫困户支付土地收储补偿金9760万元。

五是提供扶贫小额信贷。加大扶贫小额信贷力度,对符合条件、有贷款需求的贫困户应贷尽贷、能贷尽贷。全县累计发放扶贫小额信贷12089户4.02亿元,贫困户覆盖率49%。

六是抓兜底保障。坚持医疗保险、养老保险、低保等"应保尽保",对特困人员、孤儿、留守儿童、留守老人等特殊困难群体"应助尽助"。截至6月底,共有8760人建卡贫困户纳入低保兜底保障,占全县农村低保保障对象的48%;为4408名特困人员发放特困供养金2436.8万元;临时救助3241人次,发放救助资金995.4万元;对1名感染新冠肺炎的贫困户,及时发放生活补贴。

二、全面巩固提升脱贫成效

(一)持续巩固义务教育保障

一是建好学校确保有学上。根据经济社会发展和人口流动趋势,实施校点布局动态管理,满足群众子女入学需求。全县小学90所,初中17所,幼儿园79所,校点92个,学生上学一般20分钟左右。距离较远的读寄宿制学校,共35所寄宿制学校,初中17所,小学18所。实施改扩建项目432个,完善设备设施配装60余万件套。

二是优化资源确保上好学。强化教师队伍建设,2015年以来公开招聘中小学紧缺学科教师145人、村校(教学点)教师90人、特岗教师699人,安置小学全科教师102人。在全县所有招考中,教师占比最大。落实专项资金4477.43万元全覆盖实施农村义务教育阶段学校和普惠性幼儿园营养改善计划。累计投入4500余万元,为全县中小学教室和功能室配备多媒体2532套,基本实现全县中小学优质教育资源"班班通"。

三是全面资助确保不失学。2015年以来,精准落实学前至大学阶段家庭经济困难学生各类政策性资助24万人次3.1亿元;追踪落实县外就读的巫山籍贫困学生资助政策,函请资助6899人次584.19万元;办理生源地贷款2.96万人次2.2亿元;深入开展"志智双扶",3728名教师结对帮扶13077名建卡贫困学生,实现教育一人、影响一家。打好适龄辍学的劝返入学、重病重残的送教上门、超龄肄业的扶技提能"组合拳",没有一个学生因贫失学。

(二)持续巩固基本医疗保障

一是确保有地方看病。加强县乡村三级医疗服务体系建设,在县级层面,提升2个二级公立医院、1个妇幼保健院水平。在乡镇层面,提档26个标准化卫生院。在村级层面,建设标准化村卫生室326个,逐步形成了"基层首诊、双向转诊、急慢分治"格局,实现群众就近好看病。

二是确保看得起病。通过全员参保、建立健康扶贫医疗基金等形式,实施医保报销一点、医院减免一点、政府补助一点、患者自付一点的"四个一点"模式,化解"看病贵"难题。全面实施医疗"五重保障""先诊疗后付费"和"一站式"结算,累计实施医疗救助8.2万人次3.5亿元,贫困患者住院医疗费用自付比例9.78%,县域内就诊率99.15%。截至2020年5月底,累计救助贫困患者82707人次,县域内就诊率98.81%。出院者医疗总费用37416.58万元,医保报销24459.03万元(含民政救助、大病救助),落实健康扶贫基金2326.57万元,精准扶贫保险基金1469.42万元。大病专项救治病种增加到33种,累计救治5477人次,救治率100%。

三是确保看得好病。着力提升医疗服务水平,加快推进县人民医院创建三级医院,不断加强重点科室创建。现有国家级重点(特色)专科1个,市级重点(特色)专科13个。积极推进县域医共体"三通"建设试点,县级3家二级公立医院分别与市级医院建立医联体,组建专科联盟14个。持续加强医疗卫生人才队伍建设,近三年引进卫生人才224人。加

▲ 组织医疗队入村为村民义诊（巫山县扶贫开发办公室供图）

强医生培训，目前全县每千人拥有执业医师数3.06人、注册护士数3.24人，每个乡镇卫生院至少有1名注册全科医生，每个村卫生室都配有合格村医生。

四是力争少生病。落实家庭医生签约，在家建档立卡贫困户签约服务率达100%。优质开展14大类55项基本公共卫生服务，建立电子居民健康档案41.3万份，使用率达70.55%。常态化开展巡回义诊和健康教育，深入开展爱国卫生运动，累计实施农村户厕改造10.7万户，改造公厕64座，卫生厕所普及率达76.1%。

（三）持续巩固住房安全保障

一是实施全面鉴定，做到应改尽改。对全县14.5万户农户住房进行安全鉴定，根据鉴定的结果，凡属于C、D级危房的进行全面整改。自脱

△ 巫山县两坪乡仙桥易地扶贫集中安置点全貌（巫山县扶贫开发办公室供图）

贫攻坚以来，累计投入5.26亿元用于危房改造，共消除危房31459户，其中贫困户C级危房4045户、D级危房5541户。

二是实施旧房整治，不断提升品质。针对安全等级为B级的夯实生土墙旧房和老旧砖房，通过实施墙体加固整治、屋顶补漏、散水硬化等方式，有序开展农村旧房整治。截至目前，已累计整治提升旧房10395户，其中贫困户1762户，推动住房由安全向舒适提升。

三是实施易地搬迁，确保安居乐业。针对一方水土养活不了一方人的地方，集中进行易地扶贫搬迁，同时加强搬迁后群众的生产生活保障，让群众搬进新房，过上好日子。累计投入6.12亿元，建设集中安置点47个，搬迁人口8680户31556人。

四是实施地灾避让，确保群众安全。累计实施地质灾害搬迁避让3622户14365人。

(四)持续巩固饮水安全保障

累计投入11.42亿元,全县农村集中供水率和管网入户率分别达99.2%、99.9%。

一是保证水量。通过水库蓄水、泵站提水、管网输水的方式,合理调配全县水资源,切实保障群众用水。比如,规划投资25.3亿元加快建设水库10座。中硐桥水库下闸蓄水,新增年供水量994万立方米。开工庙堂、东坪2座水库,黑龙水库即将开工。新建(改造)水厂43座。新建庙宇大山、双龙中硐桥等49个泵站提水工程,惠及高山地区饮水3.4万人。新建(整治)水池3509处,铺设供水管网2.23万公里。

二是管好水网。探索公司企业化运营、用水协会自治、确权颁证(8374处)、公益性岗位专管(300个)、受益户"坐庄式"管理5种管护模式,充分调动群众参与管理农村水源水网的积极性,让"受益人"成为"责任人"。稳妥推进有偿供水,引导群众养成节约用水的良好习惯。

三是确保水质。大力实施城乡集中式饮用水源地保护,集中供水水质合格达标率达到100%。定期对水厂出厂水和末梢水及5户以上集中供水工程水质进行检测(丰、枯水期各一次),并出具水质检测报告,根据水质检测结果及时发现问题并整改。加强对分散式供水的卫生管理,保证水源无异味、无异物、无源浮物等,水源周围无污染,确保群众长期饮用无不良反应。

三、探索与典型

(一)特色产业带贫益贫显著

通过发展脆李、柑橘、中药材、核桃、烤烟等特色效益产业,实现全县有主导产业,乡镇有骨干产业,村村有特色产业,户户有增收产业,有劳动能力、有土地等生产资料的贫困户扶贫产业覆盖率100%，经济作物种植比达70%，推动农业效益大幅提高，农业产值达到传统农业的5倍以上，如脆李每亩产值可达1万多元，成为稳定脱贫、逐步致富的"摇钱树"。巫山脆李作为第二批产业扶贫典型案例在全国推广。巫山党参项目入选国家精准扶贫标准化典型范例。

(二) 健康扶贫治病根斩穷根

积极探索形成"123456"模式：全面实施"千名医生'一帮一'救助贫困家庭患者"攻坚行动，对家庭主要劳动力或因生活不能自理直接影响主要劳动力就业的家庭患病成员"两类人"，按照"集中初筛复查、分批次入院治疗、全程跟踪服务"三个步骤，采取医保报销一点、医院减免一点、政府补助一点、患者自付一点"四个一点"治疗费用结算模式，实现贫困村标准化卫生室、体检筛查、巡回义诊、签约服务、药品发放"五个全覆盖"，落实村卫生室"六级管理"，实现"治愈一人、脱贫一户"的目标。巫山县健康扶贫"123456"医疗救助模式在全国健康扶贫政策解读培训班上作经验交流发言。

(三) 教育扶贫阻断代际贫困

聚焦优先发展，聚焦人人出彩，搭建起资助惠民、教育移民和职教富民互相促进的脱贫致富"立交桥"。通过全面落实学前教育至大学阶段关爱资助、办理大学生生源地助学贷款、为残疾儿童开展送教上门服务等，没有一个学生因贫辍学。在全市教育大会上做《精准实施教育扶贫斩断贫困代际传递》交流发言。新华社内参以《重庆巫山教育精准扶贫资助万户家庭脱贫摘帽》予以报道。

(四) 东西部协作合力攻坚

烟台与巫山创新实施"政府援助、产业扶持、人力资源、企业合作、旅游融合"的"链条式"扶贫协作,实现两地资源共享、优势互补、合作共赢。2019年烟台市帮扶资金5118.52万元(含捐赠物资折款),援建项目27个,支持开通巫山—烟台航线,双方的协作更加紧密。2019年,全市东西部扶贫协作工作推进会在巫山县成功举办,连续4年在全市专题会上作经验交流发言。

(五)中央单位定点帮扶持续深化

三峡集团定点帮扶巫山以来,坚持"扶基础补短板、扶产业添后劲、扶项目谋长远、扶智力激活力"四大板块环环相扣,奏响分期见效"四部曲",2019年帮扶资金7547.68万元,将巫山纳入长江大保护第二批试点城市,巫山县水环境综合治理3P项目一期投资12.8亿元,建成投用后将极大改善全县水环境。投资9.5亿元建设182兆瓦的光伏发电项目开始发挥效益,风力发电项目有序推进。依托三峡大坝景区,每年为巫山输送游客20万。三峡后续工作综合考核库区第一。

(六)精神扶贫提升内生动力

深入实施抓党建促脱贫攻坚,开展"身边的脱贫故事"微访谈、"家风润万家"、"六送"等志愿服务和移风易俗活动,整治无事酒,采取群众喜闻乐见的文艺演出、山歌对唱、典型引路等形式,促进乡风文明,激发群众内生动力,营造"想脱贫"的氛围,树立"要脱贫"的自觉,坚定"能脱贫"的信心。2019年国家脱贫攻坚成效考核中,巫山县贫困群众内生动力提升作为典型案例上报国务院扶贫开发领导小组。

(七)消费扶贫促进帮扶升级

借助东西协作和对口帮扶"朋友圈",借力巫山至烟台、巫山至广州"航线开通",推动双方资源互补、市场共享。以巫山脆李、巫山恋橙为代表的生态产品在广东、山东持续热销;设立重庆、山东、广东等5个旅游宣传营销组,实施"山东游客重庆行""广东游客三峡行"等行动,越来越多的山东、广东游客到巫山,游高峡平湖、赏三峡红叶。

(八)"脱贫致富的开路人"

毛相林,男,汉族,1959年1月出生,1992年9月加入中国共产党,初中文化。1977年3月起,历任老下庄村民兵连长、团支书、会计、大队长、村委会主任,1995年12月起,任老下庄村党支部书记。2005年4月至今,担任新下庄村村委会主任(新下庄村由老下庄村和原两合村合并而成)。毛相林担任村干部的43年里,始终牢记共产党员身份,以不忘初心的坚定信念,不等不靠的责任担当,无私奉献的高尚情操,坚强乐观的生活态度,践行了共产党员全心全意为人民服务的根本宗旨,把远近闻名的贫穷村带上了乡村振兴的致富路,展示了贫困地区基层干部带领群众克服困难、脱贫攻坚、同步小康的坚强意志,彰显了新时期共产党人把理想信念时时处处体现为行动力量的政治品格和先锋形象,是基层党员干部的优秀代表,是打赢脱贫攻坚战的榜样楷模。

巫溪县

巫溪是全市最贫困的区县之一,贫困人口多、贫困程度深、脱贫难度大,2014年识别出贫困村150个、贫困人口8.6万人,贫困发生率达18%。党的十八大特别是2017年7月以来,巫溪县在习近平新时代中国特色社会主义思想的指引下,深学笃用习近平总书记关于扶贫工作重要论述和视察重庆重要讲话精神,全面落实中央决策部署和市委、市政府工作要求,以脱贫攻坚统揽经济社会发展全局,尽锐出战、真抓实干,举全县之力、集全县之智向贫困发起总攻,坚决打赢打好脱贫攻坚战。经过全县上下共同努力,目前剩余916户2593名未脱贫人口全部达到脱贫标准,已实现150个贫困村全部销号、累计减贫10.65万人,成功退出国家扶贫开发工作重点县。

一、举措与成效

(一)坚持尽锐出战,众志成城投身决胜攻坚

一是坚持高位推动。县委、县政府坚决扛起"抓落实"的政治责任,充实加强县脱贫攻坚领导小组,认真落实双组长负责制,建立县领导"四个一"包干责任制度,实行"五级"承诺制,一级抓一级,层层抓落实,为推进脱贫攻坚提供了坚强保证。

二是坚持严督驱动。 组建6个县级指导组,赋予"四项权力",全覆盖组建驻乡(镇)督战指挥部和督战工作组,常态化开展指导督导;建立健全脱贫攻坚专项述职制度,加强脱贫攻坚考核,乡镇、街道、部门年度考核中脱贫攻坚权重分别占60%、49%和38%,推动责任落实、政策落实、工作落实。

三是坚持全面联动。 用好用足国家和市级扶贫政策,强化泰安·巫溪东西部扶贫协作,用好水利部定点帮扶及吉林省、渝中区、市农业农村委和市教委扶贫集团等对口帮扶资源,累计整合涉农财政资金52.2亿元、社扶资金14亿元、易地扶贫搬迁及融资贷款资金14.7亿元用于集中攻坚。充分发挥人大政协优势和作用,广泛动员企业积极履行社会责任,引导社会各界开展扶贫志愿服务,形成了"党委政府齐抓共管、人大政协全面参与、社会各界大力支持、干部群众合力攻坚"的脱贫攻坚工作格局。

(二)坚持目标标准、因户因人施策,动态解决"两不愁三保障"突出问题

一是解决"两不愁"问题。 扎实抓好产业扶贫、消费扶贫、资产收益扶贫等,不断完善与贫困户利益联结机制,千方百计增加贫困群众收入;积极探索推广"五大扶贫模式",开发公益性岗位,用好低保兜底等措施,"两不愁"问题全面解决。

二是解决"义务教育有保障"问题。 严格落实教育资助政策,累计资助贫困学生38.2万人次3.57亿元;压实"三级六方"控辍保学责任,落实"七个一批"处置措施,全面解决适龄儿童失学辍学问题;大力改善城乡特别是农村中小学办学条件,不断提升教育教学质量,成功创建为全国义务教育发展基本均衡县,义务教育得到切实保障。

三是解决"基本医疗有保障"问题。 高质量完成行政村卫生室标准化建设,全面配齐配强村医;设立2000万元县级健康扶贫救助资金,落实

"八重"医疗救助政策,贫困群众住院个人自付医疗费用比例为9.56%,慢病、特病门诊自付比例为12.31%;"一户一策"帮扶看病自付金额较大贫困户,切实防止因病致贫返贫,贫困群众基本医疗得到可靠保障。

四是解决"住房安全有保障"问题。 全覆盖鉴定建卡贫困户、低保户及农村疑似危房4万余户,改造农村C、D级危房1.68万户,整治提升旧房9000户,有效解决"老人住危房"等问题;建成易地扶贫搬迁集中安置点57个,搬迁贫困户6685户23881人。

五是解决"饮水安全有保障"问题。 委托第三方机构,逐户调查农村饮水安全情况。投入资金4.1亿元,修建饮水安全工程800余处,农村集中供水率、自来水普及率分别达93%、85%;采取长距离引水、高海拔提水、跨流域调水、一户一池、一户一缸等措施,着力破解边远吊散户饮水难题;出台特殊工程水价补贴政策,明确专人加强农村集中供水工程维

▲ 巫溪县红池坝镇茶山村新貌(巫溪县扶贫开发办公室供图)

护,切实解决饮水安全保障问题。

(三)坚持聚焦聚力,以超常举措攻克深度贫困

一是聚焦深度贫困乡镇。在2个深度贫困乡镇构建"市驻镇(乡)工作队+县驻镇(乡)协调小组+镇(乡)精准脱贫工作线+村脱贫攻坚指挥所""四级"工作体系,全力攻坚。红池坝镇贯通"一横一纵"区域干线公路,"六个万级"产业全面落地,粮经作物比由7∶3调整为2∶8。天元乡建成"四个万级"产业基地,推出"天谷云乡"电商扶贫平台,年销售扶贫产品1700万元,粮经作物比由8∶2调整为1∶9。两镇乡脱贫攻坚工作走在全县和全市前列。

二是聚焦深度贫困村。对16个深度贫困村,构建"县领导+县级扶贫集团+驻村工作队"帮扶责任体系,连续3年每村每年投入财政资金100万元;识别35个相对贫困村,连续2年每村每年投入财政资金100万元;按照市委、市政府部署,对7个市级、5个县级定点攻坚村各安排专项资金100万元、50万元,压实县领导、帮扶集团、督战工作组"三级责任",全力推动定点攻坚。

三是聚焦特殊困难贫困户。制定《特殊困难贫困户"双兜底"实施方案》,对1883名失能弱能贫困户实行低保、资产收益"双兜底";对未脱贫户落实10项"增强版"帮扶措施,确保稳定脱贫。

(四)坚持精准方略,保证脱贫质量和成色

一是精准识别退出。坚持按照"四进七不进"标准,创新"四看四访四算四审"工作法,精准识别贫困对象;开展多轮建卡贫困对象"回头看",严格实行动态管理。坚持"谁调查、谁签字""谁验收、谁负责",推行贫困户脱贫达标认证制度,确保退出精准。

二是改善基础设施。全力推动对外大通道建设,巫镇高速主体工程全线开建,巫开、两巫高速开工,郑万高铁巫溪支线接轨工程开工、正线

工程前期工作积极推进;大力实施农村通畅通达工程,累计硬化农村公路3100公里,行政村通畅率、撤并村通达率和乡镇及村通客车率均达100%,外通内联的交通格局加快形成;实现所有行政村通动力电和4G、光纤全覆盖。

三是培育增收产业。坚持把产业扶贫作为实现稳定脱贫的根本之策来抓,大力发展"1112"重点农业产业,因地制宜发展特色产业,支持发展冬桃、青脆李、蜜柚、干果、药材等"一村一品"产业项目,深度调整农业产业结构,全县粮经作物比调整至1∶1。组建产业扶贫专家组11个,选派产业发展指导员736名,支持在家贫困户发展投资小、周期短、见效快的到户产业,覆盖贫困户达2.4万户。全县农村常住居民人均可支配收入由2014年的6392元增加到2020年的11123元。

▲ 巫溪县峰灵镇冬桃种植基地(巫溪县扶贫开发办公室供图)

(五)坚持优势互补,深化东西部扶贫协作工作

一是坚持高位推动。 成立东西部扶贫协作领导小组,由县委书记、县长任"双组长",召开县委常委会会议、县政府常务会、领导小组会40余次,专题研究部署东西部扶贫协作工作。制发东西部扶贫协作三年计划,编制泰安市对口帮扶巫溪县5年规划,分年度制定东西部扶贫协作工作计划和考核细则,挂图作战、打表推进。健全高层领导互访、部门对接、镇村联络等协作机制,泰安市、巫溪县主要领导带队开展互访交流,召开联席会议7次、专题会47次,制发备忘录7份,签订协作协议2份,及时研究解决问题,推动工作落细落地。

二是抓实重点工作。 资金支持方面,5年到位泰安财政帮扶资金14920万元,规划项目114个,直接受益贫困户6805人。人才交流方面,泰安选派3名党政干部赴巫溪县挂职交流,在医疗、教育、农业等领域选派194名技术人才赴巫溪县开展帮扶,培训巫溪县党政干部728人、专业技术人才1048人。巫溪县选派10名党政干部、63专业技术人才到泰安挂职学习。招商引资方面,引导14家东部企业到巫开展实地考察,已落户5家投资5948万元,吸纳贫困群众就业114人,带动周边贫困群众增收574人。产业合作方面,成功培育农旅融合示范片1个,建成万亩冬桃基地、千亩花椒和蜜柚产业园各1个,百亩柑橘、茶叶示范园各1个,打造存栏10万羽蛋鸡养殖小区1个、万只野山鸡养殖小区1个、百头肉牛场2个,成功创建"巫溪冬桃""巫溪老鹰茶""巫溪秀芽"等特色品牌。技术引进方面,引入山东冬桃种苗及栽植技术,发展壮大林果经济;引进山东三产三熟马铃薯种植技术,产量明显提升;调运鲁西黄牛种牛150头,改良黄牛品种;引进山东农大肥业专利2项,进一步提升有机肥能效。

三是深化结对帮扶。 泰安市6个经济强镇结对帮扶巫溪县两个深度贫困乡镇6个贫困村,各捐资20万元;8家企业结对帮扶巫溪县10个贫困村,各捐资10万元;4家医院结对帮扶巫溪县人民医院、县中医院和2家乡镇卫生院;17所优质中小学结对帮扶巫溪县12所中小学校,泰安市岱

岳区职中、肥城市职中结对帮扶巫溪县职教中心。

(六)坚持党建引领,为脱贫攻坚提供坚强保障

一是建强扶贫队伍。 严格落实"尽锐出战"要求,在新一轮机构改革中为县扶贫办增配1名领导班子成员,增加6名人员编制;为14个脱贫攻坚任务重的乡镇分别增配1名专职副乡镇长;选派51名县级机关企事业单位优秀年轻干部到乡镇挂职,选优配强并管好用好专职扶贫干部、驻村工作队、第一书记;提拔重用在脱贫攻坚工作中实绩突出干部142名,调整乡镇不适宜领导干部6名。

二是筑牢基层堡垒。 新改建、整修村便民服务中心122个,将贫困村党组织全部纳入后进整顿,每年全覆盖对330个村级班子进行分析研判,每年轮训村(社区)书记、主任,回引342名本土人才到村挂职,两次提升村(社区)干部待遇,激励村(社区)干部积极作为。探索开展集体光伏、"三变"改革等集体经济发展试点,实施村集体经济发展专项行动,大力发展村级集体经济,消除集体经济空壳村154个,村集体经济加快发展、实力明显加强。

三是持续正风肃纪。 运用监督执纪"四种形态",查处扶贫领域腐败和作风问题188起255人、形式主义官僚主义突出问题145起208人。坚持财政监督、审计监督、纪检监督、群众监督多方协同,推行扶贫项目严格落实"村社初验、乡镇自查、三方机构复查、县级抽查"验收程序,严格扶贫领域资金项目管理。强化巡察监督,"利剑"作用充分发挥,最大限度保障扶贫资金安全,坚决防止发生违规违纪违法行为。

(七)坚持典型引路,深入做好脱贫攻坚总结宣传工作

一是加强正面宣传。 争取国家、市级主流媒体加强对巫溪脱贫攻坚宣传报道,《人民日报》、央视新闻联播、《重庆日报》等主流媒体宣传报道巫溪脱贫攻坚6000余篇;在县级"报网台端微屏"等平台开设脱贫攻坚专

栏,定期发布脱贫攻坚稿件。

二是增强内生动力。 召开激发内生动力现场会,全面推广"六讲六评"工作方法;深入开展"好人在身边""身边的脱贫故事"微访谈活动,精心组织开展"榜样面对面""决胜小康·奋斗有我"基层宣讲活动,定期开展驻村帮扶"五步感恩互动"、结对帮扶"五个一"活动,持续开展脱贫示范户评选活动、贫困户微心愿认领活动,全覆盖培训有劳动能力的贫困群众,贫困群众自我脱贫的信心和能力明显增强,群众满意度、认可度不断提升。

三是总结经验做法。 围绕"两不愁三保障""五个一批""六个精准""十大工程"等工作落地落实,积极探索创新,部分典型案例得到国家、市级领导及同行认可。四大乡旅模式、七大利益联结模式、东西部消费扶贫长效机制、光伏扶贫模式成为全国产业扶贫优秀案例;"五大带贫模式"、资产收益扶贫"长治路径"分别被人社部、国务院扶贫办专刊采用;央视《走遍中国》栏目以《打通心路》专题报道巫溪脱贫攻坚;县政府主要负责人赴水利部讲脱贫攻坚专题党课,水利部常务副部长田学斌同志以普通党员身份全程参加,党课报告获唐良智市长、李明清副市长批示表扬。

四是选树身边典型。 成功推出了富民兴渝贡献奖匡厚明、全国扶贫系统先进个人彭厚罩、身残志坚的李绪斌、"第一书记"陈波等先进典型人物;红池坝镇、县扶贫办、天元村驻村工作队、东桥村党支部等9个先进集体和陈进初、卢镇发等15名先进个人获得市级表彰;30余名扶贫一线工作者获得"重庆好人""重庆市最美扶贫志愿者"等荣誉称号。

二、典型:聚焦"三个三"确保打赢脱贫攻坚战

(一)聚焦"三大重点",帮助农户稳定增收

一是聚焦产业扶贫。 探索利益联结机制,构建起"乡村旅游+""订单

农业+""资产收益+"等益贫带贫体系,直接带动贫困户增收1.3万户。其中,四大乡村旅游扶贫模式、七大利益联结模式等入选全国产业扶贫优秀案例选编,资产收益扶贫"长治路径"被国务院扶贫办专刊采用。

二是聚焦就业扶贫。通过"外出返岗·送""扶贫项目·吸""公益岗位·托"等方式,安置贫困户4.1万人,同比增长10个百分点,实现有劳动能力、就业意愿贫困户全覆盖。返岗服务做法被央视《新闻联播》报道,就业扶贫"五大模式"获人社部推广。

三是聚焦消费扶贫。探索帮扶单位助销、社会力量帮销等"八销"模式,销售扶贫产品2.38亿元。在重庆主城、成都、泰安等商超设置专柜,在县内商超开设专区,建成全市第一家县级消费扶贫馆,举办教育、电力、国资等系统采购专场,推销扶贫产品;培育打造出"红池·中岗原""天谷·元乡"两大电商品牌,其中"巫溪秀芽"、秋梨膏荣登央视财经直播。"八销模式"被全市推广学习。

(二)推动"三大试点",巩固提升脱贫成果

一是双防工作试点。探索建立防止返贫致贫机制,创新推行动态监测、台账管理、定期复核"三项制度",整合部门"筛查预警"职能,精准落实"点穴式"帮扶,重点风险户得到有效防控;探索开展"精准脱贫保""产业扶贫保""防止返贫保"试点,面上风险户得到有效防控,双防机制在全市推广学习。

二是构树扶贫试点。借力构树扶贫试点县契机,采取"养殖大户+农户"发展模式,在土城、塘坊、菱角、大河等乡镇订单种植构树1300亩,带动300余贫困户通过基地务工、直接种植等方式户均增收3000元。

三是光伏扶贫试点。在125个贫困村分别建成1座35kW"集体光伏"电站,为村集体年创收3万元;采取"财政补助+农户自筹"方式,为1236户缺乏劳动能力的贫困户分别建成1座3kW"户用光伏"电站,户均年增收3000元,帮助贫困村实现集体经济"破零"和贫困户稳定增收。光

伏扶贫模式入选《全国百大脱贫攻坚典型案例选》。

(三)打响"三场会战",补齐脱贫短板薄弱

一是会战"两不愁三保障"。实行"普惠+特惠+帮扶"阶梯式补助政策,帮助无能力搬迁贫困户彻底"挪穷窝",建立"三级六方"控辍保学责任体系,设立县级健康扶贫救助金,一户一池、一户一缸破解边远吊散户饮水难题,"两不愁三保障"突出问题实现动态清零。

二是会战"深度贫困"。对特殊困难贫困户实行低保、产业"双兜底",对未脱贫户落实10项加码措施,做法被央视《新闻联播》报道。

三是会战"内生动力"。探索开展驻村帮扶"五步感恩互动"、结对帮扶"五个一"活动,持续组织脱贫示范户评选、微心愿认领、积分兑换、"六讲六评"等活动,激发贫困群众内生动力。

石柱县

石柱地处长江上游南岸、重庆东部、三峡库区腹心,面积3014平方公里,辖33个乡镇(街道)、242个行政村(社区),总人口54.86万。党的十八大特别是2017年7月以来,石柱县在习近平新时代中国特色社会主义思想的指引下,深学笃用习近平总书记关于扶贫工作重要论述和视察重庆重要讲话精神,全面落实中央决策部署和市委、市政府工作要求,以脱贫攻坚统揽经济社会发展全局,尽锐出战、真抓实干,举全县之力、集全县之智向贫困发起总攻,坚决打赢打好脱贫攻坚战。2019年4月,以零漏评、零错退、群众认可度97.91%的良好成效,一举摘掉国家级贫困县"帽子",全县累计实现85个贫困村、17541户63101人脱贫,所有贫困村均出列、所有贫困人口均脱贫达标。

一、主要举措

(一)强化组织领导,全面压实攻坚责任

一是强化理论武装。坚持把习近平总书记关于扶贫工作重要论述纳入县委常委会会议、县政府常务会、县委理论学习中心组学习、"不忘初心、牢记使命"主题教育读书班、县扶贫开发领导小组会议的重要内容,读原文学原著悟原理,不断提高理论指导实践、推动工作的能力。

二是加强组织领导。累计召开县委常委会会议101次、县政府常务会177次、县扶贫开发领导小组会议57次、全县性脱贫攻坚会议41次,反复动员、反复部署、反复督促,推动全县形成决战决胜的浓厚氛围。

三是压实攻坚责任。构建完善"组织领导、业务技术、监督问责"三大攻坚责任体系,对标落实"双组长"制和县委常委直接分管行业扶贫、县领导定点包干帮扶乡镇机制,完善三级干部责任清单,逐级签订脱贫成果巩固责任书,层层压实责任,层层传导压力。

四是汇聚攻坚力量。落实32位县领导和84个县级单位对所有乡镇(街道)进行包干帮扶,959名驻乡驻村工作干部和4880名结对帮扶干部投身脱贫攻坚,与村支两委形成合力,实现了驻乡、驻村、帮扶到户全覆盖。

(二)紧盯核心指标,全面完成底线任务

一是全力实现"两不愁"。大力帮助引导贫困群众发展长效产业,推动就业扶贫,促进贫困群众稳定增收;将3101户6091名建档立卡贫困户纳入低保兜底,2015年以来累计实施临时困难救助11791人次3093万元,实现所有人员不愁吃不愁穿。

二是全力保障住房安全。精准落实危房改造政策,将四类重点对象存量危房纳入危房改造项目,一般农户存量危房纳入旧房整治提升项目,同步实施,同步推进,改造农村C级危房8718户、D级危房3611户,旧房整治提升15000户。

三是大力实施易地扶贫搬迁。投入资金4.6亿元,实施搬迁1854户6636人,配套基础设施项目736个,并逐人逐户落实产业和就业帮扶措施,搬迁户中有就业意愿的贫困劳动力已全部实现就业。

四是全力保障义务教育。在精准落实国家、市级教育扶贫政策基础上,制定县级教育资助"补丁"政策5个,累计资助贫困家庭学生56万人次3.75亿元,义务教育适龄学生入学率100%、巩固率100%,对97名(含

贫困生33名)重度残疾不能随班就读的适龄学生实施"送教上门",无一例适龄学生因家庭经济困难而失学。

五是全力保障基本医疗。在落实市级七重医疗保障线的基础上,落实好资助参保、县级兜底救助和居家康复临时医疗救助等自主政策,全面构建起以基本医保、大病保险为主体,医疗救助、商业保险等为补充的医疗保障体系,累计救助贫困病人57.67万人次1.66亿元,贫困人口住院合规费用自付比例9.96%,慢特病门诊合规费用自付比例10%,大病救治率、在家贫困人口家庭医生签约服务率均达100%。

六是全力保障饮水安全。全面摸排区域性、季节性缺水突出问题,累计投入8.56亿元,实施农村饮水安全巩固提升、山坪塘整治、水土流失治理、中小河流治理等水利扶贫项目4244个,直接受益人口42.61万人,全县集中供水率达88.5%;研究制定《农村饮水安全工程运行管理办法》,形成"企业+协会+农户"的农村饮水安全管护模式,成立1个农村饮水管理协会以及31个分会,充分发动群众参与饮水安全工程管护,实现"以建蓄水、以管护水、建管结合、长效运行"的良性循环。

(三)完善基础设施,全面改善人居条件

一是全力改善出行条件。2015年以来累计新改建农村公路4082公里,实现乡镇街道、行政村、撤并村通达通畅率3个100%目标,有人居住的村民小组通达率100%、通畅率100%,农村公路由线成网、由窄变宽、由通向畅的格局加速形成。

二是全力改善通信条件。年均投资1.3亿元以上,新建及改扩建各网基站4000余个,光缆线路超过2.7万公里,实现所有行政村(社区)及重点农村村民小组(居民聚居点)全覆盖,农村手机信号盲区盲点进一步减少,电商扶贫条件进一步改善。

三是全力改善供电条件。累计安排农网升级改造项目155个,完成10kV线路建设316.9千米,新增配电变压器416台,改造低压线路698.8

千米,农户用电质量进一步提升。

四是全力整治农村环境。坚持把改善农村人居环境作为系统性、长期性工程,按照"政府集中打造一批、农民投资投劳改善一批、农旅融合带动一批、传承保护利用一批"思路,积极推进清垃圾、清杂物、清残垣断壁、清庭院、清违章建筑"五清"行动,大力推进绿化、美化、亮化、净化、文化"五化"行动,深入推进改厨、改厕、改地坪、改风貌、改危房、改习惯"六改"行动,全县卫生厕所普及率77.15%,场镇生活污水处理率84%,畜禽粪便资源化利用率83.5%,全县农村人居环境越来越美、农民卫生习惯越来越好。

(四)聚焦坚中之坚,全面攻克深贫堡垒

一是生产生活生态条件明显改善。全面建成沙子至中益、高台桥至黄水2条交通主干道和34条农村公路(便桥),贫困群众脱贫致富奔小康驶入"快车道"。持续优化完善7个村人饮协会运行机制,投入资金3409万元实施农村饮水安全巩固提升项目12个,安全饮水覆盖率达100%;全面摸排农村住房安全隐患,专项整治830户土木房屋老旧电线,539户贫困户全面实现住房安全。在中益乡建设易地扶贫搬迁集中安置点4个,统筹整合易地扶贫搬迁融资资金、山东淄博援助资金等8949.2万元,用于搬迁户住房建设、配套基础设施、后续产业发展等,集中安置点共计安置农户207户620人,其中建卡贫困户98户324人,随迁非贫困户109户296人。

二是产业结构持续深度调整。研究制定《中益乡旅游产业扶贫实施方案》,117户加入"黄水人家",接待游客2万余人次;巩固提升1.8万亩特色产业,实现贫困户全覆盖。围绕"中华蜜蜂第一镇"主题定位,发展中蜂养殖8000群,优化升级"中益蜜蜂小镇"电商平台,实现网销56.08万元。

三是农村集体产权制度改革深度推进。深化华溪村"三变"改革试

点和其余6个村集体经济发展,推动龙头企业与1100余户农户建立长效稳定利益联结机制,贫困户户均增收2700元以上,村集体平均增收7万元以上。

四是扶贫惠民政策精准到户到人。紧扣"两不愁三保障"核心指标,精准落实各项保障政策,持续加大就业扶贫力度,开发公益性岗位315个,建成扶贫车间(工坊)3个、吸纳贫困户34人,协调促成有劳动力的贫困人口782人在市外、市内、县内及本乡产业基地、扶贫车间就业。深入开展志智双扶,邀请武陵山研究院、西南大学等院校专家开展产业技能培训750人次,开展"非遗"扶贫车间夏布培训50余人次,开展厨师、挖机、农业实用技术等各类培训742人次,贫困户技能培训覆盖率达100%,脱贫致富能力和内生动力显著增强。

(五)突出问题导向,全面整改各类问题

一是全力推进中央脱贫攻坚专项巡视反馈意见整改。对照中央脱贫攻坚专项巡视反馈意见涉及石柱县的4大类15个问题,建立项目化问题清单1810个、任务清单183项、制度清单63条,已全部整改到位。中央脱贫攻坚专项巡视"回头看"反馈的4个方面15个问题65项整改任务,已全部整改完成。

二是全力推进国家成效考核反馈问题整改。2018年国家考核整改任务104项、对照梳理新增的9个问题30个项目化问题点,已全部整改到位。国家反馈2019年重庆市脱贫攻坚成效考核问题9个方面30个问题76项整改任务,已全部整改完成。

三是全力推进"不忘初心、牢记使命"主题教育检视问题整改。严格按照"四个对照""四个找一找"要求,认真检视问题,真刀真枪整改,县委常委会班子检视脱贫攻坚问题5个,均已完成整改;各乡镇(街道)、县级部门单位检视脱贫攻坚问题547条,均已完成整改。

四是全力推进各类审计、督查检查、自查发现问题整改。扎实推进

审计署重庆特派办、重庆市审计局督办、各类督查检查反馈问题整改，举一反三、全面自查，逐条逐项抓好整改落实，推动所有问题动态清零销号。

（六）着力增收致富，全面提升脱贫质量

一是持续抓好社会扶贫。广泛汇集社会资源，2015年以来，累计争取中核集团定点帮扶资金0.53亿元、山东省淄博市援助资金1.54亿元、市委办公厅扶贫集团帮扶资金0.14亿元、南岸区对口帮扶1.1亿元、江津区援助资金和物资0.41亿元、金科集团帮扶资金0.3亿元、彩票公益金帮扶资金0.4亿元等，围绕消费扶贫、产业发展、劳务协作、人才支援、结对共建等重点领域深化扶贫协作，规划建设"石柱县扶贫帮扶现代山地高效农业康养园"。

二是持续抓好就业扶贫。大力实施职业技能培训，开展"志智双扶"扶贫培训7.33万人次，开发扶贫公益性岗位累计托底安置贫困人员5515人，累计新建（认定）扶贫车间13家，吸纳贫困人员就业176人，通过各种渠道累计促进贫困劳动力转移就业24554人，基本实现每户贫困户至少有一人实现转移就业。

三是持续强化产业扶贫。积极构建"3+3"扶贫产业体系，全覆盖将有劳动能力、有意愿的贫困人口纳入产业扶贫对象，一户一策、精准制定产业发展帮扶措施，累计发展李子、木本中药材等长效扶贫产业28.49万亩，实现每个贫困村都有1～2个稳定增收产业、每个贫困户都有1项以上增收项目；持续推广股权、基金、信贷、旅游4种资产收益扶贫模式，健全完善土地入股、订单帮扶、返承包等长效扶贫模式，与1.16万户贫困户建立利益联结机制。

四是持续强化金融扶贫。积极探索"重点建设项目+银行+贫困户""龙头企业+银行+贫困户"等新模式，推出"惠农e贷+""欣农贷""支小纾困贷"等23种金融扶贫产品，累计为带贫企业、贫困户发放精准扶贫贷款

19.68亿元,其中:发放小额贷款7637户(次)3.48亿元,贫困户获贷率50.6%;实现乡镇(街道)基础金融服务全覆盖,全县银行业金融机构营业网点90个、助农金融服务点530个、ATM机211个。

五是持续强化电商扶贫。深入推进电商扶贫,构建"1+8+N"电商综合服务体系和"一核多心"县域网货加工体系,实现农村电商规模化、集聚化、抱团式发展,农产品销售渠道更广、卖得更远。深入实施远山结亲、田间天猫、电商收益等电商扶贫模式,实现所有贫困村电商服务功能全覆盖。

(七)强化党建引领,全面筑牢战斗堡垒

一是建强基层组织。集中排查整顿软弱涣散村(社区)党组织43个,调整不合格村(社区)党支部书记42人,培育党员致富能手582名,回引本土人才365名,村支两委实现选优配强,基层工作落得更实。印发《打造一支不走的工作队工作方案》,全力传帮带。

二是壮大集体经济。围绕激活人、地、钱三要素,合理利用农村资源、涉农资金、惠农政策,发展壮大"七型"村集体经济,实现所有村都有集体经济项目,全面消除"空壳村"。

三是创新社会治理。围绕推进基层治理体系和治理能力现代化,因地制宜探索推广中益乡"贵和工作法+乡村智能化防控"、三河镇"和美工作法"、乡风文明积分制等一批基层社会治理新经验,基层治理能力和水平全面提升。

四是深化志智双扶。坚持扶贫同扶志扶智相结合,强化脱贫攻坚氛围宣传,深入推进移风易俗"十抵制十提倡",持续深化乡风文明积分激励试点,不断丰富群众精神文化活动,充分发挥典型示范带动作用,教育引导和激励群众破除陈规陋习,摒弃"等靠要"思想,提振精气神,通过感恩奋进、自力更生实现增收脱贫致富,全县处处呈现出党员干部带着干、致富能人帮着干、贫困群众主动干的生动局面。

二、主要成效

(一)基础设施和公共服务发生最明显的变化

一是水利设施不断完善。统筹推进骨干水源、农村饮水安全项目建设,累计建成各类水库38座、山坪塘1722口、农村饮水安全工程4868处和防洪堤工程141公里,成立农村饮水协会197个,贫困人口安全饮水达标率达100%。

二是供电能力持续增强。累计投入1.7亿元,实施农网升级改造项目134项,完成10kV线路建设356.28千米,新增配电变压器381台,改造低压线路569.46千米,全县实现所有行政村动力电全覆盖。

三是道路交通更加通畅。大力推进"四好农村路"建设,累计新改建

▲ 中益乡华溪村关口岩段通乡公路(石柱县扶贫开发办公室供图)

农村公路1109条、3016公里,贫困村通村公路硬化率、贫困村开通客运班车比例均达100%,村民小组通达率达97%、通畅率达80%。

四是通信条件明显改善。不断完善通信基础设施建设,保持年均投资1.3亿元以上,全县各网基站超过4000个(其中4G基站2700余个)、光缆线路超过2.4万公里,4G基站实现一村一站,光纤宽带网络实现所有行政村(社区)及重点农村村民小组(居民聚居点)覆盖。

五是住房成为最大变化。通过综合实施危房改造、易地扶贫搬迁、旧房整治提升,群众都住上了安稳房,同时在农村大力实施"六改",累计完成改厨23970户、改厕18205户、改地坪338.32万平方米、改风貌290.35万平方米,群众养成勤打扫、不乱扔的良好生活习惯,居住环境变得越来越好。

六是农村教育条件不断优化。累计投入9.11亿元建设学校基础设施,其中新建校舍17.15万平方米,改造校舍24万平方米,维修改造120所农村中小学危旧房,投入0.6亿元用于教育装备配备,教育城域网覆盖率达100%,为广大师生提供了安全优越的学习生活环境。

七是医疗条件显著改善。累计投入3600万元用于乡镇卫生院改扩建,投入近1000万元用于村卫生室改扩建,按照"一村一室一人一套设备"标准完成85个贫困村卫生室标准化建设,累计选派356名县级骨干医生前往基层支医,贫困群众看病有地方、有医生、有保障。

八是社会保障能力不断增强。将农村低保标准由230元/(人·月)提高到410元/(人·月),贫困人口城乡居民养老保险参保率达100%,建立完善农村留守老人、留守妇女、留守儿童关爱服务长效机制,建成中益乡坪坝村社区养老服务站和沿溪镇深溪村社区养老服务站,改造王场、沙子、中益、沿溪、临溪、鱼池6个敬老院,社会保障水平和能力不断提升。

(二)经济社会发展焕发崭新面貌

一是产业基础更加牢实。全县上下深学笃用习近平生态文明思想,聚焦"转型康养、绿色崛起"发展主题，聚力"风情土家·康养石柱"价值定位，学好用好"两山论"，走深走实"两化路"，大力实施"康养+"战略，深化一二三产业融合发展，形成了以绿色有机农业、特色生态工业、康养休闲生态旅游业为支撑的康养产业体系，打造了G50冷水服务区生态旅游自驾营地、Let's go游乐世界、西沱古镇、黄水康复医院疗养基地等康养产业项目，培育了一批观养、住养、动养、文养、食养、疗养产品和服务，大康养经济增加值占GDP比重达到49%，向建设全国生态康养胜地迈出了坚实步伐。

二是市场环境和金融环境更加优化。通过开展产业扶贫、社会扶贫、金融扶贫等，各类政策优势越来越明显，既调动了市场主体、金融主体的积极性，也增加了其社会责任感，各类主体主动创新、积极参与，激发出巨大活力，带动市场环境、金融环境不断优化、更加开放，累计新增市场主体2万余户，新增商标2210余件，开发14大类普惠金融产品和7大类金融精准扶贫产品，发放创业担保贷款2437户2.79亿元、扶贫小额

▲ 风景如画的黄水万胜坝蔬菜基地（石柱县扶贫开发办公室供图）

信贷5095户2.32亿元。

三是生态环境更加宜居。积极发展生态产业、推进生态扶贫,深入推进农村人居环境整治,完成退耕还林14.3万亩,实施国土绿化31.1万亩,依托退耕还林、产业结构深度调整等项目发展特色经果林,深度开发黄水国家森林公园、千野草场、太阳湖、油草河、云中花都等森林康养示范基地,培育森林人家43家,全县森林覆盖率达59.08%,空气质量优良率保持在95%以上。

四是贫困群众思想观念根本转变、文明素质显著提升。通过深化精神扶贫,贫困群众观念实现由"要我脱贫"向"我要脱贫、我要创业、我要就业、我要改变"的根本转变,干事创业精气神十足,累计开展"志智双扶"扶贫培训82799人次,促进贫困劳动力转移就业21853人,贫困群众自我发展能力和内生动力不断增强,同时通过宣传引导,群众生活习惯、卫生习惯、文明习惯得到大力提升,房前屋后"脏乱差"、不讲究个人卫生、大操大办、打牌赌博等不良风气显著改观,乡村建设展现出新的气象。

(三)党建引领基层社会治理实现大提升

一是完善了自治法治德治相结合的乡村治理体系。严格按照新时代基层社会治理要求,认真落实"枫桥经验"重庆实践十项行动,持续加大法治宣传、法律援助、扶贫领域逃避赡养义务突出问题整治力度,充分发挥传统文化、新乡贤文化、村规民约作用,深入推进扫黑除恶专项斗争向基层延伸,探索推广"和美工作法""贵和工作法"以及"平安乡村·智惠农家"基层社会治理经验,实现乡村社会治理有效、和谐有序。

二是提升了基层党组织凝聚力和战斗力。持续深化抓党建促脱贫,将85个贫困村全部纳入后进基层党组织整顿,调整不胜任不合格不尽职支部书记77人,每年对村(社区)党支部书记进行全覆盖培训,村级班子履职能力、带动能力不断增强,推动村级集体经济不断发展壮大,实现

219个村有集体经济项目、107个村有经营性收入,总书记勉励石柱县"党支部的作用发挥很好"。

三是密切了党群干群关系。在干群同心协力攻坚过程中,贫困群众加深了与干部的交流,感受到了干部的真心帮扶和辛勤付出,享受到了实实在在的政策,看到了实实在在的变化,对政府和干部的误解、偏见在逐渐消融,感恩意识在逐渐提升,贫困群众的满意度达到97.91%,党群干群关系更加紧密、更加和谐,党在农村的执政基础更加牢固。

四是打造了过硬的干部队伍和人才队伍。广大干部特别是年轻干部在脱贫攻坚的战场上摸爬滚打,坚定了政治信仰,锤炼了坚强意志,练就了过硬本领,为打造高素质干部队伍奠定了坚实基础;积极适应脱贫攻坚、农村发展人才需求,加大人才选育力度,回引本土人才357名,为每村培养储备1~2名后备干部,培育党员致富能手582名,农村人才队伍能力更强、活力更足。

三、典型

(一)从"输血式"到"造血式"的蝶变——华溪村探索出一条农村集体经济发展新路

一是成立村集体公司,实行市场化运作。针对华溪村没有村级市场平台的问题,探索建立"1+1+N"(1个村股份经济联合社、1个村集体公司、N个合作经营项目)市场主体架构。第一步,成立村股份经济联合社。实行"村社合一",合作社领导成员由村"两委"班子兼任,主要承接华溪村所有经营性资产和扶贫开发资金,负责管理集体资产、开发集体资源、发展集体经济、服务集体成员等经营管理事务。第二步,成立村股份有限公司。村股份经济联合社拿出产业发展扶持资金、重庆市农行捐赠资金共计468万元,16名有积极性、有富余资金的华溪村集体经济组织成员出资32万元,合股成立中益旅游开发有限公司,分别占股93.6%和6.4%。公司董事长由村支书兼任,聘请了总经理、会计、出纳专业人才3人。第三步,开展各类项目合作经营。中益旅游开发有限公司按照《公司法》《合同法》等,与其他企业或个人开展业务合作,在充分尊重农民意愿基础上,293户村民将1088亩土地入股到中益旅游开发有限公司,与农户开展联营,种植黄精、吴茱萸等中药材,种植脆桃、脆李等水果,每户村民可按照地力情况每年享受保底分红(其中,田500元/亩、地400元/亩、撂荒地300元/亩)。

二是农行特殊党费入股村集体公司,不拿走分红。 针对中益旅游开发有限公司成立时缺乏资本金的问题,争取重庆市农行以特殊党费118万元入股,采用这种方式,优化村集体经济组织股权结构,壮大股本实力,解决公司起步阶段底子薄弱的问题,发挥了"天使基金"的作用。这些特殊党费投资不退股,不拿走分红,形成盈利后持续再投入集体经济组织发展,起到了"种子基金"作用。

三是推行黄精产业"返包"责任制,增加农户收入。 针对黄精产业后期管护难的问题,对200亩土地黄精管护实行了"返包"责任制,返包给45户农户进行种植管理,返包农户获得"管护工资每3年2000元/亩+管护地块产业收益20%分红",也就是这三年返包农户获得每亩2000元管护保底收入,还可以参与管护地块产业收益20%分红,返包农户每亩共可获得10000元收入。

四是打造农村电商平台,推动"华溪买、卖全国"。 针对农产品销售难、数量少的问题,制定"华溪买、卖全国"农村电商发展思路,打造自有电商平台——中益电商扶贫蜜蜂小镇,并积极利用京东商城,线上拿订单,线下组织生产,注册"华溪村""蛮王寨""龙庄溪"商标,开发绿色生态农副产品21种,还把中益乡其他村及周围乡镇的生态米、蜂蜜、竹笋等山货集合起来,通过这两个电商平台,销售到重庆主城区及北上广等50个大中城市。2019年实现销售收入220万元。

五是建设蜂蜜加工扶贫车间，获得保底分红和效益分红。针对蜂蜜缺深加工的难题，利用山东省淄博市高新区四宝山街道办事处援助资金和其他帮扶资金，2019年建成占地面积2778平方米的华溪村扶贫车间，配置先进的全自动蜂蜜灌装生产线，并通过食品安全SC认证，开发罐蜜、条蜜、勺蜜等5个品种近10款产品。中益旅游开发有限公司以扶贫车间使用权入股，每年享受3万元保底分红，还享受效益分红。扶贫车间为10名群众提供季节性就业岗位，实现村集体增收15万元/年以上，带动全乡470户蜂农实现长效增收。

六是建设偏岩坝田园综合体，打造山地旅游。针对群众缺乏技能出现返贫这个问题，深入挖掘偏岩坝田园风光和传统土家农俗文化，对偏岩坝院落内外环境进行整体提升，组织9户人家开办农家乐，按照"三统一、三提升"标准，对农家乐经营实行统一标准，统一管理，统一培训，引进市县9家餐饮龙头企业，采取"一对一"结对帮扶，培养经营理念，帮助设计店招店牌，开展餐饮培训，农家乐人员素质、服务水平、接待能力显著提升，助力增加收入。

七是用好驻村工作队，发挥"四员"帮扶作用。针对基层党组织战斗力弱的问题，充分发挥华溪村驻村工作队的作用，打造一支永不撤退的工作队。发挥"冲锋员"作用。他们走村入户，摸清村情、民情，提交第一手资料，帮助贫困户解决实际具体困难，成了群众的贴心人。第一书记汪云友利用与重庆三峡电缆集团党支部等7个支部共建，协调解决农产品销售、路灯安装、老旧电线换新等问题。发挥"领路员"作用。指导制定产业规划，逐村落实产业，争取信贷政策，帮助贫困户增收致富。第一副书记罗风华，充分发挥专业优势，2020年指导新种植325亩黄精、10亩黄精育种育苗基地。发挥"宣传员"作用。开展住房、教育、医疗、金融信贷等政策宣传，辅导群众使用互联网金融产品，让群众享受现代金融科技进步带来的便捷。发挥"联络员"作用。发挥所在单位优势，联络各方共助脱贫攻坚。2019年全村80吨西瓜，驻村工作队成员帮助协调，在两个月间全部售罄，为村集体经济增收15万元。

（二）绣出管护新样板　引得清泉入万家——石柱县探索推行农村饮水安全工程运行管理长效机制

一是在"政府+协会"上描"图"布"点"，破解管水难题。把"布线法"用于探索农村饮水安全工程运行管理模式。成立组织机构。成立了县农村饮水安全工程运行管理工作领导小组，政府以购买服务方式引入县农村饮水管理协会（以下简称县饮水协会）负责全县日供水规模200立方米以下的农村饮水安全工程运行管理。出台规章制度。出台了农村饮水安全运行管理办法及实施方案等规章制度，明晰了"任务书""责任清单"，确保有人管、能管好。规范维修程序。规范了农村饮水安全工程维修实施程序，形成全链式闭环管理。目前，全县基本形成了"政府引领、协会带动、乡镇主导、群众参与"的互动管护局面。

二是在"财政+收费"上对"图"放"线"，增添管水动力。把"放线点"落在定额配置专项资金、灵活制定水费收缴方式、严格执行资金管理制度上。加大资金投入。县财政每年定额注入500万元专项资金，用于解决农村饮水安全工程管护突出问题。村民饮水自治。通过"一事一议"征求协会用水会员意见，根据水源多寡等因素制定水价及收取方式（每吨水定价0.3~2元不等，每户每年收费15~50元不等），对拒不交水费者，按管理制度、村规民约、张榜公示等方式处理。规范资金使用。制订了《石柱县农村饮水安全工程运行管理资金使用办法（试行）》，确保资金使用规范化、公开化、高效化。截至目前，全县在家农户34760户中，已入会33022户，在家农户入会率95%，收取入会费33.022万元，收取水费26.75万元。

三是在"管护+指导"上"缝"针走"线"，提升管水质量。把"走线点"放在"日常管护+技术指导"上。严明管理模式。实行"1+31"管理模式，县饮水协会下设31个分会,落实管水员209名(分会长31名,村管水员178名)。创新管理机制,对管水员实行县饮水协会和属地党委政府双重领导和考核机制,考核结果与补助挂钩,倒逼管水责任落实。强化技术指导。配备水利工程师等专业技术人才,定期对管护人员开展培训及业务指导,切实提升基层管水员维修管护能力。强化应急处置。成立防汛抗旱应急处突小组,合理分工到位,责任落实到人,有效处理突发事件,确保紧急情况下36小时内恢复农户正常用水。推进节水工作。广泛宣传并全方位推动节水工作,群众的节水意识不断提高,农村饮水无序浪费现象大幅度减少,节水工作取得实效。

秀山县

秀山地处武陵山集中连片特困地区，1986年被定为国定贫困县，1998年通过重庆市越温达标验收，2002年在新一轮扶贫开发中被确定为国家扶贫开发工作重点县。党的十八大特别是2017年7月以来，秀山始终把脱贫攻坚作为重大政治任务、头等大事和第一民生工程，坚持精准扶贫、精准脱贫基本方略，采取超常规举措，拿出前所未有的工作投入、人力投入、资金投入，2017年11月正式通过国家验收并退出国家扶贫开发工作重点县。退出国家扶贫开发工作重点县后，严格按照"四个不摘"要求，切实做到不放松、不停顿、不懈怠，确保实现高质量稳定脱贫，推动脱贫攻坚取得决定性进展，为实现全面小康、推动乡村振兴奠定了坚实基础。

一、主要成效

五年时间，累计投入资金132亿元，实施扶贫项目4371个；85个贫困村成立农民专业合作社314个，建设扶贫产业基地2024个，集体经济组织年分配收益均达到30万元以上，全部脱贫出列；滴灌实施帮扶措施178943个、户均享受帮扶措施11个，系统内建卡贫困人口16801户70425人全部脱贫，综合贫困发生率从2014年的14.2%下降至0，深度贫困镇贫困发生率从10.6%下降至0，脱贫攻坚普查任务高质量完成，剩余贫困对象全部达到"两不愁三保障"标准，贫困乡镇、贫困村居、贫困对象发生了九大显著变化。

（一）生活水平发生显著变化

农民人均可支配收入从2014年的7431元上升至2020年的13352元，建档立卡贫困人口人均纯收入从2014年的6117元上升至2020年的10839元，年均增长10.1%，建档立卡贫困人口人均纯收入从2014年的6117元上升至2020年9月底的12063元，年均增长10.9%，实现了从基本温饱到吃穿不愁。

（二）稳定增收发生显著变化

产业带动、务工就业可持续、可长效，"一乡（镇）一业、一村一品"格局有效形成，"村村有主导产业、户户有增收项目"全面实现。

（三）基础设施发生显著变化

路水电气讯等设施全面改善，人民群众给脱贫实惠普遍点赞。

（四）公共服务发生显著变化

贫困群众住有所安、病有所医、学有所教全面实现，社会民生事业覆盖面、认可度大幅提升。

（五）精神面貌发生显著变化

贫困群众用勤劳双手创造幸福生活的精气神显著增强，坚信脱贫只是第一步、更好的日子还在前方。

(六)基层治理发生显著变化

基层党组织成为带领群众脱贫致富的坚强堡垒,干部解决实际问题的能力明显提高,进一步巩固了党在农村的执政基础。

(七)干群关系发生显著变化

群众对干部的满意度不断提升,更加感恩党、感恩时代、感恩总书记。

(八)扶贫格局发生显著变化

专项扶贫、行业扶贫、社会扶贫大扶贫格局全面形成,脱贫攻坚强大合力充分凝聚。

(九)带动范围发生显著变化

脱贫成效不止于秀山,电商扶贫、消费扶贫等系列脱贫举措,让武陵山区44个贫困区县、100万贫困人口分享红利。特别是牢固树立"抓脱贫就是抓发展、抓民生、抓社会进步、抓基层基础"的理念,始终坚持以脱贫攻坚统揽经济社会发展全局,将脱贫攻坚工作贯穿于县域经济社会发展各方面,一体研究、一体谋划、一体推进,深度融合、互为补充、同步提升,有效推动县域经济社会持续健康发展,极大增强县域经济活力和发展后劲。2020年,实现地区生产总值301.27亿元、固定资产投资164.26亿元、社会消费品零售总额201.79亿元,总量在渝东南均排名第1位。2020年农业总产值实现52.5亿元,增长5.4%;农业增加值实现31.6亿元,增长5.1%;农村居民收入达13352元,增长8.9%;新增"两品一标"农产品认证107个、"巴味渝珍"授权农产品18个,5项指标取得组内4个第一、1个第二的好成绩。

二、主要措施

（一）聚焦责任落实

一是强化理论武装。 把习近平总书记关于扶贫工作重要论述作为源头活水，党的十八大以来，全县各级党委（党组）围绕脱贫攻坚主题，开展理论学习中心组学习5400余次、宣讲3600余场，做到了脱贫攻坚任何决策都从中找思路、找方法。

二是强化组织领导。 建立"1+4+10+16+27"组织领导体系，"1"即县扶贫攻坚领导小组、实行"双组长"制，"4"即实行四大片区督战制度，"10"即成立5个县级部门督导组、4个片区乡镇（街道）督导组、1个专题调研组，"16"即产业扶贫、教育扶贫等16个行业扶贫指挥部，"27"即27个乡镇（街道）扶贫攻坚领导小组，五年来一如既往做到了主要精力、优势资源向脱贫攻坚倾斜，形成了"唯此为大、唯此为重、唯此为要"的集体共识。

三是强化指挥调度。 县委、县政府切实担负主体责任，五年来累计召开涉及脱贫攻坚主题的县委常委会会议71次、县政府常务会议82次，召开扶贫攻坚领导小组会议34次、整改工作领导小组会议20次，经常性召开各类专题会议，真正做到了每月研究脱贫攻坚、逢会必讲脱贫攻坚。

四是强化考核评估。 注重提高考核权重，将乡镇（街道）、县级部门脱贫攻坚考核分值由10分，分别提高到30分、20分，推动实现一切工作服从、服务于脱贫攻坚。

（二）聚焦政策落实

一是针对"两不愁"问题。 通过产业扶贫、就业扶贫、低保兜底、临时救助等方式,五年来享受产业帮扶政策16811户、就业扶贫政策16646户、残疾人帮扶政策3165户、生态扶贫政策16471户、资产收益扶贫政策12434户,享受居民最低生活保障14577人、享受特困供养(五保)190人、还在领取最低生活保障金11628人,贫困对象100%不愁吃、不愁穿。

二是针对"义务教育保障"问题。控辍保学、教育资助、送学上门等政策全面落实,享受"两免一补"教育扶贫政策12478户,实现义务教育保障100%。

三是针对"基本医疗保障"问题。基本医保、先诊疗后付费、特殊疾病卡办理等政策全面落实,享受健康扶贫政策16841户,实现基本医疗保障100%。

四是针对"住房安全保障"问题。易地扶贫搬迁、危房改造等政策全面落实,享受危房改造维修加固政策2468户、危房改造拆除重建政策588户、易地扶贫搬迁及后续帮扶政策1317户,贫困对象100%住上"安全房""舒心房"。

五是针对"饮水安全保障"问题。采取建管并重方式改善饮水条件,全面解决饮水困难人口10356户43452人,贫困群众饮用水水量、水质、用水方便程度、供水保证率四项指标全面达标。

六是针对"基础设施"问题。行政村、撤并村通畅率100%,30户以上的自然村通畅率100%,具备条件的行政村客运通车率100%;农村生活垃圾分类和资源化利用覆盖100%乡镇、90%以上行政村,行政村通光纤、动力电达100%,村级便民服务中心、乡镇卫生院、村卫生室标准化率均达100%,行政村宽带、乡镇4G网络全覆盖。

(三)聚焦工作落实

一是保质保量整改各类反馈问题。从政治上认识、从政治上落实各类反馈问题整改,中央脱贫攻坚专项巡视"回头看"反馈意见,涉及全县整改任务60条、对象化项目化问题点3个,已全部完成整改销号;2019年国家脱贫攻坚成效考核指出问题,涉及全县整改任务63条、对象化项目化问题点1个,已全部完成整改销号;2019年市级脱贫攻坚成效考核指出问题,涉及全县10个方面13个具体问题和隘口镇4个方面14个具体问题,已全部完成整改。2020年扶贫审计涉及全县4个问题、全市决战决胜脱贫攻坚专项督查反馈的6个问题、"百日大会战"市级暗访抽查发现的4个问题、《中国扶贫》杂志记者暗访发现的1个问题、"百日大会战"期间自查评估发现的343个问题,均已全部完成整改。

二是集中资源攻克深度贫困。 县委常委每人定点联系一个隘口镇的贫困村,引导各类资源向市级深度贫困镇隘口镇倾斜,推动隘口镇整体面貌发生巨大变化。目前,建卡贫困户由722户3240人减至2019年底17户69人,人均可支配收入由2016年的9323元提升至2019的15727元。其中,扶贫产业大发展,中药材、茶叶、核桃三个万亩基地基本成形,乡村扶贫产业园年产值1亿元;基础设施大改善,20户以上自然院落公路硬化率、自来水入户率、安全用电率均达100%;生活环境大提升,危旧房改造100%。

三是携手并肩开展东西部扶贫协作。 组织领导方面,党政主要负责同志互访15人次,召开联席会议7次;资金使用方面,到位财政援助资金12847万元,实施项目82个;产业合作方面,帮助引进企业6个,秀山鲁渝就业扶贫车间入选"人社部扶贫典型事例征集展示活动全国60强";人才交流方面,相互选派14名党政干部、216名专业技术人才、16名贫困村党支部书记挂职交流;携手奔小康方面,德州市下属11个区市县与秀山部分乡镇结对,镇村结对8对,村企结对15对,学校结对9对,医院结对22对。在2019年国家省际交叉成效评价中,秀山县东西部扶贫协作工作成效获得"好"的评价。同时,中央定点单位扶贫到位帮扶资金6199.8万元,派驻扶贫干部10人,落实农行广东分行帮扶秀山;市对口帮扶单位到位资金6000万元,互派40人挂职交流和进修学习;市级帮扶集团到位资金5324.5万元,选派12名干部到隘口镇开展脱贫攻坚;"万企帮万村"行动实施项目148个,惠及贫困人口10467人。

四是坚定不移抓党建促脱贫攻坚。逐一制定村级集体经济规划,发展农村合作经济组织858个,实现268个村(社区)全覆盖。注重正面激励,五年来提拔或平职重用134名脱贫攻坚一线干部,占提拔或平职重用的39.8%。全覆盖开展扶贫干部分级轮训,及时落实驻村工作队相关补贴,建立村(社区)干部工作补贴动态增长机制。坚决整治形式主义、官僚主义和扶贫领域腐败问题,五年来查处和纠正形式主义、官僚主义问题129件143人,组织处理143人;查处扶贫领域问题81件,党纪政务处分84人,组织处理76人。

(四)聚焦工作成色

一是产业扶贫覆盖联结100%的贫困村、100%的贫困户。把产业增收作为稳定脱贫的主要途径和长久之策,因地制宜加大产业扶贫力度。抓支柱产业。建成特色产业基地96万亩,其中,中药材38万亩、山银花基地规模居全国第二,茶叶14万亩、成为全市茶园面积最大的基地县,油茶23万亩、成为全市最大基地县,水果21万亩,形成"一村一品"产业格局。抓链条延伸。依托产业扶贫形成的中药材规模,引进海王、步长、红日、国泰康宁等大型企业产业项目落户秀山。以旅游扶贫为契机促进景区提档升级,游客接待量、旅游综合收入年均增速在40%、50%以上,累计带动2.8万贫困群众增收。抓利益联结。贫困村建社率100%,主导产业覆盖100%的贫困村、100%的贫困户,带动1.65万户贫困户增收4000元以上。

二是电商扶贫让武陵山区100万贫困人口受益。农村电商"五大体系"基本形成,五年来电商交易额、网络零售额累计达535亿元、102亿元,卖出50.7亿元的农特产品,其中武陵山区其他区县占比达38.9%,电商扶贫效益惠及武陵山区100万贫困人口。平台建设解决"怎么卖"问题。完善电商产业园功能,建立农村电商乡镇服务中心11个、乡村服务站点200

余个，入选阿里巴巴贫困县农产品电商销售10强县。产品开发解决"卖什么"问题。建立电商产业扶贫基地2000余个、认证特色农产品基地163个、签订订单农业8.8万亩，直接让贫困农户成为了电商产品供应商。人才培养解决"谁来卖"问题。开展电商培训4.7万人次，电商带动3500余名贫困群众创业就业，创造了22种全新就业岗位，电商从业人员达2.6万人。

三是消费扶贫服务市内外44个贫困区县。注重提升供给能力。培育农特产品加工企业1320家，获国务院扶贫办认定的市场主体166家、商品581个。注重打造展示窗口。建成消费扶贫交易中心，重庆18个贫困区县和市外26个贫困市县近1000款扶贫产品入驻展销。消费扶贫重庆馆上线运行以来，注册用户149928人，入驻扶贫商品3573个，占全市入驻扶贫商品三分之一。注重拓展消费方式。通过"渝货进山东"展销、武陵山商品交易博览会、广东消费扶贫专场、重庆市消费扶贫周江北专场、渝中专场等方式，消费扶贫完成1.92亿元（农行总行2118万元，山东2712万元，市商务委扶贫集团2287万元，合川2663万元，县预留采购份额2448万元，民营企业购销7000万元），提前完成年度总体任务。

四是扶贫小额信贷贷款户数增长106倍。贷款金额从2017年的487.5万元增长到目前的3.77亿元，增长77倍；贷款户数从2017年的98户增长到10448户，增长106倍；获贷率从2017年的0.59%增长到61.22%，增长104倍，全市排名靠前。破解"不愿贷"心结。强化政策宣传和思想引导，解决了贫困户"不愿贷、不敢贷"思想包袱。破解"没处用"困惑。探索"户贷户用合伙"等模式，打造利益共同体，有效增强贫困对象贷款信心。破解"还不起"担忧。探索产业保险机制，逐步完善风险防范机制，让贫困户有底气、愿意贷、放心用。

五是教育扶贫让2285名贫困家庭学生考上本科。1984—2011年，全县仅有566名学生考上重本，考上北大清华人数为0。2012年以来，全县投入60亿元、实施教育"二次创业"，实现一年一台阶、一年一突破。针

566

对贫困家庭学生,采取教育资助、政策倾斜、结对帮扶等措施,帮助他们斩断穷根。2015—2020年,贫困家庭学生参加高考被本科院校录取2285人,占贫困家庭学生的57.6%;25名学生被清华、北大录取,其中有8名贫困家庭学生。通过教育扶贫,不仅帮助学生成长成才,更影响带动周边贫困对象增强志气,助推"志智双扶"。

六是"一线工作法"有效拉近党群干群关系。"感情在一线建立"。建立结对帮扶机制,选派6581名帮扶干部,五年来一如既往入户走访,与贫困对象建立了深厚友谊。"问题在一线解决"。实行"住读"制度,所有乡镇干部吃住在乡镇,驻村工作队、第一书记、村干部吃住在村,随时帮助解决问题。"作用在一线发挥"。建立"扶持党员创业、带动群众就业"机制,每名有帮带能力的党员结对帮扶1~3户贫困户。如致富带头人白天树发展蜜蜂养殖,带动293户农户(其中贫困户166户)年均增收1.7万元,荣获2018年全国脱贫攻坚奋进奖。

三、主要成效

五年时间,累计投入资金132亿元,实施扶贫项目4371个;85个贫困村成立农民专业合作社314个,建设扶贫产业基地2024个,集体经济组织年分配收益均达到30万元以上,全部脱贫出列;滴灌实施帮扶措施178943个、户均享受帮扶措施11个,建档立卡贫困人口由2014年的16153户61728人减至2020年9月底的333户1357人,综合贫困发生率从2014年的14.2%下降至2020年9月底的0.32%,深度贫困镇贫困发生率从10.6%下降至0.29%,脱贫攻坚普查任务高质量完成,剩余贫困对象全部达到"两不愁三保障"标准,贫困乡镇、贫困村居、贫困对象发生了九大显著变化。一是生活水平发生显著变化,农民人均可支配收入从2014年的7431元预计上升至2020年的13242元、年均增长10.1%,建档立卡贫困人口人均纯收入从2014年的6117元上升至2020年9月底的12063元、年均增长10.9%,实现了从基本温饱到吃穿不愁;二是稳定增收发生显著变化,产业带动、务工就业可持续、可长效,"一乡(镇)一业、一村一品"格局有效形成,"村村有主导产业、户户有增收项目"全面实现;三是基础设施发生显著变化,路水电气讯等设施全面改善,人民群众给脱贫实惠普遍点赞;四是公共服务发生显著变化,贫困群众住有所安、病有所医、学有所教全面实现,社会民生事业覆盖面、认可度大幅提升;五是精神面貌发生显著变化,贫困群众用勤劳双手创造幸福生活的精气神显著增强,坚信脱贫只是第一步、更好的日子还在前方;六是基层治理发生显著变化,基层党组织成为带领群众脱贫致富的坚强堡垒,干部解决实际问题的能力明显提高,进一步巩固了党在农村的执政基础;七是干群关系发生显著变化,群众对干部的满意度不断提升,更加感恩党、感恩时代、感恩总书记;八是扶贫格局发生显著变化,专项扶贫、行业扶贫、社会扶贫大扶贫格局全面形成,脱贫攻坚强大合力充分凝聚;九是带动范围发生显著变化,脱贫成效不止于秀山,电商扶贫、消费扶贫等系列脱贫举措,让武陵山区44个贫困区县、100万贫困人口分享红利。

四、典型

近年来,秀山县在决战决胜脱贫攻坚进程中,尽锐出战,积极探索,创新实践脱贫攻坚新机制、新举措、新经验,选树先进典型,打造宣传品牌,确保如期高质量打赢脱贫攻坚战。

（一）突出"亮点"

秀山是渝湘黔交界地区的区域性物流中心。依托区位优势，大力发展农村电商产业，积极创新构建农村电商"五大体系"，变"沉睡资源"为"脱贫财富"。秀山农村电商被评为"全国农村电商十大模式"之一，农村电商产业链覆盖全县100%的贫困村，80%的贫困户。《人民日报》、新华社、中央人民广播电视总台等中央主要党媒以及《香港商报》等多家媒体多次报道秀山电商扶贫。《人民日报》曾报道《重庆秀山建起本土农村电商平台武陵生活馆——快递送到村 山货进了城（样本·观察地方经济新亮点）》，这是涉及秀山的单条报道首次上《人民日报》头条版面，首次以样本栏目推出。

秀山取得电商扶贫显著成效，与扶贫牛人"车员外"车玉昕有关。车玉昕刚从北京来到秀山发展农村电商，他被人称为"东北来的骗子"。历经8年摸索与发展，他把秀山农村电商做成了全国农村电商的一张名片，

▲ "车员外"把秀山的农特扶贫产品通过电商越卖越远（秀山县扶贫开发办公室供图）

开发了72款畅销网络的自主品牌电商产品,率先实施"新农人培养计划",引导贫困农民免费学习互联网和电子商务知识,累计培养输出农村电商人才4万多人,有2万3000多人从事农村电商相关工作,带动贫困户及子女230多人实现直接就业。建立了覆盖县域的"武陵生活馆"乡村服务站232家,组建了专注县域农村的快递企业"云智速递",彻底打通了农村电商"最初一公里"和"最后一公里"。自主开发了专注县域农村电商的新一代电商平台软件——"村头",里面有来自秀山贫困乡村以及全国各地的客户订单。接单、对接、收货、分发、快递,鼠标轻点之间,解决了困扰农民多年的买难卖难问题。线上"村头"、线下武陵生活馆的"互联网+三农"的全国农村电商模式,被誉为中国农村电商的一面旗帜。2019年,秀山县通过订单农业带动7908户贫困户增收。2020年,秀山农特产品电商销售额实现15.2亿元,增长16.9%。车玉昕本人也获评"全国五一行业模范"等称号。2021年全国脱贫攻坚总结表彰大会召开,车玉昕参与的秀山县电子商务产业发展领导小组办公室荣获全国脱贫攻坚先进集体。

(二)聚焦"重点"

按照习总书记扶贫攻坚系列重要论述,围绕"两不愁三保障"等突出问题,秀山着力攻坚"产业扶贫、金融扶贫、东西部扶贫协作、社会扶贫、健康扶贫、教育扶贫、定点扶贫(攻坚)、就业扶贫"等重点工作,效果明显。中央主要党媒和境外媒体多次报道秀山相关典型。其中,秀山金融扶贫"一自三合"模式探索和发展得到了国务院扶贫办的高度认可。中央电视台新闻联播以长达50秒的《决战决胜脱贫攻坚——各地因地制宜高质量推进脱贫攻坚》为题专题报道,是新世纪以来央视新闻联播首次报道秀山工作。

秀山获得扶贫"国家级荣誉"的还有扶贫达人——武陵"深山蜂王"白天树,中央主流媒体也多次报道。他从14岁开始养蜂。2015年,争取到上海宋庆龄基金会"农民创业接力棒"项目基金100万元,为20户贫困户发放养蜂器具1000套、蜂种1000群。

他带领贫困户成立的秀山县众欢蜜蜂养殖专业合作联社,以"赊销供种、保底回收"的发展模式,在"资金、技术、回收"等关键环节"兜底",利用扶贫电商"网上村庄"平台优势,运用互联网电商等新平台促进产品推广与销售,在脱贫路上越走越远、越走越宽。他带动全县293户农户(其中建卡贫困户166户)从事蜜蜂养殖,并吸引了23人返乡创业。合作社年产值近1000万元,带动发展的农户户平均年增收达到1.7万元。

2018年10月17日,全国脱贫攻坚奖表彰大会暨首场脱贫攻坚先进事迹报告会在北京召开,白天树荣获奋进奖,是重庆市首位受到表彰的全国脱贫攻坚先进个人。2019年1月10日,白天树作为特邀嘉宾,为"感动重庆十大人物"2018年度获奖者颁奖。2021年2月25日,全国脱贫攻

▲ 白天树给建卡贫困户传授养蜂技术(秀山县扶贫开发办公室供图)

坚总结表彰大会召开,白天树荣获全国脱贫攻坚先进个人称号。

(三)关注"难点"

秀山县创新实施"攻坚激励"行动,树立厚爱激励"风向标",强化待遇保障,激发干部干事创业热情。提拔重用脱贫攻坚一线干部,多名一线扶贫干部或集体受市级表彰;按照每村不低于2万元的标准划拨驻村工作经费,为驻村人员购买意外伤害保险,并落实生活、交通和通信补贴等。已年近退休的赵茂兴就是受"攻坚激励"而"乐意奉献"的一名干部。扶贫攻坚工作刚开始,他便主动请缨到现在的市级深度贫困乡镇隘口镇最边远落后的富裕村担任第一书记。他一干就是4年,富裕村一年一个台阶。

2018年,市级帮扶部门向富裕村派驻了第一书记,因为他的扶贫贡献,村里的群众舍不得他离开,一致推荐他为村支书,面对群众的信任和托付,他承诺:"从第一书记到村支书,富裕村不富裕我不卸任。"目前,他正在与村民描绘富裕村美好的发展蓝图,谱写一位共产党员战斗在扶贫一线最美丽的华章。2019年,他入选9月"中国好人榜",荣获重庆市2019年度脱贫攻坚奖先进个人。新华社等市级、中央主流媒体报道他累计30余次。

物质扶贫重要,精神扶贫更重要。为解决这个"难点",秀山县出台《"精神脱贫"实施方案》《贫困群众扶志扶智工作方案》等文件,探索走出一条"立足当地文化特色,精准对接精神扶贫"的新路,具体包括:弘扬当地"革命老区"的红色文化基因,引导形成对党和国家扶贫政策的感恩心态;培育"村容村貌美、村风民风正"的"美丽乡村文化",有效提振"精气神";针对当地普遍存在的"办酒攀比风""麻将瘾",摒弃不利于精神物质双脱贫的"人情攀比文化";立足秀山本地花灯、边城等"民俗文化",在提供源源不断"精神滋养"的同时,形成了民俗旅游新生长点。

2015年下半年,秀山县开始着手整治"办酒攀比风"不良风气。给党员和干部定规矩：婚丧嫁娶一律不准大操大办，提倡新事新办、丧事简办；如迁建新居、庆贺生日、子女升学、参军、孩子满月、开业庆典等一律不得借机请客敛财。同时，加强乡风文明建设，在民间移风易俗。2016年，《人民日报》刊发通讯《重庆秀山　治"歪酒风"，让老百姓更轻松》，报道秀山整酒风促新风成效明显。

酉阳县

酉阳县是重庆市面积最大、贫困人口最多、贫困程度最深、扶贫任务最重的县。2014年,全县精准识别出贫困人口32377户130286人、贫困村130个,贫困发生率高达17.4%。党的十八大特别是2017年7月以来,酉阳县深学笃用习近平总书记关于扶贫工作重要论述,全面落实市委、市政府决策部署,坚持以脱贫攻坚统揽全县经济社会发展全局,严格执行"双组长制",紧扣"两不愁三保障",突出"六个精准""五个一批",举全县之力合力攻坚,脱贫攻坚取得重大胜利。全县35532户153083名建档立卡贫困人口全部脱贫,130个贫困村全部销号。2020年2月,正式退出国家扶贫开发工作重点县序列;8月,顺利通过全国脱贫攻坚普查。

一、举措与成效

(一)坚定不移贯彻习近平总书记关于扶贫工作重要论述和党中央关于脱贫攻坚决策部署,充分发挥县委总揽全局、协调各方作用,全面加强对脱贫攻坚的组织领导

一是持续强化理论武装,对标对表研究部署。先后召开县委常委会会议159次、县政府常务会62次、县扶贫开发领导小组会51次,深入学习贯彻习近平总书记关于扶贫工作重要论述和党中央关于脱贫攻坚决策部署,对标对表中央、市委要求,研究部署脱贫攻坚工作。县委书记带头为全县278名村(社区)党组织书记宣讲习近平总书记重要讲话精神;全体市管领导干部均深入联系乡镇一线宣讲,教育引导广大党员干部牢固树立"四个意识",坚定"四个自信",做到"两个维护",始终在思想上政治上行动上同以习近平同志为核心的党中央保持高度一致。把扶贫理论、扶贫政策、扶贫知识汇编成"口袋书",让干部持续深入学,确保各级干部熟练掌握政策、精准落实政策。全县干部切实用习近平总书记关于扶贫工作重要论述武装头脑、指导实践、推动工作,各级干部抓脱贫攻坚责任落实、政策落实、工作落实的意识全面增强。

二是坚持领导带头示范,深入一线推动落实。县委书记、县长共同担任县扶贫开发领导小组组长,履行脱贫攻坚第一责任人责任,全力抓好统筹协调、项目安排、资金调度、督导检查等工作。县委、县人大、县政府、县政协四大班子领导分别担任县扶贫开发领导小组副组长,按照工作分工履行分管联系领域脱贫攻坚工作责任。县委书记带头开展贫困对象遍访行动,每年均对39个乡镇(街道)进行2次以上全覆盖调研,对130个贫困村实现2~3次遍访全覆盖;每到一个贫困村均走访2~5户贫困户或非贫困户,现场指导脱贫攻坚、乡村振兴、产业发展等工作。县政府县长每年均对39个乡镇(街道)实行全覆盖调研,实地督促推动脱贫攻坚。全体市管领导干部常态化深入乡镇督促指导,带动全县各级干部形成"工作在一线推动、问题在一线解决"的良好攻坚氛围。39个乡镇(街道)党(工)委书记、278个村(社区)党组织书记均对辖区贫困户进行全覆盖遍访帮扶。

三是健全完善帮扶机制,上下联动合力攻坚。县、乡、村层层签订脱贫攻坚目标责任书,形成一级抓一级、层层抓落实的脱贫攻坚责任体系。坚持把最精锐、最能干的干部派到脱贫攻坚一线,先后选派172名优秀党员干部到130个贫困村担任第一书记,与驻村工作队一道坚持"吃在村、住在村、干在村",实现贫困村"一村一队"蹲点扶贫。从县级部门、各乡镇(街道)选派7312名干部结对所有建档立卡贫困户常态化开展帮扶,帮助贫困户制定增收计划、落实政策措施、解决实际困难。持续滚动回引本土人才挂职扶贫专干270名。切实加强基层人才培养、东西部协作人才交流,注重在脱贫攻坚一线选拔使用干部,强化工作保障,切实关心关爱扶贫干部。全县扶贫干部为打好脱贫攻坚战艰苦付出、无私奉献,涌现出一大批先进典型。共提拔重用扶贫干部294人,扶贫干部受市级表彰15人、区县级表彰179人。

(二)坚定不移贯彻精准扶贫精准脱贫基本方略,紧扣"两不愁三保障",坚持到户到人到项,扎实推动各项扶贫政策举措落实到户到人

一是义务教育有保障。紧扣习近平总书记提出的"让贫困家庭义务教育阶段的孩子不失学辍学"要求,扎实开展教育扶贫行动,建立健全义务教育阶段学生失学辍学问题动态排查清零机制,对全县义务教育阶段贫困学生开展问题大排查,全覆盖落实教育资助政策,做细做实控辍保学工作,切实改善农村办学条件。累计落实贫困学生教育资助资金7.23亿元,资助贫困学生139.6万人次,发放大学生助学贷款1.78亿元2.28万人次。累计招聘学科结构性差缺教师1411人,安置公费师范生354人,组织教师参加国培、市培、县培共计44149人次,队伍素质全面提升。召开控辍保学会专题会、阶段性工作推进会、调研座谈等会议,对义务教育阶段因重度残疾等原因导致无法随班就读的235名学生,安排送教上门13000人次,全县义务教育阶段孩子无失学辍学现象。

二是基本医疗有保障。紧扣习近平总书记提出的"所有贫困人口都参加医疗保险制度,常见病、慢性病有地方看、看得起,得了大病、重病后基本生活过得去"要求,将所有贫困人口全部纳入基本医疗保障政策范围,建卡贫困人口参保率、享受参保补贴率100%。全面落实"先诊疗、后付费"等便民措施,贫困患者住院报销比例均达90%;同步实施乡镇(街道）卫生院规范化建设和村卫生室标准化建设，完善县、乡、村医疗卫生服务体系。累计投入9700万元，设立健康扶贫医疗救助基金，累计救助15万人次；累计投资近3亿元，推进县级重点医疗机构整体迁建；完成37个乡镇卫生院标准化和251个村卫生室标准化建设；累计招引各类人才500余名，组织培训医务人员10000余人次，持续提升医疗服务能力，全县贫困人口基本医疗有保障。

三是住房安全有保障。紧扣"人不住危房，危房不住人"要求，围绕"应改尽改、动态清零"目标，把建档立卡贫困户放在突出位置，同步完成低保户、农村分散供养特困人员、贫困残疾人家庭等重点对象及符合条件的一般农户危房改造任务。以建档立卡贫困户等4类对象为重点，委托第三方鉴定机构累计完成农房安全鉴定45495户，严控建设标准、严把改造质量、严格验收标准。累计完成农村危房改造11532户，重庆市下达酉阳县重点对象改造任务全面完成，贫困人口无住危房现象。完成易地扶贫搬迁8686户40496人。在搬得出方面，搬迁户已全部完成入住，并全部兑付补助资金，且搬迁户旧房均得到妥善处置；在稳得住方面，完善安置点教育、医疗、公共服务等配套基础设施，配套"菜园地"，改善住房条件，提升人居环境，并创新社区融入管理，使得搬迁户融入新环境；在就业方面，采取扶贫车间、开发公益性岗位等措施，确保每户搬迁户至少有1人实现就业；在能致富方面，充分挖掘酉阳县旅游资源禀赋，实现安置点和旅游资源的完美结合，使搬迁户既住上了称心房，又吃上了旅游饭，真正实现了搬迁搬出新天地、移民移出好日子。

四是饮水安全有保障。紧扣习近平总书记提出的"让农村人口喝上放心水，统筹研究解决饮水安全问题"要求，坚持因地制宜、分类实施、因户施策、精准解决的原则，对照农村饮水安全评价标准，通过修建集中供水工程、铺设供水管道、加强后期管护、组建农村饮水安全排查工作队等方式，逐村逐户排查饮水安全保障情况，采取有效措施确保储水供水、水质达标。累计投资2.6亿元，新建农村饮水安全巩固提升项目1606个，巩固提升33.6万人饮水安全,实现农村饮水安全工程全覆盖,全县农村人口全部喝上放心水。

五是两不愁问题全面解决。 通过落实公益性岗位、发展到户产业、龙头企业带动、就业培训、低保兜底等方式进行精准帮扶。切实加强就业扶贫,按照"1户1人1技能,培训1人就业1人脱贫1户"思路,积极落实"应训尽训"总体要求,结合市场需求和贫困劳动力培训意愿,大力推进培训工作,加强急需紧缺工种培训力度。累计投入资金2803万元,组织开展各类扶贫培训618次,培训52639人次,贫困群众能够稳定就业持续增收。强化综合性保障措施,建立财政、民政、扶贫等部门协调推进机制,针对扶贫对象中无法通过生产扶持和就业发展、搬迁安置等措施脱贫的家庭,符合条件的,及时纳入低保兜底保障范围。累计实施贫困人口低保兜底17939人、特殊困难人群临时生活困难救助29397户。

六是不折不扣抓好问题整改落实。 坚持把抓好脱贫攻坚相关问题整改作为重大政治任务,做到一体整改、全面整改,以问题大整改促进脱贫攻坚质量大提升。县四大家主要领导带头抓整改,每次县委常委会、县政府常务会、县扶贫开发领导小组会都逐项听取问题整改情况汇报,研究解决具体问题;成立县委整改办,从县委办、县政府办、县纪委监委机关、县委组织部等部门抽调36名工作人员,专抓整改工作的具体协调和督查检查,逐类逐项建立整改台账和任务清单,实行动态管理,定人、定责、定时推进整改;组建10个脱贫攻坚专项督导组,聚焦"两不愁三保障"、反馈问题整改、干部到岗履职情况等,采取不打招呼、不搞陪同、直接进村、随机入户的方式开展督导;对整改责任履行不到位的,县委进行约谈和督办,形成一级抓一级、层层抓落实的工作格局,确保脱贫攻坚各项政策落到实处、取得实效。涉及酉阳县的问题已全部按期整改销号。

七是聚焦两个深度贫困乡,全力攻克坚中之坚。 严格按照市委、市政府挂牌督战要求,在车田乡、浪坪乡脱贫攻坚指挥部的统筹指挥下,在市文旅委扶贫集团、市总工会扶贫集团的倾情帮扶下,进一步压实攻坚

▲ 花田乡何家岩村扶贡米产业基地（谢冈均 摄）

责任，整合扶贫资源，点对点落实攻坚措施、实打实解决突出问题，推动各类资源、各方力量向车田、浪坪2个深度贫困乡和9个定点攻坚村汇聚。县委书记先后43次深入深度贫困乡调研指导，其中车田乡23次、浪坪乡20次，一线办公、一线督战，推动工作落实；县政府县长和分管联系县领导经常深入车田乡、浪坪乡调研指导、联系帮扶；驻乡工作队与相关县级部门、乡村两级干部一道，严格按岗履职、合力攻坚。截至目前，车田乡实施扶贫项目114个，完成投资6.5亿元，625户2797名建档立卡贫困人口"两不愁三保障"全面实现、全部脱贫。生产生活条件全面改善，泔溪至车田二级公路建成通车，车田至湖北三级公路加快实施。特色产业加快发展，建成油茶基地2.5万亩、茶叶基地1000亩、中药材基地4000亩、经果林基地1400亩、叶用枸杞科研示范基地300亩，打造铜麻台、猫头坝、苗营、文家院子等4个乡村旅游示范点，实现贫困群众产业全覆盖；浪坪乡实施扶贫项目114个，完成投资3.18亿元，546户2495名建档立卡贫困人口"两不愁三保障"全面实现、全部脱贫。建成茶叶基地1250亩、青花椒基地1200亩、辣椒基地4000亩，形成"村有主导产业、户有增收项目"的产业发展格局；建设产业路、旅游路40公里。

（三）坚定不移贯彻以人民为中心的发展思想，注重扶贫同扶志、扶智相结合，持续巩固拓展脱贫攻坚成果

一是坚定不移、执着专注发展特色产业。学好用好"两山论"、走深走实"两化路"，坚持绿色、生态、有机方向，大力发展特色产业，完善利益联结机制，把贫困群众联结到产业链上去，让他们有岗位、有事做、有收入，实现高质量脱贫。大力发展现代山地特色高效农业。充分发挥国有企业、民营企业、村级集体经济组织和农民专业合作社引领作用，以油茶、茶叶、青花椒为重点，大力发展现代山地特色高效农业，全县已累计建成各类特色产业基地135万亩，其中，油茶30万亩、茶叶13万亩、青花椒22万亩、中药材29万亩，构建起"一乡一特、一村一品"产业发展格局；健全完善务工、入股、订单等多种利益联结机制，有效带动12.5万名贫困群众持续稳定增收。大力发展生态工业。大力引进生态资源加工型企业，加快完善"产—加—销"链条，着力培育特色药、特色农副产品、特色酒、特色旅游商品、特色文化商品等特色工业。建立起油茶、青花椒、中药材等农产品深加工体系，开发上市各类农特产品356个，累计获得无公害农产品52个、有机认证9个、国家地理标志证明商标9个。健全完善县乡村三级电商服务网络和冷链物流体系，有力促进农产品变商品，"酉阳油茶""酉阳茶叶""酉阳青花椒"品牌影响力日益提升。大力发展全域旅游。突出山水、人文特色，紧扣"全域桃花源·康养度假地"主题定位，推动景城融合、文旅融合、农旅融合发展，持续提升桃花源国家5A级旅游景区和龚滩古镇、龙潭古镇、神龟峡3个国家4A级旅游景区品质，叠石花谷成为"网红打卡地"，保护性利用好金银山、巴尔盖2个国家森林公园，阿蓬江、酉水河2个国家湿地公园，酉州古城提档升级重新开门迎客，游客集散中心、轨道观光车等重点项目加快推进，全域桃源旅游体系日益成形。5万多名贫困群众吃上"旅游饭"。

二是推进基础设施全面升级。以对外大交通为重点，加快推进交通、水利、电力、通信、环境基础设施建设，城乡面貌发生翻天覆地变化。

酉阳至沿河高速公路建成通车,酉阳至彭水高速公路开工建设。渝湘高铁重庆黔江至酉阳至秀山至湖南吉首段、酉阳至湖南永顺高速公路、通用机场建设等重点交通项目前期工作扎实开展。渝怀铁路二线酉阳段建成通车。统筹推进国省干道升级改造和农村公路建设,累计建成"四好农村路"4474公里,全县行政村通畅率达100%,村民小组通畅率达95%。完成10千伏及以下农网改造,村村通上动力电,群众生活用电通电率达100%。桃花源水库、大泉水库、农村饮水安全巩固提升等水利工程有序推进,家家喝上放心水。实现乡镇4G通信网络全覆盖,20户以上村民聚居点4G信号覆盖率全覆盖,光纤行政村全覆盖。农村生活垃圾收运处置体系覆盖率达100%,行政村生活垃圾有效治理率100%,农村人居环境更加干净整洁有序。

三是不断激发贫困群众内生动力。把"思想脱贫"作为增强贫困户"造血"功能的治本措施,把扶贫与扶志扶智结合起来,充分调动贫困群众积极性、主动性和创造性,用人民群众的内生动力支撑精准扶贫精准脱贫走深走实。坚持注重精神扶贫,通过"新时代农民讲习所""榜样面对面""脱贫故事会""脱贫微访谈"等多种方式,将党的扶贫政策传递到千家万户;举办"决胜小康·奋斗有我"战贫脱贫故事擂台赛200余场次,开展"榜样面对面"100余场次,开展"身边的脱贫故事"微访谈200余场次,全面激发贫困人口的信心和干劲,持续释放自力更生、勤劳致富的内生动力。涌现脱贫先进典型、先进经验157个。坚持金融扶贫创新"贷"动,落实"5万以下、3年以内、免担保、免抵押、财政贴息"等政策要求,鼓励贫困群众自主发展产业。加强贷前、贷中、贷后管理,全力防范和化解风险。累计发放扶贫小额信贷9954户4.03亿元,有效激发贫困群众内生动力。随着脱贫攻坚的深度推进,贫困群众主体意识和自我担当逐渐觉醒,内生动力日益强劲,实现"要我脱贫"到"我要脱贫"的蜕变。

四是健全完善防止返贫帮扶机制。把防止返贫放在重要位置,密切关注脱贫户家庭生产生活和健康状况,在10个乡镇(街道)抽取200户不同致贫原因的脱贫户作为样本,开展脱贫成效跟踪监测,对存在返贫风险的,通过及时跟进落实公益性岗位、发展到户产业、龙头企业带动或引导务工就业等方式开展针对性帮扶,防止滑向贫困。扶贫对象动态管理方面。高度重视扶贫对象动态管理工作,围绕扶贫对象动态管理工作标准、程序、系统操作等具体业务,组织全县乡、村扶贫信息员进行培训。广泛宣传发动,组织干部进村入户、逐项对账做好信息采集,对标对表按时高质量做好年度扶贫对象动态管理各项工作。防止返贫监测和帮扶方面。将防返贫监测工作纳入巩固脱贫成果重要内容,对全县427户脱贫监测户、754户边缘户,准确把握防返贫监测和帮扶工作的基本原则、工作方法、对象范围、识别标准、识别流程等工作要求,落实监测责任干部,实现监测帮扶工作落实全覆盖,精准制定"一户一策"帮扶措施,每月均开展结对帮扶走访监测,无新致贫返贫现象发生。

五是有效化解疫情灾情影响。面对突如其来的新冠疫情和洪涝灾情,全县在抓紧抓实抓细常态化疫情防控的同时,全面分析评估新冠肺炎疫情和洪涝灾情对全县脱贫攻坚的影响,采取针对性措施,努力把疫情灾情带来的不利影响降到最低,全县无一例因疫情灾情致贫返贫现象发生。扎实抓好贫困劳动力务工就业。对有外出务工需求的,实行"点对点、一站式"运输引导贫困群众有序外出返岗就业59209名。全力推动扶贫企业达产达效,县内扶贫龙头企业、农民专业合作社等涉农主体、扶贫车间共计1900余个,带动贫困户8300余户。着力解决贫困群众就近就业增收。对未外出务工的,按照"能进能出、渐进渐出、岗位相对固定、人员合理流动"的动态管理机制,开发农村建卡贫困户公益性岗位,优先安置无法外出、无业可扶、无力脱贫的贫困劳动力15532人,全县公益性岗位开发定位精准、投入精准、对象精准,有效激发贫困群众内生动力。精准落实产业扶贫政策措施。2020年,新增安排贫困户到户产业发展资金1.03亿元,继续支持贫困户发展适度规模的到户产业;强化农村致富带头人培育和政策扶持全覆盖,成功培养创业能成功、带动有成效的贫困村创业致富带头人441人,带动扶贫对象持续增收、稳定脱贫7643人。

六是全面提升扶贫资金使用效益。统筹整合中央17个、市级16个专项及东西部扶贫协作、江北对口帮扶资金用于脱贫攻坚,形成"多个渠道引水、一个池子蓄水、一个龙头放水"集中财力攻坚格局。统筹资金安排的同时注重与脱贫攻坚规划和脱贫攻坚项目库相结合,出台《贯彻落实扎实推进脱贫攻坚项目建设六项措施的任务分解和责任分工》,优化调整脱贫攻坚项目库,加强资金调度监管。出台财政扶贫资金绩效考评办法、扶贫资金监督管理实施细则,实行负面清单管理,开展民生专项监督,每月都对脱贫项目资金使用情况进行检查,确保每一分钱都用在刀刃上。

七是汇聚各方力量合力攻坚。坚持专项扶贫、行业扶贫、社会扶贫等多方力量、多种举措有机结合、互为支撑的大扶贫格局。东西协作助力。自东营、酉阳建立扶贫协作关系以来,山东省、东营市、广饶县三级累计为酉阳支援财政资金1.52亿元,实施帮扶项目129个,直接带动酉阳县贫困群众1.1万余人,惠及贫困群众5万余人。东营市精心组织教育、医疗、农业科技等方面的专业人才到酉阳开展支教、支医、支农等帮扶活动160人次,引进新技术48项,建设覆盖39个乡镇卫生院远程诊疗系统,建设医疗新学科6个,医疗团队开展巡回义诊百余次、义诊群众上万人。帮助酉阳县建设油茶、青花椒等特色产业基地21处,举办厨师、美容、挖机驾驶等实用技术培训27期1067人次,开展6期"蓝海班"培训招收酉阳学生276名,积极推进扶贫车间、扶贫工坊等项目,帮助799名酉阳贫困群众实现就地就近就业,帮助酉阳贫困群众转移到山东就业182人次。东营市多层次、多渠道、多领域倾情帮扶,为推动酉阳脱贫攻坚工作作出了重大贡献。"致酉合作"用力。三十年以来,致公党彰显着"致力为公、侨海报国"的赤子之心,共在酉阳投入帮扶资金1468.47万元、引进帮扶资金3612.8万元、培训基层干部及技术人员7441人次、购买贫困地区农产品464.9万元、帮助销售贫困地区农产品1278.93万元、选派挂职干部3

名,帮助引进企业14家,引入企业带贫人数1180余人。是民主党派参与国家重大战略、服务地方经济社会发展的生动实践,以扎实优异的成绩彰显了中国特色社会主义制度的优越性,极大促进了酉阳减贫事业。致公党中央社会服务部社会服务处获得2020年全国脱贫攻坚奖组织创新奖。对口帮扶发力。自2018年江北酉阳对口帮扶工作开展以来,双方高层对接7次,开展"万企帮万村、江北在行动"活动和建立全市首个横向生态补偿机制。到位帮扶资金2.04亿元,实施援建项目135个,建成茶叶、油茶、青花椒等产业基地5000亩,新建基地产业路、生产便道175公里,基地水池1000立方米,铺设管道30公里;新建和改建农村公路80公里,桥梁30座;新建安全饮水池500立方米,改善人居环境800户;建设远程诊疗中心2个及分诊点39个。惠及10万多农村群众,有效解决5万多贫困群众饮水、看病、出行等具体问题,吸纳5000多人贫困人口就地就近务工,为酉阳精准扶贫精准脱贫持续注入强劲动力。老区扶贫给力。重庆警备区一直联系帮扶酉阳南腰界,加强对县人武部参与扶贫工作的指导。警备区党委首长高度重视老区扶贫工作,机关积极帮建红岩希望小

▲ 酉阳县内口村易地扶贫搬迁后续发展乡村旅游让贫困群众增收脱贫致富(李惠 摄)

学、改造乡村公路、整治"红军街"、扶持特色产业、结对帮扶贫困群众,广泛开展扶贫济困活动。近年来,为帮助革命老区加强红色资源开发,培育壮大红色旅游产业,带动贫困人口脱贫,先后修缮"红军井",援建红军文化广场,建设南腰界镇中心小学国防教育文化园,打造国家国防教育示范基地,为老区人民早日脱贫作出了积极贡献。万企帮万村聚力。组织动员广大民营企业参与"万企帮万村"精准扶贫行动,结合企业自身发展实际,重点在产业扶贫、就业扶贫、公益扶贫、技能扶贫上精准施策、精准发力,用心、用情、用力帮扶,与贫困群众建立利益联结机制,为打赢打好脱贫攻坚战贡献了智慧和力量。

二、典型

冉颖,女,土家族,1985年8月出生,2007年长江师范学院数学与应用数学专业毕业,2010年1月加入中国共产党,重庆市酉阳县民意调查中心策划科科长,2015年8月到清泉乡清溪村开展扶贫帮扶工作,2016年10月担任清溪村第一书记、驻村工作队队长。2016年10月,她被评为"酉阳自治县扶贫开发工作先进个人";2019年,她被评为"重庆市脱贫攻坚年度先进个人"、2019年,她参加重庆市"脱贫攻坚·青春榜样"故事大赛片区复赛获优秀奖。驻村扶贫四年以来,面对艰巨的脱贫攻坚任务,冉颖同志始终坚持把为民办事服务记在心上,把推动脱贫攻坚扛在肩上,把强班子队伍抓在手上,她带领驻村工作队广泛宣传扶贫政策,积极帮助贫困户销售农产品,大力解决群众生产生活困难,组织开展丰富多彩的文化活动,真正扭转清溪村贫穷落后的面貌。

田相君,男,土家族,重庆酉阳人,1976年1月出生,大学学历,1996年11月参加工作,1998年10月加入中国共产党,现任全市18个深度贫困乡之———酉阳自治县车田乡党委书记。田相君同志政治素质过硬,党性观念和宗旨意识强,勤于学习,善于团结,精于思考,带领车田乡干部群众有力推动车田乡经济和社会各项事业快速发展,受到了广大人民群众的好评。2018年,田相君被评为"酉阳自治县优秀党委书记"。

田茂友,2021年2月,在全国脱贫攻坚总结表彰大会上被评为"全国脱贫攻坚先进个人"。在田茂友的带动下,组里、村里掀起了通过产业发展的脱贫浪潮,油茶产业发展迎来属于客寨村的新春天。截至2020年,客寨村470户农户自愿入股土地高达4400亩,完成整地2400亩,栽种1200亩。全乡更是有3300户农户入股土地31000亩,新栽油茶达到24000亩。

彭水县

彭水自治县地处重庆市东南部,面积3903平方公里,辖3个街道、18个镇、18个乡,户籍人口70万。2014年底共有贫困村115个,贫困人口27640户99123人,贫困发生率19.8%。党的十八大特别是2017年7月以来,彭水自治县坚持用习近平新时代中国特色社会主义思想和习近平总书记关于扶贫工作重要论述武装头脑、指导实践、推动工作,全面贯彻习近平总书记视察重庆重要讲话和在解决"两不愁三保障"突出问题座谈会上的重要讲话精神,始终把脱贫攻坚作为头等大事和第一民生工程,以脱贫攻坚统揽经济社会发展全局,突出对标对表,坚持问题导向,强化精准施策,压实攻坚责任,以"绣花"功夫推进脱贫攻坚,精准扶贫精准脱贫成效明显。截至2019年底,全县115个贫困村全部销号,贫困人口由2014年的27640户99123人减少至715户2442人,贫困发生率由2014年的19.8%降至0.49%,全县行政村通畅率、自然村通达率以及脱贫村通客车率、通动力电率、光纤覆盖率、4G网络覆盖率、乡镇卫生院和行政村卫生室标准化率均达100%;基本形成"一村一品"产业发展格局;全面完成村级便民服务中心规范化建设。2020年历史性摘掉国家扶贫开发重点县"帽子",群众认可度达96.31%,为2020年高质量全面完成脱贫攻坚任务奠定了坚实基础。

一、举措与成效

(一)着力强化理论武装

一是坚持用心学进去。 通过县委常委会会议、县委理论学习中心组会议、县政府全体会议、县政府常务会议、县扶贫开发领导小组会议、全县脱贫攻坚推进大会等,深入学习贯彻习近平总书记扶贫重要论述和视察重庆重要讲话精神,切实把思想和行动统一到总书记重要讲话精神上来,统一到中央决策部署和市委工作要求上来。

二是坚持用情讲出来。 组建县委宣讲团,深入一线开展各类宣讲累计18000多场次,开展"榜样面对面"宣讲250场次,切实把习近平总书记亲切关怀和重要指示传递到千家万户。广泛开展宣传报道,国家和市级主流媒体分别报道彭水县脱贫攻坚工作760多篇次、4820多篇。

三是坚持用力做起来。 围绕"两不愁三保障"突出问题,深入开展调研,制定印发《关于贯彻落实习近平总书记在解决"两不愁三保障"突出问题座谈会上重要讲话精神的实施意见》,明确52项工作任务、144项具体措施,切实把习近平总书记重要讲话精神转化为推动发展的工作思路、具体举措和工作成效。

(二)着力压紧压实攻坚责任

一是严格落实党委政府主体责任。 全面落实脱贫攻坚"双组长"制,建立责任、政策、组织领导等8大体系,制定年度工作实施方案和产业、教育、医疗等"1+23"工作方案。实行脱贫攻坚"组长令",对脱贫攻坚工作任务进行清单化交办。全面完成村级便民服务中心规范化建设,"一支一策"整顿提升软弱涣散基层党组织,精准选派第一书记115名、驻村工作队员422人。举办扶贫干部培训班46期、培训19842人次,提拔重用脱贫攻坚一线干部178人次。

二是严格落实纪委监委监督责任。针对脱贫攻坚成立专门巡察组和监督检查室,持续推进扶贫领域腐败和作风问题等专项治理,深入开展"以案四说"警示教育,坚决防止形式主义、官僚主义问题,以铁的纪律护航脱贫攻坚。查处扶贫领域腐败和作风问题320件,给予党纪政务处分169人,组织处理347人、6个单位。

三是严格落实行业部门责任。在县扶贫开发领导小组统筹下,累计整合财政涉农资金42.17亿元用于脱贫攻坚。组建23个专项工作组,对项目建设、资金管理、选派驻村工作队员和帮扶责任人等进行条块化管理。定期召开联席会,研究解决脱贫攻坚推进过程中的困难和问题,构建起责任清晰、各负其责、合力攻坚的责任体系。

四是严格落实驻村结对帮扶责任。全体市管干部认真落实脱贫攻坚"一岗双责"和"驻乡蹲点"制度,带头开展蹲点"促改督战"专项行动,常态化深入乡镇调研指导、督促推进脱贫攻坚工作。建立县级部门包乡、干部职工包户制度,细化明确"第一书记"、驻村工作队工作职责,强化驻村干部正向激励和负向约束,完善考勤管理、召回等6项制度机制。落实帮扶干部"八个一"工作要求,开展干部走访、教师家访、医生巡访、农技随访"四访"工作,用心用情用力做实帮扶工作。

(三)着力解决"两不愁三保障"突出问题

一是围绕"不愁吃、不愁穿"狠抓产业扶贫和就业扶贫。因地制宜发展红薯、烤烟、畜禽养殖及中药材等现代山地特色高效农业,健全完善利益联结机制,推进"一村一品"产业培育行动,每个贫困村均有1~2个稳定增收产业,红薯全产业链年收入5.6亿元,烤烟产业年收入5亿元,畜牧业年产值17亿元。3.2万多人通过发展旅游实现了就业,7500多户贫困户实现了增收。开发公益性岗位7016个、安置贫困人口就业6411人,创建扶贫车间14个，多渠道帮扶贫困家庭人员就业48905人。实施农村饮水安全工程6209处，巩固提升47.7万人饮水安全问题，实现农村贫困人口饮水安全保障全覆盖。

二是围绕"义务教育有保障"狠抓教育扶贫。建立分段资助、控辍保学、临时救助、送教上门"四大机制"，累计资助贫困家庭学生50.39万人次，发放资助金5.34亿元。义务教育发展基本均衡县创建通过国家验收，重本上线人数从2012年的255人增加到2020年的1038人，在校大学生每年稳定在2万人以上。

三是围绕"基本医疗有保障"狠抓健康扶贫。深入开展未参保动态清零行动，扎实推进乡村医疗机构标准化建设，强化基本医保、大病保险和医疗救助"三重保障"，落实"先诊疗后付费"和"一站式"结算等服务机制，组建36个流动医院进村入户开展巡诊义诊、送医送药服务，家庭医生签约贫困人口111617人，基本医保报销25.15万人次。全县每个村都有标准卫生室，都至少有一名合格村医，住院费用自付比例在10%以内。

▲ 彭水县三义乡易地扶贫搬迁莲花安置点（彭水县扶贫开发办公室供图）

四是围绕"住房安全有保障"狠抓农村住房安全和人居环境整治。加快推进农村水、电、路、讯等基础设施建设,大力实施危房改造动态清零行动,搬迁贫困人口14207人,完成C、D级危房改造10256户。持续推进农村人居环境整治,完成改房55507户、改厨23187户、改厕35199户。建成通畅公路3362公里、通达公路2162公里,4G基站404个,全县行政村通畅率、自然村通达率以及脱贫村通客车率、通动力电率、光纤覆盖率、4G网络覆盖率均达100%。

(四)着力抓好各类反馈问题整改

成立整改工作领导小组,统筹推进脱贫攻坚各类问题整改。制定完善问题清单、任务清单、责任清单,按照整改"销号"签字背书要求,全面压实各级各单位问题整改责任。中央脱贫攻坚专项巡视、国家和市级脱贫攻坚成效考核、市委脱贫攻坚专项督查巡查反馈问题和审计发现问题全部整改销号,并建立健全制度36项。

(五)着力攻克深度贫困

落实深度贫困乡、贫困村"定点包干制",每年为深度贫困乡安排1000万元专项资金,围绕"四个深度"发力,推进"七大攻坚行动",坚持每个贫困村一名县级领导包抓、一个帮扶部门包联、一个驻村工作队常驻、一个企业或合作社帮带、一名乡村医生驻村"五个一"帮扶机制,集中力量攻克坚中之坚。三义乡实施脱贫攻坚项目250个,完成投资5.9亿元;大垭乡实施脱贫攻坚项目121个,完成投资3.45亿元。

(六)着力凝聚攻坚合力

一是用好东西部扶贫协作、中央单位定点扶贫和市内对口帮扶凝聚攻坚合力。与聊城市开展对接交流94次,争取各类帮扶资金1.8亿元,党政干部挂职交流13人,专业人才技术交流255人。与中央外办交流对接

30次，落实各类帮扶资金9279.7万元支持彭水县脱贫攻坚，完成培训基层干部、技术人员1198人。市发展改革委帮扶集团、市住房城乡建委帮扶集团用心用情帮扶三义乡、大垭乡，两江新区落实帮扶资金1.65亿元，大力支持彭水县脱贫攻坚。

二是深化志智双扶凝聚攻坚合力。创新开展"五小"经济等扶贫模式，培育致富带头人666人，技能培训贫困人口17458人次，农村实用技术培训贫困人口30506人次。发放扶贫小额贷款8.75亿元，贫困户获贷率达64%，贫困群众从"要我脱贫"变"我要脱贫"。

（七）着力巩固提升脱贫成果

严格落实"四个不摘"要求，先后制定贫困村提升工程实施意见、防贫返贫监测预警办法、"临界户"扶持工作方案，坚持县乡村三级联动，对"两不愁三保障"问题开展"回头看"，逐一采取相应措施和解决办法。建

▲"搬"出幸福生活——彭水县三义乡易地扶贫搬迁莲花安置点鸟瞰图（彭水县扶贫开发办公室供图）

立"两不愁三保障"突出问题动态清零机制,充分运用大数据平台,对"两不愁三保障"情况实时跟踪和动态监测,提前预警、提前干预"两不愁三保障"问题风险,确保贫困群众脱贫后不返贫。

二、主要探索

(一)"两不愁三保障"动态清零机制筑牢反贫防线

建立完善《彭水自治县"两不愁三保障"突出问题动态清零机制》,建立动态清零工作台账,强化统筹协调和工作调度,将动态清零工作纳入季度脱贫攻坚督查。充分运用大数据平台,加强数据比对和跟踪监测,确保"两不愁三保障"突出问题风险能够提前预警、提前干预。县财政安排500万元专项保障经费,确保"两不愁三保障"突出问题动态清零工作落到实处、取得实效。

(二)抓实健康扶贫"防穷病"

彭水自治县按照"精准扶贫、因病施治、保障基本"原则,建立完善保障、运行机制,着力提升基层医疗机构服务能力。实施基层医疗机构集团化管理,运用"合作金融"理论构建集团"资金池",建立健全基层互助共享、健康均衡发展"124"集团管理运行机制。累计投入5.3亿元,改扩建基层医疗机构,配齐配强医疗设备,组建36个流动医院开展送医送药服务,扎实推进分级诊疗制度落实,全县健康扶贫工作取得显著成效。2018年获全国通报表扬,并荣获国家健康扶贫示范县称号。

(三)"五个强化"解决搬迁群众后顾之忧

围绕"稳得住、有产业、逐步能致富"总目标,举全县之力实施易地扶贫搬迁,完成建档立卡贫困人口搬迁14207人,精准落实后续扶持"五个强化"(即强化制度设计,完善后续扶持政策;强化设施配套,夯实后续发展基础;强化产业扶持,深化利益联结机制;强化就业扶持,拓宽脱贫增收渠道;强化社区管理,确保后续扶持不漏一人),实现了每户搬迁户至少有1个增收项目,每户有劳动能力的搬迁户至少1人就业,每个集中安置点至少有1个产业项目,有效解决了搬迁群众后顾之忧。获得国家发展改革委肯定,并作为"十三五"时期易地扶贫搬迁工作政策指引,印发全国各地参考借鉴。

(四)创新推行"产业村长"制度

彭水县结合培育新型农业经营主体和致富带头人,创新产业帮扶机制,探索走出一条"产业村长"带动产业扶贫路径。实行"产业村长"聘任制、备案制,由乡镇政府遴选聘任具备一定条件的农业经营主体负责人、致富带头人及本土人才担任"产业村长",报县级主管部门备案。明确"产业村长"特殊性质,是一个荣誉职务,不属于村干部、不纳入考核、不领取报酬。明确"产业村长"在村级产业规划及实施、政策宣传、技术帮扶、产销对接、村级集体经济发展等方面职责。落实资金项目、融资担保、业务培训及评优表彰等政策支持。该县共聘任"产业村长"274名,实现村村全覆盖。带动建立产业扶贫基地375个,覆盖带动农户51147户,其中贫困户12065户。带动村级集体经济组织实现经营收入1096万元,全面消除集体经济"空壳村";助推落实产业到户24337户。实现了企业发展、集体经济壮大和贫困户增收"三赢"目标。

三、典型:落实"五个强化"解决搬迁群众后顾之忧

"十三五"以来,彭水县举全县之力积极实施易地扶贫搬迁,完成建档

立卡贫困人口易地扶贫搬迁14207人,围绕"稳得住、有产业、逐步能致富"总体目标,精准落实后续扶持"五个强化",基本实现了每户搬迁户至少有1个增收项目,每户有劳动能力的搬迁户至少1人就业,每个集中安置点至少有1个产业项目等"三个一"目标任务,解决了搬迁群众后顾之忧。

(一)强化制度设计,完善后续扶持政策

一是坚持高位推动。彭水县坚持将易地扶贫搬迁后续扶持作为中心工作抓紧抓实,及时将相关事项纳入"县委常委会、县政府常务会、县扶贫领导小组会"议事日程,明确由县委县政府主要负责同志牵头抓、县政府常务副县长具体抓,实行"周例会""周督导""周通报"。

二是坚持制度先行。先后出台县级易地扶贫搬迁《后续扶持实施意见》《后续扶持实施方案》《后续扶持专项行动》《问题整改工作方案》等后续扶持政策,特别是制定了《后续扶持政策措施》,进一步明晰了13个县级牵头部门责任,明确提出24条政策"干货",为常态化开展后续扶持工作提供了坚实的政策支撑。

三是坚持"全覆盖"。将后续工作涉及的产业就业扶持、社区管理、社会融入、权益转移、税费减免、盘活利用迁出地生产资料等全面纳入扶持范围,确保后续扶持全覆盖、不漏户、不漏项。

(二)强化设施配套,夯实后续发展基础

坚持"资金跟着项目走、项目跟着搬迁户走",聚焦搬迁群众期盼的民生事项,精准安排"十三五"易地扶贫搬迁资金6.7亿元,支持易地扶贫搬迁基础设施、公共服务设施、产业设施建设等项目463个,夯实了搬迁群众后续增收基础。特别是,由政府统规建设12个集中安置点,都实现了"六通八有"(通路、电、水、电视、通信、网络,有产业基地、活动场地、购物超市、卫生室、图书室、议事厅、垃圾收运点、菜园地),其中的产业基地成为了巩固搬迁群众后续增收的重要支柱。被《人民日报》、新华社、新

华网、《光明日报》等重点媒体正面报道18次。

(三)强化产业扶持,深化利益联结机制

深层次破解"发展什么、权属归谁、怎么经营、怎么分配"等后续产业发展难题,确保搬迁群众有收入、有保障。

一是围绕选准项目,系好第一颗纽扣。按照"一村一品、一点一业",累计投入资金5417万元,落实产业项目37个,包括农产品冷藏冻库、淡水养殖基地、农产品加工基地、白酒酿造基地、种植大棚、乡村旅游接待基地等项目类型,直接惠及897户搬迁群众。

二是围绕产权归属,确保"服务搬迁户"。产业项目的产权归集体经济组织所有,折股量化到搬迁户,按照"保底+分红"的方式,年分红比例原则上不低于入股资金的10%,并通过"土地入股、参加劳务"等方式二次参与收益分配。据统计,全县易地扶贫搬迁产业项目每年带动搬迁群众户均增收5500元。

三是围绕经营管理,确保盈利见效。引进龙头企业经营管理,由集体经济组织与龙头企业签定合作协议,利用龙头企业技术、管理、资金等优势,力争建成一个项目,盈利一个项目。建立"产业村长"制度,充分发挥引入的乡外企业和本乡产业能人对各村脱贫产业发展的带动作用,推动实现村集体经济和贫困群众持续增收。

(四)强化就业扶持,拓宽脱贫增收渠道

一是采取"搬迁户+乡村旅游"模式。对位于景区周边的乡镇,依托阿依河5A级风景区、蚩尤九黎城、摩围山风景区、乌江画廊、郁山古镇、鞍子苗寨等旅游资源,扶持180户搬迁户在安置区开设农家乐、森林人家、超市、旅馆等,以此作为收入来源。

二是采取"搬迁户+工业园区"模式。对工业园区周边乡镇的搬迁户,实行"订单式""定向式"培训,力争实现"培训一人、就业一人、脱贫一

户"的目标,目前已解决就业210户。

三是采取"搬迁户+特色种植养殖"模式。对位于具有地理海拔、土地资源、淡水资源等资源优势的乡镇安置区,扶持搬迁户因地制宜发展高山蔬菜、食用菌、中药材、经果林、淡水养殖等特色种植养殖项目,目前已扶持搬迁户353户。

四是采取"搬迁户+转移就业"模式。强化岗位需求和就业需求精准对接,有组织地实施外出务工帮扶和转移就业5781人,已基本实现有劳动力家庭至少一人就业。

五是采取"搬迁户+公益性岗位"模式。落实保洁员、护林员、公路养护、水利管护、治安巡逻等公益性岗位,现已安排帮助搬迁农户稳定就业691人。

(五)强化社区管理,确保后续扶持不漏一人

一是强化社区管理。根据社区管理需要,在每个集中安置点设立一名"点长"负责安置点的管理工作。同时,新建7个议事厅,实现搬迁群众办事有地方、议事有组织、纠纷有人管、困难有人帮。

二是及时转移相关权益。积极动员搬迁群众将相关权益转至迁入地,确保各项扶持政策有效接续,实现搬迁群众户籍、养老保险和医疗保险等实现"愿转尽转",党组织关系"应转尽转",集体经济身份关系"能转则转"。

三是及时帮助特殊困难群众。对符合政策的特殊困难户,及时纳入最低生活保障范围,目前已将搬迁户540户纳入"低保兜底"。

万盛经开区

万盛经开区位于重庆南部、渝黔交界,面积566平方公里,辖8镇2街,总人口30万。2014年,全区新一轮建档立卡识别贫困人口1870户7110人,贫困发生率为5.5%;识别贫困村7个,占行政村总数的12.3%。党的十八大特别是2017年7月以来,万盛经开区在习近平新时代中国特色社会主义思想的指引下,深学笃用习近平总书记关于扶贫工作重要论述和视察重庆重要讲话精神,全面落实中央决策部署和市委、市政府工作要求,以脱贫攻坚统揽经济社会发展全局,尽锐出战、真抓实干,举全区之力、集全区之智向贫困发起总攻,坚决打赢打好脱贫攻坚战。截至2020年底,全区现有建档立卡贫困人口1812户6298人,已全部脱贫越线,有监测对象121户393人,已全部消除风险,7个贫困村全部脱贫出列。2020年全区农村居民人均可支配收入16863元,年均增幅7.1%;建档立卡贫困户人均纯收入14168元,年均增幅达21%。全区贫困发生率为0,返贫率为0,全面完成减贫目标任务。

一、举措与成效

(一)坚决扛实政治责任决战决胜脱贫攻坚

一是提高政治站位。坚决抓实抓好脱贫攻坚这一重大政治任务,深入落实党政"一把手"负总责的脱贫攻坚责任制和脱贫攻坚"双组长制"。党的十八大以来召开党工委委员会、管委会主任办公会、扶贫开发领导小组会等会议106次,深化脱贫攻坚思想武装,研究部署脱贫攻坚工作。认真落实"五级书记"抓扶贫和书记遍访贫困对象制度,切实做到党工委书记、管委会主任每年遍访一次贫困村和非贫困重点村;镇党委书记、镇长每年遍访一次全镇贫困户;村党组织书记、主任每2月遍访一次全村贫困户;驻村工作队每月遍访一次全村贫困户,实现书记遍访贫困对象全覆盖。

二是压实攻坚责任。构建责任体系,制定印发《万盛经开区脱贫攻坚责任制实施细则》,筑牢"区负总责、镇为主体、镇村抓落实、部门协作"的攻坚责任体系,建立区级每周1次、各镇每周2次调度脱贫攻坚制度,切实增强脱贫攻坚工作合力。研究出台《关于贯彻落实习近平总书记在解决"两不愁三保障"突出问题座谈会上重要讲话精神的实施意见》等文件,与各镇签订《巩固脱贫攻坚成果责任书》《扶贫系统党风廉政建设责任书》,各行业部门分别制定完善行业扶贫专项工作方案,进一步咬定攻坚目标、压实攻坚责任。

三是全面尽锐出战。强化精准帮扶,由全体区领导挂帅,8个帮扶集团、49个区级部门和25个重点国企对口帮扶8个镇,1800余名干部结对帮扶贫困户,落实每月走访要求,因村因户因人实施帮扶。组织全覆盖培训,举办区级扶贫干部培训班52期,培训扶贫干部6776人次。落实"四个不摘"要求,下派9支区级驻村工作队,选派9名优秀第一书记兼任工作队队长,全脱产驻村帮扶7个贫困村和2个非贫困村。强化攻坚力量,从区级部门抽调精干力量25人,充实到区扶贫办脱产开展脱贫攻坚工作,区级扶贫机构人员配备达到37人,镇级扶贫机构配备4~6人。加强工作指导,区扶贫办组建8个工作组,以包镇的方式对8个镇开展工作指导,进一步核实核准建档立卡基础信息,确保数据准确、底数清晰、结果真实。

（二）"两不愁三保障"问题动态清零

一是住房安全保障到位。按照"人不住危房，危房不住人"的要求，狠抓危房改造，加强贫困户和"三类人员"危房动态排查，完成住房安全等级鉴定及等级标识牌张贴，建立建卡贫困户住房信息动态台账，对符合农村C、D级危房改造政策的及时纳入改造计划，落实专项资金全面完成改造。2015年以来，全区累计改造贫困户危房756户，切实做到发现一户、改造一户、核销一户，全区贫困户住房安全得到有效保障。

二是基本医疗保障到位。完善区、镇、村三级医疗体系，投入3000万元完成8镇卫生院和全区66个村卫生室标准化建设，增加医疗设备81台套，配齐卫生院、卫生室执业医师、全科医师、乡村医生，实现医保刷卡全覆盖，村标准化卫生室全覆盖。强化宣传，将健康扶贫政策总结提炼为"3721"（"3"即三个一批、三建好、三达标、三控费；"7"即基本医保、大病保险、民政救助、扶贫济困医疗基金、健康扶贫医疗基金、精准脱贫保险、红十字会疾病应急救助基金等7道保障线；"2"即先诊疗后付费、一站式结算等2项便民措施；"1"即万盛经开区健康扶贫医疗救助基金1项区级兜底资金）并广泛宣传，家庭医生签约服务6026人，应签尽签完成率100%。区内定点医疗机构全部实现先诊疗后付费和一站式结算，独创贫困人口就医报销救助"零见面""零材料"流程，深受贫困群众欢迎。2015年以来，全区累计为贫困人员办理特病证1038个，贫困人口就诊16242人次，使用"万盛经开区健康扶贫医疗救助基金"215.71万元，区县扶贫兜底基金联网结算180.26万元，贫困人口9809人次获得兜底救助，全区贫困户住院自付费用比例为9.62%，重特大疾病、慢病门诊费用自费比例为11.90%。

三是教育资助保障到位。高度重视全区教育脱贫问题，着力解决义务教育保障薄弱环节，做好教育经费保障，改善29所义务教育薄弱学校办学条件，义务教育阶段学校生均占地、生均校舍、生均设备值均达标。统一标准配备城乡师资，落实乡村教师岗位生活补助和教师乡镇工作补贴,城乡教师轮岗交流695人次,培训乡村教师6544人次。实施城乡学校结对帮扶,成立6所学校为示范学校的"城乡发展共同体"。加强控辍保学,党员教师结对帮扶1103名建档立卡学生,坚持一人一案、分类施策,精准落实教育资助政策,全区义务教育巩固率达100%。累计资助贫困学生12117人次,兑现资助资金1500万元,实现贫困学生学前、义务教育、高中、大学全覆盖。建立区外就读学生管理台账,及时函告就读地教育部门落实资助。

四是饮水安全保障到户。聚焦全区农村贫困人口饮水问题,加快推进农村饮水巩固提升工程,2015年以来,整合资金6489万元,新建或改造农村饮水安全工程59处,解决约8.34万人饮水安全问题,其中贫困户1065户3700人,全区累计建成农村饮水安全工程2392处,安装安全饮水管网750千米,饮用水水质达标率达100%,农村集中供水率达91.17%,自来水普及率达91.17%。强化资金支持,建立农村饮水工程长效管护机制,每年安排200万元专项资金用于农村饮水安全工程维修管护。全面

▲ 万盛经开区黑山镇高山扶贫移民新村(万盛经开区扶贫开发办公室供图)

开展贫困人口饮水安全排查,定期对全区农村供水工程开展水质检测。贫困户供水水量、水质、用水方便程度、供水保证率全部达到标准要求。

(三)基础设施全面夯实

一是大力推进交通设施建设。投入20余亿元建成"四好农村路"755公里,成功创建全国、全市"四好农村路"示范区;累计新修人行便道250公里;开通公交线路53条,行政村通客率、行政村通公交率、镇街公交覆盖率均达到100%,在全市率先实施全域公交"一元一票制"和半小时免费换乘惠民举措,全区实现"村村通公交""社社通公路""户户通便道",群众"出行难"问题得到根本解决。

二是大力开展农村人居环境综合整治。大力推进农村垃圾治理,对全区755个居民聚集点实施网格化管理,配备户用垃圾分类桶3万余个,设置垃圾分类收集点837个,农村生活垃圾分类回收实现全覆盖,有效治理率达100%,成功列入全国第一批农村生活垃圾分类和资源化利用示范区,绿水村被认定为全国乡村治理示范村。着力推进农村美化靓化,扎实推进"一院三村一片"试点创建,累计创建评比美丽庭院1831户、创建改善农村人居环境市级示范片1个,安装照明路灯2700盏,改造农村危房2173户,整治农村旧房3490户,美丽宜居、绿色示范村庄占比达70%。全力推进农村污水治理,整合各类资金1.1亿元,建设农村生活污水管网187.4公里,污水处理设施126套,集镇污水处理设施实现全覆盖,农村生活污水治理农户覆盖率达86.4%,农村人居环境得到明显改善。

三是强力推进农村厕所革命。在集镇、农贸市场、居民聚居点等区域,集中修建无害化卫生厕所。依托全域旅游,将农村改厕与乡村旅游相结合,建设A级旅游厕所145座,"第三卫生间"厕所38座,实现所有景区、城区、主要旅游环线节点全面设置旅游厕所。依托农村C、D级危房改造一并建设无害化卫生厕所,截至2020年底,全区累计改造建设无害化卫生厕所17365户,覆盖率达91.7%,其中贫困户覆盖率达100%。

市民乘坐一元公交到达万盛经开区各个乡镇、景区（万盛经开区扶贫开发办公室供图）

（四）扶贫产业蓬勃发展

一是推进生态扶贫。加快180平方公里采煤沉陷区生态环境修复，山体植被恢复、危岩治理、水资源恢复等治理成效明显，成功获批国家第二批生态文明先行示范区，"黑色煤都"加速蝶变为"绿色美城"。实施国土绿化提升行动，优先安排贫困户参与项目建设，指导涉林企业、施工单位落实贫困户就地就近务工，以雇工方式与贫困户建立相对稳定的利益联结机制，99.4%的贫困户通过林业生态工程建设、发展林业产业、生态效益补偿等方式享受生态扶贫政策，144户贫困户通过参与生态工程项目务工获得工资性收入，25名贫困人员受聘为生态护林员。

二是强化产业扶贫。着力壮大区级扶贫主导产业，精心打造4个现代农业园区，建设产业基地757个，发展猕猴桃、茶叶等五大特色产业10万亩，建成西部地区规模最大、智能化自动化程度最高的食用菌工厂化项目,聘用23名专家,落实产业指导员177名,特色主导产业实现贫困户全覆盖,成功创建全国农村一二三产业融合发展先导区。着力建立健全利益联结机制,完善"基地+农户+合作社+龙头企业"模式,建立产业扶贫贷款贴息和奖补政策,推行"双对接双选择"产业发展机制,累计培育农业产业化龙头企业、涉农小微企业50余家、农民专业合作社180个,有效带动贫困群众就业。

三是抓好扶贫小额信贷。制定印发《万盛经开区金融扶贫工作方案》《扶贫小额信贷风险补偿实施细则》等文件10余个,与5家银行签订扶贫小额信贷合作协议,存入风险补偿金1180万元。简化信贷流程,贴息方式由"贴息到户"改为"贴息到银行"。做好信贷风险管控,扶贫小额信贷保持良好上升势头,风险总体处于可控范围。截至2020年底,全区累计贷款1149户次1541.8万元,获贷率63.4%。

四是深化消费扶贫。建成万盛电商公共服务中心,增设扶贫农产品展示展销专区,完成7个贫困村电商服务站建设,贫困村电商服务覆盖率达100%。发展电子商务企业12家,建设本土电商平台4个,开设"万盛电商扶贫""菜背篼电商扶贫"线上专区2个,通过举办消费节会活动、开展书记直播带货等活动,线上线下销售农特产品1570万元,组织动员全区电商平台、机关事业单位、社会力量共计购销扶贫农产品7857.9万元。认定金针菇、翠信茶叶等136个扶贫产品,推动扶贫产品在社会扶贫网重庆馆上架269款,2020年扶贫产品销售2.5亿元。开展农村电商基础知识、电商操作技能培训900人。抓好农民专业合作社规范化建设,引导贫困户入股合作社,加快推进信用社、基层社、农民专业合作社"三社"融合发展,"重庆市大业兴果蔬专业合作社联合社"被评定为国家农民专业合作社示范社。

五是实施乡村旅游扶贫。坚持把旅游扶贫作为脱贫攻坚的重要突破口,着力推动贫困户由"脱贫"向"致富"转变。建成梦幻奥陶纪、凉风梦乡村、青山湖国家湿地公园等乡村旅游景区景点30个,7个贫困村均布局景区景点,常态化开展五和梨花文化节、苗族踩山会等乡村旅游节会活动,培育乡村旅游经营主体713家。2015年以来,全区累计实现乡村旅游综合收入131.7亿元,解决1200多个贫困人口就业,贫困群众通过创业就业、资产租赁、售卖产品等享受到了全域旅游的红利。万盛荣膺全国农村一二三产业融合发展先导区和全国农村创业创新典型区,成功创建全国休闲农业与乡村旅游示范区、国家全域旅游示范区,贫困村凉风村入选全国首批乡村旅游重点村、全国运动休闲特色小镇、全市十佳美丽乡村典范、2018中国最美村镇"精准扶贫典范奖"。

(五)社会保障显著提升

一是落实社会保障兜底。定期开展入户排查,对丧失劳动力、缺乏收入来源的贫困家庭及时进行救助,动态关注未脱贫人口、脱贫不稳定户和边缘易致贫户生活情况。切实加强兜底工作,2015年以来建档立卡贫困户纳入农村低保兜底30015户次84661人次,纳入农村特困人员兜底1656人次。将患重大疾病的贫困人员及时纳入民政大病救助范畴,累计救助13763人次1076万元。累计资助贫困群众参加城乡居民医保16356人次254.33万元,城乡居民养老保险参保6642人次46.91万元,贫困人口医保参保和符合条件的贫困户养老保险参保实现全覆盖。

二是抓实就业扶贫。加强就业信息管理,动态更新贫困人员就业状况和就业需求信息,针对性实施政策咨询、就业指导、岗位推荐、技能培训等就业帮扶措施;全面收集掌握全区贫困家庭应届毕业生就业信息,提供就业服务,开展就业指导。紧扣贫困劳动力就业需求,实施"春风行动""百日千万"网络招聘等专项就业服务行动,累计组织"线上+线下"招聘活动276场,发布信息2.4万条,提供岗位9万个次。开发公益性岗位安置贫困人员934人,兑现公益性岗位补贴、社保补贴2013.63万元。制定《万盛经开区2018—2020年贫困人员技能培训三年行动计划工作方案》等培训方案,累计培训贫困劳动力4320人,外出稳岗就业贫困劳动力

12700人次，发放创业担保贷款122万元，及时兑现一次性求职创业补贴和跨区域就业交通补贴、参训交通食宿补贴。

（六）深度贫困全面攻克

一是严格锁定攻坚对象。结合实际制定印发《万盛经开区脱贫攻坚定点攻坚实施方案》，选定市级定点攻坚村1个，区级攻坚村9个，聚焦脱贫攻坚"三落实""三精准""三保障"，细化7个方面的攻坚重点，落实落细各项攻坚措施。

二是及时落实攻坚措施。结合全市"百日大会战"行动，紧盯6大会战任务，深入推进定点攻坚工作，区领导带队深入8个镇、9个定点村开展脱贫攻坚调研走访29次，为9个区级定点攻坚村解决实际问题58个，落实项目39个、资金1736.6万元，进一步补齐了脱贫攻坚短板弱项。

三是强力推进庙坝村定点攻坚工作。累计在庙坝村投入资金3400余万元，新修和油化公路17公里，拓宽通组公路9.3公里，硬化人行便道8公里，修建村便民服务大厅200平方米，该村集中供水率达85.9%，C、D级危房改造率100%，贫困户改厕率100%。帮助支持贫困户因地制宜发展产业，全村发展蜂糖李500亩、竹笋600亩、茶叶100亩，扶贫小额贷款获贷率60.7%。引资3.5亿元打造奥陶纪景区，依托景区优势带动贫困户创业就业，全村开办农家乐、民宿和农副产品店铺49户，成功创建区级创业就业示范山村。2020年全村贫困户人均纯收入15920元，"两不愁三保障"均得到有效解决，实现稳定脱贫。

（七）资金项目管理规范有序

一是切实加大资金投入。始终把脱贫攻坚作为第一民生工程紧抓不放，坚持政府投入为主、社会投入为辅的原则，2015年以来，累计投入财政专项扶贫资金9164万元实施扶贫项目304个，其中已开工304个、已完工304个。区财政整合交通、农林、水利等行业部门资金28.78亿元，重点用于巩固提升脱贫村和贫困户基础设施、产业发展、"两不愁三保障"突出问题和社会保障等,全力保障脱贫攻坚各项资金需求。

二是强化资金项目管理。出台《万盛经开区扶贫开发项目管理办法》等文件,完成全区项目库建设和151个项目入库工作,建成并运行脱贫攻坚资金项目"三账一表"监管系统,实现项目资金全覆盖、全过程、网络化适时跟踪监管,确保资金用在刀刃上。强化督导检查,跟踪检查资金使用情况、项目实施情况、效益发挥情况,确保资金使用和项目安排精准。严格落实公示公告制度,实行区、镇、村三级公示公告,主动接受群众监督,确保资金使用阳光透明。

三是资金项目效益显著。通过扶贫资金的使用和项目的实施,切实提升了全区8个镇、7个贫困村基础设施和发展条件,有效解决贫困群众住房安全、饮水安全、交通出行困难等问题,因地制宜推动全区特色扶贫产业发展壮大,帮助项目周边贫困户实现就近就业,极大地改善了贫困群众生产生活条件,带动贫困户自主发展实现稳定脱贫,切实增强了贫困群众获得感、幸福感以及对脱贫攻坚政策的满意度。

(八)扶贫领域管理严谨细致

一是加强扶贫领域腐败和作风问题治理。强化纪检监察机关监督责任,围绕扶贫领域腐败和作风问题专项整治等情况,对全区8个镇和13个行业部门开展脱贫攻坚监督检查,对发现的问题限期整改到位,从严从实查证办理扶贫领域案件线索,处理扶贫干部71人次。坚持以查促改,开展官僚主义、形式主义监控调研试点工作,开展扶贫项目管理"再监督"检查以及资金使用情况集中整治,确保扶贫项目安排精准、资金精准使用。

二是加大帮扶干部管理力度。严格落实习近平总书记"四个不摘"要求,保持现有帮扶政策和帮扶队伍稳定。严格下村签到、工作纪实、在岗抽查等制度,强化工作保障,督促各驻村工作队队员吃在村、住在村、干在村,定期召开驻村工作队队长会议,部署工作任务、解决突出问题。研究制定激励干部担当作为有效举措,单列驻村工作队年度考核指标,优秀名额向驻村工作队倾斜,2015—2020年表彰扶贫干部5人,提拔11名具有驻村帮扶工作经历的优秀干部担任处级领导职务,让扶贫干部山高有攀头、路远有奔头。

三是着力建好基层组织。持续整顿软弱涣散党组织,开展新一轮排查,将全市脱贫攻坚定点攻坚村庙坝村纳入整顿对象,一村一策制定整顿方案,切实提升贫困村党组织带领党员群众脱贫攻坚能力。深化农村带头人队伍建设,扎实开展村党组织书记履职情况及"两委"班子运行情况摸排研判,持续用力回引本土人才139人,着力加大村后备干部培养力度,不断凝聚乡村振兴力量。印发《万盛经开区发展壮大村级集体经济实施方案》,2017年至2020年整合投入各级财政资金1828万元,扶持村级集体经济发展项目38个,覆盖全区8个镇的33个村,2020年村级集体经济经营性总收入达到1002万元、57个村均超过5万元,全面实现"消薄"目标,开展集体经济项目风险防控专项检查,确保村级集体经济健康有序发展。

四是充实巩固基层人才队伍。选派"三支一扶"人员、大学生村官、西部志愿者服务基层,充实基层人才队伍。加大乡镇学校招聘本科学历师范生、国家综合性大学本科生力度,职称评定向基层教育卫生人才倾斜,巩固基层人才队伍。

(九)"战疫""战贫"实现双胜利

一是全面落实疫情防控措施。扎实开展疫情期间"五个一"不见面式帮扶工作,与贫困群众心连心战疫情,全区贫困人口、驻村干部、扶贫干部实现疫情"零感染"。

二是稳定贫困人口就业。区扶贫办定期调度,建立贫困劳动力就业台账,加强对未就业贫困劳动力的动态管理,帮扶干部精准对接未就业贫困劳动力,实时掌握更新就业信息,推动有意愿务工贫困劳动力实现全部就业。优先安排因疫情暂时不能外出务工的贫困劳动力就近就业，2020年贫困劳动力外出务工2975人，是2019年外出务工人数的111.6%，区内扶贫龙头企业和扶贫车间吸纳贫困人口就业90人，疫情期间帮助689名贫困人员返岗复工。

三是全力保障春耕生产。 为农用物资运输车辆开辟"绿色通道"，保障农资及时供应。免费向贫困农户发放有机肥和速生蔬菜种子，确保不误农时。充分发挥产业指导员作用，通过电话、微信、农技推广APP等方式为贫困户提供技术支持。组建4个工作组，分赴8个镇深入开展脱贫攻坚、春耕生产工作落实情况检查指导，有序抓好春耕生产。

四是加快扶贫企业和项目复工复产。 成立在产复产企业工作指导组，对55家涉农企业进行对口分类指导，对重点企业——华绿生物有限公司实行"一人一厂"驻厂指导，5个扶贫龙头企业和5个扶贫车间全部复工达产，涉农企业复产率达100%，产能恢复率100%。全区扶贫项目72个，开工率100%，完工率100%，已拨付资金1950万元，拨付进度97.3%。

二、典型

(一)昔日贫困村　今变"梨香村"

周冬勤，女，2018年4月至今，担任五和村党总支书记兼村主任主持全面工作。工作期间，恪尽职守，身先士卒，服从安排，团结同事，带班子强队伍，将五和村从一个贫困小山村一路走向全国文明村。荣获全国脱贫攻坚先进个人。

(二)做贫困群众的贴心人

王晓梅，女，驻石林镇庙坝村第一书记，庙坝驻村工作队队长，带领的庙坝驻村工作队在2019年入选全市《驻乡驻村工作队典型案例100例》，个人荣获2020年度重庆市脱贫攻坚工作先进个人贡献奖。

（三）"牛人""牛劲""牛"生活

蔡长友，女，万盛经开区关坝镇田坝村村民，11年前丈夫因交通事故不幸离世，留下蔡长友母子女三人和5万多元的外债，家庭生活极度困难，为了养育两个年幼的子女和偿还债务，筹措资金开始自己的养牛事业。经过几年不断的努力，她慢慢成长为一名当地的养牛"专家"，于2019年还清所有债务，并成功注册了小微企业，逐渐走上了脱贫致富之路。因此荣获2020年重庆市脱贫攻坚工作先进个人"奋进奖"。

后 记

本书由中共重庆市委宣传部、中共重庆市委党史研究室、重庆社会科学院、重庆市扶贫开发办公室联合编写。张鸣同志对编写工作高度重视，多次提出要求，并审定书稿。曹清尧同志对书稿编写多次把关，曾维伦、徐塞声、徐光煦、张波、刘贵忠具体组织编写。

全书包括综述篇、专题篇、区县篇三部分。综述篇由康庄、文丰安、罗伟执笔，专题篇由田姝、俞荣新、左涛、黄亚丽、徐术、袁仁景执笔，区县篇由重庆33个有扶贫工作任务的区县扶贫办编写，图片由各区县扶贫开发办公室提供，在此一并表示感谢。

由于编者水平有限，存在的不足之处，恳请读者批评指正。

编 者

2021年8月